Schauplatz

- Alistair Brien
- Sharon Brien
- Colin Christie
- Heike Schommartz

Heinemann

Heinemann Educational,
Halley Court, Jordan Hill, Oxford OX2 8EJ

Heinemann is a registered trademark of Reed Educational & Professional Publishing Ltd

OXFORD   MELBOURNE   AUCKLAND
JOHANNESBURG   BLANTYRE   GABORONE
IBADAN   PORTSMOUTH (NH) USA   CHICAGO

First published 2000

00 01 02 03 04 05 10 9 8 7 6 5 4 3 2 1

A catalogue record is available for this book from the British Library on request.

ISBN 0 435 30540 9

Original design by 320 Design

Produced by G & E 2000 Ltd

Original illustrations © Heinemann Educational Publishers 2000

Illustrations by Debbie Clark

Picture research by Jennifer Johnson

Cover photo provided by Axel Schultes, Architekten

Printed and bound in Italy by Printer Trento S.r.l.

Tel: 01865 888058   www.heinemann.co.uk

Inhalt

Overview

Continued on page vi

Hallo!

Hoffentlich hatten Sie schöne Ferien und starten mit Energie in das neue Schuljahr!

Sie find___ in diesem Buch Kapitel zu vielen verschiedenen Themen: Freizeit, Zukunft, Liebe, Umwelt, Gesundheit, Reisen ... und vieles mehr. Wir hoff___, die Texte gefall___ Ihnen!

Vielleicht find___ Sie die vielen Grammatikregeln und das Vokabelnlernen ein bisschen schwierig. Aber keine Angst: Sie wiederhol___ und üb___ zunächst die GCSE-Grammatik. Die Texte sind anfänglich noch kurz. Sie werd___ erst allmählich etwas schwieriger. So können Sie Ihr Vokabular und Ihr Grammatikwissen langsam aber sicher erweitern.

Hier noch zwei Tipps zur „Selbsthilfe" von Anfang an:

1 Lernen Sie Ihre Vokabeln regelmäßig. Fügen Sie neue Vokabeln nach und nach hinzu. Wiederholen Sie in regelmäßigen Abständen.

2 Führen Sie ein Grammatikheft und schreiben Sie darin die wichtigsten Regeln mit Beispielen auf. Sie können die Grammatik-Arbeitsblätter zu diesem Buch dazu tun.

Zum guten Schluss wünsch___ wir viel Erfolg und Spaß mit dem Buch!

Die Autoren

1
Verbinden Sie die englischen mit den passenden deutschen Ausdrücken:

a *chapters on many different topics*

b *grammar rules*

c *the learning of vocabulary*

d *don't worry*

e *only gradually become more difficult*

f *add ... little by little*

g *at regular intervals*

h *compile a grammar notebook*

1 Grammatikregeln

2 Kapitel zu vielen verschiedenen Themen

3 fügen Sie ... nach und nach hinzu

4 werden erst allmählich schwieriger

5 keine Angst

6 das Vokabelnlernen

7 führen Sie ein Grammatikheft

8 in regelmäßigen Abständen

2
Lesen Sie den Brief und ergänzen Sie die fehlenden Verbendungen. Die Grammatikerklärung hilft Ihnen.

> When you note down verbs in your vocabulary book, you should always write the infinitive and the imperfect and past participle forms if they are irregular, e.g. finden, fand, gefunden – to find; arbeiten – to work.

> When noting plural nouns, it is a good idea to check and learn their gender.

Grammatik zum Auffrischen: Das Präsens

To form the present tense add the endings shown below to the **stem (= infinitive minus -en)**. All so-called '**regular**' or '**weak**' verbs follow the pattern of *üben* in the present tense. Verbs whose stem ends in *-t, -d, -m* or *-n* add an *e* in the *du-, er-* and *ihr-*forms.

infinitive: üben *stem:* üb-	
ich üb-**e**	wir üb-**en**
du üb-**st**	ihr üb-**t**
er/sie/es üb-**t**	sie/Sie üb-**en**

infinitive: arbeiten *stem:* arbeit-	
ich arbeit-**e**	wir arbeit-**en**
du arbeit-**e-st**	ihr arbeit-**e-t**
er/sie/es arbeit-**e-t**	sie/Sie arbeit-**en**

Many German verbs are '**irregular**' or '**strong**'. Some of them **change the vowel** in the *du-* and *er-***forms** of the verb (e.g. *ich nehm-e, du nimm-st, er nimm-t; ich fahr-e, du fähr-st, er fähr-t*).

1 Machen Sie das Quiz.

Wissen, raten, schätzen – einige Fragen zu den deutschsprachigen Ländern

1 Die Hauptstadt der Schweiz ist:
  a Zürich
  b Bern
  c Genf

2 Wie viele Menschen leben in Deutschland?
  a ca. sechzig Millionen
  b ca. neunzig Millionen
  c ca. achtzig Millionen

3 Heißt das deutsche Parlamentsgebäude in Berlin:
  a Reichstag,
  b Landtag oder
  c Kreistag?

4 In München gibt es eine bekannte Autofirma. Wie heißt sie?
  a BMW
  b Volkswagen
  c Mercedes

5 Wann war die deutsche Wiedervereinigung?
  a 1970
  b 1990
  c 1980

6 Wolfgang Amadeus Mozart komponierte:
  a Die Zauberflöte
  b Porgy und Bess
  c Der fliegende Holländer

7 Diese Länder grenzen an Ost-Deutschland:
  a Frankreich, Holland
  b Polen, Tschechien
  c Österreich, Schweiz

8 In welcher von diesen Städten wohnen die meisten Leute?
  a London
  b Berlin
  c Paris

9 Ein bekannter deutscher Rennfahrer heißt:
  a Boris Becker
  b Michael Stich
  c Michael Schumacher

10 Sind die meisten Ausländer in Deutschland:
  a Italiener,
  b Türken oder
  c Franzosen?

---

die Hauptstadt (¨e) *capital*
das Gebäude (-) *building*
die Wiedervereinigung *reunification*
grenzen an (+ Akk.) *to border on*
der Rennfahrer (-) *racing driver*
der Ausländer (-) / die Ausländerin (-nen) *male/female foreigner*

Grammatik zum Auffrischen: Wortstellung in Aussage- und Fragesätzen

1 In a German **statement**, the **verb** is always the **second piece of information** (not necessarily the second word!):

	verb	
Mozart	**komponierte**	„Figaros Hochzeit."
Diese Länder	**grenzen**	an Deutschland.

2 The **verb** is also the **second piece of information** in **questions with a question word or phrase**:

question word/phrase	**verb**	
Wie	**heißt**	die Hauptstadt der Schweiz?
Welche Länder	**grenzen**	an Ostdeutschland?

3 **Questions without a question word** or phrase **start** with the **verb**:

verb	
Heißt	das deutsche Parlamentsgebäude in Berlin „Landtag"?
Sind	die meisten Ausländer in Deutschland Italiener?

2 Ordnen Sie die Quizfragen in diese Tabelle ein:

a Aussagesätze	**b** Fragen mit Fragewort	**c** Fragen ohne Fragewort
Nr. 1	Nr. 2	

3 a Bringen Sie diese Aussagen in die richtige Reihenfolge:

z.B. **1** Nordrhein-Westfalen ist das größte deutsche Bundesland.

1 ist – das größte deutsche Bundesland – Nordrhein-Westfalen
2 Schriftsteller – Johann Wolfgang Goethe – war
3 Mozart – in Wien – starb
4 Sauerkraut – aus Weißkohl – besteht
5 sprechen – Dialekt – viele Deutsche
6 in Berlin – der Reichstag – ist
7 grenzt – die Schweiz – an Italien
8 Ludwig van Beethoven – Komponist – war

b Machen Sie jetzt aus den Sätzen **1–8** Fragen ohne Fragewort.

z.B. Ist Nordrhein-Westfalen das größte deutsche Bundesland?

das Bundesland (¨er) *federal state*
der Schriftsteller (-) *writer*
starb *died*
der Weißkohl *white cabbage*
aus etwas bestehen* *to consist of sth.*

* indicates an irregular verb. See p. 15.

4 Übersetzen Sie diese Fragen:

a *Where does the Queen* (die Königin) *live?*
b *Who lives in Downing Street?*
c *How many people live in Britain?*
d *What is the British capital called?*
e *How long is the channel tunnel* (der Kanaltunnel)**?**

5 Machen Sie einen Großbritannien-Quiz für deutsche Schüler!

1 | So ist es jetzt – so soll es später sein

1 Bauen Sie Ihr ideales Leben. Welche von diesen Bausteinen sollen in Ihrem Leben vorkommen? Sie können auch andere Bausteine dazu erfinden!

Abitur machen	studieren	eine Ausbildung machen	heiraten

Kinder haben	von zu Hause ausziehen	eine Weltreise machen

auf dem Land wohnen	in einer Stadt wohnen

im Ausland studieren/leben	in einer Firma arbeiten	im Umweltschutz arbeiten

glücklich/berühmt sein

2 a „Die Lebenstreppe". Überlegen Sie jetzt: In welcher Reihenfolge kommen die Bausteine in Ihrem Leben vor? Erzählen Sie dann einem Partner von Ihrem Leben.

Dann ...

Mit dreißig

Nach dem Studium / der Ausbildung

Danach

Mit zwanzig

z.B. Mit zwanzig

Danach | **möchte** ich eine Reise **machen**.

Nach dem Studium | **möchte** ich auf dem Land **wohnen** und Kinder **haben**.

Mit dreißig

b Interviewen Sie Ihren Partner / Ihre Partnerin. Was möchte er/sie später machen?

z.B. Was möchtest du mit zwanzig machen?

– Mit zwanzig möchte ich ...

3 Hören Sie zu und notieren Sie Stichworte. Was machen Christiane, Stefan und Sabine jetzt? Was möchten sie später machen?

	Christiane	**Stefan**	**Sabine**
jetzt	studiert ...		
später			

4 Welche Wörter können zusammen ein neues Wort bilden? Was bedeuten sie?

z.B. die Umwelt + der Schutz = der Umweltschutz

das Meer   der Unterricht   der Kurs
die Ausbildung   die Biologie
die Stunde   der Platz   die Leistung

Grammatik zum Auffrischen: Substantive

Remember: German nouns have a gender and their plural endings vary. Some nouns add an umlaut (*ä, ö, ü*) in the plural: *der Mann, die Männer.* Whenever you learn a German noun, learn its gender and plural with it.

German nouns are often compound nouns, i.e. they consist of two or more words. For instance: *die Umwelt, der Schutz, **die** Frage* become '**die** Umweltschutz**frage**'. To work out the meaning of a 'long' word, try to break it up into its components. The **gender of a compound noun** is always **the gender of the noun at the end of the new word.**

5 Finden Sie die zusammengesetzten Wörter in den Aussagen von Christiane, Stefan und Sabine. Sind die Wörter feminin, maskulin oder neutral?

Christiane, 19, Studentin, Hamburg:

Ich wohne jetzt seit zwei Monaten in Hamburg und studiere Meeresbiologie. Meine Eltern und meine Schwester wohnen weit weg – in der Schweiz! Das war am Anfang gar nicht so einfach. Aber Hamburg ist eine tolle Stadt und mein Studium macht mir viel Spaß. Später möchte ich gern im Umweltschutz arbeiten.

Stefan, 18, Schüler, Gymnasium Balingen:

Seit August bin ich in der Oberstufe. Ich habe jetzt Mathe und Physik als Leistungskurse. In den Leistungskursen habe ich jeweils fünf Unterrichtsstunden pro Woche. Die Schule ist o.k., aber ich freue mich schon auf das Studium!

Sabine, 17, Azubi, Bremen:

Seit dem Sommer muss ich tagsüber tipptopp angezogen sein: Ich mache nämlich eine Ausbildung in einer Bank. Nach der zehnten Klasse hatte ich keine Lust mehr auf Schule. Deshalb habe ich mir einen Ausbildungsplatz gesucht. Die Arbeit macht mir total Spaß – und ich verdiene schon ein bisschen Geld. Das finde ich toll!

6 Lesen Sie die Texte noch einmal. Was gehört zusammen?

a Seit zwei Monaten

b Seit August

c In den Leistungskursen

d Seit dem Sommer

e Nach der zehnten Klasse

1 ist Stefan in der Oberstufe.

2 wohnt Christiane in Hamburg.

3 muss Sabine tagsüber tipptopp angezogen sein.

4 hatte Sabine keine Lust mehr auf Schule.

5 hat Stefan jeweils fünf Unterrichtsstunden.

7 a Satzpuzzle. In einer Gruppe: Überlegen Sie sich einen Satz. Der Satz muss eine Orts- und eine Zeitangabe enthalten. Die Grammatik hilft Ihnen.

z.B. Morgen   fährt   Susanne   in die Ferien.

Zeitangabe   Verb   Subjekt   Ortsangabe

b Schreiben Sie die einzelnen Satzteile auf Zettel. Jede Gruppe zeigt den anderen in der Klasse ihre Satzteile in der falschen Reihenfolge. Die anderen müssen die Satzteile richtig „ordnen". Es gibt mehrere Möglichkeiten!

8 Schreiben Sie an einen Brieffreund. Berichten Sie, was Sie jetzt machen und was Sie später gerne machen möchten. Fragen Sie ihn/sie auch nach seinen/ihren Plänen.

Grammatik zum Auffrischen: Wortstellung

A sentence can start with a time or place phrase. The verb is the second piece of information.
If the subject is not in first position it comes immediately after the verb.

first position	verb	subject	time	place
Seit zwei Monaten	wohne	ich		in Hamburg.
In Hamburg	wohne	ich	seit zwei Monaten.	
Ich	wohne		seit zwei Monaten	in Hamburg.

Whenever time, manner and place phrases are next to each other, the word order is:

	time	manner	place
Ich wohne	seit zwei Monaten	mit meinem Freund	in Hamburg.
Er studiert	schon lange	begeistert	in Freiburg.

1 a „Alltag" kennt auch … der Bundeskanzler! Was meinen Sie: Was hat der Bundeskanzler gestern gemacht? Wählen Sie fünf von diesen Aktivitäten:

1 baden

2 im Parlament / mit anderen Politikern reden

3 Tee kochen

4 Vokabeln lernen

5 ein politisches Problem lösen

6 die Nachrichten gucken

7 seine Socken suchen

8 Radio hören

9 duschen

10 einen Mittagsschlaf machen

b Übertragen Sie diesen Tagesplan in Ihr Heft. Tragen Sie die fünf Aktivitäten in den Tagesplan ein:

gestern Morgen	gestern Mittag	gestern Nachmittag	gestern Abend
er hat gebadet			

c Fragen Sie Ihren Partner / Ihre Partnerin, was er/sie im Tagesplan hat, und tragen Sie neue Informationen in Ihre Tabelle ein.

z. B. Was **hat** der Bundeskanzler gestern Morgen **gemacht**?

– Er **hat** seine Socken **gesucht**.

d Und jetzt Sie: Was haben Sie gestern gemacht? Erzählen Sie einem Partner / einer Partnerin:

z. B. Gestern Morgen habe ich …

Grammatik zum Auffrischen: Das Perfekt

1 Usage: In spoken German and in informal writing, you mostly use the perfect to refer to things that happened in the past. In English, the German perfect can have various translations. For example: '*Ich habe geduscht*' can translate as 'I showered', 'I have showered', 'I was showering', 'I have been showering'.

2 Formation: You can form the perfect by using the **present tense of *haben*** and a **past participle**. The past participle of **regular verbs** looks like this: ***ge*** - stem of the verb - ***t***.

e.g. kaufen – **ge**-kauf-**t**; arbeiten – **ge**-arbei**t**-**e**-**t**

3 Word order: The *haben*-form occupies the second position in the sentence, while the past participle goes to the end.

Ich **habe** gestern **gebadet**.

Er **hat** gestern Fußball **gespielt**.

2 a Auf einer Webseite eines deutschen Jugendmagazins haben junge Leute online Tagebuch geführt (S. 15). Finden Sie die passenden deutschen zu diesen englischen Ausdrücken:

Maria:

1 *We did a maths test*　　2 *I went into town*

Stefan:

3 *I scored four goals*　　4 *My team won*

Milena:

5 *I got out of bed late*　　6 *I got to school late*

b Was fällt Ihnen an diesen Perfekt-Formen auf?

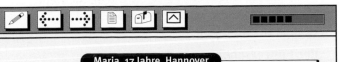

Maria, 17 Jahre, Hannover

Heute Morgen hatte ich sechs Stunden Schule: Französisch, Mathe und Englisch. In der zweiten Stunde haben wir eine Mathearbeit geschrieben. Hilfe! Hoffentlich habe ich eine Vier geschafft ... Nachmittags war es super: Ich bin mit Joshua in die Stadt gegangen. Wir haben ein Eis gegessen und über alles Mögliche geredet ...

Stefan, 16 Jahre, Leipzig

Heute bin ich an meinem Schreibtisch eingeschlafen! Gestern Abend hat Juventus Turin gegen Manchester United gespielt. Das Spiel war so spannend, ich konnte einfach nicht ins Bett gehen! Beim Fußballtraining habe ich heute vier Tore geschossen. Meine Mannschaft hat das Trainingsspiel auch gewonnen. Juhu!

Milena, 18 Jahre, Konstanz

Mein Gott, ist das ein nerviger Tag gewesen. Ich bin zu spät aus dem Bett gekommen, dann hat meine Mutter gemeckert (wegen meiner neuen Hose: viel zu eng, viel zu bunt, viel zu teuer). Schließlich war mein Fahrrad kaputt. Ich bin natürlich viel zu spät in die Schule gekommen. Mein Mathelehrer hat mich ganz sauer angeguckt, als ich zu spät in die Klasse kam ...

3 a Suchen Sie das Partizip dieser Verben im Wörterbuch. Schreiben Sie es so auf:

z. B. rufen – er **hat** gerufen

1 schwimmen 2 rennen 3 laufen
4 werfen 5 werden.

b Schreiben Sie diese Sätze im Perfekt:

1 Ich schwimme im Hallenbad.
2 Jeden Morgen rennt er 1000 Meter.

3 Wir laufen immer zum Bus.
4 Ich werfe den Brief in den Postkasten.
5 Er schreibt gerne Briefe.

4 Bringen Sie diese Sätze/Fragen in die richtige Reihenfolge. Manchmal sind mehrere Lösungen möglich.

z. B. gestern – ich – nach Hause – bin – gefahren:
– Ich **bin** gestern nach Hause **gefahren**.
– Gestern **bin** ich nach Hause **gefahren**.
– Nach Hause **bin** ich gestern **gefahren**.

a gefahren – in die Schule – sind – sie – wann
b warum – dein Vater – gemeckert – hat
c wir – gestern Abend – haben – gespielt – Fußball
d aufgestanden – ist – zu spät – er
e letztes Jahr – wir – nach Spanien – sind – gefahren

5 a Ein Tag im Leben von ... Wählen Sie eine (berühmte) Person. Überlegen Sie zehn Aktivitäten: Was hat diese Person gestern gemacht?

b Beschreiben Sie den gestrigen Tag im Leben dieser Person (im Perfekt).

z. B. Gestern Morgen um sieben Uhr hat Gwyneth Paltrow geduscht. Danach hat/ist sie ...

6 Schreiben Sie diesen Tagebucheintrag mit etwa 50 Wörtern weiter. Benutzen Sie mindestens 10 Verben im Perfekt.

> Ich hatte heute meinen ersten Tag in der neuen Schule.
> Gestern Abend habe ich extra noch geduscht und
> die Klamotten für heute rausgesucht ...

Grammatik zum Auffrischen:
Perfekt mit „sein" und Partizip unregelmäßiger Verben

1 Verbs that indicate **motion** form the perfect with the **present tense of *sein*** and a **past participle**.

Ich **bin** in die Stadt **gegangen**.
Sie **ist** in die Schule **gefahren**.

2 The past participles of most **irregular verbs** begin with ***ge-***, end in ***-en*** and often change their spelling:

e.g. schwimmen – gesch**o**mm**en** fahren – gefahr**en**

3 A few irregular verbs are **mixed**. Their past participle ends in *-t* but shows a change of spelling:

e.g. denken – ge-**dach**-t

TIP

Look up the past participles of **irregular verbs** in the list of irregular verbs in your dictionary. Dictionaries often mark irregular verbs with '*unr.*' for '*unregelmäßig*'. Irregular verbs have * in the vocabulary lists in this book. Make your own list of irregular verbs; include the infinitive and the er-form present and perfect tense:

infinitive	*present*	*perfect*	
fahren	er f**ä**hrt	er ist gefahren	*to go (by vehicle)*
gehen	er geht	er ist ge**gang**en	*to walk*

3 | Immer diese Eltern ... (1)

1 Wie verstehen Sie sich mit Ihren Eltern? Junge Leute antworten. Hören Sie zu und kreuzen Sie die richtigen Aussagen an:

Sandra

a Sie versteht sich nicht mit ihrer Mutter.

b Die Mutter nervt, wenn sie in Sandras Zimmer kommt.

c Die Mutter nervt, wenn sie in Sandras Zimmer kommt, ohne zu klopfen.

Ella

a Sie ist immer einer Meinung mit ihren Eltern.

b Sie diskutiert nicht viel mit ihren Eltern.

c Ihre Eltern sind nicht sehr streng.

geschieden *divorced*

jmdn. nerven *to get on sb.'s nerves (coll.)*

verbieten* *to forbid*

der Führerschein (-e) *driving licence*

streng *strict*

ständig *constant(ly)*

sauer *sour; cross (coll.)*

Jan

a Seine Eltern nerven fast nie.

b Er darf den Führerschein machen.

c Er darf nicht oft ausgehen.

Jörg

a Er versteht sich sehr gut mit seinen Eltern.

b Er streitet mit seinen Eltern oft über das Ausgehen.

c Seine Eltern fragen nie, ob er mit einem Mädchen ausgeht.

Grammatik zum Auffrischen: Nebensätze

1 *Wenn* and *dass* are **subordinating conjunctions**. Conjunctions join sentences together. A clause which starts with a subordinating conjunction is called a **subordinate clause**. In German, the main clause and the subordinate clause are separated by a comma.

main clause	subordinate clause
Meine Eltern nerven mich,	**wenn** sie mein Tagebuch lesen.

2 A subordinating conjunction sends the **verb to the end of the subordinate clause**. So, in subordinate clauses, the verb is no longer in the second position!

Meine Eltern nerven mich. Sie **lesen** mein Tagebuch.

Meine Eltern nerven mich, **wenn** sie mein Tagebuch **lesen**.

3 Other common subordinating conjunctions are:

als *when*	ob *whether*
da *as, since*	obwohl *although*
damit *so that*	seitdem *since*
nachdem *after*	so dass *in such a way that, so that*

and question words:

warum, wann, wo, etc.

2 Jetzt sind Sie dran. Hier ist ein Test: Kreuzen Sie an, was Sie an Ihren Eltern nervt.

das Tagebuch (¨er) *diary*
verhasst *hated, detested*
das Gericht (-e) *dish*
schnüffeln *to snoop (coll.)*
Hausarrest bekommen* *to be grounded*
an etwas (dat.) rummeckern
　　to moan about sth. (coll.)
dauernd *constantly*
sich streiten* *to argue*

Der Elterntest. Was nervt Sie an Ihren Eltern?

Es nervt mich,

☐ *wenn meine Eltern mein Tagebuch lesen.*

☐ *dass meine Eltern meine Hausaufgaben kontrollieren.*

☐ *wenn ich absolut verhasste Gerichte essen muss.*

☐ *wenn meine Eltern in meinen Schränken schnüffeln.*

☐ *wenn ich Hausarrest bekomme.*

☐ *wenn meine Eltern an meiner Kleidung rummeckern.*

☐ *wenn sie mein Taschengeld kürzen.*

☐ *dass sie nie nach meinen Problemen fragen.*

☐ *dass meine Eltern dauernd nach meinen Problemen fragen.*

☐ *dass meine Eltern sich öfter streiten.*

Ergebnis *(1 Kreuz = 1 Punkt):*

1–3 Punkte: *Sie haben Glück! Dies ist nur ein leichter Fall von Elternkrise!*

4–6 Punkte: *ein mittelschwerer Fall von Elternkrise. Aber nicht hoffnungslos! Reden Sie mit Ihren Eltern. Sagen Sie ihnen, was Sie stört.*

7–10 Punkte: *ein schwerer Fall von Elternkrise. Reden Sie schnell mit einem guten Freund / einer guten Freundin darüber! Bleiben Sie nicht allein mit Ihrem Elternproblem.*

3 Jetzt auch die positiven Seiten: Was finden Sie an Ihren Eltern gut? Nennen Sie fünf Dinge.

z.B.

Ich finde es gut, …

wenn meine Eltern mit mir über meine Probleme **reden**.

dass meine Mutter mich zu meinen Freunden **fährt**.

4 Machen Sie jetzt Ihren eigenen Elterntest. Schreiben Sie zehn Sätze. Befragen Sie dann einen Partner / eine Partnerin.

4 | Immer diese Eltern ... (2)

1 Sie wollen Ihren Eltern verbieten, in Ihr Zimmer zu kommen. Wählen Sie aus den folgenden Sätzen das strengste Verbot aus:

a Ihr dürft nicht in mein Zimmer kommen!

b Ihr müsst nicht in mein Zimmer kommen!

c Ihr könnt nicht in mein Zimmer kommen!

2 Welche deutschen Wörter aus den zehn Geboten passen zu den englischen?

a sich um etwas kü _ m _ _ _ to care about sth.

b _ i _ _ a _ _ _ u _ _ contempt

c mit _ ch _ _ g _ _ with smacks

d _ _ str _ _ en to punish

e _ _ _ _ u _ t _ h _ n to squeeze out; to 'grill'

f jmdm. etwas _ _ _ r _ de _ to talk sb. out of sth.

g zu etwas _ _ e _ e _ to stand by sth.

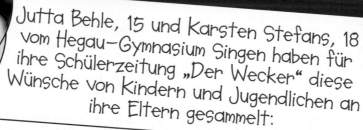

Die zehn Gebote: die wichtigsten Wünsche, die Jugendliche an ihre Eltern haben

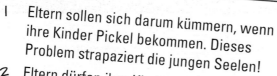

Jutta Behle, 15 und Karsten Stefans, 18 vom Hegau-Gymnasium Singen haben für ihre Schülerzeitung „Der Wecker" diese Wünsche von Kindern und Jugendlichen an ihre Eltern gesammelt:

1 Eltern sollen sich darum kümmern, wenn ihre Kinder Pickel bekommen. Dieses Problem strapaziert die jungen Seelen!

2 Eltern dürfen ihre Kinder nie mit Missachtung oder Schlägen bestrafen.

3 Eltern dürfen ihren Kindern Junk-Food nicht verbieten.

4 Eltern sollen mit ihren Kindern über Probleme reden. Sie sollen die Kinder aber nicht „ausquetschen".

5 Eltern dürfen ihrem Sohn / ihrer Tochter niemals die Freundin / den Freund ausreden!

6 Eltern müssen nicht „forever young" sein. Sie können ruhig zu ihren grauen Haaren stehen.

7 Eltern dürfen ihren Kindern das Rauchen nicht verbieten.

8 Scheidung ist mega-out! Eltern sollen zusammenbleiben.

9 Eltern dürfen die Tagebücher ihrer Kinder nicht lesen!

10 Eltern dürfen ihre Kinder niemals vor anderen Leuten kritisieren!

3 Sagen Sie Ihre Meinung: Finden Sie diese Gebote richtig?

> *Seine Meinung sagen:*
> Ja, das finde ich auch.
> Das finde ich richtig.
> Das finde ich (ganz) falsch, denn ...
> Das sehe ich anders. Ich meine, ...
> Im Gegenteil! ...
> Das ist auch meine Meinung, aber ...
> Das kommt darauf an!

4 Übersetzen Sie diese Gebote ins Englische:

a Eltern sollen nicht zu viel meckern.

b Eltern sollen sich um ihre Kinder kümmern.

c Eltern müssen nicht ewig jung sein.

d Eltern dürfen ihre Kinder nicht schlagen.

e Eltern sollen ihren Kindern zuhören.

5 Was dürfen/sollen/müssen Lehrer und Lehrerinnen (nicht) tun? Schreiben Sie zehn Gebote für Lehrer.

6 (Erst) Mit 18 erwachsen? Junge Leute diskutieren. Setzen Sie die passenden Verbformen ein.

Andrea, 17, Schülerin:
Ich freue mich darauf, 18 zu werden. Dann **(a)__** (können) ich endlich in alle Discos gehen. Außerdem **(b)** __ (wollen) ich den Führerschein machen. „Erwachsen" macht mich das allein aber noch nicht.

Stefan, 17, Auszubildender:
Ich bin doch jetzt schon erwachsen! Ich **(c)** ___ (müssen) arbeiten gehen und verdiene auch schon Geld. Warum **(d)** ___ (dürfen) ich nicht jetzt schon alleine wohnen oder wählen gehen?

Ali, 16, Schüler:
Ich **(e)** ___ (wollen) gar nicht „erwachsen" sein. Erwachsene sind mir viel zu ernst! Sie **(f)** ___ (sollen) doch mal lachen! Ich **(g)** ____ (wollen) aber gerne 18 sein! Dann **(h)** ___ (können) meine Eltern mir nicht mehr alles verbieten.

Barbara, 17, Auszubildende:
Wenn ich 18 bin, **(i)** ____ (dürfen) ich endlich mit meinem Freund in eine eigene Wohnung ziehen. Darauf freue ich mich.

Grammatik zum Auffrischen: Modalverben

The verbs **können, mögen, wollen, müssen, sollen** and **dürfen** are known as **modal verbs**. They are often used with the infinitive of another verb. In a statement, the modal verb is the second piece of information and 'agrees' with the subject. The infinitive that goes with it is at the end of the sentence.

	modal verb		*infinitive*
Meine Eltern	**dürfen**	nicht in mein Zimmer	**kommen**.
Ich	**will**	nicht nach Bremen	**fahren**.
Morgen	**soll**	ich nach Bremen	**fahren**.

In the singular, modal verbs have different endings to other verbs, and, except in *sollen*, the vowel changes.
See also the table of modal verbs on p. 246.

müssen		dürfen		sollen		können	
ich muss	wir müssen	ich darf	wir dürfen	ich soll	wir sollen	ich kann	wir können
du musst	ihr müsst	du darfst	ihr dürft	du sollst	ihr sollt	du kannst	ihr könnt
er muss	sie/Sie müssen	er/sie/es darf	sie/Sie dürfen	er/sie/es soll	sie/Sie sollen	er/sie/es kann	sie/Sie können

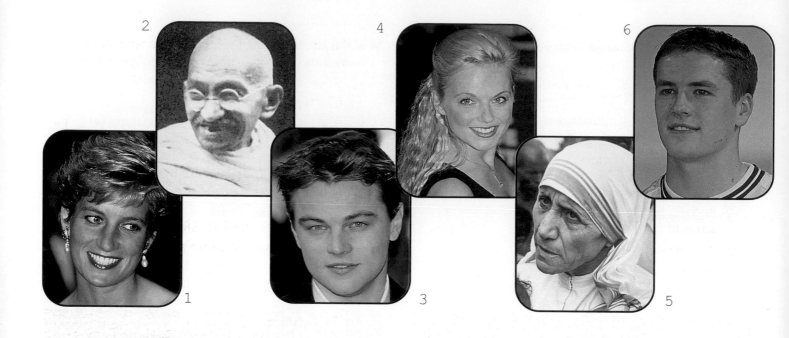

1

a Wer sind die Leute auf den Bildern? Was sind/waren sie von Beruf?

b Welche von den Personen auf den Fotos bewundern Sie? Warum?

   z.B. Ich bewundere …,
      weil er/sie vielen Menschen geholfen hat.
      weil er ein toller Sportler ist.
      weil er/sie sehr mutig war.

2

a Was bedeuten die **fett**gedruckten Verben in den Sätzen **1–8**? Sehen Sie im Wörterbuch nach, wenn Sie sie nicht kennen!

b Lesen Sie und raten Sie: Zu welcher Person von den Fotos oben passen diese Informationen?

> **das Recht** *law*
> **der Rechtsanwalt (-anwälte)** *lawyer*
> **der Widerstand** *resistance*
> **der Einwanderer (-)** *immigrant*
> **diskriminierende Gesetze** *discriminatory laws*
> **der Mitkämpfer (-)** *comrade-in-arms*
> **die Waffe (-n)** *weapon*
> **unabhängig** *independent*

1 … wird am 2.10. 1869 in Porbandar (Kathiawar) geboren.

2 Als er 13 Jahre alt ist, **verheiraten** ihn die Eltern.

3 Mit 18 Jahren **studiert** er drei Jahre lang Recht in London.

4 Von 1893 bis 1914 **arbeitet** er als Rechtsanwalt in Südafrika. Er **organisiert** den Widerstand indischer Einwanderer **gegen** diskriminierende Gesetze.

5 1914 **geht** er nach Indien **zurück**. Er und seine Mitkämpfer **demonstrieren** ohne Waffen gegen die britischen Kolonialherren.

6 Die Briten **verhaften** ihn immer wieder.

7 1947 **ziehen** die Briten aus Indien **ab**. Indien wird unabhängig.

8 1948 **erschießt** ihn ein Hindu-Fundamentalist.

3 Bilden Sie mehr Sätze nach folgendem Muster:

zurückgehen – Gandhi – nach Indien
– Gandhi geht nach Indien **zurück**.

abziehen – die Briten – 1947
– 1947 ziehen die Briten **ab**.

a einkaufen – morgen – ich – in der Stadt

b um sieben Uhr morgens – aufstehen – meine Mutter

c mich – aufwecken – mein Bruder – jeden Morgen um acht

d du – einatmen – tief

e die Mathearbeit – vorbereiten – ich – heute Abend

Grammatik zum Auffrischen: Trennbare Verben

Separable verbs are made up of two components, namely a verb and some kind of **separable prefix**:

sep. prefix:	+	*verb*:	
ein-	+	kaufen	= einkaufen
nach-	+	denken	= nachdenken

TIP

Whenever you write down a verb with a separable prefix, **put a stroke after the prefix**: e.g. nach/denken. This will help you to remember that this part of the verb is separable.

In a simple statement, the separable prefix goes to the end of the clause, while the main part of the verb occupies the second position.

| Gandhi | **geht** | 1914 nach Indien | **zurück**. |
| Er | **denkt** | über sein Leben | **nach**. |

The **past participle** of verbs with a separable prefix is formed like this:

einkaufen – ein**ge**kauft   aufstehen – auf**ge**standen

The list of irregular verbs in your dictionary does not include verbs with separable prefixes. To find the past participle of *aufstehen*, for instance, you will have to look under *stehen*: *gestanden*. You then form the past participle of *aufstehen* by adding the *auf-*: *aufgestanden*.

4
a Bilden Sie die Partizipien von den fettgedruckten Verben in den Informationen in Aufgabe **2**. Die Grammatikerklärungen helfen Ihnen.

z.B. verheiraten – verheiratet

b Welche **zwei** der fettgedruckten Verben bilden das Perfekt mit „sein"?

c Schreiben Sie jetzt für eine Schülerzeitung einen Artikel über Gandhi. Hier ist ein Anfang. Schreiben Sie im Perfekt weiter:

Gandhi wurde am 2.10. 1869 in Porbandar geboren. Als er 13 Jahre alt war, haben ihn seine Eltern verheiratet. Mit 18 Jahren hat er ...

Grammatik zum Auffrischen: Partizipien ohne „ge-"

The **past participle** of verbs ending in *-ieren* is very straightforward. Add *-t* to the stem of the verb:

studieren – studier**t**   probieren – probier**t**
programmieren – programmier**t**   passieren – passier**t**

Verbs with the **inseparable prefixes** *be-, emp-, ent-, er-, ge-, ver-* and *zer-* form their past participles in the usual way, according to whether they are regular or irregular, but **without** *ge-*:

verkaufen – **ver**kauft   **zer**fallen – **zer**fallen
enttäuschen – **ent**täuscht   **ge**lingen – **ge**lungen
gebrauchen – **ge**braucht   **ver**raten – **ver**raten

5
a Who's who: Wählen Sie eine berühmte Person und notieren Sie in Stichworten Informationen zu ihrem Lebenslauf.

b Schreiben Sie im Perfekt etwa 50 Wörter über diese Person und ihr Leben. Nennen Sie nicht den Namen der Person. Die anderen müssen raten, wen Sie beschreiben!

c Machen Sie in der Klasse eine Wandzeitung mit den Berichten über die Personen. Wer rät die meisten Personen richtig?

2 | In den Schlagzeilen

SchülerInnen erhalten Umweltpreis – Insekten und Vögel erhalten eine neue Heimat

B

16-jähriger rettet 85-jährigen und seine Enkelin vor Ertrinken

1 Sie sind Redakteure einer Lokalzeitung. Sehen Sie diese Schlagzeilen an. Sie haben nur noch wenig Platz in der Zeitung. Über welches Ereignis berichten Sie auf jeden Fall? Stimmen Sie in der Klasse ab!

2 Lesen Sie die folgenden Berichte zu den Schlagzeilen. Sehen Sie unbekannte Wörter im Wörterbuch nach.

3 Bestimmen Sie für jedes der **fett**gedruckten Wörter: Ist es ein Subjekt oder ein direktes Objekt im Satz? Die Grammatikerklärung hilft Ihnen.

z.B. **(a)** eine Schulklasse = Subjekt

(a) Eine Schulklasse des Eleonoren-Gymnasiums hat **(b) den Umweltpreis** für Schulen gewonnen. Die SchülerInnen haben auf den Wiesen vor der Schule seltene Wildblumen gepflanzt. **(c) Die Wiese** ist jetzt eine neue Heimat für seltene Vögel und Insekten.

(d) Ein sechzehnjähriger Junge hat **(e) einen 85-jährigen Rentner** und seine Enkelin vor dem Ertrinken gerettet. Der alte Mann war bei einem Spaziergang in den Rhein gefallen. **(f) Das zehnjährige Mädchen** wollte dem Großvater helfen und sprang auch ins Wasser. Der 16-jährige zog **(g) den Rentner** und das Mädchen an Land.

Grammatik zum Auffrischen: Subjekt und direktes Objekt

The subject performs the action of the sentence. You find the subject of a sentence by asking: Who or what is performing the action of the sentence? A **direct object** is the person or thing that **experiences the action**. You identify the direct object by asking: Who or what is the action happening to?

subject	*verb*	*direct object*	
Der Junge	rettet	den Mann.	Wer/Was rettet den Mann? Der Junge.
The boy	*saves*	*the man.*	*Who/What saves the man? The boy.*
			Wen/Was rettet der Junge? Den Mann.
			Who/What does the boy save? The man.

Note: When a **masculine word** is the **direct object** in the sentence, then its **article** changes from *der* to *den* or from *ein* to *einen*. Female and neuter nouns do not change their article (*die/eine* and *das/ein* respectively) when they become direct objects. In the plural, the article is *die* for subjects and direct objects, regardless of gender.

You also say that the subject is in the **nominative case**, the direct object in the **accusative case**.

4 a Sind diese Wörter maskulin, feminin oder neutral? Wenn Sie es nicht wissen, sehen Sie im Wörterbuch nach.

1 Schüler   2 Wahlkreis   3 Schulklasse
4 Musikabend 5 Darstellerin 6 Musiklehrerin

b Ergänzen Sie in Text **C** und **D** die passenden Artikel (der, die, das, den, ein, eine, einen).

z. B. **(1)** ein

c

19-jähriger Schüler will ins Parlament

(1)_____ neunzehnjähriger Schüler möchte in den Bundestag. **(2)**_____ Schüler gehört zur Partei Bündnis 90/Grüne und will **(3)**_____ bayrischen Wahlkreis Weilheim–Schongau vertreten.

d

Tosender Beifall für Schüler des Einstein-Gymnasiums

(4)_____ Schulklasse des Einstein-Gymnasiums hat **(5)**_____ bunten Musikabend präsentiert. **(6)** _____ SchülerInnen* sangen Lieder aus den Musicals „My fair Lady" und „Guys and Dolls". Das Publikum war begeistert: Tosender Applaus belohnte **(7)**_____ DarstellerInnen* und **(8)**_____ verantwortliche Musiklehrerin.

* Plural forms such as *SchülerInnen* and *DarstellerInnen* are sometimes used to indicate that the group includes both males and females.

5 Hören Sie die Nachrichten eines lokalen Hamburger Radiosenders. Welchen Bericht hören Sie zuerst, welchen zuletzt?

a Karten für ein David Bowie Konzert

b Einbruch in einen Kiosk

c Diebstahl im Völkerkundemuseum

6 Hören Sie noch einmal und beantworten Sie diese Fragen:

a Worum geht es in der Ausstellung im Völkerkundemuseum?

b Was hat der Dieb im Völkerkundemuseum gestohlen?

c Was haben die Jugendlichen im Kiosk gestohlen?

d Welche Nummer sollen die Fans von David Bowie anrufen?

7 Schreiben Sie einen kurzen Bericht zu **einer** von diesen Schlagzeilen:

a

Rock und Pop in der Schule – Konzert war ein Riesenerfolg

b

Einbruch in Gartenhaus

c

Bowie Konzert in Hamburg

d

Jugendliche retten Kinder vor Ertrinken

3 | Wer mit wem?

1
Welche von diesen Eigenschaften sollte Ihr Traumpartner (nicht) unbedingt haben?

z.B. Ich finde es sehr wichtig, **dass** mein Partner verständnisvoll **ist**.
Ich finde es völlig unwichtig, **ob** meine Partnerin einen Zahlentick **hat**.

a ist schüchtern

b ist fröhlich

c bringt mich zum Lachen

d ist sportlich

e ist treu

f ist verständnisvoll

g ist romantisch

h ist an meinen Hobbys interessiert

i ist selbstsicher

j hat einen Zahlentick

genauso *just the same*
der Wecker (-) *alarm clock*
an/zeigen *to show*
ständig *constantly*
irgendwelche *some … or other*
sich unterhalten* *to talk to each other*
demnächst *in the near future*

2
Sehen Sie sich diese Fotos an. Raten Sie: Wer ist mit wem zusammen?

Er über sie:

Matthias, 20

___ ist der wichtigste Mensch für mich. Zum Glück finden meine Freunde sie fast so toll wie ich. Sie ist sehr an Musik interessiert und wir unterhalten uns oft darüber. Demnächst will sie auf eine Schule in Berlin gehen. Aber ich glaube, wir werden trotzdem zusammen bleiben.

Ich finde es toll, dass ___ so selbstsicher ist. Außerdem ist sie ein echtes Mathegenie. Sie macht auch Mathe-Leistungskurs. Sie hat eben einen Zahlentick, genau wie ich! Und deshalb mag ich sie.

Till, 17

Ferit, 16

___ ist ein total romantisches und verständnisvolles Mädchen. Ich kann ihr alles erzählen und sie versteht mich. Ich bin deshalb gern bei ihr zu Hause oder wir gehen spazieren. Dann unterhalten wir uns stundenlang.

Sie über ihn:

Jule, 18

Anna, 15

Susanne, 17

___ ist ein echter Mathefreak. Eine schlechte Note in Mathe ärgert ihn tierisch. Ich bin genauso. Ich freue mich zum Beispiel total, wenn mein Wecker 22 Uhr, 22 Minuten und 22 Sekunden anzeigt. Und ___ kann das verstehen! Deshalb ist er mein Traummann.

Ich bin ein eher schüchterner Typ. Ich bin auch oft zu Hause und gehe nicht so viel weg. Aber ___ ist immer so fröhlich und er hat ständig irgendwelche Pläne. Er bringt mich immer zum Lachen. Besonders, wenn wir spazieren gehen und uns dabei unterhalten. Deshalb mag ich ihn.

___ und ich können uns super unterhalten. Er ist ein echtes Musikgenie. Er spielt auch in einer Band. Ich hatte noch nie einen so treuen Freund wie ihn. Das ist wichtig! Ich gehe nämlich demnächst auf eine andere Schule und dann kann ich ihn nicht mehr so oft sehen.

3

a Lesen Sie jetzt die Texte und ergänzen Sie die Namen.

1 ____ und ____ sind zusammen, weil beide an Mathe interessiert sind.

2 ____ und ____ sind zusammen, weil beide gern spazieren gehen.

3 ____ und ____ sind zusammen, weil beide an Musik interessiert sind.

b Lesen Sie noch einmal. Welche von diesen Sätzen gehören zusammen? Achtung: Ergänzen Sie die fehlenden Wörter.

z.B. Matthias   mag   Anna.
Er   mag   **sie,**   weil sie romantisch ist.

Anna   mag   Matthias.
Sie   mag   **ihn,**   weil er so fröhlich ist.

1 Till mag Jule.

2 Susanne mag Matthias.

3 Jule mag Till.

4 Anna mag Ferit.

5 Matthias mag Susanne.

a Sie mag **ihn**, weil er ein echter Mathefreak ist.

b Sie mag ___, weil er sie immer zum Lachen bringt.

c Er mag ___, weil sie so selbstsicher ist.

d Er mag **sie**, weil ___ an Musik interessiert ist.

e Sie mag ___, weil er treu ist.

4

Ersetzen Sie die **fett**gedruckten Wörter mit Personalpronomen (er, sie, es, ihn).

z.B. **Die Frau** bleibt stehen.

– **Sie** bleibt stehen.

a **Eva** mag **Jan** nicht.

b **Das Auto** steht in der Wagnerstraße.

c Ich finde **den Schauspieler** toll.

d Wo hast du **den Stift** hingelegt?

e Wo hast du **das Papier** hingelegt?

5

a Welchen Film haben Sie vor kurzem gesehen? Welche Person in diesem Film hat Ihnen besonders gefallen? Machen Sie eine Liste von ihren Eigenschaften.

z.B. Arnold Schwarzenegger als „Terminator": muskulös, stark, mutig.

b Schreiben Sie etwa 50 Wörter über diese „Person". Was hat diese Person im Film Bewundernswertes/Tolles gemacht? Warum mögen Sie ihn/sie? Sie könnten z.B. diese Ausdrücke benutzen:

Ich habe kürzlich den Film „Terminator" gesehen. Meine Lieblingsperson in diesem Film war Arnold Schwarzenegger als der „Terminator". Der „Terminator" ist sehr muskulös und stark. Er hat ... Ich finde ihn (nicht so) gut, weil ... / Es gefällt mir, dass er ... / Ich finde es (nicht so) gut, dass er ...

Grammatik zum Auffrischen: Die Pronomen er, sie, es, ihn

Personal pronouns replace **nouns.**

Subject personal pronouns
You replace **masculine subjects** with *er*, **feminine subjects** with *sie*, and **neuter subjects** with *es*. *Er*, *sie* and *es* are **nominative** personal pronouns:

m	**Peter** geht.	**Er** geht.
	Der Regen fällt.	**Er** fällt.
f	**Frau Meier** kommt.	**Sie** kommt.
	Die Bahn fährt.	**Sie** fährt.
n	**Das Kind** weint.	**Es** weint.
	Das Wasser kocht.	**Es** kocht.

Direct object personal pronouns
You replace **feminine** and **neuter direct objects** with *sie* and *es*, respectively. **Masculine direct objects** have to be replaced with *ihn*. *Ihn*, *sie* and *es* are **accusative** personal pronouns:

		direct object
m	Anna mag	Klaus.
	Anna mag	**ihn.**
f	Klaus mag	Anna.
	Klaus mag	**sie.**
n	Ich mag	das Auto.
	Ich mag	**es.**

4 | Ideale LehrerInnen

Ein guter Lehrer / Eine gute Lehrerin ...

Auf die Frage: „Wie muss ein guter Lehrer / eine gute Lehrerin sein?" antworteten die Schüler an einer Hamburger Schule: (1 = die wichtigste Eigenschaft)

1 kann sich in der Klasse durchsetzen

2 ist humorvoll

3 kann gut erklären

4 ist fachlich gut

5 ist geduldig und ermutigt auch die schwächeren Schüler

sich durch/setzen *to assert o.s.*

1 Sind Sie mit dieser Reihenfolge einverstanden? Welche Eigenschaft finden Sie persönlich am wichtigsten?

2 Suchen Sie mit Hilfe des Wörterbuchs weitere Eigenschaften eines guten Lehrers / einer guten Lehrerin. Schreiben Sie sie auf:

Ein guter Lehrer / Eine gute Lehrerin ...

... darf nicht schnell wütend werden.

... soll seine/ihre Schüler mögen.

... ist ...

Grammatik zum Auffrischen: Adjektive ohne Endung

Remember, adjectives that do not precede a noun carry no ending:

Der Lehrer ist **geduldig**.
Der Lehrer ist **humorvoll**.

Adjectives can function as adverbs, saying how something is done. Then, like all adverbs, they have no ending:

Der Lehrer kann **gut** erklären.
Sie läuft **schnell**.

3 a Was sagen Lehrer/Lehrerinnen zum Thema: Wie ist ein idealer Schüler / eine ideale Schülerin? Hören Sie zu und kreuzen Sie an: falsch oder richtig?:

	Falsch	Richtig
1 Es gibt keine idealen Schüler/Schülerinnen.	☐	☐
2 Manchmal könnten die Schüler/Schülerinnen etwas leiser sein.	☐	☐
3 Ideale Schüler/ Schülerinnen stellen wenig Fragen.	☐	☐
4 Jungen sind sehr oft ideale Schüler, weil sie sehr sorgfältig sind.	☐	☐
5 Ideale Schüler sind nie unordentlich.	☐	☐

b Diskutieren Sie in der Klasse: Wie ist ein idealer Schüler / eine ideale Schülerin?

Interesse zeigen *to show an interest*
ordentlich *tidy, neat*
höflich *polite*
sorgfältig *careful*
die Hauptsache (-n) *main thing*
neugierig *curious, inquisitive*

4 a Lesen Sie diese Aussagen von SchülerInnen über ihre LehrerInnen. Ergänzen Sie die passenden Pronomen (ich, sie, er, wir, mich, ihn, uns).

z.B. **(a)** er

Stefan, 18

Petra, 16

Ich habe einen sehr guten Mathelehrer. **(a)** _____ kann sehr gut erklären. Obwohl **(b)** _____ in Mathe nicht besonders gut bin, macht sein Unterricht Spaß. Er ermutigt **(c)**_____ immer, wenn ich etwas nicht verstehe. Ich mag **(d)** _____ auch, weil er sehr humorvoll ist.

Wir haben eine sehr nette Deutschlehrerin. Ich finde, dass **(e)** _____ fachlich sehr gut ist. **(f)** _____ haben mit ihr „Die verlorene Ehre der Katharina Blum" gelesen. **(g)** _____ finde das Buch sehr schwer, aber ihr Unterricht ist wirklich o.k.

Heike, 17

Andreas, 16

Unsere Biologie-Lehrerin kann sich sehr gut in der Klasse durchsetzen. **(k)** _____ ist aber trotzdem sehr nett. Zum Beispiel schreit **(l)** _____ nicht rum, wenn es mal etwas lauter wird im Unterricht. Stattdessen spricht **(m)** _____ ein bisschen leiser, und **(n)** _____ müssen dann ruhiger sein, wenn **(o)** _____ sie verstehen wollen. **(p)** _____ finde, das ist ein ganz guter Trick.

Bei unserem Sportlehrer merkt man: Er mag **(h)** _____ . Er ist immer humorvoll und nie zynisch. Außerdem ist **(i)** _____ sehr geduldig. Besonders mit denen, die nicht so gut in Sport sind. Deshalb mag ich **(j)** _____ .

Grammatik zum Auffrischen:
Personalpronomen im Nominativ und Akkusativ

Here are all the nominative and accusative personal pronouns:

nom.	acc.	nom.	acc.
ich	mich	wir	uns
du	dich	ihr	euch
er	ihn	sie	sie
sie	sie	Sie	Sie
es	es		

b Hören Sie jetzt die Aussagen. Prüfen Sie, ob Sie die richtigen Pronomen eingesetzt haben.

5 Erfinden Sie Ihren idealen Lehrer / Ihre ideale Lehrerin und beschreiben Sie ihn/sie in 40–50 Wörtern. Welches Fach unterrichtet er/sie? Welche Eigenschaften muss er/sie haben? Erfinden Sie auch ein positives Erlebnis, das Sie mit ihm/ihr hatten.

1 | Wie wird man glücklich?

1 a Hören Sie die Meinung einer Psychologin. Was ist ihrer Meinung nach notwendig zum Glücklichsein?

1 positives Denken

2 keine Krisen im Leben

3 genügend Schlaf

4 eine gesunde Ernährung

5 Eier und Kartoffeln

6 viel Schokolade

7 extrem viel Sport

8 Man muss lernen, sich selbst zu mögen.

b Hat Frau Dr. Herzensgut Ihrer Meinung nach etwas vergessen? Ergänzen Sie die Liste. Benutzen Sie die Ausdrücke im Glücksrad.

z.B. Ich bin glücklich,
... wenn ich Sport treiben **kann**.
... wenn ich etwas Schönes unternehme

2 a Fortuna, die Glücksgöttin, verrät, wem sie am liebsten Glück schenkt ... Bevor Sie den Text auf Seite 29 lesen, verbinden Sie bitte die passenden deutschen und englischen Wörter:

1 jagen

2 es nützt nichts

3 auf/treten* [s]

4 ein freudiger Schreck

5 sich an/strengen

6 die Ader (-n)

7 sausen [s]

8 sich einer Sache hin/geben*

9 selbstvergessen

10 zu viel von jmdm. erwarten

11 vergolden

12 eigentlich

* [s] indicates perfect with *sein*

a *to appear*

b *to hunt/chase*

c *it is no use*

d *to devote oneself to sth*

e *to rush*

f *obliviously*

g *a thrill of joy*

h *to exert oneself, to make an effort*

i *to expect too much of sb.*

k *to gild*

l *actually*

m *vein*

b Lesen Sie jetzt den Text. Wer gehört in welche Lücke?

1 eine Musikstudentin 2 die Sportler 3 die Kinder 4 ein Junge 5 die Frischverliebten

Achtung: Haben Sie die Artikel und Pluralendungen der eingesetzten Wörter verändert?

Die Grammatikerklärung hilft Ihnen!

Fortuna spricht ...

Alle wollen mich. Ich bin das Glück. Aber: Es nützt nichts, mich zu jagen. Ich komme freiwillig, oder gar nicht. Und: Ich trete in vielen verschiedenen Formen auf ...

Am liebsten schenke ich **(a)** _____ Glücksmomente. Sie jagen mich nicht und fragen mich nie: Wann besuchst du mich endlich wieder? Erst neulich habe ich **(b)** _____ „einen freudigen Schreck" gegeben: Rolf (7) fand unter seinem Kopfkissen einen Teddy, den er sich lange gewünscht hatte – und schon war ich da ...

Auch **(c)** _____ gebe ich gerne „Highs". Ich liebe es, wenn sie richtig schwitzen, sich anstrengen und die Hormone durch ihre Adern sausen! Ich mag auch Leute, die sich selbstvergessen einer Sache hingeben. Zum Beispiel Wissenschaftler oder Musiker. Denen schenke ich den „Flow". Einmal habe ich **(d)** _____ eine ganze „Glücksstunde" gebracht, als sie endlich eine schwierige Kantate fehlerfrei spielen konnte ...

(e) _____ sage ich immer wieder: Erwartet nicht zu viel von mir. Ich kann euch nicht jede Minute vergolden! Ach, sie sind immer so ungeduldig! Aber natürlich komme ich eigentlich sehr gerne zu ihnen.

Tja, und du? Erinnerst du dich daran, als ich das letzte Mal bei dir war? Es ist sicher nicht so lange her, wie du glaubst!

3 Schreiben Sie die folgenden Sätze in Ihr Heft. Markieren Sie die direkten Objekte mit DO, die indirekten Objekte mit IO, die Subjekte mit S und Verben mit V.

z.B. Ich gebe meiner Freundin mein Hemd.
     S   V   IO   DO

a Ich schreibe einem Freund einen Brief.

b Das T-Shirt schenke ich einer Freundin.

c Der Direktor hat den Lehrern alles erzählt.

d Ich bringe meinem Freund eine Überraschung.

e Monika erzählt den Kindern eine Geschichte.

4 Ergänzen Sie die fehlenden Endungen:

a D___ Großvater erzählt d___ Kind ein__ Geschichte.

b Die Frau erklärte d____ Kindern d____ Weg.

c D__ Kind schenke ich ein____ Spielzeugauto.

d Beschreiben Sie d____ Schulleiterin d___ Dieb!

e Ich muss d____ Schulleiter sofort ein__ Brief schreiben!

Grammatik zum Auffrischen: Das indirekte Objekt

Many sentences have not only a direct, but also an **indirect object**. It expresses '**to whom**' or '**for whom**' the action of the verb is being done. You can also say that the indirect object is the '**receiver**' of the direct object in the sentence.

Ich nähe **einem Freund** ein Hemd.	**Wem** nähe ich ein Hemd? **Einem** Freund.
*I am sewing a shirt **for a friend**.*	*I am sewing a shirt **for whom**? **For** a friend.*
	(Who receives the shirt? A friend.)
Ich schenke **einem Kind** Glück.	**Wem** schenke ich Glück? **Einem** Kind.
*I am giving happiness **to a child**.*	*I am giving happiness **to whom**? **To** a child.*
	(Who receives happiness? A child.)

For indirect objects you use the **dative** case of the article. The dative case endings for the definite and indefinite article are identical:

singular			*plural*	*singular*			*plural*
masc.	*fem.*	*neut.*		*masc.*	*fem.*	*neut.*	
d**em**	d**er**	d**em**	d**en**	ein**em**	ein**er**	ein**em**	kein**en**

Note: German **nouns end in -n in the dative plural** (unless the plural ending is -s). If the noun doesn't already have an **-n** at the end in the plural, you will have to add one: *die Freunde – den Freund**en**, die Männer – den Männer**n**.*

2 | Dein Glück ist mein Glück.

1 Was können Sie tun, um andere glücklich zu machen? Setzen Sie die passenden Personalpronomen in die Lücken ein.

z.B. Bringen Sie **einer lieben Freundin / einem lieben Freund** doch öfter mal eine Überraschung mit!

– Bringen Sie **ihr/ihm** doch öfter mal eine Überraschung mit.

a Schicken Sie einem geliebten Menschen einen Liebesbrief!

Schicken Sie ____ einen Liebesbrief!

b Erzählen Sie einem Kind doch mal eine schöne Geschichte!

Erzählen Sie ____ doch mal eine schöne Geschichte!

c Schenken Sie Ihren Freunden mehr von Ihrer Zeit!

Schenken Sie ____ mehr von Ihrer Zeit!

d Zeigen Sie einem anderen Menschen ruhig, dass sie ihn mögen!

Zeigen Sie ____ ruhig, dass Sie ihn mögen! Nur keine Angst vor Abweisungen!

e Erklären Sie einer Klassenkameradin doch mal, was sie in Mathe nicht versteht!

Erklären sie ____ doch mal, was sie in Mathe nicht versteht!

Grammatik zum Auffrischen:
Personalpronomen im Dativ

You can use **personal pronouns** in the dative case to **replace indirect noun objects**:

S	V	IO	DO
Ich	schenke	einer Freundin	eine neue CD.
Ich	schenke	**ihr**	eine neue CD.
Ich	erkläre	meinen Freunden	die Matheaufgabe.
Ich	erkläre	**ihnen**	die Matheaufgabe.

The personal pronouns in the dative case are:

ich – **mir**	*(to/for me)*		wir – **uns**	*(to/for us)*
du – **dir**	*(to/for you)*		ihr – **euch**	*(to/for you)*
er – **ihm**	*(to/for him/it)*		sie – **ihnen**	*(to/for them)*
sie – **ihr**	*(to/for her/it)*		Sie – **Ihnen**	*(to/for you)*
es – **ihm**	*(to/for it)*			

2 **a** Wer tut hier was für wen? Finden Sie pro Satz zwei Varianten.

z.B. Der Mann – die Frau – einen Ring – zeigen
– **Der** Mann zeigt **der** Frau einen Ring.
– **Die** Frau zeigt **dem** Mann einen Ring.

> **TIP**
> If the **direct object** is a **noun** it **follows** the indirect object: **Dat. – Acc.**

1 das Kind – erzählen – eine Geschichte – der Großvater

2 der Mann – schicken – die Frau – einen Brief

3 die Eltern – geben – das Kind – ein Geschenk

4 die Kinder – schreiben – die Großeltern – einen Brief

5 der Lehrer – der Schüler – erklären – eine Aufgabe

b Ersetzen Sie jetzt das direkte Objekt in den Sätzen **6–10** mit einem Personalpronomen.

z.B. Der Mann zeigt **der Frau einen Ring**.

– Der Mann zeigt **ihn der Frau**.

> **TIP**
> If the **direct object** is a **pronoun** it **precedes** the indirect object: **Acc. – Dat.**

6 Ich gebe meiner Freundin ein Geschenk.

7 Sie erzählt dem Kind ein Märchen.

8 Er schreibt seinen Eltern eine Postkarte.

9 Ich schicke meinem Freund ein Paket.

10 Die Frau erklärt dem Mann den Weg.

c Ersetzen Sie jetzt beide Objekte in den Sätzen **6–10** mit einem Personalpronomen.

3 a

Schenken macht glücklich – und kostet Mühe. Hören Sie dazu eine Strophe aus dem Lied „Was soll ich _____ schenken?" von den Prinzen. Wem wollen Die Prinzen etwas schenken?

1 einem Freund

2 einer Freundin

3 einem Kind

4 einigen Freunden

5 sich selbst

b Hören Sie noch einmal und ergänzen Sie die fehlenden Pronomen (z. B. er, sie, ihn, ihr ...).

> Jeden Tag und jede Nacht,
>
> muss ich daran denken,
>
> jeden Tag und jede Nacht,
>
> was soll ich **(a)**_____ schenken,
>
> was soll ich **(b)**_____ schenken?
>
> Alles, alles hat **(c)**_____ schon,
>
> alles, alles und noch mehr,
>
> alles, alles hat **(d)**____ schon,
>
> was soll ich da schenken,
>
> ohne **(e)**____ – ohne **(f)**____ zu kränken?

c Ändern Sie jetzt den Liedtext so, dass er zu den anderen Personen aus **3a** passt.

4 a

Spielen Sie Fortuna! Hier sehen Sie einige Personen, denen Sie Glück schenken könnten.

Denken Sie sich für **eine** Person aus, warum sie unglücklich ist und wie Sie sie wieder glücklich machen könnten.

b Erzählen Sie jetzt: „Wie ich ... glücklich gemacht habe". Stellen Sie Ihre Person zunächst vor und erklären Sie dann, was Sie für sie getan haben. Benutzen Sie dabei möglichst diese Verben: schicken, bringen, schenken, geben, erklären, zeigen, erzählen.

Peter Herrmann, 19 Jahre

Josephine Schmidt, 80 Jahre, Witwe

Monika Bachmann, 12 Jahre

3 | Träume sind keine Schäume

1 a In einer Zeitschrift sehen Sie diese Schlagzeile und Fotos. Was glauben Sie: Welchen „Traumberuf" hat Katrin?

    1 Sie ist DJ in einer Diskothek.

    2 Sie ist Künstlerin mit einer eigenen Galerie.

    3 Sie ist Friseurin in ihrem eigenen Friseursalon.

  b Welche weiteren Informationen über Katrin erwarten Sie von dem folgenden Artikel?

2 Lesen Sie den Text und beantworten Sie diese Fragen:

  a Wo ist Katrin aufgewachsen?

  b Was waren ihre Kindheitsträume?

  c Wo hat sie ihre Ausbildung gemacht?

  d Was hat Katrin an ihrer Lehrstelle nicht gefallen?

  e Wo hat sie nach dem Ende ihrer Ausbildung gearbeitet?

  f Wie ist Katrin Chefin ihres eigenen Friseursalons geworden?

3 Wie wäre es: Hätten Sie Lust, einige Zeit im „Haarstudio Harmonie" zu arbeiten? Warum (nicht)?

4 Was für berufliche Träume haben Sie? Wie wollen Sie sie erfüllen?

5 Was passt? Sollte, wollte, musste, konnte? Achten Sie auf die Verbendungen! Die Grammatikerklärung hilft Ihnen.

  a Die Eltern _____ nicht, dass Katrin Friseuse wird.

  b Der Wunsch der Eltern war: Katrin _____ zu Hause bleiben.

  c Während der Ausbildung _____ Katrin immer Tuchhosen und biedere Blusen tragen.

  d Die ersten Chefs vom „Haarstudio Harmonie" _____ den Laden bald schließen.

  e Katrin _____ von ihren Eltern Geld leihen. Deshalb ist sie heute ihr eigener Boss.

Grammatik zum Auffrischen: Modalverben im Imperfekt

Even though in spoken German you generally use the perfect to talk about things in the past, you use the imperfect tense of modal verbs. In the imperfect tense, modal verbs have no umlaut (ö, ü). You add the following endings to these 'stems': *konn-, soll-, durf-, moch(t)-, muss-, woll-*:

ich muss-**te**	wir muss-**ten**
du muss-**test**	ihr muss-**tet**
er/sie/es muss-**te**	sie/Sie muss-**ten**

6 Spielen Sie das Modalverbenturnier. Ihr Lehrer gibt Ihnen die Spielregeln.

7 Gestern im „Haarstudio Harmonie". Hören Sie zu. Was musste, wollte, konnte ... Katrin zu diesen Zeiten tun? Notieren Sie in Stichworten.

  a um 9 Uhr

  b um 10 Uhr

  c um 12 Uhr

  d nachmittags

  e abends

der Mischling (-e) *half breed*
die Buchhaltung *book-keeping, accounts*
auf/schließen* (aufgeschlossen) *to unlock, open*
höchstens *at most*
vorbei *over*

8 Schreiben Sie zu einer dieser Schlagzeilen eine Geschichte. Benutzen Sie möglichst viele Modalverben im Imperfekt.

A Die 20-jährige Maria wartet nicht – sie startet: heute arbeitet sie an einem Hamburger Theater und singt in einer Band

B Fast so schön wie vom Tellerwäscher zum Millionär: 23-jähriger Chemiearbeiter entwickelt erfolgreiches Computerlernspiel

Die 22-jährige Katrin hat sich in Berlin ihren beruflichen Traum erfüllt.

- Make it a habit to look carefully at the heading and subheading of a text as well as any pictures or photos that go with it before actually reading it.
- Even though this may seem quite trivial, it will help you to anticipate what the text is about.
- So will the questions that are often given to you when you read a text.

Katrin steht auf kurze Haare. Zu ihrer eigenen Frisur sagt sie: „Damit fühl ich mich wohl. Außerdem ist es praktisch." Kein Wunder also, dass sie Friseurin und „Spezialistin für Kurzhaarschnitte" ist. Wenn man Katrin heute sieht, mit der Frisur und dem Technolook, dann glaubt man kaum, dass sie auf einem Bauernhof im ostdeutschen Sachsen-Anhalt aufgewachsen ist. Sie wollte nicht wie die anderen Mädchen in ihrem Dorf spätestens mit zwanzig heiraten und Kinder kriegen. Stattdessen wollte sie Friseurin werden – und sehen, wie es in Westdeutschland ist. Ihre Eltern waren gegen diese Pläne. Katrin gab ihre Träume aber nicht auf und haute mit 16 von zu Hause ab. Zunächst landete sie in der westdeutschen Kleinstadt Uelzen. Dort musste sie anfänglich auf dem Bahnhof schlafen, weil sie kein Geld für eine Unterkunft hatte. Mit Glück und Durchhaltevermögen fand sie eine Lehrstelle in einem Friseursalon für ältere Damen. Dort musste sie biedere Blusen und Tuchhosen tragen. „Gar nicht mein Stil", sagt sie. Also ging sie nach dem Ende ihrer Lehrzeit Hals über Kopf nach Berlin – und hatte wieder Glück. Sie fand eine Stelle in dem Alternativ-Friseursalon „Haarstudio Harmonie". Doch bald darauf sollte das Haarstudio geschlossen werden. Katrin beschloss: Sie wollte das Geschaft übernehmen. Sie lieh sich von ihren Eltern etwas Geld und war schließlich mit 21 Jahren Chefin ihres eigenen Friseursalons. Demnächst wird sie ihre Meisterprüfung machen. Dann kann sie selbst Lehrlinge einstellen ...

die Frisur (-en) *hairstyle*	**die Tuchhose (-n)** *here: smart trousers*
der Kurzhaarschnitt (-e) *short haircut*	**Hals über Kopf** *head over heels / in a hurry*
man glaubt kaum, dass ... *one can hardly believe that ...*	**schließen* (geschlossen)** *to shut (down)*
auf/geben* *to give up*	**beschließen*** *to decide*
von zu Hause ab/hauen [s] *to run away from home (coll.)*	**übernehmen*** *to take over*
die Unterkunft (¨e) *accommodation*	**leihen*** *to lend / to borrow*
das Durchhaltevermögen *endurance*	**die Meisterprüfung (-en)** *examination for master craftsman's certificate*
bieder *unsophisticated/boring*	

4 | Märchenhaftes Glück

a Schneewittchen

b Rotkäppchen

c Aschenputtel

1 Zu welcher „unglücklichen" Märchenfigur passen diese Aussagen?

   1 Ich habe keine besonders nette Stiefmutter.

   2 Ich bekomme zu Hause kein gutes Essen.*

   3 Ich habe keinen mutigen Vater.

   4 Ich habe keine schönen Kleider.*

   5 Ich habe keine Kutsche.

   6 Ich habe keinen Prinzen, der mich liebt.

   7 Ich habe keine netten Schwestern.*

   8 Ich habe keinen Spaß im Leben – nur meine Schwestern haben immer Spaß.*

   9 Ich habe keine Zeit, weil ich immer putzen muss.*

   10 Ich habe kein Geld.*

2 In der Klasse: Können Sie das Märchen zu dieser Figur auf Deutsch erzählen? Versuchen Sie es doch einmal gemeinsam! Einer fängt mit einem Satz an. Der Nächste erzählt den zweiten Satz usw.

3 Seien Sie die gute Fee (*fairy*)! Schreiben Sie die Sätze aus **1** positiv um!

z.B.

   1 Ich habe **keine** besonders nette Stiefmutter.
    – Ich habe **eine** besonders nette Stiefmutter.

   2 Ich bekomme **kein** gutes Essen.*
    – Ich bekomme gutes Essen.

   * These sentences do not have an article in the positive statement.

4 Was wird in den Sätzen **1–10** mit „kein" verneint: Verben oder Substantive?

Grammatik zum Auffrischen: Verneinung mit „kein"

Kein is used to **negate nouns** that in German would have **an indefinite article** (*ein*) or **no article** in front of them in the positive form.

Da ist ein Haus.	Da ist **kein** Haus.
Da sind Leute.	Da sind **keine** Leute.

It usually translates as 'not (...) a', 'not (...) any, 'no', but sometimes just as 'not', e.g. 'I don't get good food.' '*Ich bekomme kein gutes Essen.*'

In the **singular**, *kein* takes the same endings as the indefinite article. In the **plural**, add the following endings:

nom.	kein-**e**
acc.	kein-**e**
gen.	kein-**er**
dat.	kein-**en**

5 Ergänzen Sie die passenden Endungen:

a Ich habe kein__ Schmuck (m.).

b Er schenkt kein__ Menschen (m., Sg.) etwas!

c Wir trinken kein__ Alkohol.

d Ich habe seit Monaten kein__ Freunde angerufen!

e Ich kann Ihnen darüber kein__ Informationen geben.

f Sie mag kein__ Menschen (m., Sg.)!

g Ich habe leider kein__ Haustier.

h Ich mag kein__ Kaffee.

6 Übersetzen Sie:

a *He isn't a liar!*

b *I don't want tea.*

c *There aren't any apples.*

d *There isn't a café in this village.*

e *No problem!*

Grammatik zum Auffrischen: Verneinung mit „nicht"

Use *nicht* for 'not' when *kein* is not appropriate.

Ich bin **nicht** glücklich.
I'm not happy.

Er hat mich **nicht** erkannt.
He didn't recognise me.

Ich bin **nicht** mit der Kutsche gefahren.
I didn't go by coach.

7 „Nicht" oder „kein"? Was passt in die Lücken?

a Ich habe __ Freunde getroffen.

b Ich habe __ schönes Leben!

c Der Kellner begrüßt den Gast __.

d Ich treffe __ Freunde.

e Ich gehe __ gerne schwimmen.

f Ich habe __ Großeltern mehr.

g Wir haben __ Auto.

h Ich fahre __ nach Hamburg.

8

a Hören Sie den Radiobericht. Über welche Märchenfigur wird hier gesprochen?

b Hören Sie noch einmal und korrigieren Sie die **fett**gedruckten Informationen:

Gestern Morgen (1) **gegen sechs Uhr** wollte die (2) **siebenjährige** Barbara Rot aus Rott nach Roetgen gehen, um ihre Großmutter zu besuchen. Das Mädchen war bekleidet mit einem roten Mantel, einer (3) **grünen Kappe** und hatte einen Korb mit Wein und (4) **Käse** dabei. Barbara Rot musste durch den Wald zwischen Rott und Roetgen gehen. Fußspuren deuten darauf hin, dass sie unterwegs (5) **einem relativ großen Hund** begegnete. Seit gestern Morgen (6) **gegen neun Uhr** gelten Barbara Rot und ihre (7) **fünfundachtzigjährige** Großmutter als vermisst.

mit etwas bekleidet sein* [s] *to be dressed in, to be wearing sth.*

die Kappe (-n) *cap*

dabei haben* *to have with one*

die Fußspur (-en) *footprint*

deuten darauf hin, dass … *indicate that …*

begegnen (+ Dat.) [s] *to meet*

gelten* *here: to be regarded*

vermisst *missing*

9 Sie sind Journalist(in) bei einer Boulevardzeitung. Rotkäppchen hat Ihnen ihre Geschichte erzählt. Schreiben Sie (im Perfekt) einen Bericht über die Erlebnisse des Kindes. Sie können die Informationen des obigen Polizeiberichts und diese Ausdrücke benutzen:

• Wolf begegnen

• Wolf fragt das Kind aus

• sagt, es möchte zu seiner Großmutter gehen

• Wolf rennt zum Haus der Großmutter, frisst sie

• Rotkäppchen kommt

• die Großmutter sieht komisch aus: sie hat große Augen, große Hände, einen großen Mund

• Wolf frisst Rotkäppchen

• ein Jäger rettet die Großmutter und das Mädchen

1 | Wohnen – aber wo?

1 Sie haben die Wahl. Wo möchten Sie später gerne wohnen? In der Stadt oder auf dem Land? Stimmen Sie in der Klasse ab!

2 a Warum möchten Sie gerne in der Stadt / auf dem Land wohnen? Wählen Sie die Aussagen, die für Sie zutreffen.

1 weil ich viel Platz um mich haben möchte.

2 weil ich gerne viel draußen in der Natur unternehme.

3 weil ich gerne in Kinos/Cafes/Konzerte gehe.

4 weil es dort viele interessante Menschen gibt.

5 weil man sich dort eher ein Haus leisten kann.

6 weil es dort ruhiger und gemütlicher ist, als in der Stadt.

7 weil die Leute sich dort alle kennen.

8 weil es mir auf dem Land viel zu langweilig ist.

9 weil man auf dem Land zu oft mit dem Auto fahren muss.

10 weil es dort viele witzige und schöne Geschäfte gibt.

b Kombinieren Sie jetzt die Sätze und begründen Sie dann in der Klasse, warum Sie gerne auf dem Land / in der Stadt wohnen möchten.

z.B. Ich würde später gerne auf dem Land wohnen, ...

weil es dort ruhiger als in der Stadt **ist und** (weil) ich gerne viel draußen **unternehme**.

TIP

Note: You can combine subordinate clauses using *und*. If both subordinate clauses start with the same conjunction, you can leave the conjunction out of the second clause, but remember the word order: the verb still goes to the end of the clause!

3 a Hören Sie zu. Wo wohnen Clemens und Brigitte?

b Hören Sie noch einmal. Welche Vorteile, welche Nachteile nennen die beiden von ihren Wohnorten?

ziehen* [s] *(here:) to move house*
die E-Gitarre (-n) *electric guitar*
die Mietwohnung (-en) *rented flat*
das Hochhaus (-̈er) *high-rise building*
das Stockwerk (-e) *floor, storey*
freizeitmäßig *leisurewise (coll.)*

4 a Um zu beschreiben, wie und wo man wohnen möchte, muss man Präpositionen (über, unter , neben ...) benutzen. Welche Präpositionen finden Sie in den Aussagen **1–10**?

z.B. **1** um

b Welche Präpositionen kennen Sie noch?

Grammatik zum Auffrischen: Präpositionen

Prepositions in English are words such as 'in', 'under', 'on', 'before' etc. You use them:

(a) to describe **where** things or people are (*Ich wohne bei meinen Eltern.* I live **at** my parents'.)

(b) to express a **direction** (*Ich fahre nach Berlin.* I am going **to** Berlin.)

(c) to describe **when** things happen (*Wir fahren im Juli weg.* We are going away **in** July.)

(d) to describe '**manner**' (*Ich fahre mit dem Auto.* I am going **by** car.)

5 a Verbinden Sie die Zeichnungen mit den passenden Präpositionen:

bis

durch

entlang

gegen

um

b Was bedeuten die Präpositionen „für" und „ohne" auf Englisch?

c Hören Sie zu. Clemens spricht über seine Freizeit in Börnecke. Welche Präpositionen benutzt er in den folgenden Sätzen?

1 Ich jogge oft _____ den Teich in Börnecke.

2 Ich laufe gerne _____ den Wald.

3 Ich gehe nie _____ meine Gitarre, wenn ich Freunde besuche.

4 Ich kaufe manchmal Blumen _____ meine Freundin.

5 Ich bin _____ den Autoverkehr und nehme deshalb meist mein Fahrrad.

d In welchem Fall stehen die Artikel nach den Präpositionen?

Grammatik zum Auffrischen: Präpositionen mit Akkusativ

In German every **preposition** requires the noun with it to be in a certain case. The following prepositions are always with the **accusative case**:

bis *(until)* **für** *(for)*

durch *(through)* **gegen** *(against)*

entlang *(along)* **ohne** *(without)*

(follows the noun) **um** *(around)*

6 a Eine Freundin macht Brigitte Vorschläge zur Freizeitgestaltung in Hamburg. Ergänzen Sie die fehlenden Präpositionen und Artikelendungen:

die Alster

der Jungfernstieg

die Elbe

1 Bummel doch _____ d___ Innenstadt.

2 Lauf doch _____ d___ Alster.

3 Du kannst ja auch d___ Jungfernstieg entlanggehen.

4 Kauf doch ein Geschenk für ein___ Freund oder ein___ Freundin.

5 Geh doch zur Elbe und lauf _____ d___ Wind, so schnell du kannst.

6 Geh doch d___ Elbe entlang.

b Brigitte erzählt in einer E-Mail an einen Freund / eine Freundin, was sie gestern in Hamburg gemacht hat. Schreiben Sie die E-Mail im Perfekt. Schreiben Sie mindestens zehn Sätze und benutzen Sie in jedem Satz eine Präposition.

2 | Zusammenwohnen als Chance?

> **Paul ist 16. Er hat mehrere Heime hinter sich, Schlägereien, kleine Diebstähle und Schulverweigerung.**
> **Seit einem Monat lebt er** _____

das **Heim** _children's home_
die **Schlägerei** _fight_
der **Diebstahl** (¨e) _theft_
die **Schulverweigerung** _refusal to go to school_

1 Was meinen Sie: Was sollte in der Lücke stehen?

a **in einem Jugendgefängnis** _(a prison for juvenile offenders)_

oder

b **in einer von Sozialarbeitern betreuten Wohngruppe** _(a flat shared with other young people and supervised by social workers)_?

2 Lesen Sie den Text. Entscheiden Sie dabei, was die folgenden Ausdrücke bedeuten:

a jmdn. aufnehmen — **1** _to give up on sb._ — **2** _to take sb. in_

b für sich selbst sorgen — **1** _to take care of oneself_ — **2** _to worry about oneself_

c Hilfe zur Selbsthilfe geben — **1** _to help oneself to sth._ — **2** _to help sb. to help himself_

d aus der Rolle fallen — **1** _to be of no importance_ — **2** _to forget oneself_

e über die Stränge schlagen — **1** _to beat the ropes_ — **2** _to kick over the traces_

wäre _would be_
den Schulabschluss nach/holen _to take the final school examination as a mature student_
die **Lehre** _apprenticeship_
die **Wohngemeinschaft** (-en) _group sharing a flat or house_
ein/richten _to furnish_
sich um jmdn. kümmern _to take care of sb._
Ordnung halten* _to keep things tidy_
das **Werkzeug** _tools_
auf/passen _to watch out_

Zusammenwohnen als Chance

Das betreute Jugendwohnen ist Pauls letzte Chance. Die nächste Station wäre das Jugendgefängnis. Nach Hause kann Paul nicht. Seine Eltern wollen ihn nicht aufnehmen. Im Jugenddorf Seelow kann Paul seinen Schulabschluss nachholen und dann eine Lehre machen. Sechs Mädchen und dreizehn Jungen haben in der Kleinstadt Seelow eine neue Heimat gefunden. Die 14- bis 19-jährigen Jugendlichen wohnen in fünf kleinen Einfamilienhäusern in Wohngemeinschaften zusammen. „Ihre" Wohnungen haben sie selbst renoviert und eingerichtet. Fünf SozialarbeiterInnen kümmern sich um die jungen Leute. Einer ist immer da für ihre Probleme. Die Jugendlichen sorgen für sich selbst: Sie waschen ihre Wäsche, halten Ordnung im Haus und kochen ihre Mahlzeiten. „Viele müssen erst lernen, für sich selbst zu sorgen", sagt Holger Rohlfs, einer der Sozialarbeiter. Einige Bewohner der kleinen Stadt helfen den Jugendlichen dabei. Sie geben ihnen „Hilfe zur Selbsthilfe". Die Nachbarin von Pauls Wohngruppe, Frau Hildebrandt, hat den Jugendlichen gezeigt, wie man einfache Gerichte kocht. Ihr Mann leiht den Jungen manchmal sein Werkzeug – „aber nur, weil er immer alles zurückbekommt", sagt Frau Hildebrandt. Ab und zu kochen die Hildebrandts und Pauls Wohngruppe zusammen. Die Jugendlichen wissen, dass nicht mehr viel kommt, wenn sie hier aus der Rolle fallen. „Sie passen deshalb auf, dass keiner von ihnen über die Stränge schlägt", sagt Holger Rohlfs.

3 a Lesen Sie den Text noch einmal. Schreiben Sie die Maßnahmen auf, die für Paul und die anderen Jugendlichen „Hilfe zur Selbsthilfe" sind.

b Überlegen Sie gemeinsam mit einem Partner: Warum sind diese Maßnahmen für Paul und die anderen so wichtig?

z.B. **Wenn** Paul einen Schulabschluss hat,
dann kann er später eine ...

Wenn er ...,
dann ...

4 Was bedeuten die **fett**gedruckten Wörter auf Englisch?

a Paul kann in Seelow **seinen** Schulabschluss machen.

b Marie, ein Mädchen aus Pauls Wohngruppe, macht auch **ihren** Schulabschluss.

c Die Jugendlichen waschen **ihre** Wäsche selbst.

d Frau Hildebrandt ist die Nachbarin. **Ihr** Mann leiht den Jugendlichen **sein** Werkzeug.

e Die Jugendlichen finden: „Die Hildebrandts sind **unsere** liebsten Nachbarn!"

f Paul sagt über Seelow: „Seelow ist jetzt **meine** Heimat."

Grammatik zum Auffrischen: Possessive Adjektive

Words such as **meine, dein, unsere** etc. are called possessive adjectives. You use them to describe who something or someone 'belongs to'. For instance:

Das ist **meine** Kamera.	*That is **my** camera.*
Das ist **seine** Freundin.	*That is **his** girlfriend.*
Das ist **unser** Haus.	*That is **our** house.*
Ist das **Ihre** Kamera?	*Is that **your** camera?*
	(formal you)

Here is the full list of possessive adjectives:

mein	*my*	unser	*our*
dein	*your*	euer	*your*
sein	*his/its*	ihr	*their*
ihr	*her/its*	Ihr	*your (formal)*
sein	*its*		

5 a Ergänzen Sie die passenden unbestimmten Artikel (ein, eine, ein ...).

1 Paul kann in Seelow **seinen** Schulabschluss nachholen.

Paul kann in Seelow _____ Schulabschluss nachholen.

2 Dann kann er **seine** Ausbildung beginnen.

Dann kann er _____ Ausbildung beginnen.

3 Dort drüben steht **sein** Haus.

Dort drüben steht _____ Haus.

b Vergleichen Sie die Endungen von „sein" und „ein". Was fällt Ihnen auf?

Grammatik zum Auffrischen: Endungen possessiver Adjektive

In the **singular, the endings of possessive adjectives** are **identical** to those of *ein, eine, ein*. The possessive adjectives given to you above form the 'stem' to which you add the appropriate endings. In the **plural**, add *-e* for the **nominative and** for the **accusative**, *-en* for the **dative** and *-er* for the **genitive** (see p.64), regardless of the gender of the following noun:

plural:

nominative:	Das sind mein**e** Schuhe.
	Das sind unser**e** Häuser.
accusative:	Ich sehe mein**e** Schuhe.
	Ich sehe mein**e** Hemden.
dative:	Das Haus gehört mein**en** Eltern.
	Das Haus gehört unser**en** Eltern.
genitive:	Das ist das Haus mein**er** Eltern.
	Das ist das Haus unser**er** Kinder.

6 Stellen Sie sich vor: Ein Sozialarbeiter bittet Paul um einen kurzen Bericht, in dem er beschreibt, wie sein Leben vor Seelow war. Wo hat er gewohnt? Wie oft ist er zur Schule gegangen? Warum hat er die Schule geschwänzt (*played truant*)? Wer sind seine Eltern? Wie war sein Verhältnis mit seinen Eltern? Wer waren seine Freunde? Was hat er gemacht? Schreiben Sie den Bericht im Perfekt und benutzen Sie so viele Possessivpronomen wie möglich.

1 Stellen Sie sich vor, Sie wollen von zu Hause ausziehen (*move out*) und suchen ein Zimmer. Würden Sie bei diesem Vermieter (*landlord*) anrufen?

> Großes, helles Zimmer (20 qm) mit Balkon zu vermieten. Stadtmitte, aber dennoch ruhig. Miete: pro Monat ca. 40 Stunden leichte Aushilfsarbeit + 100 DM. Sind Sie interessiert? Dann melden Sie sich bei: 863 786.

qm (Quadratmeter) *square metre*
die Aushilfsarbeit *work to help sb. out*

z.B. Nein, ich würde auf keinen Fall anrufen, weil …

Ich würde vielleicht anrufen. Es kommt darauf an, was/ob …

Ich würde auf jeden Fall anrufen, weil …

2 Lesen Sie jetzt den Text über den jungen Mann, der dieses Angebot angenommen hat. Finden Sie dabei die passenden deutschen Ausdrücke zu diesen englischen:

a	*reasonably priced*	p _ _ is _ _ _ t
b	*experience*	die E _ _ a _ _ u _ _
c	*1 dealings 2 contact*	der _ m _ _ _ g
d	*sb. in need of help*	der/die _ i l _ _ b _ _ ü _ _ _ i _ e
e	*hip complaint*	das _ ü _ t _ _ i _ _ n
f	*lonely*	e _ _ s _ m
g	*1 company 2 society*	die G _ s _ l _ _ c _ _ _ t
h	*suburb*	der _ o _ o _ t
i	*he cleans*	er _ u _ zt
k	*bottom line*	der Sch _ _ sss _ _ _ _ h

Arbeiten, um zu wohnen?

Student Niklas sucht ein Zimmer, möglichst preiswert und stadtnah. Er sieht diese Anzeige und denkt sich: Wieso nicht? Seit seinem Zivildienst* hat er Erfahrung im Umgang mit Hilfsbedürftigen.

Rentner Jost Schmidt hat ein Hüftleiden. Bei der Haushaltsarbeit und beim Einkaufen braucht er Hilfe. Wegen seines Hüftleidens kommt Herr Schmidt nicht mehr oft aus dem Haus. Seit dem Tod seiner Frau fühlt er sich oft einsam und wünscht sich ein bisschen Gesellschaft. Niklas lernt Jost Schmidt kennen. Das helle, große Zimmer gefällt ihm und er zieht zu Herrn Schmidt in die Wohnung. Es gefällt Niklas, hier zu wohnen. Er sitzt oft auf seinem Balkon und genießt die Nachmittagssonne.

Von der Wohnung bis zur Universität sind es nur fünf Minuten mit dem Fahrrad. Er spart also viel Zeit, weil er nicht mit der U-Bahn aus einem Vorort zur Universität fahren muss. Jede Woche arbeitet er zehn Stunden für Herrn Schmidt. Er kauft ein, putzt die Wohnung, wäscht die Wäsche und kocht manchmal auch.

Obwohl Herr Schmidt sich über die Hilfe und die Gesellschaft freut, muss auch er sich erst an seinen neuen Mitbewohner gewöhnen. Es hat auch schon Konflikte gegeben. Aber insgesamt verstehen sich die beiden Männer. Und unter dem Schlussstrich hat jeder einen Vorteil von diesem Modell.

* *Zivildienst* – community service as an alternative to military service. It is compulsory for all men from age 18 to do one or the other. Working in a hospital or an old people's home, for instance, are very common forms of community service.

3 a Notieren Sie in Stichworten: Welche Vorteile hat Niklas von diesem Wohnmodell, welche Vorteile Herr Schmidt?

b Können Sie sich nach dem Lesen des Textes vorstellen, ein solches Mietangebot anzunehmen? Warum (nicht)?

4 Niklas erzählt vom Zusammenwohnen mit Herrn Schmidt. Hören Sie zu und notieren Sie in Stichworten: Was gefällt Niklas nicht so gut? Er nennt drei Beispiele.

5 a Im Text kommen diese Präpositionen vor: bei, mit, seit, aus, zu, von. Was bedeuten sie in diesen Sätzen auf Englisch?

1 **Seit** seinem Zivildienst hat Niklas Erfahrung im Umgang **mit** Hilfsbedürftigen.

2 **Seit** dem Tod seiner Frau fühlt sich Herr S. oft einsam.

3 Es gefällt Niklas, **bei** dem alten Herrn zu wohnen.

4 **Von** der Wohnung bis zur Universität sind es nur fünf Minuten **mit** dem Fahrrad.

5 Niklas muss nicht **mit** der U-Bahn **aus** einem Vorort **zur** Universität fahren.

b Nach diesen Präpositionen steht immer nur ein Fall. Welcher?

Grammatik zum Auffrischen:
Präpositionen mit dem Dativ

These nine **prepositions** are always followed by the **dative**:

aus (out of / from)	**gegenüber** (opposite)	**seit** (since/for)
außer (except)	**mit** (with/by)	**von** (from)
bei (at, near)	**nach** (after/past/to)	**zu** (to)

Remember:
For 'to go **by**' in German you use *fahren* ***mit***.

I am going by car/bus/bike. – Ich fahre **mit** dem Auto/Bus/Rad.

For 'I have been doing that **for** ...' you say *Ich mache das* ***seit*** ...

*I have been learning German **for** three years.* – Ich lerne **seit** drei Jahren Deutsch.

Common contractions are: **bei dem = beim, von dem = vom, zu der = zur, zu dem = zum.**

6 a Schreiben Sie diese Sätze in Ihr Heft. Ergänzen Sie die fehlenden Dativ-Präpositionen (mit, zu, seit, gegenüber, nach, aus) und Endungen.

1 Ich wohne noch ____ mein__ Eltern.

2 Ich fahre immer _____ d__ Fahrrad zur Schule.

3 ___ d__ Universität kommen Sie ____ d__ Bus Nr. 2.

4 Die Kirche ist _____ d__ Marktplatz.

5 Niklas studiert schon _____ drei Jahren.

6 _____ Januar wohnt Niklas bei Herrn Schmidt.

7 _____ zehn Uhr abends kann Niklas keinen Besuch mehr bekommen.

8 ___ d__ Bahnhof bis ___ d__ Universität ist es sehr weit.

9 Im Vergleich _____ d__ anderen Wohnungen in Darmstadt ist Niklas' Wohnung sehr preiswert.

10 Niklas ist nicht ____ Darmstadt, er kommt _____ Essen.

b Welche von den Präpositionen in den Sätzen **1–10** können Sie mit dem nachfolgenden Artikel „zusammenziehen"?

7 „Zu" oder „nach"? Was passt? Ergänzen Sie die Sätze mit „zu", „zum", „zur" oder „nach".

a Ich fahre morgen ____ meiner Freundin.

b In den Ferien fahren wir _____ Deutschland.

c Ich muss schnell ____ Post gehen.

d Ich muss noch _____ Supermarkt gehen.

e Übermorgen fahre ich _____ Hamburg.

f Komm doch bitte mal _____ oben.

TIP

Watch out! In English you use 'to' where in German you use either *zu* or *nach*. Use *nach* (a) with names of countries and towns (**not** for those used with a definite article such as *die Schweiz*) (b) in expressions such as *nach oben / nach unten / nach links /nach rechts gehen* or *nach Süden fahren*. For other situations use *zu*.

8 Herr Schmidt erzählt einem alten Freund am Telefon vom Zusammenwohnen mit Niklas. Was sagt er? Schreiben Sie das Telefongespräch (ca. 50–80 Wörter) mit seinem Freund. Benutzen Sie so viele Dativpräpositionen wie möglich!

4 | Lustig ist das Studentenleben ...

1 Auf den Bildern sehen Sie deutsche Studenten in ihren Wohnungen. In welcher Wohnung würden Sie am liebsten wohnen? Warum?

z.B. Ich würde am liebsten in Wohnung a/b/c wohnen, ...

weil ich sie	**am**	gemütlich**sten** finde.
	am	schick**sten**
	am	hell...
	...	freundlich...
	...	modern...
	...	originell...
	...	interessant...
	...	schön...

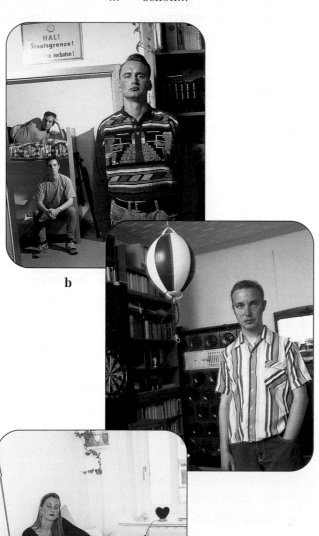

a

b

c

2 a Hören Sie jetzt Holger, Nadja und Detlef. Wer wohnt in welchem Zimmer?

b Hören Sie noch einmal und beantworten Sie diese Fragen:

1 Wer zahlt am meisten, wer am wenigsten Miete pro Monat?

2 Wer muss im Winter Kohlen aus dem Keller holen?

3 Wer muss gut Ordnung halten, damit die Wohnung nicht allzu chaotisch wird?

4 Wessen Wohnung ist manchmal etwas zu laut?

die Altbauwohnung (-en) *flat in an old building*
anstrengend *strenuous*
das Studentenwohnheim *hall of residence*
quatschen *to chat (coll.)*
sich beschweren *to complain*

Grammatik zum Auffrischen: Der Superlativ

Expressions such as 'the most comfortable', 'the nicest', 'the most interesting', 'the smallest' etc. are called the **superlative** of adjectives. In German, when the adjective is not directly in front of a noun, you form the superlative by using **am** and adding **-sten** to the adjective:

Diese Wohnung ist ruhig.
Diese Wohnung ist **am** ruhig-**sten**.

Diese Wohnung ist schön.
Diese Wohnung ist **am** schön-**sten**.

Watch out: some short adjectives add an umlaut:

gro**ß**   am gr**öß**ten
hoch   am h**öch**sten

There are also a few irregular superlatives:

viel   am meisten
nah   am nächsten
gut   am besten

3 a Schlagen Sie im Wörterbuch die Bedeutung der **fett**gedruckten Präpositionen über den Texten nach, wenn Sie sie nicht kennen.

b Lesen Sie jetzt die Texte und setzen Sie die Präpositionen in die Lücken ein.

1 am (=an dem), über, in, an

Kann man das aushalten? Kann man sich als 25 Jahre alter BWL-Student ein Schlafzimmer mit zwei Kommilitonen teilen? „Man kann", sagt Holger Krell. Das Zimmer ist sparsam eingerichtet: **(a)**____ der Wand steht ein Etagenbett, **(b)**____ Bett lehnt ein Stativ. **(c)** ____ dem Bett hängt ein Schild – ein Überbleibsel aus DDR-Zeiten: „Halt – Staatsgrenze!" steht darauf. Krell ist zufrieden mit den Wohnverhältnissen **(d)** ____ seinem Dresdner Studentenwohnheim.

2 vor, an, auf

Nadja Froins Wohnung liegt im teuren Stadtteil Winterhude. Ihr Schlafzimmer hat sie hell und modern eingerichtet: Das Bett hat sie **(e)**_____ das Fenster gestellt, **(f)**____ der Wand steht ein moderner Kerzenständer und **(g)**____ der Fensterbank eine rote, herzförmige Lampe.

3 in, an

Detlef Weise hat seine Wohnung mit Fundstücken vom Sperrmüll eingerichtet. **(h)** ____ seinem Wohnzimmer hängt eine ballonförmige Lampe **(i)** ____ der Decke, und **(j)** ____ der Zimmermitte steht ein gemütlicher Esstisch. Der Ofen **(k)** ____ der Wand gibt im Winter gemütliche Wärme.

aus/halten* *to stand, to bear*
BWL (die Betriebswirtschaftslehre) *business studies*
der Kommilitone (-n) *fellow student*
sparsam *sparsely*
das Stativ (-e) *tripod*
das Überbleibsel (-) *remnant*
das Fundstück (-e) *'find'*
der Sperrmüll *bulky refuse (for which there is a special collection service)*

4 a In den Sätzen **1–5** steht pro Satz eine Präposition. Finden Sie sie?

   1 Auf dem Boden steht eine Vase.

   2 Ich stelle die Vase auf den Boden.

   3 Über dem Bett ist ein Schild.

   4 Ich hänge ein Schild über das Bett.

   5 In der Wohnung ist nicht viel Platz.

b Prüfen Sie: In welchem Fall stehen die Wörter nach den Präpositionen? Was fällt Ihnen auf?

Grammatik zum Auffrischen: Wechselpräpositionen

There are nine **'two-way-prepositions'** in German that are sometimes used with dative, sometimes with **accusative**. You use the accusative if a **movement in relation to** sth. or sb. is implied, and the **dative** if there is **no movement in relation to sth. or sb.** The two-way prepositions are:

an (*at*, *to*, *on*)	**über** (*above*, *over*)
auf (*on*, *onto*)	**unter** (under, below)
hinter (*behind*)	**vor** (*in front of*)
in (*in*, *into*)	**zwischen** (*between*)
neben (*next to*, *beside*)	

You often find these contractions:

in dem = im   an dem = am   in das = ins   an das = an

5 Akkusativ oder Dativ? Ergänzen Sie die richtigen Endungen.

  a Ich stelle die Lampe an d____ Wand.

  b Die Lampe steht an d____ Wand.

  c Ich hänge das Bild an d____ Wand.

  d Das Bild hängt an d___ Wand.

  e Ich lege die Äpfel in d____ Schale.

  f Die Äpfel liegen in d___ Schale.

  g Vorsicht! Über dein___ Kopf hängt ein Regal!

6 Suchen Sie in einer Zeitschrift / Ihrem Fotoalbum ein Foto von einem Zimmer. Beschreiben Sie das Zimmer. Benutzen Sie die Verben: hängen, stellen, legen, stehen, liegen, und möglichst viele Wechselpräpositionen mit Dativ und Akkusativ.

1 | Freizeit – aber bitte mit Fernsehen?

1 Übertragen Sie Tabelle A an die Tafel. Machen Sie dann eine Umfrage in der Klasse und vergleichen Sie: Haben Sie mehr, weniger oder genauso viel wie die deutschen Jugendlichen ferngesehen?

A

1997 sahen deutsche 16–17-jährige so viel fern:	
an 6–7 Tagen pro Woche	68,5 %
bis 2 Stunden pro Tag	57,7 %
bis 4 Stunden pro Tag	39,7 %
Anzahl der befragten Personen absolut	267

B

Am häufigsten gesehen:

1 Serien (Krimis, Sitcoms etc.)
2 Spielfilme
3 Nachrichtensendungen
4 Musiksendungen

die Glotze *TV (coll., = box, goggle-box)*
die Sendung (-en) *programme*
Schlittschuh laufen gehen* [s] *to go ice-skating*
etwas besprechen* *to discuss sth., to talk sth. over*

2 Wer könnte was denken? Ordnen Sie die folgenden Gedanken den Mitgliedern der Familie Glotzi im Cartoon zu.

a Wenn die Glotze kaputt wäre, dann könnte ich jetzt mein Motorrad reparieren. Na, was soll's ...

b Als ich ein Kind war, gingen wir im Winter Schlittschuh laufen – und heute?

c Juhu! Ich freu mich schon auf die „Sesamstraße" nachher!

d Mensch, tolle Sendung. Jetzt weiß ich endlich, wie die Sommer-Mode aussieht!

e Als wir noch jung waren und keinen Fernseher hatten – da war es doch schöner. Da hatten wir auch noch Zeit, etwas zu besprechen oder ein Buch zu lesen ...

f Puh, wie langweilig – Mode! Aber nachher kommt „Star Trek" – das muss ich sehen!

Familie Glotzi beim Abendessen. Von vorne links nach hinten links: Paul (15), Emma (17), Vater Glotzi, Fritzchen (6), Mutter Glotzi, Franz Glotzi (18)

3 a Vater und Mutter Glotzi finden, dass die Familie zu viel fernsieht. Sie wollen den Fernseher verkaufen. Bilden Sie zwei große Gruppen in der Klasse:

– Eine Gruppe sammelt aus der Sicht der Eltern Argumente für den Verkauf des Fernsehers.

z.B. Ohne Fernseher war alles besser! Als wir noch keinen Fernseher hatten, konnten wir ...

... mehr lesen

... uns beim Essen unterhalten.

– Die andere Gruppe sammelt aus der Sicht der Kinder Argumente gegen den Verkauf des Fernsehers:

z.B. Ohne Fernseher

... kann Fritzchen nicht mehr „Sesamstraße" sehen!

... können wir in der Schule nicht mehr mitreden!

b Spielen Sie „Familienrat" bei Glotzis. „Die Eltern Glotzi" argumentieren für den Verkauf des Fernsehers, die „Kinder" verteidigen das Fernsehen.

Grammatik zum Auffrischen: Das Imperfekt von „sein" und „haben"

Rather than using the perfect of *haben* and *sein* when referring to the past, you often use the imperfect in both written and spoken German. Add **the following endings** to the imperfect stem (**hat-**) of *haben* and the simple past stem (**war**) of *sein*:

ich hat-**te**	wir hat-**ten**	ich war	wir war-**en**
du hat-**test**	ihr hat-**tet**	du war-**st**	ihr war-**t**
er hat-**te**	sie hat-**ten**	er war	sie war-**en**

4 Übersetzen Sie die folgenden Sätze ins Deutsche. Schreiben Sie im Imperfekt.

a *Where have you been today?*

b *I didn't feel like coming.* (*use*: Lust haben, zu kommen)

c *We've never had a TV at home.*

d *Has she been to London this week?*

e *I've been cold all day.*

f *It has not been a good summer.*

Grammatik zum Auffrischen: Unpersönliche Ausdrücke

Sentence **e** in exercise **4** translates as: '*Es war mir sehr kalt.*' or '*Mir war es sehr kalt.*' This is an example of an 'impersonal construction'. In **impersonal constructions** there is no definite subject, and *es* **is used as the subject.** Many verbs are used impersonally, such as verbs describing sounds, the weather and other natural occurrences, e.g.:

Es krachte im Eis.	*You could hear the ice crack.*
Es summte in der Luft.	*There was a buzz in the air.*
Es regnet.	*It's raining.*
Es schneit.	*It's snowing.*
Es stinkt hier.	*It stinks here.*
Es zieht.	*There's a draught.*

You already know some other impersonal constructions: *es gibt ...*, *es ist ...* (there is/are ...) and *es wird ...* (it's getting ...). Other impersonal idioms include:

Es macht nichts.	*It doesn't matter.*
Es kommt darauf an.	*It depends.*
Es tut mir Leid.	*I'm sorry.*
Es gelingt mir, etwas zu machen.	*I succeed in doing something.*
Es geht.	*It's OK.*

Make a list of these idiomatic phrases and add to it as you go along.

2 | Tanzen – im Einzel – oder im Doppel?

1 Ein Schweizer Magazin verkündet:

Allein tanzen ist out – Paartanz ist in!

Wie stehen Sie zu dieser Aussage? Kommt Paartanz für Sie in Frage?

2 Lesen Sie den Text und notieren Sie in Stichworten: Was sagen diese Leute zum Technotanz, bzw. zum Paartanz?

 a Viktor Berger stellt fest, (dass) ...

 b Raphael findet, (dass) ...

 c Nicola: Ihrer Meinung nach ...

 d Eine Tanzlehrerin meint, dass ...

3 Welchen Tanz finden Sie besser? Begründen Sie Ihre Meinung mit einem Vergleich! Benutzen Sie die angegebenen Adjektive.

 z.B. Mir gefällt Paartanz besser. Paartanz ist sportlich**er als** Technotanz.

 Ich finde Technotanz besser. Technotanz ist dynamisch**er als** Paartanz.

interessant	schön	erotisch
kommunikativ	ekstatisch	harmonisch
entspannend	einfach	langweilig

Grammatik zum Auffrischen:
Der Komparativ

To compare things, e.g. to say that 'somebody is prettier than ...' or 'something goes faster than ...', you need the **comparative** form of adjectives or adverbs. You form the comparative by adding **-er** to the adjective or adverb:

klein – klein**er** | schön – schön**er**

Quite a few monosyllabic adjectives change their vowel in the comparative form:

gr**o**ß – gr**ö**ßer

There are also a few irregular comparatives:

gut – besser | hoch – höher
gern – lieber | viel – mehr

Leidenschaft im Duett

Techno dominierte lange das Tanzparkett. Aber für immer mehr Schweizer Teens und Twens ist der selbstverliebte Tanz schon wieder out. Techno-Trance, das „Bum-Bum" der Raves und der House Partys kommen bei ihnen nicht mehr an. Angesagt sind dagegen jene Tänze, für die schon Großvater und Großmutter schwärmten. Die Tanzschulen boomen. „Das isolierte Tanzen wie beim Techno hat sich totgelaufen", glaubt Viktor Berger, Präsident des Tanzlehrerverbandes SwissDance. „Die jungen Leute suchten nach Neuem – und haben das Paartanzen wiedergefunden."

Der 19-jährige Raphael zum Beispiel tanzte früher am liebsten allein. Heute findet er den Paartanz viel romantischer und faszinierender als einsame Fitnessübungen bei einer Technoparty. „Es ist doch viel interessanter mit einer Partnerin zu tanzen als allein", meint er. „In einem Tanzkurs lernt man auch viel schneller Leute kennen als auf Techno-Partys", findet die 18-jährige Nicola. Und eine Tanzlehrerin meint: „Beim Paartanzen lernt man auf spielerische Art, mit anderen zu kommunizieren – denn schließlich kann man ja nicht die ganze Zeit schweigend über das Parkett schweben, oder?"

die Leidenschaft (-en) *passion*
bei jmdm. an/kommen* [s] *to go down well with sb. (coll.)*
etwas ist angesagt *sth. is popular (coll.)*
dagegen *on the other hand*
jene *those*
für jmdn./etw. schwärmen *to be really keen on sb./sth.*
sich tot/laufen* [s] *to peter out*
auf spielerische Art *in a playful way*
schweigen* *to be silent*
über das Parkett schweben *to glide over the dance floor*

Antworten auf Kleiderfragen ....
Hilfe – Was trägt man beim Paartanzen?

1 In der Tanzstunde:
Die einzige Regel lautet: anständig und wohlriechend sein.

2 Wenn man zum Tanzen ausgeht:
Sie dürfen sich ruhig ein bisschen schick machen! Ein dezentes Hemd und eine gutsitzende Stoffhose kleiden den Mann, eine Stoffhose oder ein bequemer Rock stehen der Frau.

3 Beim Ballbesuch:
Beim Ballbesuch trägt „mann" zumindest einen dunklen Anzug, und „frau" ein elegantes Kleid oder einen eleganten Rock und eine festliche Bluse. Wer will, kann hier auch Smoking und Ballrobe tragen!

anständig *decent*
wohlriechend *fragrant*
dezent *quiet (colour/pattern)*
gutsitzend *well-fitting*
kleiden *to suit*
stehen + (Dat.) *to suit*
festlich *formal, festive*
der Smoking (-s) *dinner jacket*

4 a Achtung: Warum heißt es:
   ein elegant**es** Kleid
   ein dezent**es** Hemd
aber: **ein** bequem**er** Rock?

b Und warum sagt man:
   „Ein bequem**er** Rock steht der Frau.
aber: „Die Frau trägt einen bequem**en** Rock."?

5 a Schreiben Sie auf: zehn Kleidungsstücke für Jungen und Mädchen und Adjektive, die sie beschreiben könnten:
   z.B. eine gutsitzende Jeans, ein rotes Hemd, ein dunkler Anzug, eine blaue Bluse ...

b Ein Freund / Eine Freundin fragt Sie: „Was soll ich heute bloß in der Tanzstunde anziehen?" Machen Sie ihm/ihr einige Vorschläge:
   z.B. Zieh doch ein**e** gutsitzende Jeans und ein rot**es** Hemd an!
   Zieh doch ein**en** schön**en** Rock an!

Ihr Freund / Ihre Freundin kommentiert die Vorschläge:
   z.B. Nein, das steht mir nicht. Ein blau**es** Hemd wäre besser.
   oder: Nein, das finde ich hässlich. Eine schön**e** Hose wäre besser.

6 Lesen Sie den folgenden Ausschnitt aus einem Bericht, den Soziologen über den Besuch einer Techno-Disco geschrieben haben.

„Sobald wir in die Disco kommen, hören wir einen ohrenbetäubenden Lärm. Die Bässe drücken uns fast die Luft aus den Lungen. Unser ganzer Körper beginnt zu vibrieren. Eine euphorische, ekstatische Menschenmasse ist auf der Tanzfläche. Eine Tänzerin fällt besonders auf. Sie trägt ... Ein anderer Tänzer ..."

Setzen Sie den Bericht fort. Beschreiben Sie einzelne TänzerInnen: Was für Kleidung tragen sie? Wie tanzen sie? Wie verhalten sie sich? Benutzen Sie möglichst viele Adjektive und Vergleiche.

Grammatik zum Auffrischen: Adjektive mit unbestimmtem Artikel

Remember: adjectives in front of a noun carry endings. When an **adjective** is preceded by an **indefinite article** (*ein* etc.), a **possessive adjective** (*mein* etc.) or *kein*, its endings in the **nominative** and **accusative singular** look like this:

	masculine	*feminine*	*neuter*
nom.	(m)ein klein-**er** Mann kein groß-**er** Mann	(m)eine klein-**e** Frau keine groß-**e** Frau	(m)ein klein-**es** Kind kein groß-**es** Kind
acc.	(m)einen klein-**en** Mann keinen groß-**en** Mann	(m)eine klein-**e** Frau keine groß-**e** Frau	(m)ein klein-**es** Kind kein groß-**es** Kind

In the remaining cases and in the **plural** the ending is always **-en**, regardless of gender.

47

3 | Schön ausdauernd

1 a Sie haben eine Wette verloren und sollen in sechs Monaten an einem Quadrathlonwettbewerb teilnehmen. Hören Sie zu und notieren Sie, **(1)** welche Sportarten Sie über **(2)** welche Distanz ausführen müssen.

b Trauen Sie sich die Teilnahme am Quadriathlonwettbewerb zu?

2 a Lesen Sie den Text. War Andrea von Anfang an die perfekte Kandidatin für den Quadriathlon?

b Welche wichtige Charaktereigenschaft hatte sie schon, bevor sie mit dem Quadriathlontraining anfing?

die **Weltmeisterschaft (-en)** *world championship*
die **Leidenschaft für etwas wecken** *to awake a passion for sth.*
der **Ausdauersport** *sport that requires stamina*
jmdn. **aus der Puste bringen*** *to make sb. puffed out (coll.)*
der **Abenteuergeist** *spirit of adventure*
durchqueren *to travel across*
aus/wandern [s] *to emigrate*
geraume Zeit *some (considerable) time*

Schön ausdauernd

Ein Prinz war schuld daran, dass das deutsche Fotomodell Andrea Spitzer vor neun Jahren zum Quadriathlon kam. Die hübsche junge Frau lernte damals den blaublütigen Italiener Sergio Ferrero kennen und verliebte sich in ihn. Ferrero organisiert den so genannten „Diamond Man", die Weltmeisterschaften im Quadriathlon auf Ibiza. Der energische Prinz weckte die Leidenschaft des Fotomodells für den Ausdauersport. Andrea Spitzer startete mit dem Konditionstraining. Bevor sie den Prinzen kannte, brachten sie schon ein paar Treppen aus der Puste. Aber damit war es jetzt vorbei! Inzwischen wurde sie schon zweimal (1991 und 1994) Quadriathlon Weltmeisterin. Quadriathlon bedeutet für sie Abenteuer, insbesondere das Kajakfahren. Und Abenteuergeist hatte sie immer schon: Mit 17 Jahren durchquerte sie Island und mit 18 per Motorrad die Wüste Gobi. Nach dem Realschulabschluss wanderte sie allein von München nach Mailand aus, um Fotomodell zu werden. Seit neun Jahren lebt Andrea Spitzer jetzt schon in Los Angeles. Dort trainiert sie und modelt hauptsächlich für Vitamine und Sportausrüstung. Den schönen Prinzen gibt es allerdings schon seit geraumer Zeit nicht mehr in ihrem Leben.

3 a Ergänzen Sie die fehlenden Informationen. Was passierte wann?

z.B. Vor neun Jahren **lernte** Andrea Sergio Ferrero kennen und **verliebte** sich in ihn.

1 1991 und 1994 ...

2 Mit 17 Jahren ...

3 Mit 18 Jahren ...

4 Nach dem Realschulabschluss ...

b Alle Verben, die Sie in Aufgabe **3a** benutzt haben, stehen im Imperfekt.

Inwiefern ist „wurde" ein Außenseiter unter diesen Verben?

Grammatik zum Auffrischen: Imperfekt regelmäßiger Verben

To form **the imperfect of regular verbs** add these endings to the stem of the verb:

ich lieb-**te**	wir lieb-**ten**
du lieb-**test**	ihr lieb-**tet**
er lieb-**te**	sie/Sie lieb-**ten**

 TIP ....

These endings are identical with those for the imperfect of the modal verbs.

Verbs whose stem ends in -d (*red-en*) or -t (*start-en*) add an extra e in the imperfect: *ich startete, wir redeten* etc.

Wurde is the imperfect of *werden*:

ich wurd-**e**	wir wurd-**en**
du wurd-**est**	ihr wurd-**et**
er wurd-**e**	sie wurd-**en**

4 Es war einmal ... Ein Märchen aus der „guten" alten Zeit: Setzen Sie die Verben in das Imperfekt.

z.B.   Ein Prinz – **leben** – in einem heute unbekannten Königreich.

  – Ein Prinz **lebte** in einem heute unbekannten Königreich.

a Eines Tages – **lernen** – der sportliche Prinz eine schöne junge Frau kennen.

b Der Prinz – **lieben** – die junge Frau – sofort.

c Aber die junge Frau – **haben** – keine Muskeln und – **sein** – sehr schwach.

d Der Prinz – **überreden** – die junge Frau, mehr Sport zu treiben.

e Die junge Frau – **starten** – sofort mit dem Konditionstraining.

f Seine Schülerin – **überraschen** – den verliebten Prinzen jeden Tag mehr.

g Jeden Tag – **verbessern** – sie ihre Laufzeiten.

h Eines Tages – **sein** – ein großer Sportler-Wettbewerb im Königreich.

i Die junge Frau – **mitmachen** – bei dem Wettbewerb.

j Sie – **werden** – Siegerin.

k Ein Sponsor – **entdecken** – die junge Frau und – **entführen** – sie.

5 In welchem Fall stehen die Adjektive in den Sätzen **a–d**? Was fällt Ihnen an den Endungen auf?

a Der sportlich**e** Prinz entdeckt die jung**e** Frau.

b Die jung**e** Frau gewinnt das schwer**e** Sportturnier.

c Das schwer**e** Sportturnier ist in der ganzen Welt bekannt.

d Die jung**e** Frau verlässt den verliebt**en** Prinzen.

Grammatik zum Auffrischen: Adjektive mit bestimmtem Artikel

When an adjective is preceded by a **definite article** (*der* etc.) or ***dieser, jener, welcher***, its ending in the **nominative and accusative singular** is **-e**, **except** for adjectives that precede a **masculine** noun in **the accusative**. There, as well as in the **remaining cases** and in the **plural**, the ending for adjectives preceded by the definite article is ***-en***.

6 a Machen Sie eine Liste der Gegenstände in Ihrem Klassenzimmer. Beschreiben Sie die Gegenstände mit Adjektiven.

  z.B. die weiße Tafel, das bunte Poster etc.

b Gruppenarbeit: Jetzt „schenkt" jeder einer Person etwas: z.B. Ich schenke Peter die weiße Tafel. Wer ein Geschenk bekommen hat, verschenkt als Nächster etwas.

7 Schreiben Sie die (rein fiktive) Lebensgeschichte der jungen Frau aus Aufgabe **5** im Imperfekt zu Ende. Benutzen Sie diese Verben:

- trainiert sehr viel
- wird immer stärker
- gründet eine Vitamin- und Sportpräparatefirma
- arbeitet zu viel
- kann nicht an der Weltmeisterschaft teilnehmen
- organisiert aber viele Wettbewerbe
- hat plötzlich keine Lust mehr dazu
- macht auch keinen Sport mehr
- lernt einen Tänzer kennen
- hört viel Musik
- tanzt viel
- bereitet sich und anderen viel Freude
- lebt glücklich bis an ihr Lebensende ... und wenn sie nicht gestorben ist, dann lebt sie auch noch heute.

4 | Eishockey – nur Männersache?

1 Hier sind einige Informationen zum Eishockey, „dem härtesten und schnellsten Mannschaftssport der Welt". Setzen Sie diese Zahlen in die Lücken ein:

  a 1500 DM

  b 7,62 cm

  c 3 x 20

  d 170 g

  e 200 km/h

  1 Eishockey spielt man mit einem Puck. Der Puck ist eine ____ schwere Hartgummischeibe mit ___ Durchmesser.

  2 Geschwindigkeit des Pucks bei Profimannschaften: bis zu __.

  3 Man braucht eine umfangreiche Ausrüstung, die den Körper vor dem Puck und vor Verletzungen schützt. Kosten: etwa ____.

  4 Spielzeit: ___ Minuten. Das Spiel ist so anstrengend, dass niemand die gesamte Spielzeit durchhalten würde. Die sechs Spieler werden regelmäßig ausgewechselt.

die Hartgummischeibe *hard rubber disc*
der Durchmesser *diameter*
umfangreich *extensive*
die Ausrüstung (-en) *equipment*
die Verletzung (-en) *injury*
durch/halten* *to last out*
aus/wechseln *to substitute, to replace*

2 a Wäre Eishockey ein Sport für Sie? Warum (nicht)?

  b Was meinen Sie: Sollten Mädchen diesen harten und schnellen Sport betreiben?

3 a Hören Sie ein Gespräch mit Simone, einer Eishockeyspielerin bei den Cologne Brownies, und ihren Eltern. Wer unterstützt Simones Spaß am Eishockey? Der Vater oder die Mutter?

  b Welche Argumente bringt der Vater vor? Nennen Sie zwei.

  c Hören Sie noch einmal. Welche unpersönlichen Ausdrücke benutzt Simone für: **(1)** *I get quite warm*, und **(2)** *the skates 'crunch' on the ice*?

- Question **3a** encourages you to listen for general gist, rather than for detailed information. This means (a) you shouldn't panic if you don't understand every single word and (b) you don't have to take notes to answer this question.
- **3b** requires you to get the gist of an argument and to summarize it. So listen first, and then write your answer down.
- In **3c** you have to listen for very specific information. Here, it makes sense to keep your pen in hand while listening and to take notes.
- Before each listening comprehension, be sure to understand what you are supposed to listen for!

Kondition kriegen *to get in good shape*
knirschen *to crunch*
der Schlittschuh (-e) *ice-skate*
begeistert *enthusiastic*
der Orthopäde (-n) *orthopaedist*
das Selbstbewusstsein *self-confidence*

4 Was gehört zusammen? Verbinden Sie die Daten mit den Sätzen **1–6**.

Eishockey – die Geschichte in Daten und Fakten:

a   Schon im 14. Jahrhundert …

b   Bis 1572 …

c   1773 …

d   1875 …

e   1892 …

f   Ab 2002 …

1   … **erfand** der Jurastudent William Robertson bei einem Eishockeyspiel in Montreal den Puck. Er **sprang** über die Bande und **schnitt** oben und unten eine Scheibe vom Ball ab.

2   … **liefen** die Schotten in ihren Winterschuhen dem Ball hinterher. Dann entwickelten sie spezielle Schlittschuhe.

3   … spielte im kanadischen Barrie das erste Damen-Eishockeyteam.

4   … spielten die Schotten eine Art Feldhockey auf gefrorenen Seen. Damals **hieß** das Eishockey noch „Shinty".

5   … **brachten** britische Soldaten den Sport nach Kanada.

6   … dürfen Eishockeyspielerinnen auch an der Olympiade teilnehmen. In Deutschland gibt es heute 2500 aktive Eishockeyspielerinnen.

5 a   Suchen Sie in der Liste der unregelmäßigen Verben den Infinitiv der **fett**gedruckten Verben.

b   Schreiben Sie dann die Sätze **1–5** ins Präsens um.

6 a   Suchen Sie die Imperfektform der Verben in den folgenden Satzteilen:

z.B. **1** ich **zog … an**

1   eine Ausrüstung und Schlittschuhe anziehen

2   über das Eis laufen

3   ein tolles Gefühl haben

4   Trainer schreit ziemlich viel rum

5   unsicher werden

6   einen Fehler machen

7   einen anderen Spieler / eine andere Spielerin übersehen

8   hinfallen

9   nichts tut weh

10   Puck trifft das Bein / den Arm

11   Arm/Bein tut sehr weh!

12   zum Arzt fahren

13   nach Hause fahren müssen

14   erst mal eine Tasse Tee trinken

15   ins Bett gehen

b   Sie haben ein Probetraining bei einem Eishockeyteam mitgemacht. Beschreiben Sie Ihre Erfahrungen im Imperfekt (ca. 50–80 Wörter). Benutzen Sie die obigen Verben.

Grammatik zum Auffrischen: Das Imperfekt unregelmäßiger Verben

Irregular verbs have a **vowel** and sometimes even a consonant **change** in the **imperfect**: *ich trinke, ich trank, ich gehe – ich ging*. Most dictionaries include a list of irregular verbs and list the verbs in this order:

infinitive	*imperfect* ich/er-*form*	*past participle*
gehen	ging	gegangen
trinken	trank	getrunken

The *ich/er*-form is also the imperfect stem, and you add these endings to it:

ich trank	wir trank-**en**
du trank-**st**	ihr trank-**t**
er trank	sie trank-**en**

TIP

Add the imperfect to your own list of irregular verbs as you go along. The best way to identify the simple past of irregular verbs in a text or a listening text is to know them by heart!

5 | Überdosis Sport

1 Lesen Sie die unten stehende Tabelle. Was glauben Sie: Wie lange muss man sich nach den verschiedenen Trainingsarten **1–4** erholen?

a 5 bis 8 Stunden

b 24 bis 36 Stunden

c 24 bis 48 Stunden

d bis 72 Stunden

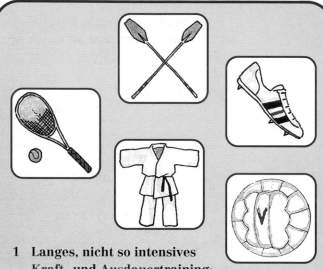

1 Langes, nicht so intensives Kraft- und Ausdauertraining:
z.B. Rudertraining

2 Kurzes, aber intensives Schnelligkeits- und Krafttraining:
z.B. Aufschlagstraining beim Tennis, Sprint

3 Leichtes Training:
z.B. leichtes Übungsspiel im Fußball

4 Langes, erschöpfendes Training:
z.B. Karatetraining mit Übungskämpfen

die Kraft *strength*
die Ausdauer *stamina*
die Schnelligkeit *speed*
der Aufschlag (¨e) *serve*
erschöpfend *exhausting*

2 Trainieren Sie in einer der oben genannten oder ähnlichen Sportarten? Was meinen Sie: Trainieren Sie zu viel, genau richtig oder zu wenig?

„Viele Gespräche in unserer Gruppe sind fast schon medizinische Fachseminare", sagt Horst, 27, und Mitglied eines Lauftreffs. Die Gruppe trainiert für den nächsten Berlin-Marathon.

Dabei ist es im Grunde ganz einfach: Wer trainiert, muss auch pausieren. Sonst sind früher oder später mindestens ein Leistungstief und schlimmstenfalls Verletzungen vorprogrammiert. Unser Organismus ist eben keine Maschine, und ermüdete Teile kann man nicht einfach auswechseln. Vor allem müssen wir auch mit psychischer Erschöpfung rechnen.

Sportmediziner Dr. Thomas Wessinghage, einst Europameister über 5000 Meter und heute Chefarzt einer Reha-Klinik, warnt: „Bei zu früher erneuter Grenzbelastung reagiert man mit schweren Konzentrationsstörungen, unpräzisen Bewegungen, häufigem Umknicken und falscher Technik. Viele Sportler ignorieren diese Alarmzeichen. Aber Vorsicht: Sie können zu Verletzungen, insbesondere Bänderrissen, führen."

Wie trainiert man also richtig? Am besten ist ein regelmäßiger Wechsel von Be- und Entlastung. Wessinghage: „Läufer zum Beispiel teilen eine Wochenleistung von 30 Kilometern am besten auf 10-, 14-, und 6- Kilometer-Läufe mit unterschiedlichem Tempo auf. Das ist besser, als immer 10 Kilometer im selben Tempo zu laufen."

das Fachseminar (-e) *specialist seminar*
der Lauftreff *group of people who go jogging together*
dabei *yet*
im Grunde *basically*
mit etw. rechnen *to reckon with sth.*
einst *once, formerly*
die Reha(bilitations)klinik (-en) *rehabilitation clinic*
erneut *renewed*
die Grenzbelastung (-en) *pressure to one's limit*
bei zu früher Grenzbelastung *when training up to one's limit too early*
der Bänderriss (-e) *torn ligament*
die Belastung *pressure*
die Entlastung *relief*
unterschiedlich *varying*

3 a Welche Folgen kann ein Übertraining haben? Lesen Sie den Text und ergänzen Sie die fehlenden Buchstaben:

1 ein L _ _ s _ _ _ g _ _ i _ _
2 _ e _ l _ t _ u _ _ _ n
3 p _ y _ _ i _ _ h _ E _ s _ _ ö _ f _ _ g

b Mit welchen „Alarmsignalen" reagiert der Körper auf ein Übertraining? Finden Sie im Text die passenden deutschen zu diesen englischen Ausdrücken:

Der Körper reagiert ....

1 *with bad lapses of concentration*
2 *with wrong technique*
3 *with frequent turning of the ankle*
4 *with imprecise movements*

c Welchen Ratschlag gibt der Text: Wie soll man am besten trainieren?

4 a In welchem Fall stehen die deutschen Adjektive aus Aufgabe **3b**?

b Bestimmen Sie mit Hilfe der Grammatikerklärung, ob die deutschen Substantive aus **3b** maskulin, feminin, neutral oder im Plural sind.

5 a Ergänzen Sie die fehlenden Adjektivendungen im Nominativ:

Sind Sie überlastet?

Eine Häufung der folgenden Symptome spricht für „Übertraining":

1 schnell_ Ermüdung (*tiredness, fem.*)
2 deutlich verschlechtert_ Koordination (*fem.*)
3 zunehmend_ Konzentrationsschwäche (*fem.*)
4 erhöht_ Puls (*masc.*) im Ruhezustand (*when resting*)
5 hoh_ Infektanfälligkeit (*susceptibility to infections, fem.*)
6 schlecht__ Appetit (*masc.*)
7 unkontrolliert__ Gewichtsverlust (*weight loss, masc.*)

---

b Wie sind die Adjektivendungen nach der Präposition „durch"?

„Übertraining" zeigt sich **durch (1)** schnell_ Ermüdung, **(2)** hoh_ Infektanfälligkeit, **(3)** schlecht__ Appetit, **(4)** unkontrolliert__ Gewichtsverlust ...

6 Hören Sie das Interview mit Sportmediziner Dr. Herzog. Welche von den in **5a** aufgelisteten Symptomen nennt er?

Grammatik zum Auffrischen: Adjektive ohne Artikel

In the **nominative** and **accusative singular** the endings of **adjectives not preceded by an article** are identical with those of adjectives preceded by an **indefinite article** (see page 47 if you don't remember these).

In the **dative and genitive singular** adjectives not preceded by an article take the following endings (the genitive case will be explained on p. 64):

	masculine	*feminine*	*neuter*
dative	englisch-**em** Schinken	deutsch-**er** Torte	französisch-**em** Brot
genitive	englisch-**en** Schinkens	deutsch-**er** Torte	französisch-**en** Brotes

The **plural** endings of adjectives not preceded by an article look like this:

nominative	englisch-**e** Biere
accusative	deutsch-**e** Torten
dative	französisch-**en** Broten
genitive	italienisch-**er** Kleider

Use these plural endings for adjectives following numbers as well: **fünf** klein**e** Kinder, **viele** klein**e** Leute ...

TIP

Compare all these endings with the endings of the definite article itself. Except in genitive singular masculine and neuter, they're very similar.

1 Hier beschreiben einige Schüler, wie sie sich Freizeit in der Zukunft vorstellen. Welche Visionen finden Sie positiv, welche eher negativ?

eine Riesenauswahl an etwas *an enormous selection of sth.*

der Fernsehsender (-) *TV station*

der Bildschirm (-e) *screen*

erledigen *to get done*

bestellen *to order*

bestimmen *to determine*

entscheiden* *to decide*

das Ereignis (-se) *event*

beeinflussen *to influence*

Kontakt auf/nehmen* *to get in touch*

Zeit mit jmdm./etwas verbringen* *to spend time with sb./sth.*

künstlich *artificial*

Michael, 18

Es wird eine Riesenauswahl an Fernsehsendern geben und die Leute werden gar nicht mehr aus dem Fernsehsessel aufstehen müssen! Man wird einfach vor dem Bildschirm sitzen und alles Mögliche mit dem „Fernseh-Computer" erledigen können: Pizza bestellen, einkaufen, Freunde anrufen, Bücher und Klamotten bestellen, und sogar arbeiten.

Ramona, 17:

Die Zuschauer werden bestimmen, was in den Fernsehfilmen passiert! Sie werden entscheiden können, ob es zum Happyend oder zur Tragödie kommt. Das wäre doch toll, oder? Bloß Fußballspiele oder andere Sportereignisse werden sie nicht beeinflussen können. Schade!

Uschi, 16:

Man wird sogar per Computer „reisen" können. Die ganzen Touristenorte werden einfach ihre Attraktionen filmen und dann kann man die ganzen Orte im Internet „besuchen". Dann wird es „in Barcelona" endlich nicht mehr so heiß sein!

Jan, 18:

Freundschaften werden viel internationaler werden. Irgendwann wird jeder über das Internet Kontakt mit Leuten in China, Japan, Australien usw. aufnehmen und sie per Videolink sogar „besuchen" können. Wer weiß, vielleicht verbringt man irgendwann mit den Internet-Freunden genauso viel Zeit wie mit denen vor Ort?

Gabi, 19:

Es wird nur noch künstliche Pop- und Filmstars geben. Die Unterhaltungsfirmen werden sie mit dem Computer kreieren. Schade – ich finde den echten Leonardo di Caprio eigentlich doch ganz süß!

Grammatik zum Auffrischen: Das Futur

To form the **future tense** in German, you use the **present tense** of *werden* plus an **infinitive** that goes to the **end** of the clause:

Ich **werde** Freunde **treffen**.	Wir **werden** schwimmen **gehen**.
Du **wirst** Musik **hören**.	Ihr **werdet** segeln **gehen**.
Er **wird** Fußball **spielen**.	Sie **werden** Ski fahren **gehen**.

You can also use the present tense if the context or a time phrase makes the reference to the future clear:

Morgen gehe ich schwimmen.
Nächstes Jahr fahren wir nach Spanien.

2 a Überlegen Sie sich fünf Dinge, die Sie im Jahr 2015 in Ihrer Freizeit tun werden.

> z.B. Ich werde viel segeln gehen.
> Ich werde ein bisschen mit dem Computer spielen.

b Interviewen Sie jetzt einen Partner / eine Partnerin: Was wird er/sie in seiner/ihrer Freizeit im Jahr 2015 tun?

c Berichten Sie der Klasse, was Sie in Ihrem Interview erfahren haben.

3

a Suchen Sie in den Aussagen der Schüler in Aufgabe **1** Sätze mit Modalverben im Futur. Wo steht das Modalverb?

b Die folgenden Ereignisse werden in die Zukunft verschoben. Schreiben Sie die Schlagzeilen im Futur:

z.B. Niemand will mehr Bob fahren!
  – Niemand wird mehr Bob fahren wollen!

1 Inline-Hockey kann man jetzt in jeder größeren Stadt spielen.

2 Niemand will mehr Fußball spielen!

3 Die Mehrheit der Kids will nur noch Eishockey spielen!

4 Die Städte müssen immer mehr Eishallen bauen.

5 Es gibt zu viele krumme Rücken – Schüler müssen mehr Sport treiben!

4

Hören Sie zu. Welche Meinung haben Stefan, Sabine und Sandra zur Freizeitgestaltung der Zukunft? Notieren Sie in Stichworten.

von etwas weg/locken *to lure away from sth.*
vor der Glotze hängen *to sit in front of the TV (coll.)*
die Schulter zum Ausweinen *the shoulder to cry on*

Grammatik zum Auffrischen:
Nebenordnende Konjunktionen

You can link sentences by using **coordinating conjunctions** such as 'und' (and) or 'aber' (but). These coordinating conjunctions have **no effect on the word order**.

Ich komme zu dir.   Wir gehen in die Stadt.
Ich komme zu dir **und** wir gehen in die Stadt.
Ich musste studieren.   Anna durfte ins Kino gehen.
Ich musste studieren, **aber** Anna durfte ins Kino gehen.

Other coordinating conjunctions are:

denn   *because, since, for*
oder   *or*
sondern   *but (on the contrary)*

Sondern only ever follows a negative:

Er wollte **nicht** fernsehen, **sondern** (er) wollte ausgehen.

5

Aus Zwei mach Eins. Verbinden Sie die folgenden Sätze mit Hilfe von „und", „oder", „aber", „sondern", „denn". Die Grammatikerklärung hilft Ihnen.

a Meine Freunde werden morgen kommen. Wir werden dann nach Spanien fahren.

b Ich werde ein bisschen Zeit vor dem Computer verbringen. Ich werde auch wandern gehen.

c Ich werde nicht viel mit dem Computer spielen. Ich hasse Computer.

d Meine Freundin wird nach Berlin ziehen. Ich werde sie trotzdem oft besuchen.

e Ich werde nicht viel fernsehen. Ich werde viel segeln gehen.

f Mein Bruder hat keine guten Noten. Trotzdem darf er abends lange ausgehen.

g Ich fahre gerne nach Frankreich. Ich spreche fließend Französisch.

h Ich spiele nicht Klavier. Ich spiele Geige.

i In den Ferien reise ich mit Freunden nach Spanien. Ich besuche meine Kusinen in Texas.

6

Was glauben Sie: Wie werden die Menschen in der Zukunft leben? Wie werden ihre Häuser, ihre Arbeitsplätze aussehen? Was werden sie in ihrer Freizeit tun? Schreiben Sie etwa 50–80 Wörter und benutzen Sie möglichst viele nebenordnende Konjunktionen.

1 | Eine Reise nach England

1 a Klassendiskussion. Zwei deutsche Freundinnen Verena und Daniela planen eine Reise nach England nach ihren Prüfungen. Wohin könnten sie fahren? Was könnten sie besuchen? Wo könnten sie übernachten?

z.B.

Sie könnten nach London fahren.
Sie könnten Buckingham Palast besuchen.
Sie könnten in Jugendherbergen übernachten.

b Hören Sie nun das Gespräch an. Welche Pläne haben die Freundinnen? Notieren Sie Stichworte.

Grammatik zum Auffrischen: Wortstellung 1

Remember: With modals the infinitive goes to the end of the sentence or clause:

Ich **möchte** nach Hause **gehen**. *I'd like to go home.*

Sie **könnten** nach London **fahren**. *They could travel to London.*

(See also p. 58.)

c Ergänzen Sie die Sätze.

1 Sie möchten zuerst nach London *fliegen*.

2 Sie möchten ihr Englisch endlich __.

3 Dann könnten sie Westminster Abbey, Piccadilly Circus, Trafalgar Square und Buckingham Palace __.

4 Sie möchten ihre Freunde im New Forest __.

5 Sie könnten von dort nach Oxford __ .

6 Sie fahren dann mit dem Bus nach Edinburg und __ dort ein paar Tage.

7 Sie könnten dann wieder Richtung Süden fahren und bei Freunden in Cambridge __.

8 Und von dort aus könnten sie wieder nach London fahren und nach Deutschland __.

übernachten	~~fliegen~~	fahren
anwenden	zurückfliegen	
besuchen	besichtigen	verbringen

München, den 14. Mai 1998

Liebe Familie Brown,
wir alle hoffen, dass es euch gut geht!
Ich erinnere mich noch gerne an die Zeit, als ich euch mit meiner Mutter besucht habe: Schafe, Katzen, Seen, Schokolade...
In diesen Tagen habe ich die letzten schriftlichen Abiturprüfungen hinter mich gebracht, und jetzt habe ich bald endlich einmal die Gelegenheit, ohne Zeitdruck zu reisen. Ich möchte gerne in den ersten drei Juli-Wochen mit einer lieben Freundin durch England und Schottland reisen. Darf ich fragen, ob ihr in dieser Zeit zu Hause seid und die Möglichkeit habt, uns ein oder zwei Tage zu beherbergen? Wir haben einen Schlafsack dabei. Wir wollen teilweise in Jugendherbergen übernachten, aber besonders schön wäre es für uns natürlich, wenn wir auch Freunde treffen könnten. Ich würde mich sehr freuen, von euch zu hören. Könnt ihr mir eine kurze Karte schreiben, ob es geht, oder auch wann es gut passt oder wann es nicht so gut passt.
Eure Verena

hinter sich bringen* *to get something behind you/ over with*
der Zeitdruck *pressure of time*
beherbergen *to put up, accommodate*

4 Probleme, Probleme! Stellen Sie sich vor: Was für Probleme haben die Freundinnen auf der Reise erlebt? Sehen Sie die Sätze von **1c** noch einmal an und erfinden Sie vier neue Sätze mit „als".

z.B: **1** Als sie zuerst nach London geflogen sind, haben sie ihr ganzes Gepäck verloren.

Als ...   haben sie an Heimweh gelitten.
            hat jemand ihr Geld gestohlen.
            sind sie krank geworden.
            haben sie miteinander gestritten.

Grammatik: „als", „wann", „wenn"

For single events in the past you use the word *als* for 'when'. This sends the verb to the end of the clause.

Als er nach Hause **kam**, entdeckte er den Brief.

There are two other words for 'when'. *Wann* is used in questions:

Wann kommst du nach Hause?

Wenn is used for the present and the future and when talking about repeated or habitual actions in the past. It also sends the verb to the end of the clause:

Wenn wir nach England **reisen**, werden wir unsere Freunde endlich wiedersehen.
When we go to England, we shall see our friends again at last.

Wenn es **regnete**, blieb ich zu Hause.
When(ever) it rained I stayed at home.

Remember: if the clause with *wenn* or *als* starts the sentence, it counts as the first idea, so the verb in the other (main) clause comes immediately after it.

2 a Sie bekommen eine Karte (siehe Seite 56) von Verena, die gerne bei Ihrer Familie übernachten möchte. Machen Sie kurze Notizen auf Englisch für Ihre Eltern, die kein Deutsch verstehen.

b Ihre Eltern sind mit dem geplanten Besuch der zwei Freundinnen einverstanden und freuen sich sehr auf ihre Ankunft. Schreiben Sie eine Antwort auf die Karte (etwa 50 Wörter), in der Sie auch einige Vorschläge für die Reise machen, d.h. was die beiden machen könnten, z.B. Sehenswürdigkeiten in London, Verkehrsmittel in England, Unterkunft usw.

Grammatik zum Auffrischen: Wortstellung 2

In the present perfect the past participle always goes to the end of the sentence or clause.

Ich bin nach Hause **gegangen**.

3 Die Reise ist vorbei! Was haben Verena und Daniela gemacht? Schreiben Sie die Sätze aus **1c** im Perfekt. Sehen Sie auch Seite 14, 15, 21 und 247–8.

z.B: **1** Sie sind zuerst nach London geflogen.

5 a Ergänzen Sie die Sätze. Als, wenn oder wann?

1 *Wann* beginnt der Film?

2 __ ich die Tür aufmachte, sah ich den Dieb.

3 __ er Tennis spielt, bekommt er Rückenschmerzen.

4 __ sie in London wohnte, lernte sie Ralf kennen.

5 __ kommst du zurück?

6 __ es schneite, machten die Kinder immer einen Schneemann.

7 __ ich diese Musik höre, habe ich Lust zu tanzen.

8 __ hast du Geburtstag?

b Erfinden Sie weitere Beispiele.

1 Haben Sie mal Lust, Globetrotter zu werden? Hier sprechen drei junge Leute über ihre Erfahrungen von Weltreisen. Hören Sie zu und kreuzen Sie die richtigen Aussagen an.

Christian, 22, aus Österreich

Susanne, 21, aus der Schweiz

Sandra, 26, aus Deutschland

Christian
a Er hat in Thailand an Bauchschmerzen gelitten.
b Er war in einen Busunfall verwickelt.
c Man hat versucht, seine Tasche zu klauen.

Susanne
a Palästina hat ihr nicht gefallen.
b Sie hat allein unter Muslimen gelebt.
c Sie hat eine blonde Frau kennen gelernt.

Sandra
a Sie ist Krankenschwester.
b Sie hat auf einer Rinderfarm in Neuseeland gearbeitet.
c Sie hat eigenhändig Lämmer auf die Welt geholt.

2 Klassendiskussion. Haben Sie auch Lust, nach dem Schulabschluss Globetrotter zu werden?

Wohin würden Sie fahren und mit wem? Was würden Sie dort tun und sehen wollen? Und welche Probleme könnten unterwegs auftauchen?

sich an/mit etw. zu schaffen machen *to busy o.s. with something*
Palästina *Palestine*
Muslime *muslims*
die Rinderfarm *cattle farm*
eigenhändig *with one's own hands/personally*
auf die Welt holen *to deliver (babies/young)*

Grammatik:
Modalverben im Konjunktiv II

The imperfect subjunctive of modals (*könnte, sollte, dürfte, müsste, möchte, wollte*) is used to talk about what one 'could', 'should', 'would be allowed to', 'would have to', 'would want to' do. They all follow the same pattern of endings:

ich könn**te**	wir könn**ten**
du könn**test**	ihr könn**tet**
er/sie/es/man könn**te**	sie/Sie könn**ten**

Genehmigung der Eltern:

❶ Solange Sie unter 18 sind, brauchen Sie die Genehmigung Ihrer Eltern, wenn Sie ohne sie wegfahren wollen. Ihre Eltern sollten Ihnen daher eine Genehmigung schreiben, in der sie sich mit Ihrem Urlaubstrip einverstanden erklären.

Übernachtung:

❷ Die billigste Möglichkeit zu übernachten sind Campingplätze. Mit einem kleinen Zelt könnten Sie fast immer einen Stellplatz finden. Wenn Sie einen internationalen Jugendherbergsausweis hätten, dürften Sie in Jugendherbergen übernachten. Sie sollten sich aber vorher erkundigen, ob Sie reservieren müssen.

Versicherung:

❸ Sie sollten eine zusätzliche Krankenversicherung kaufen, auch eine Gepäckversicherung, denn ein Koffer oder Rucksack ist schnell geklaut.

Schülerausweis:

Wenn Sie einen internationalen Schüler- oder

❹ Studentenausweis hätten, könnten Sie jede Menge Vergünstigungen (Museen, Eintrittsgelder, Kinovorstellungen ...) bekommen.

Trampen:

❺ Sie könnten trampen, wenn Sie wollten – aber ich persönlich würde es vermeiden. Die Gefahr, ausgeraubt oder vergewaltigt zu werden, ist nämlich zu groß. Als Mädchen sollten Sie aufs Trampen völlig verzichten.

Verkehrsmittel:

❻ Wenn Sie mit Bus oder Bahn zum Ferienziel fahren wollten, könnten Sie aus einer ganzen Reihe von Sondertarifen für Jugendliche wählen. Oder Sie könnten sich bei einer Mitfahrzentrale erkundigen, ob jemand dasselbe Ziel hätte wie Sie. Dafür müssten Sie nur eine geringe Vermittlungsgebühr zahlen und sich an den Spritkosten beteiligen.

die Genehmigung *permission*
die Versicherung *insurance*
klauen (ugs.) *to 'nick', steal*
jede Menge Vergünstigungen *a whole load of reductions*
trampen [s] *to hitchhike*
die Vermittlungsgebühr (-en) *commission*
der Sprit (ugs.) *petrol*

---

3 a Ferien ohne Eltern: Ein Globetrotter rät Ihnen! Lesen Sie die Ratschläge oben. Welche finden Sie sinnvoll?

b Übersetzen Sie die folgenden Sätze ins Deutsche. Die Nummer des zutreffenden Absatzes steht in Klammern:

z.B. **1** Sie sollten Ihnen eine Genehmigung schreiben.

1 *They should write a letter of permission for you.* (1)

2 *With a small tent you would almost always be able to find a site.* (2)

3 *You would be allowed to stay in youth hostels.* (2)

4 *You should purchase additional health insurance.* (3)

5 *You would be able to get a whole load of reductions.* (4)

6 *You could hitchhike if you wanted.* (5)

7 *As a girl you should avoid hitchhiking altogether.* (5)

8 *If you wanted to travel by bus or rail to your holiday destination.* (6)

9 *You could choose from a whole range of special prices for young people.* (6)

10 *You would only have to pay a small booking fee for it.* (6)

4 a Können Sie die folgenden Sätze ergänzen? Was passt? Müssten, könnten, sollten, dürften? Manchmal sind zwei Lösungen möglich.

1 Sie __ auf Campingplätzen übernachten, wenn Sie Geld sparen wollten.

2 In den sehr beliebten Jugendherbergen __ Sie vor Reiseantritt reservieren.

3 Sie __ auch eine Gepäckversicherung abschließen, denn Gepäck ist schnell geklaut.

4 Trampen __ Sie vermeiden, weil es zu gefährlich ist.

5 Ihre Eltern __ eine schriftliche Genehmigung ausstellen, damit Sie unterwegs keine Schwierigkeiten bekommen. Mit ihrer Genehmigung dürfte an den Grenzen eigentlich nichts schief gehen!

b Übersetzen Sie nun die Sätze ins Englische.

---

5 Partnerarbeit: Im Reisebüro. Partner(in) A möchte eine Reise planen und buchen. Partner(in) B arbeitet im Reisebüro. Wie könnten Sie sich am besten auf Ihre Reise vorbereiten? Was sollten Sie vorher machen? z.B. sich impfen lassen, einen Reiseführer kaufen, die Sprache lernen, nicht ohne Partner(in) reisen usw.

B: Guten Morgen. Kann ich Ihnen helfen?

A: Guten Morgen. Ja, ich plane im Moment eine Weltreise. Können Sie mich beraten?

3 | Studienfahrt

1

a Klassendiskussion. Hat Ihre Schule einen Austausch mit einer Schule im Ausland? Haben Sie schon (bzw. nicht) teilgenommen? Würden Sie gern teilnehmen (oder nicht)? Warum (nicht)?

Ich würde sofort fahren, …
Ich habe teilgenommen, …
> um meine Sprachkenntnisse zu verbessern
> um von zu Hause wegzukommen
> um eine neue Kultur kennen zu lernen

Ich würde lieber hier bleiben, …
Ich bin hier geblieben, …
> um meine Freunde nicht im Stich zu lassen
> um meinen Freund / meine Freundin nicht zu verlassen
> um kein Heimweh zu riskieren

Grammatik: „würde"

To say you 'would' do something, you use the imperfect subjunctive of *werden* + infinitive:

ich würde	wir würden
du würdest	ihr würdet
er/sie/es/man würde	sie/Sie würden

b Bilden Sie Ihre eigenen Sätze mit den folgenden Ausdrücken:

neue Gerichte essen   auf eigenen Beinen stehen
neue Freunde treffen   neue Musik kennen lernen

z.B. Ich würde fahren, um neue Gerichte zu essen.

c Formulieren Sie jetzt Ihre Sätze mit „weil":

z.B. Ich würde fahren, weil … will.
    Ich bin nicht gefahren, weil … wollte.

d Schreiben Sie weitere Sätze, warum Sie für oder gegen den Austausch waren/sind/sein würden. Verwenden Sie beide „um … zu" und „weil".

Grammatik: Das Infinitiv

Generally the infinitive used with another verb follows *zu*, especially in the following constructions: *um … zu* (in order to), *ohne … zu* (without -ing), *anstatt … zu* (instead of -ing)

> Ich könnte teilnehmen, **ohne** Heimweh **zu riskieren**.

- Infinitives with the following verbs do not have *zu*: modals, *werden/würden, lassen, hören, sehen, fahren, gehen*:

> Sie **wollen** zusammen **bleiben**. *They want to stay together.*

> Sie **lässt** das Auto **waschen**. *She has the car washed.*

> Ich **höre** ihn **kommen**. *I hear him coming.*

> Er **geht schwimmen**. *He goes swimming.*

- Remember that the infinitive normally comes at the end of the clause:

> Ich fahre in die Stadt, um einkaufen zu **gehen**.

2

a Mit oder ohne „zu"? Ergänzen Sie die Sätze.

z.B. **1** Ich lasse meine Haare schneiden.

1 Ich lasse meine Haare   (schneiden)

2 Er muss nach Hause   (gehen)

3 Sie fährt in die Stadt, um ihre Oma   (besuchen)

4 Er hört die Kinder   (singen)

5 Er nimmt die Sachen, ohne für sie   (bezahlen)

6 Ich lasse ihn mein Gepäck   (tragen)

7 Ich möchte heute Abend im Restaurant (essen)

8 Sie fahren nach London, um die Sehenswürdigkeiten   (besichtigen)

b Übersetzen Sie nun die Sätze 1–8 ins Englische.

z.B. **1** *I have my hair cut.*

Sechsmonatiger Studien-Aufenthalt in England
Eine Schülerin berichtet

Ein halbes Jahr im Ausland zu verbringen war schon immer mein Traum. Im Januar '97 ergab sich dann die Gelegenheit, diesen Traum zu erfüllen, da unser Englischlehrer einen Aufenthalt über ein halbes Jahr an unserer Partnerschule in England organisierte.

Natürlich war die Freude groß, als ich Bescheid bekam, daß ich in einer englischen Familie unterkommen könne. Endlich hatte ich die Chance, meine Sprachkenntnisse zu verbessern und eine neue Kultur aus erster Hand zu erleben.

An meinem Abreisetag war mir dann doch etwas mulmig zumute, da ich nicht genau wußte, was auf mich zukommen würde. Würde ich neue Freunde finden? Würde ich Heimweh haben? Doch als ich endlich in England angekommen war, legte sich die Aufregung vorläufig. Meine Gastfamilie machte es mir sehr leicht, mich einzuleben, da sie mich völlig in die Familie integrierte. Wir machten am Wochenende viele Ausflüge, gingen zu Konzerten, besichtigten London und besuchten Verwandte. Oft war ich auch alleine oder mit Freunden unterwegs.

Besonders erinnere ich mich an meinen ersten Schultag, an dem in der Versammlung in der Aula verkündet wurde, daß eine deutsche Schülerin für längere Zeit zur Schule gehören würde ...

This extract follows pre-1998 spelling rules.

die Gelegenheit ergab sich *the opportunity arose*
unter/kommen* [s] *find accommodation*
mir war mulmig zumute *I felt queasy, I had butterflies*
sich legen *to abate, die down, settle*
vorläufig *for the present/time being*
sich ein/leben *to settle in*
unterwegs sein [s] *to go out*
(es) wurde verkündet *it was announced*

3 a Lesen Sie den Text oben. Sind diese Aussagen richtig oder falsch?

1 Die deutsche Schülerin konnte acht Monate in England verbringen.

2 Sie konnte bei einer englischen Familie wohnen.

3 Am Tag ihrer Abreise fühlte sie sich etwas unwohl.

4 In den ersten Tagen in England hatte sie Heimweh.

5 Sie wohnte gern bei ihrer Gastfamilie.

b Partnerarbeit: Nach der Versammlung wollen die englischen Schüler ihre neue deutsche Mitschülerin kennen lernen. Sie möchten inbesondere wissen, warum sie sechs Monate an ihrer Schule verbringen will und was ihr ihr Aufenthalt in England bringen wird. Erfinden Sie ein Interview zwischen der deutschen Schülerin (bzw. einem deutschen Schüler) und einem/einer englischen Schüler(in).

4 a Christian kommt auch aus Deutschland. Er verbringt einen Monat in einer Sprachschule an der Südküste von England. Er beschreibt hier einen typischen Tag. Hören Sie gut zu und notieren Sie Stichworte für die folgenden Kategorien:

1 Morgenroutine
2 Unterricht
3 Freizeitangebote

b Hören Sie das Interview noch einmal an. In welcher Reihenfolge hören Sie folgende Ausdrücke?

sich amüsieren *to enjoy oneself*
ich ziehe mich an *I get dressed*
ich dusche mich *I (have a) shower*
ich freue mich *I'm pleased*
einige fühlen sich *some people feel*
alle setzen sich *everyone sits down*
wir unterhalten uns *we talk*

Grammatik: Reflexivverben

Reflexive verbs use a reflexive pronoun (*mich, dich, sich, uns, euch, sich*). In main clauses the reflexive pronoun follows the verb:

Alle **setzen sich** an den Tisch.

5 Christian schreibt einen Brief an seine Eltern, in dem er einen typischen Tag in der Sprachschule beschreibt. Was schreibt er? Benutzen Sie die oben erwähnten reflexiven Verben.

Grammatik: Demonstrativpronomen

Demonstrative pronouns are often used in speech, with slightly more emphasis than a personal pronoun. The form is that of the definite article, except in dative plural and in the genitive. Gender and case match those of the noun the pronoun replaces. They can also be the equivalent of English 'this/that/the one':

Der kommt aus Deutschland.

Die (Piefke) fahren oamoi im Jahr, fahren s' nach Österreich.

Welcher Koffer? **Den** des Engländers.
Which suitcase? The Englishman's (one).

	m.	f.	n.	pl.
Nom.	der	die	das	die
Acc.	den	die	das	die
Dat.	dem	der	dem	denen
Gen.	dessen	deren	dessen	deren

Also: derjenige *whoever, the one (who)*
      derselbe *the same*
      dieser *this*
      jener *that*
See Grammar, pp. 239–40.

1 Klassendiskussion. Benimmt man sich im Urlaub anders? Wie benimmt sich ein typischer englischer/deutscher/französischer Tourist?

Gibt es Ihrer Meinung nach überhaupt einen Nationalcharakter?

z.B. Zu Hause bin ich schüchtern, aber im Urlaub bin ich kontaktfreudig.

2 „Die Piefke-Saga" ist eine Komödie von Felix Mitterer, einem österreichischen Autor. Sie handelt von einer deutschen Familie, die regelmäßig ihren Urlaub in Tirol verbringt, und von zwei Tiroler Familien, die eine Bauern und die andere Hoteliers, denen sie dort begegnen.

In diesen Auszügen (*extracts*) sehen die verschiedenen Familien in ihren eigenen Häusern fern. Eine Sendung läuft im Fernsehen. Es ist eine Art Quizshow. Hören Sie zu und beantworten Sie die folgenden Fragen auf Englisch.

a *What question are the participants asked and with what response?*

b *What do two of the participants add to the discussion?*

c *What do you notice about the way the participants speak?*

heikel *tricky, delicate*
heiter *amusing, funny*
die Geschworenen *jury*
der Volltreffer *bull's eye*
die Eingebildeten *the conceited ones*
angeben *to show off*

3 Ergänzen Sie folgende Sätze mit Demonstrativpronomen:

a Kennen Sie diese Frau? – Ja, ___ habe ich in Hamburg kennen gelernt.

b ___, der die Nummer 46 wählte, hat gewonnen.

c Ihre Schule und ___ ihrer Schwester sind sehr gut.

d Markus, sein Freund und ___ Bruder kommen heute an.

e Haben Sie Ihren Regenschirm? – Nein, ___ habe ich vergessen!

f In welchem Haus wohnst du? In ___ mit dem großen Baum im Garten.

4 Lesen Sie den ersten Absatz des Textes unten. Sind die folgenden Aussagen richtig oder falsch?

a Die Teilnehmer blieben eine Woche lang in der Türkei.

b Dreißig Urlauber aus Deutschland, England, Japan und Amerika nahmen teil.

c Das Ziel des Programms war, den Badeort und das Ferienhotel zu testen.

d „Experten" sollten den Badeort und das Ferienhotel testen.

e Der Fernsehsender wollte den Nationalcharakter der Teilnehmergruppen heimlich filmen.

5 Lesen Sie nun den zweiten Absatz. Machen Sie eine Liste der **fett**gedruckten Wörter in drei Spalten.

Imperfekt	Infinitiv	Englisch
bewies sich	*sich beweisen*	*to prove o.s./itself*
rissen	*reißen*	*to tear, pull, rip*

Britisches TV legte deutsche Urlauber herein

Von PETER MICHALSKI

London – Die 30 Deutschen freuten sich: Eine Woche Türkei-Urlaub umsonst. Die Kosten trug der britische Fernsehsender Channel 4. Die deutsche Gruppe, ebenso wie je 30 Urlauber aus England, Japan und Amerika, sollte für ein Reiseprogramm den Badeort und das Ferienhotel testen. Das jedenfalls wurde ihnen eingeredet. Was ihnen die Leute vom Sender nicht sagten: Überall in dem Hotel waren Wanzen und Kameras versteckt, die alles aufzeichneten; in einem Geheimzimmer sahen und hörten „Experten" alles mit. Erst hinterher schenkte man den Versuchskarnickeln reinen Wein ein. Dass nämlich nicht das Ferienangebot abgeklopft werden sollte, sondern der Nationalcharakter der vier Teilnehmergruppen.

Eines der „Forschungsergebnisse": Wir Deutschen haben nicht viel Humor. Das **bewies sich** für die Briten bei der Einladung zu einer Toga-Party. Während Amerikaner, Engländer und Japaner sofort begeistert die Laken vom Bett **rissen** und **sich** wie alte Römer um den Leib **wickelten**, **weigerten sich** die Bundesbürger, bis die Hotelleitung **sich** bereit **erklärte**, ihnen eigens frische Betttücher zur Verfügung zu stellen. Unterschiedliche Reaktionen je nach Pass **gab** es auch, als ein falscher Gast – einer der eingeschleusten Schauspieler – in der Bar einen Haufen Getränke **stahl** und an seine Landsleute **verteilte**. Die Japaner **waren** empört, **lehnten** die Bierdosen **ab** und **machten** fortan einen Bogen um den Mann. Deutsche und Engländer **tranken** das Diebesgut - alle Engländer, wie ein Sprecher des Senders betont. Immerhin **bewiesen** auch die Deutschen, obwohl „geschockt", Humor genug, um Channel 4 die Erlaubnis zu geben, das Material für eine Sendung zu verwenden.

Grammatik zum Auffrischen: Das Imperfekt

The imperfect tense is widely used in written German. Remember (p. 49) that regular verbs, modals and mixed verbs add the following endings to the stem:

ich (hör)**te**	wir (hör)**ten**
du (hör)**test**	ihr (hör)**tet**
er/sie/es/man (hör)**te**	sie/Sie (hör)**ten**

The stem of regular verbs is the infinitive minus (e)n; for modal verbs and other irregular verbs refer to a table of irregular verbs to see the changes in the stem. You should make a point of learning these for modal verbs and other verbs that you come across often.

Most irregular verbs add the following endings to the stem:

ich (gab)	wir (gab)**en**
du (gab)**st**	ihr (gab)**t**
er/sie/es/man (gab)	sie/Sie (gab)**en**

6 Bilden Sie Sätze im Imperfekt.

z.B. **a** Er fand den richtigen Weg.

a Finden/er, den richtigen Weg

b Kaufen/ich, ein Geschenk für meine Mutter

c Gehen/sie (*sing.*), in die Stadt

d Fahren/du, mit der Straßenbahn

e Spielen/ihr, gern Tischtennis

f Laufen/wir, über die Wiesen

g Schreiben/du, mir einen schönen Brief

h Sagen/Sie, „Auf Wiedersehen"

i Schwimmen/sie (*pl.*), im neuen Hallenbad

j Sehen/wir, jeden Abend fern

7 Stellen Sie sich vor: Sie waren einer der Urlauber im Hotel, als Channel 4 den Film machte. Schreiben Sie einen Bericht von Ihren Erfahrungen, in dem Sie Verben im Imperfekt verwenden (etwa 80 Wörter).

das wurde ihnen eingeredet *they were persuaded of that*

die Wanze (-n) *electronic bug*

das Versuchskarnickel (-) *guinea pig*

reinen Wein ein/schenken *to tell the truth*

das Laken (-) *sheet*

1 Lesen Sie den Text und füllen Sie die Lücken aus. Die fehlenden Wörter finden Sie im Kasten unten.

Schlaflos nach Sankt Petersburg

Morgens, zwischen sechs und sieben Uhr, flammt der Himmel über St. Petersburg türkis. Nur im hohen Norden gibt es **(a)** *dieses* klare Licht, kurz bevor die Sonne aufgeht. In dieser Stunde der Natur, der Stunde der Dichter, blitzen die vergoldeten **(b)** _____ des Alexander-Newski-Klosters, und der Schnee auf der zugefrorenen Newa glänzt jungfräulich. Sankt Petersburg, ein Wintermärchen.

Ein lautes metallenes Klopfen **(c)** _____ uns hoch. Zollkontrolle. Aus der Traum vom Wintermärchen. Kein flammendes Türkis, kein Kirchturm-Blitzen, dafür graue Tristesse. Sie begann vor **(d)** _____ Stunden auf dem Berliner Bahnhof Lichtenberg.

23.02 Uhr. Sechs düstere, dunkelgrüne russische Waggons mit verdreckten Scheiben stehen zur Abfahrt **(e)** _____ – der St.-Petersburg-Express. Ein romantischer Name für diesen Schmuddelzug. Weniger romantisch klingen dagegen die Schauergeschichten, die man sich über Zugfahrten **(f)** _____ Russland erzählt. Geschichten über skrupellose Banden, die nachts Abteiltüren aufbrechen, die ahnungslose Fahrgäste mit Gas betäuben und selbst vor **(g)** _____ nicht zurückschrecken. Und das alles nur für eine Handvoll Dollar. „Wenn Sie Pech haben, steckt Ihr Zugbegleiter mit denen **(h)** _____ einer Decke", sagte uns der deutsche Zöllner noch kurz vor der polnischen Grenze. Dann stieg er aus und ließ **(i)**_____ allein.

Kuppeln	sieben	unter	uns	bereit
Mord	nach	~~dieses~~		reißt

die vergoldeten Kuppeln *the gilded domes*
das Kloster (-) *monastery*
Newa *river Neva*
jungfräulich *virginal(ly)*
düster *gloomy*
verdreckt *filthy*
der Schmuddelzug (¨e) *'messy train'*
mit Gas betäuben *to knock out with gas*
zurück/schrecken* [s] vor *to balk at*
Pech haben* *to have bad luck*
der Zugbegleiter *guard, conductor*
mit jmdm. unter einer Decke stecken *to be in league with sb.*

Grammatik: der Genitiv

The genitive case is the equivalent to 'of' or the possessive ''s' in English:

die Scheiben **des** Zug**es**
the windows of the train/the train's windows

Masculine and neuter nouns in the singular add *-s* or *-es* in the genitive singular. The forms of articles in the genitive follow this pattern:

		Definite article	Indefinite article
m.		**des** Zug**es**	ein**es** Zug**es**
f.		**der** Grenze	ein**er** Grenze
n.		**des** Märchen**s**	ein**es** Märchen**s**
pl.		**der** Abteile	kein**er** Abteile

Adjectives in the genitive end in *-en*, except that those in the plural and feminine singular with no article before them end in *-er*:

laut**er** Musik   neu**er** Abteile

2 a Ergänzen Sie die nebenstehenden Ausdrücke im Genitiv.

1 Das flammende Türkis *des Himmels*
2 Das klare Licht …
3 Die verdreckten Scheiben …
4 Der Name …
5 Die Schauergeschichten …
6 Die Türen …
7 Die Worte …
8 In der Nähe…

der Abteile	des Nordens	des Zugbegleiters
~~des Himmels~~		der Grenze
der Waggons	der Fahrgäste	des Schmuddelzuges

b Übersetzen Sie die Ausdrücke ins Englische.

Grammatik:
Ortsnamen als Adjektive

To talk about something belonging to a place you simply add the ending *-er* to the name of the place followed by the object. It does not take adjectival endings:

der St.-Petersburg**er** Himmel
der Berlin**er** Bahnhof

3 Ergänzen Sie die folgenden Ausdrücke:

z.B. **a** der Berliner Zoo

   a Zoo/Berlin

   b Schnitzel/Wien

   c Konferenz/Paris

   d Rathaus/Bonn

   e Schloss/Heidelberg

4 Hier beschreibt der Journalist die letzte Phase seiner Reise nach St. Petersburg. Beantworten Sie die folgenden Fragen auf Englisch:

   a *What wakes the passengers up?*

   b *What time is it when they wake up?*

   c *What two discomforts of travel are described?*

   d *What is the dining car like?*

   e *How long is the journey altogether?*

   f *What is the weather like on their arrival in St Petersburg?*

schaukeln *to sway*
Nippes *knick-knacks*
umklammern *to clasp*

5 „Ich will nicht mehr reisen – es ist heutzutage zu gefährlich!" Was meinen Sie? Schreiben Sie etwa 80 Wörter zu diesem Thema und versuchen Sie, Ausdrücke von der Liste unten zu verwenden.

Nützliche Ausdrücke

Füllwörter

alles in allem	*all in all*
angeblich	*supposedly*
auf alle Fälle	*in any case*
beispielsweise	*for example*
gewiss	*certain*
hauptsächlich	*mainly*
im Allgemeinen	*in general*
im Durchschnitt	*on average*
im Grunde	*basically*
im Prinzip	*in principle*
in Wirklichkeit	*in reality*
möglicherweise	*possibly*
offenbar	*apparently*
selbstverständlich	*obviously*
tatsächlich	*in fact*
vor allem	*above all*
zum Glück	*luckily*
zweifellos	*doubtless*

Vokabelnlernen – Wortfamilien: Wenn man ein Wort lernt, dann kann man auch viele verwandte Wörter erkennen.

Zum Beispiel: fahren

der Fahrgast(ˍe)	*passenger*
die Fahrkarte(-n)	*ticket*
die Fahrt(-en)	*journey*
der/die Fahrer(in)(-/-nen)	*driver*
der Fahrplan(ˍe)	*timetable*
die Fahrschule(-n)	*driving school*
das Fahrgeld	*fare*

6 Suchen Sie Wortfamilien im Wörterbuch! Sehen Sie zum Beispiel unter „Reise", „Schlaf" und „Bahn" nach.

1 Lesen Sie den Text „Fliegende, interaktive Kommunikationszentren". Dann wählen Sie die jeweils richtige Alternative von den drei Möglichkeiten aus und schreiben sie auf. Die erste Alternative ist schon angegeben.

> **durchforsten** *to sift through*
> **jagen** *to plague, pursue*
> **der Langstreckenflug (ⁱe)** *long haul flight*
> **pferchen** *to cram, pack*

Fliegende, interaktive Kommunikationszentren

Der elegante Herr aus **(a)** *die/der/den* siebten Reihe sitzt geschäftig vor einem kleinen Bildschirm und durchforstet die **(b)** *neuesten/neueste/neuester* Meldungen der Nachrichtenagenturen, die Geschäftsfrau zwei Reihen weiter **(c)** *hinter/hinten/hinterher* telefoniert und faxt durch die halbe Welt, die junge Mutter erledigt mit ihrer Tochter noch die letzten **(d)** *einkaufen/Einkaufen/Einkäufe* für den Urlaub, während sich Vater und Sohn die Zeit im Spielcasino vertreiben. Am Abend stellt sich die Frage, ob man **(e)** *ein/einer/einen* der Spielfilme anschaut, Musik hört oder etwas für die Allgemeinbildung tut und das Geographieprogramm starten lässt.

(f) *Durch/Bei/Unter* so einem Unterhaltungsangebot könnte man glatt vergessen, dass es auch noch Bücher gibt. Vor allem aber könnte man vergessen, dass man sich gerade in zwölf Kilometern Höhe irgendwo über Grönland in einem **(g)** *Bus/Auto/Flugzeug* befindet. Vor Jahren noch jagte einem die Vorstellung von einem Langstreckenflug nach Amerika, Afrika oder Australien kalte Schauer über den Rücken, **(h)** *wenn/dann/denn* was zum Teufel soll man schon tun, wenn man zehn Stunden **(i)** *länger/lang/längst* in den Sitz gepfercht ist, einen schnarchenden Nachbarn hat und einen Vordermann, **(j)** *der/den/dem* seinen Sitz ganz nach hinten klappt. Und dann diese Langeweile: Der nächste Fernseher, **(k)** *der/den/dem* sich 100 Passagiere teilen müssen, verschwindet sowieso hinter der Schlange, die sich vor **(l)** *die/der/den* einzigen noch funktionierenden Toilette gebildet hat.

Grammatik: der Superlativ 1

If you want to talk about 'the fastest car' or 'the oldest man' you need to use the superlative. To form the superlative of an adjective in front of a noun you add *-(e)st* and then normal adjectival endings to it (see Grammar section p. 244).

> Er durchforstet die neu**esten** Meldungen.

Some adjectives add an umlaut in the superlative:
> alt ----> der **ält**este Mann

Adjectives ending in ß or ss add *-t* rather than *-st*:
> gro**ß** ----> die grö**ßte** Tochter

Some adjectives change completely in the superlative
> gut ----> das beste Flugzeug
> nah ----> der nächste Fernseher

2 Übersetzen Sie die folgenden Sätze ins Deutsche:

a *The most elegant man in the room was Mr Brown.* (elegant)

b *Austria has the most beautiful landscape in Europe.* (schön)

c *He travelled with the oldest bus to Nepal.* (alt)

d *She told the most interesting stories.* (interessant)

e *You (Du) have the saddest eyes.* (traurig)

3 Hier sprechen vier Fluggäste über ihre Reise. Fliegen Sie gern oder nicht? Warum/Warum nicht? Notieren Sie Stichworte.

4 Klassendiskussion.

Fliegen Sie gern?
Wann sind Sie zum letzten Mal geflogen?
Was finden Sie gut / nicht so gut am Fliegen?
Wohin möchten Sie einmal fliegen?

Grammatik: der Superlativ (2)

Remember that the superlative of adverbs is formed by adding *am ...-sten* to the basic adverb.

wenig ----> **am wenigsten**

Again several common adverbs change in the superlative:

gern ----> am liebsten
viel ----> am meisten
hoch ----> am höchsten

5 Wie reisen Sie am liebsten und warum? Wie reisen Sie nicht gern und warum nicht?

Ich reise am liebsten ..., weil ...

Ich reise am wenigsten ..., weil ...

Ich reise am meisten ..., weil ...

Schreiben Sie etwa 100 Wörter zu diesem Thema und versuchen Sie auch, einige Ausdrücke aus der Liste unten zu verwenden.

Nützliche Ausdrücke

Vergleichsausdrücke für Aufsätze:

im Gegensatz zu
as opposed to

im Vergleich zu
compared with

erstens/zweitens/drittens
firstly/secondly/thirdly

meiner Meinung nach
in my opinion

es kommt darauf an, was
it depends on what

nicht nur ... sondern auch
not only ... but also

auf der einen Seite, auf der anderen Seite
on the one hand, on the other hand

während
whereas

einerseits/andererseits
on the one hand/on the other hand

Wie lernt man am besten Vokabeln und unregelmäßige Verben?

- Lernen Sie nur sechs neue Wörter oder drei neue Verben auf einmal.
- Üben Sie jeden Tag. Das braucht nicht viel Zeit – fünf Minuten reichen.
- Beim Lernen: 1 Schauen Sie die Wörter/ Verben an.

    2 Decken Sie sie ab und versuchen Sie sie aufzuschreiben.

    3 Schauen Sie die Wörter/ Verben wieder an und verbessern Sie die Fehler.

6 Lesen Sie diesen Text. Warum fliegt Dr. Wedel gern?

Dr. Wedel: Regisseur über den Wolken

Produzent, Autor & Regisseur Dr. Dieter Wedel („Der Sandmann") fliegt 2x/Woche München–Hamburg, ist täglich 2 Std. im Auto. In seinem Mercedes S-Klasse mit Chauffeur, hat er Diktaphone (aber kein Telefon), hier diktiert er. Wenn Wedel fliegt, hat er einen „voll ausgestatteten Pilotenkoffer" als Büro dabei. Fliegend liest er Drehbücher, schreibt Szenen um, macht Notizen für Besprechungen. „Der Vorteil meines mobilen Büros ist, daß mich weder negative noch positive Nachrichten erreichen. Nur mobil kann ich ungestört arbeiten."

1 Glauben Sie
A ... an die Liebe auf den ersten Blick
B ..., dass wahre Liebe viel Zeit braucht
C ..., dass Liebe weh tut

2 Was für ein Naturell sollte Ihr Idealtyp besitzen?
A Jemand, der sich immer um Sie kümmert und Sie beschützt
B Einer, der sowieso schon Ihr Vertrauen als angenehmer Gesprächspartner besitzt
C Es gibt keinen Idealtyp

3 Alles was man braucht ist Liebe. Für Sie ein wahrer oder falscher Spruch?
A Wahr! Liebe bedeutet Leben
B Falsch! Liebe ist schön, aber ohne sie kann man problemlos existieren
C Falsch! Die Liebe wird grundsätzlich überschätzt

4 Wie sieht für Sie der optimale Ort für ein Rendezvous aus?
A Ein romantisches Restaurant mit Tischkerzen und Geigenmusik
B Ihre oder seine/ihre Bude, bestellte Pizza und Ihre Lieblingsplatten
C Überfüllte Disco, grelle Lichter, laute Musik

5 Wenn Sie sich down fühlen, wie kann Ihr(e) Freund(in) Sie am besten wieder auf Trab bringen?
A Wenn er/sie mich mit einem kleinen Geschenk überrascht
B Wenn er/sie mich zum Lachen bringt
C Ich bin dann in so einem Moment am liebsten mit meinen Gedanken allein

6 Wie würden Sie Ihre(n) momentane(n) Freundin/Freund bezeichnen?
A Alle Ihre Freunde finden ihn/sie einfach super
B Er/Sie ist für mich was Besonderes
C Er/Sie ist so wie alle anderen Jungen/Mädchen

7 Wer dominiert in Ihrer Beziehung?
A Sie mögen es, wenn er/sie für Sie beide entscheidet
B Sie entscheiden alles gemeinsam
C Ihr(e) Freund(in) hat seinen/ihren eigenen Kopf und muss sich durchsetzen

8 Was gehört für Sie zum ewigen Glück?
A Alles mit meinem Freund / meiner Freundin gemeinsam unternehmen
B Gegenseitiges Verständnis, Geben und Nehmen stets im Gleichgewicht
C Opferbereitschaft und harte Arbeit

das Naturell *temperament, disposition*

jmdn. wieder auf Trab bringen* *to cheer sb. up*

die Opferbereitschaft *willingness to make sacrifices*

---

1 a Lesen Sie den Psychotest oben und wählen Sie für jede Frage Antwort A, B oder C.

b Jetzt lesen Sie bitte die Auswertung auf Seite 69. Welcher Teil trifft auf Sie zu? Übersetzen Sie den zutreffenden Absatz ins Englische.

---

2 Ergänzen Sie die Sätze mit den passenden Pronomen (im Dativ!)

z. B. **a** Kann ich Ihnen helfen?

a Kann ich (Sie) helfen?
b Ich gratuliere (du)!
c Der Fuß tut (ich) weh!
d Das Bild gefällt (er) nicht.
e Es ist (sie – *sing.*) gelungen, eine E-Mail zu senden.
f Schmeckt (ihr) das Essen?
g Unser Hund fehlt (wir).
h Ich gab (sie – *pl.*) die Geschenke.

Grammatik: Verben mit Dativ

The dative is used for indirect objects with verbs such as *geben, schreiben, sprechen, sagen, zeigen*:

> Sagen Sie **mir** Bescheid.

Some German verbs, such as *helfen, gehören, gratulieren, antworten, wehtun, gefallen, gelingen, schmecken, fehlen*, can only take a dative object. Notice the structure with the last four:

> Sie hilft **mir** bei den Hausaufgaben.
> Ich gratulierte **ihm** zum Geburtstag.
> Er antwortete **ihnen**. (*but* Er antwortete **auf** ihre Frage.)
> Seine Augen gefallen **ihr**. *She likes his eyes.*
>   (*lit. His eyes please her.*)
> Es gelingt **ihm** immer, mich aufzuheitern.
>   *He always succeeds in cheering me up.*
> Wein schmeckt **mir** nicht. *I don't like wine.*
>   (*lit. Wine doesn't taste good to me.*)
> Sie fehlt **mir**. *I miss her. (lit. She is lacking to me.)*

3 Hier beschreiben fünf Leute ihren Freund / ihre Freundin. Hören Sie gut zu und finden Sie die passenden Fotos.

4 a Klassendiskussion. Haben Sie einen Freund / eine Freundin? Beschreiben Sie ihn/sie.

Oder: Beschreiben Sie Ihren besten Freund / Ihre beste Freundin.

Wie sieht er/sie aus? Hat er/sie blonde/braune/schwarze Haare? Was sind seine/ihre besten Eigenschaften? Was sind seine/ihre nicht so guten Eigenschaften? Ist er/sie fröhlich und gutmütig oder ist er/sie manchmal schlecht gelaunt?

b Was gefällt Ihnen am besten an ihm/ihr?

z.B. Sein/Ihr Aussehen gefällt mir am besten!
Seine/Ihre Augen gefallen mir am besten!

oder vielleicht...

Sein/Ihr Lächeln?	Sein/Ihr Charakter?
Sein/Ihr Geld?	Seine/Ihre Witze?
Sein/Ihr Humor?	Seine/Ihre Beine?

c Bilden Sie Sätze.

z.B. Sein/Ihr Lächeln gefällt mir am besten.

Vorsicht beim Plural!

Erfinden Sie weitere Beispiele.

d Dann schreiben Sie die Sätze um, wie folgt:

Was mir an ihm/ihr am besten gefällt, ist sein/ihr Aussehen.

5 Beschreiben Sie Ihren idealen Freund / Ihre ideale Freundin. Es könnte Ihr eigener Freund / Ihre eigene Freundin sein oder ein(e) Schauspieler(in), ein Popstar, ein Traumfreund / eine Traumfreundin. Schreiben Sie etwa 80 Wörter.

AUSWERTUNG (von S. 68)

Überwiegend Buchstabe A: Sie sehen in jedem nur das Gute. Doch bei jedem das Schlechte unter den Teppich kehren, bringt im Endeffekt nichts. Es ist Zeit, sich zu ändern. Achten Sie nicht nur ausschließlich auf Ihre Signale im Herzen, sondern auch auf die im Kopf.

Überwiegend Buchstabe B: Sie behalten den Boden unter den Füßen, verfügen über ein beneidenswertes, gefühlsmäßiges Gleichgewicht zwischen Kopf und Herz.

Überwiegend Buchstabe C: Entweder Sie sind noch nicht reif genug für die Liebe oder Sie sind schon zu oft enttäuscht worden. Geben Sie sich endlich einen Stoß, oder wie lange wollen Sie diese verbitterte Weltuntergangsstimmung noch beibehalten? Seien Sie doch ehrlich: Sie haben ein großes Herz und so auch Sehnsucht nach Zärtlichkeit: Zeigen Sie sie!

2 | Auf einmal ist der Zauber vorbei

1 a Hier sprechen acht enttäuschte Freundinnen über ihre ehemaligen Freunde. Lesen Sie die Texte.

b Hören Sie dann die Meinungen ihrer Freunde. Wer spricht?

z.B. 1 = Roland

Melanie, 22, Zahnarzthelferin, Hamburg.
Die Eltern sahen mich wie eine Außerirdische und gaben mir nicht mal die Hand. **Thomas** war verlegen, aber nicht, weil ihm die Unhöflichkeit seiner Eltern peinlich war. Schlimmer: Er schämte sich für seine Freundin, die einfach nur normale Klamotten trug, Turnschuhe und Modeschmuck.

Pauline, 28, Journalistin, Berlin.
Roland war ein Mann mit vielen Qualitäten: klasse Aussehen, Intelligenz, Erfolg im Job. Ich fand ihn wirklich toll. Dann endlich kam der erste Kuss – leider ein Flop. Echt langweilig!

Julia, 26, Juristin, Hamburg.
Lorenz hat mich endlich zu sich eingeladen. Wir gingen in die Küche, um uns einen Drink zu machen. Ich öffnete das Gefrierfach, um Eiswürfel zu holen – und das war's dann: Fein säuberlich mit Sonntag, Montag, Dienstag beschriftet, standen da sieben Tiefkühlschälchen – Sohnemanns Essen, von Mutti liebevoll für die ganze Woche vorgekocht! Ein Muttersöhnchen! Da wusste ich: Das wird nie was mit uns.

Kate, 23, Biologie-Studentin, Hamburg.
„Take it easy", lachte **Marek** nur, wenn ich mit meinen Alltagssorgen ankam. Leicht gesagt: Er kriegte von seinen Eltern alles nachgeschmissen – Wohnung, Auto, Surf-Ausrüstung. Ich dagegen musste neben dem Studium jobben, um Miete, Essen, Klamotten bezahlen zu können.

Andrea, 27, Kunstgeschichts-Studentin, Berlin.
Eines Abends gingen wir in einen Jazz-Club. Tolle Jam-Session. Plötzlich schwang sich **Stefan** ans Piano und schmetterte ‚Only You' in den Raum und ... alle Augen richteten sich auf mich. Auf einmal war mir alles nur noch peinlich. Es war einfach zu viel, zu schnell, zu geballt. Was folgte, war die Flucht.

Sandra, 24, Verwaltungsbeamtin, Cuxhaven.
Michael hatte es immer eilig und nie Zeit für mich. Das verschlimmerte sich, als er einen neuen Job kriegte. Er wurde egoistisch, tyrannisch, desinteressiert an allem, was mich betraf. Nur seine Karriere zählte noch.

Carolin, 23, Zahntechnikerin, Hamburg.
Etwas Eifersucht war immer im Spiel, aber eines Tages rastete **Kai** völlig aus – nur weil ich mich auf der Rolltreppe in einem Kaufhaus nach ihm, der unter mir stand, umgedreht hatte – und er glaubte, ich hätte einem anderen Mann hinterhergeschaut.

Daniela, 28, Diplomkauffrau, Hamburg.
Wenn **Frank** und ich mal essen gingen, fisselte er auseinander, wer was gehabt hatte. Und gab nie Trinkgeld. Dabei verdiente er nicht schlecht. Klarer Fall: ein Geizhals. Ich stellte ihm das Ultimatum: dein Sparbuch oder ich. Da war's gelaufen.

---

der/die Außerirdische (decl. as adj.) *alien*
nach/schmeißen* *to give away*
geballt *intense*
aus/rasten [s] *to blow one's top*
auseinander fisseln *to fuss about*

---

2 a Identifizieren Sie die verschiedenen Freunde.

z.B. **1** Das ist Marek. Er ist finanziell von seinen Eltern völlig abhängig.

1 Das ist Marek.		**5** Das ist Lorenz.
2 Das ist Roland.		**6** Das ist Michael.
3 Das ist Stefan.		**7** Das ist Kai.
4 Das ist Thomas.		**8** Das ist Frank.

> Er ist finanziell von seinen Eltern völlig abhängig.
> Er kann nur langweilig küssen.
> Er gibt nicht gern sein Geld aus.
> Er ist sehr eifersüchtig.
> Er wirkt übertrieben aufmerksam.
> Er schämt sich bei seinen Eltern für seine Freundin.
> Er ist ein Muttersöhnchen.
> Er interessiert sich nur für seine Karriere.

b Bauen Sie die Sätze wieder um, indem Sie einen Relativsatz benutzen.

z.B. **1** Marek ist der Freund, der finanziell von seinen Eltern völlig abhängig ist.

---

3 Zwei enttäuschte Freundinnen besprechen ihre Probleme mit ihren Ex-Freunden.

Schreiben Sie das Telefongespräch (ca. 50–80 Wörter). Benutzen Sie so viele Relativpronomen wie möglich.

Grammatik: Relativpronomen

- A relative pronoun introduces a relative clause. A relative clause gives additional information about something or someone in the sentence.

- The relative pronoun sends the verb to the end of its clause.

- The relative pronoun agrees in number and gender with the noun to which it refers.

- The case of the relative pronoun depends on its role within the relative clause.

	m.	f.	n.	pl.
Nom.	der	die	das	die
Acc.	den	die	das	die
Dat.	dem	der	dem	denen
Gen.	dessen	deren	dessen	deren

Pauline ist die Freundin, **die** Rolands Kuss langweilig fand.

*Pauline is the girlfriend **who** found Roland's kiss boring.*

Julia ist die Freundin, **deren** Freund ein Muttersöhnchen war.

*Julia is the girlfriend **whose** boyfriend was a mummy's boy.*

Marek ist der Freund, **dessen** Freundin neben dem Studium jobben musste.

*Marek is the boyfriend **whose** girlfriend had to work as well as study.*

---

4 Setzen Sie in jedem Satz das richtige Relativpronomen ein:

a Stefan, *dessen* Freundin Kunstgeschichte in Berlin studiert, spielt gern Klavier.

b Der Freund, _____ Andrea in einem Jazz-Club stehen ließ, heißt Stefan.

c Die Freundin, für _____ Michael keine Zeit hatte, heißt Sandra. (für + Akk.!)

d Der Freund, _____ seine Eltern alles schenkten, heißt Marek.

e Melanie, _____ Freund sich für sie schämte, arbeitet als Zahnarzthelferin in Hamburg.

f Die Freundin, _____ Roland einen Kuss gab, heißt Pauline.

die Wamme *fold of skin*

---

5 Lesen Sie den Text. Ritas Freund war zum ersten Mal bei ihr zu Hause. Wie sieht er aus? Was für ein Mensch ist er? Wie fühlt sich Rita? Wie reagiert ihre Familie? Wie könnte die Diskussion weitergehen?

Ein netter Kerl

Ich hab ja so wahnsinnig gelacht, rief Nanni in einer Atempause. Genau wie du ihn beschrieben hast, entsetzlich.

Furchtbar fett für sein Alter, sagte die Mutter. Er sollte vielleicht Diät essen. Übrigens, Rita, weißt du, ob er ganz gesund ist?

Rita setzte sich gerade und hielt sich mit den Händen an der Unterseite des Sitzes fest. Sie sagte: Ach, ich glaub schon, daß er gesund ist.

Genau wie du es erzählt hast, weich wie ein Molch, wie Schlamm, rief Nanni. Und auch die Hand, so weich.

Aber er hat dann doch auch wieder was Liebes, sagte Milene, doch, Rita, ich finde, er hat was Liebes, wirklich.

Na ja, sagte die Mutter, beschämt fing auch sie wieder an zu lachen; recht lieb, aber doch gräßlich komisch. Du hast nicht zu viel versprochen, Rita, wahrhaftig nicht.

Jetzt lachte sie laut heraus. Auch hinten im Nacken hat er schon Wammen, wie ein alter Mann, rief Nanni. Er ist ja so fett, so weich, so weich! Sie schnaubte aus der kurzen Nase, ihr kleines Gesicht sah verquollen aus vom Lachen.

Rita hielt sich am Sitz fest. Sie drückte die Fingerkuppen fest ans Holz.

Er hat so was Insichruhendes, sagte Milene. Ich find ihn so ganz nett, Rita, wirklich, komischerweise. Nanni stieß einen winzigen Schrei aus und warf die Hände auf den Tisch; die Messer und Gabeln auf den Tellern klirrten.

Ich auch, wirklich, ich find ihn auch nett, rief sie. Könnt ihn immer ansehn und mich ekeln.

Der Vater kam zurück, schloß die Eßzimmertür, brachte kühle nasse Luft mit herein. Er war ja so ängstlich, daß er seine letzte Bahn noch kriegt, sagte er. So was von ängstlich.

Er lebt mit seiner Mutter zusammen, sagte Rita. Sie platzten alle heraus, jetzt auch Milene. Das Holz unter Ritas Fingerkuppen wurde klebrig. Sie sagte: Seine Mutter ist nicht ganz gesund, so viel ich weiß. Das Lachen schwoll an, türmte sich vor ihr auf, wartete und stürzte sich dann herab, es spülte über sie weg und verbarg sie: lang genug für einen kleinen schwachen Frieden. Als erste brachte die Mutter es fertig, sich wieder zu fassen.

Nun aber Schluß, sagte sie, ihre Stimme zitterte, sie wischte mit einem Taschentuchklümpchen über die Augen und die Lippen. Wir können ja endlich mal von was anderem reden.

This text follows pre-1998 spelling rules.

3 | Liebeskummer

1 Hören Sie diese Meldung „Wiedersehen nach 60 Jahren – jetzt Hochzeit" an. Wählen Sie die richtige Antwort 1, 2 oder 3.

a Wann waren Travis und Naomi zum ersten Mal verlobt?

1 vor 16 Jahren
2 vor 60 Jahren
3 vor 70 Jahren

b Wo haben sie sich kennen gelernt?

1 in der Schule
2 bei Freunden
3 am Arbeitsplatz

c Was ist passiert?

1 Travis musste wegen seiner Arbeit nach Minneapolis.
2 Naomis Familie ist umgezogen.
3 Travis und Naomi haben sich heftig gestritten.

d Und nachher?

1 Travis hat geheiratet.
2 Naomi hat geheiratet.
3 Travis und Naomi haben beide jemanden anders geheiratet.

e Beim Wiedersehen haben die beiden beschlossen zu heiraten

1 nach zwei Tagen.
2 nach drei Tagen.
3 nach drei Jahren.

der Puffmais *puffed corn*
das Schicksal *fate*
versetzen *to transfer, move*
verwitwet *widowed*

In a listening exercise, it's easy to mistake numbers, because German numbers are the other way round to English, e.g. siebenundsechzig.

- Note down numbers in a mathematical way: 7 + 60
- Then write the answer as a proper number: 67

Beispiel:
zweihundertfünfunddreißigtausend

- - - -> 200 / 5 + 30 / 000 or thousand
= 35
= 235,000

Grammatik: Zeitausdrücke

vor	einer Woche
	einem Jahr
	20 Jahren
nach	zwei Tagen
	einem Monat
	vier Monaten
	einem Jahr
	fünf Jahren

seit + *present tense*:
Sie **kennen** sich **seit** 60 Jahren. *They **have known** each other **for** 60 years.*

seit + *imperfect*:
Sie **waren seit** 3 Tagen wieder zusammen. *They **had been** together again **for** 3 days.*

---

2 Übersetzen Sie ins Deutsche:

a *I saw him two days ago.*

b *The letter arrived five days ago.*

c *They met up again after thirty years.*

d *After four weeks the arguments began.*

e *We've been neighbours for fifty years.*

f *They got married a week ago.*

g *After a week they realised they were in love.*

h *They had known each other for twenty years.*

A

Vor einiger Zeit verliebte ich mich in einen Jungen (19), den ich seit meiner Kindheit kenne. Wir leben beide noch bei unseren Eltern in einer kleinen Stadt. Unser Problem ist, dass unsere Familien schon seit vielen Jahren zerstritten sind, sodass wir uns nur heimlich treffen können. Wir sind beide sehr verzweifelt, weil wir an unseren Familien sehr hängen und ansonsten gut mit ihnen auskommen. Aber unsere Liebe ist so groß, dass wir schon Pläne geschmiedet haben, von zu Hause abzuhauen. Da wir aber beide noch finanziell von unseren Eltern abhängig sind, schien uns das auch keine Lösung zu sein. Ich weine mich nachts oft in den Schlaf, weil ich keine Hoffnung mehr habe. Bitte helfen Sie uns schnell, denn in unserer Verzweiflung haben wir schon daran gedacht, uns gemeinsam das Leben zu nehmen.

Julia, 18, Köln

B

An Silvester habe ich mich in ein 16-jähriges Mädchen verliebt. Leider war das bisher das erste und das letzte Mal, dass wir uns gesehen haben, da sie 300 Kilometer weit weg wohnt. Doch wir schreiben uns und beschreiben unsere Gefühle füreinander. Meine Eltern haben natürlich gleich kapiert, dass ich mich verknallt habe, denn sie kennen sie auch. Sie ziehen mich auch ein bisschen damit auf. Nun möchte sie mich in den Pfingstferien besuchen kommen, und jetzt weiß ich nicht, wie ich mich ihr gegenüber verhalten soll, wenn sie da ist. Können Sie mir weiterhelfen?

Thomas, 19, Ulm

C

Dass ich ständig Verehrer habe, ist für mich eigentlich nicht ungewöhnlich. Das mag vielleicht arrogant klingen, aber Chancen bei Jungs habe ich wirklich genug. Bis jetzt fand ich es auch immer ganz toll, so umschwärmt zu werden. Doch seit längerem habe ich einen sehr hartnäckigen Verehrer. Er macht mich ständig an, wenn er mich auf der Straße sieht, und belästigt mich auch in der Disco. Obwohl ich ihn schon oft abblitzen ließ, gibt er nicht auf. Dazu kommt noch, dass er echt gut gebaut ist, ein echter Muskelprotz. Ich habe direkt Angst davor, ihm mal mit einem anderen Jungen zu begegnen. Bestimmt würde er sofort auf ihn losgehen. Meinen Ex-Freund hat er auch mal angepöbelt. Bitte helft mir. Was soll ich tun?

Maria, 15, Essen

D

Ich habe seit zwei Wochen eine Freundin (14), die ich sehr gern habe. Es macht mich jedoch ziemlich fertig, dass sie sehr viel von ihrem Ex-Freund erzählt. Obwohl es schon zehn Monate her ist, dass die beiden miteinander gingen, weiß sie noch genau, wo und wann sie sich das erste Mal getroffen haben, was sie mit ihm unternommen hat und noch vieles mehr. Sie spricht immer positiv über ihn. Ich habe ihr deutlich gemacht, dass mich das nervt, aber sie fängt trotzdem wieder damit an. Sonst verstehen wir uns sehr gut. Ich glaube aber, dass sie ihn noch immer mag, oder warum redet sie sonst so oft von ihm? Wie soll ich mich verhalten?

Tobias, 14, Bonn

3 a Lesen Sie die Briefe an die Problemseite einer Jugendzeitschrift.

b Welcher Titel passt zu welchem Brief?

c Einer der Briefe spiegelt die Geschichte von Romeo und Julia. Wie läuft die Geschichte weiter?

d Wählen Sie einen Brief aus und schreiben Sie eine Antwort darauf.

Ein Junge belästigt mich ständig

Sie spricht immer von ihrem Ex

Ich darf meinen Freund nur heimlich treffen

Silvester-Flirt kommt Pfingsten

zerstritten *estranged; not on speaking terms*

an etw. (Dat.) hängen *to be very attached to sth.*

sich (in jmdn.) verknallen *to fall (for sb.)*

auf/ziehen* (ugs.) *to tease*

der Verehrer(-) / die Verehrerin(-nen) *admirer*

hartnäckig *stubborn*

an/machen (ugs.) *to chat up*

ab/blitzen lassen* *to give the brush-off*

der Muskelprotz (-e) (ugs.) *muscleman*

an/pöbeln *to pester*

So schreibt man einen informellen Brief:

```
                      Hamburg, den 20. August

Lieber Wolfgang/Liebe Julia,
(Liebe Familie Schmidt,)
vielen Dank für deinen (euren) Brief.
Wie geht es dir (euch)?
Ich freue mich sehr darauf, dich (euch)
   wiederzusehen.
Mit vielen lieben Grüßen,
Bis bald!

   Dein (Euer) Christian /
   Deine (Eure) Anna
```

1 Lesen Sie die Textauszüge unten. Wie ist die richtige Reihenfolge?

> **(gib) Pfötchen!** *shake hands (sl.)*
> **jmdm etw. aus/reden** *to talk sb. out of sth.*
> **das Techtelmechtel** *affair, carry-on*
> **der totale Hammer** (ugs.) *a huge surprise*

Als mein Vater seine zweite Frau heiratete, beschloss ich: „Die mach ich fertig!"

EIFERSUCHT

A
Ich bin also rein gegangen und hab' brav Pfötchen gegeben, konnte aber dabei der Frau nicht in die Augen sehen.

B
„Brigitte und ich werden heiraten", verkündigte mein Vater.
Also, das fand ich sagenhaft mies! Mutti war noch nicht einmal ein Jahr unter der Erde, und da wollte sich mein Vater eine neue Frau zulegen! Klar, dass ich damit nicht einverstanden war, deshalb versuchte ich, meinem Vater diese Heirat auszureden.

C
Doch eines Abends – ich kam gerade vom Ballett – glaubte ich, nicht richtig zu sehen: Denn als ich ins Wohnzimmer kam, saßen dort mein Vater und eine fremde Frau!

D
Ich überlegte: „Was will die hier? Hat die mit Vati etwa ein Techtelmechtel?"
Ich hatte Recht – weil diese Brigitte immer wieder zu uns kam, und schließlich hat sie auch bei uns übernachtet.

E
Als meine Mutter im Alter von 42 Jahren an Krebs starb, waren Vati und ich natürlich total fertig.

F
Und dann, eines Sonntagabends, traf mich der totale Hammer! Als ich nach Hause kam, saß mein Vater alleine im Wohnzimmer.

G
Es war für mich eine Selbstverständlichkeit, dass sich mein Vater nicht nach einer neuen Frau umsehen würde. Dazu hatte er Mutti zu sehr geliebt – glaubte ich.

2 a Ergänzen Sie die folgenden Sätze mit den Konjunktionen (Bindewörtern) in Klammern.

z.B. Der Mantel war nicht schwarz. Der Mantel war dunkelblau. (sondern)

----➔ Der Mantel war nicht schwarz, sondern dunkelblau.

1 Ich gehe jeden Tag schwimmen. Ich spiele Tennis. (oder)

2 Ich fuhr mit der Straßenbahn nach Hause. Ich las die Zeitung. (als)

3 Ich mag Katzen. Ich kann Hunde nicht leiden. (aber)

4 Ich hatte keinen Hunger. Ich hatte schon gegessen. (denn)

5 Wir waren zusammen. Ich liebte sie. (je mehr … desto mehr)

6 Er ging in die Stadt. Er kaufte sich ein neues Hemd. (und)

7 Sie hatte keine Ahnung. Sie wollten heiraten. (dass)

8 Die Frau wollte wissen. Ich kannte Peter Schmidt. (ob)

b Übersetzen Sie nun die Sätze ins Englische.

3 Lesen Sie noch einmal den Text „Eifersucht". Schreiben Sie die Geschichte in der richtigen Reihenfolge und mit Ihren eigenen Worten. Benutzen Sie so viele Konjunktionen (Bindewörter) wie möglich.

4 Partnerarbeit. Einer von Ihnen spielt den Vater und der/die andere spielt die Tochter, Tanja. Wie läuft das Gespräch zwischen Tanja und ihrem Vater? Unterhalten Sie sich vernünftig oder streiten Sie? Welche Einwände (objections) macht Tanja gegen die Hochzeit? Welche Gründe hat ihr Vater dafür?

Grammatik: Bindewörter

Conjunctions (*Bindewörter*) are joining words. See also Grammatik pp. 260–1. There are three main groups:

- Co-ordinating conjuctions, e.g.: *und, aber, denn, oder, sondern*. These do not alter the word order of the sentence.

    Ich bin also rein gegangen **und hab** brav Pfötchen gegeben.

- Subordinating conjunctions, e.g.: *als, dass, wenn, weil*. These send the verb to the end of the clause.

    Als ich nach Hause **kam**, saß mein Vater alleine im Wohnzimmer.

- Question words in indirect/reported questions, e.g. *ob, wo*. These also send the verb to the end.

    Er wollte wissen, **wo** ich jetzt **wohnte**.
    Er fragte mich, **ob** ich mitkommen **wollte**.

- Note also this special construction with the comparative: *je … desto*:

    Je mehr Brigitte zu uns **kam, desto** mehr **hasste** ich sie.

By using conjunctions and forming subordinate clauses you can extend the range of your German and improve your general style of writing.

5 Wie entwickelt sich die Geschichte weiter? Schreiben Sie diesen Tagebucheintrag mit etwa 50–80 Wörtern weiter. Benutzen Sie mindestens 10 Bindewörter.

Sonntag:
Unglaublich! Vati will Brigitte heiraten. Was kann ich tun?

1 a Klassendiskussion. Wie ist Ihr Vater? Streng? Sympathisch? Humorvoll? Wie soll ein Vater mit seinen Kindern umgehen?

b Lesen Sie den Text „Wie ich als Vater bin, wie mein Vater als Vater war". Wie unterscheidet sich Karasek von seinem eigenen Vater? In welcher Hinsicht sind sie einander ähnlich? Machen Sie Notizen.

KARASEK: WIE ICH ALS VATER BIN, WIE MEIN VATER ALS VATER WAR

Dr. Hellmuth Karasek, 62, Spiegel Literaturpapst, zwei Kinder, Nikolas, 10 und Laura, 14. Karasek über seine Tochter: „Bei Lauras erstem Freund werde ich eifersüchtig sein, aber ich werde versuchen mich zu beherrschen. Sie ist besonders lieb. In ihrem Zeugnis hatte sie 4 Einsen, sonst lauter Zweien. Sie spielt gut Klavier, zieht sich geschickt an. Mädchen können taktisch sein. Sie weiß genau, was sie sich bei mir zunutze machen kann: meine Konsequenzlosigkeit. Und sie weiß genau, ich bin leichter durch Schmeichelei aufzuweichen als ihre Mutter."

Karasek über seinen Vater: „Er ist 1986 mit 80 Jahren gestorben, war in der DDR als Betriebsleiter in der Holzindustrie tätig. Später war er in Würzburg leitender Angestellter. Er war ein sportlicher Mann, hat nie geraucht, nie getrunken. Wir 5 Kinder haben geraucht und getrunken. Es war aber nicht aus Trotz. Mein Vater war nicht streng. Er hatte nur Interesse daran, dass wir das Abitur machen, studieren. Selber hatte er kein Abitur und nicht studiert. Wenn wir Leistungen erbrachten, ließ er uns in Ruhe. Ich bin lauter und cholerischer als mein Vater, aber diese Einstellung habe ich unbewusst in der Erziehung meiner Kinder übernommen. Solange sie ihren Weg machen, lasse ich sie in Ruhe. Es gibt keine Probleme mit ihnen, alles läuft leicht und unkompliziert."

2 Finden Sie im Text die passenden deutschen zu diesen englischen Ausdrücken:

a *I'll be jealous when Laura gets her first boyfriend.*

b *She plays the piano well and dresses smartly.*

c *I'm more easily won round than her mother.*

d *He was into sport and never touched drink or cigarettes.*

e *His only concern was that we got our A Levels and went to university.*

f *If we were doing well he left us in peace.*

g *So long as they're getting on in life I leave them in peace.*

h *Everything goes smoothly and without complications.*

3 Hören Sie die Ergebnisse einer Umfrage unter heutigen Vätern an. Wie sehen diese Väter sich im Vergleich zum eigenen Vater? Machen Sie Notizen auf Englisch.

der Literaturpapst *literary pundit*
die Konsequenzlosigkeit *lack of consistency*
auf/weichen *to win round*

Grammatik: Weiteres über Pronomen

Dieser (this/the former), *jener* (that/the latter), *jeder* (every), *welcher* (which) and *aller* (all) are all words which function like articles (*der, die, das*) and tell us which noun is being referred to.

das Kind	*the child*	der Vater	*the father*	die Mutter	*the mother*
jenes Kind	*that child*	jener Vater	*that father*	jene Mutter	*that mother*
jedes Kind	*every child*	jeder Vater	*every father*	jede Mutter	*every mother*
welches Kind	*which child*	welcher Vater	*which father*	welche Mutter	*which mother*
alle Kinder	*all children*	alle Väter	*all fathers*	alle Mütter	*all mothers*

They also decline like *der, die* and *das*.

	m.	f.	n.	pl.
Nom.	dies**er**	dies**e**	dies**es**	dies**e**
Acc.	dies**en**	dies**e**	dies**es**	dies**e**
Gen.	dies**es**	dies**er**	dies**es**	dies**er**
Dat.	dies**em**	dies**er**	dies**em**	dies**en**

Ich bin lauter und cholerischer als mein Vater, aber **diese** Einstellung habe ich unbewusst in der Erziehung meiner Kinder übernommen.

In **welcher** Sprache werden Ihre Kinder erzogen?

Any of these can also appear without a noun, with exactly the same form, to mean 'this one' etc. So can *ein, kein* and the possessive pronouns *mein* etc. Then they have the same endings as *dieser*, except that neuter nominative and accusative both end in -*s* only.

Ist das Ihr Baby? Ja, dieses ist **meins**.
Mein Vater ist älter als **Ihrer**.

4 Hier ist ein Interview mit der deutschen Schauspielerin Ute Lemper. Auf der Kassette hören Sie die Interview-Fragen und hier sind ihre Antworten. Suchen Sie für jede Antwort die passende Frage.

zurück/stecken *to cut back, lower one's expectations*

die Kohle (ugs.) *'dosh'*

a Nee. Weil ich auch zurückstecke. Wir haben es so eingerichtet, daß ab Mai '97 er seine Konzerte und Vorstellungen bucht. Außerdem ist es okay, wenn er ein paar Sachen nicht macht. Für die Kohle muß es ja auch nicht sein, ich verdiene ja gut.

b Viel. In erster Linie ist weniger Zeit für Romantik übrig. Wir sind ein Team, und es hat sich eine wahnsinnig gute Freundschaft entwickelt.

c Ja, seit drei Jahren. Aber nicht daß Sie mir jetzt einen psychologischen Grund anhängen. Das hatte ganz praktische Gründe. In diese Zeit fielen immerhin zwei Schwangerschaften.

d Sie wachsen mit Englisch auf und als zweite Sprache Französisch. Wir sind ja nicht in Deutschland. Ich glaube auch nicht, daß wir da wieder leben werden.

e Eigentlich nur aus Spaß – und um den Kindern einen US-Reisepaß zu ermöglichen. Andere Gründe gab's nicht – wir haben eine Superparty aus der Hochzeit gemacht.

f Natürlich. Wir waren gerade drei Wochen in L.A., da habe ich auch einen Film gedreht. Aber mit zwei Kindern unterwegs zu sein ist schlimm, weil beide mit ihrem Schlafrhythmus völlig durcheinanderkommen.

g Wir haben ein Kindermädchen, das auch bei uns wohnt. Sonst schafften wir das überhaupt nicht.

h Tja, ein leichtes Bedauern ist sicherlich dabei.

i In dem Sinne, daß zum Verliebtsein noch was dazukam. Die Liebesbeziehung ist ja noch da, nur haben wir weniger Zeit dafür.

j Miteinander essen gehen, lange ausbleiben, Zeit für nächtelange Diskussionen – Zeit füreinander nehmen, let's hang together, hang out.

k Alle, aber Max am meisten. Es ist schon umwerfend komisch, wenn er die Sprachen mischt, z. B. wenn er sagt: „Je ne peux pas ride a bicycle."

These extracts follow pre-1998 spelling rules.

5 Ergänzen Sie die Lücken:

a *Jeden* Tag besuche ich meine Großeltern.

b Wo haben Sie dies___ Rock gekauft, Frau Müller?

c W_____ Zeitung liest du normalerweise?

d Ein langweiliger Freund ist besser als k____.

e Wegen dies___ schlechten Wetterbedingungen müssen wir unseren Ausflug leider absagen.

f A____ Taschen bitte unter die Sitze schieben.

g Der Schaffner muss j_____ Fahrkarte kontrollieren.

h D_____ Mann habe ich bestimmt schon vorher kennen gelernt.

i Ich habe meine Karte verloren. Hast du d____?

j Mit w_____ Freunde fährst du auf Urlaub?

6 Welche Eigenschaften soll Ihrer Meinung nach ein guter Vater haben? Und eine gute Mutter? Machen Sie Listen.

Vater	Mutter
sympathisch	*liebevoll*

Muss ein Vater unbedingt streng sein? Muss eine Mutter immer zu Hause bleiben, um sich um die Kinder zu kümmern? Welche Eigenschaften sind am wichtigsten? Schreiben Sie etwa 80 Wörter zum Thema.

7 Beschreiben Sie Ihren idealen Vater / Ihre ideale Mutter. (Das kann natürlich auch Ihr eigener Vater / Ihre eigene Mutter sein!)

1

Klassendiskussion. Beschreiben Sie Ihre Familie. Wie viele Familienmitglieder sind Sie? Haben Sie Geschwister? Was für Probleme gibt es bei Familien? Wie würden Sie eine „normale" Familie beschreiben? Wohnen Großeltern bei Ihnen oder in der Nähe? Haben Sie engen Kontakt zu anderen Familienmitgliedern? (Tanten, Onkeln, Cousinen usw.)

2

a Hören Sie die Meldung zum Thema „Familienbande" an. Sind die folgenden Aussagen richtig oder falsch?

1 In 9,4 Prozent aller deutschen Familien in der alten Bundesrepublik leben Großeltern, Kinder und Enkel in einer Wohnung.

2 In 7,2 Prozent aller Familien wohnen sie im selben Haus.

3 Im Vergleich mit dem Jahre 1988 ist diese Zahl um 10 Prozent höher.

4 Bei zwei Dritteln der befragten Familien leben die Großeltern nicht im selben Wohnviertel.

5 Die Familienverbände sind wesentlich stabiler in den Großstädten.

b Was sind die Vor- und Nachteile, wenn die Großeltern auch zu Hause mit Kindern und Enkeln wohnen? Haben Sie Erfahrungen damit? Schreiben Sie etwa 50 Wörter zum Thema.

3

a Lesen Sie den Artikel „Wenn junge Seelen leiden". Füllen Sie die Lücken mit den passenden Wörtern aus.

Armut		sagt		sich		fast
	im		ihre			vierte
die		fehlt	jetzt	Verein		kümmert
	Kindern				später	
groß	Umwelt		Geschwister			Entwicklung

b Lesen Sie den Artikel noch einmal durch, dann schreiben Sie eine kurze Zusammenfassung auf Englisch von etwa 50 Wörtern.

auseinandergerissen werden* [s] *to be ripped apart*
das Seelenleiden *mental condition*
der stationäre Patient *in-patient*
der Elternteil *parent*

How to do a gap fill text

- Read through the text first. (See also 'How to approach a reading text' on page 83.) Then look at the individual sentences and at the words surrounding the gap.

- The missing word needs: (a) to make sense in the sentence and (b) to fit in with the grammar of the sentence.

  – If the preceding word is an article (*der, ein* etc.) then the missing word is probably a noun.

  – If the gap is between the article and noun it will be an adjective.

  – If the gap is at the end of a sentence or clause it might be an infinitive or past participle or it may be the verb sent to the end. Check also for subordinating conjunctions.

- Go through first and fill in the gaps that are obvious, then go back to those that need more thought.

Wenn junge Seelen leiden

Seit Wochen (a) —— die zehn Jahre alte Petra in der Schule. Denn das Mädchen (b) —— sich den ganzen Tag um seine beiden jüngeren (c) ——. Petras Mutter, die (d) —— Kinder allein erzieht, liegt wegen einer schweren Depression (e) —— Bett. Niemand soll davon erfahren, Petra fürchtet, (f) —— Familie könnte auseinandergerissen werden.

Um (g) —— wie Petra zu helfen, gründete (h) —— eine Gruppe Hamburger Psychologen, Sozialarbeiter, Ärzte und Pädagogen den (i) —— „SeelenNot" – eine der wenigen Einrichtungen in Deutschland, die (j) —— an Kinder psychisch kranker Eltern wendet. Allein in Hamburg leben nach Schätzungen des Vereins etwa 5000 solcher Kinder. (k) —— zwangsläufig würden sie vernachlässigt, von der (l) —— isoliert und manchmal sogar misshandelt. Entsprechend (m) —— sei die Gefahr, dass die Kinder (n) —— selbst an einem Seelenleiden erkranken. Jeder (o) —— stationäre Patient in der Kinder- und Jugendpsychiatrie hat einen psychisch kranken Elternteil. „Die psychosoziale (p) —— dieser Kinder ist in besonderem Maße gefährdet", (q) —— Christiane Deneke, Vorstandsvorsitzende des Vereins. Häufig fehle ein Elternteil und der Rest der Familie lebe in (r) ——.

„ZWEI ELTERN - TAUSEND PROBLEME"

Im Kinderzimmer ist die Hölle los: Die kleine Desiree (5) streitet mit ihrem Bruder Sebastian (10) um ein Lego-Auto. Sandra (15) und Tobias (17) sind wieder mal genervt. Lautstarke Streitigkeiten zwischen ihren Halbgeschwistern sind für die beiden Streßfaktor Nummer 1.

„Das ständige Gequäke und Gezänk geht mir tierisch auf den Keks", seufzt Sandra, und Tobias verdreht frustriert die Augen: „Die Kleinen sind richtige Nervtöter. Manchmal wünsche ich mir, es wäre alles so geblieben, wie es mal war. Zwei Kinder, zwei Eltern, fertig."

Sandra und Tobias sind Scheidungskinder. Ihre Mutter Judith ließ sich 1987 scheiden, heiratete 1988 noch einmal und bekam mit ihrem zweiten Mann noch zwei Kinder – Desiree und Sebastian. Auch der richtige Vater von Sandra und Tobias heiratete ein zweites Mal, bekam ebenfalls noch eine Tochter. „Jetzt haben wir zwei Eltern , drei Halbgeschwister – und tausend Probleme", meint Sandra ironisch.

Die beiden Schüler aus Bingen sind typische „Scheidungskinder". Mittlerweile liegt die Scheidungsquote in Deutschland bei fast 40 Prozent – Tendenz steigend. Familien werden auseinandergerissen und – wie bei Sandra und Tobias – manchmal wieder neu zusammengewürfelt.

„Wir sitzen irgendwie immer zwischen den Stühlen", beschreibt Tobias seine Gefühle. „Die anderen Familienmitglieder wissen, wo sie hingehören. Nur wir beide müssen uns immer teilen, zwischen unseren leiblichen Eltern hin- und herfahren, vermitteln, schlichten, oft klein beigeben."

Der Streß beginnt für Sandra und Tobias mit den Wochenenden, die sie bei ihrem leiblichen Vater Rudi verbringen. Sie können den Besuchen bei ihrem Vater, der 50 Kilometer von Bingen entfernt wohnt, nicht viel abgewinnen. „Er unternimmt nie was mit uns, weil er von der Arbeit müde ist", erklärt Tobias. „Außerdem kennen wir dort niemanden. Meistens ist es deshalb ziemlich langweilig." Den beiden bleibt nur, sich die Zeit mit Lesen, Lernen oder Computerspielen zu vertreiben.

Sandra kann außerdem mit ihrer Halbschwester Andrea (13) nichts anfangen. „Wir haben einfach nicht die gleiche Wellenlänge, keine Chance", meint sie achselzuckend. „Sie ist für mich wie eine Fremde. Geschwisterliebe? Absolute Fehlanzeige!"

Und noch etwas nervt Sandra und Tobias: „Papa und seine neue Frau rauchen wie die Schlote", beschwert sich Sandra. „Von dem Qualm in der Wohnung wird uns immer total übel."

Der einzige Vorteil der gelegentlichen „Scheidungstrips", wie Sandra und Tobias die Besuche bei ihrem Vater nennen: „Endlich mal ausschlafen bis nachmittags und nicht schon um sechs Uhr morgens von der kleinen Nervensäge Desiree geweckt werden", grinst Tobias. „Vor allem an den Wochenenden stürmt sie frühmorgens in mein Zimmer und kräht irgendwelche Lieder." Dann fügt er etwas resigniert hinzu: „Dabei hat es überhaupt keinen Sinn, wenn ich mich beschwere – die Kleinen dürfen sowieso alles."

Seiner Meinung nach werden die Halbgeschwister bevorzugt. Das stört auch Sandra. „Sie dürfen wirklich alles, aber wir müssen uns immer an irgendwelche Regeln halten und Pflichten erfüllen", erklärt sie.

Das Wichtigste ist für die Geschwister aber, daß sie beide sich gut verstehen. Sandra: „Wir sind uns so nah wie nie! Die Probleme nach der Scheidung haben mich und Tobias nur noch mehr zusammengeschweißt!"

This extract follows pre-1998 spelling rules.

das ständige Gequäke und Gezänk *the constant whining and quarrelling*

auf den Keks gehen* [s](ugs.) *to get on one's nerves*

zusammengewürfelt *thrown together*

die leiblichen Eltern *natural parents*

achselzuckend *shrugging one's shoulders*

die Fehlanzeige *no go*

zusammen/schweißen *to weld together*

4 Lesen Sie den Text „Zwei Eltern – tausend Probleme". Welche Probleme haben Sandra und Tobias als Scheidungskinder? Machen Sie eine Liste.

5 Klassendiskussion. Haben Sie Geschwister? Oder Halbgeschwister? Haben Sie ein gutes Verhältnis mit ihnen? Sind Sie vielleicht auch ein Scheidungskind?

6 Schreiben Sie einen Aufsatz von etwa 150 Wörtern zum Thema „Die Familie ist das Rückgrat (*backbone*) des Lebens".

Einleitung:

– Ist die Familie immer noch die wichtigste Einheit der Gesellschaft?

– Was ist überhaupt eine „normale Familie"?

– Die Familie ist ohne Zweifel die wichtigste Einheit der Gesellschaft. Regierungen und Staaten haben immer versucht, das Familienleben zu unterstützen. Familien können groß oder klein sein, haben zwei Elternteile oder nur einen. Das Wichtigste aber ist, dass man einer Familiengruppe angehört.

Warum ist das so?

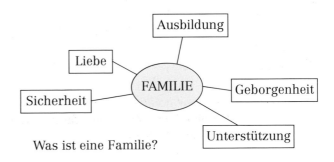

Was ist eine Familie?

Beispiel:

Familien bieten die Möglichkeit, in Sicherheit aufzuwachsen.

Finden Sie weitere Beispiele.

Zum Schluss:

Ich finde die Familie sehr wichtig, weil …

1 | Guten Appetit!

1 Hören Sie gut zu. Fünf Studenten sprechen über ihre Essgewohnheiten, wo und mit wem sie am liebsten essen, und wo und mit wem sie nicht gern essen. Hören Sie zu und ordnen Sie die Namen den Bildern zu.

Stefan

Karin

Thomas

Markus

Daniela

A
B
C
D
E

die Wahl *choice*
meckern *to moan*
Unsinn machen *to do silly things*

2 Klassendiskussion. Wo essen Sie am liebsten/nicht gern? Warum/Warum nicht?

Ich esse	am liebsten	zu Hause
	nicht gern	im Restaurant
		in der Kantine
		bei Freunden
		im Freien
		vor dem Fernseher
		mit der Familie

, weil es	zu laut	
	schön ruhig	ist
	billig	
	teuer	

, weil es immer eine gute Stimmung gibt
, weil ich mich gern beim Essen mit anderen unterhalte
, weil es schön ist, gemeinsam zu essen
, weil es mir Spaß macht

Grammatik zum Auffrischen: Präpositionen/„weil"

- *In* und *mit* are examples of prepositions. Write a list of other prepositions which you can remember. Which prepositions take the dative, which take the accusative, which can take either? Check your answers with the grammar section on pp. 240–1.

- Remember that *weil* (because) sends the verb to the end of the clause.

  Ich esse nicht gern in der Kantine, **weil** es zu laut **ist**.

3 Bilden Sie nun sechs Sätze wie im Beispiel. Versuchen Sie dabei, verschiedene Präpositionen zu verwenden.

z. B.

Ich esse gern zu Hause mit meiner Familie, weil ich mich gern mit ihnen unterhalte.

Ich esse nicht gern in einem Restaurant, weil es so teuer ist.

4 a Sie wohnen bei einer deutschen Familie. Sie finden den folgenden Bericht über die Picknick-Szene in England. Lesen Sie den Bericht und wählen Sie die passenden Präpositionen.

> Die Engländer, bekannt **(a)** *für/auf* ihre Exzentrik, haben dem Picknick **(b)** *mit/für* der „Picknick-Oper" **(c)** *auf/in* Glyndebourne ein echtes Glanzlicht aufgesetzt. **(d)** *Seit/Vor* den dreißiger Jahren findet hier jedes Jahr **(e)** *im/am* Mai ein **(f)** *von/bei* den Bayreuther Festspielen inspiriertes Festival statt, dessen Krönung ein Picknick **(g)** *in/von* Galaanzug oder Abendkleid **(h)** *auf/mit* einer Wiese **(i)** *für/mit* Kühen und Schafen ist. Auch der Derby Day **(j)** *von/zu* Epsom, die Henley Regatten, das Royal-Ascot-Rennen und Wimbledon gehören **(k)** *bei/in* die Kategorie der etwas feineren Picknick-Ereignisse.

das Glanzlicht(-er) *highlight*
die Krönung *high point*
der Galaanzug *formal or evening dress*

b Lesen Sie den Bericht noch einmal. Sind die folgenden Aussagen richtig (R) oder falsch (F)?

1 Die „Picknick-Oper" ist eine der beliebtesten musikalischen Inszenierungen vom Glyndebourner Festival.

2 Das Glyndebourner Festival wurde vor dreißig Jahren gegründet.

3 Die Bayreuther Festspiele wurden vom Glyndebourner Festival inspiriert.

4 Man zieht sich für das Festival lässig an.

5 Die Glyndebourner Gäste sitzen auf einer Wiese mit Kühen und Schafen.

5 a Ihr deutscher Freund / Ihre deutsche Freundin schlägt vor, dass Sie morgen auf eine Picknick-Reise gehen. Wie gehen/fahren Sie hin? Wo essen Sie? Was nehmen Sie mit? Schreiben Sie eine Liste.

b Partnerarbeit: Planen Sie die Picknick-Reise, so dass Sie beide den Tag genießen werden.

> Fahren wir ...?
> Ich würde lieber wandern / Rad fahren.
> Setzen wir uns auf eine Wiese?
> Ich würde lieber am Strand sitzen.
> Nehmen wir viel Kuchen und Schokolade mit?
> Ich würde lieber Obst und Gemüse mitnehmen.
> Abgemacht! Wir nehmen also ... mit.

c Stellen Sie sich vor, Sie haben an diesem Picknick teilgenommen. Schreiben Sie einen kurzen Bericht (ca. 50–80 Wörter) auf Deutsch in Ihr Tagebuch. Benutzen Sie dabei Präpositionen und Vergangenheitsformen der Verben. Wohin sind Sie gefahren oder gegangen und wie? Zu Fuß? Mit dem Auto? Wie war das Wetter? Was haben Sie gegessen? Wie hat Ihnen das Picknick gefallen?

2 | Essen Sie sich gesund?

1 Klassendiskussion. Was essen Sie am liebsten? Essen Sie meistens gesundes oder ungesundes Essen? Was haben Sie in den letzten zwei Tagen gegessen? Wie könnten Sie gesünder essen?

Ich esse	Pommes frites Erdnüsse Käse	gern/nicht gern,
weil	er/sie/es (sie) mir nicht schmeckt (schmecken)	
	ich gegen ihn/sie/es (sie) allergisch bin	
	er/sie/es (sie) gesund/ungesund ist (sind)	

2 a Markus, Karin, Thomas, Daniela und Stefan sprechen weiter über ihre Essgewohnheiten. Hören Sie gut zu und füllen Sie die Tabelle aus.

Name	gern(✔)	nicht gern(✗)	Bemerkungen

b Wer isst gesund? Und wer nicht?

3 Sie nehmen bald an einem Austauschprogramm nach Deutschland mit Ihrer Schule teil. Die Mutter in Ihrer Gastfamilie möchte wissen, was Sie gern und nicht gern essen und ob Sie gegen irgendetwas allergisch sind. Schreiben Sie einen kurzen Brief (etwa 50 Wörter) über Ihre Essgewohnheiten.

4 a Lesen Sie den Text unten. Sind die folgenden Aussagen zum Text richtig (R) oder falsch (F)?

1 Amerikaner essen nur Hamburger und Pommes mit viel Ketchup und trinken Cola.

2 Amerikaner essen heutzutage das, was sie immer gegessen haben.

3 Amerikaner verbringen jetzt weniger Zeit als früher bei der Vorbereitung ihres Essens.

4 Amerikaner geben jedes Jahr 400 Milliarden Dollar für Lebensmittel aus.

5 Man kauft ursprüngliche, unbehandelte Zutaten in speziellen Geschäften, den so genannten „Delis".

6 Vor 25 Jahren hat der US-Bürger im Durchschnitt weniger Zeit an seinem Arbeitsplatz verbracht.

7 Man interessiert sich in den USA nicht sehr für gesundes Essen.

8 Innerhalb der letzten zehn Jahre hat man in den USA fast doppelt so viel frisches Obst und Gemüse gekauft.

9 Heutzutage setzen sich Familien nur selten zusammen, um gemeinsam eine Mahlzeit zu essen.

10 Trotz des Trends zum „health food" genießen die Amerikaner immer noch Kartoffelchips.

das Konsumverhalten *consumer behaviour/attitudes*

das Trostpflaster *'consolation plaster'*

Familien essen immer seltener gemeinsam

Amerikaner verzehren ausschließlich Hamburger, Pommes mit viel Ketchup und trinken dazu hektoliterweise Cola. Soweit das europäische Vorurteil. Doch die Essgewohnheiten der US-Bürger haben sich geändert, auch wenn das vielen Amerikanern selbst noch gar nicht so recht bewusst ist. Der neue Konsument verbringt weniger Zeit mit Kochen, bevorzugt frische Zutaten und ist bei der Auswahl seiner Nahrung weniger traditionsbewusst als die vorangehende Generation. Experten verglichen das Konsumverhalten der Amerikaner im Jahr 1986 mit dem von 1996. Danach steht fest: Der Kampf um die 400 Milliarden Dollar, die US-Bürger dem Washingtoner Handelsministerium zufolge jährlich in Lebensmittelläden ausgeben, ist härter geworden. Die Kunden wollen ausgefallenere Waren, die aber keine Arbeit machen sollen. Immer weniger Menschen verwenden für die Zubereitung ihrer Mahlzeiten noch ursprüngliche, unbehandelte Zutaten. Der Trend geht zu vorgekochtem Essen, das man in speziellen Geschäften, den so genannten „Delis", kauft und zu Hause vielleicht noch kurz aufwärmt. Grund für die Eile ist die Belastung durch den Job: Im Durchschnitt verbringt der US-Bürger zehn Prozent mehr Zeit an seinem Arbeitsplatz als vor 25 Jahren.

Bei aller Hetze legt man inzwischen aber auch in den USA Wert auf gesundheitsbewusste Ernährung. Die Ausgaben für frisches Obst und Gemüse stiegen um 22 Prozent auf 43 Milliarden Dollar innerhalb der letzten zehn Jahre.

Angesichts der kochfaulen Gesellschaft wird Besorgnis laut. „Gemeinsame Mahlzeiten schaffen Identität in einer Familie. Aber inzwischen ist es wirklich außergewöhnlich, wenn eine Familie sich ein- oder zweimal pro Woche zusammensetzt, um gemeinsam zu essen", klagt Jan Myer, Familienberater in Perrysburg (Ohio).

Doch der Trend ist wohl nicht mehr umzukehren. Ein kleines Trostpflaster für alle, die den guten alten Zeiten von selbstgemachtem Hackbraten mit Kartoffelpüree nachtrauern und für den Trend zum „health food" nur Verachtung übrig haben: Auch 1996 gaben US-Bürger 2,5 Milliarden Dollar für Kartoffelchips aus.

b Suchen Sie im Text Ausdrücke, die den folgenden Erklärungen entsprechen.

z.B. die Menschen, die in Amerika leben

······⟩ die Amerikaner

1 Die Einwohner der USA konsumieren nur

2 sogar wenn zahlreiche US-Bürger das bisher überhaupt nicht bemerkt haben

3 beschäftigt sich nicht mehr so lange in der Küche

4 nicht so an die Tradition gebunden wie seine Eltern

5 das Benehmen der US-Bürger beim Einkaufen

6 Die Käufer verlangen ungewöhnliche Produkte

7 die Anspannung auf Arbeit

8 kann man nicht mehr stoppen

Grammatik: der Genitiv 2

Remember that the genitive case corresponds to 'of' in English:

die Essgewohnheiten **der** US-Bürger
bei der Auswahl sein**er** Nahrung.

See p. 64 to revise genitive endings.

Some prepositions take the genitive case. The most common ones are: *statt, trotz, während, wegen, innerhalb* and *außerhalb*:

innerhalb der letzten zehn Jahre
angesichts der kochfaulen Gesellschaft

5 Übersetzen Sie ins Deutsche:

a *Within the last fifty years eating habits have changed a lot.* (innerhalb)

b *In spite of his unhealthy eating habits he lived to the age of ninety-nine.* (trotz)

c *She wouldn't eat meat because of her love of animals.* (wegen)

d *Outside the United States burger and chips have also become very popular.* (außerhalb)

e *During the war there were fewer unusual ingredients.* (während)

f *Schoolchildren should eat fresh fruit instead of sweets at breaktime.* (statt)

How to approach a reading text

• Using clues: To find out the topic of a text look first at clues on the page such as title (and subtitles), pictures and vocabulary list.

• Skimming: Run your eye down the text for a general gist of what the text is about and the ideas or arguments it presents.

• Scanning: If you are looking for specific information, look for key vocabulary in the text. You may need to resort to a dictionary – but only once you have completed the stages listed above.

6 a Lesen Sie nun den Text unten. Welches Thema behandelt der Text?

1 Amerikanische Essgewohnheiten?

2 Angeln? 3 Wein und die Gesundheit?

b Schreiben Sie eine Liste von Stichworten für den Text:

z.B. Salmonellen, US-Forscher, Kolibakterien, Krankheitserreger

c Übersetzen Sie den Text ins Englische.

Wein kann auch gesund sein

Salmonellen und Kolibakterien gehen am Weißwein zugrunde. US-Forscher haben es kürzlich wissenschaftlich bewiesen. Auch Rotwein und reiner Alkohol besiegen die gefährlichen Krankheitserreger. Aber Weißwein kann es am besten. Er hat die stärkste antibakterielle Wirkung im Verdauungstrakt. Ganz neu ist die Entdeckung aber nicht. Schon Cäsars Soldaten mussten täglich einen Liter Weißwein gegen ansteckende Krankheiten trinken. Und die alten Griechen füllten ihr Trinkwasser zur Desinfizierung zu einem Viertel mit Weißwein auf.

Nützliche Ausdrücke

beweisen* *to prove*
der Krankheitserreger (-) *disease-causing agent*
der Verdauungstrakt *digestive tract*
ansteckend *infectious*

3 | Appetit auf Chemie? – nein danke!

1 Vier Ärzte raten, was man sicher essen kann. Lesen Sie die englischen Zusammenfassungen unten. Hören Sie dann die Ärzte an und identifizieren Sie, wer spricht.

die Genmanipulationen *genetic engineering*
das Strahlen *irradiation*
heimische Produkte *home-grown produce*
der Cholesterinwert *cholesterol level*
die Bio-Eier *organic/free-range eggs*
freilaufende Hühner *free-range hens*
die Herkunftsangabe (-n) *details of origin*
aus/schleusen *to sluice out*

Doctor A recommends meat for iron intake but warns against sausages of unclear origin.

Doctor B advises you to buy home-grown produce in order to reduce contamination by chemicals, genetic engineering or irradiation.

Doctor C advises a weekly fast in order to detoxify the body.

Doctor D advises you to consume two to three eggs a week.

2 Bilden Sie Sätze im Passiv.

z.B. Heimische Produkte werden möglichst biologisch angebaut.

Heimische Produkte
Umweltgifte im Körperfett
Ausländisches Obst und Gemüse

→ wird werden

möglichst biologisch angebaut
bestrahlt
weit transportiert
mit verschiedenen Chemikalien behandelt
unreif geerntet
beim Fasten über die Niere, Leber, Lunge und Haut ausgeschleust

Grammatik:
Das Passiv im Präsens

The passive mood is used where something is done to the subject of the sentence, rather than the subject doing something. It is formed by the appropriate part of *werden* plus a past participle at the end of the sentence.

Das Obst **wird bestrahlt**. *The fruit is irradiated.*

3 a Lesen Sie die Texte auf der rechten Seite, die in einer deutschen Zeitschrift standen. Welcher Titel passt zu welchem Text?

A **Zeit für Gummibärchen**
B **Unbedenklich**
C **Allergiegefahr**
D **Verpackungstricks**
E **Bestrahltes Obst**
F **Ist dunkel besser?**

1 Die Nummern E 200 bis E 203 kannst du dir als unbedenklich merken. Dahinter verbirgt sich ein Konservierungsstoff aus Sorbinsäure und ihren Salzen. Sie werden im Körper abgebaut. Wenn diese Zahlen auf Konserven auftauchen, gibt's keine Probleme.

2 Die Farbe eines dunkelbraunen Brotes ist noch lange kein Zeichen für Qualität. Leider wird sie oft mit dem Färbemittel E 150 erreicht. Fabrikbrot aus Supermärkten (u.a. auch Scheiben in Plastiktüten) gehört in den meisten Fällen dazu. Übrigens: Auch Cola wird mit E 150 dunkel gefärbt!

3 Abgepackte Lebensmittel müssen gekennzeichnet sein, d.h. alle chemischen Zusatzstoffe müssen aufgedruckt werden. Leider nicht bei allen: Packungen, die kleiner sind als zehn Quadratzentimeter (z.B. einige Drinks), sind davon ausgeschlossen. Ebenso Kakao und Kakaoerzeugnisse sowie Kaffee-Extrakte und Weinessig.

4 Ab 1992 soll radioaktiv bestrahltes Obst europaweit erlaubt sein. Dann auch bei uns? Hoffentlich nicht, denn Kern- und Steinobst ist bei uns noch relativ unbelastet. Nützlich ist diese Bestrahlung wirklich nur fürs Aussehen. Zerstört werden dabei Eiweiß und die Vitamine A, E, K, C und B.

5 Nicht gut sieht es mit den Konservierungsstoffen oder Haltbarkeitshelfern Benzolsäure und ihren Salzen aus. Es wurde nachgewiesen, dass E 210 bis 213 Allergien auslösen können. Sie sind oft in eingelegten Gewürzen, Salatsoßen und einigen Konserven versteckt. Es lohnt sich also, beim Einkaufen ein paar Zahlen im Kopf zu haben. Und Salatsoßen selbst zu machen.

6 Farbstoffe werden mit E 100 bis E 180 gekennzeichnet. Einige davon sind natürlich, z.B. E 160 (Carotin) oder E 162 (Rote-Beete-Saft). Sie werden hauptsächlich bei der Färbung von Margarine, Käse oder Konditoreiwaren verwendet. Dazu gehören auch Gummibärchen von Haribo – auch die blass-grünen – die nur noch natürlich geschminkt werden. Logo, dass auch die Gelatine ein absolutes Naturprodukt ist.

b Welche Satzteile gehören zusammen? Die vollständigen Sätze beziehen sich auf Informationen in den Texten oben. Passen Sie auf! Es gibt mehr Endungen als Anfänge. Sie dürfen jede Endung nur einmal benutzen.

Anfänge

1 Gummibärchen von Haribo
2 E 160 (Carotin) und E 162 (Rote-Beete-Saft)
3 Bei den Nummern E 200 bis E 203
4 E 210 bis 213
5 Bei abgepackten Lebensmitteln
6 Radioaktive Bestrahlung von Obst
7 Cola und Brot

Endungen

a können Allergien auslösen
b werden hauptsächlich bei der Färbung von Süßigkeiten verwendet
c müssen alle chemischen Zusatzstoffe aufgedruckt werden
d braucht man sich keine Sorgen zu machen
e werden mit dem Färbemittel E 150 dunkel gefärbt
f werden im Körper abgebaut
g enthalten einen Konservierungsstoff aus Sorbinsäure und ihren Salzen
h zerstört Eiweiß und die Vitamine A, E, K, C und B
i werden nur natürlich geschminkt
j sind beide natürliche Farbstoffe

der Konservierungsstoff (-e) *preservative (agent)*
der Haltbarkeitshelfer (-) *agent to prolong shelf life*
der Farbstoff (-e) *colouring (agent)*
die Bestrahlung *radiation*
das Eiweiß *protein*
die Sorbinsäure *sorbic acid*
der Zusatzstoff (-e) *additive*

c Sehen Sie die vollständigen Sätze noch einmal an. Finden Sie Beispiele vom Passiv.

d Übersetzen Sie die Sätze ins Englische.

4 Schreiben Sie einen Brief (ca. 100 Wörter) an die Redaktion dieser Zeitschrift, in dem Sie Ihre Beunruhigung über die Sicherheit unseres Essens äußern.

> An die Redaktion
> Mädchen-Magazin
>
> Sehr geehrte Damen und Herren,
> ich habe gerade den Artikel
> „Appetit auf Chemie? – nein danke"
> in Ihrer Zeitschrift gelesen und
> möchte auf die folgenden Punkte
> aufmerksam machen ...

Nützliche Ausdrücke

es geht darum, ob
the issue is whether

es geht um (+ Akk.)
it concerns

4 | Ich will abnehmen!

1 Klassendiskussion.

Um gesünder zu werden?

Um attraktiver zu werden?

Warum hält man meistens Diät?

Um sich irgendwie zu testen?

Um alte Kleider anziehen zu können?

Ungesunde Ernährung?

Zu wenig körperliche Bewegung?

Was sind die Ursachen von Übergewicht?

Depression?

Halten Sie im Moment Diät? Warum?

2

a Jasmin und Mona haben beide mit Erfolg abgenommen. Lesen Sie hier ihre Erfahrungen. Füllen Sie die Lücken aus.

b Was waren die Ursachen ihrer Essstörungen? Wie haben sie diese Probleme überwunden? Schreiben Sie eine kurze Zusammenfassung von etwa 80 Wörtern.

Jasmin

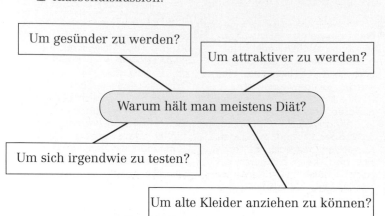

Drei Jahre lang ging ich einmal die Woche zu Dr. Z. Dort kam endlich etwas zutage, was am Grunde meiner Essstörungen lag: Hass auf die Männer, die ich geliebt hatte, die mich aber nur **(a)**____.
(...)
Dr. Z. sagte, dass ich mit meinen unglückseligen Beziehungen eigentlich meine Eltern strafen wollte, ihnen beweisen wollte, dass in Wahrheit sie es waren, die mich nicht mochten. Es hat viele und zähe Stunden gedauert, bis ich erkannte, dass ich als Kind immer vergebens um die Liebe meines emotionsarmen Vaters **(b)**____.
(...)
Gegen Ende der Therapie **(c)**____ ich 25 Kilo ___ – ohne Diät. Es **(d)**____ unmerklich ____. Und etwas anderes **(e)**____: Ich **(f)**____ mich zum ersten Mal auf einen Mann ____, der in mich verliebt war und nicht ich in ihn. Er war ungebunden und nur unwesentlich älter, mit ihm erlebte ich die erste Beziehung, die diesen Namen verdiente.

Mona

Mona hat abgenommen. Mehr als 18 Kilo in knapp einem Jahr. Mona hat keine Diät gemacht und keine Therapie. Das Wunder begann an dem Tag, an dem sie erkannte, dass man im Leben weiterkommt, wenn man nicht immer nur lieb und nett ist.
(...)
„Meine beste Freundin **(a)**____ sich bei uns ____. Ganz, ganz schlimme Ehekrise. Ich hab' zu allem ja und amen gesagt – und sie blieb. Sieben Monate lang, mit zwei kleinen Kindern." Bis das Miteinander schließlich so unerträglich wurde, dass Mona um ihre eigene Ehe fürchten musste. Endlich sagte sie, was schon lange überfällig war: „Bitte geh. Du zerstörst mein Leben." Dieser Satz war der Schlüssel zu ihrem neuen Leben. Mona **(b)**____ endlich eine Alternative zum Fressen ____: Sie **(c)**____, sich zu wehren. Mehr noch: Sie **(d)**____ die Entdeckung ____, dass es die reine Wonne sein kann, sich auch mal so richtig unbeliebt zu machen.

hatte eingelassen

war passiert

hatte abgenommen

gerungen hatte

ausgenutzt hatten

war geschehen

die Wonne *joy*
sich ein/nisten *to park o.s.*

hatte gefunden

hatte eingenistet

hatte angefangen

hatte gemacht

Grammatik:
Das Plusquamperfekt

The pluperfect tense is normally used together with the imperfect. In a text relating to events in the past the pluperfect talks about things that had already happened, i.e. one tense further back.

> Doch dann wusste sie: „Meine beste Freundin **hatte** sich bei uns **eingenistet**."

The pluperfect is formed in the same way as the perfect tense (see pp. 14, 15 and 21), except that the auxiliary verb (*haben/sein*) is in the imperfect rather than the present tense.

ich habe gegessen *I have eaten (perfect)*
ich **hatte** gegessen *I had eaten (pluperfect)*

sie ist gegangen *she has gone (perfect)*
sie **war** gegangen *she had gone (pluperfect)*

3 a Hier erzählt Marcus von seiner Erfahrung mit Diät-Tabletten. Hören Sie seine Geschichte gut an und beantworten Sie die Fragen auf Englisch.

    1 *How do the slimming tablets work?*

    2 *How did Marcus learn of the side effects?*

    3 *How did this knowledge change his reaction to the tablets?*

b Klassendiskussion. Würden Sie je solche Tabletten nehmen? Warum (nicht)?

die Trennkostdiät *food combining diet*
die Gehirnrezeptoren blockieren *to block messages to the brain*
die Erlösung *release, deliverance*
die Nebenwirkung (-en) *side effect*
der Lungenüberdruck *excess pressure on the lung*
die Atemnot *difficulty in breathing*
das Herzflimmern *irregular heartbeat*

4 Ergänzen Sie die Sätze mit dem Plusquamperfekt.

  a Marcus *hatte* schon alle möglichen Diäten *versucht*. (versuchen)

  b Dann ____ ihm eine Freundin von einer Wunderpille ____. (erzählen)

  c Für ihn ____ das nach Erlösung ____. (klingen)

  d Drei Wochen später ____ er zufällig in einer Zeitung etwas über die Gefahren von Abnehmpillen ____ (lesen)

  e Man ____ die Tabletten gar nicht richtig ____ (testen)

  f Er ____ zwar nie ____ (annehmen), dass Appetitblocker gesund waren, aber mit solchen Nebenwirkungen ____ er nicht ____ (rechnen)

  g Plötzlich ____ er es nicht mehr cool ____ (finden), das Zeug zu nehmen, und er ____ die Packung in den Müll ____ (schmeißen)

If you can't find the word you're looking for in the dictionary:

- Is it a past participle? Knock off the *ge-* and look for the infinitive.

- Is it an irregular verb, with a different vowel in the infinitive? Check the list of strong verbs.

- Is it a compound? Try breaking it down into its parts. If you know what the individual parts mean, you should be able to work out the meaning of the whole word for yourself.

1 Klassendiskussion. Wissen Sie das schon? Wenn nicht, finden Sie heraus: Was für eine Krankheit ist Bulimie? Wie benimmt sich ein Mensch, der unter Bulimie leidet? Welche Konsequenzen hat Bulimie für den Körper?

2 Petra ist ein deutsches Mädchen, das unter Bulimie gelitten hat. Hören Sie sich das Interview an, dann ergänzen Sie die Lücken im Text mit Wörtern aus der Liste, um zu zeigen, dass Sie den Hörtext verstanden haben. Die erste Lücke ist als Beispiel schon ergänzt worden. Passen Sie auf! Es gibt mehr Wörter als Sie brauchen.

Schlag	hinterherhinken	Diät
Rachen	Festtagsessen	reingeschlittert
entschlossen	abgenommen	abzunehmen
~~Probleme~~	überzeugt	Abführtabletten
Magen	erbrechen	Gewicht

hinterherhinken *to lag behind*
die Abführtablette (-n) *laxative*

Petra war fünfzehn, als ihre **(a)** *Probleme* zuerst begannen. Sie hatte mit einer **(b)**__ gerade 7,5 Kilo **(c)**__, aber war noch nicht damit zufrieden. Sie glaubte, dass sie mit einem **(d)**__ ihre Probleme mit Jungen, im Sport und mit ihren Eltern los wäre, wenn sie ihr Traumgewicht erreicht hatte. Eine Freundin brachte sie auf die Idee, das Essen einfach wieder zu **(e)**__. Am Anfang hat Petra nur nach **(f)**__ und dem Sonntagsbraten den Finger in den **(g)**__ gesteckt, aber so blieb es natürlich nicht. Bald war sie so in die Sache **(h)**__, dass sie überhaupt kein Essen bei sich behalten hat. Schließlich, um sicher zu sein, dass nichts mehr im **(i)**__ war, hat sie auch **(j)**__ genommen.

BULIMIE:
HEISSHUNGER NACH ANERKENNUNG

Petras Gedanken kreisten nur ums Essen und ihr Gewicht. Ein Teufelskreis. Auf Heißhungerattacken folgten Eßorgien und darauf Schuldgefühle und Scham. Der Gang zur Toilette war dann vorprogrammiert. Und mit ihm ein „unglaubliches Gefühl von Ekel vor mir selbst. Ich kann eigentlich gar nicht mehr genau sagen, wie alles abgelaufen ist. Ich habe mich bei meinen Eßanfällen ausgeklinkt und die Kontrolle verloren. Das Ganze lief einfach ab. Ich habe mich überhaupt nicht mehr gespürt. Es war eine richtige Sucht. Durch das Erbrechen habe ich zunächst gedacht, die Kontrolle über mich wiederherstellen zu können, aber das war ein Irrtum. Das wurde mit der Zeit genauso zwanghaft wie das Essen. Besonders schlimm für mich war, daß ich nach einem Jahr nicht mehr nur ab-, sondern wieder zunahm." Das Gewicht schwankte seitdem ständig. „Obwohl mir klar war, daß ich durch das Erbrechen nicht weiter abnehmen konnte, kam ich da nicht raus. Ich quälte mich nur umso mehr und versuchte es immer wieder."

Petra gab ihr ganzes Taschengeld und Erspartes fürs Essen aus. „Das kostete mich pro Einkauf bis zu 60 Mark." Und sie ging oft einkaufen. „In der letzten Schulstunde konnte ich mich nicht mehr konzentrieren, weil ich nur daran dachte, welche Sachen ich mir jetzt kaufen werde. Ich hab zu Hause allein vor dem Fernseher die Sachen gegessen, die ich mir sonst nie gegönnt hätte, also die berühmten Dickmacher. Das hat manchmal bis zu sechs Stunden gedauert ..."

Zu Hause stand Petra zwar ein gut gefüllter Eisschrank zur Verfügung, aber „es wäre aufgefallen, wenn solche Mengen gefehlt hätten".

Und niemand sollte etwas von ihren Freß-Brech-Anfällen mitbekommen. Vor ihren Eltern konnte sie diese gut verheimlichen. „Ich hab mir Momente ausgesucht, wo meine Eltern im Garten waren oder vor dem Fernseher saßen. Und dann habe ich die Toilette immer so sorgfältig geputzt, daß niemand etwas merken konnte." Die Schwellung ihres Gesichts, das nach dem Erbrechen aufgequollen war, und die roten, wässrigen Augen behandelte sie mit kaltem Wasser. Daß Petra soviel abgenommen hatte – sie wog inzwischen 67 Kilo – führten ihre Eltern auf die Diäten zurück. „Natürlich waren meine Probleme auch mit dem niedrigeren Gewicht nicht verschwunden, aber diese Erkenntnis nutzte mir nichts. Ich war einfach drin in dem Kreislauf."

der Teufelskreis *vicious circle*
sich aus/klinken *to opt out*
die Sucht (¨e) *addiction, obsession*
zwanghaft *compulsive*
der Fress-Brech-Anfall (¨e) *gorging-vomiting attack*

This extract follows pre-1998 spelling rules.

3 Lesen Sie den Text. Finden Sie im Text die passenden deutschen zu diesen englischen Ausdrücken.

a   ... an unbelievable feeling of disgust

b   The whole thing just happened.

c   It was a proper addiction.

d   ... but that was a mistake.

e   The weight fluctuated constantly after that.

f   I tortured myself all the more

g   That sometimes lasted up to six hours ...

h   it would have been noticeable if so much stuff had gone missing

i   ... her parents put down to the diets.

j   ... this realisation did nothing for me

4 a Wenn Petra in dieser schwierigen Zeit ein Tagebuch geschrieben hätte, was hätte sie geschrieben?

b Stellen Sie sich vor: Sie haben ein Problem wie Petra. Schreiben Sie einen Brief an eine gute Freundin (bzw. einen guten Freund) oder an die Problemseite einer Jugendzeitschrift (etwa 50 Wörter).

5 Füllen Sie die Lücken aus.

einen Schlussstrich ziehen* to draw a line
jmdm. nachspionieren to spy on sb.

Nach einem Dreivierteljahr meinte Petra, an den Heimlichkeiten **(a)** *zu ersticken* und erzählte ihrer besten Freundin von ihren Attacken. „Ich musste einfach mit jemandem **(b)**____, weil ich nicht mehr wusste, was mit mir passiert." Das Reden tat Petra gut, war aber nicht genug, um ihr aus der Sucht **(c)**____.

Erst ein gutes Jahr später, als Petra zusammenbrach, ging sie zu einer Ärztin und bat sie um Hilfe. Petra wollte einen Schlussstrich unter ihr bisheriges Leben mitsamt seinen Heimlichkeiten **(d)**____. „Für mich war klar, es meinen Eltern **(e)**____." Die reagierten hilflos und wussten nicht, was sie **(f)**____ sollten. „Am Anfang hat mir meine Mutter nachspioniert und ist mir sogar auf die Toilette nachgerannt." Manches besserte sich aber auch. So durfte Petra nun selbst **(g)**____, was sie **(h)**____ wollte.

| zu helfen | machen | zu sagen | ziehen |
| bestimmen | essen | ~~zu ersticken~~ | reden |

Grammatik zum Auffrischen: Infinitivkonstruktionen

An infinitive construction is a clause or sentence in which a verb in the infinitive is used in conjunction with another verb. The infinitive verb goes to the end of the clause:

Und niemand **sollte** etwas von ihren Fress-Brech-Anfällen **mitbekommen**.

- The infinitive verb is generally preceded by *zu*. Note the position of *zu* in separable verbs:

Sie versuchte, nicht so viel **zu** essen.
Sie begann, wieder schnell ab**zu**nehmen.
Sie entschloss sich, das Essen einfach **zu** erbrechen.

- Remember also these useful constructions using the infinitive:

Sie hat abgenommen, **um** ihre Probleme los**zu**werden.
Sie ist einkaufen gegangen, **ohne** ihren Eltern Bescheid **zu** sagen.
Sie hat schließlich zugenommen, **anstatt** weiter ab**zu**nehmen.

- After verbs such as the following, the infinitive is used without zu: modals, *werden, lassen, hören, fahren, gehen, sehen*:

In der letzten Schulstunde **konnte** ich mich nicht mehr **konzentrieren**.
Lass mich **essen**, was ich will!
Und sie **ging** oft **einkaufen**.

6 a Welche Satzteile gehören zusammen?

z.B. **1c**

1 Wir sehen
2 Ich möchte
3 Er geht
4 Ich würde lieber meine Freunde besuchen,
5 Sie hat sich entschieden,
6 Mutti, lass mich bitte

a morgen schwimmen gehen!
b morgen schwimmen.
c ihn schwimmen.
d morgen schwimmen zu gehen.
e morgen schwimmen gehen.
f anstatt schwimmen zu gehen.

b Übersetzen Sie die vollständigen Sätze ins Englische.

1 Klassendiskussion. Was bedeutet es, sich vegetarisch zu ernähren? Und wie unterscheidet sich ein Vegetarier von einem Vegan? Haben Sie schon Erfahrungen mit einer vegetarischen (bzw. veganischen) Lebensweise? Was halten Sie davon?

2 a Hören Sie sich dieses Interview zum Thema „Vegetarische Lebensweise" an. Dann ergänzen Sie die Tabelle mit Notizen auf Deutsch.

1 Seit wann Vegetarierin?	*Seit 4 Jahren*
2 Warum ist sie Vegetarierin: Gründe dafür.	
3 Wie ernährt sie sich?	
4 Andere Familienmitglieder?	

b Bilden Sie nun Sätze mit diesen Informationen.

z.B.

Sie ist aus moralischen Gründen Vegetarierin.
Sie ist Vegetarierin, weil sie Tiere als ihre Mitlebewesen ansieht.

c Gibt es weitere Gründe, Vegetarier(in) zu sein/werden? Oder haben Sie Gründe, warum man Fleisch essen soll? Machen Sie Ihre eigene Liste.

d Wie ist Ihre Meinung? Schreiben Sie einen Brief an eine Zeitschrift, in dem Sie Ihre eigene Meinung äußern. Was sind die Argumente für und gegen die vegetarische Lebensweise? Schauen Sie Seite 67 noch einmal an, wo Sie nützliche Ausdrücke finden.

> **die Mitlebewesen** *fellow creatures*
> **zu sich nehmen*** *to have (food)*

How to approach a listening exercise

- Before you listen you may find some clues to help prepare you: titles, pictures, vocabulary and the exercise itself.

- Make sure you know how information is to be recorded – in English, German, note form, filling in a table etc.

- On a first listening jot down the main points whilst making sure you follow the thread of the whole item.

- On later listenings you can 'flesh out' your answers. Make sure you provide the information actually asked for.

---

3 Ein vegetarisches Rezept: Füllen Sie die Lücken mit den Zutaten aus.

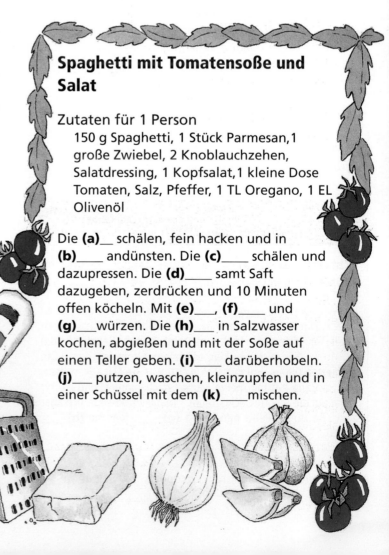

Spaghetti mit Tomatensoße und Salat

Zutaten für 1 Person
150 g Spaghetti, 1 Stück Parmesan, 1 große Zwiebel, 2 Knoblauchzehen, Salatdressing, 1 Kopfsalat, 1 kleine Dose Tomaten, Salz, Pfeffer, 1 TL Oregano, 1 EL Olivenöl

Die **(a)**__ schälen, fein hacken und in **(b)**____ andünsten. Die **(c)**____ schälen und dazupressen. Die **(d)**____ samt Saft dazugeben, zerdrücken und 10 Minuten offen köcheln. Mit **(e)**___, **(f)**____ und **(g)**___ würzen. Die **(h)**___ in Salzwasser kochen, abgießen und mit der Soße auf einen Teller geben. **(i)**____ darüberhobeln. **(j)**___ putzen, waschen, kleinzupfen und in einer Schüssel mit dem **(k)**____ mischen.

Rieke (**R**), 19 Jahre alt und am Oberstufenkolleg Bielefeld eingeschrieben, und Lena (**L**), 18 Jahre alt, Schülerin einer Gesamtschuloberstufe, sprechen darüber, was es für sie bedeutet, vegan zu sein.

CB: *Erläutert doch bitte zunächst einmal, was vegan heißt.*

R: Veganerin zu sein heißt, dass mensch keine Tierprodukte isst und auch nicht trägt. Das gilt für die Nahrung, die Kleidung, Kosmetik, ja eigentlich alles. Da fällt dann auch Wolle, Leder, Bienenwachs usw. drunter.

L: Also, ich hab zwar noch ein Federbett, aber das ist alt. Ich trage auch noch meine alten Lederschuhe und meine alten Wollpullover. Ich kaufe mir halt nichts Neues mehr, was nicht vegan ist.

CB: *Was könnt ihr denn essen? Was bleibt denn da überhaupt noch?*

L: Diese Frage kommt immer. Ich kann das gar nicht mehr so richtig beantworten, weil ich ganz normal esse. Am Anfang, da muss mensch noch total darauf achten, aber später hat mensch das raus. Also, ich kann z. B. ganz normal im Supermarkt einkaufen bis auf die Sojaprodukte, die kaufe ich im Ökoladen.

R: Ich war vorher schon einige Jahre Vegetarierin und im Prinzip esse ich jetzt alles, was ich vorher auch gegessen habe, nur dass ich mir jetzt Sojamilch, -sahne, -käse usw. kaufe.

CB: *Ein paar Dinge kann ich gut verstehen, besonders die Geschichte mit der Tierhaltung und dem Töten, aber die Sache mit dem* Honig und der Milch – da fehlt mir das Verständnis. Honig zu nehmen – das tut doch den Bienen nicht weh. Eier zu legen – das tut doch den Hühnern nicht weh.

L: Also ich habe mich entschieden, dass ich keine Tiere mehr ausbeuten will. Hühner müssen auf jeden Fall eingesperrt werden, wenn mensch die Eier finden will. Es ist die Einstellung dem Tier gegenüber. Ich finde es wirklich unmoralisch, wenn der Mensch sich über das Tier stellt. Auch bei so einem kleinen Lebewesen wie der Biene sollte mensch sich schon Gedanken darüber machen.

CB: *Das gilt für alle Lebewesen, also auch für Fliegen, Läuse usw.?*

L: Nee, wenn ich nachts im Bett liege und mich nervt eine Fliege, dann schlage ich die tot. Die hatte ja eine faire Chance, vorher wegzufliegen. Ich sperre die ja vorher nicht ein.

R: Also, es ist dieser absolute Herrschaftsgedanke der Menschen. Dass sie meinen, mit dem Rest der Welt machen zu können, was sie wollen.

CB: *Was würdet ihr eigentlich machen, wenn ihr euch in eine Frau oder einen Mann verlieben würdet, die oder der nicht vegan wäre?*

R: Vor allen Dingen wäre es ein Problem beim Zusammenwohnen. Aber eigentlich ist es ein Prozess. Man würde ja ganz viel gemeinsam darüber reden ...

L: Also mit einem Fleischesser stelle ich es mir ganz schön grauselig vor.

Mensch is used here as a feminist version of man.

---

das Federbett (-en) *duvet (feather)*
der Ökoladen (-) *organic shop*
die Tierhaltung *rearing of animals*
aus/beuten *to exploit*
ein/sperren *to lock up, to cage*
der Herrschaftsgedanke *feeling of superiority*
grauselig *awful, terrible*

Grammatik: „wäre"/„hätte"

Remember that to say what 'would' happen, you use *würde* + infinitive (see p. 60). This is known as the conditional. For verbs such as *sein* and *haben*, you often use the imperfect subjunctive instead.

ich wäre	ich hätte
du wärst	du hättest
er/sie/es/man wäre	er/sie/es/man hätte
wir wären	wir hätten
ihr wärt	ihr hättet
sie/Sie wären	sie/Sie hätten

Was **würdet** ihr machen, wenn ihr euch in jemanden verlieben **würdet**, der nicht vegan **wäre**?

Es **wäre** ein Problem beim Zusammenwohnen.

Man **würde** ja viel darüber reden.

4 Lesen Sie den Text. Dann lesen Sie die Sätze unten und verbessern diejenigen, die nicht genau stimmen.

  a Vegan zu sein heißt, keine Nahrung zu essen und keine Kleidung und keine Kosmetik zu tragen.

  b Lena ist Veganerin, aber sie schläft trotzdem in einem Federbett und trägt Lederschuhe und einen Wollpullover.

  c Beim Einkaufen kann Lena alles ganz normal im Supermarkt kaufen.

  d Als Veganerin darf man Fliegen totschlagen, aber keinen Honig essen.

  e Für Veganer ist es verboten, zusammen mit Fleischessern zu wohnen.

5 Ergänzen Sie – „hätten", „wäre" oder „würde"?

  a Mir ____ es undenkbar, selber ein Tier zu schlachten.

  b ____ Sie auch Probleme damit?

  c Es ____ auch schwierig, blutiges Fleisch zu essen.

  d Es ____ mir bestimmt schlecht gehen.

  e Aber Soja-Produkte ____ ich bestimmt nicht kaufen.

  f Das ____ einfach zu viel.

1 a Klassendiskussion/Brainstorming.
Unter der Lupe. Sie haben für jede
Frage 30 Sekunden Zeit.

Was sehen Sie gern im Fernsehen?
Wie oft sehen Sie fern?
Wann sehen Sie fern?
Warum sehen Sie gern fern?
Was sehen Kinder gern?
Was sollten Kinder sehen?
Was sollten sie nicht sehen?

z.B. Ich sehe gern …

b Was haben die meisten gesagt?
Schreiben Sie einen kurzen
Bericht.

2 Was sind die Aufgaben des Fernsehens?

Es hilft uns, unsere
Meinungen zu bilden.

Es unterhält uns.

Es informiert über aktuelle
Ereignisse aus Politik,
Wirtschaft und Gesellschaft.

Es erweitert das Blickfeld
des Einzelnen.

Es zeigt uns Länder
und Leute aus allen
Teilen der Erde.

Es erlaubt uns, „mit
dabei zu sein".

Haben Sie auch andere Vorschläge? Können Sie
auch Beispiele von diesen verschiedenen
Funktionen geben?

z.B. Eine Familienserie unterhält uns.

Öffentlich-rechtliche Sender

In Deutschland gibt es zwei öffentlich-rechtliche Sender: die ARD und das ZDF. Die ARD und das ZDF werden aus zwei Gründen als öffentlich-rechtliche Sender bezeichnet: Zum einen, weil sie von der Öffentlichkeit finanziert werden; zum anderen, weil sie von ihr kontrolliert werden.

ARD und ZDF bekommen Geld aus den Rundfunkgebühren, die jeder bezahlen muss, der ein Radio oder einen Fernseher besitzt. Das ist kein Geld vom Staat, sondern Geld von den möglichen Zuschauern und Hörern. Die Rundfunkgebühren sind die wichtigste Einnahmequelle von ARD und ZDF.

Dafür, dass sie diese Gebühren bekommen, müssen die öffentlich-rechtlichen Sender eine so genannte Grundversorgung anbieten. Das bedeutet: sie können nicht machen, was sie wollen, sondern müssen informieren, unterhalten und den Zuschauer auch weiterbilden. Solche Programme interessieren oft weniger Hörer oder Zuschauer als Programme, die nur Sport oder Spielfilme zeigen.

Außerdem können die öffentlich-rechtlichen Sender versuchen, Geld einzunehmen, indem sie Sendezeit an verschiedene Firmen für Werbung verkaufen. Das dürfen sie allerdings nur zu ganz bestimmten Bedingungen. Sie dürfen zum Beispiel nur vor 20 Uhr Werbung machen und keinen Film durch Werbung unterbrechen. Im Kinderkanal, den ARD und ZDF gemeinsam anbieten, gibt es gar keine Werbung.

Bei der ARD kontrolliert in jedem angeschlossenen Sender ein so genannter Rundfunkrat die Programme und die Verwendung der Gelder. In diesem Rundfunkrat sitzen Vertreter verschiedener wichtiger Gruppen in Deutschland, zum Beispiel der Kirchen, der Parteien, der Gewerkschaften, der Hausfrauen usw. Beim ZDF wacht ebenfalls ein Rundfunkrat; hier ist er besetzt mit Vertretern der Bundesländer.

---

3 a Lesen Sie den Text und beantworten Sie die Fragen.

  1 Wie heißen die zwei öffentlich-rechtlichen Sender?

  2 Wie werden sie finanziert?

  3 Was für Sendungen haben sie?

  4 Wie unterscheiden sich die deutschen Werbespots von den britischen?

  5 Wie werden die öffentlich-rechtlichen Sender kontrolliert?

b Sammeln Sie Stichworte zum Thema Fernsehen.

---

4 Hören Sie diesem Interview zum Thema „Gewalt im Fernsehen" gut zu und beantworten Sie die Fragen.

  a Warum ist das Problem von Gewalt im Fernsehen so besonders schlimm für Kinder?

  b Wie groß ist eigentlich die Gefahr?

  c Welches Beispiel aus Amerika wird hier erwähnt?

  d Was müssen Eltern tun, um das Problem zu vermindern?

  e „Es gibt manche Regeln, die jeder Mensch im Leben befolgen muss." Können Sie Beispiele aus Ihren eigenen Erfahrungen von solchen Regeln nennen?

erwürgen *to strangle*
meucheln *to murder (treacherously)*
nach/ahmen *to imitate*
die Darstellung (-en) *representation*
widerlich *awful*
empfänglich *receptive, susceptible*

öffentlich-rechtlich *under public law, state-owned*
die Rundfunkgebühr (-en) *TV/radio licence fee*
die Grundversorgung *basic provision*
angeschlossen *linked*

---

5 Es sind Sommerferien. Ihre Kinder sitzen den ganzen Tag herum und sehen fern. Sie als Vater/Mutter sind sehr darüber besorgt, dass Ihre Kinder mit so viel Gewalt im Fernsehen konfrontiert werden. Schreiben Sie einen Brief (etwa 100 Wörter) an eine Zeitung, in dem Sie sich über diese Situation beklagen.

Nützliche Ausdrücke

Ausdrücke für Leserbriefe:

An die Redaktion
To the Editor

Ich fühlte mich gezwungen, Ihnen zu schreiben ...
I felt I had to write to you ...

Ich war entsetzt, zu lesen, dass ...
I was shocked to read that ...

Aus meiner persönlichen Erfahrung ...
From my personal experience ...

Wie kann das sein?
How can this be?

Natürlich verstehe ich, dass ...
Of course I understand that ...

Aber andererseits ...
But on the other hand ...

Ich möchte gerne wissen, ob ...
I'd like to know, whether ...

2 | Seifenoper

1 Klassendiskussion. Wie heißen die beliebtesten Seifenopern in England? Welche Themen werden in Seifenopern behandelt? Warum sind Seifenopern so sehr beliebt?

2 Partnerarbeit. Welche Seifenopern sehen Sie gern? Stellen sie sich vor, sie müssen einem/einer Deutschen Ihre Lieblingsseifenoper beschreiben!

3 „Forsthaus Falkenau" ist eine sehr beliebte Fernsehserie in Deutschland. Wer ist wer? Lesen Sie auf S. 95 die Handlung von der ersten Serie, dann sehen Sie die Namen der Hauptpersonen und die Sätze an. Finden Sie für jeden Namen zwei passende Sätze.

Martin Rombach
Andrea Rombach
Markus Toni Lederer
die Schwiegermutter Herta Baron von Bernried

---

a *Martin Rombach* zieht nach dem Tod seiner Frau nach Küblach zurück, um das Revier Falkenau zu übernehmen.

b ___ will eine Reise in den Süden mit Bieler machen.

c ___ verliebt sich zuerst in Jonas Schermann.

d ___ ist Besitzer des benachbarten Privatforsts.

e ___ will sein Schloss wegen finanziellen Ruins anzünden.

f ___ verliebt sich in die Tochter seines Chefs.

g ___ ist Waldarbeiter von Beruf.

h ___ ist Schreinerlehrling.

i ___ wohnt zusammen mit seinen drei Kindern und seiner Schwiegermutter.

j ___ flirtet mit Eberhard.

k ___ wird als Geisel genommen.

l ___ will seinen Verwandten über die tschechische Grenze helfen.

4 a Verbinden Sie jetzt die Satzpaare von **3** mit Relativpronomen. Sehen Sie, wenn nötig, Seite 71 noch einmal an.

z.B. Andrea, die sich zuerst in Jonas Schermann verliebt, flirtet mit Eberhard Rau.

b Versuchen Sie auch, vier andere Relativsätze zu bilden.

z.B. Der Mann, mit dem …

5 a Finden sie im Text Synonyme für diese Wörter. Die Nummer des zutreffenden Absatzes steht in Klammern.

z.B. **1** beschließt

1	entscheidet (1)	**7**	unwillkommene (4)
2	früher (1)	**8**	Auszubildende (2 Wörter) (4, 5)
3	Beginn (1)		
4	verhindert (2)	**9**	entflohenen (6)
5	ist nicht erfolgreich (2)	**10**	organisieren (6)
6	mittlerweile (4)		

b Liebe, Liebe, Liebe. Suchen Sie im Text diese Ausdrücke auf Deutsch:

1 *Silva makes eyes at the forester.*

2 *Hanna falls in love with the chemist.*

3 *Andrea has lost her heart to Jonas.*

4 *Baron von Bernried has fallen for Grandma Inge.*

6 Seien Sie ein bisschen kreativ.

- Wie geht die zweite Serie weiter? Schreiben Sie einen Plan – was passiert den Hauptfiguren in der zweiten Serie?

- Schreiben Sie ein Interview mit Martin Rombach.

- Schreiben Sie einen Werbespot für „Forsthaus Falkenau". Nehmen Sie ihn auf Video- oder Tonkassette auf.

Wie alles begann

Der Holzaufkäufer Martin Rombach (Christian Wolff) beschließt nach dem Tod seiner Frau, wieder als Förster zu arbeiten. Er will das Revier »Falkenau« übernehmen, wo er einst unter Förster Vinzenz Bieler (Walter Buschhoff) sein Praktikum absolvierte. Doch von Augsburg nach Küblach ans Ende der Welt zu ziehen, stößt bei seinen ❶ Kindern Andrea (17, Katharina Köhntopp) und Markus (16, Michael Wolf) nicht auf einhellige Begeisterung. Nur das Nesthäkchen Rika (8, Nicole Schmid) und Schwiegermutter Herta (Bruni Löbel) zeigen Verständnis. Denn Martin betrachtet Falkenau als neuen Anfang.

Der wird ihm allerdings nicht nur von Bieler, der mit Martins Arbeitsmethoden hadert, erschwert. Auch Baron von Bernried (Paul Hubschmid), Besitzer des ❷ benachbarten Privatforstes, legt ihm Steine in den Weg. Als Bernried es nicht schafft, Martin die Genehmigung für eine Zufahrtsstraße zum geplanten Restaurant abzuschwatzen, tritt dessen Tochter Silva (Jutta Speidel) auf den Plan und macht dem Förster schöne Augen.

Herta hingegen, die zwar Martin wieder verheiratet sehen möchte, hält nichts von Silva. Ihre Wahl ist auf Hanna Ritter (Angelika Bender), eine Jugendfreundin von ❸ Martin, gefallen. Doch auch dieser Plan klappt nicht. Hanna verliebt sich in den ortsansässigen Apotheker Reiner Müller (Michael Hinz) und heiratet ihn.

Zwischenzeitlich lassen auch Andrea und Markus ihren Gefühlen freien Lauf. Markus, inzwischen ❹ als Schreinerlehrling tätig, hat sich in die Tochter seines Chefs verliebt und bekommt unliebsame Konkurrenz von einem neu eingestellten Gesellen.

Andrea hat ihr Herz an den Geigenvirtuosen Jonas Schermann (Robert Atzorn) verloren. Der Glückliche ist aber leider schon vergeben. ❺ Da trifft es sich gut, daß Rombach mit dem jungen Praktikanten Eberhard Rau (Philipp Moog) einen attraktiven Ersatz bereithält. Wenn er doch nur nicht alles besser wüßte …

Doch es kommen noch dickere Probleme: Waldarbeiter Toni Lederer (Volker Prechtel) will seinen Verwandten über die ❻ nahegelegene tschechische Grenze helfen, und aus dem Tiergehege des Nationalparks brechen Wölfe aus und streunen durch Martins Revier. Dann wird auch noch Oma Herta,

die in wenigen Tagen mit Altförster Vinzenz Bieler eine Fernreise in den sonnigen Süden unternehmen will, von einem ausgebrochenen Sträfling als Geisel mißbraucht, und Martin soll für ausländische Gäste eine Jagd ausrichten. Baron von Bernried wiederum, der sich in die kränkelnde Oma Inge (Gisela Uhlen), Martins Mutter, verguckt hat, sieht die einzige Möglichkeit, den finanziellen Ruin abzuwenden darin, sein Schloß anzuzünden.

Da trifft es sich gut, daß Rikas Idee, ❼ ihren Vater mit ihrer Lehrerin Jutta Marquart (Michaela May) zu verkuppeln, Früchte trägt. An ihrer Seite sucht und findet er Entspannung, bis sie als Lehrerin nach Kenia soll. Denn Monate bevor sich die hübsche Jutta in Martin verliebt hat, hatte sie sich um eine Stelle in der deutschen Schule in Kenia beworben. Wie wird sie sich entscheiden?

This extract follows pre-1998 spelling rules.

1 Welche deutschsprachigen Zeitungen und Zeitschriften kennen Sie schon? Machen sie eine Liste. Wie kann man sie einteilen?

Boulevardpresse   Sonntagszeitung

FRAUENMAGAZIN   ÜBERREGIONALE ZEITUNG

regionale Zeitung   SERIÖSE PRESSE

Fernsehmagazin   Jugendmagazin

Zeitschrift

2 a Hier sind zwei Berichte von derselben Story: ein Bericht aus der „Frankfurter Allgemeinen Zeitung" (FAZ) und ein Bericht aus der „BILD-Zeitung". Wie kann man die zwei Berichte vergleichen?

	BILD-Zeitung	FAZ
Schlagzeile?	*sehr groß*	
Wie viele Wörter?		
Wie lang sind die Wörter?		
Foto?		
Stil des Berichts		

BILD ▼

Schämt euch!

Ohne Herz und Einsatz den Titel verspielt
Hoeneß: Jetzt wird knallhart durchgegriffen

Der Titel ist weg! Ausgerechnet der in München gefeuerte Trainer Otto Rehhagel (59) wird mit Kaiserslautern Nachfolger des Münchner Renommierklubs. Dabei hätten die Bayern das Rennen bis zum letzten Spieltag offen halten können - mit einem Sieg in Duisburg. Doch beim 0:0 spielten die Millionäre ohne Herz - SCHÄMT EUCH! Anders Lautern. Der Aufsteiger fegte Wolfsburg mit 4:0 weg. Von der 2. Liga zur Deutschen Meisterschaft - das gab's noch nie - SPORT.

die Beständigkeit *consistency*
der Einsatz *commitment*
knallhart durch/greifen* *to take drastic action*
weg/fegen *to sweep away*

b Ein Bericht ist viel emotioneller als der andere. Suchen Sie Wörter und Ausdrücke, die das beweisen.

Kaiserslautern als erster Aufsteiger deutscher Meister

r.z. FRANKFURT, 3. Mai, Der 1. FC Kaiserslautern hat am vorletzten Spieltag der Fußball-Bundesliga die deutsche Meisterschaft gewonnen. Die Lauterer besiegten am Samstag daheim den VfL Wolfsburg 4:0, während zur selben Zeit Titelverteidiger Bayern München nur ein 0:0 beim MSV Duisburg erreichte. Damit waren die Pfälzer mit vier Punkten Vorsprung vor dem Tabellenzweiten am Ziel. Die Mannschaft von Trainer Otto Rehhagel brachte das Kunststück fertig, als erster Aufsteiger der Bundesliga-Geschichte Meister zu werden. Dabei überzeugten die Nachfolger der Bayern auch durch Beständigkeit.

An 31 der bisher 33 Spieltage war Kaiserslautern Erster der Tabelle. Darüber hinaus erwiesen sie sich als die fairste Mannschaft der Bundesliga. Am Tag, da die Meisterschaft entschieden wurde, stand auch der Abstieg von Arminia Bielefeld fest. Fast sicher scheint nach der 1:2-Niederlage in Bielefeld auch, daß das Bundesliga-Gründungsmitglied 1. FC Köln den Gang in die Zweitklassigkeit antreten muß (Siehe Sport.)

◄ FAZ

This extract follows pre-1998 spelling rules.

3 Debatte. „Wer die Pressefreiheit angreift, greift uns alle an." (Zitat aus dem Buch „Die verlorene Ehre der Katharina Blum" von Heinrich Böll). Stellen Sie sich als Klasse eine Situation vor, wo die Frage der Pressefreiheit erscheint.

Gruppe A: Schreiben Sie fünf Argumente für eine Beschränkung der Pressefreiheit auf. Geben Sie dabei Beispiele.

Gruppe B: Schreiben Sie fünf Argumente gegen eine Beschränkung der Pressefreiheit auf. Geben Sie dabei Beispiele.

Die erste Gruppe gibt ein Argument. Die andere Gruppe reagiert mit einem Gegenargument.

> Die Machthaber hätten es gerne, wenn wir uns in ihre Angelegenheiten nicht einmischten.

> Jede Person hat ein Recht auf ein Privatleben.

> Zu einer Demokratie gehört eine freie Presse.

> Ich will nicht alles über das Privatleben eines Politikers wissen. Hauptsache ist, dass er seine Aufgaben im öffentlichen Leben erfüllt.

> Die Zeitungen veröffentlichen nur das, was die Leute lesen wollen.

Grammatik: Indirekte Rede

Newspaper stories often report what others have said or think. The subjunctive is used to convey reported speech. If the original speech was in the present tense, the present subjunctive is used to report it.

Der Minister sagte: „Jeder hat ein Recht auf ein Privatleben."

Der Minister sagte, jeder **habe** ein Recht auf ein Privatleben.

To form the present tense of the subjunctive add the following endings to the stem of all verbs. Only *sein* is irregular.

ich	spiel**e**	sei
du	spiel**est**	seiest
er/sie/es/man	spiel**e**	sei
wir	spiel**en**	seien
ihr	spiel**et**	seiet
sie	spiel**en**	seien
Sie	spiel**en**	seien

4 Was kommt in die Zeitung?

Beispiel:

a Er sagte, er sei krank.

a	„Ich bin krank."	Er sagte, er …
b	„Er hat nichts zu sagen."	Sie behauptete, er …
c	„Ich spiele nicht mehr für Bayern-München."	Er sagte, er …
d	„Ich kenne diese Frau doch nicht."	Er behauptete, …
e	„Wir sind unschuldig."	Die Männer behaupteten, …
f	„Wir sind verloren."	Sie dachten, sie …
g	„Ich lese diese Lügen nicht!"	Sie rief, sie …
h	„So eine Situation kann ich mir nicht vorstellen."	Er erklärte, so eine …
i	„Was ist hier los?"	Er wollte wissen, was …
j	„Ich beantworte Ihre Fragen nicht!"	Er schrie, er …

5 Wählen Sie eine wichtige Story aus den Nachrichten. Schreiben Sie einen Bericht (100–150 Wörter) im Stil der Bildzeitung.

1
Nachrichten aus aller Welt. Sehen sie diese Fotos an.
Was passiert? Wann war das?

A

B

C

D

2
Klassendiskussion. Wie oft sehen Sie im Fernsehen
die Nachrichten? Wie unterscheiden sich die
Nachrichten im Fernsehen von den Nachrichten in
einer Zeitung? Welches Medium finden Sie effektiver?
Warum?

3
Sehen Sie Videoclips von den deutschen Nachrichten
an. Versuchen Sie dann, die Videoclips mit Hilfe
dieser Fragen zu analysieren.

- Listen Sie in jeder Nachrichtensendung die
  Meldungen stichwortig auf.

- Mit welcher Meldung beginnen sie? Und mit
  welcher Meldung enden sie?

- Wie beurteilen Sie die Reihenfolge der Meldungen?

- Waren die Meldungen verständlich formuliert?

- Gab es genügend Hintergrundinformationen?

Schreiben Sie nützliche Ausdrücke und Wörter
auf, die in den Nachrichten von dem Sprecher/
der Sprecherin verwendet werden.

*Listening to German TV and reading
German newspapers and magazines*

- Try to read or watch little and often!

- If you (or your school) have satellite TV, find
  something you like watching, whether a game
  show or the daily news, and watch it
  regularly.

- Ask your school librarian what German
  magazines your school subscribes to. *Focus,
  Bunte* and *Spiegel* are good ones to look at.

- Don't try to read them from cover to cover –
  just dip into the features and articles which
  interest you. To start with try to read without
  using a dictionary – just get the gist of an
  article.

- You can buy German magazines from
  some British newsagents – why not
  club together with other members
  of your group?

Keine der Personen, die Meldungen für eine der vielen Nachrichtensendungen zusammenstellt, ist bei den einzelnen Ereignissen dabei gewesen. Auch sie sind darauf angewiesen, dass ihnen die Mitteilungen über wichtige Ereignisse ins Haus kommen. Quellen und Möglichkeiten dafür gibt es viele.

a) Die Nachrichtenagenturen

Nachrichtenagenturen sind Organisationen, die weltweit alles Wichtige über Ereignisse und Geschehnisse sammeln und weitergeben. Wie mit einem Netz umspannen die großen Agenturen den Erdball. Sie beschäftigen Mitarbeiter – Korrespondenten/innen – die selbst vor Ort an bedeutsamen Ereignissen teilgenommen oder darüber Informationen eingeholt haben und für die Agentur eine Meldung formulieren. Ohne sie wäre ein umfassender Nachrichtendienst nicht denkbar. Alle Korrespondentenmeldungen werden in der jeweiligen Zentrale gesammelt und an die Kunden der Agentur (Zeitungsredaktionen, Funk und Fernsehen etc.) weitergegeben (verkauft).
Weltweit gibt es ca. 180 Nachrichtenagenturen, von denen einige wenige internationale Bedeutung und einen entsprechenden Bekanntheitsgrad haben. Dazu zählen beispielsweise AFP (Agence France-

Woher weiß das Fernsehen, was in der Welt geschieht?

Presse), AP (Associated Press), UPI (United Press International) oder Reuter. Auch die größte deutsche Nachrichtenagentur – dpa (Deutsche Presse Agentur) – gehört dazu.
Es gibt auch Agenturen, die sich auf bestimmte Lebensbereiche spezialisiert haben. Dazu zählen der Sportinformationsdienst (sid), die Katholische Nachrichtenagentur (KNA), der evangelische Pressedienst (epd) oder die Vereinigten Wirtschaftsdienste (VWD). Andere Agenturen bieten nur Bilder, Grafiken oder Zahlen an.

b) Reporterinnen und Reporter

Dies sind Journalisten, die im "beweglichen Einsatz" heute hier und morgen dort sind, um über ein aktuelles Ereignis zu berichten oder um Informationen über ein wichtiges Geschehen zusammenzutragen. Sie sind mit einem Ü-Wagen oder zumindest mit einer Kamera unterwegs. Sie bereiten ihre Informationen unterwegs bzw. im

Studio für eine Nachrichtensendung vor, oder senden direkt vom Ort des Geschehens.

c) Eigene Korrespondentinnen und Korrespondenten

Die großen Fernsehsender schicken ihre eigenen Korrespondenten in die großen Städte Deutschlands, aber auch an wichtige Orte im Ausland. Sie erstellen Fernsehberichte, die sie an den Sender schicken oder berichten live in den Nachrichtensendungen.

d) Selbständige, freie Korrespondentinnen und Korrespondenten

Dies sind Personen, die auf "eigene Rechnung" Informationen sammeln und an Agenturen oder Redaktionen von Presse, Funk und Fernsehen verkaufen.

e) Informationsdienste

Viele Mitteilungen werden direkt von den "Betroffenen" an Sender und Redaktionen geschickt. Regierungen, Parlamente, Fraktionen, Parteien, Behörden, Gewerkschaften, Arbeitgeberverbände, Wirtschafts- und Industriegruppen oder Firmen geben eigene Schriften heraus, die zur Information und Meinungsbildung dienen.

---

4 a Woher kommen die Nachrichten? Wie zuverlässig sind diese Quellen? Ordnen Sie sie ihrer Zuverlässigkeit nach. Begründen Sie Ihre Wahl.

b Übersetzen Sie ins Deutsche:

1 *The big TV broadcasters send their own correspondents to important places abroad.*

2 *Political parties issue their own releases, which serve to inform and to form opinion.*

3 *There are also agencies which have specialised in particular areas of life.*

4 *Without them a comprehensive news service would not be possible.*

5 *News agencies are organisations which collect everything important about events and happenings.*

Nützliche Ausdrücke	
die Meldung (-en)	*report*
die Mitteilung (-en)	*information*
die Quelle (-n)	*source*

Grammatik: Nebensätze im Perfekt

In subordinate clauses, which begin with subordinating conjunctions (see p. 75) or relative pronouns (see p. 71), the verb goes to the end of the clause. If the verb is in the perfect tense, the verb (i.e. the form of *haben* or *sein*) goes right to the end, after the past participle:

Sie beschäftigen Mitarbeiter, **die** an Ereignissen **teilgenommen haben**.

Nachdem sie Informationen **eingeholt haben**, formulieren sie eine Meldung.

---

5 Gruppenprojekt. Planen Sie zusammen Ihre eigene Nachrichtensendung!

• Welche Meldungen wollen Sie bringen?

• In welcher Reihenfolge kommen die Meldungen?

• Wie wollen Sie die Sendung aufnehmen – auf Video oder auf Tonkassette?

• Welche Rolle spielt jede Person in der Gruppe?

• Beim Schreiben der einzelnen Meldungen verwenden Sie die Ausdrücke, die Sie schon notiert haben.

1 Klassendiskussion. Was sind die Ziele und Methoden der Werbung?

Ziele
- unterhalten
- mehr Produkte verkaufen
- über neue Produkte informieren

Methoden
- lustige Geschichten
- Humor
- Musik
- Slogans
- naturwissenschaftliche Informationen
- bestimmte Fernsehsendungen sponsern
- berühmte Persönlichkeiten verwenden das Produkt

Haben Sie andere Vorschläge?
Was ist Ihr Lieblingswerbespot? Warum? Welche Methoden werden verwendet?
Kaufen Sie das Produkt?

2

a Wie finden Sie diese Anzeigen? Für welche Produkte sind sie? Beschreiben Sie die Anzeigen und versuchen Sie, sie zu analysieren. Wie effektiv finden Sie sie? Besprechen sie Ihre Ideen in der Gruppe.

b Wählen Sie eine Anzeige. Schreiben sie eine Analyse davon, in der Sie versuchen, die Werbemethoden zu identifizieren.

»Ich trinke Jägermeister, weil die Polizei einen Heiratsschwindler sucht und ich mich beworben habe.«

Jägermeister. Einer für alle.

Stark mit der Stuttgarter

Mit den Stuttgarter Modellen können Sie einiges bewegen. Zum Beispiel bei der Absicherung Ihrer Familie, der Baufinanzierung oder einer sinnvollen Rentenergänzung ... Prüfen Sie die Leistungsstärke der Stuttgarter. Die kompetente Fachberatung durch unsere Geschäftspartner hilft Ihnen zu Ihrem Vorteil.

Stuttgarter Versicherung

LUDWIG ERHARD WÜRDE MIT DEM BUS ZUR ARBEIT FAHREN,

weil der Tag dann schon mit einem Wirtschaftswunder losgeht.

WEITER DENKEN. BUS FAHREN. bdo Bundesverband Deutscher Omnibusunternehmer e.V.

Grammatik: Imperativformen

Advertisements will often tell you (in the nicest possible way!) what to buy or do. Commands such as 'Buy Brand X' or 'Use Brand Y' are called imperatives. To form the *Sie*-imperative simply take the *Sie*-form of the verb and put the verb before the *Sie*.

Sie kaufen ----▷ „**Kaufen Sie** Zahnpasta X!"
Sie benutzen ----▷ „**Benutzen Sie** Waschpulver Z!"

To form the *du*-imperative take off the *-(e)st* and any umlaut from the *du*-form of the present tense.

kommen ----▷ du kommst ----▷ **komm**!
schlafen ----▷ du schläfst ----▷ **schlaf**!

For verbs whose stem ends in *-d* or *-t*, and occasionally with other verbs, you add an *-e*:

machen ----▷ du machst ----▷ **mach(e)**!
schreiben ----▷ du schreibst ----▷ **schreib(e)**!

3 Entwerfen Sie Ihre eigene Anzeige für ein Magazin. Denken Sie daran, Imperativformen zu benutzen!

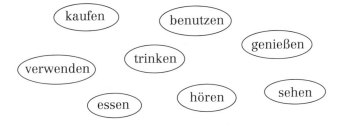

- Before you translate a text read it through at least twice so that you know what it is all about.

- In each sentence find the verb first (remember it may have two parts). This will help you find the subject of the sentence. Then find the object. Only when you have translated these, look for the other words. Translate relative clauses last.

- Remember that the first meaning given in a dictionary is generally the most common one and therefore most likely to be correct. But if it doesn't make sense in your translation, choose one that does.

4 Übersetzen Sie den Text ins Englische. Lesen Sie zuerst die Hinweise links unten!

Werbung im Fernsehen

Während die öffentlich-rechtlichen Sender ARD und ZDF also eine Mischfinanzierung haben aus Rundfunkgebühren und Werbeeinnahmen, finanzieren sich die privaten Sender wie RTL oder Sat 1 ausschließlich durch Werbung.

Private Sender sind normale Wirtschaftsunternehmen wie eine Kartonfabrik oder eine Gärtnerei. Das Produkt, das sie herstellen, sind allerdings Fernsehprogramme. Wie in einem normalen Unternehmen versuchen die privaten Fernsehsender, Produkte herzustellen, die möglichst vielen Leuten gefallen und von ihnen genutzt werden. Privatsender passen sich also möglichst genau dem Geschmack der Mehrheit an. Deshalb senden sie überwiegend Spielfilme, Serien und Sport.

Anders als bei den öffentlich-rechtlichen Sendern kosten diese Programme den Zuschauer nichts. Jedenfalls nicht direkt. Die Sender holen sich das Geld, das sie für ihre Programme brauchen, nämlich nicht bei den Zuschauern, sondern bei der Werbewirtschaft. Die Firmen, die für ihre Produkte werben, bezahlen für die Sendezeit. Je nachdem, wann und in welchen Filmen sie werben, bezahlen die Firmen an die privaten Sender. Je mehr Zuschauer ein Sender hat, desto teurer kann er seine Werbezeiten verkaufen. Die Firmen, die werben, rechnen die dabei entstehenden Kosten allerdings in ihre Verkaufspreise ein. Jeder Käufer im Supermarkt finanziert also indirekt die Privatsender – genauso, wie jeder, der Rundfunkgebühren zahlt, die ARD und das ZDF mitfinanziert.

Eine Kontrolle der privaten Sender gibt es nicht. Die Bundesländer haben zwar Stellen eingerichtet, die darüber wachen, dass keiner der Sender so stark wird, dass er die anderen verdrängen kann. Sonst aber kann von außen kein Einfluss genommen werden.

6 | Immer mehr neue Medien

1 a Eine deutsche Schülerin wurde gebeten, diesen Aufsatz in der Schule zu schreiben. Lesen Sie den Text und machen Sie eine Liste von nützlichen Redewendungen, die Sie auch in Ihren Aufsätzen verwenden können.

b Finden Sie in jedem Satz das Verb, dann das Subjekt, dann das Objekt. Schlagen Sie die Wörter, die Sie noch nicht kennen, im Wörterbuch nach, und übersetzen Sie den Text ins Englische.

2 Eltern oder Kinder – wer sind die Medienmeister? Hören Sie gut zu und beantworten Sie diese Fragen.

a Welche Medien werden hier erwähnt? Schreiben Sie eine Liste.

b Wer findet es einfacher, mit diesen Medien umzugehen – die Eltern oder die Kinder? Warum?

3 Rollenspiel. Partner A ist Vater/Mutter: Sie haben Angst, dass Ihr 14-jähriges Kind zu viel Zeit vor dem Computer verbringt. Sie möchten viel lieber, dass Ihr Kind auch andere Hobbys und Interessen hat.

Partner B ist der Sohn / die Tochter: Du sitzt sehr gern vor dem Computer. Du hast deine eigene Website, damit du in Kontakt mit Leuten aus aller Welt kommst. Du benutzt CD-ROMs, um deine Hausaufgaben zu machen, und du spielst auch gerne Computerspiele.

Erfinden Sie zusammen einen Dialog. Es ist 10 Uhr abends – Partner B sitzt schon seit drei Stunden vor dem Bildschirm. Partner A kommt herein. Wie geht die Situation weiter?

Hier dazu einige Ideen, um Ihnen zu helfen.

Wie werden Computer von Kindern benutzt?

Früher benutzten Kinder Computer hauptsächlich zum täglichen Zeitvertreib, was bedeutete, dass sie sich mit Spielen wie z.B. Autorennen, Tetris und Flugzeugsimulatoren beschäftigten. Dabei bleibt zu erwähnen, dass es oftmals der Fall war, dass es einzelne Spiele gab, welche durch brutale Szenen Gewalt verherrlichten. Dieses hatte zur Folge, dass die natürliche Hemmschwelle immer weiter gesenkt wurde und somit die Gewaltbereitschaft erheblich anstieg.

Im Vergleich dazu kann man heutzutage bei Jugendlichen eine Verschiebung des Interessenschwerpunktes feststellen. Immer mehr Jugendliche nutzen den Computer für schulische Zwecke und zur Informationsbeschaffung. Hierzu dient vor allem das Internet. Dieses ist sicherlich eine große Hilfe um ausführliche Sach- und Hintergrundinformationen zu erlangen. Eine ebenfalls positive Entwicklung ist das Schreiben von „E-Mails", sodass sicherlich die Kommunikation zwischen jungen Leuten gefördert wird. Allerdings hat auch das Internet Schwachpunkte, wie z.B. seine Unkontrollierbarkeit in Bezug auf Werbung für rechtsradikale Gruppen, verbotene Sekten und Drogen.

Insgesamt lässt sich jedoch heutzutage eine wesentlich positivere Nutzung des Computers feststellen.

Wir müssen hohe Telefongebühren bezahlen.

Man kann Kontakte auf der ganzen Welt knüpfen.

Es hilft mit den Hausaufgaben.

Es ist nicht gesund.

Du solltest dich um mehr Freunde bemühen.

Es ist eine wichtige Fertigkeit, mit Computern arbeiten zu können.

Manche Lehrer erwarten, dass Hausaufgaben mit dem Computer gemacht werden.

Es ist schlecht für die Augen.

Die Bund-Länder-Kommission für Bildungsplanung und Forschungsförderung erstellte 1995 einen Orientierungsrahmen für Medienerziehung in der Schule. „Alle sagen, Medienkompetenz muss sein, aber die Versuche, sie zu institutionalisieren, sind absolut schwach entwickelt", kritisiert der Siegener Medienexperte Hans Dieter Erlinger. Derzeit führen hauptsächlich Sachsen und Nordrhein-Westfalen in ausgewählten Schulen vor, was möglich ist: Als fachübergreifende Projekte sollen die Schüler nicht nur Medien kennen lernen und Medienaussagen inhaltlich analysieren können, sondern auch selbst kreativ Medien gestalten und für sich nutzen. In Düsseldorf arbeiten Schüler zum Beispiel mit lokalen Radiostationen zusammen, produzieren eigene Sendungen und Hörkassetten. In Sachsen bekamen einige Schulen Video-Schnittplätze, Kameras und Fotoapparate zur Verfügung gestellt. „Die Resonanz der Lehrer, Schüler und Eltern ist hervorragend", behauptet der sächsische Schulminister.

Jenseits dieser Pilotprojekte sieht es düster aus: Bücher sind und bleiben das Wichtigste. Der Einsatz neuer Medien oder moderner Medienerziehung stößt vielfach auf Ablehnung der Lehrer, die sich – oft zu Recht – für unzureichend qualifiziert halten. Die Lehrerbildung zur Medienkompetenz wird vernachlässigt.

Eine der wichtigsten Aufgaben der Medienerziehung ist es, Kindern den Unterschied zwischen Fiktion und Wirklichkeit beizubringen. Kinder, die wissen, wie Nachrichten entstehen oder Fernsehbilder gemacht werden, lassen sich nicht so leicht manipulieren, glauben die Pädagogen.

die Förderung *support*
der Orientierungsrahmen *frame of reference*
fachübergreifend *cross-curricular*
inhaltlich *to do with content*
der Schnitt *editing*

4 Manche Schüler haben jetzt ein neues Schulfach – Medienerziehung. Lesen Sie den Text und notieren Sie:

a Was im Jahr 1995 passiert ist

b Den Beruf von Hans Dieter Erlinger

c Seine Meinung über die Medienerziehung

d Hauptziele der Pilotprojekte in Sachsen und Nordrhein-Westfalen

e Beispiele von diesen Pilotprojekten

f Hindernisse gegen die Medienerziehung in anderen Schulen

g Was Kinder in der Medienerziehung lernen sollen

Grammatik zum Auffrischen: das Futur

There are two ways of talking about the future:

- The present tense together with an expression of time.

  Ich **kaufe nächste Woche** einen Computer.
  I'm going to buy a computer next week.

- The future tense, which uses a part of *werden* with an infinitive at the end of the clause.

  Das Internet **wird** alle Formen der Kommunikation **vereinen**.

  Wir **werden** alle Kontakte auf der ganzen Welt **knüpfen**.

5 Übersetzen Sie ins Deutsche:

a *Every house will have a computer next to the TV.*

b *We will no longer write letters on paper.*

c *A visit to the shops will no longer be necessary.*

d *We will buy everything from our armchairs.*

e *The teacher will correct homework on the computer screen.*

f *User-friendliness will be very important.*

g *Our grandparents will have to learn about the new technology.*

h *In the next few years the Internet will combine all forms of communication.*

i *I will fight against these new developments.*

j *But I fear that I will not succeed.*

vereinen *to combine*

1
Klassendiskussion. Was darf man mit 16 und mit 18 machen? Würden Sie etwas ändern? Warum? Wie ist es in Deutschland?

2 a
Hier sind Äußerungen zum Thema: „Was heißt es in einer Demokratie zu leben?"

Welche Satzhälften passen Ihrer Meinung nach hier zueinander? Die Lösungen finden Sie auf der Kassette.

Anfänge

1 Die Bürger müssen gut politisch
2 Die Privatsphäre des Einzelnen muss
3 Die Regierung wird von dem Volk
4 Es muss eine Opposition
5 Ich darf an einer Demonstration
6 Ich darf in eine Gewerkschaft
7 Ich habe ein Recht auf
8 Jeder darf seine Meinungen
9 Jeder muss frei
10 Jeder muss seinen Beruf frei
11 Jeder muss vor dem Gesetz
12 Niemand darf Not oder Armut
13 Regelmäßige und geheime

Endungen

a eine Stelle und eine Wohnung.
b eintreten.
c frei äußern.
d geschützt werden.
e gewählt.
f gleich sein.
g im Parlament geben.
h informiert sein.
i leiden.
j reisen können.
k teilnehmen.
l wählen können.
m Wahlen müssen stattfinden.

b Was heißt es, in einer Demokratie zu leben? Lesen Sie die Sätze noch einmal und ordnen Sie die Liste nach Wichtigkeit. Vergleichen Sie Ihre Ideen mit einem Partner.

Grammatik: Negation

The word *nicht* usually expresses 'not'. Remember that the equivalent of 'must not' is *nicht dürfen*:

   Man **darf nicht** frei reisen.

Nicht müssen means 'not to have to':

   Man **muss nicht** wählen.

See also p. 34 to revise the use of *kein. Keiner* can be used instead of *niemand*:

   Keiner darf frei reisen.

3
Was passiert nicht in einer Diktatur? Schreiben Sie Sätze, die eine Diktatur beschreiben. Benutzen Sie dabei *kein, nicht* und *nicht dürfen*.

Beispiele:

Man darf nicht in eine Gewerkschaft eintreten.
Keiner darf seine Meinungen frei äußern.

In einer Diktatur liegt die gesamte Macht eines Staates in den Händen eines Einzelnen oder einer Gruppe. Alle abweichenden Meinungen werden unterdrückt und die Bevölkerung wird überwacht. Diktatoren verfolgen jeden, der sich ihnen in den Weg stellt und nicht nach ihren Vorstellungen lebt.

4 a
Lesen Sie den folgenden Text und schreiben Sie Stichworte darüber.

b Übersetzen Sie den Text ins Englische.

Das Grundgesetz regelt, wie der deutsche Staat in seinen Grundzügen aussieht. Die ersten Artikel des Grundgesetzes nennen die Grundrechte eines jeden Bürgers. Dort heißt es in Artikel 1: „Die Würde des Menschen ist unantastbar."

In den anderen Artikeln wird z.B. das Recht auf freie Entfaltung der Persönlichkeit festgeschrieben, das Recht auf Glaubensfreiheit, Meinungsfreiheit und das Recht auf den Schutz der Familie. Das Grundgesetz schafft also einen Rahmen, in dem dann Gesetze erlassen werden können.

5 Sehen Sie diese Karikatur an. Warum ist der Mann so glücklich? Was passiert am Ende? Wie erklären Sie diese Karikatur?

unantastbar *inviolable*
gewährleisten *to guarantee*
die Zensur *censorship*
unverletzlich *inviolable*
verfolgen *to persecute*
die Abstammung *origin*
die Anschauung (-en) *view, opinion*

1. Die Grundrechte

Artikel 1

(1) Die Würde des Menschen ist unantastbar.

Artikel 3

[Gleichheit vor dem Gesetz; Gleichberechtigung von Männern und Frauen; Diskriminierungsverbote]

(1) Alle Menschen sind vor dem Gesetz gleich.
(2) Männer und Frauen sind gleichberechtigt.
(3) Niemand darf wegen seines Geschlechtes, seiner Abstammung, seiner Rasse, seiner Sprache, seiner Heimat und Herkunft, seines Glaubens, seiner religiösen oder politischen Anschauungen benachteiligt oder bevorzugt werden. Niemand darf wegen seiner Behinderung benachteiligt werden.

6 Lesen Sie diese Auszüge aus dem Grundgesetz für die Bundesrepublik Deutschland. Welche Bilder in der Karikatur erkennen Sie in den Auszügen?

7 Klassendiskussion. In Großbritannien gibt es kein Grundgesetz. Wenn Sie eins entwerfen könnten, was würden Sie auf jeden Fall hineinschreiben? Welche Rechte und Pflichten sollte es Ihrer Meinung nach enthalten?

8 Schreiben Sie Ihr eigenes Grundgesetz für das neue Jahrtausend. Was ist für Sie am wichtigsten?

1 Klassendiskussion. Lesen Sie die Vorschläge aus einem Arbeitsbogen für deutsche Schüler/innen zu diesem Thema. Wie kann man sich für die Menschenrechte und Menschenwürde einsetzen? Was könnte man machen?

- als Einzelner
- in der Familie
- in der Schule

Was möchten Sie machen?
Was haben Sie schon gemacht?

Ihr könnt Mitglied von einer Organisation werden, zum Beispiel:

- Amnesty International
- Weltkinderhilfswerk UNICEF
- Internationales Rotes Kreuz

Ihr könnt:

- in Diskussionen eure Meinung äußern
- an politischen Veranstaltungen teilnehmen
- Leserbriefe an Zeitungen schreiben
- an außerschulischen politischen Veranstaltungen teilnehmen (z.B. Informationsveranstaltungen, Demonstrationen, Mahnwachen)
- für Benachteiligte eintreten
- Schwächere schützen
- Verantwortung übernehmen
- alte und alleinstehende Menschen betreuen
- ausländische Mitschülerinnen und Mitschüler unterstützen (z.B. bei den Hausaufgaben, bei der Freizeitgestaltung)
- bei Sammel- und Spendenaktionen sozialer Hilfswerke mithelfen (z.B. CARITAS, Innere Mission, Paritätischer Wohlfahrtsverband).
- an einer Wahl teilnehmen
- einen Abgeordneten in die Schule einladen
- ein Flugblatt verteilen
- gegen eine Behörde klagen
- eine Bürgerinitiative unterstützen

Grammatik: Unpersönliches Passiv

An active sentence can be turned into a passive sentence by using *werden* plus the past participle of the verb (see pp. 255–6). The accusative object of the active sentence becomes the subject of the passive sentence:

> Der Mann kauft **die Zeitung**. (*active*)
> **Die Zeitung** wird (von dem Mann) gekauft. (*passive*)

If there is no accusative object in the active sentence, the subject of the passive sentence is *es*. Dative objects, or phrases with prepositions, don't change. If something else comes in first position, the subject can be left out altogether:

> **Es wird** gegen die Behörde **geklagt**.
> Den Mitschülern **wird geholfen**.

The imperfect tense of *werden* is *wurde* etc. Use this with the past participle to form the passive imperfect.

---

2 Schreiben Sie die folgenden Sätze ins Passiv um:

z.B. **a** Es wird an politischen Veranstaltungen teilgenommen.

- **a** Man nimmt an politischen Veranstaltungen teil.
- **b** Man tritt für Benachteiligte ein.
- **c** Man schützt Schwächere.
- **d** Man übernimmt Verantwortung.
- **e** Man hilft bei Spendenaktionen mit.
- **f** Man betreut alte Menschen.
- **g** Man verteilt Flugblätter.
- **h** Man lädt den Abgeordneten in die Schule ein.

---

die Mahnwache (-n) *silent vigil*
der/die Benachteiligte (*decl. as adj.*) *underprivileged person*
die Spendenaktion (-en) *campaign for donations*
der/die Abgeordnete (*decl. as adj.*) *member of parliament*

Wir haben im Politikunterricht, wie schon so oft, das Thema „Ausländerfeindlichkeit" durchgenommen. Nach einer heftigen Diskussion entschieden wir uns dafür, doch lieber etwas zu tun als immer nur zu reden.

Damals hörten wir vom so genannten Freundeskreis, einer Gruppe, die sich um das neugegründete Containerdorf am Meiendorfer Mühlenweg kümmerte, das in unserer Nähe liegt.

Die Mutter eines Mitschülers machte uns auf ein Informationstreffen des Freundeskreises aufmerksam. Zusammen mit unserem Lehrer gingen einige von uns dorthin und fragten, ob es in dem Containerdorf Jugendliche gäbe, aus welchen Ländern sie kämen, ob sie Deutsch sprächen und was der Freundeskreis plane.

Wenn man keine Gelegenheit hat, auf diese Weise Kontakt zu den Asylbewerbern zu bekommen, kann man auch die Sozialarbeiter oder den Hausmeister in einem Containerdorf ansprechen. Die wissen, ob schon Hilfsgruppen existieren oder was gebraucht wird. Wir entschlossen uns, als „Nebengruppe" dieses Freundeskreises eine Arbeitsgemeinschaft zu gründen, der Schüler und Lehrer unserer Schule angehörten.

Bei unserer ersten Aktion im Containerdorf waren wir sehr gespannt. Der Sozialarbeiter hatte uns einen Raum zur Verfügung gestellt, wir hatten Anschläge im Dorf angebracht, Tee und Kaffee gekocht und warteten. Niemand kam. Daraufhin sind einige von uns durch das Dorf gegangen, haben an die Türen geklopft und

gefragt, ob jemand mit uns spielen oder reden wolle. Bald hatten wir eine Gruppe zusammen. Es zeigte sich, wie wichtig es war, dass es in der Arbeitsgemeinschaft Jungen und Mädchen gab, da zuerst zu den Treffen nur Jungen kamen. Erst später trauten sich Mädchen zu uns.

Wir fingen an, für die im Containerdorf lebenden Jugendlichen Freizeitangebote zu organisieren: Basketball, andere Sportturniere, Spielenachmittage. Eine kleine Spendenaktion führten wir ebenfalls durch.

Tiefpunkte waren Tage, an denen wir mal wieder allein vor unseren Spielen saßen und kein Asylbewerber erschien. Diese traurigen Nachmittage wurden jedoch wieder ausgeglichen durch Stunden, in denen wir fröhlich und in dem bunten Kauderwelsch vieler Sprachen miteinander redeten.

Wir können jedem nur raten, selbst die Initiative zu ergreifen. Nicht jede Idee lässt sich umsetzen. Wenn eure Angebote nicht gleich angenommen werden, lasst euch nicht zu schnell entmutigen!

der Asylbewerber (-) *asylum seeker*
die Arbeitsgemeinschaft (-en) *team*
der Anschlag (⸚e) *notice, poster*
sich trauen *to dare*
das Kauderwelsch *hotchpotch of languages*

3 In diesem Text beschreiben Julia und Anna von der Peter-Petersen-Gesamtschule, wie sie versucht haben, etwas Positives zu machen. Wie wurde diese Initiative organisiert? Was wurde gemacht? Schreiben Sie Sätze in der Passivform.

z. B.

Das Thema „Ausländerfeindlichkeit" wurde in der Klasse diskutiert.

Die Schüler wurden über das Containerdorf informiert.

Grammatik: Konjunktiv II

In reported speech, the imperfect subjunctive (*Konjunktiv II*) is often used.

Wir fragten, ob es Jugendliche **gäbe**.

The imperfect subjunctive is identical to the ordinary imperfect for regular verbs. Irregular verbs form the imperfect subjunctive from the imperfect stem + umlaut on *a, o* or *u*, with these endings:

ich g**ä**be	wir g**ä**ben
du g**ä**best	ihr g**ä**bet
er/sie/es g**ä**be	sie/Sie g**ä**ben

3 | Warum verlassen Menschen ihre Heimat?

1 Klassendiskussion. Woher stammt Ihre Familie? Wo wurden Ihre Großeltern und Urgroßeltern geboren? Warum sind sie umgezogen? Markieren Sie Ihre Ergebnisse auf einer Landkarte.

2 Können Sie in den kurzen Lückentext das passende Wort einsetzen?

Flüchtlinge

Flüchtlinge sind **(a)** _Menschen_, die ihre **(b)**___ verlassen mussten, weil sie dort nicht mehr **(c)**___ waren oder sich nicht mehr sicher **(d)**__. Meistens **(e)**___ Flüchtlinge zu denen, die eine andere **(f)**___ Meinung, eine andere **(g)**___ oder eine andere Nationalität haben als die **(h)**___ im Lande.

Besonders in **(i)**___ werden viele Menschen zu Flüchtlingen. Durch den Krieg im ehemaligen **(j)**___ zum Beispiel waren 1,3 Millionen Menschen zur Flucht **(k)**___ .

Religion   ~~Menschen~~   politische   sicher
gezwungen   Herrschenden   gehören
Heimat   fühlten   Jugoslawien
Kriegszeiten

3 Klassendiskussion. Können Sie ein Beispiel für jeden Grund geben?

... aus wirtschaftlicher Not

... aus politischen Gründen

Warum verlassen Menschen ihre Heimat?

... wegen religiöser Unterdrückung

... weil man Kriegs- od Bürgerkriegsflüchtling i

... weil man einer ethnischen Minderheit angehört

4 a Gruppenarbeit. Beschreiben sie die Fotos. Wo könnte das eventuell sein? Warum fliehen diese Menschen? Wie fühlen sie sich?

b Welcher Untertitel passt am besten zu jedem Foto?

> Deutsche Auswanderer auf der Seereise nach Amerika.

> Juden verlassen in den 30er Jahren das Vaterland.

> Hutus und Tutsis fliehen ihr Land.

> Bürgerkrieg in Bosnien.

> DDR-Bürger versuchen in den Westen zu fliehen.

1

2

3

5

4

5 Hören Sie Sonjas Geschichte an und beantworten Sie die Fragen:

  a Woher kommt Sonja?

  b Wie ist es, wo sie jetzt wohnt?

  c Warum hat sie es besser als andere Familien?

  d Warum hat Sonjas Vater sich endlich entschieden, aus ihrem Land zu fliehen?

die Granate (-n) *shell*
der Scharfschütze (-n) *sniper*
knapp werden* [s] *to run short*
das Lager (-) *camp*

6 Lesen Sie den Text. Stellen Sie sich vor, Sie sind Werner. Erzählen Sie mit eigenen Worten, warum Sie beschlossen haben, in die BRD zu fliehen. Verwenden Sie das Perfekt: die Grammatik hilft Ihnen.

Werners Geschichte.

1961 ist Werner von Deutschland nach Deutschland geflüchtet. 12 Tage bevor in Berlin die Mauer gebaut wurde, die die DDR endgültig von der Bundesrepublik Deutschland abriegelte. Er kam aus einem Vorort im Osten Berlins, arbeitete dort in einem Betrieb als Automatenein-richter und war Vorsitzender der Betriebsgewerkschafts-leitung. Er war SED-Mitglied, verheiratet und hatte zwei Kinder.

Es ging ihm nicht schlecht. Bis – ja, bis er mit seiner Frau am Todestag seiner Schwiegermutter zum Grab auf den Friedhof in Berlin-Schöneberg fuhr. Das war in Berlin (West) und für SED-Mitglieder tabu. Er bekam ein Parteiverfahren. Eine Belegschaftsversammlung wurde einberufen. Er sollte vor allen Betriebsangehörigen seine Tat rechtfertigen, Buße tun, zweieinhalb Stunden lang. Außerdem verlangte man von ihm, dass seine Frau und die Kinder, die katholisch waren, aus der Kirche austreten sollten. Als seine Frau das ablehnte, wurde er vor die Wahl gestellt: entweder Scheidung oder Verlust seiner Stellung als Vor-sitzender der Betriebsgewerkschaftsleitung. Gleichzeitig wurde sein Sohn mit Billigung der Lehrer in der Schule als „Pfaffe" verspottet und schikaniert, weil er regelmäßig zum katholischen Unterricht in die Kirche ging. Werners Frau bekam einen schweren Nervenzusammenbruch. Das war das Signal zur Flucht.

Grammatik: Passiv im Perfekt

In the perfect tense, *werden* has the past participle *geworden*:

> Wir sind Flüchtlinge **geworden**.

However, when it is used for the passive, the past participle is *worden*:

> Ich bin verspottet **worden**.

7 Schreiben Sie diese Sätze ins Perfekt um:

  z.B. **a** Die Mauer ist gebaut worden.

  a Die Mauer wurde gebaut.

  b Die DDR wurde von der BRD abgeriegelt.

  c Eine Belegschaftsversammlung wurde einberufen.

  d Er wurde vor die Wahl gestellt.

  e Sein Sohn wurde schikaniert.

8 a Gruppenarbeit: Stellen Sie sich vor, Sie müssen auch Ihre Heimat verlassen. Warum fliehen Sie? Wer ist auch dabei? Was nehmen Sie mit? Wohin fahren Sie? Wie fahren Sie? Was für Emotionen haben Sie? Was müssen Sie hinterlassen?

  b Sammeln Sie Ihre Ideen und schreiben Sie ein Tagebuch über Ihre Erfahrungen, in dem Sie diese Ideen erwähnen.

ab/riegeln *to seal off*
die SED *Sozialistische Einheitspartei Deutschlands*
das Parteiverfahren *party proceedings*
die Belegschaftsversammlung *meeting of employees*
Buße tun* *do penance*
die Billigung *approval*
der Pfaffe (-n) *parson (disrespectful term)*

1 Übersetzen Sie den Text ins Englische.

Was versteht man unter Staatsangehörigkeit?

Die Staatsangehörigkeit besagt, zu welchem Staat ein Mensch gehört. Er ist Deutscher, Franzose, Pole usw. In dem Staat, dem er angehört, ist er Staatsbürger. Und als Staatsbürger hat er bestimmte Rechte und bestimmte Pflichten.

In Deutschland bedeutet das zum Beispiel, dass der Staatsbürger das Recht hat, die Regierung zu wählen und selbst gewählt zu werden. Der Staat verspricht auch, sich an das Grundgesetz zu halten und seine Staatsbürger zu schützen. Zu den Pflichten eines deutschen Staatsbürgers gehört, dass er sich an die Gesetze hält und den Staat nicht mit Gewalt bekämpft. Auch bestimmte Leistungen müssen Staatsbürger für ihren Staat erbringen: sie müssen zum Beispiel Steuern zahlen oder zur Bundeswehr gehen.

2 Sehen Sie diese Landkarte an. Was zeigt uns die Statistik? Was zeigt uns diese Landkarte?

Wie interpretieren Sie die Zahlen? Was lernen wir von dieser Statistik?

Nützliche Ausdrücke

Diese Landkarte erweist eindeutig, (dass)
This map shows clearly (that)

Diese Zahlen machen deutlich wie
These figures make it clear how

Diese Zahlen dienen uns als Basis
These figures serve us as a basis

Neun von zehn stammen aus
Nine out of ten come from

Je nach geographischem Standort
According to geographical location

Mit Blick auf die Ziffern
Looking at the figures

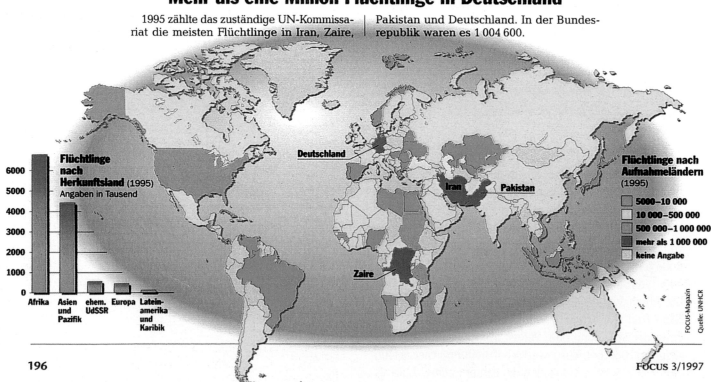

Mehr als eine Million Flüchtlinge in Deutschland

1995 zählte das zuständige UN-Kommissariat die meisten Flüchtlinge in Iran, Zaire, Pakistan und Deutschland. In der Bundesrepublik waren es 1 004 600.

Flüchtlinge nach Herkunftsland (1995)
Angaben in Tausend

Flüchtlinge nach Aufnahmeländern (1995)

- 5000–10 000
- 10 000–500 000
- 500 000–1 000 000
- mehr als 1 000 000
- keine Angabe

FOCUS-Magazin
Quelle: UNHCR

Land	Ein Mann aus diesem Land	Eine Frau aus diesem Land	Man spricht ...
Deutschland	*der Deutsche*	*die Deutsche*	*Deutsch*
England			
Frankreich			
Polen			
Spanien			
Griechenland			
Irland			
Norwegen			
Belgien			
Schottland			
Holland			
Wales			
Jugoslawien			
Südafrika			

3 Füllen Sie diese Tabelle mit Hilfe eines Wörterbuchs aus.

Grammatik: Schwache Substantive und substantivierte Adjektive

Der Franzose, *der Grieche* and *der Schotte* belong to a group of nouns, called weak masculine nouns, which add an -*(e)n* to the end of the noun in all cases except the nominative case. They do not usually add an -*s* in the genitive. In the dictionary these are followed by (-*n*, -*n*).

Other common weak masculine nouns include: (a) some nouns denoting people or animals (e.g. *der Junge*, *der Löwe*, *der Mensch*, *der Herr*) and (b) nouns of foreign origin which end in -*and*, -*ant*, -*arch*, -*t*, -*ent*, -*ist*, -*krat*, -*nom*:

	singular	plural
nom.	der Student	die Student**en**
acc.	den Student**en**	die Student**en**
dat.	dem Student**en**	den Student**en**
gen.	des Student**en**	der Student**en**

Der/Die Deutsche, on the other hand, is an adjectival noun. These are literally adjectives used as nouns, and they follow the usual pattern for adjectives according to whether they are preceded by *der*, *ein* or no article. They have whichever gender is appropriate.

ein Deutsch**er**	der Deutsch**e**	Er ist Deutsch**er**
eine Deutsch**e**	die Deutsch**e**	Sie ist Deutsch**e**

Other common examples include *der/die Beamte*, *der/die Jugendliche*, *der/die Angestellte*.

4 Übersetzen Sie ins Deutsche:

a *A young person does not have all the rights of an adult.*

b *Civil servants in Germany have many more rights than other employees.*

c *Our chairman interviewed the German candidate today.*

d *We must all work together with our neighbours in Europe – the French with the Germans, the Italians with the Greeks, the Scots with the English.*

e *I must write a letter to my MP.*

5 Schreiben Sie eine Zusammenfassung auf Englisch:

Menschen, die wegen ihrer Rasse, Religion oder Nationalität verfolgt werden, haben in Deutschland ein Recht auf Schutz – also ein Recht auf Asyl.

Wer in Deutschland Asyl bekommt, entscheiden Beamte und Richter. Bei ihren Entscheidungen müssen sie sich nach den Gesetzen richten. Diese Gesetze schreiben vor, dass ein Asylbewerber beweisen muss, dass er in seiner Heimat wegen seiner politischen Ansichten, wegen seiner Hautfarbe oder wegen seiner Religion verfolgt wird.

Jeder Flüchtling, der nach Deutschland einreisen darf, kann einen Asylantrag stellen. Danach muss er warten, bis über seinen Antrag entschieden wird. Jeder Fall wird dabei von den deutschen Behörden genau geprüft. Das kann manchmal Jahre dauern.

5 | Fremd in Deutschland (2)

1 a Hören Sie diese Reportage an. Füllen sie die Lücken mit den richtigen Informationen aus.

Es gab Ende **(1)___** rund **(2)___** Ausländer in Deutschland. Das ist ungefähr **(3)___** Prozent der Gesamtbevölkerung. Die **(4)___** größten Gruppen sind **(5)___**, **(6)___**, **(7)___** und **(8)___** . Ein **(9)___** aller Ausländer kommt aus **(10)____**. Die ausländische Bevölkerung in Deutschland ist deutlich **(11)___** als die deutsche Bevölkerung. Rund **(12)___** Prozent von Deutschlands ausländischer Bevölkerung ist in Deutschland geboren.

b Richtig oder falsch?

1 Die Zahl der Ausländer in Deutschland ist zwischen 1995 und 1997 gestiegen.

2 Fast ein Drittel aller Ausländer in Deutschland kommt aus der Türkei.

3 Rund 25 Prozent aller Ausländer in Deutschland stammen nicht aus den Staaten der Europäischen Union.

4 Über 50 Prozent aller Ausländer in Deutschland kommen aus südeuropäischen Ländern.

5 Es gibt mehr junge Ausländer als junge Deutsche.

2 Rollenspiel. Die Behörde plant ein neues Asylantenheim in Ihrer Stadt. Arbeiten Sie zu dritt in einem Rollenspiel. Nehmen Sie folgende Rollen an. Verwenden Sie die Argumente von unten, aber entwickeln Sie auch Ihre eigenen Ideen und sehen Sie sich die Hinweise auf Seite 113 an. Bringen Sie auch Beispiele aus den Nachrichten, um Ihre Argumente zu unterstützen.

Person A: Sie sind völlig dagegen. Sie haben in der Zeitung gelesen, dass es Beispiele gegeben hat, wo Asylanten gestohlen und betrogen haben.

Person B: Sie möchten gerne was tun, aber Sie wissen nicht was. Außerdem würde sich wahrscheinlich sowieso nichts ändern.

Person C: Sie sind völlig engagiert. Sie glauben, dass es Ihre Pflicht ist, etwas zu tun.

Wir können einfach nicht alle aufnehmen.

Es ist doch naiv zu glauben, dass wir irgendwie helfen können.

Wer allen helfen will, kann schließlich keinem helfen.

Wir gehören doch zu den reichsten Ländern der Welt.

Es ist meine Christenpflicht, Menschen in Not zu helfen.

Es gibt doch nicht genug Stellen für die Deutschen selber.

Sie wollen uns bloß ausnutzen.

Unsere eigene Geschichte zeigt uns, warum wir Flüchtlinge aufnehmen müssen. Viele Deutsche haben die Nazizeit nur überlebt, weil sie Schutz in anderen Ländern fanden. Das dürfen wir nicht vergessen.

Die meisten Asylbewerber sind nicht echte Verfolgte.

112

• Versuchen Sie folgende Ausdrücke zu verwenden, um Ihre Meinungen und Argumente vorzutragen.

Ich befürchte, dass	*I fear that*
Ich bezweifle, dass	*I doubt that*
Ich bin der Meinung, dass	*I am of the opinion that*
Ich bin entsetzt, dass	*I am horrified that*
Ich bin stolz, dass	*I'm proud that*
Ich finde, dass	*I find that*
Ich hoffe, dass	*I hope that*
Ich lege großen Wert darauf, dass	*I think it is important that*
Ich meine, dass	*I think that*
Ich schlage vor, dass	*I suggest that*
Ich stimme zu, dass	*I agree that*
Ich wette, dass	*I bet that*
Meiner Meinung nach	*In my opinion*
Wir sind uns einig, dass	*We are agreed that*

• Vergessen Sie nicht, dass nach „dass" das Verb am Ende des Satzes steht. Versuchen Sie, als Beispiel einen vollständigen Satz zu lernen, den Sie ändern können.

3 a Lesen Sie den Text, der die Verhandlung von einem Asylanten ironisch behandelt. Können Sie das Deutsch des Angeklagten verbessern?

b Wie könnte die Szene enden?

c Schreiben Sie Ihre eigene Version von diesem Stück und nehmen Sie sie auf Ton- oder Videokassette auf.

der Pfiffikus *clever chap*
der Wirtschaftsflüchtling (-e) *economic refugee*
der Scheinasylant (-en) *bogus asylum seeker*
der Komplize (-n) *accomplice*

Wolfgang Ebert

Im Namen des Volkes

Die nächste Phase in Sachen Asylrecht sieht so aus:

Richter: Angeklagter, erheben Sie sich! Sie stehen hier vor einem deutschen Gericht. Merken Sie sich das!

Angeklagter: Das ich schon gemerkt.

Richter: Name?

Angeklagter: Aki Slaso ich heißen.

Richter: „Ich heiße Aki Slaso."

Angeklagter: Nein, Herr Richter, ich heißen Aki Slaso.

Richter: Kleiner Pfiffikus. Nun zum Anklagepunkt: Ausländer. Schuldig?

Angeklagter: Schuldig. In deutsche Land, ich Ausländer.

Richter: Welche Gründe hatten Sie, Ihr Heimatland zu verlassen?

Angeklagter: Ich Minderheit. Hetze. Verfolgung. Morddrohung.

Richter: Also *Wirtschaftsflüchtling* und demnach *Scheinasylant*.

Angeklagter: Ich nix Schein ...

Richter: Angeklagter, werden Sie nicht unverschämt! Laut Anklage haben Sie am 9.10. um zwei Uhr morgens aus niedrigen Beweggründen eine Grenzverletzung verübt.

Angeklagter: Ich nix verstehen, ich niemand verletzt, über Grenze mit Bus.

Richter: Angeklagter, verletzen Sie nicht auch noch die Grenzen meiner Geduld! – War Ihre illegale Tat von langer Hand geplant oder ein plötzlicher Akt?

Angeklagter: Ganz plötzlich. Haustür brannte, wir in letzter Minute aus Fenster.

Richter: Und warum mussten Sie *ausgerechnet* nach Deutschland kommen?

Angeklagter: Deutschland gute Land, gute Leute, ich hier leben wollen.

Richter: Hatten Sie Komplizen?

Angeklagter: Ja, Frau, Mama, unsere kleine Baby.

Richter: Das kennen wir. Also auch noch mit Sack und Pack ...

1 Hier wird das Leben eines Tieres beschrieben. Fassen Sie den Text auf Englisch zusammen.

2 Klassendiskussion. Wie finden Sie diese Situation?

- Meinen Sie, dass Tiere Rechte haben?
- Essen Sie nur Bio-Fleisch?
- Ist es eigentlich möglich, tierfreundliche Fleischprodukte zu haben, und Fleisch zu essen, ohne ein schlechtes Gewissen zu bekommen?
- Was tun die Supermärkte, in denen Sie einkaufen, um die Situation zu verbessern?
- Müssen Menschen wirklich mehr bezahlen, damit Tiere bequemer leben können?
- Was würde aus den männlichen Kälbern werden, wenn keiner mehr Kalbfleisch kaufte?

Grammatik: „wenn" + Konjunktiv II

To say what would happen if something else happened, you need *wenn* and the imperfect subjunctive, with *würde* + infinitive. See p. 107 to revise the imperfect subjunctive:

Wenn das Kalb länger bei der Mutter **bliebe, würden** sie sich aneinander **gewöhnen.**

*If the calf **stayed** longer with the mother, they **would get used** to each other.*

Wenn das Kleine draußen **liefe, würde** das Energie **verbrauchen.**

*If the little one **ran** outside, that **would use up** energy.*

Das Leben eines konventionell gehaltenen Rindes in der Massentierhaltung beginnt meist so: Kaum ist das Kalb geboren, wird es von seiner Mutter getrennt. Damit sie sich erst gar nicht aneinander gewöhnen. Zehn Tage lang bekommt das Kleine Muttermilch. Danach gibt's meist nur Magermilchpulver und Flüssignahrung, weil es am billigsten ist und damit das Kalbfleisch weiß bleibt. Das männliche Kalb geht entweder nach vier bis sechs Monaten zum Schlachter, oder es wird 18 bis 20 Monate lang gemästet – in Boxen mit anderen Artgenossen, ohne Auslauf, denn Bewegung verbraucht Energie. Je größer die Bullen werden, desto enger wird es im Stall. Die Tiere sind aggressiv. Raus dürfen sie nur ein einziges Mal – wenn der Transporter, der die Tiere zum Schlachter bringt, möglichst nah vor dem Stall hält.

Die weiblichen Kälber werden, wie ihre männlichen Geschwister, meist enthornt (ohne Betäubung, obwohl die Tiere dabei nachweislich Schmerzen empfinden). Dann kommen sie in einen Laufstall oder werden angebunden. In Anbindehaltung „stehen sie 365 Tage im Jahr auf einer Stelle", berichtet die Tierärztin und Publizistin Anita Idel, die zu den fundiertesten Kritikern der Massentierhaltung gehört. Die Kühe stehen auf nacktem Beton, meist ohne Stroh.

Und wie ergeht es den Rindern auf einem Bio-Hof? Besser. Für die meisten Kälber gibt est „Rooming in", oft dürfen sie auch auf die Weide. Wenn sie von ihren Müttern getrennt werden, bekommen sie Vollmilch und Heu – das Fleisch wird rosé.

Die Enthornung untersagt allerdings nur Demeter, bei anderen Bio-Verbänden wird sie teilweise vorgenommen – auch weil die Berufsgenossenschaft dies aus Sicherheitsgründen fordert. „Ich finde das zwar furchtbar, aber wir können es nicht verbieten", sagt Dr. Manon Haccius, Pressesprecherin der AGÖL (Arbeitsgemeinschaft Ökologischer Landbau).

Anbildung ist erlaubt, aber Auslauf für alle Tiere muß sein. Nur wenn ein Bauer nachweist, daß er keine Weideflächen hat – etwa wegen zu dichter Bebauung im Ort –, kann nach Überprüfung eine Ausnahmegenehmigung erteilt werden.

This extract follows pre-1998 spelling rules.

der Artgenosse (-n) *creature of the same species*
die Rinder (Pl.) *cattle*

3 a Das Klonen von Tieren. Sind diese Leute dafür oder dagegen? Notieren Sie ihre Argumente.

b Notieren Sie Redewendungen, die Sie zu diesem Thema benutzen könnten.

c Wählen Sie eine Meinung aus, und schreiben Sie in etwa 50 Wörtern, warum Sie diese Meinung unterstützen.

Grammatik zum Auffrischen: Komparativ und Superlativ

As the name suggests, comparatives are used in comparisons. Superlatives are quite simply 'the best/most'. Remember the pattern:

klein ⟶ klein**er** ⟶ der/die/das klein**ste**
or: **am** klein**sten**

They take the usual adjectival endings as appropriate:

Das kleiner**e** Kalb frisst wenig.
Er sieht den größer**en** an.
Die Frau füttert das klein**ste** Schaf.
Das Kalb ist kleiner.

Remember these constructions with the comparative:

Muttermilch von Kühen ist nicht **so** billig **wie** Flüssignahrung.
Magermilch **ist** billiger **als** Heu.
Je größer die Bullen werden, **desto** enger wird es im Stall.

See also p. 244 for irregular comparatives.

4 Ergänzen Sie die Sätze mit den Adjektiven/Adverbien in Klammern im Komparativ oder Superlativ:

a Je (bequem) das Leben der Kälber, desto (teuer) wird das Fleisch.

b Bio-Fleisch schmeckt (gut) als das normale.

c Aber das (weiß) Fleisch sieht (fein) aus.

d Die (brutal) Aufzuchtsmethoden werden benutzt.

e Das (billig) Nahrungsmittel für Kälber ist Magermilch.

f Je (lange) wir darüber sprechen, desto (viel) streiten wir.

g Die (neue) Gentechnologie lässt immer noch Fragen der Sicherheit offen.

h Wir sollten diese Gentechnologie (genau) unter die Lupe bringen.

i Die (teuer) Eier kommen von den Hühnern, die frei herumlaufen können.

j Hätten wir (viel) Informationen, könnten wir dieses (gut) besprechen.

5 Haben Tiere auch Rechte? Oder können wir mit Tieren machen, was wir wollen? Schreiben Sie einen Bericht von etwa 250 Wörtern.

1 Zum Hören. Zwei Schülerinnen beschreiben ihren Alltag. Was erfahren Sie über das deutsche Schulsystem? Was wissen Sie schon darüber?

2 a Lesen Sie diesen Text. Welche Wörter fehlen hier?

Das deutsche Schulsystem

Der **(a)**___ ist eine deutsche Einrichtung, die von vielen Ländern übernommen wurde (sogar das Wort ist in andere Sprachen eingegangen). Er gehört nicht zum staatlichen Schulsystem. Meist halten sich die Kinder nur vormittags im **(a)** ___ auf und sind nachmittags wieder bei der Familie. Der Besuch im **(a)**___ ist freiwillig; zumeist müssen die Eltern einen Beitrag zahlen. Heute besuchen über 80 Prozent aller Kinder zwischen drei und sechs Jahren einen **(a)** ___.

Mit sechs Jahren kommen die Kinder in die **(b)**___. Sie umfasst im Allgemeinen vier Jahre. Nach den vier gemeinsamen Jahren in der **(b)**___ wechseln die Schüler in eine andere Schulform. Dort besuchen sie zunächst eine **(c)**___ (Klasse 5 und 6), in der sie und ihre Eltern die Entscheidung für einen bestimmten Schultyp noch überdenken oder ändern können.

Der **(h)**___ bietet Berufstätigen die Möglichkeit, sich neben ihrer täglichen Arbeit in drei bis sechs Jahren auf die verschiedenen Abschlussprüfungen vorzubereiten.

Rund ein Drittel der Kinder besucht im Anschluss an die **(b)**___ die **(d)**___. Der erfolgreiche Abschluss der **(d)**___ öffnet den Weg zu vielen Ausbildungsberufen in Handwerk und Industrie.

Die **(e)**___ steht zwischen **(d)**___ und höherer Schule. Sie umfasst in der Regel sechs Jahre von der 5. bis zur 10. Klasse und führt zu einem mittleren Bildungsabschluss. Dieser Abschluss berechtigt zum Besuch einer Fachschule oder Fachoberschule. Ein Drittel aller Schüler erreicht den mittleren Abschluss.

Das neunjährige **(f)**___ (5. bis 13. Schuljahrgang) ist die traditionelle höhere Schule in Deutschland. Die Oberstufe (11. bis 13. Schuljahr) führt zum Abitur, das zum Studium an der Universität berechtigt. Allerdings hat die Zahl der Abiturienten so stark zugenommen, dass es nicht für alle, die studieren wollen, einen Studienplatz nach Wunsch gibt.

Ein weiteres Modell ist die **(g)**___, die die drei Schulformen zusammenfasst. Sie betreut die Kinder in der Regel von der 5. bis zur 10. Klasse. Eine **(g)**___ hat oft ihre eigene Oberstufe, die wie die gymnasiale Oberstufe gestaltet ist.

Kindergarten   Grundschule

Realschule   zweite Bildungsweg   Hauptschule

Gymnasium

Orientierungsstufe   Gesamtschule

der Abschluss (¨e) *qualification on leaving school/college/university*

der Ausbildungsberuf (-e) *trade requiring an apprenticeship*

die Fachschule (-n) *technical college*

die Fachoberschule (-n) *specialist college*

b Richtig oder falsch?

1 Kindergärten sind vom Staat organisiert.

2 Britische Kinder kommen früher in die Grundschule als deutsche Kinder.

3 Die 5. und 6. Klasse werden auch die Orientierungsstufe genannt.

4 Alle Schüler müssen mit 10 Jahren eine Prüfung machen, um zu entscheiden, welche Schule sie besuchen werden.

5 Die Hauptschule bereitet Schüler für eine Berufsausbildung vor.

6 Zwei Drittel aller Schüler besuchen eine Realschule.

7 Um an einer Universität zu studieren, muss man ein Gymnasium besuchen.

8 Die Zahl der Schüler, die an der Uni studieren wollen, ist deutlich gesunken.

9 Die Gesamtschule kombiniert die drei anderen Schularten.

10 Der zweite Bildungsweg hilft Erwachsenen ihre Schulzeit nachzuholen.

Don't be put off when it comes to grappling with longer texts. Use these tips to help you.

• The title will give you a very broad idea of what the text is about. The introductory paragraph will similarly give you a general introduction to the gist of the text.

• The first sentence of every paragraph will tell you what the main argument or theme of that paragraph is. Later sentences expand on this or give examples.

• Look out also for keywords which will give you clues about each sentence. Keywords are likely to be nouns and therefore easily recognisable because they will start with a capital letter. (Notice how much more difficult it was to follow the text in 2 with those keywords removed.)

---

c Übersetzen Sie ins Deutsche:

1 *Attendance at a nursery school is voluntary.*

2 *Children start junior school at six years of age.*

3 *After four years together at the junior school pupils change to another type of schooling – the orientation level.*

4 *Pupils then attend either a main school, an intermediate school or a grammar school.*

5 *In some areas all pupils attend a comprehensive school.*

6 *Pupils at main schools and intermediate schools leave school after the tenth class.*

7 *Pupils at grammar schools who wish to study at university go into the sixth form.*

8 *The sixth form lasts three years.*

---

3 Klassendiskussion. Sammeln Sie Ihre Erfahrungen über deutsche Schulen. Wenn möglich machen Sie ein Interview mit einem/einer Deutschen darüber. Was sind die wichtigsten Unterschiede zwischen dem deutschen und britischen Schulsystem? Was ist ähnlich?

---

4 Die Schuldirektorin Ihrer deutschen Partnerschule möchte einen Bericht über Ihre Schule für Ihr Schulmagazin. Geben Sie eine kurze Beschreibung Ihrer Schule (Größe, Einrichtungen, Schulfächer, Uniform usw.) und dann schreiben Sie, wie sie sich von einer deutschen Schule unterscheidet.

2 | Prüfungsangst

1 Klassendiskussion. Was meinen Sie? Wovor hat er Angst? Wie hat er sich vorbereitet?

Wie bereiten Sie sich auf Prüfungen vor? Wie machen Sie Ihre Notizen? Wie effektiv ist das?

Beschreiben Sie Ihre Routine am Tag der Prüfung selbst. Haben Sie irgendwelche Traditionen oder Sitten? Haben Sie etwas Besonderes dabei, wie zum Beispiel ein Maskottchen?

2 Welche Sprichwörter passen hier zusammen?

a Man muss es eben nehmen, wie es kommt!

b Man kann niemanden zu seinem Glück zwingen.

c Jeder ist seines Glückes Schmied.

d Ich drücke die Daumen!

e Hals- und Beinbruch!

f Pech gehabt!

1 *I'll cross my fingers!*

2 *Bad luck!*

3 *Break a leg!*

4 *It's the luck of the draw.*

5 *Life is what you make it.*

6 *You can lead a horse to water, but you can't make him drink.*

3 Zum Hören. Wie werden diese Schüler/innen mit ihrer Prüfungsangst fertig? Schreiben Sie Notizen.

4 Hier beschreibt Britta ihre Erfahrungen mit Prüfungen. Was hat sie gut gemacht, was hätte sie besser machen können?

✔	✘
Sie benutzte einen exakten Zeitplan	

Britta paukte wochenlang für ihre erste große Prüfung an der Krankenpflegeschule und ackerte 70 Themenbereiche durch.

Alles nach einem exakten Zeitplan, den sich die 19-jährige ausgerechnet hatte, um die Stoffmasse in den Griff zu bekommen. Fünf Tage vor dem ersten Termin war sie dann auch durch und konnte pünktlich mit der letzten Wiederholungsrunde anfangen. Trotzdem flippte sie fast aus.

„Ich habe mich in meiner WG über jede Kleinigkeit aufgeregt: schmutziges Geschirr, Zahnpasta im Waschbecken, den Altpapierhaufen an der Tür", erzählt Britta. „Dabei ist mir so was sonst total egal, aber ich war einfach nicht mehr ich selbst."

Natürlich ging's nicht um die Unordnung: Britta musste einfach Dampf ablassen. In der Schule waren die Lehrer immer darauf rumgeritten, dass die Ausbildung 80 000 Mark pro Nase koste und man nicht gewillt sei, dieses Geld an Faulpelze zu verschwenden. „Dadurch stand ich beim Lernen zusätzlich unter Druck", sagt Britta. „Ich hatte zum ersten Mal in meinem Leben das Gefühl, dass ich jetzt richtig ran muss und auf keinen Fall die Erwartungen der Lehrer und meiner Eltern enttäuschen darf." Um sich zu beruhigen und zu motivieren, bastelte sich Britta für den Tag vor der Prüfung ein kleines Programm: „Ich bin mit dem wichtigsten Lehrbuch in einen Park gegangen, habe mich auf eine Bank gesetzt, es langsam durchgeblättert – und mir immer wieder gesagt: Ist das nicht toll? Das alles hast du im Kopf."

Danach war sie ein bisschen entspannter und ließ es sich gutgehen: Guckte zum Ablenken einen Film im Kino an und trank vor dem Schlafengehen eine Tasse beruhigenden Baldrian-Tee. Die Unterlagen hatte sie schon nachmittags endgültig weggepackt. „Am Prüfungsmorgen sollte man nicht mehr reingucken", sagt Britta, „sonst könnte einem ja auffallen, welche Lücken man hat. Und das zieht einen nur runter."

5 a
Wovor haben Sie eigentlich Angst? Welches Bild passt zu welcher Situation?

Um deine Prüfungsangst in den Griff zu bekommen, solltest du als Erstes herausfinden, was dich lähmt:

1 Die Angst, dass du dir mit schlechten Noten deine Zukunft verbaust?

2 Der Gedanke, dass du die Erwartungen deiner Eltern nicht erfüllst?

3 Die Blamage vor deinen Freunden, wenn du schlecht abschneidest?

4 Jagt dir die Prüfungssituation den Angstschweiß auf die Stirn?

5 Oder fürchtest du dich vor dem hinterhältigen Prüfer, dem gemeinen Lehrer?

b Jetzt schreiben Sie die Sätze in die ich-Form um.

z.B. Ich denke, dass ich die Erwartungen …

c Hier sind Ratschläge für die Situationen. Was passt hier am besten zusammen?

A Manchmal helfen Alternativpläne: Willst du zum Beispiel unbedingt Arzt/Ärztin werden, hast aber einen schlechten Medizinertest hingelegt, könntest du auch auf eine Ausbildung zum/r Krankenpfleger(in), Hebamme oder Heilpraktiker(in) ausweichen.

B Eltern haben oft hohe Ansprüche, aber mach dir eines klar. Es ist dein Leben, nicht ihres. Versuch auch, ihnen das zu sagen. Das nimmt den Druck von deinen Schultern.

C Hast du Angst vor der Prüfungssituation selbst, solltest du sie sooft wie möglich durchspielen, damit sie dir vertraut wird: Bitte einen Freund oder eine Freundin, dich abzufragen, dann übst du schon mal das Rede-und-Antwort-Spiel.

D Wenn du Angst vor einem übermächtigen Lehrer hast, dann stell ihn dir in Unterhosen vor. Oder auf dem Klo.

E Hol das Beste aus dir raus und vergleiche dich nicht immer mit anderen. Echte Freunde stehen zu dir, egal wie das Ergebnis ausfällt.

Grammatik zum Auffrischen: „Wann", „wenn", „als"

Remember that these three words all mean 'when' but are used in different ways.

- For questions you always use *wann*.

  Wann hast du Angst?

- *Wenn* means 'whenever' and 'if', and 'when' in the present or the future:

  Wenn Sie eine Prüfung haben, halten Sie sich fit.

- *Als* is used for single occasions in the past.

  Als ich meine Prüfungen hatte, spielte ich jeden Tag Tennis.

6
Entwerfen Sie als Gruppe ein Poster von Ihren besten Prüfungstipps und wie man Prüfungsangst beseitigen kann.

- Stellen Sie Fragen, die mit „wann" beginnen:

  Wann haben Sie Angst?
  Wann arbeiten Sie?

- Schreiben Sie wenn-Sätze mit Ihren Ratschlägen:

  Wenn Sie eine Prüfung haben, gehen Sie früh ins Bett.

- Schreiben Sie als-Sätze, um zu sagen, was Sie gemacht haben.

  Als ich meine Prüfungen hatte, habe ich viele Notizen gemacht.

durch/ackern *to plough through*
aus/flippen [s] (ugs.) *to freak out*
die WG = Wohngemeinschaft (-en) *shared house/flat*
auf etw. rum/reiten* [s] (ugs.) *to go on about sth.*
pro Nase *per head*
durch/blättern *to leaf through*

1 Klassendiskussion. Haben Sie schon ein Arbeitspraktikum gemacht? Wann war das? Und wo? Wie hat es Ihnen gefallen? Möchten Sie diesen Beruf später erlernen?

Welche Möglichkeiten gibt es in Ihrer Schule, etwas über die Welt der Arbeit herauszufinden?

Test für den Ernstfall

Praktika und Zeitarbeit
– Eintrittskarte zum festen Job

Mit Tempo in die Zielgerade: Der Job auf Probe ist längst ein Muß. Schulabgänger lernen so den Berufsalltag kennen und können Kontakte knüpfen. Und auch Studenten, die ihre Theorie-Ausbildung durch Praktika aufwerten, haben bessere Chancen.

Wer dagegen „nur" studiert hat, bekommt bei vielen Unternehmen trotz bester Noten kein Bein in die Tür: Mangelnder Praxisbezug sei die größte Schwäche der Hochschulabsolventen, urteilte bei einer Umfrage des Instituts der deutschen Wirtschaft die Mehrzahl der Personalexperten.

„Trotzdem glauben noch immer viele, es auch so zu schaffen", klagt Thea Pajome. Sie ist bei der Initiative „Student und Arbeitsmarkt" an der Ludwig-Maximilian-Universität München, einer von vielen ähnlichen Organisationen an deutschen Hochschulen, für alle Fragen rund ums Praktikum zuständig. Vor allem Philologen und Kunstgeschichtler zählt die Expertin zu den Ignoranten.

Kürzer als zwei Monate ist kaum eines der Praktika, die „Student und Arbeitsmarkt" vermittelt. Thea Pajome: „Die meisten Firmen wollen mehr, nach acht Wochen haben die Praktikanten ja gerade den Durchblick." Das Reinschnuppern ins Berufsleben sei „eine ganz stabile Möglichkeit, den späteren Praxisschock zu verhindern". Und Harro Honolka, Geschäftsführer des Münchener Instituts, weiß, daß Studenten mit Praxiserfahrungen ihr Studium meist viel zielstrebiger durchziehen.

Wer will, kommt über „Student und Arbeitsmarkt" auch ins Ausland, Betriebspraktika gibt es beispielsweise in Großbritannien und Frankreich. Aber: Nur in Deutschland ist es üblich, Praktikanten zu bezahlen, in anderen Ländern gibt es meist keinen Pfennig. Der Karriere hilft ein Auslandspraktikum dennoch auf die Sprünge. Trotzdem sollte es an zweiter Stelle stehen, meint Thea Pajome: „Bei uns heißt es immer: Inlandspraktikum vor Auslandspraktikum."

Zu einem ähnlichen Sprungbrett entwickelt sich die Zeitarbeit. Sie ist eine echte Alternative zum bloßen Warten auf die große Chance, und nicht selten gelingt so der ersehnte Einstieg ins Berufsleben. Denn wenn tatsächlich wieder mal ein fester Job zu vergeben ist, ziehen Personalchefs Bewerber vor, die sich bei ihnen schon bewährt haben – als Leiharbeiter oder als Praktikant.●

---

die Zielgerade (n) *finishing-straight*
der Praxisbezug *work experience*
der Hochschulabsolvent (-en) *graduate*
den Durchblick haben* *to know what's going on*
das Reinschnuppern *getting a taste of sth.*
die Zeitarbeit *temporary work*

This extract follows pre-1998 spelling rules.

2 Lesen Sie den „Test für den Ernstfall". Tragen Sie die fehlenden Informationen in die Tabelle ein.

Was am wichtigsten für Jobsuchende ist.	
Die Studenten, die den Wert eines Arbeitspraktikums am wenigsten verstehen.	
Die kürzeste empfohlene Dauer eines vernünftigen Arbeitspraktikums.	
Wie sich Arbeitspraktika in Deutschland von denen in anderen Ländern unterscheiden.	
Was besser ist: ein Arbeitspraktikum in Deutschland oder im Ausland.	
Eine gute Alternative zu einem Arbeitspraktikum.	

3 Schreiben Sie einen Bericht von etwa 200 Wörtern über Ihr Arbeitspraktikum oder eine ähnliche Erfahrung von der Welt der Arbeit, die Sie gemacht haben. Benutzen Sie dabei einige der Ausdrücke unten.

Nützliche Ausdrücke

Letztes Jahr hatte ich die Gelegenheit, bei Grundig zu arbeiten.
Last year I had the opportunity to work at Grundig.

Meine Hauptaufgaben bestanden aus Briefeschreiben und Telefonieren.
My main tasks consisted of writing letters and phoning.

Ich habe mich um eine Stelle bei Siemens beworben.
I applied for a job at Siemens.

Im Vergleich zu meinem Schulalltag …
In comparison with my daily school life …

Es ist mir aufgefallen, dass …
It occurred to me that …

Ob ich das für immer machen möchte, weiß ich noch nicht.
Whether I'd like to do that for ever I'm not sure.

Wie checkt man seine Arbeit?

Benutzen Sie diese Checkliste:

1 Verben: Singular oder Plural?Präsens/Perfekt/Imperfekt/Futur? Perfekt mit haben oder sein?

2 Endungen

3 Präpositionen mit Dativ, Akkusativ oder Genitiv?

4 Alle Nomen beginnen mit einem großen Buchstaben.

5 Wortstellung: Verb an zweiter Stelle oder am Ende des Satzes.

   Wann, wie, wo?

Beispiel

1 Ich <u>habe</u> mich immer wahnsinnig für Tiere <u>interessiert</u>.

   <u>Meine Schwester und ich sind</u> sehr oft <u>geritten</u>.

2 Schon als klein<u>es</u> Kind hatte ich immer Tier<u>e</u> zu Hause.

3 Ich habe mich also wahnsinnig gefreut, als ich <u>in den</u> letzt<u>en</u> Sommerferien die Gelegenheit hatte, ein Arbeitspraktikum <u>bei</u> ein<u>em</u> Tierarzt zu machen.

4 Ich arbeitete in allen <u>B</u>ereichen — am <u>E</u>mpfang, wo ich <u>K</u>unden mit ihren <u>T</u>ieren begrüßte, und auch im <u>U</u>ntersuchungszimmer, wo ich nicht nur den <u>T</u>ierarzt beobachten konnte, sondern ihm auch helfen durfte.

5 Ich <u>habe im Juni mit dem Tierarzt</u> Kunden und ihre Tiere <u>auf Bauernhöfen besucht</u>. Ich <u>möchte</u> später selber als Tierarzt <u>arbeiten</u>.

1 a Zum Hören. Was für Pläne haben diese Schülerinnen nach der Schule? Schreiben Sie Notizen.

b Klassendiskussion. Und Sie? Was möchten Sie nach der Schule machen?

2 Lesen Sie diese Texte. Welcher Jobtitel passt zu welcher Beschreibung?

Öko-Ranger   Heilpraktiker   Szene-Scout

Krankenhausmanager   TV Producer

Jobs mit Zukunft

Wirtschaft im Wandel: Die Ära der Fließbandjobs nähert sich ihrem Ende. Die Industrie baut massenhaft Arbeitsplätze ab, doch im Dienstleistungsbereich steigt gleichzeitig die Nachfrage nach flexiblen, kreativen Mitarbeitern. Neue Berufe entstehen, die speziell auf den Arbeitsmarkt des 21. Jahrhunderts zugeschnitten sind. MAX stellt brandaktuelle Jobs vor, mit denen Sie sich Ihre Lücke für die Zukunft sichern.

1 Der Bedarf der Sender an Spielfilmen, Serien und Dokumentationen ist schier unersättlich. Die zahlreichen Programme müssen rund um die Uhr mit Inhalten gefüllt werden. Hier wird der ▇ aktiv. Von der Idee bis zum fertigen Produkt liegt alles in seiner Hand. Er sucht nach geeigneten Drehbuchschreibern, Regisseuren, Schauspielern. Erforderlich ist ein guter Riecher für Themen, die die Masse interessieren und Marktkenntnisse über Sender und Programmplätze. Natürlich gibt es viele Quereinsteiger, aber es werden auch Ausbildungsprogramme angeboten – zum Beispiel von Bertelsmann oder an der Münchner Filmhochschule.

2 Die Gesundheitsreform setzt die Krankenhäuser unter Kostendruck. Um so wichtiger, dass sich im Gesundheitswesen etwas bewegt. Rationalisierung ist gefragt, aber auch ein verantwortungsvolles Handeln – es geht schließlich um kranke Menschen, die nicht Leidtragende einer falsch verstandenen Sparwut werden dürfen. Um mit der Problematik sensibel umzugehen, braucht der ▇ nicht nur ökonomisches Wissen, sondern muss sich auch mit medizinischen Fragen befassen. Einige Fachhochschulen bieten inzwischen BWL-Studiengänge mit Fachrichtung Gesundheitswesen an. Gern gesehen ist eine abgeschlossene Lehre als Krankenschwester oder Altenpfleger.

3 Körper und Seele in Einklang bringen. Immer mehr Patienten, besonders mit chronischen Erkrankungen wie Asthma und Allergien, suchen statt beim Arzt in den mehr als 8000 Praxen von ▇n Hilfe. In den neuen Bundesländern ist die Nachfrage nach naturheilkundlicher Versorgung besonders groß. Für die Ausbildung reicht ein einfacher Schulabschluss. Während der Ausbildung werden u.a. Kenntnisse über Akupunktur, Homöopathie, Chiropraktik und Pflanzenheilkunde vermittelt.

4 Immer am Puls der Zeit sein und ihr sogar etwas voraus. Der Trendjäger muss ein detektivisches Gespür für die neuesten Entwicklungen in Sachen Mode, Musik und Events haben. Er ist immer dort, wo etwas los ist. Er arbeitet im Auftrag von Werbe- und PR-Agenturen, aber auch von Unternehmen, die schnell und flexibel auf die neuesten Entwicklungen am Markt reagieren möchten. Es gibt keine Ausbildung in diesem Job. Wichtig ist einzig und allein der richtige Riecher, große Kontaktfreudigkeit und Kommunikationstalent. Wer einsteigen will, braucht eine Verbindung zu Agenturen, mit denen er dann ein Honorar für jeden guten Tipp vereinbart.

5 Sie kennen sich im Naturschutz aus und haben idealerweise eine Ausbildung in der Land- und Forstwirtschaft hinter sich. Die ▇ betreuen Naturschutzgebiete, sind Mittler zwischen Natur und Mensch. Inzwischen gibt es 530 Naturwächter in Deutschland, der „World Wild Life Fund" (WWF) kämpft um eine bundesweit einheitliche Fortbildung des ▇s. Die Umweltstiftung sieht in den nächsten Jahren einen Bedarf von mindestens 2000 Leuten in den 114 Nationalparks, zahlreichen Biosphären und Naturreservaten in der Bundesrepublik. Von der Naturschutz- und Landschaftspflege bis zur Informations- und Öffentlichkeitsarbeit: Der Hüter der Nationalparks braucht neben naturbezogenen Kenntnissen auch pädagogische Fähigkeiten.

der Dienstleistungsbereich *service sector*
der Drehbuchschreiber (-) *scriptwriter*
der Quereinsteiger (-) *sb. who takes up a profession without training specific to the job*
die Sparwut *economy drive*
sensibel *sensitive(ly)*

3 Hören Sie gut zu. Fünf junge Leute beschreiben ihre Interessen und Hoffnungen für die Zukunft. Können Sie mit Hilfe der Texte oben mögliche Berufe vorschlagen? Begründen Sie Ihre Vorschläge.

4 a Wählen Sie einen Beruf aus Übung **2** und machen Sie ein Flugblatt auf Englisch, in dem Sie die wichtigsten Punkte erwähnen.

b Für welche Stelle möchten Sie sich bewerben? Begründen Sie Ihre Wahl.

Mir würde eine Stelle als TV Producer gut gefallen, weil ...
Es wäre mein Traum als Öko-Ranger zu arbeiten, weil ...
Ich hätte gar keine Lust, als Heilpraktiker zu arbeiten, weil ...

5 Lesen Sie diesen Bewerbungsbrief und die Anzeigen. Wählen Sie eine Anzeige aus und schreiben Sie Ihren eigenen Bewerbungsbrief.

Martin Smith
42 Bond Avenue
Lymington
GB SO41 6DR

den 28. Juni 1999

Idee & System GmbH
Mailänder Str. 9
81545 München

Bewerbung um eine Praktikantenstelle

Sehr geehrte Damen und Herren!

Ich habe Ihr Stellenangebot in der „Süddeutschen Zeitung" mit großem Interesse gelesen. Ich bin jetzt siebzehn Jahre alt, stehe kurz vor dem Abitur und würde gern bei Ihrer Firma arbeiten.

In achtzehn Monaten hoffe ich, an der Universität Fremdsprachen zu studieren; ich möchte aber zuerst meine Deutschsprachkenntnisse erweitern. Daher wende ich mich an Sie in der Hoffnung, dass ich bei Ihrer Firma arbeiten könnte.

Ich möchte mich deshalb bei Ihnen um diese Stelle bewerben. Diesem Brief lege ich ein Foto und meinen Lebenslauf bei, sowie die Namen von drei Personen, bei denen Sie Auskunft über mich einholen können. Sollte ein Interview in Frage kommen, stehe ich Ihnen vom 23. Juli an zur Verfügung.

In Erwartung Ihrer Antwort verbleibe ich

mit freundlichen Grüßen

Ihr

Martin Smith

5 | Fit für die Bewerbung

1 a Lesen Sie diese Tipps zum Thema Jobinterviews.

Welchen Tipp finden Sie am nützlichsten?

Welchen Tipp finden Sie am lustigsten?

Welchen Tipp finden Sie am doofsten?

Welchen Tipp finden Sie am unpraktischsten?

Welchen Tipp finden Sie am relevantesten für Sie?

b Benutzen sie diese Tipps, um ein Flugblatt auf Englisch vorzubereiten, in dem Sie Rat und Hilfe geben, wie man ein Interview richtig macht.

2 a Anke hat gerade eine Stelle bekommen. Hier beschreibt sie, wie sie sich für Stellen beworben hat. Hören Sie gut zu. In welcher Reihenfolge werden diese Tipps erwähnt?

b Jetzt benutzen Sie die Bilder, um die Ratschläge auf Deutsch aufzuschreiben.

Mit diesen Tipps läuft das Gespräch garantiert

Die Personaltrainer Lars-Oliver Stöber und Bernd Upadek wissen, worauf Chefs achten, denn sie wählen für Firmen selbst Bewerber aus. Hier ihre Checkliste:

■ Bestätigen Sie den Termin zum Vorstellungsgespräch sofort telefonisch oder schriftlich

■ Wählen Sie ein Outfit, das zum künftigen Arbeitsumfeld passt und in dem Sie sich wohl fühlen

■ Informieren Sie sich bei Verbänden, Kammern, der Pressestelle oder mit Hilfe des Firmenprospekts über das Unternehmen

■ Legen Sie sich Fragen zurecht, die zeigen, dass Sie sich wirklich für die Firma interessieren

■ Fragen Sie nach, wenn Sie den Namen der Gesprächspartner nicht genau verstanden haben, nur so können Sie sie richtig anreden

■ Überlassen Sie die Führung des Gesprächs den Interviewern

■ Behalten Sie Blickkontakt, das wirkt auf die Partner überzeugend

■ Reden Sie nicht schlecht über Ihren alten Arbeitgeber, darauf reagieren alle Chefs allergisch

■ Spielen Sie alle Fragen durch, die Ihnen gestellt werden könnten

■ Überlegen Sie Argumente, warum Sie ideal für den Job sind

Training gegen Lampenfieber und Blackout

Hilflos und zittrig, so fühlte sich die Münchner Erzieherin Helga Prinoth, 31, im Vorstellungsgespräch. Christine Schretter, 36, Karriereberaterin aus München half ihr mit verblüffenden Tricks:

■ Bereits Tage vor dem Gespräch vorm Spiegel Monologe halten, prüfen, wie man wirkt, aussieht, sitzt

■ Erinnern Sie sich: Was kann ich gut? Verteilen Sie Zettel in der Wohnung: „Ich schaffe es!"

■ Schlimmstenfalls kommt eine Absage, nicht der Untergang

■ Autogenes Training, Yoga- und Atemübungen beruhigen

■ Keinen Appetit? Obst essen

■ Am Tag der Vorstellungsrunde: Sprechen Sie sich vorher warm: Das ölt die Stimme

■ Zeit nehmen, zehn Minuten früher dasein, vorher einmal um den Block gehen

■ Sich klarmachen: Das ist keine Prüfung. Die haben Ihre Unterlagen bereits bestanden. Jetzt kommt der Dialog. Dabei sehen Sie einem Freund ins Auge, nicht einem Feind

■ Stottern, Silben verschlucken, zu hohe Stimme: Hände auf den Bauch, tief atmen. Beide Beine auf den Boden stellen

■ Blackout: Zeit gewinnen und nachfragen: „Was meinen Sie damit?", oder dazu stehen: „Mir fällt's gerade nicht ein, aber ich komme gleich drauf."

■ Wenn's schwierig wird, an ein Erfolgserlebnis denken, das man sich vorher eingeprägt hat

3 Lesen Sie den nebenstehenden Lebenslauf von Jil Sander und beantworten Sie folgende Fragen:

a Wie alt ist Jil jetzt?

b Wie hat sie ihre Ausbildung nach der Schule begonnen?

c Was hat sie in Amerika gemacht?

d Wie hat sie ihre Karriere in den 60er Jahren entwickelt?

e In welche neue Richtung ist ihre Karriere in den 70er Jahren gegangen?

f Wie erfolgreich war das?

4 a Lesen Sie die Texte unten und sammeln Sie unter diesen Stichworten Informationen:

- Bewerbungen
- Interviews
- erwünschte Eigenschaften
- erwünschte Qualifikationen

b Beantworten Sie folgende Fragen:

1 Was ist am wichtigsten für einen Bewerber bei MTV?

2 Welche persönlichen Eigenschaften werden von ProSieben gesucht?

3 Aus welchen Gründen kommen die meisten Ablehnungen?

4 Was für Fremdsprachenkenntnisse erwartet Jil Sander AG?

5 Wie sollte der ideale Lebenslauf sein?

Lebenslauf

Name	JIL SANDER
Geboren	27.11.1943 in Wesselburen/Dithmarschen
Ausbildung	Mittlere Reife in Hamburg, dreijährige Ausbildung zur Textilingenieurin in Krefeld
	Zweijähriges Studium in US-Geschichte, Englisch und Formgebung am University College in Los Angeles
	freie Mitarbeit bei der amerikanischen Frauenzeitschrift „McCalls"
60er Jahre	Arbeit als Moderedakteurin der Zeitschrift „Constanze"
	Leitung der Promotionabteilung bei „Petra"
	Eröffnung der ersten Boutique in HH-Pöseldorf
1973	Entwicklung der ersten Damenkollektion
80er/90er Jahre	Zunehmende Erweiterung und Internationalisierung der Marke Jil Sander

5 Partnerarbeit: Erfinden Sie ein Interview.

Partner A: Stellen Sie sich vor, Sie möchten eine Stelle bei ProSieben oder MTV. Warum wollen Sie diesen Job? Was könnten Sie der Firma anbieten?

Partner B: Sie sind der/die Interviewer(in). Was wollen Sie über diesen Bewerber / diese Bewerberin herausfinden? Bieten Sie Partner A die Stelle an oder nicht?

Jil Sander AG
„Wir haben in letzter Zeit zahlreiche Neueinstellungen vorgenommen, so dass der Bedarf an neuen Mitarbeitern derzeit gedeckt ist. Trotzdem: Für herausragende Persönlichkeiten sind wir immer offen. Hochqualifizierte Bewerber mit fundierter Berufserfahrung – vor allem im kreativen Bereich – haben immer eine Chance. Von Berufsanfängern erwarten wir, dass sie durch Praktika oder Jobs während des Studiums bereits erste Berufserfahrungen mitbringen. Wir achten darauf, dass potentielle Mitarbeiter zumindest einen Teil ihrer Ausbildung im Ausland absolviert haben und zusätzlich zur fachlichen Qualifikation fundierte Kenntnisse vor allem in Englisch, idealerweise auch in Italienisch, vorweisen können. Im Übrigen sollte sich niemand scheuen, Referenzen anzugeben.
Die Bewerbungsmappe sollte nicht zu umfangreich sein: Ein gut strukturierter Lebenslauf findet immer auf maximal zwei Seiten Platz. Wenn es um Arbeitsproben geht, sollte man sich auf wenige gezielt ausgewählte Dokumente beschränken. Denn schließlich sollte eine Bewerbung neugierig auf mehr machen."

MTV networks GmbH
„Es hat in diesem Jahr eine Reihe von Neueinstellungen gegeben, dennoch sind die Chancen für Bewerber auch weiterhin alles andere als aussichtslos. Grundvoraussetzung sind Interesse an der Musik und gute Kenntnisse der internationalen Musikszene und -branche. Wichtig ist eine gute Ausbildung im angestrebten Bereich, wie z.B. Marketing, Journalismus, Wirtschaft o.ä. Teamfähigkeit. Belastbarkeit und Flexibilität sind wichtige Eigenschaften, die einen guten Start einfacher machen. Auf jeden Fall sollten Kenntnisse ständig aufgefrischt werden, um bei Nachfragen immer auf dem aktuellen Stand zu sein. Niemals sollten Rückschläge – nämlich Absagen – entmutigen. Die meisten Ablehnungen erfolgen nicht wegen mangelnder Qualifikation, sondern aus dem einfachen Grund, dass jede Stelle nur einmal besetzt werden kann."

ProSieben Media AG
„Wir legen nicht nur Wert auf das fachlich-inhaltliche Wissen und Können, sondern verstärkt auch auf sicheres Auftreten, Kontakt- und Kommunikationsfähigkeit, Eigenständigkeit und Teamfähigkeit, ,gesunden' Ehrgeiz und nicht zuletzt Engagement. Wenn Leute nicht genommen wurden, kann es sein, dass überzogene Gehaltsvorstellungen angegeben wurden oder dass die Bewerbungsunterlagen, die ja die ,Visitenkarte' des Bewerbers darstellen, signifikante Mängel auswiesen. Auch Bewerber, die im Interview z.B. übertrieben großspurig oder sehr introvertiert und gehemmt auftraten, haben schlechte Karten."

1 Hören Sie gut zu. Diese Leute besprechen ihren Alltag bei der Arbeit. Welche Probleme und Schwierigkeiten erleben sie an einem typischen Tag? Machen Sie eine Liste.

2 Wie ist es bei Ihnen? Welche Herausforderungen und Probleme haben die Arbeitnehmer in Ihrer Familie?

der Umbruch *upheaval*
der Hauptrechner *main computer*
turnusmäßig *by rota*
die Hausmitteilung *memo*
der Hemmschuh *obstacle*

Bye bye, Büro

Teleworking macht flexibel

Arbeitswelt im Umbruch: Anstatt seinen Achtstundentag im Büro abzusitzen, ist der Mitarbeiter der Zukunft ortsunabhängig. Ob von zu Hause oder vom Hotel aus – über die Datenfernleitung klinkt er sich in den Hauptrechner der Firma ein, liest seine elektronische Post und kommuniziert per Videokonferenz mit Kollegen und Vorgesetzten. Das Zauberwort heißt Teleworking oder bieder: Teleheimarbeit. Die Vorteile liegen auf der Hand. Überflüssige Fahrzeiten fallen weg, Eltern können zu Hause arbeiten und ihre Arbeitszeiten flexibel gestalten.

In Deutschland dominiert das Modell „alternierende Telearbeit". Bei Siemens, der Telekom oder BMW kommen die weiterhin fest angestellten Telearbeiter noch ein, zwei Tage pro Woche ins Büro, teilen sich dort turnusmäßig ihren Schreibtisch und haben persönlichen Kontakt mit Kollegen. Die Bürokosten werden reduziert, soziale Kontakte bleiben erhalten.

Der nächste Schritt ist die „virtuelle Firma", etwa die „Baustelle Potsdamer Platz". Alle Mitarbeiter dieses Unternehmens haben dank E-Mail und einer speziellen Workgroup-Software ständig Zugriff auf aktuelle Daten. An die Stelle von Sekretärin, Hausmitteilung und langen Konferenzen tritt eine intelligente Software, die automatisch für aktuelle Informationen auf allen beteiligten Rechnern sorgt. Die Möglichkeiten der Telearbeit lassen Arbeits- und Wirtschaftsminister schwärmen: Hunderttausende neuer Arbeitsplätze sollen dank der neuen Flexibilität allein in Europa geschaffen werden. In Deutschland jedoch zählt man bislang gerade einmal 30 000 Telearbeitsplätze.

Die Skepsis des mittleren Managements gerät zum Hemmschuh. Telearbeiter stellen Hierarchien in Frage – im autoritätsgläubigen Deutschland ist dies vielen unheimlich. **Ganz anders in den USA. Fast 9 Millionen Menschen arbeiten dort bereits flexibel via Bildschirm.** Fachleute erwarten eine Wachstumsrate von 15 Prozent. Teleworking wurde zum Symbol des innovativen Denkens. Dabei geht es nicht nur um Kostenreduzierung. Genauso wichtig ist die Motivation der Arbeitnehmer. Untersuchungen zeigen, dass Teleworker weitaus zufriedener mit ihrem Job sind. Was sich auf ihre Kreativität und Arbeitseffizienz auswirkt.

Im Kampf um neue Märkte sehen immer mehr amerikanische Unternehmer ihre Angestellten als ganze Menschen, als wichtigstes Potential ihrer Firma. Gute Ideen sind gefragt wie nie zuvor. Um den erfolgreichen Mitarbeiter zu halten, lässt man sich gern auf persönlich gestaltete Arbeitszeiten und -orte ein. Bill Gates lässt grüßen.●

DOROTHEA HEINTZE

3 a Viele Fachexperten behaupten, die Zukunft für die Welt der Arbeit sieht ganz anders aus. Viele Leute werden nicht mehr jeden Tag ins Büro gehen, sondern zu Hause arbeiten. Lesen Sie diesen Text über Teleworking.

b Wie wird Teleworking diesen Leuten helfen? Erklären Sie mit Hilfe des Textes die Vorteile von Teleworking.

> Die Unkosten von einem Büro sind eigentlich enorm. Man muss es sauber halten, eine Kantine haben, usw, usw.
>
> *Dennis J. – Manager eines Kleinbetriebs*

> Ich will doch meinen Arbeitsrhythmus selbst bestimmen.
>
> *Hans P. – Student*

> Wir müssen unbedingt neue Arbeitsplätze schaffen.
>
> *Frau N. – Wirtschaftsministerin*

> Ich möchte gerne arbeiten, aber meine Kinder sind schon um Mittag von der Schule zurück. Ich kann sie einfach nicht zu Hause alleine lassen.
>
> *Anna P. – Alleinstehende Mutter von drei Kindern*

> Ich muss jeden Tag zwanzig Minuten in Staus sitzen – das geht mir wirklich auf die Nerven.
>
> *Hans W. – Büroarbeiter*

4 Klassendiskussion. Können Sie auch Nachteile von Teleworking sehen? Was meinen Sie? Möchten Sie auch gerne Telearbeiter werden? Was für Berufe könnte man als Telearbeiter nicht ausüben? Und wie ist es mit der Schule: wäre eine Teleschule besser?

5 Beschreiben Sie einen typischen Wochentag für Sie und Ihre Familie. Wie wird er in zwanzig Jahren ablaufen? (Sehen Sie wenn nötig Seite 103 – Grammatik: Futur – an.)

6 Schreiben Sie einen Aufsatz von etwa 250 Wörtern zu diesem Thema: „Teleworking – der Traumjob der Zukunft?"

Wenn Sie solche Aufsätze schreiben, benutzen Sie diese Struktur:

- Einführung: Beschreiben Sie die Situation / das Problem.
- Argumente dafür: Erwähnen Sie die Vorteile und geben Sie dabei Beispiele.
- Argumente dagegen: Erwähnen Sie die Nachteile und geben Sie dabei Beispiele.
- Zusammenfassung: Eine mögliche Lösung vorschlagen

Nützliche Ausdrücke

heutzutage	*nowadays*
andererseits	*on the other hand*
zu unserem Schaden	*to our detriment*

Wir können ... nicht aufhalten *We can't stop ...*

Diese Frage ist ein oft erörtertes Thema.
This question is a theme which is often raised.

Wie wird es in der Zukunft sein?
How will it be in the future?

Man liest jeden Tag in der Zeitung, dass
You read in the newspaper every day that

Das Konzept ist äußerst wünschenswert
The concept is highly desirable

dank verbesserter Technologie
thanks to improved technology

Wir müssen den größtmöglichen Nutzen daraus ziehen.
We must use it to the best possible advantage.

Man sollte ... mit einem gewissen Argwohn betrachten.
One should view ... with a certain suspicion.

Erwartungen können nicht erfüllt werden.
Expectations cannot be fulfilled.

Wir müssen uns daran gewöhnen.
We must get used to it.

Man kann nicht in die Zukunft sehen.
One can't see into the future.

Goethe, Johann Wolfgang von (1749–1832): der bedeutendste deutsche Dichter, studierte von 1765–1771 Rechtswissenschaft in Leipzig und Straßburg. Er schrieb Gedichte, Theaterstücke und Prosawerke. Vielleicht kann man „Faust" als sein berühmtestes und bedeutendstes Werk zitieren. Mit Goethes Tod endete auch eine der bedeutendsten Epochen der deutschen Literatur, die in seinem Werk einen ihrer Höhepunkte und Weltgeltung erreichte.

Minnesang: eine Art Liebesgedicht aus der mittelalterlichen Zeit. Die Sprache dieser Zeit heißt Mittelhochdeutsch. Solche Gedichte wurden normalerweise von einem Ritter für eine Dame geschrieben.

Grimm, Jacob (1785–1863) und Wilhelm (1786–1859): Märchensammler. Ihre Kinder- und Hausmärchensammlung wurde weltberühmt, ebenso wie viele deutsche Sagen. Die Brüder haben über die deutsche Sprache gearbeitet und das „Deutsche Wörterbuch" begründet.

1 Sehen Sie oben. Was ist in diesen Jahren passiert?

z. B. **1749** wurde Goethe geboren.

Oder: Goethe wurde **im Jahre 1749** geboren.

1749   1765   1832   1972

1898   1924   1933   1928

2 a Wann war das? Sehen Sie im Lexikon nach, und ordnen Sie die Zeiten den Beschreibungen zu:

z. B. **1c**

1 vom Mittelalter bis ins späte neunzehnte Jahrhundert

2 das sechzehnte Jahrhundert

3 1720–1785

4 1790–1830

5 1918–1925

6 1945–1959

7 die sechziger Jahre

a Die Zeit der Romantiker betont die Wichtigkeit von Gefühl und Emotionen.

b Die Nachkriegszeit sah die Einteilung Deutschlands in zwei Hälften: die kapitalistische Bundesrepublik und die kommunistische Deutsche Demokratische Republik.

c Zu dieser Zeit gab es kein Deutschland, nur viele kleine unabhängige Staaten.

d Die späten Expressionisten hatten die Schrecken des ersten Weltkrieges erlebt und wollten diese Schrecken in ihrem Schreiben widerspiegeln.

e Eine Zeit von Konflikten zwischen der katholischen Kirche und der protestantischen Reformationsbewegung.

f Dieses Jahrzehnt sah eine neue politische Bewegung, besonders unter den Studenten an den Universitäten.

g Eine Zeit blühender Kultur, die in der deutschen Geschichte als die Aufklärung bezeichnet wird.

b Wer hat wann geschrieben? Bilden Sie Sätze:

z. B. Goethe hat in der Zeit der Romantiker und in der Aufklärung geschrieben.

Kafka, Franz (1883–1924): deutschsprachiger Schriftsteller, der in Prag lebte. In seinen Werken schildert er die Angst vor der menschlichen Vereinsamung und das Ausgeliefertsein an geheimnisvolle Mächte. Bedeutende Werke sind die Romane „Amerika", „Das Schloß", „Der Prozeß" und die Erzählungen „Die Verwandlung", „Das Urteil", „In der Strafkolonie".

Brecht, Bertolt (1898–1956): deutscher Schriftsteller, besonders Dramatiker. Berühmt wurde er durch die „Dreigroschenoper" (1928), die Musik dazu schrieb Kurt Weill. B. schrieb Dramen, Gedichte und Prosa. Immer handelte es sich um gesellschaftskritische Dichtung. Wichtige Stücke sind „Mutter Courage und ihre Kinder" und „Leben des Galilei". B. wurde Ende der 1920er Jahre Marxist und musste deshalb 1933 vor den Nazis fliehen. Aus dem US-amerikanischen Exil ging er nach dem Krieg in die DDR.

Dürrenmatt, Friedrich (1921–1990): schweizerischer Schriftsteller, der besonders durch satirische und absurde Theaterstücke bekannt wurde.

Böll, Heinrich (1917–1985): deutscher Schriftsteller. Er schrieb Romane, Satiren, Hörspiele, Erzählungen und Kurzgeschichten und erhielt 1972 den Nobelpreis für Literatur. B. setzte sich kritisch mit der Nachkriegszeit, dem „Wirtschaftswunder" Bundesrepublik Deutschland und der katholischen Kirche auseinander.

Grass, Günter (geb. 1927): deutscher Schriftsteller. In Dramen, Romanen und Erzählungen beschreibt er mit oft grotesker und überquellender Sprache Alltagsszenen im Nationalsozialismus und in der Bundesrepublik Deutschland. G. ist auch Maler. Sein bekanntestes Buch ist „Die Blechtrommel". G. erhielt 1999 den Nobelpreis.

---

3 Was passt hier zusammen?

Der/Die Schriftsteller(in) …

Der/Die Dichter(in) …

Der/Die Autor(in) …

Der/Die Dramatiker(in) …

… schreibt Gedichte.

… schreibt Theaterstücke.

… eines Werkes ist der Mensch, der das Werk geschrieben hat.

… ist jemand, der literarische Werke schreibt.

---

das Märchen (-) *fairytale*

schildern *to describe*

die Vereinsamung *loneliness*

das Ausgeliefertsein *helplessness*

gesellschaftskritisch *critical of society*

mit … sich auseinander/setzen *to deal with …*

---

4 Was können Sie noch über diese Persönlichkeiten herausfinden? Benutzen Sie Lexika, das Internet, CD-ROMs und andere Werke, die in der Schulbibliothek vorhanden sind. Wählen Sie eine von diesen Persönlichkeiten aus und machen Sie ein Informationsposter über sie.

All the extracts on pp. 130–139 follow pre-1998 spelling rules.

2 | Gedichte

Das Mittelalter

1 Machen Sie ein Assoziogram von Wörtern, die Ihnen über das Mittelalter einfallen.

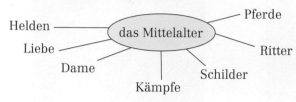

Helden — das Mittelalter — Pferde
Liebe — Ritter
Dame — Schilder
Kämpfe

2 a Hier ist ein mittelalterliches Liebesgedicht von einem unbekannten Dichter. Lesen Sie das Gedicht.

> *Dû bist mîn, ich bin dîn:*
> *des solt dû gewis sîn.*
> *Dû bist beslozzen*
> *in mînem herzen;*
> *verlorn ist daz slüzzelîn:*
> *dû muost immer drinne sîn.*

û sagt man wie au
î sagt man wie ei
zz sagt man wie ss

b Finden Sie die mittelalterlichen Wörter für die folgenden:

mein
dein
gewiss
verschlossen
Schlüssel
musst

c Schreiben Sie das Gedicht ins Hochdeutsche um.

z.B. **Du bist mein,**

d Wie finden Sie das Gedicht?

3 Klassendiskussion. Wie unterscheidet sich die mittelalterliche Sprache (Mittelhochdeutsch) von dem Hochdeutsch von heute? Welche Ähnlichkeiten finden Sie mit Englisch?

Johann Wolfgang von Goethe (1749–1832)

4 a Lesen Sie das Gedicht „Heidenröslein" von Johann Wolfgang von Goethe. Das Gedicht ist auch auf der Kassette.

HEIDENRÖSLEIN

Sah ein Knab ein Röslein stehn,
Röslein auf der Heiden,
War so jung und morgenschön,
Lief er schnell, es nah zu sehn,
Sahs mit vielen Freuden.
Röslein, Röslein, Röslein rot,
Röslein auf der Heiden.

Knabe sprach: Ich breche dich,
Röslein auf der Heiden!
Röslein sprach: Ich steche dich,
Daß du ewig denkst an mich,
Und ich wills nicht leiden.
Röslein, Röslein, Röslein rot,
Röslein auf der Heiden.

Und der wilde Knabe brach
's Röslein auf der Heiden;
Röslein wehrte sich und stach,
Half ihm doch kein Weh und Ach,
Mußt es eben leiden.
Röslein, Röslein, Röslein rot,
Röslein auf der Heiden.

b Wie würden Sie das Gedicht beschreiben?

bittersüß   lustig   deprimierend   unglücklich

traurig   spannend   glücklich   romantisch

Finden sie weitere Wörter, um das Gedicht zu beschreiben.

c Finden Sie in diesem Gedicht Wörter, die nicht mehr häufig vorkommen. Was würde man heutzutage sagen?

6 „Stündest" ist die (unregelmäßige) Konjunktivform von „stehen". Können Sie im Gedicht drei andere Beispiele für den Konjunktiv II finden?

7 Klassendiskussion. Wie finden Sie diese Gedichte? Was sind die Hauptelemente eines Liebesgedichts? Inwiefern sind Popsongs moderne Liebesgedichte? Welches Gedicht gefällt Ihnen am besten? Warum?

8 Schreiben Sie entweder Ihr eigenes Liebesgedicht in Deutsch **oder** eine englische Version von „Anliegen".

5 Lesen Sie nun das Gedicht „Anliegen", auch von Goethe. Das Gedicht ist auch auf der Kassette.

ANLIEGEN

O schönes Mädchen du,
Du mit dem schwarzen Haar,
Die du ans Fenster trittst,
Auf dem Balkone stehst!
Und stehst du wohl umsonst?
O stündest du für mich
Und zögst die Klinke los,
Wie glücklich wär ich da!
Wie schnell spräng ich hinauf!

Grammatik zum Auffrischen: Konjunktiv II

Remember that the imperfect subjunctive of irregular verbs is formed from the imperfect stem, with an umlaut on *a*, *o* or *u*, with the same endings as for the present subjunctive.

sprechen	
ich spräche	wir sprächen
du sprächest	ihr sprächet
er/sie/es spräche	sie/Sie sprächen

This tense is used in 'Anliegen' to convey the idea 'if only'.

Why read literature?

- Goethe wrote that to read the literature of a country is to understand the people of that country. These short extracts give you a flavour of some of the important writers of German literature.

- When reading literary texts try not to look up every second word, but rather try at first to get the general gist of the text.

Ask yourself:

- What is it about?
- Who are the main characters?
- Why do you think the writer wrote the piece?
- For whom was it written?
- Does it have any relevance for today?
- Above all, did you enjoy it? Why/why not?

Look also at the language the writer uses.

- Is it simple/complicated/poetic?
- Are there phrases or expressions you could use or adapt in your own written work?

Jacob und Wilhelm Grimm

1 Märchen oder Wirklichkeit?

Welche Wörter und Sätze passen besser

...in ein Märchen?	in die Wirklichkeit?
der König	*die Tante*

Sie lebten froh bis an ihr Ende.

ein Frosch

Vor zwanzig Jahren …

eine Pampelmuse

ein Schloss

Sie ging durch alle Räume und kam in einen alten Turm.

ein Einfamilienhaus

die Mutter

jemandem alles Gute wünschen

einen Zauberwunsch aussprechen

Es war einmal …

ein nettes junges Mädchen

ein Prinz

die Fee

ein Apfel

Sie schlief hundert Jahre lang.

die Stiefmutter

Sie heirateten und bekamen zwei Kinder.

Der Arzt stellte fest, dass sie schwanger war.

Sie wollte unabhängig werden.

ward wurde
die Kammer (-n) das Zimmer
keinen Rat wissen* nicht wissen, wie man sich helfen kann
die Gemahlin (-nen) Ehefrau
besann sich dachte
der Bote (-n) jmd., der Nachrichten bringt
der Leib (-er) (hier) Bauch

2 Lesen Sie das Märchen vom Rumpelstilzchen.

Rumpelstilzchen

Es war einmal ein Müller, der war arm, aber er hatte eine schöne Tochter. Nun traf es sich, daß er mit dem König zu sprechen kam, und um sich ein Ansehen zu geben, sagte er zu ihm: 'Ich habe eine Tochter, die kann Stroh zu Gold spinnen.' Der König sprach zum Müller: 'Das ist eine Kunst, die mir wohl gefällt; wenn deine Tochter so geschickt ist, wie du sagst, so bring sie morgen in mein Schloß, da will ich sie auf die Probe stellen.' Als nun das Mädchen zu ihm gebracht ward, führte er es in eine Kammer, die ganz voll Stroh lag, gab ihr Rad und Haspel und sprach: 'Jetzt mache dich an die Arbeit, und wenn du diese Nacht durch bis morgen früh dieses Stroh nicht zu Gold versponnen hast, so mußt du sterben.' Darauf schloß er die Kammer selbst zu, und sie blieb allein darin.

Da saß nun die arme Müllerstochter, und wußte um ihr Leben keinen Rat; sie verstand gar nichts davon, wie man Stroh zu Gold spinnen konnte, und ihre Angst ward immer größer, daß sie endlich zu weinen anfing. Da ging auf einmal die Türe auf, und trat ein kleines Männchen herein und sprach: 'Guten Abend, Jungfer Müllerin, warum weint sie so sehr?' 'Ach', antwortete das Mädchen, 'ich soll Stroh zu Gold spinnen und verstehe das nicht.' Sprach das Männchen: 'Was gibst du mir, wenn ich dir's spinne?' 'Mein Halsband', sagte das Mädchen. Das Männchen nahm das Halsband, setzte sich vor das Rädchen, und schnurr, schnurr, schnurr, dreimal gezogen, war die Spule voll. Dann steckte es eine andere auf, und schnurr, schnurr, schnurr, dreimal gezogen, war auch die zweite voll – und so ging's fort bis zum Morgen, da war alles Stroh versponnen, und alle Spulen waren voll Gold. Als der König kam und als er das Gold erblickte, erstaunte er und freute sich, aber sein Herz ward nur noch goldgieriger. Er ließ die Müllerstochter in eine andere Kammer voll Stroh bringen, die noch viel größer war, und befahl ihr, das auch in einer Nacht zu spinnen, wenn ihr das Leben lieb wäre. Das Mädchen wußte sich nicht zu helfen und weinte, da ging abermals die Türe auf, und das kleine Männchen erschien und sprach: 'Was gibst du mir, wenn ich dir das Stroh zu Gold spinne?' 'Meinen Ring von dem Finger', antwortete das Mädchen. Das Männchen nahm den Ring, fing wieder an zu schnurren mit dem Rade und hatte bis zum Morgen alles Stroh zu glänzendem Gold gesponnen. Der König freute sich über die Maßen bei dem Anblick, war aber noch immer nicht Goldes satt, sondern ließ die Müllerstochter in eine noch größere Kammer voll Stroh bringen und sprach: 'Die mußt du noch in dieser Nacht verspinnen – gelingt dir's aber, so sollst du meine Gemahlin werden.' Wenn's auch eine Müllerstochter ist, dachte er, eine reichere Frau finde ich in der ganzen Welt nicht. Als das Mädchen allein war, kam das

3 Klassendiskussion. Wie finden Sie das Märchen?

Warum lesen Kinder Märchen gern?

Was war Ihr Lieblingsmärchen, als Sie Kind waren?

In einem Märchen gibt es viele Wiederholungen. Zum Beispiel kommt Rumpelstilzchen dreimal, um Gold zu spinnen. Können Sie andere Beispiele finden?

In dem originellen Märchen gibt es auch etwas Gewalt. Können Sie Beispiele finden?

4 Schreiben Sie einen Aufsatz von etwa 250 Wörtern zu diesem Thema: Inwiefern ist „Rumpelstilzchen" ein typisches Märchen? Benutzen Sie dabei diesen Plan:

Einführung
Was ist ein Märchen?
Warum lesen Kinder Märchen gern?

Beschreibung eines Märchens
Was sind die Hauptmerkmale eines Märchens?
Beschreibung einer typischen Märchenfigur

Beispiele aus „Rumpelstilzchen"
Zum Beispiel …
Man sieht das zum Beispiel, wenn / in …
In diesem Zusammenhang …

Männlein zum drittenmal wieder und sprach: 'Was gibst du mir, wenn ich dir noch diesmal das Stroh spinne?' 'Ich habe nichts mehr, das ich geben könnte', antwortete das Mädchen. 'So versprich mir, wenn du Königin wirst, dein erstes Kind.' Wer weiß, wie das noch geht, dachte die Müllerstochter, und wußte sich auch in der Not nicht anders zu helfen; sie versprach also dem Männchen, was es verlangte; und das Männchen spann dafür noch einmal das Stroh zu Gold. Und als am Morgen der König kam, und alles fand wie er gewünscht hatte, so hielt er Hochzeit mit ihr, und die schöne Müllerstochter ward eine Königin.

Über ein Jahr brachte sie ein schönes Kind zur Welt und dachte gar nicht mehr an das Männchen: da trat es plötzlich in ihre Kammer und sprach: 'Nun gib mir, was du versprochen hast.' Die Königin erschrak und bot dem Männchen alle Reichtümer des Königreichs an, wenn es ihr das Kind lassen wollte. Aber das Männchen sprach: 'Nein, etwas Lebendes ist mir lieber als alle Schätze der Welt.' Da fing die Königin so an zu jammern und zu weinen, daß das Männchen Mitleiden mit ihr hatte, und sprach: 'Drei Tage will ich dir Zeit lassen', sprach es, 'wenn du bis dahin meinen Namen weißt, so sollst du dein Kind behalten.'

Nun besann sich die Königin die ganze Nacht über auf alle Namen, die sie jemals gehört hatte, und schickte einen Boten über Land, der sollte sich erkundigen weit und breit, was es sonst noch für Namen gäbe. Als am andern Tag das Männchen kam, fing sie an mit Caspar, Melchior, Balzer und sagte alle Namen, die sie wußte, nach der Reihe her,

aber bei jedem sprach das Männlein: 'So heiß ich nicht.' Den zweiten Tag ließ sie in der Nachbarschaft herumfragen, wie die Leute da genannt würden, und sagte dem Männlein die ungewöhnlichsten und seltsamsten Namen vor: 'Heißt du vielleicht Rippenbiest oder Hammelswade oder Schnürbein?' Aber es antwortete immer: 'So heiß ich nicht.' Den dritten Tag kam der Bote wieder zurück und erzählte: 'Neue Namen habe ich keinen einzigen finden können, aber wie ich an einen hohen Berg um die Waldecke kam, wo Fuchs und Has sich gute Nacht sagen, so sah ich da ein kleines Haus, und vor dem Haus brannte ein Feuer, und um das Feuer sprang ein gar zu lächerliches Männchen, hüpfte auf einem Bein, und schrie:

'Heute back ich, morgen brau ich,
Übermorgen hol ich der Königin ihr Kind;
Ach, wie gut ist, daß niemand weiß.
Daß ich Rumpelstilzchen heiß!'

Da könnt ihr denken, wie die Königin froh war, als sie den Namen hörte, und als bald hernach das Männlein hereintrat und fragte: 'Nun, Frau Königin, wie heiß ich?' fragte sie erst: 'Heißest du Kunz?' 'Nein.' 'Heißest du Heinz?' 'Nein.'

'Heißt du etwa Rumpelstilzchen?'

'Das hat dir der Teufel gesagt, das hat dir der Teufel gesagt', schrie das Männlein und stieß mit dem rechten Fuß vor Zorn so tief in die Erde, daß es bis an den Leib hineinfuhr, dann packte es in seiner Wut den linken Fuß mit beiden Händen und riß sich selbst mitten entzwei.

Franz Kafka (1883–1924)

1 Lesen Sie diese kurze Erzählung von Kafka.

GIBS AUF!

Es war sehr früh am Morgen, die Straßen rein und leer, ich ging zum Bahnhof. Als ich eine Turmuhr mit meiner Uhr verglich, sah ich, daß es schon viel später war, als ich geglaubt hatte, ich mußte mich sehr beeilen, der Schrecken über diese Entdeckung ließ mich im Weg unsicher werden, ich kannte mich in dieser Stadt noch nicht sehr gut aus, glücklicherweise war ein Schutzmann in der Nähe, ich lief zu ihm und fragte ihn atemlos nach dem Weg. Er lächelte und sagte: »Von mir willst du den Weg erfahren?« »Ja«, sagte ich, »da ich ihn selbst nicht finden kann.« »Gibs auf, gibs auf«, sagte er und wandte sich mit einem großen Schwunge ab, so wie Leute, die mit ihrem Lachen allein sein wollen.

der Schutzmann (¨er) *Polizist*

2 Klassendiskussion. Wie finden Sie diese Erzählung?

Viele Literaturexperten haben versucht, Kafkas Erzählungen zu interpretieren. Was könnte die Turmuhr repräsentieren? Wen könnte der Schutzmann repräsentieren? Warum sollte der Erzähler aufgeben?

3 Übersetzen Sie die Erzählung ins Englische.

Bertolt Brecht (1898–1956)

4 Dieses Lied kommt aus Brechts Opernstück „Die Dreigroschenoper". Im Jahre 1928 geschrieben, findet es im London des 19. Jahrhunderts statt. Hier werden die Gruseltaten von Mackie Messer beschrieben. Das Lied ist auch auf der Kassette. Lesen Sie und hören Sie das Lied und antworten Sie auf die Fragen.

5 Klassendiskussion. Wie finden Sie dieses Lied? Kann man es rechtfertigen, solche Themen als Unterhaltung zu behandeln?

6 Schreiben Sie einen Zeitungsbericht, in dem Sie die Verhaftung von Mackie Messer beschreiben.

Warum, glauben Sie, trägt er ein Messer?

Warum trägt er einen Handschuh?

Was ist den Leuten passiert?

Wie, glauben Sie, ist der Mann gestorben?

Warum tötet Mackie seine Opfer?

Wie handelt Mackie?

Was macht ein Fuhrherr?

Wie hat er diese Familie ermordet?

Was hat er dieser Frau angetan?

Die Moritat von Mackie Messer

UND der Haifisch, der hat Zähne
Und die trägt er im Gesicht
Und Macheath, der hat ein Messer
Doch das Messer sieht man nicht.

Ach, es sind des Haifischs Flossen
Rot, wenn dieser Blut vergießt!
Mackie Messer trägt 'nen Handschuh
Drauf man keine Untat liest.

An der Themse grünem Wasser
Fallen plötzlich Leute um!
Es ist weder Pest noch Cholera
Doch es heißt: Macheath geht um.

An 'nem schönen blauen Sonntag
Liegt ein toter Mann am Strand
Und ein Mensch geht um die Ecke
Den man Mackie Messer nennt.

Und Schmul Meier bleibt verschwunden
Und so mancher reiche Mann
Und sein Geld hat Mackie Messer
Dem man nichts beweisen kann.

Jenny Towler ward gefunden
Mit 'nem Messer in der Brust
Und am Kai geht Mackie Messer
Der von allem nichts gewußt.

Wo ist Alfons Glite, der Fuhrherr?
Kommt das je ans Sonnenlicht?
Wer es immer wissen könnte
Mackie Messer weiß es nicht.

Und das große Feuer in Soho
Sieben Kinder und ein Greis –
In der Menge Mackie Messer, den
Man nicht fragt und der nichts weiß.

Und die minderjährige Witwe
Deren Namen jeder weiß
Wachte auf und war geschändet
Mackie, welches war dein Preis?

Die ungezählte Geliebte

(An der Brücke)

Die haben mir meine Beine geflickt und haben mir einen Posten gegeben, wo ich sitzen kann: ich zähle die Leute, die über die neue Brücke gehen. Es macht ihnen ja Spaß, sich ihre Tüchtigkeit mit Zahlen zu belegen, sie berauschen sich an diesem sinnlosen Nichts aus ein paar Ziffern, und den ganzen Tag, den ganzen Tag geht mein stummer Mund wie ein Uhrwerk, indem ich Nummer auf Nummer häufe, um ihnen abends den Triumph einer Zahl zu schenken. Ihre Gesichter strahlen, wenn ich ihnen das Ergebnis meiner Schicht mitteile, je höher die Zahl, um so mehr strahlen sie, und sie haben Grund, sich befriedigt ins Bett zu legen, denn viele Tausende gehen täglich über ihre neue Brücke…

Aber ihre Statistik stimmt nicht. Es tut mir leid, aber sie stimmt nicht. Ich bin ein unzuverlässiger Mensch, obwohl ich es verstehe, den Eindruck von Biederkeit zu erwecken.

Insgeheim macht es mir Freude, manchmal einen zu unterschlagen und dann wieder, wenn ich Mitleid empfinde, ihnen ein paar zu schenken. Ihr Glück liegt in meiner Hand. Wenn ich wütend bin, wenn ich nichts zu rauchen habe, gebe ich nur den Durchschnitt an, manchmal unter dem Durchschnitt, und wenn mein Herz aufschlägt, wenn ich froh bin, lasse ich meine Großzügigkeit in einer fünfstelligen Zahl verströmen. Sie sind ja so glücklich! Sie reißen mir jedesmal das Ergebnis förmlich aus der Hand, und ihre Augen leuchten auf, und sie klopfen mir auf die Schulter. Sie ahnen ja nichts! Und dann fangen sie an zu multiplizieren, zu dividieren, zu prozentualisieren, ich weiß nicht was. Sie rechnen aus, wieviel heute jede Minute über die Brücke gehen und wieviel in zehn Jahren über die Brücke gegangen sein werden. Sie lieben das zweite Futur, das zweite Futur ist ihre Spezialität – und doch, es tut mir leid, daß alles nicht stimmt…

Wenn meine kleine Geliebte über die Brücke kommt – und sie kommt zweimal am Tage –, dann bleibt mein Herz einfach stehen. Das unermüdliche Ticken meines Herzens setzt einfach aus, bis sie in die Allee eingebogen und verschwunden ist. Und alle, die in dieser Zeit passieren, verschweige ich ihnen. Diese zwei Minuten gehören mir, mir ganz allein, und ich lasse sie mir nicht nehmen. Und auch wenn sie abends wieder zurückkommt aus ihrer Eisdiele – ich weiß inzwischen, daß sie in einer Eisdiele arbeitet –, wenn sie auf der anderen Seite des Gehsteiges meinen stummen Mund passiert, der zählen, zählen muß, dann setzt mein Herz wieder aus, und ich fange erst wieder an, zu zählen, wenn sie nicht mehr zu sehen ist. Und alle, die das Glück haben, in diesen Minuten vor meinen blinden Augen zu defilieren, gehen nicht in die Ewigkeit der Statistik ein: Schattenmänner und Schattenfrauen, nichtige Wesen, die im zweiten Futur der Statistik nicht mitmarschieren werden…

Es ist klar, daß ich sie liebe. Aber sie weiß nichts davon, und ich möchte auch nicht, daß sie es erfährt. Sie soll nicht ahnen, auf welche ungeheure Weise sie alle Berechnungen über den Haufen wirft, und ahnungslos und unschuldig soll sie mit ihren langen braunen Haaren und den zarten Füßen in ihre Eisdiele marschieren, und sie soll viel Trinkgeld bekommen. Ich liebe sie. Es ist ganz klar, daß ich sie liebe.

Neulich haben sie mich kontrolliert. Der Kumpel, der auf der anderen Seite sitzt und die Autos zählen muß, hat mich früh genug gewarnt, und ich habe höllisch aufgepaßt. Ich habe gezählt wie verrückt, ein Kilometerzähler kann nicht besser zählen. Der Oberstatistiker selbst hat sich drüben auf die andere Seite gestellt und hat später sein Ergebnis einer Stunde mit meinem Stundenergebnis verglichen. Ich hatte nur einen weniger als er. Meine kleine Geliebte war vorbeigekommen, und niemals im Leben werde ich dieses hübsche Kind ins zweite Futur transponieren lassen, diese meine kleine Geliebte soll nicht multipliziert und dividiert und in ein prozentuales Nichts verwandelt werden. Mein Herz hat mir geblutet, daß ich zählen mußte, ohne ihr nachsehen zu können, und dem Kumpel drüben, der die Autos zählen muß, bin ich sehr dankbar gewesen. Es ging ja glatt um meine Existenz.

Der Oberstatistiker hat mir auf die Schulter geklopft und hat gesagt, daß ich gut bin, zuverlässig und treu. „Eins in der Stunde verzählt", hat er gesagt, „macht nicht viel. Wir zählen sowieso einen gewissen prozentualen Verschleiß hinzu. Ich werde beantragen, daß Sie zu den Pferdewagen versetzt werden."

Pferdewagen ist natürlich die Masche. Pferdewagen ist ein Lenz wie nie zuvor. Pferdewagen gibt es höchstens fünfundzwanzig am Tage, und alle halbe Stunde einmal in seinem Gehirn die nächste Nummer fallen zu lassen, das ist ein Lenz!

Pferdewagen wäre herrlich. Zwischen vier und acht dürfen überhaupt keine Pferdewagen über die Brücke, und ich könnte spazierengehen oder in die Eisdiele, könnte sie mir lange anschauen oder sie vielleicht ein Stück nach Hause bringen, meine kleine ungezählte Geliebte…

flicken reparieren

obwohl ich es verstehe, … zu erwecken obwohl ich
    weiß, wie man … erweckt

die Biederkeit Bravsein

die Großzügigkeit = wenn man viel gibt

das zweite Futur future perfect (see Grammar)

verschweigen* nichts darüber sagen

über den Haufen werfen* verfälschen

verzählen falsch zählen

die Masche (-n) Trick

der Lenz leichte Arbeit

Grammatik:
Futur II

The future perfect (*Futur II*) refers to things that will
have happened by some point in the future. In German
it consists of a form of *werden* plus the past participle
and the infinitive of *haben* or *sein* as appropriate:

Viele Leute **werden** über die Brucke **gegangen sein**.
Many people will have gone over the bridge.

Ich **werde** sie alle **gezählt haben**.
I will have counted them all.

1 Lesen Sie diese Kurzgeschichte, die Heinrich Böll
(1917–1985) im Jahre 1948 geschrieben hat.

2 Fragen zum Text:
  a Wo arbeitet der Erzähler?
  b Was muss er machen?
  c Wie macht er manchmal seine Aufgabe falsch?
  d Beschreiben Sie seine „kleine Geliebte".
  e Wo arbeitet sie?
  f Warum hatte er falsch gezählt, als er kontrolliert
     wurde?
  g Wie beschreibt ihn der Oberstatistiker? Stimmt
     das?
  h Was für eine neue Stelle hat er?

3 Fragen zum Verständnis des Textes:
  a Was für eine Stelle hat er? Ist sie nützlich?
  b Was für eine Bürokratie sehen wir hier?
  c In dieser Erzählung ist die Bürokratie sehr
     anonym. Geben Sie Beispiele.
  d Warum zählt er seine Geliebte nicht?
  e Vergleichen Sie den Mann mit der Bürokratie.

6 | Dürrenmatt und Grass

Friedrich Dürrenmatt (1921–1990)

„Die Physiker" (1962): Das Stück findet in einem Irrenhaus statt. In diesem Irrenhaus sind nur drei Patienten, die tun, als ob sie die weltberühmten Physiker Newton, Einstein und Möbius seien. Der Polizeiinspektor ist gekommen, um die Morde von zwei Krankenschwestern zu untersuchen. In dieser Szene interviewt er „Sir Isaac Newton".

[*Newton stellt den Tisch, dann die Stühle auf.*]

NEWTON: Ich ertrage Unordnung nicht. Ich bin eigentlich nur Physiker aus Ordnungsliebe geworden. [*Er stellt die Stehlampe auf.*] Um die scheinbare Unordnung in der Natur auf eine höhere Ordnung zurückzuführen. [*Er zündet sich eine Zigarette an.*] Stört es Sie, wenn ich rauche?

INSPEKTOR [*freudig*]: Im Gegenteil, ich – [*Er will sich eine Zigarette aus dem Etui nehmen.*]

NEWTON: Entschuldigen Sie, doch weil wir gerade von Ordnung gesprochen haben: Hier dürfen nur die Patienten rauchen und nicht die Besucher. Sonst wäre gleich der ganze Salon verpestet.

INSPEKTOR: Verstehe. [*Er steckt sein Etui wieder ein.*]

NEWTON: Stört es Sie, wenn ich ein Gläschen Kognak – ?

INSPEKTOR: Durchaus nicht.

[*Newton holt hinter dem Kamingitter eine Kognakflasche und ein Glas hervor.*]

NEWTON: Dieser Ernesti. Ich bin ganz durcheinander. Wie kann ein Mensch nur eine Krankenschwester erdrosseln! [*Er setzt sich aufs Sofa, schenkt sich Kognak ein.*]

INSPEKTOR: Dabei haben Sie ja auch eine Krankenschwester erdrosselt.

NEWTON: Ich?

INSPEKTOR: Schwester Dorothea Moser.

NEWTON: Die Ringerin?

INSPEKTOR: Am zwölften August. Mit der Vorhangkordel.

NEWTON: Aber das ist doch etwas ganz anderes, Herr Inspektor. Ich bin schließlich nicht verrückt. Auf Ihr Wohl!

INSPEKTOR: Auf das Ihre.

[*Newton trinkt.*]

NEWTON: Schwester Dorothea Moser. Wenn ich so zurückdenke. Strohblond. Ungemein kräftig. Biegsam trotz ihrer Körperfülle. Sie liebte mich und ich liebte sie. Das Dilemma war nur durch eine Vorhangkordel zu lösen.

INSPEKTOR: Dilemma?

NEWTON: Meine Aufgabe besteht darin, über die Gravitation nachzudenken, nicht ein Weib zu lieben.

INSPEKTOR: Begreife.

NEWTON: Dazu kam noch der enorme Altersunterschied.

INSPEKTOR: Sicher. Sie müssen ja weit über zweihundert Jahre alt sein.

[*Newton starrt ihn verwundert an.*]

NEWTON: Wieso?

INSPEKTOR: Nun, als Newton –

NEWTON: Sind Sie nun vertrottelt, Herr Inspektor, oder tun Sie nur so?

INSPEKTOR: Hören Sie –

NEWTON: Sie glauben wirklich, ich sei Newton?

INSPEKTOR: Sie glauben es ja.

[*Newton schaut sich mißtrauisch um.*]

NEWTON: Darf ich Ihnen ein Geheimnis anvertrauen, Herr Inspektor?

INSPEKTOR: Selbstverständlich.

NEWTON: Ich bin nicht Sir Isaak. Ich gebe mich nur als Newton aus.

INSPEKTOR: Und weshalb?

NEWTON: Um Ernesti nicht zu verwirren.

INSPEKTOR: Kapiere ich nicht.

NEWTON: Im Gegensatz zu mir ist doch Ernesti wirklich krank. Er bildet sich ein, Albert Einstein zu sein.

INSPEKTOR: Was hat das mit Ihnen zu tun?

NEWTON: Wenn Ernesti nun erführe, daß ich in Wirklichkeit Albert Einstein bin, wäre der Teufel los.

INSPEKTOR: Sie wollen damit sagen –

NEWTON: Jawohl. Der berühmte Physiker und Begründer der Relativitätstheorie bin ich. Geboren am 14. März 1879 in Ulm.

[*Der Inspektor erhebt sich etwas verwirrt.*]

INSPEKTOR: Sehr erfreut.

[*Newton erhebt sich ebenfalls.*]

NEWTON: Nennen Sie mich einfach Albert.

INSPEKTOR: Und Sie mich Richard.

[*Sie schütteln sich die Hände.*]

---

erdrosseln *strangle*

vertrottelt = durch Alter dumm geworden

---

1 Fragen zum Text:

a Was darf Newton machen, aber der Inspektor nicht?

b Warum musste Newton seine Krankenschwester ermorden?

c Was ist Newtons Geheimnis?

d Warum darf der Inspektor das Geheimnis nicht verraten?

2 Fragen zum Verständnis des Textes:

a Dieses Stück ist eine Komödie – was finden Sie in dieser Szene lustig?

b Was finden Sie hier ironisch?

c Wie beschreiben Sie die Beziehung zwischen dem Inspektor und Newton?

Günter Grass (geb. 1927)

Grass hat dieses Gedicht im Jahre 1967 geschrieben. Zu
dieser Zeit gab es große Proteste unter den jungen
Leuten Europas – gegen Krieg, gegen Regierungen und
auch die Versuche, die Nazizeit zu vergessen.

---

3 Fragen zum Gedicht:

  a Wie findet Grass diese Proteste – ist er dafür
oder dagegen?

  b Was wird hier kritisiert?

  c Wie effektiv finden Sie das Gedicht? Warum?

---

4 Schreiben Sie Ihr eigenes Protestgedicht zu einem
heutigen Weltproblem.

IN OHNMACHT GEFALLEN

Wir lesen Napalm und stellen Napalm uns vor.
Da wir uns Napalm nicht vorstellen können,
lesen wir über Napalm, bis wir uns mehr
unter Napalm vorstellen können.
Jetzt protestieren wir gegen Napalm.
    Nach dem Frühstück, stumm,
    auf Fotos sehen wir, was Napalm vermag.
    Wir zeigen uns grobe Raster
    und sagen: Siehst du, Napalm.
    Das machen sie mit Napalm.
Bald wird es preiswerte Bildbände
mit besseren Fotos geben,
auf denen deutlicher wird,
was Napalm vermag.
Wir kauen Nägel und schreiben Proteste.
    Aber es gibt, so lesen wir,
    Schlimmeres als Napalm.
    Schnell protestieren wir gegen Schlimmeres.
    Unsere berechtigten Proteste, die wir jederzeit
    verfassen falten frankieren dürfen, schlagen zu Buch.
Ohnmacht, an Gummifassaden erprobt.
Ohnmacht legt Platten auf: ohnmächtige Songs.
Ohne Macht mit Gitarre.–
Aber feinmaschig und gelassen
wirkt sich draußen die Macht aus.

1 a Umweltprobleme. Finden Sie das passende Wortende zu jedem Wortanfang. Suchen Sie dabei die richtige Bedeutung aus.

1	Treibhaus-	**a**	-gesellschaft
2	Ozon-	**b**	-kraft
3	Luft-	**c**	-belästigung
4	Verkehrs-	**d**	-verschmutzung
5	Gefahren der Atom-	**e**	-lawine
6	Wald-	**f**	-pest
7	Energie-	**g**	-loch
8	Lärm-	**h**	-sterben
9	Wegwerf-	**i**	-verschwendung
10	Algen-	**j**	-effekt

Bedeutungen:

A Wenn man zu viel Strom verbraucht.

B Wenn die Atmosphäre unrein ist.

C Wenn Bäume abgeholzt bzw. getötet werden.

D Wenn die Erde verheizt wird.

E Wenn es zu laut wird.

F Wenn die See grün wird.

G Die große Zunahme an Autos.

H Durch FCKWs verursachter Schaden.

I Wenn die Öffentlichkeit wenig recycelt.

J Probleme der Kernkraft.

b Können Sie vereinfachte Definitionen von „Ozonloch" und „Treibhauseffekt" für Kinder schreiben, in denen Sie alle Fachausdrücke vermeiden?

c Ordnen Sie die Liste nach Wichtigkeit (Nummer 1 = größte Gefahr).

d Klassendiskussion: Vergleichen Sie Ihre Ergebnisse und besprechen Sie die sinnvollste Reihenfolge. Seien Sie bereit, einen Kompromiss zu schließen!

- Wenn Sie einverstanden sind, sagen Sie:
  Ich bin ganz Ihrer Meinung.
  Da gebe ich Ihnen Recht.
  Das stimmt.
  Ich bin völlig einverstanden.
  Das finde ich auch.

- Wenn Sie nicht einverstanden sind, sagen Sie:
  Das stimmt nicht.
  Ich bin nicht damit einverstanden.
  Ich bin ganz anderer Meinung.
  Ich muss Ihnen da widersprechen.
  Nach meiner Erfahrung ist das nicht der Fall.

- Um einen Kompromiss zu schließen, sagen Sie:
  Da stimme ich Ihnen zu.
  Das mag sein.
  Das kann sein.

2 a Hier überlegt Udo, was die Umwelt positiv und negativ beeinflusst. Lesen Sie den Text und machen Sie die Aufgaben.

1 Erklären Sie mit eigenen Worten, was Udo zum Schutz der Umwelt macht.

2 Wie hat er trotzdem umweltfeindlich gehandelt?

3 Erklären Sie auf Deutsch, was er mit diesem Satz meint: „Mein Papierverbrauch macht einen Bürowarenhändler glücklich".

4 Finden Sie Wörter mit derselben Bedeutung wie: automatisch, furchtbar.

> **das Fertiggericht (-e)** zubereitetes Essen, das man nur aufwärmen muss
>
> **im Notstand** wenn nötig
>
> **verheerend** furchtbar

Ich habe mehrere Bücher gelesen, die mich vor der weltweiten Wärmekatastrophe warnen. Ich habe mir eine Energiesolarlampe gekauft. Autofahrer halte ich zur Zeit noch für schlechte Menschen. Ich radle. Bei Schnee und Regen fahre ich U-Bahn. Fertiggerichte verzehre ich nur im Notstand, auf Berge laufe ich mit eigenen Füßen, mein Computermonitor schaltet sich nach wenigen Minuten von alleine ab. Ich weiß, wo das Kohlendioxid herkommt. Eigentlich würde ich gerne das Klima retten.

Meine Energiebilanz ist dennoch verheerend: Ich zahle meiner Vermieterin immer noch nicht genügend Miete, damit sie Doppelglasfenster in meine schlecht isolierte Dachwohnung einbauen lässt. Ich heize mit Strom. Ein Lammbraten schmeckt mir erst, wenn er fünf Stunden im Backofen geschmort hat. Ich bade häufig, der Boiler wärmt elektrisch. Mein Papierverbrauch macht einen Bürowarenhändler glücklich.

Für mich spricht, dass ich schon mal in einem Öko-Magazin energiesparende Kühlschränke empfohlen habe. Doch dann war da im letzten Sommer dieser Billigflug nach Indien: Das Flugzeug hat pro Fluggast mindestens zwei Tonnen Kohlendioxid (CO_2) in den Himmel gepustet. So viel verursacht eine fünfköpfige nigerianische Familie im ganzen Jahr. Ich bin ein ganz normaler Klimakiller.

b Glauben Sie, dass Udo tatsächlich ein „Klimakiller"
ist? Wie sieht Ihre Energiebilanz aus? Ergänzen
Sie (100–150 Wörter):

Einerseits bin ich ein(e) Klimakiller(in), da ich …
Andererseits spricht für mich, dass ich …

Grammatik zum Auffrischen:
Indirekte Rede 1

To report what someone else has said (indirect speech),
you need to use the subjunctive in German (see pp. 97
and 107). In formal German, you use the tense which the
speaker used.

Albert sagt: „Ich gehe gleich zum Flaschencontainer."
Er sagte, er **gehe** zum Flaschencontainer. (*present
subjunctive*)
He said he was going to the bottle bank.

Ute sagt: „Ich habe die Flaschen recycelt."
Sie sagte, sie **habe** die Flaschen recycelt.
She said she had recycled the bottles.

Don't let the English tense confuse you!

(Remember! The *er/sie/es* form present subjunctive of
sein is *sei*.)

3 Was hat Udo geschrieben? Lesen Sie den Text noch
einmal durch und füllen Sie die Lücken aus!

a Udo sagte, er _____ mehrere Bücher
gelesen.

b Er hat geschrieben, er _____, wo das
Kohlendioxid herkommt.

c Er sagte, sein Papierverbrauch _____ einen
Bürohändler glücklich.

d Er schrieb, er _____ einen Billigflug nach
Indien genommen.

e Er hat behauptet, er _____ ein
Klimakiller.

4 Hören Sie diesen Text über Energieverbrauch im
Haushalt und beantworten Sie die Fragen.

a Wie viel Energie benutzen elektrische Heizungen
im Jahr?

b Was verbraucht 120 Kilowattstunden im Jahr?

c Womit kann man 50000 Kilowattstunden Energie
vergleichen?

d Was kann außer verbesserter Technik die Lage
verbessern?

fressen* (von Tieren und Maschinen) essen
reinigen sauber machen
verbraucht benutzt
etwas ersetzen an Stelle von etwas benutzt werden
sich mit etwas zufrieden geben* etwas als gut
genug akzeptieren
leistungsstark kräftig
allein nur

5 Schreiben Sie einen Brief an Greenpeace, in dem Sie
um mehr Informationen zum Thema Umwelt bitten!
Erklären Sie, wer Sie sind und welche Themen Sie
besonders interessieren (z.B. Atomkraft/Recycling/
Klimaschutz/Verkehr/alternative Energien).
Greenpeace e.V., 22745 Hamburg.

Wenn Sie einen Brief schreiben, können Sie
verschiedene Satzanfänge benutzen, je nach
dem Zweck des Briefes:

Ich beziehe mich auf … (+ Akk.)
With reference to …

Ich würde mich freuen, wenn Sie … könnten
I would be pleased if you could …

Ich wäre Ihnen dankbar, wenn …
I would be grateful if …

**Ich möchte Sie bitten, mir nähere Angaben
über** (+ Akk.) **… zuzuschicken**
I would like to ask you to send me
further details about …

Treibhauseffekt – wodurch?
Anteile der Verursacher in %

50% Kohlendioxid | 8% Ozon | 19% Methan | 17% Fluorchlorkohlenwasserstoffe | 6% Sonstige

Eins sagen heute alle Klimaexperten: Wenn wir so weitermachen wie bisher, dann werden die Temperaturen steigen. Und weitgehend geeinigt haben sie sich international inzwischen auch auf die eine alarmierende Prognose (…) „Sobald wir diesen Treibhauseffekt eindeutig messen können, ist es für uns schon zu spät!" Dürren, Sturmfluten, die ganze Länder verschlingen, Mißernten, Hunger – so und ähnlich drastisch sagen Wissenschaftler die Folgen eines globalen Temperaturanstiegs voraus.

Schuld am Treibhauseffekt sind in erster Linie die Industriegesellschaften, sie legen dem Planeten einen grauen Mantel aus Industrie- und Zivilisationsgasen um, der die Welt in den Hitzestau treibt. – Denken wir uns die Erde aus der Vogelperspektive: Abermillionen von Autos rollen in meilenlangen Kolonnen über Autobahnen, Highways, Landstraßen, in Japan wie in Kanada, von den Alpenpässen bis zum Amazonas. Aus ihren Auspufftöpfen quellen Kohlendioxid (CO_2), Kohlenmonoxid, Stickoxide, Benzol und Schwefeldioxid. Über den industriellen Ballungsgebieten der Erde steigt der Qualm aus Kohlekraftwerken und Erdölraffinerien auf – ein Großteil des weltweiten CO_2-Ausstoßes geht auf das Konto dieser menschgemachten, grauen Wolken. (…)

Erwärmen wir das „Zelt der Erde" weiter so wie bisher, dann steigt die Durchschnittstemperatur bis zum Jahr 2030 weltweit um 1,5 bis 4,5 Grad Celsius. In den kommenden 50 Jahren wird es dann auf der Erde heißer sein als in den 100 000 Jahren zuvor. Die Industriegesellschaften, so die Prognosen mancher Wissenschaftler, werden die Lufthülle so stark erwärmen, daß wir Temperaturen wie zur Zeit der Dinosaurier vor einer Million Jahren erreichen. (…)

Die fiebernde Erde wird das Eis an den Polen zum Schmelzen bringen, das Wasser der Ozeane dehnt sich aus, Küstenregionen, Flußdeltas und ganze Inselketten können wie Atlantis in den Salzfluten versinken.

verschlingen* auffressen

der Hitzestau = es wird immer heißer

das Ballungsgebiet(-e) = mehrere industrielle Großstädte zusammen

This extract follows pre-1998 spelling rules.

---

1 a Dieser Text warnt vor den Konsequenzen des Treibhauseffekts. Erstellen Sie eine Liste der Wörter, die eine Katastrophe betonen, z. B. „zu spät".

b Suchen Sie im Text Ausdrücke, die den folgenden englischen Ausdrücken entsprechen:

1 *they have reached an overall consensus*

2 *a frightening prediction*

3 *industrial societies are primarily to blame*

4 *if we heat up the earth's canopy …*

c Wo kommen die Treibhausgase her?

d Was sind die Konsequenzen für die Erde, wenn wir so weitermachen?

---

2 Übersetzen Sie: „Schuld am Treibhauseffekt … Amazonas".

Um ins Englische zu übersetzen:

(1) Seien Sie sicher, dass Sie alles verstanden haben; wenn nötig, übersetzen Sie wörtlich.

(2) Jetzt müssen Sie so ins Englische übersetzen, dass der Satz einen Sinn ergibt und idiomatisch richtig ist.

Beispiel:

Eins sagen heute alle Klimaexperten: Wenn wir so weitermachen wie bisher, dann werden die Temperaturen steigen.

(1) *One thing all climate experts say today: if we go on further thus as up till now, then temperatures will rise.*

(2) *Nowadays all experts in climate change agree on one thing – if we carry on as we have been doing, temperatures are going to rise.*

3 Schreiben Sie nun einen kurzen Artikel für die „BILD-Zeitung" (siehe Seite 96), in dem Sie vor der Klimakatastrophe warnen. Sie könnten die folgenden Ausdrücke benutzen:

> **das gesamte Erdklima durcheinanderbringen**

> **eine schreckliche Zukunft mit Sintflut und Hungersnöten**

> *der drohende Untergang der Zivilisation*

> Wetterchaos droht ...

Grammatik:
Modalverben im Passiv 1

By now, you will be familiar with passive sentences such as „*Tropenwälder werden zerstört*". If you want to say what should/could/must be done, you need to use the modal verb (*sollen, können, müssen*) with the past participle of the main verb and the infinitive of *werden*:

Tropenwälder **sollten** nicht **zerstört werden**.
Rainforests should not be destroyed.

Atomreaktoren **müssen abgesichert werden**.
Nuclear reactors must be made safe.

Zugang zu gutem Trinkwasser **könnte verbessert werden**.
Access to drinking water could be improved.

4 Benutzen Sie die folgenden Wörter, um Passivsätze zu bilden:

a Flaschen – recyceln – sollen

b Luftverschmutzung – reduzieren – müssen

c afrikanische Elefanten – schützen – sollen

d mehr Energie – sparen – können

e öffentliche Verkehrsmitteln – benutzen – müssen

Nützliche Ausdrücke

in erster Linie kommen	*to take priority*
in den kommenden Jahren	*in the years ahead*

5 Hören Sie diese jungen Leute, die über ihre Einstellung zur Umwelt sprechen. Machen Sie Notizen über ihre Gefühle zur aktuellen Lage und die möglichen Lösungen für die Zukunft, die sie vorschlagen.

Detlef, 18, Berlin

Helga, 17, Köln

Ralf, 20, Dresden

Susanne, 19, Düsseldorf

Jürgen, 20, Freiburg

umständlich kompliziert, schwierig

überzeugt fest glaubend

sich täuschen Unrecht haben

die wirksame Maßnahme (-n) erfolgreiche Handlung

gemeinsam zusammen

missbrauchen = zu viel oder falsch benutzen

das Gemeinwohl = es ist gut für alle

etwas in Betracht ziehen* berücksichtigen

selbstsüchtig egoistisch

Schaden zu/fügen (+ Dat.) *to do harm to*

die Steuer (-n) Geld, das man dem Staat zahlt

das Verhalten Benehmen

auf etwas aufmerksam machen etwas zeigen

1

a Jede Menge Hausmüll fällt Tag für Tag in den bundesdeutschen Haushalten an. Pro Jahr 43 Millionen Tonnen, das macht für jede Person ca. 330 Kilogramm. Kennen Sie sich gut beim Recycling aus? Was wird wo entsorgt? Ordnen Sie jede Müllsorte dem entsprechenden Ort zu.

1 ein Pullover, der zu klein ist

2 eine Bierflasche

3 Kartoffelschalen

4 die „Süddeutsche Zeitung"

5 Medikamente

6 Mehrweg-Glasflasche

7 Getränkedose

a Biotonne/Komposthaufen

b Altpapiercontainer

c Apotheke

d Altkleidersammlung

e gelber Wertstoffsack

f Altglascontainer

g Supermarkt

b Was recyceln Sie zu Hause? Machen Sie eine Umfrage und präsentieren Sie die Ergebnisse (siehe Seite 156).

c Entwerfen Sie eine Anzeige, die die Leute zum Recycling auffordert.

Müll vermeiden:
Schüler boykottieren Schulmilch im Plastikbecher

In der niedersächsischen Stadt Wolfsburg demonstrieren die Schüler für Glasflaschen. Zum Schutze der Umwelt soll die Schulmilch nicht länger in nur einmalig zu verwendenden Plastikbechern geliefert werden. Um dieser Forderung gegenüber den Kommunalpolitikern Nachdruck zu verschaffen, boykottieren die Schüler in dieser Woche den Schulmilch-Verkauf.
Die Aktionen begannen damit, dass 300 Lehrer, Eltern und Schüler eine laut scheppernde Kette von 8000 Plastikbechern durch die Wolfsburger Innenstadt zogen.
Der Stadtschülerrat rechnete den Verantwortlichen vor: In der Bundesrepublik fallen jährlich 160 Kilogramm Verpackungsmüll pro Kopf an. Diese Menge reicht aus, die Chinesische

Mauer jedes Jahr nachzubauen. Allein die Menge der jährlich produzierten H-Milch-Kartons genügt für den Bau einer 1700 Kilometer langen Mauer von zwei Meter Höhe und einem halben Meter Breite. Allein an den Wolfsburger Schulen werden jährlich über 1,2 Millionen Plastikbecher nur für Milch verbraucht. Milchbecher, so argumentierten die jugendlichen Umweltschützer, bestehen aus Polystyrol. Ausgangsstoffe sind das Nervengift Styrol und das als krebserregend bekannte Benzol. Außerdem werden für Kunststoffverpackungen wertvolle Rohstoffe und viel mehr Energie verbraucht als für wiederverwendbare Glasflaschen. Bei der Verbrennung der Plastikbecher entsteht Kohlenstoffdioxid, das den Treibhauseffekt verstärkt. Für die

Deponierung von Müll werden immer größere Flächen benötigt, in deren Umgebung das Grundwasser gefährdet ist. Durch das Einwegverpackungssystem wird fast zehnmal mehr Müll produziert als durch das Mehrwegsystem, wie die Schüler nach gründlichem Studium der Fachliteratur herausfanden.
Sie befassten sich auch mit den Gegenargumenten: höherer Transportaufwand durch Rücktransport der Flaschen und zusätzliche Personalkosten durch Lagerung und Reinigung der Flaschen. Nach gründlicher Abwägung in einer vom Stadtschülerrat herausgegebenen Broschüre kamen sie zu dem Ergebnis: „Die Umweltschäden von morgen werden durch unser heutiges Konsumverhalten verursacht. Dafür tragen wir die Verantwortung. Wir Verbraucher müssen unsere Ex-und-hopp-Mentalität überwinden und dadurch die Industrie zu ökologisch sinnvoller Produktion zwingen. Die Probleme, die sich mit dem Kaufen-Trinken-Wegwerfen ergeben, dürfen nicht in die Zukunft verschoben werden."

die Forderung (-en) Wunsch

etwas (Dat.) **Nachdruck verschaffen** etwas mehr Gewicht geben

die Aktion (-en) Kampagne

scheppern to clatter

vor/rechnen zeigen, was man rechnet

der Rohstoff (-e) Naturprodukt, aus dem man Sachen macht

wiederverwendbar = man kann das mehrmals benutzen

der Transportaufwand Transportkosten

die Einweg-/Mehrwegflasche (-n) Flasche, die man wegwirft/die man wieder benutzt

der Verbraucher (-) jemand, der etwas kauft

eine Mentalität überwinden* = nicht mehr so denken

2 a Lesen Sie den Text „Schüler boykottieren Schulmilch" und beantworten Sie die folgenden Fragen:

    1 Was wollen die Schüler aufgeben und warum?

    2 Wie haben sie demonstriert?

    3 Was könnte man mit den H-Milch-Kartons machen, die man jedes Jahr produziert?

    4 Was spricht gegen Milchbecher?

b Erklären Sie mit eigenen Worten die Einwände gegen den Verbrauch von Glasflaschen.

c Können Sie diese Begriffe auf Deutsch erklären?

    1 „Ex-und-hopp-Mentalität"

    2 „ökologisch sinnvolle Produktion"

3 Partnerarbeit. Sie gehen zum/zur Schulleiter(in) und verlangen, dass er/sie eine Umweltaktion an der Schule initiiert. Wie überzeugen Sie ihn/sie? Wie lenken Sie das Gespräch, wenn er/sie nicht besonders interessiert ist oder andere Prioritäten hat? Eine Person spielt die Rolle des Schülers / der Schülerin und versucht den/die Schulleiter(in) zu überzeugen, und die andere bringt die im Text erwähnten Gegenargumente vor.

Wenn Sie sprechen, lenken Sie das Gespräch so, dass Sie das zum Ausdruck bringen, was Sie vorbereitet haben.

- Wenn Sie eine Frage nicht beantworten können, vermeiden Sie „Ich weiß es nicht". Probieren Sie lieber:

    Das ist nicht mein Schwerpunkt, aber …
    Die genaue Statistik steht mir nicht zur Verfügung, aber …
    Ich schätze …

- Wenn Sie lieber ein neues Thema anschneiden möchten:

    Das mag sein, aber …
    Was mich besonders interessiert hat ist …
    Nach meiner Erfahrung ist das nicht so wichtig wie …

- Erfinden Sie andere Möglichkeiten!

Nützliche Ausdrücke

sich mit den Gegenargumenten befassen
to tackle the counter-arguments

nach gründlicher Abwägung kam man zu dem Ergebnis …
after careful consideration the conclusion was reached …

wir müssen unsere …-mentalität überwinden
we must overcome our …-mentality

Grammatik: Partizipien

In German a participle is often used as an adjective, where in English we would use a relative clause. You need to take care over adjective endings!

Das von meinem Vater **gekaufte** Auto.
the car which my father bought (Literally: the by my father bought car)

in nur einmalig zu **verwendenden** Plastikbechern
cups which you can only use once (Literally: in only once to be used plastic cups)

4 a Übersetzen Sie ins Englische:

    1 Das von meinem Freund gekaufte Buch …

    2 Die aus der Türkei gekommenen Arbeiter …

    3 Der wegen Baufälligkeit abgerissene Laden …

    4 Der im Krieg gefallene Soldat …

    5 Die von den Schülern boykottierten Milchbecher …

b Übersetzen Sie ins Deutsche:

    1 *The car parked in front of the house.*

    2 *The scarf found in the street.*

    3 *The book made from recycled paper.*

    4 *The lorry loaded with recyclable bottles.*

    5 *The umbrella lost by my sister.*

5 Hören Sie diese jungen Leute an, die sich zum Thema Recycling äußern, und beantworten Sie die Fragen.

    a Warum findet Sabina Recycling wichtig?

    b Welches Problem hat das System für Christian? Was schlägt er vor?

    c Warum sortiert Ingeborg den Müll nicht (2 Gründe)?

    d Worüber ist Karl-Heinz entsetzt?

Heizung runter

Mit einer pfiffigen Aktion sparen Hamburger

(1) Schulen jede Menge Energie – und füllen zugleich ihre Schulkasse auf

In jedem Klassenzimmer steht auf farbigen Plakaten „Haltet die Kippfenster geschlossen – wenn nötig, dann schocklüften". Schilder neben den **(2)** Waschbecken fordern zum Wassersparen auf, und wer unnötig viele Lampen anschaltet, fängt sich sofort einen Rüffel ein: „Eh Mann, das ist ja Energieverschwendung."

Die Hamburger Gesamtschule Kirchdorf hat Energiesparen zum Lernziel erklärt – mit enormem **(3)** Erfolg: Allein im vergangenen Schuljahr haben Lehrer und Schüler über 42 000 Mark bei der Energie- und Wasserversorgung eingespart.

Die Kirchdorfer treibt nicht nur der Umweltschutz **(4)** an. Die Hälfte des eingesparten Geldes darf die Schule behalten und nach Gusto ausgeben, für einen Kickertisch etwa oder eine Musikanlage.

Ökologie steht heute bundesweit in allen Lehrplänen. Doch oft ist der Umweltschutz nur in der Theorie an der Klassentafel. Um die Schüler auch praktisch zu trimmen, wie sie Ressourcen sparen **(5)** können, erfand die Hamburger Umweltbehörde die Aktion „fifty-fifty". Jede Schule der Stadt, die ihren Verbrauch an Wasser und Energie senkt, bekommt drei Jahre lang die Hälfte der so eingesparten Kosten zur freien Verfügung – Umweltschutz und Eigennutz in einem.

24 Schulen haben bereits im letzten Schuljahr an „fifty-fifty" teilgenommen, insgesamt über 420 000 Mark eingespart und somit Prämien von rund 210 000 **(6)** Mark kassiert. 8,6 Prozent der Heizenergie, 6,9 Prozent der Elektroenergie und 12,1 Prozent Wasser wurden gegenüber den Vorjahren weniger verbraucht.

Die Kirchdorfer Gesamtschüler und ihre Pädagogen gingen die Sache systematisch an. Sie erfassten zuerst **(7)** alle elektrischen Geräte der Schule und protokollierten den jeweiligen Stromverbrauch, maßen die Temperatur in allen Zimmern und stellten die Helligkeit in Fluren und Räumen fest.

Dann wurde scharf gerechnet. Gemeinsam mit den Lehrern entschieden die Schüler, wo die **(8)** Raumtemperatur gesenkt, Warmwasserboiler ausgeschaltet und Lampen abmontiert werden. (…)

Die Umweltaktion veränderte den gesamten Unterricht, fächerübergreifendes Lernen wurde plötzlich selbstverständlich. In Physik berechneten die Schüler die Sparpotentiale der Schule, in Chemie beschäftigten sich die Jugendlichen mit Gas und Öl, in **(9)** Informatik bereiteten sie die Ergebnisse in einer Tabellenkalkulation grafisch auf, in Deutsch wurde ein Katalog „Energiesparen durch Verhaltensänderungen" erstellt, und im Fach Kunst entwarfen die Kids Symbole für die einzelnen Sparsparten. „Wir haben hier echt was geleistet", sagt Christian Mündel, 18, aus der 12. Klasse stolz.

„Der Schlüssel zum Erfolg liegt in der gleichberechtigten Beteiligung von Schülern, Lehrern und Hausmeistern", sagt Physiklehrer Wilhelm Haars, **(10)** 37. Die Jugendlichen erleben direkt den Nutzen und Erfolg ihrer Arbeit – und praktizieren ihr neues Öko-Bewusstsein auch außerhalb der Schule. „Ich dreh jetzt auch zu Hause die Heizung runter", verkündet Amika Schulenburg, 15.

---

pfiffig klug

das Kippfenster (-) *horizontally pivoted window*

lüften Luft reinlassen

auf/fordern ermuntern

der Rüffel (-) scharfes Wort

an/treiben* dazu bringen, etwas zu tun

nach Gusto wie man will

der Lehrplan (¨e) das, was die Schüler(innen) lernen müssen

zur freien Verfügung = man darf damit machen, was man will

protokollieren notieren

fachübergreifend = in zwei oder mehr Schulfächern

---

1 a Lesen Sie den Artikel und füllen Sie die Lücken aus. In Klammern steht die Nummer des entsprechenden Absatzes. Sie müssen die Wörter aus dem Text modifizieren.

In Hamburger Schulen wird nicht nur Energie, sondern auch Geld **(a)** ___ (1). Überall gibt es **(b)** ___ (2), die Leute daran erinnern, keine Energie zu **(c)** ___ (2). Im letzten Schuljahr sind über 42 000 Mark **(d)** ___ (3) worden und davon **(e)** ___ (4) die Schule die Hälfte. Das Geld darf die Schule benutzen wie sie **(f)** ___ (4). In der Hamburger Schule hat sich die Theorie der Umweltfrage in die **(g)** ___ (5) umgewandelt. Die Schüler sind besonders motiviert: je weniger Wasser und Energie **(h)** ___ (6) wird, desto mehr Gewinn haben sie zum Eigenverbrauch.

b Was haben die Schüler in jedem Fach gemacht? Finden Sie das jeweilige Verb und notieren Sie das entsprechende Substantiv:

Fach	Infinitiv	Substantiv
Physik	*berechnen*	*die Berechnung*
Chemie		
Informatik		
Deutsch		
Kunst		

c Was könnten Sie in diesen und anderen Fächern machen, um das Bewusstsein der Umweltfragen zu erweitern?

d Wo könnten Sie in der Schule Energie sparen?

2 Schreiben Sie einen kurzen Artikel für Ihre Schulzeitung, in dem Sie über die Hamburger Aktion berichten und Anregungen für Ihre eigene Aktion geben.

Nützliche Ausdrücke

... ist ein entscheidender Faktor
... is a significant factor

... (Dativ) scheinen keine Grenzen gesetzt
... seems to know no bounds

das Interesse richtet sich zunehmend auf (+ Akk.)
interest increasingly turns to ...

der Schlüssel zum Erfolg liegt in ...
the key to success lies in ...

Grammatik zum Auffrischen: Unpersönliches Passiv

The impersonal passive tells us what happens but does not name who or what is doing the action. The subject (*es*) is omitted if the sentence is inverted:

Es ist noch nicht **bewiesen worden.**
There has been no proof yet. (perfect)

Hier **wird** Deutsch **gesprochen.**
German is spoken here. (present)

Dann **wurde** scharf **gerechnet.**
Then precise calculations were made. (imperfect)

3 Bilden Sie Sätze mit dem unpersönlichen Passiv!
z.B.
am Telefon – flüstern (*present passive*)
→ Es wird am Telefon geflüstert.

a die ganze Nacht – tanzen (*imperfect passive*)
b hart – arbeiten (*perfect passive*)
c viel – rauchen (*present passive*)
d heute Morgen – reden (*imperfect passive*)
e morgen – viel weinen (*future passive – careful!*)

4 Hören Sie die Informationen über die Leistungen von Greenpeace und schreiben Sie eine englische Zusammenfassung.

Um eine englische Zusammenfassung eines Hörtextes zu schreiben:
- Hören Sie das Ganze einmal an.
- Wählen Sie beim zweiten Hören die Hauptpunkte und wichtige Statistiken aus.
- Machen Sie beim dritten, vierten Hören Notizen auf Englisch.
- Schreiben Sie keine langen, sondern präzise Sätze.

sich für etwas ein/setzen etwas unterstützen
die Lebensgrundlagen (Pl.) = das, was man haben muss, um zu leben
aufsehenerregend sensationell
auf/zeigen zeigen
Druck aus/üben *to exert pressure*
schonen gut behandeln
die Dünnsäureverklappung *dumping of acid waste*
der Vertrag (¨e) Kontrakt
der Abbau *mining*
das Gift (-e) tödliche Substanz
ein/lenken nachgeben
die Erbeliste Schutzliste

Lärm, der zum Tode führt

Über 2000 Deutsche sterben pro Jahr am Lärm, dem sie dauerhaft ausgesetzt sind. Lärm ist die zweithäufigste Ursache für Herzinfarkte – das sind Ergebnisse von Studien, die den Zusammenhang von Wohnbedingungen und Krankheit untersuchen. In den Großstädten entstehen Lärmghettos. Wer's sich leisten kann, zieht weg.

① **A**n manchen Tagen klirren die Gläser in der Vitrine. Dann bangt die Hausfrau Marianne Zeller, 59, um ihr Lieblingsgeschirr, lässt das Radio ein bisschen lauter dudeln und meidet den Garten. Der Krach, der von der tosenden Straße anbrandet, schlägt ihr schwer aufs Gemüt.

② Für den ängstlichen Rückzug ins Innere der Wohnung gibt es gute Gründe. Manche ihrer Nachbarn in der Reihenhaus-Siedlung im Münchner Stadtteil Milbertshofen hatten es „am Herzen" und starben. Bestimmt kein Zufall, mutmaßt Zeller: „Wie wir hier leben, das kann ja auch nicht gesund sein."

③ Marianne Zeller lebt seit über 20 Jahren im Lärm. Vor ihrem hübschen, sorgsam eingerichteten Haus beginnt der Mittlere Ring. Das war einst eine ganz normale Münchner Straße mit durchschnittlich starkem Verkehr und ist mittlerweile ein in Deutschland berüchtigtes Symbol für Stau, Dreck und Krach.

④ Dabei haben die Stadtoberen sich sogar einiges einfallen lassen, um die Anwohner zu schützen. Hohe Bäume ließen sie pflanzen, dicke Mauern hochziehen, doppelte Fenster schotten die Häuser, so gut es geht, ab. Der polnische Pfarrer Sylvester Matusiak benutzt neuerdings ein Mikrofon bei seinen Andachten im katholischen Kinderhort St. Josef. Jetzt muss er nicht mehr mitten im Gebet innehalten, sobald schwere Lastkraftwagen vorbeidonnern.

⑤ Walter Gruber, 17, ist jung genug, um den erschwerten Lebensbedingungen gute Seiten abzugewinnen. Das Sausen und Brausen habe auch seine Vorteile, sagt der Schreiner-Lehrling leicht sarkastisch: „Da weiß ich immer genau, wie spät es ist."

⑥ Nachts um fünf rattern die Lastwagen die Straße entlang. Morgens um acht hupen ungeduldige Autofahrer hysterisch auf dem Weg ins Büro. Fließt der Verkehr ausnahmsweise ruhig, ist es Mittagszeit. Wieder anders klingt es während des Staus am Feierabend – weniger Krach, dafür grauenhafte Luft.

⑦ Warum auch? Wer wie der Teenager oder die Rentnerin wohnt, lebt gefährlich. Das belegen bislang unveröffentlichte Untersuchungen des Umweltbundesamtes in Berlin. Die Befunde fallen ebenso nüchtern wie erschreckend aus: Der Lärm schlägt nicht nur aufs Gehör, er beeinträchtigt den Kreislauf und greift das Herz der Menschen an, die ihm dauerhaft ausgesetzt sind. Lärm kann tödlich sein.

⑧ Wie viele Infarkte durch Lärm verursacht werden, ist sehr schwer zu ermitteln, denn nicht ein einzelner vorbeifahrender Lastwagen lässt plötzlich das Herz versagen. Ob aber Zigarettenrauch, erbliche Anlagen, beruflicher Stress oder jahrzehntelanger zermürbender Krach es schließlich überfordern, ist im Einzelfall kaum zu entscheiden.

⑨ Dennoch haben sich die Experten des Umweltbundesamtes an die schwierige Abschätzung gewagt: Gesundheitsschäden drohen nach ihrer Einschätzung allen Menschen, die tagsüber mehr als durchschnittlich 65 Dezibel ertragen müssen – ein typischer Wert an stark befahrenen Straßen; jeder sechste Deutsche, so die Hochrechnung der Wissenschaftler, lebt unter derlei Bedingungen.

---

bangen Angst haben

der Rückzug = man geht rückwärts (Armee)

tosen sehr laut fließen

der Zufall (¨e) = nicht zu erwarten

berüchtigt als schlecht bekannt

die Andacht (-en) Gottesdienst

erschwert schwieriger geworden

die Lebensbedingung (-en) = so, wie man lebt

der Krach der Lärm

belegen beweisen, als wahr zeigen

beeinträchtigen schlechter machen

an/greifen* attackieren

etwas (Dat.) ausgesetzt sein* *to be exposed to sth.*

versagen nicht mehr funktionieren

ermitteln herausfinden

erblich = es kommt von den Eltern

die Anlage (-n) *tendency*

die Abschätzung (-en) ungefähre Berechnung

---

1 a Machen Sie die Augen zu und erstellen Sie eine Liste von dem, was Sie hören. Vergleichen Sie Ihre Liste mit der Liste von Ihrem/Ihrer Partner(in).

b Jetzt notieren Sie die Geräusche, die Sie in einer typischen Woche wahrnehmen – beginnen Sie mit dem lautesten und fahren Sie fort mit dem jeweils leiseren.

2 Lärm wird auch durch den Straßenverkehr produziert. Sind die folgenden Aussagen zum Text richtig oder falsch? Die Nummer des zutreffenden Absatzes steht in Klammern.

 a Marianne Zeller geht in den Garten, um den Lärm zu vermeiden. (1)

 b Ihre Nachbarn haben sich das Problem zu Herzen genommen. (2)

 c Der Mittlere Ring war ursprünglich eine typische Straße in München. (3)

 d Die Behörden haben keine Maßnahmen gegen den Lärm ergriffen. (4)

 e Walter Gruber findet, dass der Straßenverkehr das Leben erschwert. (5)

 f Man kann die genaue Zahl der durch Lärm verursachten Infarkte nennen. (8)

 g Es geschieht hin und wieder, dass ein Lastwagen das Herz plötzlich stoppen lässt. (8)

 h Jeder sechste Deutsche muss im Durchschnitt mehr als 65 Dezibel pro Tag erleiden. (9)

3 Ergänzen Sie diese Zusammenfassung mit den unten stehenden Wörtern:

Marianne Zeller hat **(a)** ___, dass ihr Lieblingsgeschirr wegen des **(b)** ___ kaputt geht. Manche Leute, die in der Gegend wohnten, sind an Herzinfarkten **(c)** ___. Obwohl die Stadtoberen **(d)** ___ zum **(e)** ___ der Anwohner ergriffen haben, braucht der Pfarrer Matusiak ein **(f)** ___, um beim Gottesdienst gehört zu werden. Der einzige **(g)** ___ ist, dass man immer weiß wie spät es ist, da der Verkehrslärm zu verschiedenen Zeiten anders **(h)** ___. Untersuchungen, die bislang nicht **(i)** ___ worden sind, zeigen, dass der Lärm zum **(j)** ___ führen kann. Wenn man im **(k)** ___ mehr als 65 Dezibel ertragen **(l)** ___, lebt man unter **(m)** ___ Lebensbedingungen.

> Maßnahmen   muss   gefährlichen
>
> Tode   klingt   Schutz   Mikrofon
>
> Angst   gestorben   Durchschnitt
>
> Vorteil   Straßenlärms   veröffentlicht

4 Partnerarbeit. Stellen Sie sich vor, Sie sind entweder Marianne Zeller oder Pfarrer Matusiak. Ihr(e) Partner(in) interviewt Sie zum Thema Straßenlärm. Nehmen Sie das Gespräch auf. Benutzen Sie Beispiele aus dem Text, um Ihre Frustration auszudrücken und Lösungen vorzuschlagen.

Grammatik zum Auffrischen: Modalverben im Passiv 2

Remember that to translate 'something must/should/can be done', you use the correct form of the modal verb *müssen/sollen/können* + the past participle + *werden* (see page 143). In a subordinate clause, the modal verb goes right to the end:

> ... weil weniger Benzin verbraucht werden **muss**.
> ... da die Anwohner geschützt werden **müssen**.

5 Übersetzen Sie ins Deutsche:

 a *We should drive less because pollution must be reduced.*

 b *We believe that a ban on driving* (Fahrverbot) *should be introduced in city centres.*

 c *He thinks that fewer new roads should be built.*

 d *We must reduce noise as heart problems must be avoided.*

6 Hören Sie diese Ansichten über Verkehrsprobleme und füllen Sie die Tabelle aus.

	Problem	Mögliche Lösung
Anja		
Saeed		
Karin		
Udo		

Mit Gott gegen Castor

An jenem 22. Februar 1977 saß das Ehepaar Wollny vor dem Fernseher, als Niedersachsens Ministerpräsident Ernst Albrecht eine Entscheidung verlas. Einen kurzen Moment überlegte Bäckersfrau Wollny noch, ob es irgendwo anders einen Ort gleichen Namens geben könnte, „dann war es, als ob mir jemand den Stuhl unterm Hintern wegzog". Der Ort, der gerade als Standort für ein nationales Nukleares Entsorgungszentrum auserkoren war, war nebenan: Gorleben.

Gorleben im Februar, zwanzig Jahre danach. Das gelbe X hängt in Fenstern und klebt auf Autoscheiben.

Das X steht für den Tag, an dem der Castor mit hochradioaktivem Müll ins Gorlebener Zwischenlager rollt – und für die Menschen, die sich „querstellen". In der nächsten Woche werden die Behälter kommen, eskortiert vom größten Polizeiaufgebot in der Geschichte der Bundesrepublik. 19 000 Polizisten und Grenzschützer sollen im Einsatz sein, wenn gleich sechs Castoren zum Verladebahnhof Dannenberg rollen. Selbst wenn alles nach Plan läuft, wird der Transport ins achtzehn Kilometer entfernte Gorleben mehrere Tage dauern – Tage und Nächte, wo die Nerven schließlich blank liegen werden, bei Polizisten und Atomkraftgegnern gleichermaßen.

Fast eine Woche lang wird in der Region Ausnahmezustand herrschen. Lehrer werden ihre Schüler nicht mehr in den Klassenräumen halten können und wollen, der Weg zur Arbeit wird nur mit Passierschein möglich sein. Pastoren werden demonstrierende Gemeindemitglieder beschwichtigen und einigen vielleicht einen Knüppel aus der Hand nehmen müssen. So kennt man das Szenario vom vergangenen Jahr.

Phantasievoll und gewaltfrei soll der Protest sein, das ist der Konsens im Wendland seit Jahren – gewaltfrei, so die Einschränkung, zumindest gegen Personen. Wenn aber kleine Trupps losziehen, darunter honorige Christen, und an Bahnschienen sägen, dann sieht man keine Veranlassung, sich davon zu distanzieren – der Nachbar von gegenüber könnte schließlich auch dabeisein, der Sohn vom Zahnarzt oder die Zehntkläßler von der eigenen Schule.

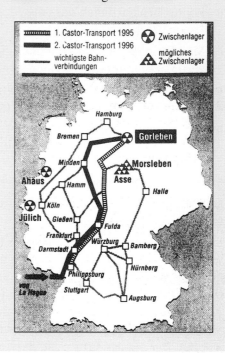

This extract follows pre-1998 spelling rules.

---

verlesen* vorlesen

das Entsorgungszentrum (-zentren) Ort, wo nuklearen Abfall abgelagert wird

auserkoren ausgewählt

der Castor-Behälter (-) Behälter, in dem radioaktiver Müll transportiert wird

das Zwischenlager (-) = wo etwas inzwischen behalten wird

sich „querstellen" sich wehren

im Einsatz sein* [s] benutzt werden

der Passierschein (-e) Ausweis

beschwichtigen beruhigen

---

1 In Deutschland haben seit 1977 Gegner der Atomkraft heftig gegen den Transport von Atommüll (Castor-Transport) nach Gorleben demonstriert. Lesen Sie den Text und beantworten Sie die Fragen.

a Warum war Frau Wollny am 22. Februar 1977 schockiert? Welche Nachricht hatte sie gerade bekommen?

b Was bedeuten im Englischen „dann war es, als ob mir jemand den Stuhl unterm Hintern wegzog" und „Ausnahmezustand"?

c Was passiert am „Tag X"?

d Wer begleitet die Behälter?

e Wer protestiert und wie? Würden Sie an einem solchen Protest teilnehmen? Begründen Sie Ihre Meinung.

2 a Vokabelbau. Verbinden Sie zuerst die deutschen mit den passenden englischen Ausdrücken:

1	der Sprachgebrauch	a	*to drive out, replace*
2	auf etwas hinweisen	b	*creation*
3	sich durchsetzen	c	*to avoid*
4	sich aller Sorgen entledigen	d	*to mourn*
5	die Anreicherung	e	*to point out*
6	volkstümlich	f	*to banish all worries*
7	ersetzen	g	*to win through*
8	verdrängen	h	*popular*
9	die Schöpfung	i	*enrichment*
10	beklagen	j	*use of language*
11	vermeiden	k	*to replace*

b Dieser ironische Hörtext ist eine Parodie auf die von dem „Informationskreis Energie" veröffentlichten Broschüren. Hören Sie den Text und erstellen Sie eine Liste der „negativen" Wörter und eine der neuen „positiven" Wörter.

3 Aufsatzthema. Lesen Sie die Informationen vom „Informationskreis Kernenergie", die Ihnen bei Ihrem Aufsatz helfen sollen. Erstellen Sie die Gliederung und schreiben Sie einen Aufsatz (300–350 Wörter): „Ausstieg aus der Atomkraft – sind Sie pro oder contra?"

Kernenergie nutzt allen

Wer ausreichend Benzin, Öl, Kohle oder Strom zur Verfügung hat, kann angenehmer leben. Deshalb sagt der Energieverbrauch eines Landes auch etwas über den Lebensstandard seiner Bewohner aus. Vereinfacht gilt: Energie = Lebensqualität. Unsere Kernkraftwerke leisten hierzu einen wichtigen Beitrag. Doch Kernenergie ist mehr als das. Gefahren für die Umwelt durch Beeinträchtigungen des Klimas werden durch Kernkraftwerke vermieden. Denn Kohlendioxid, ein Gas, das im Ruf steht, den so genannten Treibhauseffekt mit zu verursachen, fällt beim Reaktorbetrieb nicht an.

Nützliche Ausdrücke

sich aller Sorgen entledigen
to banish all worries

den Weg zeigen
to point the way

von ... darf nicht die Rede sein
there must be no talk of ...

die Hauptargumente beziehen sich auf ...
the main arguments focus on ...

Jeder Aufsatz muss eine klare Struktur haben. Dafür brauchen Sie eine Gliederung (*essay plan*):

- Einleitung – Was ist Atomkraft und warum ist das ein umstrittenes Thema?
- Absatz 1 – Vorteile der Atomkraft (z.B. trägt nicht zum Treibhauseffekt bei)
- Absatz 2 – Nachteile der Atomkraft (z.B. Problem des Atommülls)
- Abschluss – Sind Sie pro oder contra und warum? Sollten wir aus der Atomkraft aussteigen?

Alkohol – Einstiegsdroge Nr. 1

Von Elke Biesel

In nahezu jedem Fernsehfilm taucht er auf, der obligatorische Drink, um die Nerven zu beruhigen, die Stimmung zu lockern oder den Ärger herunterzuspülen. Alkohol, das lernen Kinder und Jugendliche schon sehr früh, gehört zum Leben der Erwachsenen dazu. In der Werbung verbinden sich Vokabeln wie Lebensgenuss und Abenteuer mit den hochprozentigen Seelentröstern und Muntermachern, die zudem an jeder Ecke zu haben sind – wer wollte da an Sucht denken? In Politik und Medien konzentriert sich zudem die Diskussion auf die Gefahren der illegalen Drogen und lenkt davon ab, dass Alkohol mit Abstand die Droge Nummer eins ist in der ❶ Bundesrepublik – auch unter Jugendlichen. Nach Schätzungen der Deutschen Hauptstelle für Suchtgefahren sind 2,5 Millionen Bundesbürger alkoholkrank, darunter 500 000 Jugendliche unter 21 Jahren. Zum Vergleich: Insgesamt 150 000 Abhängige aller Altersgruppen nehmen illegale Drogen und die meisten von ihnen sind über legale Drogen wie Alkohol und Nikotin in die Sucht eingestiegen. Die Zahl der Opfer ist hoch: Alljährlich sterben 50 000 Deutsche an den unmittelbaren Folgen ihres Alkoholmissbrauchs, wie viel Jugendliche bereits darunter sind, ist unbekannt, denn für sie gibt es keine Statistik.

Etwa 40 Prozent der 16- bis 17-jährigen Jungen und knapp 30 Prozent der Mädchen gaben in einer Umfrage an, regelmäßig Alkohol zu trinken. Dabei beginnt die Probierphase laut Hurrelmann immer früher: Im Alter von zwölf bis 14 Jahren machen 70 Prozent der ❷ Jugendlichen heute die ersten Erfahrungen mit Alkohol. Sieben Prozent der Befragten gaben sogar an, schon mit zehn oder elf Jahren getrunken zu haben. Für den Forscher sind diese Ergebnisse ein Alarmsignal, denn je früher der Alkoholgebrauch beginnt, desto höher ist die Wahrscheinlichkeit einer späteren Gewöhnung.

Fragt man nach den Gründen, warum Jugendliche in bestimmten Situationen Alkohol trinken, kehren drei Antworten immer wieder: Alkohol soll für die „richtige Stimmung" sorgen und Kontakte zu ❸ anderen leichter machen, er soll die Akzeptanz in der Freundesgruppe erhöhen oder Probleme in Schule und Familie „wegspülen". Jungen greifen immer noch häufiger zur Flasche als Mädchen – zum Beispiel, um ihre Gefühle äußern zu können.

Vorbild der Erwachsenen

Aus all diesen Motiven fürs Trinken kann ein explosives Gemisch entstehen, wenn die Leistungsanforderungen in Familie und Schule übermächtig werden für einen Jugendlichen und er in seiner Umgebung keinen Rückhalt findet. In der Hamburger Alkohol- und Suchtberatung für junge Leute sitzen der Sozialtherapeutin Sigrid Witt nicht in erster Linie Kinder aus sozial schwachen Familien gegenüber, ❹ auf die in der Öffentlichkeit das Problem Alkoholsucht häufig abgeschoben wird. „Es sind vor allem Gymnasiasten und Studenten" beschreibt Sigrid Witt ihre Klientel: „Kopfarbeiter", die in der schwierigen Zeit der Pubertät ihre widerstreitenden Gefühle mit dem erlernten Anspruch, immer reibungslos zu funktionieren, nicht mehr zusammenbringen können. „Mit dem Alkohol", so Witt, „versuchen sie für einen Moment den Denkapparat abzustellen."

Die Eltern, so hat Sigrid Witt häufig beobachtet, können mit der Alkoholsucht ihrer Kinder noch weniger umgehen als mit der ❺ Abhängigkeit von illegalen Drogen. Sie schämen sich ihrer Kinder und haben Schuldgefühle, denn bei Alkohol liegt die eigene Betroffenheit zum Greifen nah. Das Problem Sucht lässt sich nicht mehr auf Distanz halten.

---

1 Wenn man das Wort „Drogen" hört, denkt man sofort an illegale Drogen. Es gibt aber viele andere, legale Drogen. Wie viele Süchte können Sie unten nennen?

Ko__sucht;   Al__sucht;   Fe__sucht;   Spi__sucht;

Ein__sucht;   Ni__sucht;   Fi__sucht

Wie gefährlich sind sie und warum?

---

2 Lesen Sie den Text und beantworten Sie die folgenden Fragen:

a Welche Wirkung hat Alkohol in Fernsehfilmen?

b Welche Einstellung haben die Medien zum Alkohol?

c Wie sind die meisten Abhängigen drogensüchtig geworden?

d Erklären Sie mit eigenen Worten, warum Jugendliche Alkohol trinken.

e Wie reagieren Eltern auf die Alkoholsucht ihrer Kinder?

lockern entspannen

ab/lenken von von der ersten Richtung wegbringen

die Gewöhnung (-en) = wenn man an eine Sache gewöhnt ist (Sucht)

greifen* zu in die Hand nehmen

übermächtig zu stark

der Rückhalt Unterstützung

widerstreitend in Konflikt

reibungslos ohne Problem

ab/stellen ausschalten

die eigene Betroffenheit = was einen selber betrifft

Wenn Sie Satzanfänge und -endungen zuordnen müssen, achten Sie auf den Satzbau des **ganzen** Satzes. Beispiele:

a   Verb auf dem zweiten Platz → 3

b   dass/obwohl/wenn usw. + Verb am Ende des Satzes → 4

c   haben/sein + Partizip → 2

d   trennbare Verben (Anfang und Endung gehören zusammen) → 1

  a   In Deutschland …

  b   Die Medien lenken davon ab, …

  c   Bis zu ihrem 14. Lebensjahr haben 70 Prozent der Jugendlichen …

  d   Jugendliche spülen …

  1   … ihre Probleme weg.

  2   … die ersten Erfahrungen mit Drogen gemacht.

  3   … nehmen 150 000 Abhängige illegale Drogen.

  4   … dass Alkohol in Deutschland die Droge Nummer eins ist.

3 Setzen Sie die richtigen Satzteile zusammen:

a   Kinder und Jugendliche erfahren sehr früh …

b   Werbung erzeugt den Eindruck, …

c   500 000 Jugendliche unter 21 Jahren …

d   50 000 Deutsche kommen jedes Jahr …

e   Laut einer Umfrage haben 7% schon mit 11 oder 12 Jahren …

f   Jugendliche trinken, um eine gute Stimmung …

g   Schüler und Studenten benutzen Alkohol, …

h   Eltern finden es oft schwer, …

1   wegen Alkoholmissbrauchs ums Leben.

2   dass Alkohol das Leben verbessern kann.

3   um abschalten zu können.

4   ihre ersten Erfahrungen mit Alkohol gemacht.

5   sich mit der Sucht des Nachwuchses abzufinden.

6   zu schaffen und ihre Sorgen loszuwerden.

7   erweisen sich als alkoholsüchtig.

8   dass Alkohol eine bedeutende Rolle im Leben der Erwachsenen spielt.

Nützliche Ausdrücke

Die Diskussion konzentriert sich auf …
The discussion focuses on …

Das Problem lässt sich nicht mehr auf Distanz halten.
One can no longer distance oneself from the problem.

Grammatik: „da" + Präposition

When a preposition is not followed by a noun, you need to use *da* + the preposition (use *dar-* if the preposition begins with a vowel).

(ablenken von:)

  Die Diskussion lenkt **davon** ab, dass Alkohol …
  The discussion distracts from the fact that …

---

4 Setzen Sie „damit", „davon", „danach", „darüber", „dafür", „darauf" oder „darin" in die Lücken ein.

a   Er dachte … nach, ob er das Angebot annehmen sollte. (*to think about*)

b   Wir gehen … aus, dass du mitkommst. (*to assume*)

c   Man muss … hinweisen, dass die Zahl der Opfer hoch ist. (*to point out*)

d   Wir müssen … rechnen, dass es regnet. (*to reckon on*)

e   Man sollte … sorgen, dass die Statistik veröffentlicht wird. (*to make sure*)

f   Ich werde mich … erkundigen. (*to find out*)

g   Es kommt … an, ob Sie ihm glauben. (*to depend on*)

---

5 Hören Sie den Text und korrigieren Sie die folgende Zusammenfassung:

Ungefähr 3 Millionen Arbeitnehmer konsumieren jede Woche Alkohol zu Hause. Mit Hilfe von Tabak und Alkohol wollen die Leute Anerkennung finden. Die Verbraucher vermitteln uns den Eindruck, dass man erst mit dem Genuss dieser Drogen freier, glücklicher und hoffnungsvoller feiert. Tabak baut Stress auf, aber reduziert Konzentration und verursacht einige unangenehme Gefühle. Alkohol kann auch negative Wirkungen haben: Die Entspannung nimmt zu und soziale Kontaktfreudigkeit wird entdeckt.

1 a Finden Sie im Text die passenden deutschen Sätze zu diesen englischen Übersetzungen. Die Nummer des zutreffenden Absatzes steht in Klammern.

1 *I would have sat behind the wheel in this state* (1)

2 *he is a regular customer* (2)

3 *he had had a skinful, of course* (3)

4 *he saw the gap in the market* (3)

5 *packing the moped into a leakproof bag and then into the boot takes seconds* (4)

6 *the clientele is extremely varied* (5)

7 *the state of the clients varies from 'slightly merry' to 'loss of speech'* (5)

8 *the young entrepreneur is looking for a suitable new name* (6)

das Rätsel (-) = das kann man nicht leicht verstehen

die Gewissensbisse (Pl.) Schuldgefühle

beruflich für die Arbeit

die Erfindung (-en) = neue Idee

der Auftrag (¨e) Arbeit

die 50er Mofa

verstauen packen

der Zustand (¨e) = wie es jmdm. geht

reihern (umg.) erbrechen

die Anfrage (-n) Bitte um Auskunft

CityFloh macht Zecher froh

Please don't drink and drive.
Wozu auch: In Frankfurt hat ein Jungunternehmer den ersten Heimfahrservice für betrunkene Kneipengänger gegründet.

Manfred S. gefällt es heute mal wieder unglaublich gut in seiner Stammkneipe: Er redet schon ein bißchen schneller, als er denken kann, und mit den Kreuzchen auf ① seinem Bierdeckel könnte er einen ganzen Lottoschein ausfüllen. „Früher hätte ich mich in diesem Zustand noch ans Steuer gesetzt." Der Tag danach hätte dann wohl wieder mit zwei Aspirin und einem Rätsel begonnen: „Wie bin ich gestern nach Hause gekommen?"

Die morgendlichen Gewissensbisse ist Manfred S. los, seit er sich nach seinen Kneipentouren heimchauffieren läßt – im eigenen Auto wohlgemerkt, das er am nächsten Tag beruflich braucht. Er ist ② Stammkunde bei CityFloh, „weil ich meinen Führerschein behalten will und weil das Ganze sowieso eine Super-Erfindung ist". Prost.

Das, was Manfred S. eine „Super-Erfindung" nennt, ist die Idee von Michael Rexroth: Der 25jährige Frankfurter stand eines Abends ebenfalls vor der Frage, wie er erstens sein Auto und zweitens sich ③ selbst (er war natürlich voll wie ein Eimer...) nach Hause bringen soll. Am nächsten Tag ärgerte er sich über seine eigene Dummheit, weil er sich doch noch hinters Steuer geklemmt hatte – und er erkannte die Marktlücke mit dem Heimfahrservice.

Uwe Heydecke hat an diesem „Abend" (von 19 bis 5 Uhr) Telefondienst. Im Büro nimmt er als „Teamleiter" die Anrufe entge- ④ gen, nennt gleich die Preise und gibt die Aufträge an die mit Handys ausgerüsteten Fahrer weiter. Einer von ihnen ist Sebastian: Er schwingt sich auf seine 31 Kilogramm leichte 50er mit dem Rasenmäher-Sound und holt den Kunden ab. Das Verstauen des Mokicks in einer auslaufsicheren Tasche und danach im Kofferraum dauert nur Sekunden. Zwischen 15 und 75 Mark (je nach Entfernung) sind für den Heimfahr-Service fällig, etwas mehr also als für ein normales Taxi.

Frauen und Männer, Alte und Junge, Yuppies und Normalos: Die Kundenschicht der City-Flöhe ist bunt gemischt. „Vom ⑤ Panda bis zum Mercedes 600 SEL war bereits alles dabei", berichtet Sebastian, „meine allererste Fahrt war in einem BMW 850i". Der Zustand der Kunden reiche von „leicht angedudelt" bis zu „Verlust der Muttersprache", wobei immer-hin noch keiner in sein eigenes Auto gerei-hert habe. Häufigster Sonderwunsch: die Begleitung bis zur Tür. „Einmal wollten drei Mädels von mir ins Bett gebracht werden", erinnert sich der Sportstudent grinsend.

„City-Flöhe" werden bald auch in anderen deutschen Städten unterwegs sein. 80 Anfragen wegen Kooperationen liegen ⑥ bereits vor. „Da war sogar eine aus England dabei", erzählt Rexroth. Deshalb sucht der Jungunternehmer, der früher in der Werbebranche tätig war, nach einem neuen passenden Namen – diesmal für den inter-nationalen Floh-Markt.

This extract follows pre-1998 spelling rules.

b Welche Satzteile gehören zusammen? Vergessen Sie nicht, auf die Wortstellung zu achten! z.B.

1 Seit der Erfindung von CityFloh + **f können** sich Trinker im eigenen Auto heimfahren lassen.

1 Seit der Erfindung von CityFloh ...

2 Manfred S. ist heutzutage erleichtert, da ...

3 Michael Rexroth ist auf die Idee des Heimfahrservices gekommen, als ...

4 Da die Kunden des Heimfahrservices Alkohol getrunken haben, ...

5 Obwohl die City-Flöhe teurer als die normalen Taxis sind, ...

6 Michael Rexroth bereitet sich darauf vor, dass ...

a Er ist einmal in einem betrunkenen Zustand nach Hause gefahren.

b Sie ziehen alle Kundenkreise an.

c Er braucht nicht mehr sein Leben aufs Spiel zu setzen.

d Der Markt für seinen Service wächst sowohl in Deutschland als auch im Ausland.

e Viele wollen bis zur Schwelle eskortiert werden.

f Trinker können sich im eigenen Auto heimfahren lassen.

---

2 Erklären Sie nun mit eigenen Worten:

a Mit den Kreuzchen auf seinem Bierdeckel könnte er einen ganzen Lottoschein ausfüllen.

b Die morgendlichen Gewissensbisse ist Manfred S. los.

c Er ist Stammkunde bei CityFloh.

d Er erkannte die Marktlücke mit dem Heimfahrservice.

> Ausdrücke auf Deutsch erklären:
>
> • Vermeiden Sie Wörter, die schon im Satz vorhanden sind. Benutzen Sie Erklärungen wie: „eine Person, die ...“; „wenn man ...“.
>
> • Die Erklärung sollte kurz und unkompliziert sein – benutzen Sie nur sehr einfache deutsche Wörter!
>
> Beispiele:
>
> Stammkneipe = Lokal, wo man oft hingeht
> Kunde = eine Person, die etwas von einer Firma kauft

---

3 Partnerarbeit. Stellen Sie sich vor, Ihr(e) Freund(in) hat zu viel getrunken und will nach Hause fahren. Du musst ihn/sie überzeugen, den CityFloh Heimfahrservice zu benutzen. Eine Person spielt die Rolle des/der Betrunkenen, die andere die Rolle des/der Nüchternen.

Grammatik:
„hätte“/„wäre“ + Perfektpartizip

The imperfect subjunctive form *hätte* (*wäre* for verbs which take *sein*) with a past participle translates as 'would have ...'.

> ich **hätte** mich ans Steuer **gesetzt**
> *I would have got behind the wheel*
>
> der Tag danach **hätte begonnen**
> *the following day would have begun*

---

4 Sie sind Manfred S. Was wäre vielleicht passiert, wenn es CityFloh nicht gegeben hätte? Erzählen Sie mal:
z.B. sich ans Steuer setzen
⟶ ich hätte mich ans Steuer gesetzt.

a unverantwortlich handeln

b einen Unfall haben

c den Führerschein abnehmen (*use* man)

d nicht heil nach Hause kommen

e gegen das Gesetz verstoßen

f jemanden verletzen oder töten

g Gewissensbisse haben

---

5 Hören Sie diesen Radiobericht über eine junge Alkoholikerin und machen Sie zu folgenden Stichpunkten Notizen:

a Ihre Gefühle und Gedanken im Supermarkt

b Wie Jenny den Kampf gegen Alkohol sieht

c Wie sie ihren persönlichen Kampf begonnen hat

Nützliche Ausdrücke

jmdn. im Stich lassen	*to leave s.o. in the lurch*
über den Berg sein (umg.)	*to be out of the woods*

Drogen

Erstmals seit 1991 stieg in Deutschland 1996 die Zahl der Rauschgiftopfer. 1712 Menschen starben an den Folgen ihrer Sucht (Anstieg gegenüber 1995: 9,4%). Auch die Zahl der polizeilich registrierten Erstkonsumenten erhöhte sich um 13% auf 17 200. Mit 43,5% stellten Verbraucher von synthetischen Drogen wie Ecstasy den größten Teil der polizeilich registrierten Erstkonsumenten. Die höchsten Steigerungsraten gegenüber dem Vorjahr mit mehr als 50% wiesen ebenfalls LSD- und Ecstasy-Konsumenten auf. Erstmals seit Jahren erhöhte sich die Zahl der Heroinverbraucher (Anstieg: 6,5%).

ABHÄNGIGKEIT Jeder 20. Deutsche galt der Hauptstelle gegen die Suchtgefahren (DHS, Hamm) zufolge Ende der 90er Jahre als suchtkrank. Von illegalen Drogen wie Haschisch und Heroin waren 3% der Süchtigen abhängig, von harten Drogen 120 000. Die Zahl der Alkoholabhängigen bezifferte die DHS auf rd. 2,5 Mio Menschen. Weitere 1,4 Mio, 60% davon Frauen, waren medikamentensüchtig. Das meistkonsumierte Rauschgift war Haschisch. 3–10% der Jugendlichen von 18 bis 20 Jahren nahmen Designer-Drogen. In europäischen Gefängnissen waren 40% der Insassen wegen Rauschgiftdelikten verurteilt.

Drogen: Erfahrung mit Drogen in Deutschland				
Rauschgift	Anteil der 18–59-jährigen[1]			
	Westdeutschland		Ostdeutschland	
	Männer	Frauen	Männer	Frauen
Haschisch	18,4	9,4	5,8	1,4
andere Drogen	7,5	3,4	2,1	1,1
Drogen insges.	19,3	9,9	6,0	2,0

Repräsentativumfrage 1995, 1) Personen, die mindestens einmal illegale Drogen konsumiert haben; Quelle: Deutsche Hauptstelle gegen die Suchtgefahren

das Rauschgift (-e) Droge
das Opfer (-) jmd., der unter etwas leidet
sich erhöhen steigen
der Verbraucher (-) Benutzer

1 Lesen Sie den Text. Sind diese Behauptungen richtig oder falsch?

a 1996 erhöhte sich zum ersten Mal seit 1991 die Zahl der Deutschen, die am Drogenkonsum gestorben sind.

b Die Zahl der Deutschen, die Heroin konsumieren, ist jährlich um 6,5% gestiegen.

c Jeder 20. Deutsche ist drogenabhängig.

d 60% aller Frauen sind medikamentensüchtig.

e Als beliebteste Droge erweist sich Haschisch.

Nützliche Ausdrücke

Über Statistik sprechen ...

die Zahl der ... stieg /erhöhte sich
the number of ... increased

die höchsten Steigerungsraten gegenüber dem Vorjahr wiesen ... auf
the highest increases on the previous year were in ...

jeder zwanzigste Deutsche gilt als ...
one in 20 Germans is considered to be ...

erstmals seit 1991 ...
for the first time since 1991 ...

die Zahl der ... beziffert sich auf ...
the number of ... amounts to ...

2 Zehn kleine Fixer. Hören Sie das Lied an und finden Sie im Text die entsprechenden deutschen zu den englischen Ausdrücken:

a *desperation*
b *overboard*
c *then went to the drug-dealing area*
d *winter's night*
e *clink (prison)*
f *way out*
g *loneliness*
h *lack of pity*
i *ended it all*
j *needed*
k *hope*
l *hesitated*
m *outside*
n *load/supply*
o *home*
p *scum*

der Fixerstrich (-e) wo die Drogenabhängigen sich prostituieren
sich verkühlen (umg.) sich erkälten
der Bewährungshelfer (-) *probation officer*
ab/schreiben* aufgeben
die Wüste (-n) leeres Erdgebiet
der Goldene Schuss eine Überdosis
der Penner (-) (umg.) jmd., der keine Wohnung hat
kehren *to sweep*

Das Spritzbesteck nahm ich fast immer auch mit zur Schule. Für alle Fälle. Falls wir aus irgendwelchen Gründen mal länger bleiben mussten, noch eine Veranstaltung in der Aula angesetzt wurde, oder ich mittags gar nicht erst nach Hause kam. Manchmal musste ich mir dann einen Druck in der Schule machen. Die Türen der Schulklos waren alle kaputt. Meine Freundin Renate musste mir deshalb die Tür zuhalten, während ich mir den Druck machte. Renate wusste Bescheid über mich. Die meisten in der Klasse wussten es, glaube ich. Sie machten sich aber nichts draus. Jedenfalls in Gropiusstadt war es schon gar nicht mehr sensationell, dass jemand von Drogen abhängig war.

Während der Schulstunden, an denen ich noch teilnahm, pennte ich nun völlig apathisch vor mich hin. Oft richtig tief, mit geschlossenen Augen, den Kopf auf der Bank. Wenn ich morgens viel Dope gehabt hatte, bekam ich nur ganz mühsam ein paar Worte raus. Die Lehrer mussten merken, was mit mir los war. Aber nur ein einziger sprach mich in dieser Zeit mal auf Rauschgift an und fragte sogar nach meinen Problemen. Die anderen taten so, als wäre ich eben eine faule, verpennte Schülerin und schrieben mir Sechsen an. Wir hatten ohnehin so viele Lehrer, dass die meisten schon froh waren, wenn sie unsere Namen kannten. Einen persönlichen Kontakt gab es ja kaum. Die sagten auch bald nichts

der Druck (⸚e) *fix*
Bescheid wissen* wissen
pennen (ugs.) schlafen

mehr dazu, dass ich grundsätzlich keine Schularbeiten machte. Und sie holten nur noch ihr Notenbuch heraus, wenn ich bei Klassenarbeiten »Kann ich nicht« ins Heft schrieb, es sofort abgab und dann vor mich hingemalt habe, irgendeinen Blödsinn. Die meisten Lehrer, glaube ich, interessierten sich nicht mehr für die Schule als ich. Die hatten auch total resigniert und waren wie ich heilfroh, wenn wieder eine Stunde rum war ohne Klamauk.

3 a Lesen Sie mehrmals diese Worte aus der wahren Geschichte von Christiane F. Ohne den Text wieder anzuschauen, fassen Sie den Auszug mit 100 Wörtern im Englischen zusammen.

b Rollenspiel. Person A: Sie sind Renate, die Freundin von Christiane. Sie erzählen dem Lehrer/ der Lehrerin, was mit Christiane F. los ist und versuchen ihn/sie zu überzeugen, etwas zu tun.

Person B: Sie sind der Lehrer / die Lehrerin und stehen dieser Bitte ablehnend gegenüber. Sie haben keine Lust, sich in das Leben einer Süchtigen einzumischen.

Grammatik zum Auffrischen:
Substantivierte Adjektive

Adjectives can be used as nouns by giving them a capital letter and the correct adjective ending as if they were still being used as adjectives (see page 111):

süchtig = *addicted* ·····⟩
    der Süchtig**e** = *the male addict*;
    ein Süchtig**er** = *a male addict*

    die Süchtig**e** = *the female addict*;
    eine Süchtig**e** = *a female addict*

4 Ergänzen Sie:

a Ich habe den Süchtig___ am Bahnhof gesehen.

b Er hat eine Süchtig___ aus Gropiusstadt kennen gelernt.

c Wir haben mit einem jungen Süchtig___ gesprochen.

d Ich hörte dem Leben einer Süchtig___ zu.

e Die Süchtig___ leben in einer anderen Realität.

f Es fällt mir schwer, Drogensüchtig___ zu verstehen.

g Das Leben eines Süchtig___ ist in der Regel sehr chaotisch.

h Es erhebt sich die Frage, ob die Gesellschaft dem chronisch Süchtig___ helfen kann.

i Süchtig___ müssen für sich selbst entscheiden, ob sie entziehen wollen.

j Wie kann man Süchtig___ helfen?

Nützliche Ausdrücke

der häufigste Grund für ... ist ...
the most common reason for ... is ...

ein schlimmer Teufelskreis
a vicious circle

der Begriff wird in der Regel mit ... in Verbindung gebracht
the term is usually linked with ...

Wenn Sie einen Aufsatz oder eine Facharbeit zu einem bestimmten Thema schreiben, müssen Sie viele Fachvokabeln verwenden. Erstellen Sie jeweils zuerst eine Liste davon.

5 Erstellen Sie eine Liste der Fachvokabeln zum Thema „Drogen".

1 Lesen Sie den Text und beantworten Sie die Fragen.

a Was wollte die Landesregierung in Schleswig-Holstein einführen und warum?

b Warum hat das Bundesinstitut für Arzneimittel und Medizinprodukte den Versuch verboten?

c Warum kritisierte der Suchstoffkontrollrat der UNO das Vorhaben? Sind Sie damit einverstanden?

---

das Arzneimittel (-) Medikament
das Modellprojekt (-e) *pilot scheme*
begründen einen Grund geben
das Betäubungsmittelgesetz Gesetz über Drogen
die Freigabe (-n) Liberalisierung
zu/lassen* erlauben
das Vorhaben (-) Plan

LEGALISIERUNG VON HASCH: Im Mai 1997 verbot das Bundesinstitut für Arzneimittel und Medizinprodukte (BfArM, Berlin) ein in Schleswig-Holstein geplantes Modellprojekt, bei dem bis zu 5 g Haschisch und Marihuana in Apotheken an Personen über 16 Jahre verkauft werden sollten. Das BfArM begründete seine Entscheidung damit, dass das Betäubungsmittelgesetz eine solche kontrollierte Freigabe von Drogen nicht zulasse. Ziel des geplanten Versuchs war eine Trennung der Märkte für weiche und harte Drogen. Konsumenten weicher Rauschgifte sollten nicht mit dem Milieu der harten Drogen in Kontakt geraten. Der Suchtstoffkontrollrat der UNO (INCB, Wien) kritisierte das Vorhaben, weil Cannabisprodukte keinesfalls harmlos seien und den Einstieg in eine Rauschgiftkarriere mit harten Drogen darstellten. In Deutschland hatte Ende der 90er Jahre jeder zehnte Jugendliche von zwölf bis 24 Jahren Erfahrungen mit Haschisch.

---

2 Sollte Cannabis legalisiert werden? Sind die Aussagen auf der nächsten Seite zu den Texten richtig oder falsch?

Ja:

Nein:

Eine Welt ohne Drogen ist nicht vorstellbar

Weder sind gewichtige gesundheitsschädigende Effekte nach Cannabiskonsum bekannt, noch führen bislang die vergleichsweise geringen Preise und Gewinnspannen im Cannabishandel zu einer ausgeprägten kriminellen Subkultur oder sozialen Folgeschäden für die Konsumenten. Auch gilt die so genannte „Einstiegsthese", wonach Cannabiskonsum ein Umsteigen auf Heroin wahrscheinlich macht, inzwischen in der Fachliteratur als überholt. (*Wissenschaftliche Untersuchungen ergaben*), dass nur etwa ein Prozent der Cannabiskonsumenten einen Wechsel zu harten Drogen vollzogen hätte. Dieser Übergang sei eher durch psychische und soziale Zusammenhänge als durch eine Schrittmacherfunktion der weichen Drogen zu erklären.

(Vorschläge der hessischen Kommission zur Entkriminalisierung, Eine Welt ohne Drogen ist nicht vorstellbar; in: Frankfurter Rundschau v. 29.6.1992, S. 10)

Liberalisierung von Cannabis?

Eine Freigabe weicher Drogen hätte (...) Signalwirkung. Einer großen Anzahl von Suchtgefährdeten würde in fataler Art und Weise die Ungefährlichkeit des Konsums von Cannabis suggeriert (*eingeredet*). Gerade junge, in ihren Lebenseinstellungen noch nicht gefestigte Menschen sind gefährdet. Für viele, die aufgrund von Neugier oder zur vermeintlichen Lösung von Problemen eine Bereitschaft zum Drogenkonsum aufweisen, würde die Hemmschwelle entfallen. Bei gleichzeitig sinkenden Rauschgiftpreisen führt das unweigerlich zu einer wachsenden Konsumentenzahl. Selbst wenn nur ein Teil davon zu harten Drogen greift, ist eine steigende Zahl von Abhängigen harter Drogen die unausweichliche Konsequenz.

(Gerhard Köhler in: Frankfurter Rundschau v. 27.3.1993, S. 12)

---

gewichtig schwer
die Gewinnspanne (-n) *profit margin*
ausgeprägt deutlich
überholt = nicht mehr richtig

---

vermeintlich = wie man (falsch) gedacht hatte
die Hemmschwelle (-n) *inhibition level*
unausweichlich unvermeidbar

Ja:

a Es ist bekannt, dass Cannabiskonsum der Gesundheit schwer schadet.

b Es gibt im Cannabishandel eine große kriminelle Subkultur.

c Nach der „Einstiegsthese" ist es wahrscheinlich, dass Cannabiskonsum zum Heroinkonsum führt.

d Nur ein Prozent der Cannabiskonsumenten haben harte Drogen genommen.

e Die Leute steigen aus sozialen und psychischen Gründen auf harte Drogen um.

Nein:

f Eine Freigabe weicher Drogen würde suggerieren, dass Cannabis gefährlich ist.

g Junge Leute sind besonders gefährdet, weil sie keine festen Meinungen haben.

h Die Hemmschwelle, Drogen zu nehmen, würde nicht mehr bestehen.

i Bei Legalisierung würden die Preise steigen.

3 Hier geben verschiedene Drogenberater jeweils einen Hinweis zur Suchtprävention. Hören Sie zu und ergänzen Sie diese Ratschläge für Freunde von Drogenabhängigen. Vorsicht bei den Endungen und Formen der Wörter: Handelt es sich um ein Substantiv, ein Verb oder ein Adjektiv?

a Wenn du einem Freund oder einer Freundin mit _____ helfen möchtest, solltest du Drogenberater suchen, die _____ sind. Normalerweise genügen Freundschaft und _____ leider nicht.

b Wenn die Hilfe falsch ist, könnte dies _____ Auswirkungen für den Süchtigen haben.

c Du kannst Süchtige nicht zur Einsicht _____. Wenn sie unter Druck sind, bleiben sie oft nur mit ihren _____ Freunden zusammen.

d Du solltest dein _____ so weiterführen wie bisher. Der/Die Abhängige muss selber lernen, dass Drogen ihn/sie _____ können.

e Du solltest für den Freund / die Freundin nicht lügen, da dies die Auseinandersetzung mit der Abhängigkeit _____.

f Gib ihm oder ihr kein _____, auch wenn die _____ quälend sind.

g Lass es nicht zu, dass man in deiner _____ und in deiner _____ Drogen _____.

h Suche _____ Informationen über die Droge aus.

i Lass dich auf keinen _____ dazu überreden, Drogen zu probieren. Wenn die Droge wirklich _____ ist, kann der Abhängige darauf _____.

4 Schreiben Sie einen Aufsatz (300–350 Wörter) zum Thema: „Eine Freigabe weicher Drogen – Weisheit oder Wahnsinn?"

Wenn Sie einen Aufsatz schreiben, können Sie folgende Ausdrücke benutzen:

Es handelt sich um ...
It is a question of ...

Es folgt daraus, dass ...
It follows that ...

Es ist nicht zu leugnen, dass ...
One cannot deny that ...

Es erhebt sich die Frage, ob ...
The question arises whether ...

Einerseits ... andererseits ...
On the one hand ... on the other hand ...

Es liegt auf der Hand, dass ...
It is obvious that ...

Es lässt sich daraus schließen, dass ...
One can conclude from this that ...

Man muss beachten, dass ...
One must consider that ...

Sie sind jung und fühlen sich echt steinalt. Sie hängen durch, sie sind stinksauer. Weil ihre Zukunftsträume ins Leere laufen. Weil ihre Power niemand will. Mehr als 440 000 Jugendliche suchen Arbeit, finden aber keine.

Neun Mädchen sitzen in der Klasse und sechs Jungen, alle mit Realschulabschluss. Für die 15 Schüler ist der Besuch der einjährigen Höheren Handelsschule eine Verlegenheitslösung. Alle haben bereits vor vielen Monaten, vor dem Abschluss der zehnten Realschulklasse, zwischen zwanzig und hundert Bewerbungen geschrieben – vergeblich. Diese Handelsschule ist jetzt ihre Warteschleife. Für Natascha ist es die erste, für Andreas die dritte nach Berufsgrundbildungsjahr und Berufsfachschule. Wenn auch dieses Jahr zu Ende geht, werden die Schülerinnen und Schüler wieder ihre großen braunen Briefumschläge in die Postkästen werfen.

Jeder höflich formulierte Brief aus einer Personalabteilung – „anbei erhalten Sie Ihre Bewerbungsunterlagen zurück" –, mit tiefem Bedauern als Textbaustein – „leider haben wir uns für einen anderen Bewerber entschieden" –, ist für die Schüler eine Niederlage. Schlimmer noch: Es ist eine Kränkung.

Für sie bestehen diese freundlich-kühlen Briefe nur aus einem Satz: Du nicht. Dieses Urteil ertragen sie zwanzigmal, fünfzigmal, hundertmal.

Um dabei unverletzt zu bleiben, müssten sie schon ein ziemlich solides Selbstbewusstsein haben. Aber woher nehmen – als Schülerinnen und Schüler in der Warteschleife?

Die Lehrer versuchen zu trösten. Und vernünftige Eltern machen nicht noch zusätzlich Druck, sondern erklären die Lage: Es sind einfach zu viele, die sich bewerben. Du bist nicht schlechter als die anderen. Die Absage ist nicht persönlich gemeint. „Aber auf dem Umschlag steht mein Name", sagt René. „Und der Brief, in dem sie bedauern, dass sie mich nicht wollen, fängt mit meinem Namen an. Sie meinen doch mich – wen denn sonst?"

Es gibt Erfahrungen, vor denen Jugendliche geschützt werden müssten. Zum Beispiel die, zu alt zu sein für das, was man mit seinem Leben gern machen möchte. Jasmin sagt: „Ich schäm mich manchmal richtig, dass ich schon zwanzig bin – für eine Bewerbung ist das echt steinalt."

Alle Umfragen kommen zu dem gleichen Ergebnis: Die Arbeit hat für Jugendliche einen hohen Stellenwert. Logisch. Was fragen wir uns denn, wenn wir einander kennen lernen wollen? Wir fragen immer und zuallererst nach der Arbeit. Durch unser Werteraster fällt, wer keine Arbeit hat. Wer den Aufstieg nicht schafft, weil nicht einmal der Einstieg geklappt hat. Wird einer Generation verweigert, sich über die Arbeit zu Menschen mit Selbstwertgefühl zu entwickeln, ist deren Desinteresse an Staat und Politik nicht verwunderlich.

Noch gilt die deutsche Jugend als die friedlichste Europas. Dabei gäbe es wirklich genug Gründe, über diese Friedfertigkeit zu staunen. In unseren Nachbarländern nämlich spricht die Jugend schon etwas lauter und deutlicher von ihrer Not.

Jugendliche ohne Zukunftsperspektive zündeten Autos an, plünderten Geschäfte, verprügelten Polizisten. Eine alte Erfahrung, neu gemacht: Nur wer schreit, wird gehört.

Noch bestreiten viele Politiker den unmittelbaren Zusammenhang zwischen Jugendarbeitslosigkeit, politischer Radikalisierung und Gewalt.

Sie werden sich wundern: Wer die Not der Jugend heute überhört, solange sie sich noch leise, einsam und individuell artikuliert, der wird sie spätestens dann zur Kenntnis nehmen müssen, wenn es knallt.

Die Zukunft der Gesellschaft ist die Jugend. Was wird aus einer Gesellschaft, wenn die Jugend keine Zukunft hat?

Wer seine Arbeit verliert, verliert seinen Platz in der Welt. Wem nicht einmal gestattet wird, diesen Platz zu finden, der verliert sich selbst. In Leipzig und Umgebung fehlen über 4000 Lehrstellen.

---

die Verlegenheitslösung (-en) *stopgap*

die Warteschleife (-n) die Kreise, die Flugzeuge ziehen müssen, die auf das Landen warten

die Kränkung (-en) die Beleidigung

der Stellenwert Status

das Werteraster System von Wichtigkeiten

der Aufstieg = eine höhere Stelle erreichen

überhören nicht darauf reagieren

1

a Finden Sie im Text Ausdrücke mit derselben Bedeutung wie die folgenden. Die Nummern in Klammern zeigen, in welchem Absatz Sie die Antwort finden.

1	nichts werden (1)	**7**	behütet (7)
2	ohne Erfolg (2)	**8**	nicht genehmigt (8)
3	beschlossen (3)	**9**	erstaunlich (8)
4	Misserfolg (3)	**10**	beachten (12)
5	heil (5)	**11**	erlaubt (14)
6	beruhigen (6)		

b Ergänzen Sie den folgenden Lückentext. Die Nummer des zutreffenden Absatzes steht in Klammern, aber Sie müssen oft ein anderes Wort finden.

Die neun Mädchen und sechs Jungen **(a)** ___ (2) die Höhere Handelsschule, weil ihre Bewerbungen nicht **(b)** ___ (2) waren. Sie werden sich am Ende des Jahres um Stellen neu **(c)** ___ (2). Jede Zurückweisung empfinden sie als persönliche **(d)** ___ (3). Sie brauchen sehr **(e)** ___ (5) zu sein, um nicht durch diese Erfahrungen **(f)** ___ (5) zu werden. Die Jugendlichen werden von ihren Eltern und Lehrern/Lehrerinnen **(g)** ___ (6), die betonen, dass sie die Zurückweisung nicht **(h)** ___ (6) nehmen sollten. Die **(i)** ___ (8) spielt eine große Rolle im Leben der Jugendlichen und sie entwickeln dadurch ihr eigenes **(j)** ___ (8). Wenn sie jedoch keine **(k)** ___ (10) hat, wendet sich die Jugend an die **(l)** ___ (11). Keine Arbeit bedeutet der **(m)** ___ (14) seines Platzes in der Welt.

c Übersetzen Sie ins Englische: „Sie sind jung ... René."

2

Partnerarbeit. Stellen Sie sich vor, Sie sind René. Sie haben sich gerade um eine Stelle beworben und eine Absage bekommen. Sie sind natürlich deprimiert und hoffnungslos. Ihr(e) Partner(in) spielt die Rolle des Lehrers / der Lehrerin, der/die versucht, Sie zu trösten.

3

Lesen Sie die Grammatik und den darunter stehenden Text. Benutzen Sie „wenn-Sätze", um den letzten Satz des Textes ins Hochdeutsche umzuschreiben. („Haste" = Hast du, usw.)

„Wenn"-Sätze ohne „wenn" 1

To translate 'if', instead of using a *wenn*-clause you can place the verb at the beginning of the clause.

Wird einer Generation verweigert, sich ... zu entwickeln

= Wenn einer Generation verweigert wird, sich ... zu entwickeln

If a generation is not allowed to develop ...

Motto:
„Haste was, biste was"

„Ich bin dem Klauen verfallen", bekennt Jeannette, 15, die seit ihrem siebten Lebensjahr im Hamburger Kinderheim Waldenau wohnt und sich mit 23 Mark Taschengeld pro Woche wenig leisten kann. Gestohlen hat Jeannette schon alles Mögliche: Schuhe, Kosmetik und Kleidung. „Wenn ich andere Mädchen mit den neuesten Levi's-501-Jeans sehe, werde ich so neidisch, dass ich die unbedingt auch haben muss. Erst dann fühl ich mich wieder ebenbürtig."

Was Jugendliche wie Jeannette bewegt, hat Kriminologe Pfeiffer auf eine Formel zu bringen versucht: „Haste was, biste was, haste nix, biste nix. Nimmste was, haste was, haste was, biste was."

(Der Spiegel Nr. 14 v.30.3.1992, S. 57)

4

Hören Sie diese Berichte von Straftaten und füllen Sie die Tabelle mit eigenen Worten aus:

a	Uhrzeit und Ort der Straftat Beschreibung des Opfers Beschreibung der Straftat	
b	Warum der Jugendliche aufgefallen ist Was der Polizist bei dem Jungen gefunden hat Was der Junge geplant hatte	
c	Wo die Jugendlichen erwischt worden sind Beschreibung der Straftat	

Nützliche Ausdrücke

noch gilt die deutsche Jugend als ...
German youth is still considered ...

noch bestreiten viele ... den Zusammenhang zwischen ... und ...
many ... still dispute the connection between ... and ...

wir werden ... zur Kenntnis nehmen müssen
we shall have to take note of ...

nur wer schreit, wird gehört
only those who shout are listened to

Jana Simon

Es wird schwieriger, mit der Stille umzugehen

Protokoll einer Mutter, deren Sohn verschwand

① Jährlich werden Tausende Kinder in Deutschland als vermisst gemeldet. Die große Mehrheit der Kinder (bis 14 Jahre) wird wiedergefunden. Statistisch aufgeführt werden nur jene Jungen und Mädchen, die nicht wieder auftauchen – 814 Kinder deutschlandweit. Wie gehen die Eltern mit diesem Verlust um? Dies ist der Bericht über eine Berliner Mutter, deren Sohn nur einen Freund zum Bahnhof begleiten wollte und nicht wiederkehrte.

② Sie wartet seit über zwei Jahren auf einen Anruf, auf ein Lebenszeichen. Seitdem ihr Sohn Max verschwunden ist, sind die Tage endlos geworden.

③ Der Tag, an dem er verschwand, war ein schöner Julitag 1995. Ein Freund von ihm war zu Besuch, und zum ersten Mal durfte der Dreizehnjährige ihn allein zum Bahnhof Zoo begleiten. Er hatte sein Kapuzenshirt an, eine schwarzgefärbte Bundeswehrhose und seine geliebten Doc Martins. Sie kauften noch zusammen Schokolade, bevor sein Freund in den Zug stieg und Max ein letztes Mal sah.

④ Als Max am Abend nicht nach Hause kommt, denkt seine Mutter, er habe vielleicht vergessen anzurufen. Sie hatten sich nicht gestritten, und er war auch noch nie zuvor einfach so weggeblieben.

Wann genau sie begriffen hat, dass er weg ist, weiß sie heute nicht mehr. Die Verzweiflung legte sich über ihr Leben wie ein undurchsichtiger Schleier und **⑤** begrub alles andere. Ihre Beziehung geht kaputt, und sie hört auf zu arbeiten. Wenn sie spazieren geht, sieht sie sich Jugendliche in seinem Alter an und stellt sich vor, wie Max jetzt aussieht.

Ihre Umwelt ist mit ihrem Schicksal oft überfordert. Freunde versuchten hemmungslos ihre Erziehungsfehler zu analysieren. Max' Klassenlehrer meinte nur lapidar, er werde schon zurück- **⑥** kommen. Sie selbst sitzt fest in einer Falle aus Selbstvorwürfen und Schuldgefühlen. In ihrem Kopf läuft eine Endlosschleife mit den immer gleichen Fragen: „Warum ist er weggegangen?", „Was habe ich falsch gemacht?"

Sie hatten kein leichtes Leben zu zweit. Sie arbeitete als Schlosserin, jobbte in Kneipen und Buchläden, fing an zu studieren, brach das Studium aber wieder ab. Max' Vater verabschiedete **⑦** sich schon nach einem Jahr. 1992 zogen sie von Bielefeld nach Ost-Berlin. Sie habe eine Luftveränderung gebraucht, sagt sie. Sie lernt einen neuen Mann kennen und bekommt ein Kind von ihm. Das muss die Zeit gewesen sein, in der ihrer Meinung nach Max anfing, sich von ihr zu entfernen. Er habe vielleicht das Gefühl gehabt, ausgeschlossen zu sein, überlegt sie. Er hatte Probleme in der Schule, wo er als Punk von den Lehrern nicht gerade geliebt wurde, und Angst davor, nicht versetzt zu werden. Er konnte stundenlang Geschichten erzählen, aber das war noch nie in irgendeiner Schule dieser Welt besonders gefragt. Das alles hat sie erst später realisiert.

Die Ungewissheit zehrt an ihrer Kraft. Mit Distanz könne sie leben, aber nicht mit diesem Schweigen, sagt sie. Zwei Jahre nichts außer Hoffnung ist eine verdammt lange Zeit. Je länger Max weg sei, um so schwieriger werde es, mit der Stille umzugehen. **⑧** Manchmal macht sie den Eindruck, als würde sie gleich anfangen laut zu schreien, um das tödliche Schweigen ihrer Umgebung zu übertönen. Im nächsten Moment hat sie sich wieder im Griff: „Ich muss das bis zum Ende durchstehen", sagt sie dann.

Die Namen wurden geändert.

Verantwortlich: Martina I. Kischke

---

melden registrieren

auf/tauchen [s] erscheinen

begreifen* verstehen

die Verzweiflung Hoffnungslosigkeit

der Schleier (-) *veil*

begraben* bedecken

hemmungslos nicht scheu

der Vorwurf (ˉe) *reproach*

versetzt werden [s] nicht sitzen bleiben

übertönen lauter als etwas sein (damit man es nicht hört)

---

1 a Lesen Sie den Text und beantworten Sie folgende Fragen:

   1 Wie und wann ist Max verschwunden?

   2 Welche möglichen Gründe gibt es für sein Verschwinden?

  b Beschreiben Sie mit eigenen Worten die Reaktion und die Gefühle der Mutter.

2 Gruppenarbeit. Teilen Sie sich in der Klasse wenn möglich in drei Gruppen auf:

Gruppe 1: Sie sind Max.

Gruppe 2: Sie sind Max' Mutter.

Gruppe 1 & 2: Schreiben Sie einen Brief an Ihre Mutter bzw. an Ihren Sohn, in dem Sie Ihre Gefühle in der heutigen Situation und Ihre Hoffnungen für die Zukunft beschreiben.

Gruppe 3: Erstellen Sie einen Radiospot, in dem Sie einen Appell an Max richten, nach Hause zurückzukommen.

Alle Gruppen lesen Ihre Arbeit der Klasse vor.

3 Rollenspiel. Sie nehmen an der Fernsehsendung „Liebesbande" teil. Die Sendung vereinigt Leute wieder, die lange getrennt waren. In dieser Sendung wird Max mit seiner Mutter wiedervereinigt. Spielen Sie die Szene vor.

Grammatik:
Vermutungen mit „müssen"

You can use the verb *müssen* plus the perfect infinitive (past participle with *haben* or *sein*) to express supposition – 'must have done'. You use *haben* if the verb normally forms its perfect tense with *haben* and *sein* if it usually takes *sein*. Note the word order.

Die Mutter **muss** ihren Sohn **vermisst haben**.
The mother must have missed her son.

Die Polizei **muss** überall **gesucht haben**.
The police must have searched everywhere.

Max **muss** verzweifelt **gewesen sein**.
Max must have been desperate.

Das **muss** die Zeit **gewesen sein**, in der ...
That must have been the time when ...

4 Übersetzen Sie ins Deutsche:

a *Max must have hated school.*

b *He must have lived on the streets.*

c *The mother must have felt guilty.*

d *The mother must have been helpless.*

e *Max's friends must have forgotten him.*

f *Max must have led a difficult life.*

5 Finden Sie nun im Text Beispiele für die indirekte Rede (siehe Seite 141) und übersetzen Sie sie ins Englische.

Nützliche Ausdrücke

eine Luftveränderung brauchen
to need a change of air/scene

an der Kraft zehren
to sap one's strength

etwas im Griff haben
to have something under control

je länger ..., um so schwieriger
the longer ... the more difficult

etwas bis zum Ende durchstehen
to hold out to the last

6 In diesem Lied von Herbert Grönemeyer wird behauptet, dass die Welt besser sein würde, wenn Kinder die Macht hätten. Füllen Sie die Lücken aus!

Kinder an die Macht

Die **(a)**_____ aus Gummibärchen, die
  (b)_____ aus Marzipan
Kriege werden **(c)**_____
(d)_____ Plan, **(e)**_____ genial
Es gibt kein **(f)**____, es gibt kein **(g)**____, es gibt
  kein **(h)**_____, es gibt kein **(i)**_____,
Es gibt Zahnlücken statt zu **(j)**_____
Gibt's Erdbeereis auf **(k)**_____, immer für eine
  (l)_____ gut

Gebt den Kindern das **(m)**_____
Sie **(n)**_____ nicht was sie **(o)**_____
Die Welt **(p)**_____ in Kinderhände, dem Trübsinn
  ein **(q)**_____
Wir werden in den Grund und **(r)**_____ gelacht
Kinder an die Macht

Sie sind die **(s)**_____ Anarchisten
Lieben das **(t)**_____, räumen ab,
(u)_____keine Rechte, keine **(v)**_____
Noch ungebeugte **(w)**_____, massenhaft
Ungestümer **(x)**_____

Rechte Gewalt in den neuen Ländern: Nichts sehen, nichts hören, nichts tun

Expedition ins Reich der Verdrängung

Wo auch immer im Osten Jugendliche zuschlagen, sind sich Eltern, Erzieher und Richter eins – die Jungs sind harmlos, schuld hat allein die Gesellschaft

Von Annette Ramelsberger

Ostdeutschland, im Frühjahr – Markus ist ein lieber Junge. Hochaufgeschossen, 1,86 Meter groß und ruhig. Etwas linkisch wirkt er für seine 18 Jahre. „Nie in meinem Leben", sagt Markus treuherzig, „würde ich einen Deutschen schlagen." Wenn er und seine Kumpels am Wochenende über die Dörfer ziehen, dann „klatschen wir nur Ausländer". Fünf Mann seien sie meist, zehn Fäuste und ein Kasten Bier.

Jeder dritte Jugendliche in den neuen Ländern, so schätzt der erfahrene Berliner Kriminologe Bernd Wagner, denkt mittlerweile in rechtsextremistischen Kategorien. Jugendbanden ziehen durchs Land, um es „judenfrei", „krüppelfrei" und „ausländerfrei" zu machen. Und die Gesellschaft, der bis vor neun Jahren der Antifaschismus von Staats wegen verordnet war, schaut zu. Hakenkreuze? Sind doch normal. Rechtsradikale Schläger? Sind doch „unsere Jungs". Fast die Hälfte aller rechtsradikal motivierten Straftaten in Deutschland wird in den neuen Ländern verübt, wo nur ein Fünftel der Bundesbürger lebt. Wer in diesen Tagen durch den Osten reist, sieht überall Spuren der Rechten. Noch trostloser ist aber vielleicht der Umstand, wie viele diese Spuren nicht sehen wollen, die Gefahr einfach leugnen und verdrängen.

Und bei der Landtagswahl in Sachsen-Anhalt in drei Wochen wird Markus die rechtsextreme DVU wählen. Von ihr weiß er nur, daß es „eine nationale Partei ist". Aber sie vertrete seine Auffassung, daß „det mit die ganze Ausländer, die nach der Wende kamen", nicht geht.

Alle sind erschrocken. Doch keiner fühlt sich zuständig. Richter erklären, sie könnten nicht mehr helfen. Die Gesellschaft sei schuld, sagt Conny Waron von der Jugendgerichtshilfe in Rostock. Und weil die Gesellschaft keine Telephonnummer hat, bei der man anrufen kann, passiert nichts. Eltern sagen, sie hätten genug mit sich selbst zu tun. Früher habe sich ja auch der Staat um die Erziehung der Kinder gekümmert. Lehrer legen sich nicht mit den Schülern an. Jugendämter finden, alles liege an der hohen Arbeitslosigkeit. Und die Gemeinden wollen das Problem nicht wahrhaben.

Alle haben Verständnis für die jungen Leute. Weil es die Eltern so schwer haben. Weil es keine klaren Werte mehr gibt. Weil die Arbeitslosigkeit so groß ist. Dabei haben gerade die rechten Straftäter meistens eine Lehrstelle oder einen Job. In Wirklichkeit will sich keiner anlegen mit den Jugendlichen. Die Eltern nicht, die Lehrer nicht, nicht einmal die Polizei. Die schaue meistens lieber weg als hin, sagen selbst hohe Juristen.

This extract follows pre-1998 spelling rules.

---

klatschen schlagen (ugs.)

verordnen befehlen

der Hakenkreuz (-e) = Nazi-Symbole

die Spur (-en) = Zeichen, dass jmd. da war

der Umstand (-̈e) Tatsache

verdrängen nicht sehen wollen

die Wende die Wiedervereinigung DDR–BRD

sich mit jmdm. an/legen sich mit jmdm. streiten

---

1 a Lesen Sie den Text: Sind die folgenden Aussagen richtig oder falsch?

1 Markus verabredet sich jedes Wochenende mit seinen Kumpels, um Ausländer anzugreifen.

2 Die Gesellschaft hält die Hakenkreuze und Schläger für eine Unverschämtheit.

3 Beinahe 50% der in Deutschland von Rechtsradikalen begangenen Straftaten findet in Westdeutschland statt.

4 Markus ist über die Politik der DVU gut informiert.

5 Richter fühlen sich zuständig und hoffen, die Lage verbessern zu können.

6 Keiner will sich mit der Jugend konfrontieren.

b Finden Sie im Text Ausdrücke mit einer Bedeutung, die den folgenden ähnlich sind. Die Nummer des zutreffenden Absatzes steht in Klammern.

1 er macht einen ungeschickten Eindruck (1)

2 die Öffentlichkeit schreitet nicht ein (2)

3 Verbrechen, die einen rechtsextremistischen Beweggrund haben (2)

4 nimmt weit und breit Zeichen der Neonazis wahr (2)

5 keiner will aber die Schuld tragen (4)

6 das Ganze folgt daraus, dass so viele Leute nicht berufstätig sind (4)

7 wegen der mangelnden Arbeitsplätze (5)

8 niemand ist bereit, sich mit der jungen Leuten zu konfrontieren (5)

2 a Hören Sie das Lied an und füllen Sie die Lücken aus.

Vom Opfer zum Täter

Es gibt nichts zu tun in der toten Stadt.
Leere Fabriken, wo keiner Arbeit hat.
Der Hafen ist verlassen – (1)_____
Er dreht hier noch durch: Was mach ich bloß?

Er hängt den ganzen Tag rum, (2)_____
    nirgendwo (3)_____.
Eins ist ihm klar: Alles läuft ohne ihn.
Da will er wenigstens Fan sein vom Fußballverein,
wenigstens stolz darauf, ein (4)_____
    zu sein.
Und (5)_____ Ausländer sein, ist auch schon
    mal was.
Endlich weiß er, wohin mit all seinem (6)_____.
Zuerst zog er bloß mit der Flagge zum Spiel,
bis er irgendwann (7)_____ – das war
    wie'n Ventil.

Vom Opfer zum Täter ist's 'n (8)_____
    (9)_____.
Noch gestern ein (10)_____ und heut' marschierst
    du mit.
Bist 'n armes Kind – bist 'n dummes Kind.
Jetzt (11)_____ du mit im braunen Wind.
Alte (12)_____ und jetzt gröhlst du mit.
Vom Opfer zum Täter ist ein
    (13)_____ (14)_____.

Wenig im (15)_____– und nix in der Hand,
so bleibt er ein (16)_____ im (17)_____
    Land.
Dann brüllt er: Scheißkanacken, das ist *mein*
    Deutschland!
Und schmiert (18)_____ an die Ghettowand.
Ihn zu kriegen, dazu gehört nicht viel.
Wenn einer kommt und (19)_____ ihm ein
    (20)_____,
irgendein krankes Ziel, nur für 'n Tag oder zwei,
oder tausend Jahre – dann ist er dabei.

…

Komm mal besser auf uns're (21)_____ …

b Schreiben Sie auf Deutsch und mit eigenen Worten eine Zusammenfassung der Situation, die in diesem Lied beschrieben wird, z.B. warum wird der Junge so ausländerfeindlich?

As you have learnt, reported speech uses the subjunctive form of the original spoken tense. Apart from the *er/sie*-form, very many present tense forms, however, are now generally replaced by the imperfect subjunctive. The exception is *sein*:

Original present form of:

| | werden | haben | gehen | sein |

Reported speech form:

ich	würde	hätte	ginge	sei
du	würdest	hättest	gingest	sei(e)st
er/sie	werde	habe	gehe	sei
wir	würden	hätten	gingen	seien
ihr	würdet	hättet	ginget	wär(e)t
sie	würden	hätten	gingen	seien

If the original statement is in a past tense, in reported speech you should use the appropriate part of *haben/sein* as above plus the past participle, regardless of whether the original statement uses the perfect, imperfect or pluperfect.

„Wir hatten nichts zu tun in der toten Stadt." ···⟩

Sie haben gesagt, sie **hätten** in der toten Stadt nichts zu tun **gehabt**.

---

3 Wie sagt man das Folgende in der indirekten Rede?

a „Ich habe keine Arbeit gehabt." ···⟩ Er sagte, er …

b „Wir sind nicht mitgegangen." ···⟩ Sie sagten, sie …

c „Ich brüllte nichts." ···⟩ Ich sagte, ich …

d „Ich würde lieber Täter als Opfer sein." ···⟩ Hast du gesagt, du …

e „Ich war nicht da." ···⟩ Er sagte, er …

f „Wir marschierten nicht mehr mit." ···⟩ Sie sagten, sie …

g „Ich wollte nicht mehr ein Nichts sein." ···⟩ Er sagte, er …

h „Wir gehen nach Hause." ···⟩ Sie sagten, sie …

1 Was passiert in den verschiedenen Zimmern? Was sagt uns dieses Bild? Tauschen Sie Ihre Ideen in der Gruppe aus.

eine Schattenexistenz führen geheim leben

der Asylantrag (¨e) Bewerbung auf Asyl

Unterschlupf finden* ein Versteck finden

die Enge Mangel an Platz

sich auf etwas ein/stellen sich anpassen

jmdm. zum Verhängnis werden* [s] eine Katastrophe sein

das Einsehen Verständnis

die Fassung innere Ruhe

auf etwas verzichten nicht auf etwas bestehen

der Verrat *betrayal*

die Eingeweihten (Pl.) Leute, die Bescheid wissen

das Schicksal (-e) *fate*

12 Quadratmeter im Schatten

Illegal in Stuttgart

„Kein Mensch ist illegal" heißt eine Kampagne für abgelehnte Asylbewerber. Vor dem Gesetz doch: Viele Menschen leben mittlerweile hier, obwohl sie längst wieder in ihre Heimat abgeschoben werden sollten. Sie sind abgetaucht und leben illegal hier. LIFT-Autorin Sylvia Rizvi stellt eine Familie in Stuttgart vor.

Eigentlich könnte der Kurde Nasmi ein zufriedener Familienvater sein, hätte er nicht aus seiner Heimat fliehen müssen. Heute ist er Asylbewerber, irgendwo im Raum Stuttgart, seine Frau Neshla und die drei Kinder sind Illegale. Sie führen eine Schattenexistenz, damit sie beim Vater bleiben können. Seit fast zwei Jahren. Ihr Asylantrag wurde abgelehnt.

Früher war der Kurde ein wohlhabender Mann mit eigenem Haus und Grundbesitz. Heute halten Freunde die Familie über Wasser. Kinderwagen, Kleidung, Geld für Lebensmittel, ohne Hilfe von außen ginge nichts. Auch die bundesweite Initiative „Kein Mensch ist illegal" unterstützt Menschen wie Neshla und Nasmi. Sie sucht Unterkünfte und hat Kontakt zu Sozialarbeitern, Lehrern und Ärzten, die helfen wollen. Mit Anzeigen und Aktionen macht sie auf die Lage der versteckten Bevölkerung aufmerksam.

Und die ist nicht gut. Gül und Mehmet müssten eigentlich längst zur Schule gehen, doch weil sie offiziell nicht da sind, gibt es auch keine Schulbänke für sie. Und nie weiß die Familie, wie lange sie sich an einem Ort aufhält. Zwei Wochen hier, einen Monat dort. Im Moment haben die fünf Menschen in einem Zwölf-Quadratmeter-Zimmer Unterschlupf gefunden. Die Kinder sollen nicht mehr auf den Spielplatz gehen.

Die Kinder leiden unter der drangvollen Enge, aber wenigstens sind sie jetzt gesund. Als sie in Deutschland ankamen, war das anders. Von der Flucht geschwächt, erkrankten sie dauernd an Bronchitis, und ihr Körper hatte Probleme, sich auf Wetter und Klima einzustellen. Bei der Suche nach Ärzten halfen wiederum Freunde, doch ein Problem bleibt: Weil sie kein soziales Netz auffängt, muss Nasmi selbst bezahlen. „Wir gehen alle erst zum Arzt, wenn es uns sehr schlecht geht", gibt er zu. Was passiert wäre, wenn es bei Schwangerschaft und der Geburt des Babys Komplikationen gegeben hätte, daran mag keiner denken.

Gefährlichen Stress gab's genug. So wurde Neshla etwa fast eine Busfahrt zum Verhängnis: Sie löste am Automaten das falsche Ticket. Doch der Kontrolleur hatte ein Einsehen mit der hochschwangeren Frau, die um Fassung und deutsche Worte rang. Er verzichtete auf Personalausweis und Polizei und ließ sie beim Fahrer nachlösen.

Eisern schweigt Neshla, wo und wie das Kind zur Welt kam, um sich und die helfenden Menschen nicht zu gefährden. Auch andere Mitwisser müssen den Mund halten. Neshlas Freundinnen etwa haben bald geahnt, dass etwas nicht stimmt: Nie macht sie Urlaub in der Heimat, und so gut wie nie ist sie auf der Straße anzutreffen. Dass es zu Streit und Verrat kommt, schließt die dunkelhaarige Frau aus: „Ich vertraue ihnen". Vertrauen muss die Familie auch Menschen, die sie gar nicht kennt, wie etwa Freunden der Eingeweihten, die davon erfahren. „Mit diesem Schicksal leben wir", sagt Nasmi lakonisch.

Doch alles ist besser, als in die Türkei abgeschoben zu werden. Die Eltern fürchten, im Gefängnis zu landen. Der Vater sagt: „Dann kommen unsere Kinder ins Heim, und sie müssen ohne Eltern aufwachsen. Daran würden sie kaputt gehen."

2 Lesen Sie den Text „12 Quadratmeter im Schatten". Setzen Sie die folgenden Sätze in die richtige Reihenfolge:

a Die Kinder bekommen keine Ausbildung, weil sie in Verstecken leben müssen.

b Andere sind verpflichtet, Einzelheiten über die Familie geheim zu halten.

c Die Familie muss sich verstecken, um zusammen bleiben zu können.

d Die Familie muss sich auch auf Fremde verlassen.

e Bekannte unterstützen die Familie mit Spenden.

f Der Wohnort der Familie wechselt ständig.

g Wenn Nasmi noch in der Türkei leben könnte, würde er ein glückliches Leben führen.

h Die Familie kann nur im Notfall medizinische Hilfe bekommen.

Grammatik: Konditionalsätze

To express what would happen if something else happened (conditional sentences), you use the imperfect subjunctive in the *wenn*-clause and the infinitive with *würde* in the other clause.

Wenn sie öfter **spielten, würden** sie mehr Geld **gewinnen.**
If they played more often, they would win more money.

For weak verbs the imperfect subjunctive is the same as the normal imperfect ('*spielte*' etc.)

For strong verbs add:

ich **-e**	wir **-en**
du **-est**	ihr **-et**
er **-e**	Sie + sie **-en**

to the normal imperfect stem. Add an umlaut to *a, o* or *u*: Ich **ginge**, er **führe** etc.

Wenn sie nach Hause **käme, würde** sie glücklicher **sein.**
If she came home, she would be happier.

Wenn ich genug Geld **hätte, würde** ich nach Amerika **fliegen.**
If I had enough money, I would fly to America.

(You may also see the imperfect subjunctive used instead of *würde* + infinitive. This is a much higher level of style:

Wenn ich mehr arbeitete, **bekäme** ich mehr Geld.)

Nützliche Ausdrücke

auf eine Lage aufmerksam machen
to draw attention to a situation

3 Sie sind Nasmi oder Neshla. Schreiben Sie einen Eintrag für Ihr Tagebuch, in dem Sie die Probleme Ihrer Schattenexistenz beschreiben. Versuchen Sie „Wenn- Sätze" zu benutzen: „Wenn ich mehr Geld hätte, würde ich ...“; „Wenn wir frei wären, würden wir ...“.

Wenn Sie deutsch schreiben, achten Sie nicht nur auf den Inhalt, sondern auch auf die Grammatik. Wenn Sie das Geschriebene durchlesen, müssen Sie nachprüfen, dass Folgendes richtig ist:

• Verb- und Adjektivenendungen; Präpositionen mit dem richtigen Fall; Wortstellung: „dass", „weil" usw.; Zeiten: unregelmäßige Verben.

• Haben Sie das Passiv / den Konditional benutzt?

• Haben Sie genug Fachvokabeln?

• Wenn möglich, prüfen Sie mehrmals nach!

4 Hören Sie dieses Gespräch zum Thema Staatsbürgerschaftsrecht an. Machen Sie eine Zusammenfassung der Argumente für ein neues Staatsbürgerschaftsrecht.

elementar grundlegend
vorenthalten nicht erlaubt
das Wahlrecht das Recht, eine politische Partei zu wählen
benachteiligt sein* [s] Nachteile haben
eingeschränkt sein* [s] keine große Wahl haben
dauerhaft für immer
geltend aktuell
koppeln zusammenbinden
die Abstammung die Herkunft
die Einbürgerung = wenn man Staatsbürger wird

Wir essen künstliches Fleisch

Was wird in 20, 30 Jahren sein? Das US-Blatt „The Futurist" und der seriöse Blick voraus

Der Media-Butler wimmelt Telefonanrufe und E-Mail-„Wurfsendungen" ab. Der Toaster erinnert sich, dass wir das Weißbrot nur leicht geröstet mögen. Die Jacke macht sich bei sinkenden Temperaturen selber wärmer und die Lebenserwartung ist natürlich auch gestiegen.

Es hört sich an wie ein Auszug aus dem neuesten *Star Trek*, doch es geht hier nicht um Science-fiction, sondern um die Prognosen der amerikanischen Zeitschrift *The Futurist*. Darin verkünden Technologie-Experten, Demographen, Wirtschaftsgelehrte und andere Wissenschaftler regelmäßig, was sie auf die Menschheit zukommen sehen. Noch mehr Elend in Afrika etwa, während wohlhabende Staaten wie Kanada durch die Klima-Erwärmung noch reicher werden. Stress und Schlaflosigkeit durch Informationsüberschwemmung, Roboter als Sexualpartner, die so populär werden könnten, dass es vielleicht irgendwann sogar „Techno-Jungfrauen" geben wird. Menschen, die nur Sex mit der Maschine kennen.

Wissenschaftliche Methoden

Dies ist nur ein kleiner Teil der Vorhersagen, die *The Futurist* zum Jahresende in seinem traditionellen „Ausblick" veröffentlicht hat. Es sei aber keinesfalls garantiert, dass sie auch wirklich einträfen, sagt immerhin Edward Cornish, der Herausgeber des Magazins. Das ist auch nicht das oberste Ziel. „Futuristen wollen den Menschen zeigen, was möglich ist und eintreffen könnte, damit sie entscheiden können, ob sie das wollen", erklärt Cornish.

Und wenn sich manches auch nur als Gedankenspiel herausstellt – wilde Spekulation ist es dennoch nicht. Professionelle Futuristen (von denen es Schätzungen zufolge weltweit etwa 4000 gibt) stützen ihre Prognosen auf wissenschaftliche Methoden.

Vor kurzem veröffentlichte *The Futurist* etwa die Ergebnisse eines Projekts, das seit fast einem Jahrzehnt regelmäßig rund 50 Forscher über kommende Technologien befragt. Die Wissenschaftler waren sich unter anderem einig, dass die meisten Menschen in zehn Jahren im Alltag nicht mehr ohne kleine Handcomputer auskommen werden. In zweieinhalb Jahrzehnten sehen sie uns ganz selbstverständlich künstliches Fleisch, Gemüse oder Brot essen, und bis zum Jahr 2028, so glauben sie, wird es eine feste Mondstation geben. Neun Jahre bevor die ersten Menschen auf dem Mars landen. „Das sind realistische Erwartungen", sagt der Leiter des Projekts, William E. Halal von der George-Washington-Universität.

1 a Partnerarbeit: Wie stellen Sie sich die Zukunft vor? Erstellen Sie mit einem Partner / einer Partnerin eine Liste vier positiver und vier negativer Prognosen für die nächsten 20 Jahre, die Sie für realistisch halten.

b Stimmen Sie jetzt in der Gruppe ab: Welche Prognose wäre die beste und welche die schlimmste für die Gesellschaft?

2 a Lesen Sie den Text und erstellen Sie mit eigenen Worten eine Liste der Prognosen, die erwähnt werden. Glauben Sie, dass sie realistisch sind? Unter welchen Umständen sind sie möglich? Benutzen Sie „Wenn-Sätze"!

b Bedenken Sie anschließend eine Voraussage, die vielleicht kurzfristig unrealistisch, aber aufregend ist. Beschreiben Sie sie in einem Zeitungsartikel von ungefähr 100 Wörtern, in dem Sie versuchen, die Leserschaft von der Glaubwürdigkeit Ihrer Voraussage zu überzeugen. Benutzen Sie eine sensationelle Schlagzeile, z.B. „Tagesausflüge auf den Mars in fünf Jahren möglich!"

Nützliche Ausdrücke

das ist nicht das oberste Ziel
that is not the main aim

... wilde Spekulation ist es dennoch nicht
it is not, however, wild speculation

... doch es geht hier nicht um ..., sondern um ...
it is not, though, a question of ... but of ...

künstlich artifiziell
ab/wimmeln ablehnen
die Wurfsendung (-en) Werbebrief
das Elend das Unglück
wohlhabend reich
die Überschwemmung (-en) Überflutung
ein/treffen* [s] Wirklichkeit werden

Grammatik zum Auffrischen: Wortstellung

Remember these different sentence structures:

- Co-ordinating conjunctions do not affect word order: *und, aber, oder, sondern, denn* (for, because).

- Subordinating conjunctions send the verb to the end of the clause: *obwohl* (although), *nachdem* (after), *während* (whilst), *da* (since), *weil* (because), etc.

- When a sentence starts with an adverb or adverbial phrase, the verb must come in second place:

  Darüber hinaus ist das teuer.
  Furthermore ...

  Trotz (+ Gen.) des hohen Preises lohnt es sich ...
  Despite ...

  Letztendlich gab es einen guten Grund ...
  In the end ...

  Im Grunde genommen hat er Recht ...
  Basically ...

- Other adverbs are often best placed after the verb for stylistic reasons:

jedoch/dennoch	*however*
allerdings	*though*
in der Tat	*in fact*

3 a Schreiben Sie neue Sätze mit den Wörtern in Klammern:

1 Die Krise hatte die Situation verschlechtert. (Darüber hinaus).

2 Es war nicht so einfach, wie man geglaubt hatte. (jedoch).

3 Wir müssen die Umwelt schonen. Wir sollten mehr recyceln. (Da).

4 Wir können versuchen, die Zukunft vorauszusagen. Es ist fragwürdig, ob die Voraussagen realistisch sind. (Obwohl).

5 Die Experten haben Recht. Die Lebensqualität wird sich verbessern. (Wenn; bestimmt).

6 Es stellt sich manches als Gedankenspiel heraus. Wilde Spekulation ist es nicht. (Wenn; dennoch).

7 Die ersten Menschen sind auf dem Mars gelandet. Sie werden das Weltall erobert haben. (Nachdem).

8 Es ist eine interessante Frage. Die Menschen haben ihr Schicksal in der Hand. (ob; in der Tat).

b Suchen Sie die verschiedenen Konjunktionen und Adverbien im Text. Welche sind Konjunktionen, welche Adverbien? Versuchen Sie, in Ihren Aufsätzen möglichst viele solcher Ausdrücke zu benutzen.

4 a Hören Sie die Haltung von Greenpeace zum Thema Gentechnik an. Finden Sie Wörter oder Ausdrücke mit derselben Bedeutung wie:

1	glücklich	5	gebilligt
2	in großen Zahlen	6	zu verkaufen
3	herstellen	7	fleißig
4	lecker	8	eliminieren

b Schreiben Sie eine englische Zusammenfassung (90–110 Wörter).

der Karpfen (-) *carp*
vorrätig vorhanden
die Aufzucht (-en) = großziehen
die Knolle (-n) *tuber*
der Nachwuchs junge Leute
nörgeln kritisieren

Wenn Sie in einem Text Synonyme suchen, achten Sie auf die Grammatik! Suchen Sie:

- ein Verb (rennen, laufen)?
- ein Substantiv (Mitte, Zentrum)?
- ein Adjektiv (neu, modern)?
- ein Adverb (immer, ständig)?
- ein Partizip (geglaubt, gedacht)?

Das Wort bzw. der Ausdruck muss genau dieselbe grammatische Form haben, aber die Bedeutung wird wahrscheinlich nur ähnlich sein.

Freizeitforscher sagen voraus: Im 21. Jahrhundert wird jeder Deutsche sein halbes Leben lang auf Reisen gehen. Die Tourismusbranche stellt sich darauf ein – mit einem Angebot der Superlative

Urlaub 2020

Urlaubsvision für das Jahr 2020: Der Hotelier Günther Aloys will die Alpen bei Innsbruck überdachen und eine riesige Indoor-Skianlage bauen, die das ganze Jahr über nutzbar ist. Neben Abfahrtspisten soll es unter der Glaskuppel auch Langlaufloipen und eine Eiskunstbahn geben. Aloys' Motto: »Der Berg ist das Spielzeug der Zukunft.«

Von Jochen Malms

❶ Ein weißer Sandstrand am kristallklaren Meer, wo die Palmen rauschen, bunte Vögel im tropischen Gehölz lärmen und ganz in der Ferne Vulkane malerische Wölkchen in den strahlendblauen Himmel pusten – das ist das ideale Urlaubsparadies, von dem wir alle das ganze Jahr lang träumen.

Spätestens in 20 Jahren wird es solche Ferienoasen sogar mitten in Deutschland geben, vielleicht am Stadtrand von Wanne-Eickel oder ❷ Jena, Castrop-Rauxel oder Herne. Unter riesigen Hallendächern werden Wasser, Sand, Wärme und ein Hauch Exotik für Urlaubslaune sorgen – und abends fährt man aus dem Paradies wieder nach Hause.

Sicher: Diese Welt aus Stein, Glas, Elektronik und Dekoration ist künstlich – auch eine perfekte Kopie bleibt eine Kopie. Doch das dürfte den Urlauber von morgen kaum stören. Wenn er den tropischen Traum an der ❸ nächsten Ecke haben kann, bleiben ihm die mühselige An- und Abreise erspart, ebenso Reisekosten, lange Wartezeiten auf überfüllten Flughäfen – und so manches Ärgernis, das eine

Reise in ferne Länder normalerweise mit sich bringt. So gibt es unterm Hallendach garantiert keine Giftschlangen, keine Kakerlaken und Skorpione – und beim Tauchen im künstlichen Korallenriff begegnet einem keine beißwütigen Muränen.

Kurz gesagt: Dieses Ferienparadies bietet alles (oder fast alles), was man ❹ auch am Originalschauplatz vorfinden würde, aber die Gefahr bleibt draußen. Gibt es einen Platz auf dieser Erde, an dem man glücklicher sein kann?

Der ultimative Urlaubs-Kick schlechthin werden »Grenzerlebnisse à la carte« sein – beispielsweise der Ferienaufenthalt an einem echten Kriegsschauplatz. Erste Ansätze in ❺ diese Richtung gibt es schon: In Russland lässt man gutbetuchte ehemalige Klassenfeinde aus dem Westen in MiG-Kampfjets und Übungsmaschinen für Kosmonauten mitfliegen. Künftig werden gegen harte Westwährung wohl auch Reisen in Panzern, U-Booten und Kriegsschiffen der russischen Streitkräfte möglich sein.

Auch wer seinen Leib in den schönsten Wochen des Jahres in modisch ❻ eher unattraktive Militärkluft zwängt,

sieht das gewiss als willkommenen Tapetenwechsel, den der Mensch nun mal von Zeit zu Zeit braucht. Urlaub machen – das hat schon immer bedeutet, dem Alltag adieu zu sagen und nach dem Fremden, Fernen und Neuen zu suchen. Jeder hat das schon erlebt: dieses Glücksgefühl, wenn sich auf Reisen Zeit und Raum aufzuheben scheinen.

Führt den Reisenden von morgen die ewige Suche nach dem Neuen vielleicht sogar weit hinaus ins All, wo er mit zehn- bis zwanzigfacher Schallgeschwindigkeit durch Teilchen und Quarks dem Mond oder dem Mars entgegenfliegt? Die ersten Pläne für solche Abenteuer gibt es bereits. So ❼ verfolgt etwa die japanische Großbaufirma Shimizu ernsthaft die Idee, ein Weltraumhotel in 5000 Kilometer Höhe zu stationieren und ein weiteres Hotel auf dem Mond zu bauen. Für die Hin- und Rückreise sollen wiederverwendbare, komfortable Raumschiffe eingesetzt werden, die 100 Passagieren Platz bieten und in denen man auch ohne vorheriges Astronautentraining mitfliegen kann. Frühester Starttermin: 2020.

Schon heute ist das Interesse am Weltraumurlaub riesig. Marktforschungen zeigten: 50 Prozent der ❽ Japaner und 30 Prozent der Amerikaner, die bei der Untersuchung befragt wurden, sind bereit, für den Trip ins All drei Monatsgehälter auszugeben.

Doch das dürfte – zumindest am Beginn des Weltraumtourismus – nicht ausreichen. Nach heutigen Berechnungen wird das Ticket ins All (inkl. Hotelaufenthalt) etwa 72 000 Dollar kosten. Bei dieser Summe ist ❾ man von jährlich 37 000 Touristen ausgegangen; bei 1,2 Millionen Passagieren würde der Fahrpreis nur noch rund 2000 Dollar betragen – nicht viel mehr, als wir heute für einen Linienflug Frankfurt–São Paulo bezahlen.

1 a Urlaub 2020. Lesen Sie den Text und beantworten Sie die folgenden Fragen:

    1 Wie werden die Urlaubsziele in 20 Jahren verändert haben?

    2 Was sind die Vorteile?

b Erklären Sie mit eigenen Worten den Begriff „Grenzerlebnisse à la carte".

c Welche Pläne gibt es für einen Urlaub im All?

d Finden Sie im Text die passenden deutschen zu diesen englischen Ausdrücken:

    1 *Is there any place on earth where one could be happier?*

    2 *as a welcome change of scene which people need from time to time*

    3 *Initial plans already exist for these adventures.*

e Ergänzen Sie mit einem Wort aus dem Text. Die Nummer des zutreffenden Absatzes steht in Klammern:

    1 Alle _____ von dem idealen Urlaubsparadies. (1)

    2 In der nahen Zukunft werden _____ auch im Landesinneren auftauchen. (2)

    3 Das Urlaubsparadies ist _____, aber _____ dem Reisenden das Ärgernis einer normalen Ferienreise. (3)

    4 Das moderne Paradies ersetzt den _____. (4)

    5 Jeder braucht ab und zu einen _____. In den Ferien hat man die Möglichkeit, seinem _____ zu entfliehen und ein _____ zu erleben. (6)

    6 Man wird kein _____ brauchen, um ins ____ mitfliegen zu können. (7)

    7 Wenn sich der Traum des _____ endlich realisiert, wird am Anfang der _____ sehr teuer sein. (9)

pusten blasen
Wanne-Eickel = industrieller Ort im Ruhrgebiet
mühselig schwierig
der Ansatz (¨e) der Anfang
gutbetucht (umg.) wohlhabend
künftig in der Zukunft
die Kluft (-en) (ugs.) Uniform
der Tapetenwechsel = ein neues Milieu

2 Geben Sie einen Vortrag zu einem der folgenden Themen. Versuchen Sie, den Urlaub nicht nur zu beschreiben, sondern auch zu analysieren und zu bewerten: Warum? Wie? usw. Benutzen Sie „würde", „könnte" usw.!

a Mein idealer Urlaub im Jahr 2020

b Urlaub im All: Fluch oder Segen?

Nützliche Ausdrücke

kurz gesagt
in short

etwas an der nächsten Ecke haben
to have sth. round the corner

... bleibt (ihm) erspart
(he) is spared ...

etwas als willkommenen Tapetenwechsel sehen
to see sth. as a welcome change of scene

von diesem und jenem sprechen
to talk about this and that

3 Hören Sie die Aussagen über den Tourismus in der Zukunft und schreiben Sie eine englische Zusammenfassung (90–110 Wörter).

Grammatik: „dieser"/„jener"

Remember that *dieser* (this), and *jener* (that) change form in the same way as *der*, *die* and *das*. The adjectival endings which follow them are the same as those used after *der*, *die* and *das*. *Jener* is only used to contrast with *dieser* and to refer to distant times/places.

    Dieses Ferienparadies bietet ...
    Bei **dieser** Summe ...

When referring back, *dieser* means 'the latter' and *jener* 'the former'.

4 Ergänzen Sie:

a Dies___ künstlich___ Welt aus Stein und Glas wird mir gut gefallen.

b Ich würde gerne eine dies___ neu___ Reisen ins All probieren.

c Ich verstehe den Reiz dies___ gefährlich___ Abenteuers nicht.

d Was verstehst du unter dies___ ideal___ Ferienparadies?

Surfen, Spielen, Freunde finde

Immer mehr Kinder und Jugendliche entdecken das Internet. Überall dort, wo eine »digitale Kiste« steht, sind sie dabei: Zuhause, in Cyberbars oder »Surf Inns«, und natürlich auch in der Schule. Sie hacken auf ihre Computer ein und unterhalten sich rund um die Welt.

Florian lacht: »Gleich hab ich eine Verabredung in den USA!« Doch für den Sprung in den anderen Kontinent braucht der Schüler in kein Flugzeug zu steigen. Er drückt nur ein paar Tasten auf seinem Computer, loggt sich mit einem persönlichen Passwort ins internationale Netz (Internet) ein, und schon steht die Leitung zu Dark Marine, seinem neuen Freund aus den USA, der mit sechs Stunden Zeitverschiebung bereits auf ihn wartend vor seinem Computer hockt. »Ich hab ihn bei einem Computerspiel kennen gelernt«, erzählt Florian.

Und eigentlich braucht man gar nicht so viel dafür: Ein moderner Computer reicht aus, mit einem Modem, das die Computerdaten in Töne verwandelt, sie dann ins ganz normale Telefonnetz einspeist und in Windeseile die Message über das weltweite Netzwerk schickt. Florian ist auf diese Weise bereits mit über 800 verschiedenen Leuten um die Erde in Kontakt gekommen. Sicher würden es noch mehr werden – wenn nicht seine Eltern mittlerweile wegen der steigenden Telefonrechnung Einspruch erhöben....

Wer steckt hinter all den Leuten, die man über die globale Quasselbude kennen lernt? Das weiß man nie so genau. »Auf jeden Fall gibt's auch Blödmänner dabei!« erzählt Florian. »Dann klick ich mich schnell raus.«

Rainer Suppa, ein engagierter Informatiklehrer an einem hannoverschen Gymnasium, warnt sogar: »Ich lasse keinen Schüler unter sechzehn Jahren unkontrolliert ans Internet«, sagt er. Denn: »Gewaltverherrlichung; Rechtsradikalismus; Pornografie – allzu leicht gerät man beim Surfen in solche fragwürdigen Bereiche!« Das soll die ganze Sache natürlich nicht mies machen. Im Gegenteil: In Deutschland haben bereits mehr als 3000 Schulen im Rahmen der Initiative »Schulen ans Netz« Einstiegsprojekte erhalten – mit ähnlichen Programmen wie in der Schweiz. Die Schulen erhalten dabei kostenlosen Zugang zu allerlei nützlichen Netzen, zum Beispiel zum deutschen Forschungsnetz. Suppa unterrichtet zehnjährige Schüler aufwärts, die über bestimmte Verknüpfungen im englischsprachigen Raum ihre Sprachfähigkeiten trainieren, im »transatlantischen Klassenzimmer« internationale Kontakte pflegen, sich über Umweltprojekte, über Fledermäuse und Gewässerschutz unterhalten oder so genannte E-Mails, elektronische Briefe, austauschen.

Inge Nordhoff

---

1 a Versuchen Sie die folgenden Ausdrücke ins Deutsche zu übersetzen, ohne den Text anzusehen. Dann prüfen Sie sie im Text nach:

1 *to log onto the internet*
2 *personal password*
3 *to sit at one's computer*
4 *to enter data*
5 *in a flash*
6 *the worldwide network*
7 *worldwide talking shop*
8 *to click off*
9 *free access*
10 *e-mails*

b Lesen Sie nun den ganzen Text durch. Sind die folgenden Sätze richtig oder falsch? Korrigieren Sie die falschen Sätze.

1 In sechs Stunden werden sich Florian und Dark Marine über das internationale Netz treffen.

2 Die Nachricht wird in elektronischer Form über das Telefonnetz vermittelt.

3 Florians Eltern bezahlen für ihn die Telefonrechnung, damit er mit mehr Leuten in Kontakt kommen kann.

4 Rainer Suppa schränkt den Zugang für Minderjährige ans Netz ein.

5 Es fällt einem schwer, beim Surfen auf unerwünschte Bereiche zu stoßen.

6 Die Schüler von Suppa tauschen miteinander elektronische Briefe aus.

2 Finden Sie im Wörterbuch die folgenden Wörter:

a *to keep (an appointment)*

b *to use (as in exploit)*

c *smooth (as in a salesman/woman)*

d *a clip (as in part of a film)*

e *to charge (a battery)*

3 Würden Sie an Cyber-Dating teilnehmen? Besprechen Sie in der Gruppe die Vorteile und Nachteile davon. Stimmen Sie nun in der Gruppe ab: Können Sie sich vorstellen, sich am Computer zu verlieben?

4 Hören Sie diese junge Leute an, die sich zur Liebe im Internet äußern. Wer sagt was?

Monika	Sandra	Jana	Michaela
Michael	Dorit	Betty	Erich
Klaus			

Wenn Sie ein Wörterbuch benutzen, müssen Sie das richtige Wort finden!

- Suchen Sie ein Verb (Infinitiv -en: vt, vi, vr) oder ein Substantiv (m/f/nt/pl, groß geschrieben)?: **essen** vt (*person*) eat / **Essen** nt food

- Wenn das Wort viele Bedeutungen hat, benutzen Sie die in Klammern angegebenen, kursiv gedruckten Indikatoren, um Ihnen zu helfen:
  graze (*cattle* etc.) grasen, (*scrape skin off*) aufschürfen.

- Welche Sprachebene brauchen Sie: inf./pej./lit./geh./umg.?

- Achten Sie auf die Tilde (~). Es kann sein, dass Sie eine lange Liste durchsuchen müssen.

- Prüfen Sie nach. Schlagen Sie dasselbe Wort im deutschen Teil nach: Hat das Wort dieselbe Bedeutung?

a In der Zukunft wird die Liebe im Internet nichts Außergewöhnliches sein.

f Im Internet bekommt man einen falschen Eindruck.

b Mit meinen Online-Freunden bin ich nicht sehr eng befreundet.

g Es spielt keine Rolle, ob man sich am Computer oder im Lokal trifft.

c In den Vereinigten Staaten ist das normal, aber mir sagt das nichts.

h Wie kann man Leute treffen, wenn man ihre echten Namen nicht kennt?

i Man kann online sprechen, aber nicht lieben.

d Das Internet ist ein nützlicher Treffpunkt, wenn sein Leben hektisch ist.

e Ich benutze das Internet, um meine Sprachkenntnisse aufzufrischen.

5 Ergänzen Sie:

In der modernen Welt benutzt man statt ein__ T____ das Internet, um mit Leuten in Kontakt zu kommen. Während _____ Onlinezeit lernt man sich wegen _____ schnell__ Austausch__ von Informationen gut kennen. Trotz d___ fortgeschritten____ Technologie gehen viele Leute lieber in die Kneipe, um neue Freunde zu finden!

Grammatik:
Präpositionen + Genitiv

Certain prepositions take the genitive. The most common of these are: *außerhalb* (outside), *innerhalb* (inside), *statt* (instead of), *trotz* (despite), *um … willen* (for the sake of), *während* (during), *wegen* (because of).

… **trotz der** ganzen Technik nicht zu sehen.

6 Sind PCs unentbehrlich? Schreiben Sie einen Brief an das Computermagazin „Konrad", in dem Sie vor den Gefahren der Computer in der Zukunft warnen. Machen Sie zuerst ein Brainstorming.

COMPUTER

Jukebox im Internet

**Musik aus dem Datennetz kann die klassische CD und Kassette ersetzen.
Schon verbreiten Internet-Piraten und Künstler Tausende Songs**

① Sein Idol ist doppelt so alt wie er. Dennoch liebt Michael Thielen die schräge Musik David Bowies mehr als die neuen Techno-Töne. Seine jüngste Fundgrube ist schier unerschöpflich. Seit dem 1. September bietet der androgyne Sänger seinen Fans im Bowie-Net Livemitschnitte, unveröffentlichte Musiktracks und spezielle Web-Mixes.

② Per Mausklick landet der ausgewählte Song in wenigen Minuten auf der Festplatte des Kölner Studenten – wie schon bei 300 000 anderen Fans zuvor.

③ Musik aus dem Datennetz ist die größte Innovation der Branche seit der Einführung der CD. Neuentwickelte Software, die die gigantisch großen Tondateien auf einen Bruchteil zusammenquetscht und dennoch Musik in CD-Qualität liefert, verwandelt das Internet in eine regelrechte Jukebox. Schon heute stehen Zehntausende Stunden Musik auf Tausenden Rechnern rund um den Globus zum Anhören und Herunterladen bereit. Während die Plattenindustrie über schleppenden Absatz klagt, gerät der Online-Musikladen in Schwung.

④ **Der Plattenindustrie dämmert,** dass der Online-Versand von CDs, der US-Händlern letztes Jahr einen Umsatz von 70 Millionen Dollar bescherte, nur der erste Schritt ist: In Zukunft laden Kunden ihre Lieblingsmusik direkt auf den PC. Alle großen Unterhaltungskonzerne von BMG über Sony bis Warner testen deshalb „Music on demand", Musik auf Abruf. In Deutschland vertreiben die ersten zwei Anbieter Musik der bekannten Labels online gegen Gebühr.

⑤ Für fünf Pfennig gibt es eine Kostprobe, für vier bis fünf Mark plus 23 Pfennig pro Minute Übertragungsgebühr landet der Song im PC.

⑥ **Die Musik von der Telekom** spielt allerdings nicht auf jedem Rechner. Ausschließlich Besitzer eines ISDN-Anschlusses und T-Online-Zugangs kommen in den Genuss. Weiterer Nachteil: Die Musikstücke lassen sich bislang nur am PC abspielen.

⑦ „Die Renaissance der Single und der Wunsch nach der persönlich zusammengestellten CD sind die Triebfedern für Music on demand", glaubt Daniel Hürst vom Marktforschungsinstitut Prognos in Basel. Dennoch ist seine Vorhersage zurückhaltend: Die digitale Presse wird seiner Schätzung nach in vier Jahren drei bis vier Prozent des Umsatzes der Plattenindustrie ausmachen – zusätzlicher Umsatz, wie die darbende Tonträgerbranche hofft.

⑧ Eines wissen Plattenfirmen und Online-Anbieter schon heute: Die Einrichtung eines virtuellen Presswerks allein reicht nicht aus. Ein Ticketservice für Konzerte soll folgen.

---

die Festplatte (-n) = wo man am Computer Dateien speichert

um den Globus um die Welt

schleppend langsam, stockend

übertragen* senden

Nützliche Ausdrücke

die Triebfeder für etwas sein
to be the driving force behind something

eine unerschöpfliche Fundgrube
an inexhaustible treasure trove

in Schwung geraten
to gain momentum

1 a Lesen Sie den Text und verbessern Sie diese Zusammenfassung:

Michael Thielen ist doppelt so alt wie sein Idol, David Bowie. Er hat neulich eine beschränkte Auswahl von Hits im Internet entdeckt. Sobald er mit der Maus klickt, landet der Song auf der Festplatte. Die Einführung der CD hat es möglich gemacht, das Internet in eine Jukebox zu verwandeln. Da die Plattenindustrie blüht, ist auch der Online-Musikladen erfolgreich. BMG und Sony testen Musik auf Abruf, wobei man umsonst seine Lieblingsmusik auf seinen CD-Spieler lädt. Obwohl die Single nicht mehr so beliebt ist, wollen viele Leute eine persönlich zusammengestellte CD haben.

erleichtern	leichter machen
ein/läuten	*ring in*
der Trost	Hilfe im Leid

b Finden Sie das jeweilige Wort im Text, das der Definition entspricht. Die Nummer des zutreffenden Absatzes steht in Klammern.

1 eine Person, die man verehrt (1)

2 ohne Grenzen, nimmt kein Ende (1)

3 Personen, die einem Star / einer Mannschaft folgen (2)

4 erst vor kurzem gemacht (3)

5 sich beschwert (3)

6 der Wert der Produkte, die von einer Firma verkauft werden (3)

7 was man bezahlen muss, um einen Service zu bekommen (5)

8 nur (6)

9 Wiedergeburt (7)

10 konservativ (7)

> Wenn Sie für Ihre Facharbeit Texte lesen, müssen Sie die Hauptpunkte, die Fachvokabeln zum Thema und andere allgemeine nützliche Ausdrücke notieren.

2 Wenn Sie einen Aufsatz zum Thema „Technologie" schreiben sollten, welche Vokabeln und Ausdrücke könnten Sie benutzen?

3 Hören Sie den Text an und beantworten Sie die folgenden Fragen:

a *What do 28 million Germans do on a regular basis?*

b *What is increasingly desired and for what is there a growing demand?*

c *Translate into English the modern amateur gardener's motto.*

d *What has the Swedish firm Husqvarna invented?*

e *What does it decide automatically?*

f *What guides it?*

g *When do both traditional and high-tech gardeners have to get their hands dirty?*

Grammatik: „lassen"

With a person as subject the verb *lassen* + infinitive means 'to have something done':

> Ich **lasse** mir die Haare **schneiden**. *I am having my hair cut.*

With a thing as subject, *sich lassen* + infinitive means 'can' + passive:

> Dann **lässt sich** das Gras schneller und leichter **schneiden**.
> = Dann kann das Gras ... geschnitten werden.

4 Übersetzen Sie:

a *He is having a house built.*

b *She is having ten copies made.*

c *I had the car repaired.*

d *He had people wait for him.*

e *That can be argued about.* („lassen", nicht „können")

5 Partnerarbeit: Es lebe die Technologie! Erstellen Sie eine Liste der Vor- und Nachteile der modernen Technologie. Jede Person nimmt einen Standpunkt ein – entweder pro oder contra die moderne Technologie. Bleiben Sie bei Ihren Argumenten und versuchen Sie, Ihren Partner / Ihre Partnerin zu überzeugen!

das Plüschtier (-e) Kuscheltier
die Pfote (-n) Fuß eines Tieres
zielen auf jmdn. für jmdn. gedacht sein
die Empfängnisverhütung Kontrazeption
etwas genau nehmen* etwas ernst nehmen

die Windeln (Pl.) *Babyunterhosen*
in unregelmäßigen Abständen dann un∢
wann
Protokoll führen Notizen machen
aus/rutschen [s] *to slip*
unausweichlich unvermeidbar

Tadel vom Rechner

Faule, Zerstreute und Junkies soll es bald nicht mehr geben. Computer können helfen, das menschliche Verhalten zu ändern/VON JOACHIM ZEPELIN

Barney, ein kleiner Plüschdinosaurier, beginnt zu singen und zu tanzen, wenn man dem knallbunten Spielzeug die Hand drückt. Aber Barney, der einer beliebten ① Gestalt aus dem amerikanischen Kinderfernsehen nachgebildet ist, kann noch viel mehr: zum Beispiel vorzählen, 10 000 verschiedene Wörter sagen oder Tierstimmen nachmachen. Barney ist von Microsoft.

B.J. Fogg, der hauptberuflich als „Visionär" bei Sun Microsystems angestellt ist, interessiert sich ② besonders für eine Fähigkeit des Plüschtiers mit Mikroprozessor. Weil Microsoft weiß, dass die kleinen Kinder ihrem Freund Barney eher glauben als den pedantischen Erwachsenen, haben sich die Spielzeugprogrammierer einen Trick ausgedacht. Wenn Dad oder Mom beide Dinopfoten gleichzeitig anfassen, singt Barney fröhlich das Auf-räumelied: *„Clean up, clean up, everybody clean up!"*

Forscher beschäftigen sich mit Computern, die dazu gedacht sind, menschliches Verhalten zu ändern. Die Firma Baby Think It Over beispielsweise zielt mit ihrem gleichnamigen Produkt auf Teenager, die es mit der Empfängnisverhütung nicht so genau nehmen. Eine Puppe soll sie frühzeitig auf mögliche Folgen aufmerksam machen. Die mit einem T-Shirt und Windeln be- ③ kleidete Babypuppe gibt es auf Wunsch in fünf verschiedenen ethnischen Varianten. In unregelmäßigen Abständen lässt ein Mikroprozessor das Kleine kräftig schreien. Und dann hilft nur noch eins: Puppenmama oder Puppenpapa müssen einen Schlüssel in den Rechner stecken, ihn herumdrehen und so lange festhalten, bis Ruhe herrscht. Das kann zwischen 5 und 35 Minuten dauern, auch nachts.

Nebenbei führt das Gerät noch Protokoll, ob der Kopf richtig gehalten wurde und ob den genervten Probeeltern die ④ echte Hand am falschen Baby ausgerutscht ist. „Mindestens fünfzig Prozent Rückgang bei den Teenagerschwangerschaften", wirbt Baby Think It Over. Für besondere Problemfälle gibt es auch ein Baby, das als Nachwuchs von Drogenabhängigen programmiert ist und vor den schlimmen Folgen des Heroinkonsums warnt. Es ist kleiner als die Standardbabypuppe, stößt Angstschreie aus und beginnt gelegentlich zu zittern.

Ihre Wirkung, so stellten Foggs Studenten in einer Analyse fest, ⑤ entfaltet die Computerpuppe durch ihre realistische Gestaltung, vor allem durch das unberechenbare und unausweichliche Geschrei. Als Nachteil listen sie auf, dass es dem Kunstbaby eben doch an menschlichen Eigenschaften und Bedürfnissen mangele. Das perfekte Simulationsmodell sollte möglichst auch noch Flüssigkeiten aufnehmen und abscheiden können.

„Wenn Menschen ihre eigenen Erfahrungen machen, ist die Wirkung viel stärker als ermahnende Worte", sagt Fogg. Und das Virtuelle ist dem Realen sogar in einer wichtigen Hinsicht überlegen: „Ich kann das Negative ausprobieren, ohne wirklich gefährdet zu sein." Bei einem Computerspiel ⑥ dürfen sich Jugendliche etwa erst heftig betrinken, um dann auf dem simulierten Nachhauseweg vor einem schwankenden Bildschirm zu sitzen. Grundsätzlich gilt: Je komplexer die virtuelle Realität, desto größer ist ihre suggestive Kraft. Und die lässt sich für viele Zwecke nutzen.

1 a Finden Sie die richtige Reihenfolge für die folgenden Sätze:

1 Ein künstliches Baby soll auf die Konsequenzen der Schwangerschaft hinweisen.

2 Ein Problem mit der Puppe ist, dass das Baby nicht realistisch genug ist.

3 Barney ist mehr als ein albernes Spielzeug für Kinder.

4 Das Baby dokumentiert das Verhalten des Pflegers / der Pflegerin.

5 Kinder reagieren wahrscheinlich lieber auf die Bitten eines Plüschtiers als auf die ihrer Eltern.

6 Es ist nicht so schlimm, wenn man in einer virtuellen Welt Fehler macht.

7 Man muss auf das Brüllen des Babys reagieren, um es zu beruhigen.

8 Forscher entwickeln Geräte, die bestimmen sollen, wie wir uns benehmen.

b Übersetzen Sie ins Englische: „Die Firma … zittern".

Wenn Sie einen Aufsatz schreiben, können Sie natürlich ein paar Sätze auswendig lernen, die Sie auf jeden Fall verwenden werden. Nützlich sind aber auch „Mustersätze", die Sie für den Aufsatz adaptieren können:

Wenn man mehr … hätte, würde es … geben
If we had more …, there would be …

Obwohl … gemacht werden könnte, gibt es …
Although … could be done, there is …

Wir könnten … machen
We could do …

In einer idealen Welt wäre … unentbehrlich
In an ideal world … would be indispensable

Nützliche Ausdrücke

für besondere Problemfälle gibt es …
for real problem cases there is …

er ist ihm in einer wichtigen Hinsicht überlegen
he is superior to him in one important respect

2 Schreiben Sie einen Aufsatz (300–350 Wörter): „Wie sieht die Zukunft aus?" Bevor Sie die Gliederung schreiben, entwerfen Sie vier Sätze, in denen Sie die obigen Muster benutzen.

3 Werden Computer unser Leben in Zukunft dominieren? Hören Sie diesen Text über das Leben mit dem Internet an und fassen Sie ihn auf Englisch zusammen (90–110 Wörter).

4 Glauben Sie, dass Geräte unser Verhalten ändern können? Welche Geräte beeinflussen Sie in Ihrem täglichen Leben? Erstellen Sie eine Liste und schreiben Sie zwei Sätze für jede Maschine.

Tele-Shopping: Neue Branche im Aufwind

Einkaufen. Über eigene TV-Kanäle bieten Firmen ihre Produkte an, und immer mehr Kunden ordern vom Fernsehsessel aus. Der Tele-Einkauf ist bequem, aber nicht ohne Tücken.

1 Haben Sie je QVC gesehen, wo Produkte über das Fernsehen verkauft werden?

Wählen Sie ein Produkt aus, das Sie zu Hause haben. Wenn möglich, bringen Sie es zur Schule / zum College. Schreiben Sie nun einen kurzen und bündigen Text (eine Minute), um Ihre Mitschüler(innen) dazu zu überreden, das Produkt zu kaufen. Wer kann am besten überzeugen? Stimmen Sie in der Gruppe ab.

Benutzen Sie Wörter wie: „der/die/das beste, schnellste, bequemste …"; „preiswert", „unentbehrlich", „handgemacht", „einmalig" usw.

Eine Ware im Fernsehen anschauen, dann anrufen und bestellen. „Das ist die neue, zeitgemäße Art des Einkaufens", sagt Dr. Theo Wolsing. Gemeint ist das Tele-Shopping, das sich in Deutschland zu einem Milliardengeschäft entwickelt. Jüngst ergab eine Meinungsumfrage, daß 19 Prozent der erwachsenen TV-Zuschauer gern via Bildschirm einkaufen. Marktführer unter den Anbietern ist H.O.T. Über einen eigenen TV-Kanal bietet der Versender etwa 6000 Produkte an, darunter viele Markenartikel. Fachleute schätzen, daß die Tele-Shopping-Branche in Deutschland bis zum Jahr 2000 einen Gesamtumsatz von fünf Milliarden Mark machen wird. Rund um die Uhr kann der TV-Zuschauer bei speziellen Shopping-Sendern, sogenannten Infomercials, oder im Rahmen der 5- bis 30minütigen Werbesendungen auf den vielen anderen Kanälen einkaufen. Schmuck, Modeartikel, Haushaltsgeräte, Pflegemittel, Unterhaltungselektronik – es gibt fast nichts, das sich nicht bequem aus dem Fernsehsessel ordern läßt.

Recht auf Reklamation

Eine verlockende Einkaufsmöglichkeit, die allerdings auch ihre Tücken hat: Unter die seriösen Firmen mischen sich immer wieder Anbieter, die auf Kosten des Käufers die schnelle Mark machen wollen. Sie bieten Wundermittel mit zweifelhafter Wirkung oder überteuerte Billigprodukte an. Oft sitzen sie im Ausland und liefern nur per Nachnahme. Bei einer Reklamation hat der Kunde praktisch keine Chance, sein Recht auf Umtausch oder Kaufpreisminderung durchzusetzen.

Verbraucherschützer Theo Wolsing hält das Tele-Shopping für eine ähnlich seriöse Einkaufsmöglichkeit wie den klassischen Versandhandel über Katalog. Er rät Kunden allerdings, auf einige Punkte zu achten, um sich vor bösen Überraschungen zu schützen:

- Das TV-Angebot per Video aufzeichnen, zumindest aber den Namen des Artikels, seine Eigenschaften und seinen Preis notieren. Nur so läßt sich später die Ware mit dem Angebot vergleichen.
- Ausschließlich bei Firmen bestellen, die am Telefon Auskunft über das Produkt, die Lieferbedingungen und Kosten geben.
- Nachfragen, welche zusätzlichen Kosten durch Versand und bei einer eventuellen Rücksendung entstehen.
- Genau erfragen, ob die Zusatzkosten pro Bestellung, pro Lieferung oder pro bestellten Artikel berechnet werden.
- Bei Waren von Auslandsfirmen kommt zum Preis und den Versandkosten oft noch Zoll hinzu.
- Die Lieferung per Rechnung statt per Nachnahme oder Kreditkarte bezahlen. Das erleichtert eine mögliche Reklamation.
- Die Ware bei Nichtgefallen sofort zurücksenden. Dann kann sich der Anbieter nicht mit überschrittenen Fristen herausreden.

Ralph Bonz/Sylvia Wenig-Karasch

This extract follows pre-1998 spelling rules.

im Aufwind = steigend

die Tücke (-n) die Gefahr

zeitgemäß aktuell

im Rahmen (+ Gen.) *within the framework of*

per Nachnahme Bezahlung bei Lieferung

ausschließlich nur

die Bedingung (-en) *condition*

Nützliche Ausdrücke

Fachleute schätzen, dass …
experts estimate that …

die schnelle Mark machen (umg.)
to make a fast buck

sich vor bösen Überraschungen schützen
to avoid unpleasant surprises

2 a Erklären Sie mit eigenen Worten die Bedeutung der folgenden Wörter:

1 der Marktführer

2 rund um die Uhr

3 die Infomercials

4 verlockend

5 der Verbraucher

b Erklären Sie mit eigenen Worten, warum das Tele-Shopping riskant sein könnte.

c Lesen Sie die Tipps am Ende des Textes und ergänzen Sie:

Man sollte die **(1)**_____ und den **(2)**_____ des Produktes aufschreiben, damit man später Ware und Angebot **(3)**_____ kann. Man sollte eine Firma **(4)**_____, um mehr über das Produkt herauszufinden, zum Beispiel **(5)**_____ und **(6)**_____. Wenn die Ware aus dem **(7)**_____ kommt, muss man in manchen Fällen zusätzlich **(8)**_____ bezahlen. Wenn die Ware Ihnen nicht **(9)**_____, sollten Sie sie gleich **(10)**_____.

Wenn Sie in der Prüfung einen Text mit vielen unbekannten Wörtern lesen, haben Sie keine Zeit, jedes Wort nachzuschlagen.

• Lesen Sie den Text das erste Mal schnell durch.

• Beim zweiten Mal suchen Sie die Wörter aus, die am häufigsten vorkommen, und raten Sie die Bedeutung anderer, die Ihrer Meinung nach keine wesentliche Rolle bei der Bedeutung spielen.

• Wenn ein Wort für eine gewisse Frage wichtig ist, können Sie es wenn nötig nachschlagen. In einer Prüfung aber müssen Sie vor allem Zeit sparen und effektiv arbeiten.

Beispiele:

Eine (verlockende) <u>Einkaufsmöglichkeit</u>, die (allerdings) auch ihre <u>Tücken</u> hat ...

(Bei einer Reklamation) hat der <u>Kunde</u> (praktisch) <u>keine Chance</u>, sein Recht auf <u>Umtausch</u> oder <u>Kaufpreisminderung</u> (durchzusetzen).

_: diese Wörter müssen Sie nachschlagen.

( ): diese Wörter sollten Sie nur nachschlagen, wenn sie für eine Frage wichtig sind.

3 Erfinden Sie ein neues Produkt für die Zukunft – vielleicht etwas, was Ihnen Energie oder Arbeit spart. Nehmen Sie dann ein Infomercial von einer Minute auf Band auf! Wie erwecken Sie Interesse und wie überzeugen Sie Ihre Zuhörer? Spielen Sie es der Gruppe vor und stimmen Sie dann in der Gruppe ab. Welches Infomercial ist das beste und warum? Können Sie Ihre Wahl rechtfertigen?

4 Hören Sie der Reklame zu und füllen Sie die Lücken mit dem genauen Wort aus dem Text aus!

Zukunftsvisionen verändern sich
schneller denn je.
Was gestern noch nicht **(a)**____ war,
ist heute schon Realität
und wird die Zukunft **(b)**____.
Network Computing bedeutet
Integration von Computern unterschiedlicher
Größenordnungen. **(c)**____ und Betriebs-
systeme in ein **(d)**____,
unternehmensweites Informationssystem.
So können Ihre Mitarbeiter **(e)**____
Datenbestände, Programme
und **(f)**____ nutzen.
Oder von ihren Arbeitsplätzen aus
Daten **(g)**____ und über elektronische Post
schnell miteinander kommunizieren.
Novell hat diese Industrie **(h)**____,
aus der einstigen Vision eine Realität gemacht.
NetWare®, unsere Systemsoftware für
Computer-**(i)**____, ist ein weltweiter
De-facto-Industriestandard.
Und immer mehr **(j)**____
sehen darin die Zukunft
ihrer Informationssysteme.
Denn unsere Lösungen **(k)**____
auf einem klaren Prinzip:
Die Welt mit den Augen unserer **(l)**____ zu sehen.
Das hebt uns ab von den **(m)**____
und macht heute schon das Morgen
zu einem Stück Realität.

Novell.

Vergangenheit, Gegenwart und Zukunft
des Network Computing

1 Gibt es Sachen, die Sie Ihren Eltern nie erzählen würden? Fragen Sie Ihre Klassenkameraden, welche der folgenden Situationen sie mit ihren Eltern besprechen würden. Antworten Sie mit ja/nein/vielleicht.

a Sie haben einen kleinen Unfall mit dem Auto Ihrer Eltern gehabt. Es hat an der Fahrerseite einen winzigen Kratzer, den man wahrscheinlich nicht bemerkt. Erzählen Sie es Ihren Eltern?

b Sie wollen in einem Klub eine Nacht durchmachen, aber wissen, dass Ihre Eltern es nicht erlauben würden. Sie könnten aber sagen, dass Sie bei einem Freund / einer Freundin übernachten. Sagen Sie die Wahrheit?

c Ihr Bruder / Ihre Schwester ist mit der Polizei in Schwierigkeiten geraten, sagt aber nichts. Erzählen Sie Ihren Eltern, was passiert ist?

d Sie haben einen neuen Freund / eine neue Freundin, aber Ihre Eltern mögen ihn/sie nicht, weil sie Krach mit seinen/ihren Eltern gehabt haben. Sind Sie mit Ihren Eltern offen?

e Sie haben Ihre ganzen Ersparnisse für Kleinigkeiten vergeudet und erwarten eine böse Reaktion von Ihren Eltern. Sagen Sie die Wahrheit und bitten Sie um Hilfe?

„Mit vierzehn hab ich verzweifelt 'ne Freundin gesucht. Das wird dann schon, hab ich gedacht." Lars wollte es einfach nicht wahrhaben. Als er dann endlich eine Freundin hatte, ließ er sich bei den Feten immer voll laufen, damit sie hinterher nicht mit ihm schmusen wollte. Ein halbes Jahr ging es gut, nur mit Küssen. Dann hat sie Schluss gemacht und Lars war klar, dass er sich nicht zwingen kann, ein Mädchen zu lieben. Also musste er lügen. Vor allem die Eltern durften es nicht erfahren. Das war überhaupt das Wichtigste für Lars.

Frank war vierzehn, als er es gemerkt hat. Aber glauben wollte er es nicht. Zumindest nicht ohne Alkohol. Nur wenn er blau war, hat er in sein Tagebuch geschrieben: Ich bin schwul. Am nächsten Morgen hat er dann immer das Blatt rausgerissen. Wie viele Seiten es insgesamt waren, weiß er nicht, aber dass es fünf Jahre lang so ging, das weiß er noch gut. Jetzt ist Frank vierundzwanzig.

Schulversagen und Probleme mit der eigenen Homosexualität sind auch heute noch die häufigsten Ursachen für Selbstmord von Jugendlichen. Die Gründe sind fehlende Selbstakzeptanz und Isolation. Für Jugendliche ist es besonders schwierig, eine positive Einstellung zur eigenen homosexuellen Identität zu finden, weil Schwule und Lesben in der Öffentlichkeit vor allem negativ, nämlich als Opfer dargestellt werden: als Opfer von Aids, von Verbrechen, oder, wenn sie prominent sind, als Opfer des *outing*.

Angst, die Eltern zu enttäuschen – das Gefühl kennen die meisten. Als Lars zu Hause gar nichts mehr erzählte, wurde seine Mutter nervös. „Nachts hat sie mich abgepasst und mich ausgequetscht. Einmal wollte sie sogar meine Arme sehen, wegen Einstichen." Schließlich fand die Mutter in Lars' Zimmer zufällig eine Eintrittskarte zu einem Schwulenfest. Als sie ihn dann direkt fragte, konnte er nicht mehr anders: „Ich hab die Augen zugemacht und gesagt, ja, ich bin schwul."

Es war schrecklich. Vor allem wegen seines Vaters. „Der ist stockkonservativ. Für ihn ist eine Welt zusammengebrochen." Zwar habe die Mutter das Gröbste abgefangen, aber es ging trotzdem nicht mehr. Lars ist in ein Zimmer in die Stadt gezogen. Weg vom Dorf. „Mir geht's jetzt so gut wie noch nie. Endlich hat das Versteckspiel aufgehört."

„Wie sag ich's meinen Eltern?" Die Frage ließ auch Paulo nicht mehr los, als er siebzehn war. „Irgendwann musst du ihnen ja sagen, dass aus den Enkelkindern nichts wird." Martina hat es erst gar nicht versucht. Ihre Eltern wissen bis heute nicht, dass die achtzehnjährige Tochter lesbisch ist. „Das geht die nichts an, das ist viel zu intim", sagt Martina. „Andere Leute erzählen ihren Eltern ja auch nicht ständig aus ihrem Sexualleben."

Nützliche Ausdrücke

... werden als Opfer dargestellt
... are portrayed as victims

für ihn ist eine Welt zusammengebrochen
his world collapsed

etwas nicht wahrhaben wollen* nicht zugeben wollen

sich voll laufen lassen* (umg.) viel Alkohol trinken

schmusen (umg.) körperlich intim werden

schwul (umg.) homosexuell

blau (umg.) betrunken

ab/passen *waylay*

ab/fangen* *head off, intercept*

2 Sie haben die ganze Nacht in einem Nachtlokal verbracht, aber haben Ihren Eltern gesagt, dass Sie bei Ihrem Freund / Ihrer Freundin übernachteten. Leider haben Ihre Eltern bei ihm/ihr angerufen und Ihr Geheimnis ist herausgekommen! Erfinden Sie das Gespräch mit Ihren Eltern.

Versuchen Sie diese „wenn-Sätze" zu benutzen:

Teenager:

Wenn du mir nicht vertraust, werde/kann ich …
Wenn ich nicht genug Freiheit habe, werde ich …
Wenn ich die Wahrheit gesagt hätte, hättest du …
Wenn ich ein kleines Kind wäre, könntest du …

Eltern:

Wenn du mit uns nicht ehrlich bist, müssen wir …
Wenn wir nicht wissen, wo du bist, werden wir …
Wenn dir etwas passiert wäre, hätten wir …
Wenn du verantwortungsvoll wärest, würdest du …

3 a Im Text geht es um junge Leute, die homosexuell sind und sich fragen, ob sie es den Eltern sagen. Finden Sie im Text Wörter, die Gefühle beschreiben. Erstellen Sie eine Liste anderer Wörter zum Beschreiben von Gefühlen.

b Können Sie die folgenden Ausdrücke auf Deutsch erklären?

1 er ließ sich bei den Feten immer voll laufen

2 für ihn ist eine Welt zusammengebrochen

3 aber es ging … nicht mehr

4 endlich hat das Versteckspiel aufgehört

c Erklären Sie mit eigenen Worten:

1 warum Lars auf Partys so viel getrunken hat.

2 welche negativen Gefühle viele Homosexuelle haben und warum.

3 warum Lars' Mutter seine Arme sehen wollte.

4 warum Martina ihren Eltern nichts gesagt hat.

d Sind Sie derselben Meinung wie Martina?

4 Ein junger Mann liest ein Gedicht an seine Eltern vor. Können Sie die Lücken im folgenden Text ausfüllen?

Er sagt, dass er **(a)**＿＿ ist und will, dass seine Eltern ihn **(b)**＿＿ wie er ist. Er ist ein Mensch, die viele **(c)**＿＿ hat. Er will nicht falsch **(d)**＿＿ werden und will die Eltern nicht **(e)**＿＿. Er möchte, dass sie einander **(f)**＿＿ und sich nicht **(g)**＿＿ weh tun. Sie können zusammen viel **(h)**＿＿, **(i)**＿＿, **(j)**＿＿ und **(k)**＿＿. Er **(l)**＿＿ sich auf ein neues Leben mit seinen Eltern.

Grammatik:
„Wenn"-Sätze ohne „wenn" 2

Remember (p. 161) that putting the verb at the beginning of the sentence has the same effect as using *wenn*:

> **Wenn** sie die Wahrheit **sagt**, bekommt sie von ihren Eltern Ärger.

> **Sagt** sie die Wahrheit, bekommt sie von ihren Eltern Ärger.

Both mean: '**if** she tells the truth, she will get into trouble with her parents'.

Note that the second half of the sentence stays the same, although *so* is often used to start the second part when *wenn* is omitted.

5 Versuchen Sie diese Sätze umzuschreiben:
a mit „wenn" **b** ohne „wenn" **c** Übersetzung.

z.B. Ich hätte die Wahrheit gesagt. Meine Eltern hätten mir geholfen. →

a Wenn ich die Wahrheit gesagt hätte, hätten meine Eltern mir geholfen.

b Hätte ich die Wahrheit gesagt, hätten meine Eltern mir geholfen.

c *If I had told the truth my parents would have helped me.*

1 Lars hat eine Freundin. Er lässt sich bei den Feten immer voll laufen.

2 Schwule werden als Opfer dargestellt. Jugendliche haben eine negative Einstellung zur eigenen Homosexualität.

3 Die Eltern reagieren schlecht. Lars wird in die Stadt ziehen.

4 Er wäre in die Stadt gezogen. Das Versteckspiel hätte endlich aufgehört.

2 | Der Kampf ums Kind

1 Lesen Sie diesen Auszug aus einem Jugendroman, in dem Jochens Beziehung zu seiner Mutter geschildert wird. Wer macht was? Ordnen Sie die Namen zu (Jochen / die Mutter / der Vater).

a ... ist anders geworden.

b ... hatte keinen blassen Schimmer von dem, was passieren würde.

c ... war für den Stimmungswechsel zu Hause verantwortlich.

d ... meinte, nach der Scheidung ein besseres Leben führen zu können.

e ... fand es am Anfang schwer, die neue Situation zu begreifen.

f ... wurde lebendiger.

g ... freute sich am Anfang über die Scheidung.

h ... wurde schnell böse.

i ... hatte den Eindruck, zurückgewiesen zu werden.

2 Können Sie die Geschichte fortsetzen? Nehmen Sie beim Schreiben entweder den Standpunkt der Mutter oder den des Sohnes.

Wenn Sie für die Facharbeit zum Beispiel die Rolle einer Romanfigur übernehmen, müssen Sie versuchen, passende Vokabeln und Ausdrücke zu verwenden.

• Wie würde er/sie sich ausdrücken?

• Welche wichtigen Erfahrungen in ihrem/seinem Leben würde er/sie erwähnen?

Selbst wenn Sie eine Geschichte erfinden, müssen Sie zeigen, dass Sie die Figur und die Ereignisse eines Buches / einer historischen Zeit gut kennen.

Nützliche Ausdrücke

eine Gelegenheit nicht auslassen
not to miss an opportunity

ein Schweigen herrschte
a silence reigned

In den letzten zwei Jahren hatte die Mutter sich sehr verändert. Bis dahin war sie ruhig gewesen, manchmal sehr still, so still, dass es Jochen weh getan hatte. Freundlich war sie gewesen. Wenigstens bis zum Abend, wenn der Vater heimkam. Dann wurde alles anders, und in der Wohnung herrschte ein Schweigen, das voller Spannungen war.

Mit der Scheidung der Eltern war alles anders geworden. Sie hatten die Vorbereitungen dazu sorgfältig vor Jochen verborgen. Nichts hatte er geahnt, gar nichts. Und dann, eines Tages, als er aus der Schule heimkam, hatte die Mutter ihm erzählt, sie hätten den Vater nun nicht mehr, aber dadurch würde sich nicht viel ändern, denn auch in den letzten Monaten sei er ja nur noch selten daheim gewesen. Sie seien geschieden, und der Vater wohne jetzt in Stuttgart. Nun müssten sie allein miteinander leben, aber das ginge sicher sehr gut, denn Jochen sei doch schon ein großer Junge. Und es ginge ihnen ganz bestimmt nicht schlechter als bisher, denn sie wolle jetzt wieder arbeiten und Geld verdienen, und da sie beide nicht tränken, bliebe bestimmt mehr Geld übrig als zuvor.

Es war alles zunächst sehr schwer zu verstehen für einen elfjährigen Jungen, aber dann allmählich wurde es klarer. Der Vater kam jetzt nicht mehr heim. Das änderte wirklich nicht viel, und anfangs wurde die Mutter abends nicht mehr so still wie vorher.

Der Vater fehlte nicht. Er war ja auch früher kaum da gewesen, und wenn er nach Hause kam, dann waren Spannungen und Angst und Drohung um ihn. Eigentlich war es gar nicht schlecht, dass die Eltern nun geschieden waren.

Jochen schlief jetzt im Schlafzimmer der Eltern neben der Mutter, und manchmal, wenn sie die Nachttischlampen schon gelöscht hatten, sprachen sie noch leise miteinander, und im Dunkeln konnte man alles viel leichter erzählen, was bei Tageslicht nicht recht heraus wollte. Die Scheidung hatte alles viel schöner gemacht.

Wenigstens im ersten Jahr.

Dann änderte sich allmählich wieder alles.

Vielleicht wurde der Mutter die Arbeit einfach zu viel. Sie ging morgens zugleich mit Jochen aus dem Haus, kam erst am Abend zurück, dann kümmerte sie sich um das Abendessen und um den Haushalt. Das kleinste Versehen führte zu Zornausbrüchen. Das Helfen machte keinen Spaß mehr, und wenn Jochen sich daran vorbeidrücken konnte, ließ er eine solche Gelegenheit nicht aus.

Die Gespräche im Dunkeln wurden selten, dann hörten sie ganz auf, weil die Mutter eines Tages sagte, er solle nun lieber wieder in sein Zimmerchen ziehen. Da fühlte Jochen sich zum ersten Mal gekränkt. Anscheinend wollte die Mutter ihn nicht mehr um sich haben.

3 Finden Sie in dem Auszug „... hatte die Mutter ihm erzählt ... übrig als zuvor" Beispiele für den Konjunktiv in der indirekte Rede (siehe Seite 97 und 107). Welche sind im Präsens und welche im Imperfekt?

Grammatik zum Auffrischen: Indirekte Rede 3

Remember (p. 165) that the imperfect subjunctive is often used in indirect speech to replace the present tense:

Er sagte: „Wir haben kein Geld."
He said, "We have no money."

Er sagte, sie **hätten** kein Geld.
He said they had no money.

The imperfect subjunctive of *werden* is often used in reporting future tense speech:

Sie sagte: „Es wird gut gehen."
Sie sagte, es **würde** gut gehen.

Remember also (p. 167) that you may see the imperfect subjunctive used instead of *würde* + infinitive.

4 Was hat die Mutter im oben genannten Auszug (**3**) ursprünglich gesagt? Schreiben Sie ihre genauen Worte auf.

5 Übersetzen Sie ins Deutsche:

Everything has changed since his parents divorced. Although he misses his father, he finds that his mother devotes more time to him now. The tensions and threats which he experienced before have now become very rare. When his mother comes home from work, he never misses an opportunity to help out. His life has been made much more pleasant by the divorce.

6 Hören Sie die Erfahrungen von Manfred K. an.

a Was machen fast 60% der Väter?

b Wer sorgt für den Lebensunterhalt einer halben Million Kinder und warum?

c Erklären Sie mit eigenen Worten, wie Gabriele ausgezogen ist.

d Warum kann Manfred mit ihr keinen Kontakt aufnehmen?

e Was hatten die Eltern zur Zeit der Scheidung vereinbart?

f Welches Recht hat Manfred, was seine Tochter betrifft?

bundesweit im ganzen Deutschland
das Jugendamt (¨er) Behörde für Jugendsachen
den Unterhalt zahlen das Essen usw. eines Kindes bezahlen
ab/blocken verhindern
sich verschlechtern schlechter werden
sich befehden sich streiten
entsprechen* anpassen
besitzergreifend sein* [s] für sich nehmen

Wenn Sie ins Deutsche übersetzen, müssen Sie klare Sätze schreiben. Für jeden Satz:

• Analysieren Sie, welche grammatischen Punkte wichtig sind: Wortstellung / unregelmäßige Verben / Präpositionen usw.?

• Verwenden Sie Vokabeln und Strukturen, die Sie kennen, selbst wenn das keine genaue Übersetzung ergibt.

• Benutzen Sie Wörter/Hinweise aus dem nebenstehenden deutschen Text.

Prüfen Sie Ihre Arbeit nach!

1 „Vorurteil: nicht objektive ... Meinung, die sich jemand ohne Prüfung der Tatsachen voreilig, im Voraus über jemanden/etwas gebildet hat." (Duden, *Bedeutungswörterbuch*)

Können Sie diese Definition ins Englische übersetzen? Können Sie Ihre eigene Definition schreiben?

2 Hören Sie diese jungen Leute an, die über Vorurteile in der heutigen Gesellschaft sprechen, und ergänzen Sie die Tabelle:

dar/stellen beschreiben

auf jmdn. angewiesen sein* [s] von jmdm.

abhängig sein

die Gleichberechtigung gleiches Recht

feinfühlig *sensitive*

versorgen jmdm. das Essen usw. geben

Gruppe, die diskriminiert wird	Vorurteil	Grund

> Wenn man einen Lückentext ausfüllt, muss man auf die Grammatik achten. Die Aufgabe ist einem Kreuzworträtsel ähnlich: Das Wort muss genau in die Lücke passen, sonst hat der Satz keinen Sinn.
>
> Manchmal sind das keine Fragen zum Textverständnis, sondern zur Grammatik und zu Ihrem Wortschatz. Welches Wort passt am besten – ein Verb, ein Substantiv, ein Adjektiv usw. und in welcher Form?

3 Gorka. Lesen Sie den Text über Gorka und ergänzen Sie diesen Lückentext. Die Wörter finden Sie im Kasten links:

Gorka ist seit seiner Geburt **(a)___** und Mütter haben **(b)___** für ihn gefühlt. Obwohl er in Mathe nicht besonders **(c)___** ist, hat er gelernt, auf die Leute **(d)___** zu reagieren. Gorka ist berühmt, da er in **(e)___** erschienen ist und Leute zeigen ihm **(f)___**. Er hat einen niedrigen **(g)___** und kann mit **(h)___** nichts anfangen. Gorka kann sich leicht **(i)___** machen, obwohl ihm manchmal die Worte fehlen. Man kann seine Witze **(j)___** verstehen, selbst wenn man seinen Humor nicht **(k)___**. Wenn man mit Gorka **(l)___**, muss man manchmal lange auf eine **(m)___** warten. Er weiß die **(n)___** der Leute zu manipulieren und ihm **(o)___** es nichts aus, wenn Leute über ihn lachen.

> sofort
> begabt auffallend spricht positiv
> macht
> Intelligenzquotienten
> Respekt Zahlen Filmen
> Mitleid Antwort
> Gefühle verständlich versteht

Gorka ist seit seiner Geburt daran gewöhnt aufzufallen. Überall, wo er hinkam, haben Kinder mit dem Finger auf ihn gezeigt, haben sich Mütter mitleidig nach ihm umgedreht. Gorka war in Mathe noch nie eine Leuchte, und das wird er wohl auch nicht mehr. Dafür hat er aber andere Dinge gelernt: Wenn heute jemand mit dem Finger auf ihn zeigt, ist das sein Einsatz. Er zieht die Lippen auseinander und streckt seine breiten Hände in die Luft, dabei amüsiert er sich selbst über seine Horrorgeste und beginnt zu kichern. Seitdem vor fünf Jahren erstmals sein rundes, weiches Gesicht mit den kleinen Augen auf der Leinwand zu sehen war, ist Gorka Zufiaurre im spanischen Baskenland berühmt. Schulklassen schreiben dem Achtzehnjährigen Briefe, Zeitschriften veröffentlichen Geschichten über sein Leben, und

in seinem Dorf Urretxu kann er nicht unbehelligt über die Straße gehen. Das konnte er noch nie. Früher haben sich die Leute aus Mitleid und Neugierde nach ihm umgedreht, heute tun sie es aus Zuneigung und Respekt.
Gorka wurde mit einer Trisomie des 21. Chromosomenpaares geboren. Als er die Ärzte aus seinen kleinen, schrägstehenden Augen ansah, diagnostizierten sie Mongolismus. Sein Intelligenzquotient liegt bei etwa sechzig, und es gibt Dinge, die wird Gorka nie verstehen: Für Zahlen, selbst in einer so konkreten Form wie dem Preis für eine Dose Cola und eine Tüte Chips, ist in seinem Kopf kein Platz, da hilft auch Üben und Wiederholen nichts.
Gorka ist körperlich gesund, und seine Zunge ist nicht zu dick, wie das bei den meisten Mongoloiden der Fall ist. So kann er in seiner Muttersprache Baskisch und der Landessprache Spanisch sprechen, obwohl ihm manchmal die Worte fehlen. Seine Witze versteht jeder auf Anhieb, vielleicht teilt aber nicht jeder seinen Humor: „Lass uns ein bisschen Ball spielen", schlägt Gorka zum

Beispiel vor, „ich stell mir vor, er ist ein abgehackter Kopf."
Es ist schwierig, mit Gorka ein langes Gespräch zu führen, und er mag es gar nicht, über sich selbst zu reden. Er spricht in kurzen Sätzen und einfachen Worten, beispielsweise „Mir macht es Spaß, Freunde zu gewinnen". Auf eine Frage antwortet er manchmal erst Stunden später. Wer ihm diese Zeit nicht lässt, wird wenig über ihn erfahren.
Seitdem Gorka Schauspieler ist, kommt er viel herum. Überall wo er auftaucht, weckt er Aufmerksamkeit. Er weiß, wie er das Interesse an seiner Person in Sympathie umwandeln kann. Gorka erlaubt es anderen, über ihn zu lachen, wenn er sein Gesicht zu einer Grimasse verzieht oder mit seinem Körper herumhampelt. Seine Vorstellungskraft hat er schon als Kind einzusetzen gewusst: In Gewitternächten lag er mit Vorliebe mit Mutter und Schwester im Bett und dachte sich Geschichten aus. Er konnte sie so fesselnd vortragen, dass sich beide gruselten. Heute beeindruckt er ein größeres Publikum.

4 Schreiben Sie mit eigenen Worten kurze Notizen über Gorka unter den folgenden Stichworten:

Reaktion der Leute auf Gorka: **a** Früher: **b** Heute:
Grund für die Veränderung:
Gorkas Reaktion auf Leute:
Sprachfähigkeiten:
Humor:
Vorstellungskraft:

Nützliche Ausdrücke

nicht jeder teilt ...   *not everyone shares ...*

überall wo ... auftaucht *everywhere ... appears ...*

Grammatik:
Verb + Präposition

Some verbs are used with a preposition, and as usual the preposition determines the case of the object.
Some take the accusative:

> Wenn heute jemand mit dem Finger **auf** ihn zeigt ...
> *When someone points at him these days ...*

> **Auf** eine Frage antwortet er manchmal erst Stunden später.
> *He sometimes answers a question only hours later.*

Some take the dative:

> Überall ... haben sich Mütter mitleidig **nach** ihm umgedreht.
> *Everywhere, mothers turned sympathetically towards him.*

> Sein Intelligenzquotient liegt **bei** etwa sechzig.
> *His IQ is around 60.*

Don't forget to learn the preposition that goes with the verb, and which case it takes.

---

die Leuchte (-n) (umg.) kluger Kopf
der Einsatz (¨e) Moment, wo ein Musiker anfangen muss
kichern leise lachen
auf der Leinwand in einem Film
unbehelligt = ohne dass Leute auf ihn zukommen
die Zuneigung Sympathie
auf Anhieb sofort
abgehackt abgeschnitten
verziehen* verändern
die Vorstellungskraft = wenn man gut phantasieren kann
fesselnd faszinierend

---

5 Ergänzen Sie mit der jeweils richtigen Präposition. (Benutzen Sie wenn nötig ein Wörterbuch.)

    + Akkusativ:

a Gorka erlaubt es, dass andere _____ ihn lachen.

b Filmproduzenten interessieren sich _____ Gorkas Talent.

c Er verzichtet _____ Worte, aber äußert sich trotzdem.

d Leute erinnern sich nicht mehr _____ die Zeiten, bevor Gorka berühmt war.

e Man muss _____ Gorkas komischen Humor aufpassen.

    + Dativ:

f Gorka nimmt _____ Dreharbeiten für eine Familienserie teil.

g Seine Zukunft hängt _____ der Reaktion des Publikums ab.

h Gorkas Sprache besteht _____ kurzen Sätzen und einfachen Worten.

i Keiner zweifelt _____ Gorkas Talent.

j Gorka warnt uns _____ der Gefahr, Leute zu unterschätzen.

---

6 Lesen Sie diese Anzeige. Können Sie eine ähnliche Anzeige für Behinderte wie Gorka oder andere Minderheiten entwerfen?

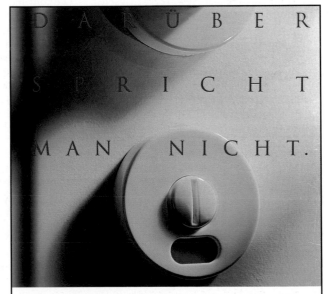

DARÜBER SPRICHT MAN NICHT.

Wenn sich ein Behinderter um einen Arbeitsplatz bemüht, bekommt er häufig zu hören: leider schon besetzt! In Wirklichkeit sind viele Arbeitgeber einfach unsicher im Umgang mit Behinderten oder scheuen sich vor Umrüstungen am Arbeitsplatz. Nicht so bei Daimler-Benz in Hamburg. Hier wurden die Toiletten umgebaut und bei Daimler-Benz arbeiten inzwischen auch Rollstuhlfahrer.

BEHINDERTE MACHEN EINEN GUTEN JOB

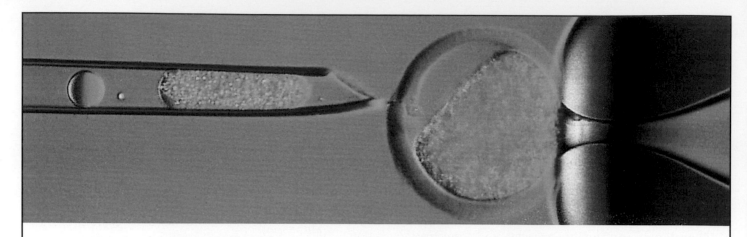

Furcht vor Frankenstein

Ein exzentrischer US-Wissenschaftler hat Fachleute und Politiker geschockt.
Schon in Kürze will er damit beginnen, Menschen zu klonen.

„Innerhalb von 90 Tagen", verkündete Richard Seed, der gläubige Methodist, wolle er als erster damit beginnen, Menschen zu klonen – auf ähnliche Weise, wie ①britische Forscher das Schaf „Dolly" schufen. Damit will Seed zum Beispiel unfruchtbaren Eltern genetische Kopien ihrer selbst in die Wiege legen.

Der Aufruhr unter Medizinern, Ethikexperten und Politikern ist seither beträchtlich. Es sei „der Frankenstein-Faktor", der die Menschen ängstige, so Willard Gaylin, Gründer eines Ethik-Zentrums im Bundesstaat New York. „Unsere ②Angst vor dem Verrückten, dem Ausreißer, dem durchgedrehten Wissenschaftler ist so stark, daß wir uns fürchten, wenn wir es mit jemandem zu tun haben, auf den das meiste dieser Beschreibung zutrifft", sagt Arthur Caplan, Direktor des Zentrums für Bioethik an der University of Pennsylvania.

Ein Bundesgesetz, das Seeds neues Projekt verhindern könnte, gibt es in den USA noch nicht – im Unterschied etwa zu Deutschland und den meisten anderen europäischen Staaten, wo das Klonen von Menschen verboten ist. Bill Clintons Regierung flüchtete sich in eine lendenlahme Mahnung: „Die Gemeinschaft der Wissenschaftler", so Clinton-Sprecher Mike McCurry, „sollte es Dr. Seed verdeutlichen – und ich denke, der Präsident wird es ihm klarmachen –, daß er dabei ist, unverantwortlich, unethisch und unprofessionell zu handeln."

Die allgemeine Entrüstung beeindruckt den Eigenbrötler Seed kaum. „Wissenschaft läßt sich nicht stoppen", meint er, „wenn erst mal ein halbes Dutzend fröh-④licher, gesunder Klone über die Fernsehbildschirme hüpft, dazu die glücklichen Eltern, dann werden die Leute das begeistert unterstützen."

In anderthalb Jahren, so sein Ziel, soll dann zum erstenmal eine Frau mit einem Klon im Bauch spazierengehen. Später, bei Routineproduktion, werde jede ⑤menschliche Kopie rund 10 000 bis 20 000 Mark kosten. „Wenn das Ganze profitabel läuft", so Seed, „machen wir das in 10 oder 20 Filialen im ganzen Land."

Vom Vorwurf, er handle aus Profitsucht, läßt sich Seed nicht einschüchtern. Er habe nichts dagegen, reich zu werden, sagt er. Außerdem: „Ich möchte ja lieber rein humanitäre Gründe vorschieben – aber ⑥keine Frage, mein Ego spielt mit." Er wäre gern der erste, der einen im Labor geschaffenen menschlichen Klon in die Welt setzt, und den Nobelpreis möchte er natürlich auch.

> **unfruchtbar** = die keine Kinder bekommen
> **die Wiege** Babybettchen
> **der Ausreißer (-)** *outlier*
> **zu/treffen* auf (+ Akk.)** für jmdn. passend sein
> **die Mahnung (-en)** Erinnerung an eine Pflicht
> **der Eigenbrötler (-)** jmd., der nicht wie andere Leute tut
> **vor/schieben*** als Entschuldigung benutzen

This extract follows pre-1998 spelling rules.

---

1 Lesen Sie den Text und beantworten Sie die folgenden Fragen auf Englisch:

a *What does Seed promise to be able to do within 90 days?*

b *What explanation is given for the reaction?*

c *What is the difference between the current laws in the USA and Germany?*

d *How are Seed's plans viewed by the White House?*

e *What is Seed's reaction to this?*

f *What long-term plans does he have?*

> ### Nützliche Ausdrücke
>
> **... sind uneins, ob ...**
> *... disagree on whether ...*
>
> **Wissenschaft lässt sich nicht stoppen**
> *science cannot be halted*

Grammatik: Relativpronomen

Relative clauses are not just of the type 'The man who bought the car ...' or 'The car, which looked new ...', where the relative pronoun is the subject of the clause. The relative clause can also start with the accusative, dative or genitive or a preposition. The relative pronoun is the same as the definite article in the accusative (*den, die, das, die*) and in the dative singular (*dem, der, dem*). In the dative plural it is *denen*. In the genitive it is *dessen* (masculine and neuter singular) and *deren* (feminine and plural):

Accusative:
Der Wissenschaftler, **den** ich gestern gesehen habe, ist heute nicht da.
The scientist whom I saw yesterday is not here today.
... wenn wir es mit jemandem zu tun haben, **auf den** das meiste dieser Beschreibung zutrifft.
... if we have to deal with someone to whom most of this description applies.

Dative:
Die Frau, **der** die Klinik ein Kind versprochen hat, war ängstlich.
The woman to whom the clinic promised a child was apprehensive.
... der Verrückte, **mit dem** wir zu tun haben, ...
... the madman with whom we are dealing ...

Genitive:
Ist das der Wissenschaftler, **dessen** Ideen Sie missbilligen?
Is that the scientist whose ideas you disapprove of?

---

2 Ergänzen Sie mit dem jeweils richtigen Pronomen:

a Dr. Seed ist der Wissenschaftler, ___ ich gestern im Radio gehört habe.

b Das Klonen ist eine Frage, ___ die Gesellschaft diskutieren muss.

c Dr. Seed ist der Wissenschaftler, ___ der Präsident seine Missbilligung klarmachen wird.

d Diese Entwicklung, vor ___ ich Angst habe, muss gestoppt werden.

e Ein Land, in ___ das Klonen nicht verboten ist, handelt unverantwortlich.

f Kennen Sie den Forscher, ___ Schaf „Dolly" weltberühmt ist?

g „Ein Mensch, ___ man wie einen Kaffee bestellen kann, wäre undenkbar."

---

3 Hören Sie diese jungen Leute an, die ihre Meinungen zum Klonen äußern, und ergänzen Sie die Tabelle:

Name	Pro/Contra das Klonen?	Gründe

---

4 Sind Sie für oder gegen das Klonen? Sie nehmen an einer Konferenz hoch angesehener Mediziner und Biologen teil, um eine Vorgehensweise zum Klonen zu formulieren. Auf der einen Seite sind die Befürworter(innen) und auf der anderen Seite die Gegner(innen) des Klonens. Arbeiten Sie zu zweit und versuchen Sie, Ihren Partner / Ihre Partnerin zu überzeugen. Benutzen Sie die folgenden Notizen, um Stellung zu nehmen:

Pro: kann unfruchtbaren Eltern helfen;
Organspenden zum Überleben können geschaffen werden;
Forschungsfreiheit;
Schmerzen und Leiden, die der Menschheit dadurch erspart bleiben.

Contra: unverantwortlich;
unmoralisch;
darf nicht in die Natur hineinpfuschen;
unübersehbare Folgen;
gegen Gottes Gebote.

- In der Prüfung werden Sie einen Standpunkt verteidigen müssen. Zuerst müssen Sie zu einem aktuellen Thema Stellung nehmen und Ihre Meinung rechtfertigen. Benutzen Sie folgende Ausdrücke:

  Ich finde/meine/glaube/behaupte, dass ...
  Ich bin der Meinung / der Ansicht / davon überzeugt, dass ...
  Ich vertrete den Standpunkt, dass ...
  Ich bin Befürworter(in)/Gegner(in) dieses Themas.
  Ich halte das ... für vorteilhaft/nachteilig, weil ...

- Um zu widersprechen:
  Das stimmt doch nicht.
  So pauschal kann man das nicht sagen.
  Da bin ich aber ganz anderer Meinung.
  Ganz im Gegenteil.

Nirgendwo auf der Welt wird mehr geraucht als in Europa: 42 Prozent der Männer und 28 Prozent der Frauen greifen regelmäßig zur Zigarette, Zigarre oder Pfeife. Ein Grund mehr für die Abgeordneten des Europaparlaments, eine Liste von Maßnahmen zu erstellen, die den Konsum von Tabak reduzieren und den Nichtraucherschutz verbessern sollen. Ein Grund mehr auch für den Bundestagsabgeordneten Roland Sauer (CDU), „in Übereinstimmung mit dem erklärten Willen" der Europäischen Gemeinschaft hierzulande ein Nichtraucherschutzgesetz zu initiieren, das eindeutige Regelungen in einem Bereich schaffen soll, in dem es bislang nur schwammige Gesetzesvorschriften gibt: am Arbeitsplatz.

Das geplante Nichtraucherschutzgesetz, zu dem sich neben Sauer auch andere Abgeordnete aus CDU, CSU, SPD und FDP bekennen, soll Rauchen am Arbeitsplatz sowie in öffentlich zugänglichen Gebäuden prinzipiell verbieten. Jedem Beschäftigten soll ein gesetzlich verbriefter Anspruch auf einen „rauchfreien Arbeitsplatz"

Neue Gesetzesinitiative

Arbeitsplatz soll rauchfrei sein

zugesichert werden. Wenn der Arbeitgeber seinen Mitarbeitern dennoch die Möglichkeit geben will, am Arbeitsplatz zu rauchen, muß er gesonderte Raucherbereiche ausweisen, die von den übrigen Räumen so abgeschottet sind, daß keine Beeinträchtigungen der Nichtraucher entstehen können. Der geplante Gesetzestext dazu wörtlich: „Das Rauchen in Räumen, die als Arbeitsplatz dienen, ist nur dann zulässig, wenn der Nichtraucherschutz … durch geeignete bauliche oder organisatorische Maßnahmen hinreichend gewährleistet ist."

Die Zigarettenindustrie hat vor einer Anhörung des Wirtschaftsausschusses an diesem Montag einmal mehr ihre Ablehnung dieses Vorhabens kundgetan. Sie verweist auf eine eigens in Auftrag gegebene Studie des Instituts der deutschen Wirtschaft (IW), das vor beträchtlichen Zusatzkosten für Wirtschaft und Verwaltung warnt. Allein die Kosten für das einmalige Umbauen für abgetrennte Raucherräume würde sich nach IW-Berechnungen bei den Unternehmen auf 15,9 Milliarden Mark, bei den Behörden auf 2,9 Milliarden Mark summieren.

Sauer will sich davon jedoch nicht beirren lassen. Für ihn sind die IW-Berechnungen nur „Zahlentricks". Zwar seien Umstellungskosten nicht zu vermeiden. Diese würden aber durch Einsparungen in anderen Bereichen mehr als aufgewogen. So rechnet etwa die Nichtraucherinitiative Deutschland e.V. vor, daß durch das Rauchen volks- und betriebswirtschaftlich Kosten von jährlich 90 Milliarden Mark entstünden. Wenn nur ein Teil dieser Kosten durch das Nichtraucherschutzgesetz eingespart würde, könne sich das Vorhaben lohnen. Sauer glaubt daran. Die Regierung aber, allen voran Bundesgesundheitsminister Horst Seehofer (CSU) jedoch nicht.

Marc Hujer

This extract follows pre-1998 spelling rules.

der Abgeordnete *(decl. adj.)* Parlamentsmitglied

eindeutig klar

schwammig vage

der Anspruch (⁻e) *claim*

die Beeinträchtigung (-en) negative Wirkung

gewährleisten garantieren

kund/tun* bekannt geben

---

1 Lesen Sie den Text, und wählen Sie dann die jeweils richtige Satzendung aus.

a In Europa rauchen
  1 mehr Menschen als je zuvor.
  2 mehr Menschen als in allen anderen Ländern.

b Das Europaparlament hat vor,
  1 Nichtrauchern zu helfen.
  2 den Nichtraucherschutz zu reduzieren.

c Roland Sauer will dafür sorgen, dass
  1 Nichtraucher mit dem erklärten Willen übereinstimmen.
  2 die Regelungen am Arbeitsplatz eindeutiger sind.

d Die Möglichkeit zu rauchen
  1 muss von Arbeitgebern gewährleistet werden.
  2 darf von Arbeitgebern gewährleistet werden.

e Im Prinzip würde das Rauchen am Arbeitsplatz
  1 nur unter gewissen Umständen erlaubt sein.
  2 unter keinen Umständen erlaubt sein.

f Obwohl Leute das Recht hätten zu rauchen,
  1 müssten Raucher einen separaten Raum haben.
  2 müssten Beeinträchtigungen entstehen.

g 90 Milliarden Mark sind die Kosten,
  1 die durch das Rauchen für die deutsche Wirtschaft entstehen.
  2 die durch die Einführung des Nichtraucherschutzgesetzes entstehen.

Grammatik:
Wortstellung mit „sich"

In main clauses *sich* comes immediately after the verb, even if there is inversion:

> Den Sorgen der Nichtraucher zufolge informierte **sich** die Firma ...

In a subordinate clause, *sich* comes before a noun subject, but after a pronoun subject:

> Obwohl **sich** die Firma über die Gefahren des Passivrauchens informiert hatte,

> Obwohl sie **sich** über die Gefahren des Passivrauchens informiert hatte,

Sich comes at the beginning of an infinitive construction:

> Sie hofft, **sich** nächstes Jahr das Rauchen abzugewöhnen.

---

2 Ordnen Sie die Reflexivpronomen richtig ein.

a Sie haben beschlossen, wegen der Gefahren des Passivrauchens zu beschweren.

b Da sie nicht bemüht haben, haben die Raucher und die Arbeitgeber nicht geeinigt.

c Wir haben immer für die Nichtraucher eingesetzt. (uns)

d Ich frage, ob die Raucher mit den neuen Regelungen abfinden werden. (mich, sich)

e Meiner Meinung nach lohnt das Vorhaben, wenn es finanziell rentiert.

f Er hatte Sorgen darüber gemacht, dass das Rauchen am Arbeitsplatz verboten werden würde. (sich)

g Obwohl viele Abgeordnete zum geplanten Gesetz bekannt haben, zweifle ich daran, ob die Idee durchsetzen wird.

h Nach IW-Berechnungen summieren die Kosten für das Umbauen auf 18,8 Milliarden Mark.

Nützliche Ausdrücke

eine Liste von Maßnahmen erstellen
to draw up a list of measures

in Übereinstimmung mit
in agreement with

auf etwas verweisen
to refer to sth.

---

3 Rollenspiel. Machen Sie ein Brainstorming! Erstellen Sie eine Liste der Argumente für und gegen ein Nichtraucherschutzgesetz. Eine Person spielt die Rolle von Roland Sauer und spricht für das Nichtraucherschutzgesetz. Die andere Person vertritt die Zigarettenindustrie und bringt Gegenargumente vor.

> Unten finden Sie noch ein paar Sätze, um jemandem zu widersprechen oder eine Meinung zu rechtfertigen:
>
> • Um zu widersprechen:
> **Ich bin völlig anderer Meinung.**
> **Sie wollen doch wohl nicht glauben, dass ...**
> **Das kann nicht der Fall sein.**
>
> • Um die Meinung zu rechtfertigen:
> **Ich finde das trotzdem richtig, weil ...**
> **Tatsache ist doch, dass ...**
> **Man kann aber nicht leugnen, dass ...**

---

4 Hören Sie diese Werbung für Nicorette und ergänzen Sie die Sätze mit Wörtern aus dem Text.

a Niemand kann Ihnen den _____, mit dem Rauchen aufzuhören, _____.

b Ihr Körper wird mit so viel _____ wie _____ _____.

c Das _____ besonders die erste Zeit, wenn der _____ zu rauchen noch sehr stark ist.

d Nehmen Sie Nicorette bis zu 3 Monaten mit _____ _____ Dosierung, die Sie individuell _____ können.

e Ihr Rauchverlangen wird _____ für _____ _____.

f _____ durch die harte Zeit.

---

5 Sie sind Nichtraucher. Schreiben Sie einen Brief an Ihren Arbeitgeber, in dem Sie ein Rauchverbot verlangen. Begründen Sie Ihre Forderung und benutzen Sie so viele Fachwörter wie möglich.

„Ich bin schwanger" MELANIE, 17

Für mich war von Anfang an klar, dass ich das Kind zur Welt bringen werde." Dabei ist Melanie gerade erst 17 Jahre alt geworden, steckt mitten in der Ausbildung als Friseurin – und ist im achten Monat schwanger. In vier Wochen soll ihr Baby geboren werden, doch hinter ihr liegt eine schwierige Zeit.

Melanie: „Als ich erfuhr, dass ich ein Kind bekomme, habe ich total Angst gehabt. Meine Zukunft sollte schließlich anders aussehen. Ich wollte mir mein Leben aufbauen, eine eigene Wohnung haben und in meinem Beruf erfolgreich sein." Doch der Arzt warf Melanies Zukunftspläne mit dem Satz „Sie sind schwanger" total über den Haufen. Melanie: „Über eine Abtreibung hab ich aber erst gar nicht nachgedacht, schließlich war ich selber schuld."

Zwar hatte sie regelmässig die Pille genommen, aber: „Ich musste wegen einer Nierenbeckenentzündung ziemlich lange starke Antibiotika schlucken, die sich mit der Pille nicht vertragen haben. Na ja, und das hab ich einfach nicht gewusst." Als Melanie ihrer Mutter die Schwangerschaft beichtete, gab's natürlich erst mal Ärger. Auch Melanies Freunde konnten nicht verstehen, warum sie sich fürs Kind entschieden hatte – bis auf Hartmut. Der 24-jährige ist der Vater von Melanies Baby und hat von Anfang an zu seiner Freundin gehalten. „Wenn Harti nicht immer gesagt hätte, dass wir das schon schaffen werden, hätt' ich's mir vielleicht doch anders überlegt." Inzwischen freuen sich die beiden aber riesig auf das Baby, wollen im Sommer zusammenziehen und heiraten. Doch ab und zu überfällt Melanie wieder die Angst vor der Zukunft, ob sie es auch schafft, jetzt schon die große Verantwortung für ein Kind zu übernehmen. Und dann denkt sie sich auch manchmal: „Schade, dass ich nicht eine ganz normale Siebzehnjährige sein kann."

„Ich habe abgetrieben" KLAUDIA, 18

Tag und Nacht habe ich über meine Entscheidung nachgedacht. Ich habe mir tausendmal überlegt, wie es wohl sein würde, wenn ich ein Kind hätte. Aber es ging einfach nicht, ich hatte keine Kraft …" Schwangerschaftsabbruch war die einzige Möglichkeit für die damals siebzehnjährige Klaudia, und sie ist auch heute – ein knappes Jahr später – absolut sicher, richtig gehandelt zu haben. „Ich hatte keine andere Wahl. Meine Mutter ist aus allen Wolken gefallen, mein Vater hat kein Wort mehr mit mir gesprochen, und mein damaliger Freund hatte nichts anderes zu tun, als mich mit meiner besten Freundin zu betrügen. Ich war total fertig und hatte riesige Angst, mir meine Zukunft zu verbauen." Für die minderjährige Klaudia war es in dieser Situation – kurz vor dem Beginn ihrer Ausbildung als Arzthelferin und völlig allein – kein Problem, die soziale Indikation für eine Abtreibung zu bekommen.

Den Eingriff wollte sie dann auch möglichst schnell hinter sich bringen: „Es war ziemlich schlimm. Das Ganze kam mir vor wie eine Massenabfertigung. Und – obwohl's alle versprochen hatten, besuchte mich in den fünf Tagen Krankenhausaufenthalt kein einziger meiner Freunde und Freundinnen."

Doch Mitleid ist das Letzte, was Klaudia will: „Schließlich bin ich nur deshalb schwanger geworden, weil ich so dumm war und die Pille nicht genommen hatte – aus Angst, dass ich davon zunehme." Nicht verhütet zu haben, deshalb hat sie oft ein schlechtes Gewissen. Aber Klaudia ärgert sich trotzdem über all diejenigen, die einen Schwangerschaftsabbruch mit Mord gleichsetzen: „Denen möchte ich nicht wünschen in so eine Situation zu kommen. Nur zum Spaß treibt schließlich keine Frau ab. Das ist eine so unvorstellbar schwere Entscheidung, die man nur mit sich alleine abmachen kann."

Nützliche Ausdrücke

etwas über den Haufen werfen (umg.)
to mess sth. up

aus allen Wolken fallen (umg.)
to be stunned

sich die Zukunft verbauen
to ruin your future prospects

… mit … gleichsetzen
to equate … with …

etwas mit sich allein abmachen
to sort sth. out for yourself

sich mit etwas vertragen* zusammenpassen

jmdm. etwas beichten eine Schuld bekennen

bis auf außer

der Schwangerschaftsabbruch (⸚e) *termination*

betrügen* untreu sein

minderjährig unter 18 Jahren

die soziale Indikation gesetzliche Gründe für einen Schwangerschaftsabbruch

der Eingriff (-e) Operation

verhüten vermeidende Maßnahmen benutzen

1

a Lesen Sie den Text. Wer könnte Folgendes gesagt haben? Melanie, Klaudia, beide, keine von beiden?

1 Ich bin schuld, weil ich überhaupt nicht verhütet habe.

2 Es fiel mir schwer, den richtigen Entschluss zu fassen.

3 Wenn ich nur ein normales Leben führen könnte!

4 Die Zukunft sieht unsicher aus.

5 Abtreibung ist kein Mord!

6 Ich wollte immer das Kind austragen.

7 Die Eltern haben ärgerlich reagiert.

8 Mir blieb nichts anderes übrig.

9 Als ich die Nachricht von meiner Schwangerschaft bekam, wurde mir bange.

10 Das Ganze war eine nützliche Erfahrung für mich.

11 Mein Freund ist mir treu geblieben.

b Ergänzen Sie die folgenden Sätze mit eigenen Worten. Achten Sie auf die Wortstellung.

1 Melanie war es von Anfang an klar, dass …

2 Bevor sie schwanger wurde, hatte Melanie geplant …

3 Die Pille war nicht wirksam, weil …

4 Wenn Melanie jetzt an die Zukunft denkt, …

5 Für Klaudia war ein Schwangerschaftsabbruch die einzige Entscheidung, da …

6 Klaudia fand ihre Freunde …

7 Klaudia ärgert sich, wenn …

3

Hören Sie diese jungen Leute an und füllen Sie die Tabelle aus:

	Pro/contra Abtreibung?	Gründe

vergewaltigen zum Geschlechtsverkehr zwingen
das Wesen (-) Mensch
in etwas pfuschen (umg.) *to meddle in*
ausführlich in allen Einzelheiten

Grammatik:
„hätte"/„wäre" + Modalverb

… hätte ich's mir vielleicht anders überlegt.
… *I would perhaps have thought differently.*

See page 155 to revise this structure.

To say 'should/could/ought to have (done)', you use the imperfect subjunctive of *haben* or *sein* (e.g. *hätte/wäre*) + infinitive of the verb + infinitive of the modal verb (e.g. *sollen*):

Ich **hätte** mich anders entscheiden **sollen**.
I should have decided differently.

Sie **hätte** medizinische Hilfe bekommen **können**.
She could have got medical help.

Advanced grammar: Note the position of *hätte* in a subordinate clause:

Obwohl sie medizinische Hilfe **hätte** bekommen können, hat sie Angst vor dem Arzt gehabt.

4

Übersetzen Sie:

a *I should have taken the pill.*

b *Her boyfriend should have supported her.*

c *We could have made the decision together* (*use* die Entscheidung treffen).

d *They could have helped her.*

e *She should have spoken to her mother.* (*use* sprechen mit).

f *Her friends should have understood her.*

g *Although Klaudia could have had the child, she decided against it* (*use* das Kind austragen *and* sich dagegen entscheiden).

h *If she had been able to talk to her mother she would have felt better.*

5

Partnerarbeit! Stellen Sie sich vor, Sie sind **entweder** Melanie **oder** Klaudia. Sie beichten die Schwangerschaft Ihrer Mutter / Ihrem Vater und erklären, warum Sie (nicht) abtreiben wollen. Ihr(e) Partner(in) spielt die Rolle der Mutter / des Vaters, die/der mit Ihren Zukunftsplänen nicht einverstanden ist.

1 a

„Die Verwandlung" von Franz Kafka beschreibt, wie Gregor Samsa, ein Reisender, eines Morgens aufwacht und erfährt, dass er in ein „Ungeziefer" verwandelt worden ist. Lesen Sie den Auszug und beantworten Sie die Fragen.

1 Welche Vokabeln im Text beschreiben Gregor Samsas körperlichen Zustand?

2 Und welche beschreiben und widerspiegeln seine Gefühle?

3 Was will Gregor machen und warum ist dies nicht möglich?

4 Warum ist Gregor mit seinem Beruf nicht zufrieden?

b Übersetzen Sie: „Gregors Blick richtete sich ... dumpfen Schmerz zu fühlen begann" Absatz 2.

Als Gregor Samsa eines Morgens aus unruhigen Träumen erwachte, fand er sich in seinem Bett zu einem ungeheueren Ungeziefer verwandelt. Er lag auf seinem panzerartig harten Rücken und sah, wenn er den Kopf ein wenig hob, seinen gewölbten, braunen, von bogenförmigen Versteifungen geteilten Bauch, auf dessen Höhe sich die Bettdecke, zum gänzlichen Niedergleiten bereit, kaum noch erhalten konnte. Seine vielen, im Vergleich zu seinem sonstigen Umfang kläglich dünnen Beine flimmerten ihm hilflos vor den Augen. ›Was ist mit mir geschehen?‹ dachte er. Es war kein Traum. Sein Zimmer, ein richtiges, nur etwas zu kleines Menschenzimmer, lag ruhig zwischen den vier wohlbekannten Wänden. Über dem Tisch, auf dem eine auseinandergepackte Musterkollektion von Tuchwaren ausgebreitet war – Samsa war Reisender –, hing das Bild, das er vor kurzem aus einer illustrierten Zeitschrift ausgeschnitten und in einem hübschen, vergoldeten Rahmen untergebracht hatte. Es stellte eine Dame dar, die, mit einem Pelzhut und einer Pelzboa versehen, aufrecht dasaß und einen schweren Pelzmuff, in dem ihr ganzer Unterarm verschwunden war, dem Beschauer entgegenhob.
Gregors Blick richtete sich dann zum Fenster, und das trübe Wetter – man hörte Regentropfen auf das Fensterblech aufschlagen – machte ihn ganz melancholisch. ›Wie wäre es,

This extract follows pre-1998 spelling rules.

wenn ich noch ein wenig weiterschliefe und alle Narrheiten vergäße‹, dachte er, aber das war gänzlich undurchführbar, denn er war gewöhnt, auf der rechten Seite zu schlafen, konnte sich aber in seinem gegenwärtigen Zustand nicht in diese Lage bringen. Mit welcher Kraft er sich auch auf die rechte Seite warf, immer wieder schaukelte er in die Rückenlage zurück. Er versuchte es wohl hundertmal, schloß die Augen, um die zappelnden Beine nicht sehen zu müssen, und ließ erst ab, als er in der Seite einen noch nie gefühlten, leichten, dumpfen Schmerz zu fühlen begann.
›Ach Gott‹, dachte er, ›was für einen anstrengenden Beruf habe ich gewählt! Tagaus, tagein auf der Reise. Die geschäftlichen Aufregungen sind viel größer als im eigentlichen Geschäft zu Hause, und außerdem ist mir noch diese Plage des Reisens auferlegt, die Sorgen um die Zuganschlüsse, das unregelmäßige, schlechte Essen, ein immer wechselnder, nie andauernder, nie herzlich werdender menschlicher Verkehr. Der Teufel soll das alles holen!‹

gewölbt kurvenförmig

die Versteifung (-en) = es macht steif

der Umfang (¨e) = Größe

der Reisende *(decl. adj.)* reisende Verkäufer

versehen *equipped*

undurchführbar = nicht möglich

schaukeln = schwingen

ab/lassen* = aufhören

die Aufregung (-en) Unruhe

die Plage (-n) große Mühe

2 Partnerarbeit. Stellen Sie sich vor, dass Sie in Gregor Samsas Lage sind. Mit Hilfe Ihrer Mutter ist es Ihnen gelungen, einen Freund / eine Freundin anzurufen. Ihre Stimme ist eine Stimme, „in die sich ... ein nicht zu unterdrückendes, schmerzliches Piepsen mischt."

Versuchen Sie, dem Freund / der Freundin zu erklären, was Ihnen widerfahren ist! Der Freund / Die Freundin drückt seine/ihre Überraschung aus.

Benutzen Sie folgende Ausdrücke:

Du wirst es nie glauben, aber ...

Das darf nicht wahr sein!

Du spinnst!

Das gibt's doch nicht!

Sag doch die Wahrheit!

Was ist mit dir?

> Wenn es in einem Text viele Nebensätze gibt, fällt es schwer, den Text zu verstehen. Sie können aber versuchen, die verschiedenen Satzteile zu identifizieren und voneinander mit Klammern zu trennen.
>
> Beispiel:
>
> {...} = eine Beschreibung
> [...] = ein Nebensatz
>
> Er lag auf seinem {panzerartig harten} Rücken und sah [,wenn er den Kopf ein wenig hob,] seinen {gewölbten, braunen, von bogenförmigen Versteifungen geteilten} Bauch, auf dessen Höhe sich die Bettdecke {, zum gänzlichen Niedergleiten bereit,} kaum noch erhalten konnte.

3 a Übersetzen Sie den im Kasten stehenden Satz („Er lag ... konnte") ins Englische – ignorieren Sie die eingeklammerten Teile!

b Finden Sie diese Sätze aus dem Text und klammern Sie jeweils die beschreibenden Satzteile und Nebensätze ein:

1 „Seine vielen ... hilflos vor den Augen."

2 „Über dem Tisch ... untergebracht hatte."

3 „Es stellte eine Dame dar ... dem Beschauer entgegenhob."

4 Schreiben Sie in 300 Wörtern eine Fortsetzung der Geschichte. War es nur ein Traum?

5 Hören Sie diese jungen Leute an, die von ihren Zukunftsplänen erzählen. Jede(r) will anders leben. Antworten Sie auf Englisch auf diese Fragen:

In what way does (s)he want his/her life to be different?
Why?

1. Anja

3. Erwin

2. Heiko

4. Thorsten

5. Silke

6 Übersetzen Sie ins Deutsche:

She found her life unbearable, due to her demanding job and the lack of human contact. Her present situation saddened her and she wondered what had happened to her. She thought it might be a dream but the sound of the rain on the window confirmed she was awake. 'How would it be if I gave up my job?', she thought. 'Day in, day out, the same routine!'

1 Haben Sie ein Hobby, das Sie in Anspruch nimmt? Möchten Sie, dass daraus ein Beruf wird? Halten Sie einen kleinen Vortrag für die Klasse über Ihr Hobby und die Gründe, warum es Sie interessiert.

sich wälzen sich rollen

die Panne (-n) = wenn etwas kaputt gegangen ist

erledigt (ugs.) ruiniert

der Straftäter (-) Verbrecher

ordungswidrig ungesetzlich

genehmigt lizenziert

An Schlaf ist nicht zu denken. Michael Z. wälzt sich in seinem Bett, steht wieder auf. Zum dritten Mal in dieser Nacht. Er schaltet das Radio ein. Will Smith rappt „Men in Black". Michael atmet durch, schließt die Augen. Die Lichter der Großstadt fallen durch das Balkonfenster. Er schaut auf den Funkturm, dessen roter Lichtpunkt herüberblinzelt. Überall da draußen unsichtbare Radiowellen über der Stadt.

Noch sechs Stunden, bis das Tape gewechselt werden muss. Viel Zeit zum Schlafen, aber Michael kann den Geräten nicht vertrauen, die im Versteck ihren Dienst tun. Ein kleiner technischer Defekt am Sender und es käme nichts weiter als Rauschen aus den Radios da draußen in der Stadt. Eine Katastrophe: Seine Hörer würden merken, dass City FM nicht live sendet. Der Ruf des Senders stünde auf dem Spiel. Pannen sind unprofessionell.

Michael ist Radiopirat. Seine Station sendet etwa alle sechs Wochen ohne Lizenz auf UKW. Ihm bleibt keine andere Wahl, als vorproduzierte Bänder zu starten und den Sender an einem streng geheimen Standort zurückzu-

Der Profi-Pirat

Michael Z. hat Sendungsbewusstsein. Sein Ziel: das perfekte Radioprogramm. Dafür betreibt er Deutschlands wattstärksten PIRATENSENDER

lassen. „Wenn sie mich live beim Moderieren erwischen würden, wäre ich erledigt", sagt er. Sie, das sind die Medienwächter – die Beamten der Regulierungs-

behörde für Post- und Telekommunikation. Bis August 1996 wurden Radiopiraten laut Fernmeldeanlagengesetz wie Straftäter behandelt, denen Gefängnis

droht. Wer heute ohne Lizenz auf Sendung geht, handelt nur noch ordnungswidrig. Nach dem neuen Telekommunikationsgesetz muss der Betreiber eines nicht genehmigten Senders eine Geldbuße zahlen – wenn er sich erwischen lässt. 2000 bis 3000 Mark sind die Regel. Im Wiederholungsfall mehr.

Michael schreckt das nicht ab. Wie alle Radiopiraten will er selbst senden und nicht nur empfangen. Die meisten Piratensender erreichen allerdings bestenfalls die nächste Kreisstadt. So hat Michael auch einmal angefangen. Heute, mit 26, ist er der wattstärkste deutsche UKW-Pirat. Mit 340 Watt erreicht er die Radios von über 1 Million Menschen zwischen Duisburg und Köln. Theoretisch zumindest, denn die meisten wissen nichts davon.

Michael ist seit sechs Jahren Radiopirat. Ein kostspieliges Vergnügen. Seit Jahren hat er sich keinen Urlaub mehr geleistet, kaum Klamotten. Sein Gehalt, das er als Radio- und Fernsehtechniker verdient, steckt er in Equipment für sein Radio. In neue CDs, die er kauft oder ausleiht und auf DAT überspielt. Ob ihm jemals jemand zuhört, weiß er nicht.

2 Lesen Sie den Text und beantworten Sie folgende Fragen:

a Wie reagiert Michael Z., wenn er „Men in Black" hört?

b Warum kann er nicht schlafen?

c Warum wäre es eine Katastrophe, wenn es ein technisches Problem gäbe?

d Warum kann Michael nicht „live" senden?

e Erklären Sie die Rolle der Medienwächter.

f Welche Strafe gäbe es, wenn er erwischt würde?

g Wie reagiert er auf die Möglichkeit, ertappt zu werden?

h Welche Opfer hat Michael für sein Hobby gebracht?

i Worin liegt die Ironie von Michaels Investitionen in sein Hobby?

3 Sie sind Michael und rufen Ihren Freund an. Sie erklären ihm, was in der letzten Nacht passiert ist und die Gefühle und Ängste, die Sie erlebt haben. Schreiben Sie die zwei ersten Absätze um, als sprächen Sie mit Ihrem Freund.
„Ich konnte heute Nacht nicht schlafen …"

Grammatik zum Auffrischen: Konjunktiv II

The imperfect subjunctive (*Konjunktivform*) can be used instead of *würde* plus the infinitive (see p. 167).

Es **käme** nichts weiter als Rauschen aus den Radios.
Nothing other than hissing would come out of the radios.

Der Ruf des Senders **stünde** auf dem Spiel.
The broadcaster's reputation would be on the line.

… **wäre** ich erledigt.
I would be finished.

In conversation *würden* plus the infinitive can be used in the *wenn*-clause instead of the more formal imperfect subjunctive:

Wenn sie mich live beim Moderieren **erwischen würden** …

= Wenn sie mich live beim Moderieren erwischten …
If they caught me broadcasting live …

4 Übersetzen Sie ins Englische: „Michael ist Radiopirat. … Im Wiederholungsfall mehr." (Absatz 3)

5 a Benutzen Sie die Konjunktivform des Imperfekts, um diese Sätze neu zu schreiben:

1 Es würde keine City-FM-Sendungen mehr geben.

2 Er würde geoutet sein.

3 Er würde Zeit haben, ein Taxi zu nehmen.

4 Wenn man ihn ertappen würde, würde er eine Geldbuße zahlen müssen.

5 Wenn Michael das Tape nicht wechseln würde, würde er an Glaubwürdigkeit verlieren.

6 Wenn es eine Panne geben würde, würde es unprofessionell sein.

b Schreiben Sie diese Konditionalsätze mit „würde" um:

1 Er hätte keine andere Wahl.

2 Ich bekäme einen Anruf von den Regierungsbehörden.

3 Wenn Michael keine Zuhörer hätte, wäre das Ganze eine Zeitverschwendung gewesen.

4 Wenn ihm das Geld ausginge, müsste er aufgeben.

5 Wenn Michael einen Mitarbeiter hätte, könnte er ruhig schlafen.

6 Schreiben Sie eine Geschichte (300–350 Wörter), die mit den folgenden Sätzen anfängt, aber nichts mit Radiopiraten zu tun hat.

„An Schlaf ist nicht zu denken. Oliver B. wälzt sich in seinem Bett, steht wieder auf. Zum dritten Mal in dieser Nacht. Er …"

Nützliche Ausdrücke

der Ruf stünde auf dem Spiel
the reputation would be on the line

… war die Ursache für …
… was the cause of …

1 a Viele Leute benutzen Handys, um „in" zu sein. Stört Sie das Klingeln von Handys und die lauten Gespräche, die darauf folgen? Oder haben Sie selber eins und stören andere? Erstellen Sie eine Liste der Vor- und Nachteile von Handys.

b Erstellen Sie nun eine Liste der Sachen, die Sie im täglichen Leben am meisten ärgern. Sind Sie mit Ihrem Partner / Ihrer Partnerin einverstanden?

Nützliche Ausdrücke

x ist von y überholt worden
x has been overtaken by y

etwas (Dat.) **Schutz bieten**
to offer protection to sth.

zwischen x und y unterscheiden
to distinguish between x and y

2 „Durch Handy-Manie bleibt jemand auf der Strecke": ein Liebesbrief an eine Telefonzelle. Ergänzen Sie die folgende englische Zusammenfassung des Textes. Versuchen Sie jeweils ein gutes entsprechendes englisches Wort zu finden:

The telephone box feels lonely and **(a)**_____ *without the queues of* **(b)**_____ *people at its door. It has been* **(c)**_____ *by an* **(d)**_____ *black object which appears in all the various* **(e)**_____ *and which people look upon as a* **(f)**_____. *Everyone has a mobile phone these days, from housewives to* **(g)**_____*-conscious school pupils. They can be the bearers of* **(h)**_____ *or trivial news. Their use by doctors or* **(i)**_____ *can be justified but in most cases they are just* **(j)**_____ *fashion accessories and a constant* **(k)**_____. *A priest who* **(l)**_____ *to interrupt his call caused a 20-minute* **(m)**_____ *for other passengers at* **(n)**_____ *airport. The phone box is safe and* **(o)**_____ *and offers* **(p)**_____ *from flapping ears. Mobile phones betray* **(q)**_____ *business to a large* **(r)**_____. *Fans of the phone box know the difference between thrift and* **(s)**_____ **(t)**_____.*

Eine einfache Liebeserklärung
Durch Handy-Manie bleibt jemand auf der Strecke

Ich weiß, du fühlst dich einsam und verlassen. Keine langen und ungeduldigen Schlangen sieht man mehr vor deiner Tür. Du, so groß und gemütlich, bist von einem kleinen, schwarzen, ziemlich hässlichen Objekt überholt worden: Das Handy ist dein schlimmster Feind. Es ist beliebt wie ein Filmstar, man sieht es im Werbefernsehen, in Zeitungen und Zeitschriften. Für dich macht man keine Werbung, mit dir macht man leider kein Geschäft. Mit dem Handy in der Hand fühlt man sich wichtig, es ist ein Statussymbol geworden; hat man keinen Ferrari, dann zumindest ein „telefonino".

Das Handy sieht man heutzutage überall: in den Taschen von Managern und Verkäufern, in den Autos, aber auch in den Einkaufstaschen der Hausfrauen zwischen Milch und Tomaten. In den Jeans von Schülern, die „in" sein wollen. Im Bus, im Restaurant, im Supermarkt – sein schrilles Signal ertönt überall. Wer weiß, welche wichtigen Nachrichten es übermitteln muss. Oder sagt es nur: „Die Nudeln sind fertig!"

Ich mag keine Handys, doch in den Händen von Ärzten und Unternehmern haben sie wenigstens einen Sinn. Von den meisten wird das Handy aber ohne wirklichen Grund benutzt, so wird es nur zum überflüssigen Modegegenstand und zur „ständigen Belästigung".

Vor einiger Zeit hat sich ein bekannter Priester, Gianni Baget Bozzo, im Mailänder Flughafen geweigert, sein Gespräch mit dem Handy abzubrechen. Das kostete den anderen Passagieren 20 Minuten Verspätung beim Abflug. So kann auch ein Priester Opfer dieser diabolischen Handy-Manie werden.

Wir vergessen, dass die Telefonzelle sicher und zuverlässig ist und dass sie Schutz gegen neugierige Ohren bietet. Wir verlangen unsere Privatsphäre und merken anscheinend nicht, dass wir durch das Handy jeden Tag unsere privaten Angelegenheiten einem großen Publikum preisgeben. Trotzdem, sei nicht entmutigt, liebe Telefonzelle: Du hast Fans, die dich schätzen. Sollen wir sie nostalgisch nennen, altmodisch? Oder können sie zwischen Sparsamkeit und übertriebenem Konsum unterscheiden?

Erica Baldi
Jahrgangsstufe 13
Deutsche Schule Mailand

Grammatik:
Passiv

- *Man* can be used as a way of avoiding the passive:

    Das wird nicht gemacht. = **Man** macht das nicht.

    Das Haus wurde gebaut. = **Man** hat das Haus gebaut.

- What may seem like the passive could be a description. Use *werden* for an action and *sein* for a description:

    Die Wand **wird** neu gestrichen.
    The wall is (being) freshly painted. (action)

    Die Wand **ist** neu gestrichen
    The wall is freshly painted. (state)

- Remember *werden* has four uses:

    (1) As a standard verb in its own right meaning 'to become'.

    (2) To form the future (with the infinitive).

    (3) To form the passive (with the past participle).

    (4) To form the conditional.

CRISTINA MARCHI

3 Entwerfen Sie Regeln für den Gebrauch von Handys an privaten und öffentlichen Stellen. Benutzen Sie „dürfen" mit dem Passiv. Vergleichen Sie Ihre Regeln mit denen Ihres Partners / Ihrer Partnerin. Sind Sie damit einverstanden?

z.B.

Handys dürfen nicht im Theater benutzt werden.

4 a Nicht nur Handys greifen in die Privatsphäre ein. Hören Sie, wie die Technologie sonst unser Leben beeinflusst, und beantworten Sie folgende Fragen:

  1 Warum spionieren Eltern ihre Kindermädchen aus?

  2 Welche Methoden benutzen sie?

  3 Was ist an dem Kuscheltier außergewöhnlich?

  4 Warum investieren Kindergärten in die neue Technologie?

  5 Welches Ereignis hat zum Wachstum der Überwachungsbranche beigetragen?

b Fassen Sie nun den Bericht in 50 Wörtern auf Englisch zusammen.

versorgen ausrüsten
hin/legen (ugs.) bezahlen
verbergen* verstecken
der Absatz Verkauf
erfassen *to grip*

Vier Uhr morgens

Auf einer Tanzfläche drängen sich hunderte schöner junger Menschen und übergeben ihre schweißnassen Körper den pulsierenden House- und Trance-Beats. Die Luft flirrt, die Stimmung ist gut, die Tanzfläche dampft: Sommer auf Ibiza! Ab Anfang Juni strömen jedes Jahr Tausende junger Menschen auf die Insel und in die Clubs. Ihr Outfit: D & G-Shirts, Oakley-Sonnenbrillen, indische Seidentücher. Ihr Urlaubsmotto: Feiern bis zum Abflug. Zu den Höhepunkten des Sommers zählen die Auftritte des Frankfurter Techno-DJs Sven Väth, einem erklärten Fan der Baleareninsel: „Ich mag das saubere Meer, die Toleranz und die Harmonie! Ibiza ist einer meiner Lieblingsplätze in Europa."

Auf Ibiza muss man die Partys nicht suchen, es reicht ein Nachmittag am Strand. Das Nebeneinander von Strandbar und After-hour-Club hat hier Tradition und ist für einen Nachtmenschen wie Väth offenbar unwiderstehlich. Im Laufe der letzten 18 Jahre hat er hier Vollmondpartys organisiert, bei Live-Auftritten im Ku vor 8000 Menschen gesungen und eine Menge Freunde gefunden. Schuld ist eigentlich der Flughafen Frankfurt: „Ich wollte früher Pilot werden. Meinen ersten Job als DJ bekam ich in der Diskothek meiner Eltern, danach im Dorian Gray, das am Flughafen liegt. Da wusste ich, dass das Nachtleben und das

Techno-Kids, Hippies, abgedankte Topmodels: Ibiza, der Lifestyle-Zoo

Fliegen für mich in besonderer Beziehung zueinander stehen." Ibiza war bei ihm Liebe auf den ersten Blick: „1980 verteilte ich hier Flyer für verschiedene Clubs, blieb den ganzen Sommer und bin seitdem immer wieder gekommen." Sechs Jahre später erlebte die Insel ihre große Renaissance: „Die DJs mischten Acid-House mit Latino-Elementen und erfanden auf diese Weise den typischen Balearic-Sound. Das war die Musik zum legendären Summer of Love." Die Urlauber fingen gleich Feuer. Sie fühlten sich als große Familie und feierten die Geburt eines neuen Partygefühls. Was in Ibiza begann, hat seither unter dem Namen Rave die Welt erobert.

flirren glänzen

der Auftritt (-e) = wenn jmd. auf die Bühne kommt

1 a Ordnen Sie den Satzanfang der jeweiligen Satzendung zu.

1 In der Hochsaison in Ibiza befindet sich eine große Anzahl
2 Die feiertägliche Stimmung nimmt
3 Die jungen Leute in den Clubs tragen oft Kleidung
4 Die Besuche gewisser Techno-DJs
5 Es fällt einem nicht schwer, die Partys
6 Die Versuchung für Partygänger wie Vaeth ist
7 Reiselust und Beruf waren
8 Vaeth hat 1980 in Ibiza gejobbt
9 Rave war eine neues Musikphänomen, das

a bekannter Markenhersteller.
b und Werbung für die Clubs auf der Insel gemacht.
c erst am Schluss des Urlaubs ein Ende.
d ausfindig zu machen.
e von jungen Leuten in den Nachtclubs.
f wegen der unmittelbaren Nähe der Lokale besonders groß.
g gehören zu den schönsten Ereignissen der Urlaubszeit auf Ibiza.
h auf Ibiza angefangen hat.
i für Sven Vaeth immer eng miteinander verwandt.

b Finden Sie im Text Wörter mit derselben Bedeutung wie:

1 ... sind einige der besten Sachen
2 so, dass man der Versuchung erliegen muss
3 die zwei Sachen sind eng verbunden
4 wurden leidenschaftlich
5 hat sich weit und breit durchgesetzt

2 Sie entwerfen ein Flugblatt, das junge Deutsche nach Ibiza locken soll. Wählen Sie fünf Ausdrücke aus dem Text, die Ibiza am positivsten schildern.

3 a Ob Goths, Rapper, Skater, Technos oder Punks – jeder hält seine Szene für das einzig Wahre, findet die anderen „bescheuert". Hören Sie zu und füllen Sie die Tabelle aus.

Gruppe	Definition	Warum die Jugendlichen die Szene schätzen

b Umgangssprache. Ordnen Sie jedes Wort der jeweiligen Definition zu!

1 das hängt mir zum Hals heraus
2 Weicheier
3 er hat es voll drauf
4 geil
5 Klamotten
6 Speck ansetzen

a *he's really cool*
b *gear (clothes)*
c *to put on weight*
d *cool, wicked*
e *I've had it up to here!*
f *wimps*

das Abziehbild (-er) *transfer (picture)*

der Irokese (-n) ein nordamerikanischer Indianer

die Einstellung (-en) Meinung

hinterfragen viele Fragen stellen

Thomas Stark • Weidenallee 7 • 22022 Hamburg

Import & Export GmbH
Geschäftsführung
Pfeilstraße 13
20222 Hamburg

19.3.99

Aufblasbare Dartscheibe XT 90

Sehr geehrte Damen und Herren,

mit diesem Schreiben möchte ich meine Unzufriedenheit mit einem Ihrer Produkte zum Ausdruck bringen. Anfang dieser Woche habe ich eine aufblasbare Dartscheibe, Modell XT 90, in einem Ihrer Geschäfte gekauft (eine Kopie der Rechnung liegt bei). Nachdem ich die Scheibe ordnungsgemäß ausgepackt und aufgeblasen hatte, musste ich feststellen, dass die Dartscheibe mehrere Löcher im Material aufweist, was die Benutzung der Scheibe unmöglich macht.

Als ich am nächsten Morgen in das Geschäft zurückkehrte, um mein Geld zurück zu verlangen – was mein gutes Recht ist – war ich über die Reaktion des anwesenden Verkaufspersonals doch sehr überrascht.

Ob der Defekt bereits während der Produktion der Dartscheibe, beim Versand oder an anderer Stelle aufgetreten ist, kann ich nicht beurteilen. Jedenfalls muss ich unter den gegebenen Umständen auf die Rückerstattung der vollen Kaufsumme bestehen. Sollte ich innerhalb der nächsten zehn Tage keine Antwort aus Ihrem Hause erhalten, sehe ich mich gezwungen, rechtliche Schritte gegen Ihr Unternehmen einzuleiten.

Mit freundlichen Grüßen

Thomas Stark

---

4 Lesen Sie den Beschwerdebrief und suchen Sie folgende Ausdrücke:

a *I would like to express my dissatisfaction with one of your products.*

b *I discovered that …*

c *… which I am entitled to …*

d *I cannot tell*

e *Under the circumstances I must insist on a full refund.*

5 Schreiben Sie einen Brief, in dem Sie sich über Ihren Urlaub in Ibiza beschweren. Erwähnen Sie, dass das Hotel, das Essen und die Preise viel zu wünschen übrig ließen. Sie könnten die folgenden Ausdrücke benutzen:

Ich hatte … erwartet, aber die Realität sah anders aus
I had expected … but the reality was quite different.

Ich war enttäuscht, dass …
I was disappointed that …

… war eine Unverschämtheit …
was an outrage

das war der Gipfel!
that was the final straw

Zimmer mit Seeblick / eine trübe Aussicht auf den Innenhof
room with sea view / dull view of the courtyard

> **Nützliche Ausdrücke**
>
> **im Laufe der letzten … Jahre**
> *in the course of the last … years*
>
> **x und y stehen in besonderer Beziehung zueinander**
> *x and y have a special relationship*

1 a Füllen Sie die Lücken mit den angegebenen Wörtern aus:

> geworden   getroffen   unaufhaltsam   fest
>
> fällt   Verweigerung   geschah   geheiratet
>
> absolute   ändern   Kleinholz   hätte
>
> Bauch   Scheibe   gemietet   mitteilte
>
> geladen   gefehlt   verdrängt   treffen

das Kleinholz = kleingehacktes Holz

flehen dringend bitten

schlagartig plötzlich

verdrängen wegschieben

kneifen* aufgeben

die Verweigerung (-en) = nicht geben, nicht erlauben

b Sind die folgenden Aussagen richtig, falsch oder werden die Informationen nicht gegeben?

1 Es war von Anfang an klar, wie sich alles entwickeln würde.

2 Der Freund hatte keine Ahnung, dass Daniela die Verlobung lösen würde.

3 Der Freund hat sofort die neue Situation anerkannt.

4 Das Paar hatte schon lange Beziehungsprobleme erlebt.

5 Olafs Proteste haben nichts geändert.

6 Daniela hat einen Franzosen, Oliver, kennen gelernt.

7 Ihre Beziehung mit Olaf fand Daniela nicht aufregend genug.

8 Dr. Grosse meint, dass Spontanentscheidungen zeigen, dass man lange seine Gefühle ignoriert hat.

9 Daniela ist es leicht gefallen, sich von Olaf zu trennen.

10 Sie war nach der Trennung erholungsbedürftig.

11 Im Nachhinein versteht Daniela, warum sie so gehandelt hat.

Kalte Füße vorm Altar:

Nein, ich will nicht

Nichts deutete darauf hin, dass dieser Tag alles (1)_____ würde. Es war wie immer: Daniela Kramer kam aus dem Büro nach Hause. Ihr Freund stand in der Küche und machte das Abendbrot. Danach wollten sie ins Kino. Sechs Jahre lebte die Vertriebsassistentin schon mit dem Industriekaufmann zusammen, in drei Wochen sollte (2)_____ werden, endlich. Der Termin stand (3)_____, der Raum war (4)_____, die Gästerunde (5)_____ . Aber dann war an diesem Abend plötzlich nichts mehr so wie immer: Ein einziger Satz von Daniela, und Vergangenheit und Zukunft waren (6)_____: „Ich werde dich nicht heiraten!" Sie sagte ihn ungeplant, spontan, aus dem (7)_____ heraus. Ihr Freund fiel aus allen Wolken. „Olaf glaubte es erst, als ich unseren Trauzeugen anrief und ihm (8)_____, dass die Hochzeit ins Wasser (9)_____." Daniela hatte die spektakulärste Entscheidung ihres Lebens (10)_____. Und dann ging alles blitzartig: Noch am gleichen Abend packte sie ihre Tasche und zog aus der gerade erst gekauften gemeinsamen Eigentumswohnung aus. „Mein Freund hat alles versucht, hat gefleht, geheult, die (11)_____ einer Tür eingeschlagen." Nichts half. Für Daniela gab es kein Zurück. Der Grund: Sie hatte eine Woche zuvor Oliver kennen gelernt, und das, was die Franzosen Amour fou, verrückte Liebe, nennen, (12)_____ mitten in Harburg: „Mir wurde schlagartig klar, dass ich was anderes wollte als eine bis zur Langeweile harmonische Beziehung." Was wollte sie denn? Lebendigkeit und Austausch. „Ich habe viel zu spät gemerkt, dass mir in der Beziehung etwas (13)_____ hat", wundert sich Daniela heute noch. Sätze wie diese hört der Gießener Psychologe Dr. Siegfried Grosse immer wieder von Frauen, die in wichtigen Lebenssituationen „kalte Füße" bekommen: „Frauen, die Spontanentscheidungen (14)_____, haben zu lange ihre Gefühle und Wünsche (15)_____", so Grosse. „Rückt das Ereignis, zum Beispiel eine Hochzeit, näher, wird es immer schwerer, die wirklichen Gefühle zu ignorieren. Es ist nur eine Frage der Zeit, bis sie sich (16)_____ Bahn brechen."
Und dann braucht man verdammt viel Mut – zum Kneifen! Daniela hatte ihn. „Im Nachhinein hört sich das alles ganz locker an, aber es war für mich der (17)_____ Horror", erinnert sie sich.
„Mir war das Ganze total peinlich. Aber irgendwann habe ich gedacht: Das ist mein Leben! Und da gehörte mein Ex einfach nicht rein. Als alles raus war, bin ich erst mal krank (18)_____." Ihre Seele hatte eine Auszeit nötig. Musste es so weit kommen?
„Eigentlich (19)_____ mir schon vorher auffallen müssen, dass ich zum Beispiel den Trauring-Kauf immer wieder rausgezögert habe." Heute begreift Daniela nicht mehr, wie sie so blind sein konnte. „Der Grund, warum Menschen entscheidende Dinge, wie einen Eheringkauf, immer wieder vor sich herschieben, ist meist Ausdruck einer inneren (20)_____", bestätigt Siegfried Grosse. Ein Alarmzeichen, das Daniela nicht registrierte. Das hat sie mit den meisten Spontan-Neinsagerinnen gemein. Die Sache mit Oliver war übrigens mehr als eine Panik-Liebe: Daniela und Oliver haben gerade geheiratet.

c Erklären Sie mit Hilfe eines Wörterbuchs die folgenden Ausdrücke auf Deutsch und dann übersetzen Sie sie ins Englische.

1 Er fiel aus allen Wolken.
2 Die Hochzeit fällt ins Wasser.
3 „kalte Füße" bekommen
4 Bahn brechen
5 im Nachhinein

Grammatik: Futur II

The future perfect (*Futur II*) consists of *werden* + past participle + *haben/sein*:

Bis Ende des Jahres **werde** ich Daniela **geheiratet haben.**
By the end of the year I will have married Daniela.

Bevor ich zurückkomme, **wird** er **ausgezogen sein.**
Before I return, he will have moved out.

The future perfect can also express probability as in English:

Er **wird** den Termin **vergessen haben:**
He'll have forgotten the appointment.

Nützliche Ausdrücke

Seit einiger Zeit beschäftigen sich Wissenschaftler damit, was ...
for some time experts have been researching what ...

das sieht man daran, dass ...
one can tell by the fact that ...

eine Entscheidung treffen
to make a decision

es ist nur eine Frage der Zeit
it is only a question of time

2 Übersetzen Sie:

a *They will have missed the bus.*
b *By tomorrow she will have forgotten Olaf.*
c *He will have forgiven her.*
d *By next week I will have made the most spectacular decision of my life.*
e *She will have replaced boredom with liveliness.*
f *Oliver will have made her happy.*
g *By now Olaf will have recovered.*
h *They will have gone to the cinema together.*

3 Hören Sie dieses Gespräch an und erstellen Sie eine Liste der Argumente für und gegen die Ehe.

Hier sind noch andere Ausdrücke, die Sie in einem Aufsatz verwenden können:

Heute gilt allgemein als bewiesen, dass ...
It is generally accepted these days that ...

Im Großen und Ganzen ...
By and large ...

Es wird von Experten behauptet, dass ...
Experts claim that ...

Man muss in Betracht ziehen, dass ...
One must take into account that ...

Darüber hinaus ...
Furthermore ...

Die Statistik bestätigt ...
Statistics confirm ...

Um ein Beispiel zu nennen ...
To give an example ...

Die oben aufgeführten Argumente bringen uns unwiderleglich zu der Schlussfolgerung, dass ...
The above arguments lead us to the irrefutable conclusion that ...

4 Aufsatzthema. Schreiben Sie einen Aufsatz von 300–350 Wörtern: „Ist die Ehe eine veraltete Institution?" Sehen Sie das Beispiel auf Seite 203 an.

Er hat uns wirklich lieb

Schwabbelbauch Horn gewinnt den Grand Prix

Zottelhaare, Schwabbelbauch und schräges Outfit sind die Markenzeichen von Guildo Horn. Die in Trier geborene Kultfigur erfüllte sich mit der Teilnahme am Grand Prix einen großen Kindheitstraum. Den Grand Prix vergleicht der 34jährige Wahlkölner mit großen Festen wie Weihnachten oder Ostern. Um so größer war deshalb der Jubel, als am 26. Februar um 21.35 Uhr das Ergebnis verkündet wurde. Per Telephon-Ted stimmten 62 Prozent der Anrufer für den etwas anderen Schlagerstar.

Äußerlich so ganz das Gegenteil der sonst so adrett gestylten Interpreten, konnte er mit seiner Liebeserklärung die Fernsehzuschauer auf seine Seite bringen. Auf den in ganz Deutschland stattfindenden „Guildo-Horn-Partys" feierten die Fans schon vor der Ergebnisverkündigung ihren sogenannten „Meister". Die vielen Anrufer gaben mit ihrer Wahl die „Liebe" zurück, die sie bei jedem Konzert des Meisters erhalten hatten. Das Geheimrezept von Guildo ist seine Ehrlichkeit. Derjenige, der dort oben auf der Bühne steht, ist der wahre Guildo Horn, und das ist das Entscheidende im Musikgeschäft. Die Leute spüren, daß er es mit seinen Liedern ernst meint und sie nicht, wie oft fälschlicherweise angenommen, veräppeln will. Bei seinen Konzerten vergißt man alle Sorgen und Nöte und ist danach einfach glücklich.

Eins kann man jetzt schon sagen, nicht nur Guildo Horn und seine Band, die Orthopädischen Strümpfe, haben gewonnen. Auch die

verstaubte Angelegenheit wie der Grand Prix, der nun wieder im Rampenlicht steht, profitiert. Die ganze Promotion um Guildo Horn hat der Sache gutgetan und dem sonst so seriösen Event etwas Pep eingehaucht.

Denn nachdem die Entscheidung feststand, lief nichts mehr nach Plan. Medienvertreter und Fans stürmten die Bühne und feierten enthusiastisch den Meister. Der Sieger erklärte nach dem Konzert auf der Pressekonferenz, daß er und seine Band Deutschland würdig vertreten wollen und jedes Land den Vertreter bekommt, den es verdient.

Wochen vor dem Grand Prix stand Guildo Horn zur Diskussion, ob er würdig sei, Deutschland in Birmingham zu vertreten. Er zeigte es allen. Auch Schlagerkollegen wie Nena sagten: „Das, was er macht, kommt einfach gut an!" Und ehrlich gesagt, können wir Deutschen es mal vertragen, wenn wir im Ausland mit Humor betrachtet werden. Vielleicht bekommen wir mehr Punkte als in den vergangenen Jahren. Denn was ist schon ein bißchen Frieden gegen die weltergreifende Aussage „Guildo hat uns lieb".

Patrick Wehner
Klasse 10b
Gymnasium Möckmühl

This extract follows pre-1998 spelling rules.

---

das Zottelhaar (-e) (umg.) lange, unordentliche Haare

schwabbeln sich hin und her bewegen

Grand Prix *German 'Song for Europe' equivalent*

Telefon-Ted Wahl per Telefon

adrett hübsch und sauber

spüren fühlen

jmdn. veräppeln boshaft über jmdn. lachen

Pep ein/hauchen Leben in etwas bringen

---

1 a Finden Sie für jeden Ausdruck den entsprechenden deutschen Ausdruck.

1 *the hallmarks of Guildo Horn*

2 *... fulfilled a great childhood dream*

3 *he was able to get viewers on his side*

4 *the secret recipe*

5 *that is the crucial thing*

6 *the fuddy-duddy event*

7 *is in the limelight*

8 *each country gets the representative it deserves*

9 *we Germans can take it*

10 *the earth-shattering statement*

b Erklären Sie mit eigenen Worten, warum Guildo Horn „der etwas andere Schlagerstar" ist.

Grammatik zum Auffrischen: Objekte

The order of direct object (D.O.) and indirect object (I.O.) is important:

Die Anrufer gaben **ihm** die „Liebe" zurück:
The callers gave him (= I.O., to him) the 'love' (= D.O. noun) back.

Accusative noun after dative:

Die Anrufer gaben **dem Sänger die Liebe** zurück.
Die Anrufer gaben **ihm die Liebe** zurück.

Accusative pronoun before dative:

Die Anrufer gaben **sie ihm** zurück.
Die Anrufer gaben **sie dem Sänger** zurück.

2 Übersetzen Sie:

a *He showed her the letter.*

b *He showed it (the letter) to his sister.*

c *They gave it (the book) to them.*

d *We showed the work to the teacher.*

e *He promised me a great future.*

f *She brought it (the newspaper) to me.*

Wenn Sie einen Aufsatz schreiben, müssen Sie nicht nur dem ganzen Aufsatz eine Struktur geben, sondern auch jedem Absatz.

(a) Jeder Absatz muss mit einem einleitenden Satz anfangen, wo Sie den Punkt für den Absatz angeben. Behandeln Sie nur einen Punkt pro Absatz, sonst wird das Ganze unklar.

(b) Geben Sie Beispiele.

(c) Rechtfertigen Sie Ihren Standpunkt.

(d) Fassen Sie den Absatz im letzten Satz zusammen.

Beispiel zum Thema „Heiraten" (Seite 201):

(a) Es ist nicht zu leugnen, dass die Ehe heutzutage als eine von vielen möglichen Lebensformen betrachtet wird. (b) Früher mussten sich Frauen in manchen Fällen auf das Einkommen ihres Mannes verlassen oder sich seinem Willen beugen. Die Gleichberechtigung bedeutet jedoch, dass Frauen jetzt freier sind, ihren eigenen Lebensstil zu wählen. Darüber hinaus ist in den letzten Jahren unsere Gesellschaft liberaler geworden, so dass viele „alternative Lebensstile" anerkannt worden sind. Alleinerziehende Eltern, Homosexuelle und die zunehmende Anzahl der Singles verteidigen immer mehr ihre Rechte. (c) Es folgt also, dass die Ehe nicht mehr die automatische Lebensform für Liebespaare ist. (d) Man kann die „nichteheliche Lebensgemeinschaft" nicht abtun, da sie im Zusammenhang der Liberalisierung der Gesellschaft gesehen werden muss.

---

3 Forschungsprojekt! Guildo Horn ist eine moderne deutsche Kultfigur. Können Sie Informationen zu wichtigen deutschen Figuren erforschen? Wählen Sie einen Bereich aus der folgenden Liste aus:

Politik; Kunst; Musik; Film; Literatur; Wissenschaft.

Suchen Sie im Internet danach. Benutzen Sie die Suchmaschine „Dino" (http://www.dino-online.de/suche.html). Klicken Sie auf „Aktuelle Nachrichten", um zu sehen, wer heute in den Nachrichten ist. Teilen Sie Ihre Ergebnisse der Gruppe mit.

---

4 Hören sie diese Beschreibung von London an.

a Welche Weltstars werden genannt und wo können sie gesehen werden?

b Welchen Einfluss hat der Glanz der Weltstars?

c Was ist der Unterschied zwischen London und Amerika, was die Wohnverhältnisse betrifft?

d Wofür gibt es Punkte im „Computerspielleben"? (5 Sachen)

e Warum kann man seine Highscores nicht lang behalten?

f Durch welche Zeitungen/Zeitschriften werden Stars „vom Thron gestoßen"?

g Warum will der wahre Londoner nicht jeden Tag ausgehen?

... umgeben* um ... herum sein

mittelschwer ziemlich schwer

ab/färben *to rub off*

abgeriegelt = abgeschlossen

sich ab/schotten sich zurückziehen

über etwas hinweg/täuschen über etwas betrügen

sich aus/ruhen ruhig bleiben

nach/rücken [s] aufsteigen

aufdringlich *insistent*

die Hetze = Hektik

1 Lesen Sie zuerst die zwei Berichte, einen gegenüber und einen auf Seite 206. Sie werfen ein Schlaglicht auf die soziale Ungleichheit. Schreiben Sie von jedem Bericht eine Zusammenfassung von 120 Wörtern.

Grammatik:
Verschiedenes

- Where a noun comes immediately after another noun or pronoun which refers to the same person or thing, it is said to be 'in apposition', and takes the same case:

    Beim Hansebäcker, **unserem Treffpunkt** ... = bei unserem Treffpunkt

    Ich habe in Berlin, **der Hauptstadt**, gewohnt = in der Hauptstadt

- If two linked subordinate clauses would start with the same conjunction, the conjunction (and the subject, if it is the same) is often omitted from the second subordinate clause:

    Wenn sie keine Zeit hat und (**wenn sie**) schnell essen muss, geht sie zum Imbiss.

- If one subordinate clause comes inside another, the verb in each subordinate clause still goes to the end of that clause. The sentence is constructed as if the clause in [ ] were not there:

    Die Tatsache, dass der Arbeitslose [, der in der Zeit verloren **ist**,] eine Routine **braucht**, zeigt uns die Wichtigkeit einer festen Arbeit.

2 Übersetzen Sie:

  a *These reports confirm that a society where there is inequality is unacceptable. (Extension: replace 'is unacceptable' with 'should not be tolerated.').*

  b *Since Barbara Stark has a job which makes demands on her she has to organise her time well.*

  c *Although society does not respect Christian Hauser, the unemployed man, but rather despises him, it must meet his needs.*

† *The same procedure as every day: An old English-language show, 'Dinner for One', is repeated every New Year's Eve on German television. Its catchphrase is 'the same procedure as every year'.*

3 Stellen Sie sich vor, Sie sind entweder Christian Hauser oder Barbara Stark. Ohne die Texte nachzuschauen, schreiben Sie einen Eintrag (250 Wörter) in Ihr Tagebuch, in dem Sie die Ereignisse des Tages und Ihre Gefühle schildern.

Sie haben gelernt, Ihre schriftliche Arbeit nachzuprüfen. Wahrscheinlich haben Sie in gewissen Bereichen Schwächen und machen dort Fehler.

- Wenn Sie Ihren Aufsatz vom Lehrer / von der Lehrerin zurückbekommen, lesen Sie ihn und andere Aufsätze durch und erstellen Sie eine Liste der Fehler, die Sie häufig machen.

- Vor der Prüfung konzentrieren Sie sich intensiv darauf, Ihre Kenntnisse in diesen Bereichen zu verbessern.

zustande kommen* [s] wirklich werden

zielstrebig entschlossen

der Kommilitone (-n) Studienkollege

der abgebrochene Student = er hat sein Studium nicht beendet

der Abstecher (-) = der Umweg

die Aktien (Pl.) *shares*

bewerkstelligen ermöglichen

ein Hunderter 100 DM

für den Notfall wenn die Situation zu schlimm wird

Die ungerechte Gesellschaft: Acht Millionen ohne Arbeit

Mehr als fünfzig Milliarden Arbeitsstunden werden jährlich in Deutschland geleistet. • Doch viele finden überhaupt keinen Job, andere machen dagegen Überstunden. • Zu viel oder zu wenig Arbeit – beides kann krank machen.

Zwei Portraits zeigen zwei Welten • Der Erwerbslose hat kein Geld, aber Zeit im Überfluss (diese Seite) • Der gestressten Vielbeschäftigten fehlt die Gelegenheit zur Muße (nächste Seite).

Verloren in der Zeit

Ein Tag ohne Ziel: 24 Stunden im Leben des Arbeitslosen Christian Hauser

① Treffpunkt Hansebäckerei in der Hamburger Grindelallee. Hier, an den kleinen Tischchen im hinteren Teil des Ladens, beginnt am späten Vormittag der Tag von Christian Hauser.* Der 35-jährige ist arbeitslos.

② Zu Hause, in der Einzimmerwohnung, deren Miete von 300 Mark das Sozialamt bezahlt, fällt ihm die Decke auf den Kopf. Deshalb zieht er sommers wie winters durch die Stadt, von einem Imbiss zum nächsten. Erklären kann Hauser nicht, wie die Route zustande gekommen ist: „Das hat sich einfach so ergeben."

③ In der Bäckerei ist Frühstück angesagt, jedenfalls an normalen Tagen. Heute ist Christian Hauser ungewöhnlich früh auf den Beinen gewesen und hat den ersten Hunger bereits im nahen McDonald's gestillt. Beim Hansebäcker, unserem Treffpunkt um halb zwölf, gibt's deshalb ausnahmsweise nur eine Tasse Kaffee. Ein paar der übrigen Gäste kennt Hauser vom Sehen. „Arbeitslose wie ich", weiß er, obwohl er nie ein Wort mit ihnen gewechselt hat. „Das sieht man eben."

Nach einer guten Viertelstunde geht es weiter. Zielstrebig, als hätte er etwas vor, steuert der abgebrochene Student auf die Wirtschaftswissenschaftliche Fakultät zu. Dort, am Imbissstand, holt ④ er sich mit sicherem Griff eine Kaffeetasse, füllt sie aus dem Automaten und sucht einen Platz, abseits der Studenten, aber so, dass er die einstigen Kommilitonen gut beobachten kann. Er kennt hier niemanden mehr. Sein Studium, immerhin zehn Semester Volkswirtschaft, freilich ohne Abschluss, hat er schon Jahre hinter sich. Er fand keinen Spaß mehr daran, „es war einfach nichts für mich".

Von McDonald's im Dammtor aus geht es zum Hanseviertel. Heute liegt noch ein Abstecher bei der Post dazwischen. ⑤ Denn – warum auch immer – die Telekom erstattet ihm Gebühren, 6,86 Mark bekommt er am Schalter ausgezahlt. Und im Vorbeigehen wirft er bei der Sparkasse einen Blick auf den heutigen Stand der Aktien, „nur so, aus alter Verbundenheit". An den schicken Auslagen in den feinen Geschäften geht er achtlos vorüber. „Das interessiert mich nicht." Auch mit den Menschen, die ihm begegnen, will er nichts zu tun haben. Und obwohl einige der Bedienungen den ständigen Gast kennen, gibt es weder eine Begrüßung noch ein kleines Gespräch.

In der „Silberkugel", dem Schnellrestaurant von Mövenpick, trinkt Hauser zur Abwechslung einen Tee. ⑥ Mittlerweile ist es später Nachmittag, aber essen mag er nichts. Einsam in seine Ecke gedrückt, raucht er seine Zigaretten und nippt am Tee.

Endlich, gegen ein Uhr morgens, manchmal auch später, kommt die Müdigkeit. Etwa 30 Mark kostet Hauser der tägliche Trip durch die Imbissketten. Von der monatlichen Sozialhilfe, 800 Mark minus 300 Mark Miete, ließe sich das nicht bewerkstelligen. Aber da der ⑦ 35-jährige jedes Wochenende zu Hause bei seiner Mutter in Lübeck verbringt und von ihr auch ab und an mal einen Hunderter zugesteckt bekommt, „geht es irgendwie". Und dann sind da ja auch noch die Gelegenheitsjobs für den Notfall.

In den frühen Morgenstunden wandert Hauser gemächlich nach Hause, guckt noch ein wenig fern und schläft bis zum späten Vormittag. Dann geht es wieder von vorne los, *the same procedure as every day†*: Frühstück beim Hansebäcker ⑧ an der Grindelallee, Kaffee und Zigaretten, Wirtschaftswissenschaftliche Fakultät, Kaffee und Zigaretten, McDonald's im Dammtor, Orangensaft und Zigaretten, Mövenpick, Tee und Zigaretten, und so weiter und so weiter.

* Name von der Redaktion geändert

Fortsetzung auf der nächsten Seite

Die ungerechte Gesellschaft: Viel Arbeit, viel Stress, viel Geld

Getrieben von der Zeit

Ein Tag ohne Pause: 24 Stunden im Leben der Managerin Barbara Stark

Treffpunkt Büro in der Innenstadt. Barbara Stark* telefoniert. Heute beginnt die Arbeit um 9 Uhr. „Es wird ein ruhiger Tag", sagt sie wenig später bei der Begrüßung. „Auf dem Programm stehen nur Konferenzen und Schreibtischarbeit." Sonst ist die 37-jährige Betriebswirtin um diese Zeit meist schon irgendwo in Deutschland unterwegs, manchmal auch in der Welt. Ihr Metier sind die neuen Medien, und da gibt es überall ungeheuer viel zu tun. Barbara Stark kümmert sich um Produktion und Vermarktung von Werbung und Text, um Shows und Nachrichten im Fernsehen und neuerdings auch online, sie handelt Millionenverträge aus, konferiert mit Kunden, Regisseuren und Verkaufsleitern, besucht die Außenbüros der Firma und organisiert Konferenzen.

Die schicke Frau mit den kurzen Haaren, perfektem Make-up und modisch knappem, hellem Hosenanzug ist Chefin von fast neunzig Mitarbeitern. 12- bis 14-Stunden-Tage sind für sie normal,

auch „das eine oder andere Wochenende" geht drauf. Zweimal im Jahr zwängt sie maximal zwei Wochen Urlaub zwischen die Termine, in Flautezeiten, versteht sich, der Rest verfällt, und selbstverständlich ist sie per Handy stets erreichbar.

Und das Privatleben? Die Frage stellt sich für sie nicht. Freizeit und Beruf gehören bei ihr eng zusammen: „Man muss sich nur gut organisieren." Einmal pro Woche kommt eine Putzfrau, um ihre Penthousewohnung in Schuss zu halten, beim Fensterputzer und bei der chemischen Reinigung ist sie Stammkunde, ebenso in diversen Restaurants. Unter Hosenanzügen und Kostümen, ihrer bevorzugten Garderobe, trägt sie Bodys oder Tops, die müssen nicht gebügelt werden und verknittern auf Reisen nicht.

„Gott sei Dank hat mein Lebensgefährte auch so viel zu tun", sagt sie. „Und die Zeit, die wir zusammen sind, genießen wir ganz intensiv." Freundschaften verbinden sie vor allem mit Kollegen. Gemeinsame Abende werden oft impulsiv gestaltet. „Klar, wenn wir uns treffen, kann es nicht immer ein

tolles Essen geben. Das darf man nicht so eng sehen. Natürlich hab ich auch viel Spaß an schön gedeckten Tischen und koche gern. Aber wenn fürs Viergängemenü keine Zeit bleibt, serviere ich einfach Käse, oder wir gehen zum Italiener um die Ecke." Sie hat gelernt, im Privatleben Kompromisse zu machen, „obwohl man gerade als Frau auch da ja immer perfekt sein will". Mikrowelle und Gefrierschrank sind unentbehrliche Helfer, und wenn's ganz eng wird und die Vorräte aufgebraucht sind, ordert sie einfach Pizza. „Klamotten bestelle ich meist nach Katalog, da gibt es heute tolle Sachen und ich hab zum Glück 'ne Normgröße." Schaufensterbummel verlegt sie in den Urlaub. „Da kauf ich schon mal fünf Paar Schuhe auf einmal."

Noch ein paar Telefonate, ein paar interne E-Mails. Das Büro hat sich geleert. Es ist 19 Uhr. „Jetzt kann ich noch eine Stunde die Sitzung fürs Wochenende vorbereiten." Dann das Arbeitsessen. Der Tag endet gegen 22 Uhr. Eigentlich war alles ganz ruhig. Morgen geht's auf Reisen, früh um 6 Uhr.

Alle Namen von der Redaktion geändert

Nützliche Ausdrücke

auf den Beinen sein
to be on one's feet

ihm fällt die Decke auf den Kopf
he feels shut in

die Frage stellt sich (für sie) nicht
the question does not arise (for her)

das darf man nicht so eng sehen
you cannot take it so seriously

4 Übung macht den Meister! Schreiben Sie einen Aufsatz (300–350 Wörter) zum Thema: „Wie ist eine ungerechte Gesellschaft zu vermeiden?"

Hier noch ein paar Mustersätze, die Sie für den Aufsatz adaptieren können:

Wenn man ... gemacht hätte, hätten wir kein(e/en) ...
If one had done..., we would not have any ...

Obwohl ... gemacht wird, gibt es ...
Although ... is done, there is ...

Wir könnten ... machen
We could do ...

Man hätte ... machen sollen
One should have done ...

Da in unserer Gesellschaft ... einen hohen Stellenwert hat, müssen wir ...
As ... has a high status in our society, we must ...

Wenn Sie einen Aufsatz schreiben, müssen Sie natürlich auf die Gliederung achten. Ein Vorschlag:

- Einleitung: Nennen Sie die Hauptpunkte, die Sie behandeln werden, und die zwei Seiten des Problems/Themas. Verraten Sie nicht die Schlussfolgerung in Ihrer Einleitung.
- Absatz 1/2/3: die Argumente **pro**
- Absatz 4/5/6: die Argumente **contra**
- Achtung: nur ein Hauptpunkt pro Absatz (mit Beispielen)
- Abschluss: Zusammenfassen, nicht von vorne anfangen! Eine Schlussfolgerung ziehen. Weisen Sie auf die Zukunft hin. Schließen Sie vielleicht mit einem Zitat oder einer Frage ab.

5 Partnerarbeit. Stellen Sie sich vor, Sie sind Barbara Starks Lebensgefährte. Eines Abends geht es zu weit. Sie werfen ihr vor: „Du zehrst dich aus und ziehst unser Verhältnis mit!" Eine Person spielt die Rolle von Barbara, die andere die des Lebengefährten. Machen Sie weiter!

das Metier Beruf
der Vertrag (⸚e) der Kontrakt
die Flautezeiten (Pl.) ruhige Zeiten
der Rest verfällt = sie nimmt den übrigen Urlaub nicht
unentbehrlich unbedingt notwendig
der Vorrat (⸚e) = das Essen, das im Haus ist

„Politik betrifft jeden"

Jugendliche und Politik. Während die einen gar nichts davon halten, sind andere bereits schwer in Parteien aktiv. Beate Fuhl sprach mit dem Politikernachwuchs und sammelte Erstwählerstimmen

Auslöser Asyldebatte

Patricia Roob
Die Grünen/
Bündnis 90

Politik hat Patricia schon immer interessiert, aber sie wollte nie in eine Partei. Deswegen arbeitete sie während ihrer Schulzeit bei amnesty international mit. Den Ausschlag für ihren Parteieintritt gab die Asyldebatte – das Verhalten der etablierten Parteien regte sie so auf, dass sie beschloss, sich auf kommunaler Ebene zu engagieren.

Inzwischen sitzt die 25-jährige Lehramtsstudentin als Beisitzerin im Grünen-Vorstand ihrer Stadt, außerdem hat sie an der Überarbeitung und Verabschiedung der Programme für die bayerische Landtags- und die Europawahl mitgewirkt. Ihre Schwerpunktarbeit sieht sie beim Volksbegehren „Mehr Demokratie in Bayern" und in der Hochschulpolitik.

Patricia wünscht sich, „dass mehr Leute sich in irgendeiner Form politisch engagieren".

Polit-Start mit 14

Roland Werner
Junge Liberale

Roland fing bereits mit 14 Jahren an, sich politisch zu engagieren. In München arbeitete er auf dem Gymnasium am Dritte-Welt-Stand, der Schülerzeitung und in der Schülermitverwaltung mit, war an Aktionen gegen Rechtsradikalismus, Ausländerfeindlichkeit und Atomkraft beteiligt. Damals konnte er sich mit keiner der Parteien anfreunden. „Meine Vorstellungen waren zu idealistisch."

Seine Zivildienstzeit sieht er heute als Phase der Orientierung. Über die Deutsche Gruppe der Liberalen Internationalen kam er zur Liberalen Hochschulgruppe der Uni Augsburg und schließlich zu den Jungen Liberalen (Julis). Der 23-jährige Wirtschaftsstudent arbeitet inzwischen im Bundesvorstand mit.

Für Roland ist es sehr wichtig, dass junge Leute in die Parteien kommen, „denn sie sind diejenigen, die neue Gedanken einbringen und etwas bewegen".

Schuld war ein Lehrer

Tobias
Weismantel
Junge Union

Ein Lehrer war an allem schuld: Er machte so tollen Sozialkundeunterricht, dass Tobias anfing, sich für Politik zu interessieren. Aufmerksame Zeitungslektüre und das Verfolgen der Nachrichten wurden für ihn selbstverständlich. Bereits mit 15 Jahren begann er, sich ein Bild der einzelnen Parteien zu machen und zu vergleichen.

Die Wahl des Gymnasiasten fiel auf die Junge Union, weil er „ein eher konservatives politisches Weltbild" habe. Der 17-jährige ist Vorstandsmitglied in seinem Stadtteil, vertritt die Schülerunion seines Ortes auf Bezirksebene und arbeitet außerdem noch aktiv im Arbeitskreis Drogen mit. Jeder sollte sich seiner Meinung nach für Politik interessieren und auch engagieren.

Nützliche Ausdrücke

auf ... Ebene
at ... level

ein politisch denkender und handelnder Mensch
a political animal

die herrschenden Verhältnisse
prevailing circumstances

den Ausschlag geben* entscheidend sein
sich engagieren *to be committed*
der Beisitzer (-) Mitglied eines Vorstands
der Vorstand (¨e) Führung
die Verabschiedung (-en) Annahme eines Gesetzes
der Schwerpunkt (-e) wichtigster Punkt
der Bezirk (-e) administrative Gegend

1 Interessiert Sie Politik? Warum (nicht)? Sehen Sie die Liste der politischen Bereiche an, wo es für Deutsche die meisten Probleme gibt. Sind Sie mit der Liste der Deutschen einverstanden? Ordnen Sie die Liste neu. (Nummer 1 = wo es für Sie die meisten Probleme gibt).

2 Lesen Sie den Text „Politik betrifft jeden". Wer sagt was? (Patricia, Roland, Tobias)

 a Ich war von meinem Kurs so begeistert, dass mich die Politik fesselte.

 b Es fiel mir wegen meiner Ideale schwer, mich einer politischen Partei anzuschließen.

 c Ich habe die Politik der verschiedenen Parteien erforscht.

 d Ich war dermaßen von den traditionellen Parteien enttäuscht, dass ich entschied, mich an der Gemeindepolitik zu beteiligen.

 e Jugendliche haben eine entscheidende Rolle bei der Belebung der Politik zu spielen.

 f Ich würde mich freuen, wenn die Zahl der politisch engagierten Leute zunähme.

 g Der Bereich „Rauschgift" interessiert mich.

3 Hören Sie zu. Junge Leute sprechen über Politik. Sind die folgenden Aussagen richtig oder falsch?

 a Tanja und Barbara sind für das Verteilen von Handzetteln zuständig.

 b Barbaras Vater hat einen großen Einfluss auf sie ausgeübt.

 c Tanja hat blitzartig und instinktiv die SPD gewählt.

 d Corinna ist in Sachen Politik richtig informiert.

 e Marcus geht wählen, weil er die aktuelle politische Lage verändern will.

 f Stefanie lässt die Politik kalt.

 g Freddy lässt sich noch überzeugen.

 h Christa ist eine Wechselwählerin.

der Flugblatt (¨er) bedruckter Zettel zum Verteilen per Hand
das Vorbild (-er) gutes Beispiel
der Juso (-s) Jungsozialist
die Devise (-n) Motto
durch/blicken (umg.) verstehen

Demoskopie

Das Engagement der Deutschen für die Umweltpolitik geht erheblich zurück. Vom Bielefelder Emnid-Institut befragt, in welchem Bereich der Politik es am meisten Probleme gebe, nannten nur 28 Prozent den Umweltschutz; im Osten der Republik waren es gar nur 19 Prozent. So gering war die Sorge um die Umwelt noch nie seit der deutschen Einheit. Die Bundesbürger interessierte im letzten Monat weitaus mehr, wie es am Arbeitsmarkt, in der Rentenversicherung und in der Ausländerpolitik weitergeht.

„In welchem politischen Bereich gibt es zur Zeit die meisten Probleme?"

1. Arbeitsmarkt	86%
2. Rentenpolitik	63%
3. Sozialpolitik	61%
4. Steuern	60%
5. allgemeine Wirtschaftslage	54%
6. Ausländer, Asylanten	52%
7. Staatsverschuldung	47%
8. Gesundheitspolitik	43%
9. innere Sicherheit	38%
10. Preisstabilität	30%
11. gleiche Lebensbedingungen in Ost und West	29%
12. Umweltschutz	28%

Emnid-Umfrage; 1500 Befragte

4 Entwerfen Sie eine Umfrage zum Thema Politik und schicken Sie sie per E-Mail Ihrer Partnerschule. Welche politischen Bereiche beschäftigen junge Deutsche und warum? Schreiben Sie einen Bericht über die Ergebnisse.

5 Übersetzen Sie ins Deutsche:

Ilse became politically active at the age of 16 and decided to focus on youth policy. Since following the news became an obvious thing to do, she found it easy to compare the policies of the individual parties. It was a debate on Europe which finally spurred her into joining a political party.

Parteien im Bundestag

Die Darstellung der Parteien ist hier auf einen kurzen Überblick beschränkt:

Bündnis 90 / Die Grünen

ist die Bezeichnung für ein Parteienbündnis: 1992 schloss sich die Partei Die Grünen mit dem Bündnis 90, einer Vereinigung von fünf eigenständigen Bürgerbewegungen in der ehemaligen DDR, zusammen.

Die Grünen in den westdeutschen Bundesländern wurden in früheren Jahren auch als Grüne Liste, GL, bezeichnet. Im Januar 1980 gründeten sich die Grünen als Partei, entstanden aus dem Zusammenschluss vieler Bürgerinitiativen und alternativer Listen in den einzelnen Bundesländern.

Bürgerinitiativen nennt man Gruppierungen von Bürgern, die gemeinsam etwas unternehmen, um für sich und andere etwas zu erreichen. Alternativ heißt wahlweise oder abwechselnd; alternative Liste, kurz AL genannt, waren parteiähnliche Interessenvertretungen vorwiegend junger Menschen.

Bündnis 90 / Die Grünen setzt sich vor allem dafür ein, dass die Natur vor Schädigung und Zerstörung geschützt werden soll. Sie kämpft gegen eine weitere Verwendung von Kernenergie, gegen Atomwaffen und Aufrüstung. Sie tritt ein für eine unmittelbare Beteiligung der Bürger an politischen Entscheidungen, sie kämpft entschieden gegen eine Ausgrenzung von Ausländern.

Wer mehr über Bündnis 90 / Die Grünen wissen möchte, kann sich an deren Webseite wenden, http://www.gruene.de

CDU

ist die Abkürzung für ‹Christlich-Demokratische Union Deutschlands›. Nach dem Ende des 2. Weltkriegs 1945 wurden in vielen Gemeinden Deutschlands Gruppen christlich demokratisch gesinnter Bürger beider Glaubensbekenntnisse gebildet, die größten und wichtigsten Vereinigungen in Berlin und Köln. Die einzelnen Parteigruppen in den Bundesländern schlossen sich 1950 zur Bundespartei CDU zusammen.

Nach Auffassung der CDU fördert die soziale Marktwirtschaft das private Eigentum, sie gewährleistet, dass die wirtschaftlichen Erträge gerecht verteilt werden. Durch eine soziale Gesetzgebung sollen die vermögenslosen Schichten des Volkes in großem Umfang zu besitzenden Eigentümern gemacht werden.

Bei der ersten Bundestagswahl 1949 errang die CDU zusammen mit ihrer bayerischen Schwesterpartei CSU 31 Prozent der Wählerstimmen.

Die CDU hat unter anderem folgende Sonderorganisationen eingerichtet: Frauen-Union; Junge Union Deutschlands (JU); die Sozialausschüsse, eine Vereinigung der Arbeitnehmer; Wirtschaftsrat, eine Interessensvertretung der Industrie, und die Kommunalpolitische Vereinigung.

Wer mehr über die CDU wissen möchte, kann sich an deren Webseite wenden, http://www.cdu.de.

CSU

ist die Abkürzung für ‹Christlich-Soziale Union›, die selbstständige Schwesterpartei der CDU in Bayern.

Die CSU wurde 1945 gegründet. In ihren Anschauungen und Zielen stimmt die CSU weitgehend mit der CDU überein. Sie unterscheidet sich von der CDU vor allem in zwei Punkten: in der Innenpolitik berücksichtigt die CSU besonders die Belange des Bundeslandes Bayern; in der Außenpolitik vertritt sie mit Nachdruck nationale, das bedeutet allein die Bundesrepublik betreffende Interessen.

Die CSU hat Arbeitsgemeinschaften gebildet, die in der Hauptsache denen der CDU ähnlich sind.

Wer mehr über die CSU wissen möchte, kann sich an deren Webseite wenden, http://www.csu.de.

F.D.P.

ist die Abkürzung für ‹Freie Demokratische Partei›.

Die FDP wurde 1948 als Zusammenschluss mehrerer liberaler Parteigruppen in den Bundesländern gegründet. Im Mittelpunkt aller Ziele der FDP steht der Gedanke des Liberalismus: die Freiheit und die Würde des einzelnen Menschen. Grundsatz der Partei ist, dass es ohne Bildung und ohne Eigentum des Einzelnen keine Freiheit im Zusammenleben der Menschen in einem Staat gibt.

Im Verlauf der Ereignisse, die am 3. Oktober 1990 zur deutschen Vereinigung führten, schloss sich die FDP mit dem ‹Bund Freier Demokraten – Die Liberalen› in der DDR zusammen.

Wer mehr über die FDP wissen möchte, kann sich an deren Webseite wenden, http://www.fdp.de.

PDS

ist die Abkürzung für ‹Partei des Demokratischen Sozialismus›. Die PDS ist, zunächst unter der Bezeichnung ‹SED-PDS›, die Nachfolgepartei der Sozialistischen Einheitspartei Deutschlands, SED, die die herrschende Partei in der DDR war.

Die PDS betont, dass sie sich in Parteiverständnis und Parteiprogramm grundsätzlich von der ehemaligen SED unterscheide. Sie versteht sich als ‹linke Partei›, die grundlegende Kritik an der bestehenden Gesellschaft übt. Vom Geld beherrscht, habe diese Gesellschaft zerstörerische Kräfte hervorgebracht. Dagegen fordert die PDS unter anderem, im weltweiten Interesse der Menschheit den Frieden zu sichern, ein ausgewogenes Verhältnis der Menschen zur Natur zu schaffen und soziale Gerechtigkeit zu gewährleisten.

Wer mehr über die PDS wissen möchte, kann sich an deren Webseite wenden, http://www.pds.de.

SPD

ist die Abkürzung für ‹Sozialdemokratische Partei Deutschlands›.

Die SPD ist die älteste Partei Deutschlands.

In ihrem Parteiprogramm von 1959, dem Grundsatzprogramm der SPD, auch ‹Godesberger Programm› genannt, bekennt sich die SPD zum demokratischen Sozialismus: die Ziele des Sozialismus sollen im Rahmen der Demokratie verwirklicht werden. Das bedeutet, gerechte und gleiche Bedingungen für alle Menschen sollen mit der Zustimmung der Mehrheit der Bevölkerung erreicht werden.

Wer mehr über die SPD wissen möchte, kann sich an deren Webseite wenden, http://www.spd.de.

1 a

Lesen Sie die Beschreibungen der politischen Parteien. Um die Beschreibungen leichter verstehen zu können, ordnen Sie zuerst jeden Ausdruck der entsprechenden Definition zu:

1 Vereinigung		6 Marktwirtschaft	
2 gründeten sich		7 Anschauungen	
3 Bürgerinitiative		8 Mittelpunkt	
4 Ausgrenzung		9 grundlegend	
5 Glaubensbekenntnis		10 Bedingungen	

a fundamental

b ein ökonomisches System

c Umstände

d wurden ins Leben gerufen

e Credo

f Kern

g Zusammenschluss

h Gesinnung

i Bewegung mit politischen Zielen

j Ausschluss

b Welche Partei? Ohne die Beschreibungen noch einmal anzusehen, entscheiden Sie, welche Aussage welcher Partei entspricht.

1 „Wir wollen das private Eigentum fördern."

2 „Wir hoffen, Gleichheit für alle zu etablieren."

3 „Wir sehen die aktuelle Gesellschaft kritisch an."

4 „Wir engagieren uns für Ausländer und setzen uns gegen Kernenergie ein."

5 „Wir betonen die Wichtigkeit des Bundeslandes Bayern."

6 „Für uns ist die Freiheit des Einzelnen besonders wichtig."

c Mit Hilfe eines Wörterbuchs fassen Sie auf Englisch die Schwerpunkte der verschiedenen Parteien zusammen. Erstellen Sie eine Liste von Fachvokabeln!

d Würden Sie sich einer dieser Parteien anschließen? Mit welchen Zielen sind Sie einverstanden?

Wählen Sie fünf Stichpunkte für Ihr eigenes Manifest aus.

Wenn Sie Ihre mündliche Prüfung machen oder einen Aufsatz für eine Prüfung schreiben, achten Sie nicht nur auf den Inhalt und die Genauigkeit der Sprache, sondern auch auf die Strukturen, die Sie verwenden.

Verwenden Sie einfache Strukturen oder Nebensätze, das Passiv, den Konditional, verschiedene Zeiten usw.? Am besten bereiten Sie einige kompliziertere Strukturen zu verschiedenen Themen im Voraus vor.

---

2 a

Hören Sie Christian, Natalie und Anne zu und füllen Sie die Tabelle aus:

die Forderung (-en) starker Wunsch

die Hürde (-n) Hindernis

der Erhalt Beibehaltung

die Umverteilung Redistribution

konsequent logisch

uneingeschränkt ohne Grenzen

ein/räumen erlauben, geben

Meinung zu den Parteien	Warum man wählen gehen sollte	Meinung zu Protestwählern

b Fassen Sie die Forderungen der Jugendverbände auf Englisch zusammen:

Education:

Vocational Training:

Employment:

Ecology:

Immigration:

Was ist Europa?

Ein Wort aus dem Erdkundeunterricht? Aus den Nachrichten? Denkt man an „die da in Brüssel"? An viel Bürokratie? An etwas Blaues mit gelben Sternchen? Klar. Aber Europa ist gar nicht so weit weg. Es ist Teil unseres Alltags, wir leben mittendrin.

Für viele Jugendliche ist es nichts Besonderes, im Ausland Ferien zu machen. In Schule und Nachbarschaft sind Mitbürger und Mitbürgerinnen anderer Nationalitäten selbstverständlich. Mode, Musik und Sport sind international. Unsere Sprache ist voll von englischen und französischen Ausdrücken.

Unsere deutsche Kultur ist auch eine europäische Kultur. Die Sprache, die Kunst und die Gewohnheiten der Menschen in ganz Europa haben sich immer vermischt und gegenseitig beeinflusst. Oft wissen wir heute gar nicht mehr, dass viele unserer Lebensgewohnheiten auf eine gemeinsame Kulturgeschichte zurückgehen. Die politischen Gegensätze von Ost und West in diesem Jahrhundert haben etwas in Vergessenheit geraten lassen, dass der „Kulturraum Europa" – „Gesamteuropa" größer ist als die Europäische Union.

1 a Was sagt Ihnen das Wort „Europa"? Erstellen Sie eine Liste mit Stichpunkten.

Nützliche Ausdrücke	
in Vergessenheit geraten	*fall into oblivion*
ein besonderes Zeichen für ...	*a particular sign of ...*

die Nahtstelle (-n) = Grenze
sich verschieben* an eine andere Stelle kommen
die Bedrohung (-en) = etwas Gefährliches
maßgeblich bedeutend viel
die Versöhnung (-en) = Freundschaft nach Streit
das Gefälle (-) Unterschied in Ebene

Deutschland in Europa

Deutschland liegt mitten in Europa, an der Nahtstelle zwischen Ost und West. Es ist von neun Nachbarstaaten umgeben, mit denen es gute Beziehungen pflegt. Für viele Menschen in Deutschland ist diese freundliche und unkomplizierte Nachbarschaft inzwischen selbstverständlich. Das war nicht immer so. Die Grenzen Europas haben sich immer wieder verschoben, zuletzt als Folge des Zweiten Weltkrieges. Deutschland war dabei in einer besonderen Lage. Es hatte Krieg und Zerstörung in Europa zu verantworten und galt für die anderen europäischen Staaten lange Zeit als Bedrohung. Heute ist Deutschland ein aktiver Partner in der Europäischen Union und trägt eine große Verantwortung für Frieden und eine gerechte und soziale europäische Politik. Es ist zu einer bedeutenden Wirtschaftsmacht gewachsen, die maßgeblich vom Export in die europäischen Länder lebt und großen Einfluss auf die Lebens- und Arbeitsbedingungen in Europa hat.

Die Bundesregierungen engagierten sich deswegen für gute Beziehungen zu den anderen europäischen Staaten in ganz Europa. Ein besonderes Zeichen für die Versöhnung mit ehemaligen Kriegsgegnern, die aber immer unsere Nachbarn waren, haben sie mit der Einrichtung eines Deutsch-Französischen und eines Deutsch-Polnischen Jugendwerks gesetzt. Diese bilateralen Organisationen unterstützen intensive Kontakte der Jugendlichen aus Deutschland, Frankreich und Polen. Sie organisieren und ermöglichen gemeinsame Projekte und Begegnungen und fördern so gegenseitige Freundschaften und Zusammenarbeit.

Unter dem Eindruck des Zweiten Weltkrieges entwickelte sich innerhalb der letzten 40 Jahre ein politisch geeintes Europa. Die Politikerinnen und Politiker wollten nach 1945 alles tun, damit Konflikte nicht wieder zum Krieg führen und kein Land in Europa ein anderes zu beherrschen versucht. Dafür sind aber mehr als Friedensverträge und gute Worte notwendig. Man braucht wirtschaftliche, soziale und politische Bedingungen, die unnötige Konkurrenzen und ein zu großes soziales Gefälle zwischen den Staaten abbauen helfen. Innerhalb gesicherter Lebensumstände und mit Hilfe demokratischer Regeln kann man sich leichter verständigen, gemeinsam für den Frieden und am Wohlstand für alle arbeiten.

b Beantworten Sie folgende Fragen:

1 Laut dem Text, welchen Kontakt haben Jugendliche zu Europa?

2 Warum kann man nicht von einer „deutschen Kultur" sprechen?

3 Was für eine Beziehung hatte Deutschland mit seinen Nachbarn?

4 Welche Rolle spielt Deutschland im heutigen Europa?

5 Erklären Sie mit eigenen Worten die Bedeutung und die Funktion der Deutsch–Französischen und Deutsch–Polnischen Jugendwerke.

6 Welches Ziel hatten die Politikerinnen und Politiker der 40er Jahren und wie kann man es verwirklichen?

c Finden Sie im Text den Ausdruck, der dem jeweiligen englischen Ausdruck entspricht:

1 *daily routine*

2 *... are taken for granted*

3 *mutually*

4 *in a peculiar position*

5 *represented a threat*

6 *substantially*

7 *committed themselves to ...*

8 *facilitate*

9 *dominate*

10 *break down*

11 *together*

Grammatik:
Modalverben im Perfekt

Modal verbs have a standard past participle (*gekonnt, gewollt*). This is used when they are not followed by the infinitive of another verb:

Warum ist Klaus nicht gekommen? – Er **hat** es nicht **gewollt**.

Ich **habe** das Haus **gewollt**.

Usually, though, modals are used with another verb, and then the **infinitive** of the modal, rather than the past participle, is used to form the perfect and pluperfect tense (see also p. 248):

Klaus **hat** nicht **kommen wollen**.
Ich **habe** das Haus **kaufen wollen**.
Ich **hatte** das Haus **kaufen müssen**.

2 Übersetzen Sie:

a *They had to sell the car.*

b *We could not read the handwriting.*

c *I was allowed to go out today.*

d *She was able to write her essay in two hours.*

e *He wanted a peaceful Europe.*

3 Fabel-haftes über die Europäische Währungsunion. Hören Sie die Argumente dafür und beantworten Sie die folgenden Fragen:

a Warum ist die D-Mark „nicht mehr das, was sie einmal war"?

b Welche Bedeutung hat die D-Mark für die Deutschen?

c Womit wird die Währungsunion verglichen?

d Nennen Sie drei Gründe, warum die D-Mark stabil gehalten worden ist.

e Welche Rolle wird Frankfurt am Main spielen?

f In welchen zwei Hinsichten wird Deutschland von der Euro-Währung profitieren?

die Steigerung (-en) Erhöhung

nagen an (+ Dat.) kleine Stücke abbeißen

von etwas ab/sehen* etwas ignorieren

unantastbar nicht zu verletzen

ein/büßen verlieren

die Satzung (-en) Statut

verpflichtet sein* [s] machen müssen

für etwas auf/kommen* [s] = die Kosten tragen

die Verfassung (-en) Grundgesetz

entfallen* [s] nicht in Betracht kommen

die Dienstleistung (-en) *service*

die Beschäftigung Arbeit

4 Schreiben Sie einen Aufsatz von 300–350 Wörtern zum folgenden Thema: „Europa – nützliche Union oder zweckloses Ideal?"

Deutschland 1933–1945

Zwölf Jahre lang herrschte der braune Terror in Deutschland. Die KPD wurde verboten, ihre Funktionäre ins Exil getrieben oder in Konzentrationslagern interniert. Als die NSDAP bei den nächsten Wahlen knapp 44 Prozent erreichte, akzeptierten die Parteien im Reichstag mit Ausnahme der SPD das Ermächtigungsgesetz und verhalfen Hitler legal zur unumschränkten Macht.

Pompös inszenierte Massenkundgebungen, Fackelmärsche, Reichsparteitage und der Terror der Gestapo sollten den „Aufbruch der Nation" signalisieren. Das Volk bekam einmal wöchentlich Eintopf verordnet und erfuhr von korrupten Nazis, dass „Gemeinwohl vor Eigennutz" geht.

Die Politik des *appeasement*, des Nachgebens und der Zugeständnisse an Hitler durch London und Paris war 1938 gescheitert. Stalin entschied sich mit dem deutsch-sowjetischen Nichtangriffspakt vom 23. August 1939 gar für einen Räuberpakt mit Hitler. Der Einmarsch deutscher Truppen im September in Polen war der Beginn des Zweiten Weltkriegs. Es wurde mit 55 Millionen Toten der größte und grauenvollste Krieg der Menschheitsgeschichte.

Das Ende des Dritten Reiches kam mit der bedingungslosen Kapitulation am 7./9. Mai 1945. Hitler hatte für Deutschland „Lebensraum" erobern und es als Weltmacht unbesiegbar machen wollen. Jetzt lag Deutschland in Trümmern, von Bomben zerstört, besetzt und geteilt.

die KPD die Kommunistische Partei Deutschlands

der Funktionär (-e) *official*

die NSDAP die Nationalsozialistische Deutsche Arbeiterpartei

das Ermächtigungsgesetz *Enabling Act*

jmdm. zu etwas verhelfen* jmdm. helfen, etwas zu bekommen

unumschränkt ohne Grenzen

scheitern [s] nicht gelingen

Trümmer (Pl.) Ruinen

Prüfungs-Profi!

- Achten Sie genau auf die Zeit und teilen Sie sie nach den möglichen Punkten auf. Wenn zum Beispiel die letzte Frage ein Viertel der Punkte wert ist, sollten Sie ihr in einer 60-minütigen Prüfung 15 Minuten widmen, selbst wenn Sie mit der vorigen Frage nicht fertig sind.

- Lesen Sie am Anfang der Prüfung das Ganze durch, damit Sie schnell sehen können, was vor Ihnen liegt. Dann wird Ihnen klar, wie viele Fragen Sie in der Zeit beantworten müssen.

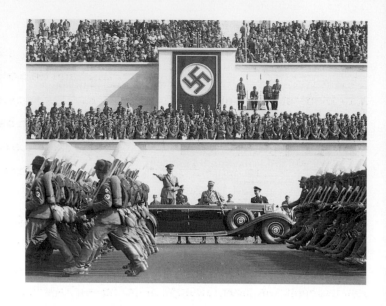

1 Ergänzen Sie die folgende englische Zusammenfassung:

> *Germany suffered a twelve-year period of the 'brown terror' during which the Communist Party was* **(a)**_____ *and its officials either driven into* **(b)**_____ *or imprisoned in* **(c)**_____ **(d)**_____. *The parliamentary parties,* **(e)**_____ *the SPD, enabled Hitler to seize* **(f)**_____ *power.* **(g)**_____ *stage-managed events and the motto '***(h)**_____ **(i)**_____*before* **(j)**_____ **(k)**_____' *set the tone of the time. The policy of appeasement which* **(l)**_____ *and Stalin's* **(m)**_____ *to form a non-***(n)**_____ *pact with Hitler opened the way for the* **(o)**_____ *into Poland and the beginning of the Second World War. Germany's* **(p)**_____ *surrender marked the end of the war and Germany itself lay in* **(q)**_____.

Die Autorität eines HJ-Führers

Mit dreizehn hatte ich es (1)_____ : Ich (2)_____ „Jungzugführer" in einem Dörflein, wo es nur

zwölf Pimpfe (3)_____ . Beim Sport und beim Geländespiel vertrugen wir uns prächtig, und wenn ich

zum Dienstschluß mein „dreifaches Sieg Heil auf unseren geliebten Führer Adolf Hitler" (4)_____ ,

strahlten die (5)_____ „meiner Kameraden". Doch der befohlene „Ordnungsdienst" langweilte sie.

(6)_____ Tages muckten sie auf. Nun war die Reihe an mir zu treten. Nach Dienstschluß um sechs Uhr

(7)_____ knöpfte ich mir (um im Jargon jener Jahre zu reden) die drei ärgsten „Rabauken" vor und

„schliff sie nach Strich und Faden": „Hinlegen – auf", „An die Mauer – marsch – marsch" „Tiefleger von

links", „von rechts", „von links", „zehn Liegestützen", „fünfzehn Liegestützen'" „zwanzig" – so in immer

(8)_____ Wechseln. Ich brauchte nur zu brüllen, den Daumen auf und ab zu (9)_____ und die

Liegestützen zu zählen, ganz so, wie ich es als Sechsjähriger schon (10)_____ Strafexerzieren des

Reichsarbeitsdienstes mitangesehen hatte. Die armen Kerle (11)_____ , schwitzten, schnappten nach

(12)_____ – aber sie gehorchten. Ihr (Eigen-) Wille war gebrochen.

Hitlers Worte: „Meine Erziehung ist hart. Das Schwache muß (13)_____ werden. In seinen

Ordensburgen wird eine (14)_____ heranwachsen, vor der sich die Welt erschrecken wird. Eine

gewalttätige, herrische, unerschrockene, (15)_____ Jugend will ich.

Es darf nichts Schwaches und Zärtliches an (16)_____ sein. Das freie, herrliche Raubtier muß erst

wieder aus ihren Augen (17)_____."

This extract follows pre-1998 spelling rules.

---

2 a Lesen Sie die Texte über die Hitler Jugend (HJ) und füllen Sie die Lücken aus.

beim

bewegen   Augen

abends

grausame

weggehämmert

blitzen

eines   ausrief

stöhnten

geschafft

Luft   schnelleren

gab

Jugend

ihr

wurde

der Pimpf (-e) junges Mitglied der Hitlerjugend

sich vertragen* sich verstehen

auf/mucken protestieren

treten* schlecht behandeln, herumstoßen

vor/knöpfen ausschimpfen

der Rabauke (-n) Jugendlicher, der sich laut benimmt

nach Strich und Faden schleifen* gründlich drillen

die Ordensburg (-en) Burg

b Erzählen Sie die Geschichte des HJ-Führers mit eigenen Worten. Warum hat er Ihrer Meinung nach so gehandelt?

c Übersetzen Sie: „Meine Erziehung ist hart … aus ihren Augen blitzen."

---

3 Warum hat Hitler Ihrer Meinung nach so viel Mühe in die Jugend investiert?

Friedrich und ich, wir spielten still Domino in der Ecke beim Ofen.

Vater gab Herrn Schneider eine von den guten Sonntagszigarren; er selber zündete sich eine Zigarette an. Die beiden rauchten still eine Weile vor sich hin, ehe sie begannen.

»Es fällt mir schwer, Herr Schneider« murmelte Vater. Dann sagte er etwas lauter: »Darf ich frei und offen reden?« Dabei blickte er Herrn Schneider voll an.

Das Gesicht von Herrn Schneider war sehr ernst geworden. Er zögerte erst. »Ich bitte darum!« antwortete er schließlich.

Schuldbewußt senkte Vater den Blick auf den Boden. Fast flüsternd teilte er Herrn Schneider mit: »Ich bin in die Partei eingetreten.«

Ebenso leise und ein wenig enttäuscht entgegnete Herr Schneider: »Ich weiß!«

Überrascht hob Vater den Kopf.

»Ihr Sohn hat es mir verraten!« ergänzte Herr Schneider. Seine Stimme klang traurig. »Und ich konnte es mir auch denken.«

Vorwurfsvoll schaute Vater zu mir herüber. Erregt zog er an seiner Zigarette. Leise redete er weiter: »Sie müssen das verstehen, Herr Schneider, ich war lange arbeitslos. Seit Hitler an der Macht ist, habe ich wieder Arbeit, bessere Arbeit, als ich erhofft hatte. Es geht uns gut.«

Begütigend versuchte Herr Schneider zu bremsen: »Sie brauchen sich wirklich nicht zu entschuldigen, wirklich nicht!«

Vater winkte mit der Hand ab: »In diesem Jahre können wir zum erstenmal alle zusammen eine Urlaubsreise mit ›Kraft durch Freude‹ machen. Man hat mir inzwischen schon wieder eine gute Stelle angeboten, weil ich Parteigenosse bin. Herr Schneider, ich bin Mitglied der NSDAP geworden, weil ich glaube, daß es meiner Familie und mir zum Vorteil gereicht.«

Herr Schneider unterbrach meinen Vater: »Ich verstehe Sie sehr, sehr gut. Vielleicht – wenn ich nicht Jude wäre – vielleicht hätte ich genauso gehandelt wie Sie. Aber ich bin Jude.«

Vater nahm eine neue Zigarette: »Ich stimme keineswegs der Partei in allem zu, was sie fordert und tut. Aber, Herr Schneider, hat nicht jede Partei und jede Führung ihre Schattenseiten?«

Herr Schneider lächelte schmerzlich: »Und leider stehe diesmal ich im Schatten.«

»Ich möchte Sie fragen, Herr Schneider: Warum bleiben Sie mit Ihrer Familie noch hier?«

Herr Schneider lächelte erstaunt.

Aber Vater fuhr fort: »Viele Ihrer Glaubensbrüder haben Deutschland bereits verlassen, weil man ihnen das Leben zu schwer gemacht hat. Und das wird noch nicht aufhören, das wird sich noch steigern. Denken Sie an Ihre Familie, Herr Schneider, gehen Sie fort!«

Herr Schneider reichte meinem Vater die Hand. »Es gibt zwei Gründe, die dagegen sprechen. Ich bin Deutscher, meine Frau ist Deutsche, mein Sohn ist Deutscher, alle unsere Verwandten sind Deutsche. Was sollen wir im Ausland? Wie wird man uns aufnehmen? Glauben Sie wirklich, daß man uns Juden anderswo lieber sieht als hier? – Und überdies: Das wird sich auf die Dauer beruhigen. Seit das Olympische Jahr angefangen hat, läßt man uns fast ganz in Ruhe. Finden Sie nicht?« […]

»Seit zweitausend Jahren gibt es Vorurteile gegen uns«, erläuterte Herr Schneider. »Niemand darf erwarten, daß diese Vorurteile in einem halben Jahrhundert friedlichen Zusammenlebens schwinden. Wir Juden müssen uns damit abfinden.«

Vater zog die Augenbrauen zusammen: »Sie reden, Herr Schneider, als ob Sie bloß eine kleine Gruppe gereizter Judenhasser zu fürchten hätten. Ihr Gegner ist ein Staat!«

Herr Schneider erhob sich. »Was Sie denken, kann nicht sein, im zwanzigsten Jahrhundert nicht! – Aber ich danke Ihnen für Ihre Offenheit und für Ihre Sorge um uns.«

This extract follows pre-1998 spelling rules.

1 Dieser Auszug stammt aus einem Jugendroman, der die Lage der Juden in den dreißiger Jahren behandelt. Dieser Auszug spielt im Jahre 1936. Beantworten Sie mit eigenen Worten:

a Warum senkt der Vater den Blick auf den Boden?

b Welches Gefühl hat der Vater seinem Sohn, dem Erzähler, gezeigt?

c Welche Gründe gibt der Vater für sein Eintreten in die Partei an?

d Warum ist Herr Schneider in Deutschland geblieben?

e Wie reagiert Herr Schneider auf die Warnung des Vaters?

> **Nützliche Ausdrücke**
>
> **es fällt mir schwer**
> *it's hard for me*
>
> **ich stimme keineswegs in allem zu**
> *I certainly don't agree with everything*

Grammatik: „als ob"

To translate 'as if' you need to use the conjunction *als ob* plus the subjunctive. Use the present if the state seems to be a true one:

Er sieht/sah aus, **als ob** er reich sei.
He looks/looked as if he is rich.

Use the imperfect if the state only seems to be the case:

Er sieht/sah aus, **als ob** er tot **wäre**.
He looks/looked as if he were dead.

You may find it easier to use just *als* and invert the verb. This is just as acceptable grammatically:

Er sieht aus, **als sei** er reich.
Er sieht aus, **als wäre** er tot.

2 Übersetzen Sie:

a *He looks as if he is under pressure. (pres. subj.)*

b *He acted as if he were the Chancellor. (imperf. subj.)*

c *She looked as if she were guilty. (pres. subj.)*

d *He looked as if he had been ill. (perf. subj. of* sein*)*

e *They looked as if they had been unhappy together. (plup. subj. of* sein*)*

3 Wie überzeugte Hitler? Beantworten Sie die folgenden Fragen zum Hörtext:

a Was lenkte die Aufmerksamkeit auf Hitler?

b Warum reiste er von Stadt zu Stadt?

c Wann fanden die Versammlungen statt und wie war die Stimmung im Raum?

d Wie beschrieb Hitler (i) das internationale Judentum? (ii) die NSDAP?

e Nennen Sie drei Beispiele von der „Technik der Massenversammlungen".

unzählig sehr viele
der Aufmarsch (-̈e) Parade
die Kundgebung (-en) politische Versammlung
die Fahne (-n) Flagge
das Spalier (-e) doppelte Reihe von Personen
übertragen* weitergeben
der Sündenbock (ugs.) jmd., dem man die Schuld gibt
grell sehr hell
schmetternd sehr laut
der Anhänger (-) *supporter*
hinweg/schwemmen wegspülen

> Für die mündliche Prüfung sollten Sie Ihr gewähltes Thema so genau wie möglich vorbereiten. Achten Sie auf Folgendes:
> - Fachvokabeln
> - Meinungsausdrücke
> - eine Vielfalt von Strukturen
> - Informationen zum Thema
> - Beispiele
> - Statistik
>
> Lesen Sie die Zeitung, damit Sie wissen, was in der Welt passiert. Seien Sie bereit, eine Meinung zu einem aktuellen Thema und zu den Themen in diesem Buch zu äußern.

4 Stellen Sie sich vor, Sie schreiben in den späten Dreißigern ein unparteiisches Tagebuch zu den Ereignissen, die passieren. Beschreiben Sie die Auswirkungen auf die Jugend und die Juden, und kommentieren Sie diese mit Ihren eigenen Gefühlen und Reaktionen.

1 a Hören Sie, wie die Deutsche Demokratische Republik gegründet wurde.

  1 Wann wurde die DDR gegründet?

  2 Was ist am 24. Mai 1949 passiert?

  3 Welche Bedeutung hatte die Gründung der DDR?

  4 Wie groß war die DDR im Vergleich zur BRD?

  5 Was hat die DDR versucht, aufzubauen und wie?

  6 Welche Rolle hat das Volk in der Gründung gespielt?

  7 Welchen Grund gab Adenauer für seine Einwände gegen die DDR?

b Benennen Sie die Städte und Flüsse der ehemaligen DDR!

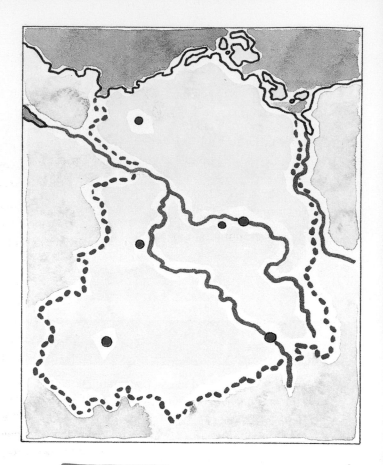

in Kraft setzen gültig werden lassen
vollziehen* realisieren
bekräftigen stärker machen
an/streben zu erreichen suchen
erfordern verlangen, notwendig machen
die Verwaltung = Regierung
befugt autorisiert

Manchmal müssen Sie eine Frage mit einer vorgeschriebenen Struktur beantworten, damit Sie einen Satz im Text „manipulieren". Sie müssen zum Beispiel ein Substantiv in ein Verb oder einen Aktiv- in einen Passivsatz umwandeln.

Beispiele:

  Er ist wegen seiner Verletzung früh nach Hause gegangen.
  Er ist früh nach Hause gegangen, weil ... *er verletzt war.*

  Sie kaufte ein neues Rad mit ihren Ersparnissen.
  Sie kaufte ein neues Rad mit dem Geld, das ... *sie gespart hatte.*

  Er war böse, weil man das Auto demoliert hatte.
  Er war böse, weil das Auto ... *demoliert worden war.*

Sie müssen zuerst das jeweilige entsprechende **Verb** finden und dann das richtige **Tempus** identifizieren, damit der Satz denselben Sinn ergibt.

2 a Erklären Sie die Gründe für die Massenflucht aus der DDR. Benutzen Sie Sätze, die mit „weil" oder „da" anfangen!

b Ergänzen Sie:

z.B. **1** Die Hälfte der Leute, die aus der DDR geflüchtet sind, war jünger als 25 Jahre.

1 Die Hälfte der Leute, die …

2 Da es sich um qualifizierte Fachkräfte …

3 Die Mauer, die die DDR …

4 Die Wachsoldaten …

5 Nachdem man die Mauer …

Der 13. August 1961 – die Mauer in Berlin

Bis 1961 verließen ca. 2,7 Millionen Menschen die DDR. Diese Massenflucht der Bevölkerung hatte ihre Gründe:

Allgemeine Unfreiheit in der DDR; Verfolgung Andersdenkender; Verstaatlichung von Industrie und Handel; Enteignung von kleinen und mittleren Betrieben; Kollektivierung der Landwirtschaft; die Ereignisse am 17. Juni 1953; Versorgungskrisen in der DDR.

Die Hälfte der Flüchtlinge war jünger als 25 Jahre. Zumeist handelte es sich um qualifizierte Fachkräfte, die in Westdeutschland sehr gute Verdienstmöglichkeiten vorfanden. Diese Fachkräfte fehlten natürlich in der DDR-Wirtschaft und allmählich sah sich die DDR in ihrer wirtschaftlichen Existenz bedroht.

Aus diesem Grund begann die DDR am 13. August 1961 damit, quer durch Berlin eine Mauer zu errichten. Dieser Bau schloss die letzte offene Stelle zwischen Ost und West. Die Flucht in den Westen war nun nur unter Lebensgefahr möglich, denn ein „Schießbefehl" verpflichtete die Wachsoldaten dazu, Fluchtversuche auch mit der Waffe zu verhindern.

Für viele Berliner bedeutete der Bau der Mauer die Trennung von Freunden, Familienangehörigen, Verwandten und Bekannten.

Nach dem Bau der Mauer in Berlin machte die wirtschaftliche Entwicklung in der DDR bemerkenswerte Fortschritte. Nach der Sowjetunion war die DDR die größte Industrienation des COMECON. Innerhalb des Ostblocks hatte die DDR den höchsten Lebensstandard.

»Jetzt mauern die uns ein«, erkennt der 19-jährige Volksarmist Conrad Schumann, als er am 15. August sieht, wie Fertigbauteile an der Sektorengrenze abgeladen werden. Nach zweistündiger Überlegung nutzt der Unteroffizier die letzte Gelegenheit zur Flucht. Mit umgehängter MP springt er über den Stacheldraht an der Bernauer Straße. Das Bild geht um die Welt

Nützliche Ausdrücke

es handelte sich um …
it was a question of
allmählich sah sich … bedroht
… gradually felt threatened

---

3 Stellen Sie sich vor, Sie sind der Unteroffizier im Bild. Schreiben Sie kurz nach Ihrer Flucht einen Brief an Ihre Verwandten im Osten, in dem Sie erklären, warum Sie geflüchtet sind.

1 Erklären Sie mit eigenen Worten:

a Weichenstellung

b tiefgreifend

c endgültig

Weichenstellungen auf dem Weg zur Einheit Deutschlands

Am 9. November 1989 öffnet die DDR ihre Grenzen nach Westberlin und zur Bundesrepublik. In der Folgezeit kommt es zu tiefgreifenden Veränderungen in der DDR. Bei einem Besuch des neuen Regierungschefs der DDR, Hans Modrow, in Moskau stimmt Michail Gorbatschow der Einheit der beiden deutschen Staaten zu (30. Jan. 1990). Damit sind endgültig die Weichen für eine mögliche deutsche Wiedervereinigung gestellt.

2 Zeittafel. Füllen Sie die Lücken aus!

1989

02. Mai: Ungarn baut die **(a)** zu Österreich ab.

19. Aug: DDR-Bürger **(b)** von Ungarn nach Österreich.

24. Aug.: DDR-Bürger dürfen aus Budapester **(c)** ausreisen.

11. Sept.: Ungarn **(d)** die Grenzen für 7.000 DDR-Bürger.

30. Sept.: Genscher **(e)** in Prager Botschaft Ausreiseerlaubnis.

05. Okt.: 7.000 Menschen **(f)** Prag, 600 Warschau Richtung BRD.

13. Okt.: 1.000 Flüchtlinge in Warschau **(g)** ausreisen.

03. Nov.: DDR gestattet direkte **(h)** von 4.500 DDR-Bürgern in Prag.

09. Nov.: DDR öffnet die Mauer.

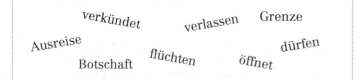

verkündet   verlassen   Grenze

Ausreise   dürfen

Botschaft   flüchten   öffnet

Flüchtlingshof in Bayern

Manjana Hennig (25) kommen die Tränen, wenn sie die Schlagzeilen liest, im Fernsehen die Tagesschau, die Aktuelle Kamera sieht. Die Versicherungsangestellte ist seit 15. September mit ihrem Mann Harald (33) und Marcel (6) im Westen. Und Manjana sagt heute: „Wenn wir damals geahnt hätten, dass die Grenzen geöffnet werden, dass es wirkliche Reformen in der DDR gibt. Ja, vielleicht wären wir wirklich drüben geblieben. Wir hatten eine Dreizimmerwohnung in Eberswalde bei Berlin, gerade eine neue Einrichtung und einen Wartburg. Aber jetzt haben wir uns entschieden. Wir bleiben hier. Und das Wunderbare ist, daß wir jetzt auch engen Kontakt mit unseren Freunden in der DDR halten können."

Sie alle haben sich dafür entschieden, hier bei uns [in der BRD] ein neues Leben in Freiheit zu beginnen.

Rüdiger: „Ich glaube aber, daß wir auch etwas für diejenigen getan haben, die in der DDR bleiben wollen. Ohne die Massenflucht hätten nie so viele Menschen den Mut gefunden, auf die Straße zu gehen und ihre Rechte zu fordern. Und sie haben es ja geschafft, daß die SED jetzt mit der Bevölkerung nicht mehr machen kann, was sie will. Ich habe mir schon überlegt, jetzt wieder zurückzugehen. Ich wäre dabei – bei den großen Demonstrationen, beim Kampf für Menschenrechte in der DDR. Aber irgendwie schaffe ich das jetzt nicht mehr. Besonders deshalb, weil ich hier so schnell Arbeit gefunden habe und mich auch mit meinen Kollegen sehr gut verstehe."

Und die Probleme? Viele haben noch keine Arbeit, noch keine Wohnung, noch keine Freunde. Manche, wie der Dreher Michael (36), haben sich entschlossen, mit ihren Familien in die DDR der offenen Grenzen zurückzugehen. Doch fast alle bleiben. Rüdiger: „Wir werden den Menschen hier beweisen, daß wir unsere Zukunft selbst in die Hand nehmen. Und vielleicht sehen manche Leute hier in der Bundesrepublik durch unser Beispiel auch, daß es besser ist, Probleme anzupacken, statt immer nur herumzunörgeln."

Jetzt geht es um die Zukunft. Für alle Deutschen. Für uns alle.

This extract was written after the Wende *but before reunification. It follows pre-1998 spelling rules.*

3 Lesen Sie diese Meinungen zur Wende aus der Sicht von Leuten, die die DDR schon verlassen hatten.

a Unter welchen Umständen wäre Manjana in der DDR geblieben?

b Welchen besonderen Vorteil hat die Wende für sie jetzt?

c Welchen Beitrag laut Rüdiger haben die Flüchtlinge zur Wende geleistet?

d Warum will Rüdiger nicht in die DDR zurückkehren?

e Wie sieht Michael die Zukunft?

4 Hören Sie diese Reaktion zum Fall der Mauer an und beantworten Sie die Fragen.

a Was konnte diese Frau nicht glauben?

b Wie fühlte sie sich?

c Was war vor 30 Jahren passiert?

d Warum, meinen Sie, erwähnt sie Bananen?

e Was bewies die Richtigkeit des Entschlusses ihrer Eltern?

f Welchen Eindruck machten ihre Verwandte und Freundinnen im Osten?

g Warum hat sie sich über den Fall der Mauer gefreut?

h Welche Hoffnungen hat sie und warum?

auf/wiegen* kompensieren
belügen nicht die Wahrheit sagen
die Schnauze (-n) (ugs.) = der Mund

- Manchmal müssen Sie einen Satz in einen Nebensatz umwandeln.

  Manche haben sich entschlossen, in die DDR zurückzukehren, aber die meisten Leute bleiben.

  Obwohl manche ... *sich entschlossen haben, in die DDR zurückzukehren, bleiben die meisten Leute.*

- Oder Sie müssen die direkte mit der indirekten Rede ersetzen:

  „Ich habe mir schon überlegt, wieder zurückzukehren."

  Rüdiger hat gesagt, ... *er habe sich schon überlegt, wieder zurückzukehren.*

- Achten Sie auf die Satzbildung und das Tempus!

5 Manipulieren Sie:

a „Aber irgendwie schaffe ich das jetzt nicht mehr." Rüdiger hat gemeint ...

b „Es ist besser Probleme anzupacken." Es ist besser, wenn ...

c „Am 9. November öffnet die DDR ihre Grenzen nach Westberlin und zur Bundesrepublik. In der Folgezeit kommt es zu tiefgreifenden Veränderungen in der DDR." Nachdem die Grenzen ...

6 Hören Sie noch einmal die Reaktion zum Fall der Mauer an und betrachten Sie das Bild der Feier. Sie sind Reporter(in) an der Mauer und Zeuge/Zeugin der glücklichen Ereignisse. Nehmen Sie eine kurze Reportage auf Kassette auf.

Nützliche Ausdrücke

ein Schritt, den man kaum verstehen kann
a scarcely comprehensible step

unsere Zukunft in die Hand nehmen
take control of our future

Probleme anpacken
to tackle problems

etwas ins Rollen bringen (umg.)
to get sth. going

1 a Die 60er Jahre

Erklären Sie mit eigenen Worten die Bedeutung des Haares in den 60er Jahren. Welche ähnlichen Symbole gibt es heutzutage?

Das lange Haar war ein zentraler Ausdruck der Hippie-Identität. In erster Linie war es eine überzeugende Demonstration der eigenen Freiheit – besonders in bezug auf die konventionelle Gesellschaft. (…) Zweitens war das Haar ein Symbol für natürliche Prozesse und für eine organische und natürliche Gesellschaftsform. (…) Drittens macht langes Haar die Affinität zu unterpriviligierten Gruppen und die Identifikation mit ihnen deutlich.

b Die 70er Jahre

Erstellen Sie eine Liste der Slangwörter. Können Sie das jeweilige hochdeutsche Wort finden?

Welche Neuerscheinungen haben die Rolle der Disco übernommen?

„Wenn ich die Diskothek verlassen hab', so ist mir nach einiger Zeit, als wenn ich aus irgendeinem Traum erwache."

„In der Disco lebste eben nicht mit dem Kopf, sondern mit dem Gefühl."

„Und wenn ich dann angeturnt von der Disco nach Hause komme und meine Alte ist noch auf und ich hör' wieder das übliche Lamento, dann rutscht das alles von mir ab. Das ist mir dann alles egal. Ich fühle mich gut, das laß' ich mir doch nicht kaputt machen. Ich bin high und happy, da kommt nichts an mich ran. Das ist wie ein Traum, aus dem man nicht erwachen will. Und wenn ich dann in der Schule bin, und der Lehrer ist wieder nicht zum Aushalten, dann denk ich mir, laß' den doch machen, vom wirklichen Leben weiß der ja doch nichts, die arme Sau. Und dann denk ich an die Disco, und dann komm' ich so ein bißchen rein in die Stimmung. (…) Wissen Sie, die Disco ist mehr als nur Tanz und Musik, sie ist eine Art zu leben, sie macht uns stark, so stark, daß ihr uns nichts mehr könnt."

c Die 80er Jahre

Welche Wirkung hat der Walkman auf den Hörer?

Gibt es andere Geräte, die eine ähnliche Wirkung haben?

Walkman

Es tragen da also Leute einen Kassettenrekorder mit sich herum, wenn sie durch die Straßen gehen, und sie haben dabei Kopfhörer auf den Ohren, um Musik zu hören. Hier wird ein Geräuschteppich direkt auf meine Ohren gelegt, der sich zwischen mich und meine sonstige Realität schiebt, so daß der Effekt in einer ungeheuren Abschwächung aller anderen Umweltreize besteht: Ich kann dann durch das Zentrum einer Großstadt marschieren und erlebe es, meine Bilder, mit den Augen eines Filmbetrachters, der sich in der Szene ganz der Filmmusik hingibt und dessen Erleben auch wesentlich von dieser Filmmusik bestimmt wird. Hier hat, glaube ich, die Musik die Funktion, Realität abzufiltern, also sie trägt mich weg von der Realität, sie vergrößert die Entfernung zwischen meiner Umgebung und mir. Und das ist natürlich, wenn man jetzt dem folgt, der sich diese Kopfhörer aufsetzt, auch der Sinn der Sache. Er möchte sich die Realität vom Leibe halten und benutzt dazu den Klangteppich.

All these extracts follow pre-1998 spelling rules.

d Die 90er Jahre

Erklären Sie, warum die Jugendlichen S-Bahn-Surfen so reizvoll finden.

Was könnte man machen, um Jugendliche von solchen gefährlichen Aktivitäten abzubringen?

S-Bahn-Surfen

Mittwoch, kurz nach halb neun Uhr abends, im Nebentunnel des Pasinger Bahnhofs: Zum Treff der Pasinger S-Bahn-Surfer haben sich diesmal etwa 15 mutprobenwillige Jünglinge eingefunden. Sie sind zwischen 14 und 19 Jahre alt, tragen Jeans und Turnschuhe. Und sie betreiben ein leichtsinniges „Spiel": Mit den Händen am Türgriff festgeklammert fahren sie außen an den S-Bahn-Zügen mit – bei Geschwindigkeiten von bis zu 120 Stundenkilometern und haarscharf an Pfosten und Leitungen vorbei. Nach Hamburg und Berlin ist das S-Bahn-Surfen seit einigen Monaten auch in München in Mode gekommen. Bei wie vielen weiß niemand genau. (…) Fest steht nur eins: Die Sache ist lebensgefährlich. In Hamburg gab es bereits einen Toten und Schwerverletzte. Ein 14jähriges Mädchen prallte mit dem Kopf gegen ein Streckentelefon und lag mehrere Tage lang im Koma.

Wer sich nun eine Weile mit der Pasinger Clique unterhält, wer sich anhört, was für ein „geiles Feeling" es sei, wenn „du an der aufgeblähten Jacke den Betonpfosten hinter dir spürst" und daß es „fast jeden von uns schon mal sauber g'schmissen hat", dem drängen sich diese Fragen auf: Warum machen die das? Was denken die sich dabei? Denken die überhaupt irgendwas?

Da ist zum Beispiel der 17jährige Tobi aus Germering, von Beruf Lehrling in einem Supermarkt. Er sagt: „Was soll'n ma denn sonst machen? Ist doch alles langweilig in München." Was er denn machen will? „Woaß i ned." Und nach kurzer Pause: „Doch, vielleicht Brückenspringen. So wie der Typ in der Swatch-Werbung." Oder sein Freund Ralf, der den Beinamen „Surf-Rex" hat, weil „ich auf der S3 bis nach Maissach gefahren bin, ohne daß der Fahrer was gemerkt hat."

Er findet, daß „S-Bahn-Surfen so was ähnliches ist wie Motorradfahren. Beides ist saugefährlich und du fühlst dich dabei unwahrscheinlich frei". (…)

Erstmals traten S-Bahn-Surfer in den südamerikanischen Großstädten auf, wo sich die Jugendlichen auf diese Art das Fahrgeld sparen.

2 Die Auszüge spiegeln die Jugendkultur in den 60er, 70er, 80er und 90er Jahren wider. Schreiben Sie einen kurzen Artikel über einen wichtigen Aspekt der heutigen Jugendkultur. Welchen Aspekt und welchen Stil wählen Sie: wissenschaftlich? umgangssprachlich? respektvoll? kritisch?

Nützliche Ausdrücke

ein zentraler Ausdruck (+ Gen.)
an intrinsic expression of

in Mode kommen
to come into fashion

Skills for your A-level course

Study skills

Organisation and practice

Your 'A' Level course lasts less than two years and during that time you will learn new vocabulary, new structures and new skills. You will do work in all four language skills – listening, speaking, reading and writing – and learn how to perform differing tasks in each skill area. In addition, you will acquire many facts for essays, coursework and oral work. Faced with such a mass of information, there is only one way to survive: **Get organised from the start!**

Organise your folder into separate sections:

- one section for each topic: 'Umwelt', 'Medien' etc.
- general essays and a bank of essay phrases
- vocabulary section, divided into general words and topic-specific words
- coursework section, with relevant texts and statistics
- examination section for past papers and examination tips
- homework section so that your homework is always to hand!

The more you come into contact with German during your course, the more competent you will be. You need to see and hear as much German as possible so that you do not get 'rusty'. A language is something you need to 'keep going' all the time and keep practising. You should be doing all the following as well as your normal coursework:

- reading German magazines and newspapers, even if only the odd article
- watching German satellite TV for pleasure and watching the news when possible
- listening to German radio on shortwave or satellite if possible
- listening to cassettes of pre-recorded songs and passages
- noting new vocabulary
- looking at German websites

Some suggestions for German reading material are on page 98.

Try to go to a German-speaking country at least once during the course, and try to make contact with German native speakers on the Internet.

Vocabulary and grammar

You should build up lists of vocabulary for each topic area you study, as well as a list of general vocabulary. Be inquisitive: note down every useful new word you find and learn it. Set yourself regular learning times. Use 'dead time': on the bus, while listening to music and so on. Learning 'little and often' will mean you won't be faced with huge lists to learn just before exams and with no time left to do it. Spending five minutes every day on half a dozen new words or three new verbs will go a long way.

Persuade friends or family to help you with your learning. They can test you even if they don't speak German. Put up lists around your home where you will see them: by your bed, in the kitchen, even in the toilet! A wide vocabulary is the key to exam success.

When you note down a new noun, remember to record the gender and the plural form and any context/expression in which you have seen the word used, for example:

der Kopf (ːe) *head*   **den Kopf zerbrechen** *to rack one's brains*

Nouns are best collected and learnt in groups and topics. For example, collect all words to do with the environment in one section of your vocabulary file and then break this down into sub-sections, such as words connected with nuclear energy. Many will be related and therefore easier to remember, for example:

Kernenergie, **Kern**kraft, **kern**frei.

When you record a verb, use the infinitive, not the form which you saw in the text, and try to note the different forms of irregular verbs. If you saw the word 'rief', you would note:

rufen (rief, gerufen) *to call*

Idioms – phrases which cannot be translated literally – are common and useful and need to be learnt. Don't try to translate idioms word for word but try to establish their meaning from the context. For instance, on page 200 you'll find the phrase: 'Olaf glaubte es erst, als ich unseren Trauzeugen anrief und ihm mitteilte, dass die Hochzeit *ins Wasser fällt.*' This, of course, does not mean that the wedding literally fell into the water but that it was called off, the equivalent of the English 'to fall through'.

Sometimes idioms have a similar slant in German and in English: 'Schnee von gestern' (yesterday's snow) is the English 'a thing of the past' and could be guessed.

Build a tool-chest of phrases which you can use in essays and when arguing a point orally. Collect phrases from: (i) your teacher (ii) this book (iii) texts (iv) a dictionary (v) revision guides and vocabulary/essay skills books. If you learn these phrases as you go along, you will reduce the burden when it comes to examination revision.

When faced with unknown words, you may be able to work out the meaning from clues in the word itself. For example, a verb may be formed from an adjective: 'ver**besser**n' – to improve (make better). Compound nouns can be broken down into their constituent parts: 'Vorurteil' – prejudice ('before-judgement'), 'Schlafanzug' – pyjamas (sleep-suit).

A dictionary is a useful tool and you need to use it efficiently. Make sure you have the right type of word (noun, verb, adjective etc.) and that you have checked whether its use is formal, informal, figurative and so on.

Look for different uses of the same word and make sure you have selected the right one. A dictionary is also useful for finding expressions and idioms: sometimes you may have to search through a long list to find the one you want. Use the sub-headings to help you search more quickly. If you look in the English–German section to find a German word, it is always worth checking it in the German–English section to check you have the right one.

Also use a dictionary of synonyms in German and a German–German dictionary such as Duden.

As well as vocabulary lists, you need to make grammar notes. Compile a list of irregular verb forms as you meet the verbs. Although there are numerous lists of irregular verbs available, such a list is far more meaningful if you have drawn it up yourself after encountering the words in context.

You should also make notes on any new tense or structure you learn and file it separately. If you write notes in your own words rather than copy someone else's, you are far more likely to remember them and understand them when you come to revise them.

Language skills

The four language skills each require different techniques and you can learn some of these to help you improve.

Listening

Before tackling a listening task, the most important thing to do is read and understand the question(s) to be completed. The nature of the question(s) will determine how you approach the passage, for example:

Finding synonyms: don't try to understand the passage as a whole but focus on individual words/phrases. There may be clues in the question – look out for similar words or parts of words. The word you are looking for must have the same form as the one in the question, i.e. past participle, noun etc. Nouns are easy to find – just look for the capital letters!

Answering questions: get clues from the questions and listen to the relevant information. Try to ignore parts of the passage which do not relate to a particular question.

For each question:

- Check the type of question and decide how you are going to approach the passage.
- Read the question carefully for clues: what is the passage about? You may be able to predict some of the content and vocabulary of the passage, which will help you to get your bearings.

- Make sure you understand the question(s) fully so you know what to listen for in the passage. Quickly use your dictionary if necessary and write in meanings.
- Set your tape counter to 000.
- Listen to the passage right through to get the feel of it. Don't panic if you don't understand much at this stage. Rewind quickly to 000.
- Listen through again with an eye on the questions and try to identify which bits of the passage are important.
- Now start, stop and rewind to get information for each question. With the play button depressed, keep rewinding and listening to the same bits over and over to get the information you need.

Summary in English: get a sense of the passage as a whole and identify what is a key point and what is 'padding'.

When doing listening summaries you need to listen to the whole passage more than once, so set your tape counter to 000 before you start. The first time, get an idea of what the passage is about and then rewind to 000 and listen again to pick out what you consider to be the important points. Remember that the points you are asked to cover in your summary will give you an idea of the content of the passage. Listen a third time to check you have identified the main points of the text. Now work on the passage in more detail, using the pause button so that you can make notes about each point in turn.

Make sure the English of your summary flows well. Perhaps you can combine two points in one sentence. Check your English grammar and punctuation as marks will be given for this as well.

Reading

Some of the skills you have used for listening can also be applied to reading:

- Read and understand the task involved as this will determine how you approach the text
- Read and understand the questions thoroughly before you begin so that you know exactly what to look for in the text. Once again, quickly check unknown words in the dictionary and write them in.
- Note any clues as to the content of the passage: illustrations, headlines, subtitles.
- Read the text right through once to get an idea of what it is about. Read it a second time and identify where you will find the answers to the questions.

As with listening, the type of question will determine how you approach the text. At first, you will skim the text to get an idea of what it is about. If you need specific information, you scan the text, focusing only on the items you require.

When reading for detail, the first rule for understanding a German sentence is to find the verb, the subject (in the nominative), the object (accusative) and the indirect object (dative – if there is one). You can then look at the rest of the sentence.

Pay attention to small words which may change the entire meaning of a sentence. 'Kein' or 'nicht', 'weder ... noch' or 'keineswegs' can be easily overlooked but change a positive statement into a negative one. Other words such as 'kaum' or 'selten' qualify a statement and can change the whole emphasis of a statement.

Finding synonyms: focus on the individual words or phrases and try not to waste energy on understanding the text as a whole. Look for clues in the question – some words or parts of words may be the same. Make sure the word you are looking for has the same *form* as the one in the question i.e. a past participle, a noun etc. If you are looking for a noun, scan the text for words with capital letters!

Matching sentence beginnings and endings: use the text as a reference but also try to work out the answer using your awareness of grammar. Make sure the final sentences work grammatically as well as fitting the facts of the text. Use your knowledge of word order to help you find the right answers.

Questions: don't 'overwrite'. Give only the information required. When answering questions in English, you will have to give reliable translations of concepts and vocabulary. Try to be as specific as possible.

True/false: watch out for false answers that seem all too plausible. Stick to what you have worked out to be correct from the text. Check negative statements carefully – the content might be the same but one sentence is in the negative and the other in the affirmative.

Gap texts: these require a sound understanding of grammar as you have to be sure that you select the correct type of word for the gap, be it a noun, verb, adverb, adjective or conjunction. You may also have to change the form of the verb or turn a noun into an adjective so that the sentence makes sense. Whilst this need for grammatical accuracy makes gap texts demanding, it does also mean that you can get clues from the context as to which type of word to look for in the text.

Speaking

There are many types of speaking and each different type should be approached in a different way.

Giving a presentation

The first time you give a presentation, you will probably simply read out a prepared piece of writing to help your confidence. Try gradually to move away from this and work from notes. These should become less and less detailed so that you learn to become less dependent on your notes.

You will probably have to give a short presentation at the beginning of your prepared oral topic or discussion of a controversial issue. There is no harm in writing this out in full and learning key vocabulary and phrases. This will enable you to talk confidently and fluently but not to be simply reciting a script, which will sound unnatural and unconvincing. Do not put all your best structures or vocabulary into your presentation – save these for the main body of your discussion. Give an overview on which you can expand later.

When you progress to notes, write key vocabulary and phrases down to refer to during your presentation as well as headings for each section. This will give you the confidence to keep going.

When you move on to working from headings alone, you will have to learn key phrases and vocabulary as you will not be allowed to have these written out.

Giving your opinion

Just as at GCSE, this is a crucial part of oral work. You will be giving your prepared opinions and also be reacting to questions put to you during the course of the discussion. Learn a repertoire of ways of giving your opinion so that what you say is varied (see pages 113 and 187). This also gives you valuable thinking time whilst you formulate the rest of your answer.

Careful preparation is the key to success in your oral examination. Prepare opinions on each area of your topic so that you are not caught out and can always offer some sort of opinion, however brief.

Giving facts

You will have to show your knowledge of the topic area or book and this will mean learning facts or quotes. Do not overload your memory but, nevertheless, try to learn significant facts, and statistics where possible, for each area of your topic. This will sound impressive and also boost your confidence as you will be sure of what you are saying.

Arguing and justifying your opinion

Again, you need to have a repertoire of phrases for arguing your point and justifying your opinion. You could start with those on pages 140 and 189. Learn these in order to impress and to give yourself thinking time.

Throughout your speaking, you will need to demonstrate a range of structures. Avoid overuse of simple sentences and make sure you use the following:

- Subordinate clauses, using 'da'/'obwohl'/'weil'/'wenn'/'dass' plus verb at the end of the clause
- The passive
- The conditional: 'man könnte …'; 'ich würde …'
- Phrases like: 'er hätte es nicht machen sollen'
- Reported speech

Prepare one or two sentences with these structures to give you confidence and commit them to memory.

The more you prepare and learn for your oral exam, the more successful you will be. Remember to read newspapers/magazines in German and English to keep up with current affairs, so that you can give opinions on unpredictable, unprepared areas. Learn a few vague 'fillers' such as the following to give yourself thinking time if asked about an area for which you do not have a ready opinion or totally appropriate vocabulary.

> Persönlicherweise …
> Im Allgemeinen …
> Soweit ich weiß …
> Meiner Meinung nach …
> Es kommt darauf an.
> Alles in allem …
> Für mich …
> Was mich betrifft …

Directing the discussion

Remember, the more you say, the less the examiner will need to ask you. Try to direct the discussion away from areas you have not prepared onto more familiar areas. See page 145 for some useful phrases.

Writing

Like speaking, writing takes many forms and you need to adapt your writing to suit the purpose.

Answering questions in response to reading and listening passages

Make sure that you only provide the key information required by the question and do not write more than is strictly necessary. Remember that the accuracy of your language will be assessed, so do not try to include anything complex – stick to answering the question and using German with which you are familiar.

Writing a letter in response to a stimulus in the target language

The main purpose of this task is to communicate what is required without ambiguity. Make sure you have read the stimulus material carefully and know exactly which points you have to communicate. Take each point in turn and get the message across in German that is not too complex. If your structures are too complex, you may make a few mistakes, so that ambiguity creeps in and you do not communicate successfully.

For this task, you can learn a few set phrases (see for example pages 85, 93, 141 and 199) which relate to the following:

- beginning/ending a formal letter
- introducing a complaint
- introducing a request for further information
- starting a short (newspaper) article

This will give you a framework for your piece of writing and make your purpose clear.

Writing an essay

Planning: a thorough plan and a clear structure are essential for any essay. If in doubt, it is best to use a simple structure to give you a basic framework which you can follow easily and quickly. This is particularly important for exam conditions.

In a discursive essay, you will have to discuss the different aspects of a question which may be worded in a variety of ways: 'Kernkraft – Fluch oder Segen?'; 'Sind Sie für oder gegen die Kernkraft?'; 'Kernkraft ist die Lösung unserer Energieprobleme'.

Your essay can be divided into four sections: introduction, section 1 (advantages/arguments for), section 2 (disadvantages/arguments against) and conclusion. Always start with the opposite of your point of view. If you are for nuclear energy, start with the arguments against as this gives your argument more weight at the end.

Introduction: this should sketch out two or more aspects to the question and why it is such an important issue to consider. Don't simply repeat the question! Don't spend too long on the introduction – save the points you want to make for the main body of the essay.

Writing a paragraph: each paragraph should have an introductory sentence to signpost to the reader what the paragraph is about. Make one point per paragraph if possible and expand your ideas. Don't write one-sentence paragraphs and try not to cram lots of ideas into a short space and forget to develop them.

It is important to find a balance between factual information, opinion and linguistic structures. Give examples to support your arguments, and include statistics or specific details if appropriate. Some sentence models to use with statistics are on pages 110 and 156.

Conclusion: this should summarise the arguments and give your opinion for or against and point out a couple of questions/issues for the future. Be careful not to let your essay peter out, but end with a strong opinion and a clear question for the future.

Essay phrases: learn the phrases given on pages 67, 127, 159, 177, 201 and 207, but don't overdo them. Remember to check that you have used a range of structures (see 'Speaking' above). These phrases do not have to be used word for word but can be adapted to the context in which you are writing. For example, the structure 'Mehr Geld muss in *den Schutz unserer Umwelt* investiert werden' can be adapted by changing the words in italics to 'die Ausbildung unserer Kinder'.

Right from the beginning of the course you should recognise how sentences can be adapted to fit many different contexts other than the one in which you first encounter them. Collect sentence starters and framework sentences which can be easily adapted and fitted into any type of essay and learn them as your course progresses. This will give you a bank of phrases on which to draw and thus make your essay-writing more fluent. There is no shame in 'pinching' phrases and making them your own – this is how we learn a language!

Here are some sentence starters:

> Am stärksten ist ...
> Für die Deutschen sind ...
> Doch selbst wenn ...
> Gäb es kein(e) ..., wäre(n) ...
> Häufig wird von ... gesprochen.

Key vocabulary: it is important to identify key vocabulary for your essay. This is not so easy without a dictionary, but take a few moments to list vocabulary items you can incorporate. This will be a useful reference whilst writing, as well as ensuring that you do not repeat yourself and do not leave out words which are central to the topic. If, for example, you are writing about the education system in Britain and its advantages and disadvantages, you will need words related to education: 'Ausbildung', 'Unterricht', 'Stunden', 'Lehrplan', 'Bildungsweg'. You can also brainstorm less common words to use: 'Pflichtfach', 'Abschluss', 'Schulform', 'Notendurchschnitt' etc. This exercise will alert you to using more complex vocabulary rather than slipping into more basic, GCSE-type words because you feel under pressure.

It is important to check your work for accuracy at the end (see 'Checking your work', below). If you know you have weak areas, for example word order, pay particular attention to these.

Creative writing

This can be a very difficult option. It is easy to fall into the trap of writing very basic German because most of your energy is directed towards creating a good story. You need to practise writing descriptions which use varied and interesting vocabulary and writing dialogue which sounds natural and appropriate to your characters. Remember to keep up a high level of language. The same rules apply as for an essay. Your work must have a clear structure, be accurate and use a range of structures and vocabulary.

Again you need to check your work carefully at the end.

Translating a passage of English into German

For this task, check the related text for useful vocabulary and structures which you can reuse. When writing the translation, think of simple, clear words and structures – don't be over-ambitious. If you cannot convey the exact meaning, try to think of another way to communicate the same sense, even if it is not precisely what is required.

Check your work carefully before you finish.

Checking your work

Check your work as you go along and at the end. Pay close attention to:

- word order; verb second in main clauses and at the end in subordinate clauses
- verb endings: does the verb ending agree with the subject (i.e. plural verb with plural subject etc.)?
- irregular verbs
- tenses: get the right tense; don't leave out the 'haben'/'sein' or the past participle in the perfect tense
- prepositions with the correct case
- adjective endings
- nouns with capital letters

Translating a passage of German into English

Before you can translate a passage into English, you need to make sure you understand the German as fully as possible, translating it literally, word for word. The next stage is to put this into English that makes sense, and then finally try to make your translation sound as natural as possible. Be careful, however, not to stray from the original meaning in an attempt to make your translation sound natural.

Translation is a difficult exercise because you have to strike a balance between keeping the original meaning and making your translation sound English. The best way to improve this skill is to get plenty of practice!

Giving definitions in German

Take care not to use words that are already in the expression as it is your job to explain these! Keep your definition as simple as possible, using very basic vocabulary. A complex word can often be explained in very basic language. The following 'starters' will be useful:

Eine Person, die …
Ein Ort, wo …
Wenn man …
Das, was man …
Ein Objekt, das …

Coursework

Choosing a title

This is key. Make sure you answer a very specific question about your topic, not some vague one. Don't call your coursework 'Die Umwelt' but 'Sollte Deutschland aus der Atomkraft aussteigen?' This gives it a clear focus and helps you organise and structure your work better. Again, a plan is essential so that you know what ground you are going to cover.

Research

Before starting out, you must check that you have enough material for your topic. It is no good writing about a topic which interests you if you do not have enough information about it. Remember you must write about the German-speaking context, so you must have enough details and statistics about the situation in Germany. This will mean consulting German magazines, newspapers and Internet sites. Your teacher or librarian should be able to help you here. Get organised early. Write to or visit the Goethe Institut. Write to relevant organisations, such as 'Greenpeace'. Collect magazine articles. Using material and information in English is often counter-productive as you end up setting yourself a difficult prose translation exercise!

A few good articles are better than a lot of average ones. You do not have to understand every word of each article. Take notes of useful statistics, specialist vocabulary and useful phrases. You can then work these into your coursework. 'Milk' the texts for all the information and good German that you can! Before writing, make a list of the specialist vocabulary and the quotes you are going to use to ensure that you work them in to your writing.

Writing

Don't leave it until the night before you have to hand it in! The earlier you start writing, the more time you have for checking and redrafts and the less onerous the whole task becomes. Try to think in German as you write, blending in vocabulary and structures you have gathered during your research and in your lessons. Don't simply translate from English as this will lead to inaccuracies and even confused writing. Look at the advice on writing essays, above, and remember to check your work carefully.

Examination technique

You will have gained many useful tips from your teacher and this book, but here are a few quick points to remember for your German exams:

- Look through the paper quickly so that you know how many questions you have to cover in the time available and what type they are.

- Divide up your time carefully between the questions. Don't agonise over one question worth a couple of marks when you should be moving on to the next question. The next question may be a lot easier even though it comes later on in the paper. Keep an eye on the clock – don't run out of time.
- Make sure you understand exactly what the question requires of you. If you don't you could waste time looking for an answer that does not exist or writing the wrong thing.
- Be concise and clear in your answers. Don't write more than necessary.

Grammatik

A Cases

There are **four** cases in German, which are usually signalled by the **article** in front of the noun.

1 Standard use of cases

- The **nominative case** is used to indicate the **subject of the sentence**. The subject of a sentence is the **person or thing performing the action of the verb**.
- The **accusative case** is used to indicate the **direct object** in the sentence. The direct object is the **person or thing to whom the action of the verb is being done**.
- The **dative case** is used for the **indirect object** in the sentence, i.e. to express the idea of '**to**' or '**for**' someone or something, very often the **person or thing receiving the direct object**.
- The **genitive case** is used to express the idea of **belonging** to someone or something, very similar to '**'s**' or '**of**' in English. (Note, however, that it is not used in expressions of quantity, such as 'a cup of tea': see apposition in 2, below.)

Der Briefträger bringt **dem** Sohn **meines** Freund**es** **einen** Brief.
The postman brings the son of my friend a letter.

Who or what is bringing something? The postman: he is the subject, so *der Briefträger* is **nominative**.

Who or what is being brought? The letter: it is the direct object, so *einen Brief* is **accusative**.

Who or what is receiving the direct object (letter)? The son: he is the indirect object/receiver, so *dem Sohn* is **dative**.

Whose son is it? My friend's: belonging is shown by 'of' or ''s', so *meines Freundes* is **genitive**.

2 Other uses of cases

- The **nominative** is used after the verbs *sein* (to be), *bleiben* (to remain) and *werden* (to become).

  Herr Schmidt bleibt der Klassenlehrer.

- The **accusative** case is used for time expressions such as: *letzten Freitag, nächsten Dienstag, den ganzen Morgen*. It is also used after certain prepositions (see **E1** and **E4**).
- The **dative** case is also used after certain prepositions (see **E2** and **E4**) and some verbs.
- The **genitive** case is used to indicate **vague time** in expressions such as *eines Tages* (one day = some time in the future). It is also used after certain prepositions (see **E3**).

Note the special instance of apposition, where two nouns, both describing the same person or thing, are in the same case (in this instance dative):

Er gibt mein**em** Freund, **dem** Briefträger, einen Brief.
He gives my friend, the postman, a letter.

This also occurs in expressions of quantity, which do not have an equivalent of the English 'of':

Sie kauft eine Flasche deutschen Wein.
She buys a bottle of German wine [both accusative].

B Nouns

1 Gender and spelling

A noun names a person, animal or object. **All nouns** in German start with a **capital letter**.

Every noun in German belongs to one of three genders: **masculine**, **feminine** or **neuter**. The words used for 'the' (definite article) and 'a' or 'an' (indefinite article) depend on which group the noun belongs to.

(masculine)	**der/ein** Briefträger	*the/a postman*
(feminine)	**die/eine** Katze	*the/a cat*
(neuter)	**das/ein** Haus	*the/a house*

Compound nouns always have the same gender as the **last noun** that makes them up:

das Haus + die Tür → die Haustür

2 Plural of nouns

The word for 'the' in the plural is *die* for all genders:

die Briefträger	*the postmen*
die Katzen	*the cats*
die Häuser	*the houses*

Nouns change in a number of different ways to form the plural:

- some add **-e**:

  der Tag   die Tage

- some add **-e**, but also add an **umlaut** to the main vowel:

  der Platz   die Plätze

- some add **-er**:

  das Licht   die Lichter

- some add **-er**, but also add an **umlaut** to the main vowel:

der Mann	die Männer
das Loch	die Löcher

- some add **-n** (mostly feminine nouns ending in **e**):

die Katze	die Katzen
die Nummer	die Nummern

- some add **-en**:

die Mannschaft	die Mannschaften
das Hemd	die Hemden

- some add **-s** (mostly borrowed from foreign languages):

das Büro	die Büros

- some even stay the **same** as the singular:

das Zimmer	die Zimmer

- some have **no additional ending**, but do have an **umlaut**:

der Bruder	die Brüder

As there are so many different ways for nouns to change into the plural form, the letters that need to be added to form the plural are usually given in vocabulary lists and dictionaries like this:

der Hund (-e) die Frau (-en) das Rad (¨er) der Spieler (-)

This means that the plural forms are:

die Hunde   die Frauen   die Räder   die Spieler

In **compound nouns** the last element changes to make the plural just as it would on its own:

der Hausmann   die Hausmänner

3 Case changes

a All **masculine and neuter nouns** add -s in the **genitive singular.** Nouns of one syllable can add **-es**, nouns ending in **s, ß** or **z** must add **-es**.

des Buchs   des Mann(e)s   des Fußes

b **Proper names** in the genitive (which add ''s' in English) add **-s**:

Peters Buch   *Peter's book*
Annas Mutter   *Anna's mother*

c All nouns used in the **dative plural** must end in **n**, except for nouns adding -s to form the plural.

den Spielern   den Büros

4 Weak nouns

a Nouns in one special group, called **weak nouns**, add **-n** or **-en in all cases except nominative singular**. These are all masculine and include all nouns ending in **ant, ent** and **ist**. Masculine nouns ending in **e** (except *der Käse* and adjectival nouns – see **E1j**) also belong to this group.

	singular	plural
nominative	der Student	die Studenten
accusative	den Studenten	die Studenten
dative	dem Studenten	den Studenten
genitive	des Studenten	der Studenten

NOTE
These nouns do **not** add **-s** in the genitive singular.

Common masculine weak nouns include:

der Elefant	*elephant*
der Kommandant	*commandant*
der Patient	*patient*
der Präsident	*president*
der Christ	*Christian*
der Komponist	*composer*
der Polizist	*policeman*
der Architekt	*architekt*
der Bär	*bear*
der Fotograf	*photographer*
der Held	*hero*
der Kamerad	*friend*
der Mensch	*person, human*
der Prinz	*prince*
der Affe	*monkey*
der Bote	*messenger*
der Franzose	*Frenchman*
der Junge	*boy*
der Kunde	*customer*
der Löwe	*lion*
der Matrose	*sailor*
der Neffe	*nephew*
der Russe	*Russian*
der Schotte	*Scot*

b The following group of originally weak nouns add **-(e)n** but **also add -s in the genitive singular**:

der Buchstabe	*letter (alphabet)*
der Name	*name (cf.* namens = *of the name)*
der Gedanke	*thought*
der Wille	*will*
der Glaube	*faith, belief*

c One neuter noun is weak: *das **Herz***.

	singular	plural
nominative	das Herz	die Herzen
accusative	das Herz	die Herzen
dative	dem Herzen	den Herzen
genitive	des Herzens	der Herzen

d The noun *der Herr* adds only -**n** in the singular but -**en** in the plural.

5 Diminutives

Diminutive means 'small form'. It is made by adding *-chen* or *-lein* to a noun, mostly with an umlaut on the main vowel. The noun then becomes a neuter word with (-) plural.

die Frau	das Fräulein
das Stück	das Stückchen

C Articles

1 The definite article (the)

The case forms of the definite article are as follows and provide the basis for all articles and words which act in the same way as articles:

	masculine	feminine	neuter	plural
nominative	der	die	das	die
accusative	den	die	das	die
dative	dem	der	dem	den
genitive	des	der	des	der

Other words which act in the same way as the definite article are: *dieser* (this/these), *jener* (that/those), *jeder* (each/every), *mancher* (many a), *solcher* (such a) and *welcher?* (which?).

	masculine	feminine	neuter	plural
nominative	dieser	diese	dieses	diese
accusative	diesen	diese	dieses	diese
dative	diesem	dieser	diesem	diesen
genitive	dieses	dieser	dieses	dieser

(See **D4b** and c for the endings of *derjenige* and *derselbe*.)

2 The indefinite article *ein* (a, an) and the negative article *kein* (not a/an, not any)

These are very similar but have no gender ending in the basic form of masculine and neuter:

	masculine	feminine	neuter	plural
nominative	ein	eine	ein	keine
accusative	einen	eine	ein	keine
dative	einem	einer	einem	keinen
genitive	eines	einer	eines	keiner

All **possessive adjectives** act in the same way as *ein/kein*: for a full list, see **D1**.

	masculine	feminine	neuter	plural
nominative	mein	meine	mein	meine
accusative	meinen	meine	mein	meine
dative	meinem	meiner	meinem	meinen
genitive	meines	meiner	meines	meiner

D Pronouns

Pronouns – words such as 'we', 'it', 'they', 'him', 'her' in English – are used in place of a noun, and in most instances have the same number of case forms as the definite article.

1 Personal pronouns

In modern German personal pronouns are almost never used in the genitive case. The following table shows personal pronouns together with their corresponding possessive adjective:

	nom.	acc.	dat.	poss.
I	ich	mich	mir	mein
you (inf. sing.)	du	dich	dir	dein
he /masc. it	er	ihn	ihm	sein
she /fem. it	sie	sie	ihr	ihr
it neuter	es	es	ihm	sein
one etc.	man	einen	einem	sein
we	wir	uns	uns	unser
you (inf. pl.)	ihr	euch	euch	euer
they	sie	sie	ihnen	ihr
you (form., sing./pl.)	Sie	Sie	Ihnen	Ihr

- *du* (singular) and *ihr* (plural) are the **familiar** words for 'you', *du* to **one** person, *ihr* to **two** or more. These words are used within the family, between close friends, to animals, to children and between young people.
- *Sie* (always with a capital) is the **formal**, polite version for 'you' and is used to people you do not know well, between adults who are not close friends, and from a young person/child to an adult. Once an acquaintance has been formed the more senior person may in time suggest that the *du* form be used.
- *man* is a word for 'you' in **general** terms. It is also the equivalent of 'one, they, we, people in general'.

Mit 18 Jahren darf man Alkohol trinken.
You can drink alcohol at 18.

2 Relative pronouns

Relative pronouns in English are the words 'who', 'which', 'that', 'whose' as in 'This is the book **which** I gave you.' They are often difficult for English speakers to use correctly in German because we often simply leave them out, e.g. 'This is the book I gave you'.

The forms of the relative pronoun are very similar to the definite article, but note the forms in **bold**:

	masc.	fem.	neut.	pl.
nom.	der	die	das	die
acc.	den	die	das	die
dat.	dem	der	dem	**denen**
gen.	**dessen**	**deren**	**dessen**	**deren**

To work out the correct form of the relative pronoun, you must select the appropriate **gender** and **case**:

- The **gender** of the relative pronoun is the gender of the noun to which it relates/refers.
- The **case** of the relative pronoun is decided by its function within the relative clause.
- Note also that relative pronouns send the **verb** to the **end** of the clause.

(All the examples are masculine because they all relate back to the noun *der Lehrer*.)

Das ist der Lehrer, **der** Deutsch unterrichtet.
That is the teacher who teaches German.

The relative pronoun is the **subject** in its clause, so **nominative**.

Das ist der Lehrer, **den** ich gut finde.
That is the teacher who(m) I find good.

The relative pronoun is the **direct object** in its clause, so **accusative**.

Das ist der Lehrer, **dem** ich mein Matheheft nicht gegeben habe.
That is the teacher to whom I haven't given my maths book.

The relative pronoun is the **receiver** or **indirect object**, so **dative**.

Das ist der Lehrer, **dessen** Sohn Willi heißt.
That is the teacher whose son is called Willi.

The relative pronoun is used in the meaning '**whose**' denoting possession as in ''s/of', so **genitive**.

NOTE

When **prepositions** are used with relative pronouns, they always **begin** the relative clause. Compare the following sentences:

Colloquial English: *That is the boy she went to the cinema* ***with***.
Alternative: *That is the boy **who** she went to the cinema* ***with***.
Very formal: *That is the boy **with whom** she went to the cinema.*

In German, the order of the words is as in the most formal English version:

Das ist der Junge, **mit dem** sie ins Kino gegangen ist.

3 Indefinite relative pronouns

When the relative pronoun does not relate back to a specific noun, the pronoun ***was*** is used instead:

Meine Lieblingsmannschaft hat verloren, **was** mich sehr deprimiert.
*My favourite team has lost, **which** depresses me greatly.*

In this sentence, it is not the team itself which depresses the fan but the fact that they lost.

Was is also used as a relative after: *etwas, nichts, viel, wenig, das Beste* etc.

Nichts, was ich mache, ist schlecht!
Nothing (that) I do is bad!

Das Beste, was man tun kann, ist zu warten.
The best thing (that) one can do is wait.

The word *was* has no different case forms, but **with a preposition** it changes to ***wo* + preposition**, or ***wor* + preposition** if the preposition starts with a vowel:

Das, **woran** du denkst, ist unmöglich.
What you are thinking of is impossible.

When you need the equivalent of the English 'what' as in 'what he said', 'what you do', you must always put the appropriate form of ***das*** before ***was***:

Das hat nichts zu tun mit **dem, was** er gesagt hat.
That has nothing to do with what he said.

4 Demonstrative pronouns

a **Emphatic third person pronouns** are the same in form as the relative pronoun – see section 2 above. They can be used to replace ordinary third person pronouns – 'he', 'she', 'it', 'they' etc. – when you wish to give them particular emphasis.

Was macht denn **der/die** hier?
*What is **he/she** doing here?*

Mit **dem** spiele ich nie wieder Tennis!
*I'll never play tennis with **him** again!*

b The word ***derjenige*** can be used, with or without a noun, with a relative clause. It behaves like the definite article *der* and a following adjective:

	masc.	fem.	neut.	pl.
nom.	derjenige	diejenige	dasjenige	diejenigen
acc.	denjenigen	diejenige	dasjenige	diejenigen
dat.	demjenigen	derjenigen	demjenigen	denjenigen
gen.	desjenigen	derjenigen	desjenigen	derjenigen

Wir suchen diejenigen Mitglieder, die noch nicht
bezahlt haben.
We are looking for those members who have not yet paid.

Derjenige, der das glaubt, ist dumm.
Anyone who believes that is stupid.

c The word ***derselbe*** (the same) behaves the same as
derjenige:

	masc.	fem.	neut.	pl.
nom.	derselbe	dieselbe	dasselbe	dieselben
acc.	denselben	dieselbe	dasselbe	dieselben
dat.	demselben	derselben	demselben	denselben
gen.	desselben	derselben	desselben	derselben

However, after certain prepositions it can split into
two, with the first part contracting together with the
preposition (see **E2** and **E4**):

Die zwei Familien wohnen im selben Haus.
The two families live in the same house.

Ich habe dasselbe wie du.
I have the same one as you.

5 Indefinite pronouns

a When ***ein*** is used **without a following noun** to mean
'one' (or ***kein*** to mean 'none, no one'), it must have
different endings in nominative and accusative to
show the gender of the noun being referred to:

	masc.	fem.	neut.	pl.
nom.	(k)ein**er**	(k)eine	(k)ein**(e)s**	keine
acc.	(k)einen	(k)eine	(k)ein**(e)s**	keine
dat.	(k)einem	(k)einer	(k)einem	keinen

Wo sind die Hefte?   Hier ist **ein(e)s.**
Ich habe keinen Bleistift. Bitte, hier ist **einer.**

Note the expression '**one of the**'. The **gender** for 'one'
is that of the **following noun**, which itself will be in the
genitive plural. The same applies to 'none of the' etc.

einer meiner Freunde
one of my friends (masculine)

eine meiner Freundinnen
one of my friends (feminine)

Er hat **kein(e)s** seiner Hefte mitgebracht.
He has brought none of his exercise books. (neuter)

b The words ***niemand*** (nobody) and ***jemand***
(somebody) have the following case endings, which
are optional in the accusative and dative cases:

nominative	niemand	jemand
accusative	niemanden	jemanden
genitive	niemand(e)s	jemand(e)s
dative	niemandem	jemandem

6 Possessive pronouns

These are the **same** as the **possessive adjectives**
but they have no noun after them and have the
same gender endings as the indefinite pronoun
einer, above:

Ist das dein Heft?   Ja, das ist **mein(e)s**.
Wo ist mein Bleistift?   **Deiner** ist hier.

7 Interrogative pronouns: *wer* and *was*

a The word ***wer*** has all case forms similar to *der*:

nominative	wer
accusative	wen
dative	wem
genitive	wessen

b **With a preposition *was* changes to *wo* + preposition,
or *wor* + preposition** if the preposition starts with a
vowel:

Womit kann ich schreiben?   *What can I write with?*

E Prepositions

Prepositions tell us where a person or object is
positioned, i.e. words like 'on', 'in', 'above', 'next to'.
In German they are always followed by a particular
case. There are groups of prepositions which take (1)
accusative, (2) dative and (3) genitive, and a final
group (4) which takes accusative or dative depending
on the situation.

1 Prepositions which are always followed by the accusative case

bis	*until*
durch	*through*
entlang	*along (comes after the noun)*
für	*for*
gegen	*against*
ohne	*without*
um	*around*
wider	*against, contrary to*

Das ist ein Brief für meinen Bruder.
That's a letter for my brother.

Die Post ist um die Ecke.
The post office is around the corner.

NOTE

The preposition *entlang* can also be used, in front of
the noun, with the dative or the genitive – see below.

2 Prepositions which are always followed by the dative case

aus	*out of, from (a place)*
außer	*except for, apart from*
bei	*at __'s house/premises; when doing ...*
entlang	*along (see also accusative, above)*
gegenüber	*opposite (follows pronouns)*
mit	*with; by (transport)*
nach	*after; to (towns, countries etc.)*
seit	*since; for (continuous length of time in past)*
von	*from; of; by (agent in passive sentences)*
zu	*to (a person or building)*

Sie wohnt bei mir.
She is staying at my house.

Ich bin beim Laufen gefallen.
I fell while running.

Wir kommen nach dem Mittagessen.
We're coming after lunch.

Ich warte seit einer Stunde.
I've been waiting for an hour.

Note these shortened or contracted forms:

bei dem ➜ beim   von dem ➜ vom
zu dem ➜ zum   zu der ➜ zur

3 Prepositions which are followed by the genitive case

Most of these prepositions have an English meaning including the word 'of', which will help you to remember that they take the genitive case.

(an)statt	*instead of*
andererseits	*on the other side of*
anhand	*with the aid/use of*
auf Grund/aufgrund	*on the basis of*
ausschließlich	*excluding*
außerhalb	*outside (of)*
diesseits	*on this side of*
einschließlich	*including*
entlang	*along (the side of)*
	(also takes accusative, see above)
infolge	*as a consequence of*
innerhalb	*inside (of), within*
jenseits	*on that side of*
oberhalb	*above, higher than*
trotz	*in spite of*
unterhalb	*below, lower than*
während	*during, in the course of*
wegen	*because of*

trotz des schlechten Wetters	*in spite of the bad weather*
während des Morgens	*during the morning*
Er wohnt außerhalb der Stadt.	*He lives outside the town.*

4 Prepositions which are followed by the dative or the accusative case

When followed by the **dative** these prepositions tell us where **something already is**.

When followed by the **accusative** they indicate **movement to a new place or position**.

preposition	with dative	with accusative
an	*at, on (side of)*	*up to, over to, onto*
auf	*on (top of)*	*onto*
in	*in*	*into*
hinter	*behind*	*(go) behind*
vor	*in front of, before (time); ago.*	*(go) in front of*
neben	*near, next to*	*(go) beside, next to*
über	*above, over*	*(go) over, across; about (=concerning)*
unter	*under; amongst*	*(go) under*
zwischen	*between*	*(go) between*

Das Bild hängt an der Wand.
The picture hangs on the wall.
Er hängt das Bild an die Wand.
He is hanging the picture on the wall.

Anna sitzt im Kino.
Anna is sitting in the cinema.
Jens geht ins Kino.
Jens is going into the cinema.

Die Katze schläft auf dem Bett.
The cat is sleeping on the bed.
Die Maus springt auf das Bett.
The mouse jumps onto the bed.

Das Auto fährt auf die Straße.
The car drives onto the road
(i.e. from the car park onto the road).
Das Auto fährt auf der A1.
The car is travelling on the A1.

Die Lampe ist über dem Tisch.
The light is over/above the table.
Der Ball fliegt über das Netz.
The ball flies over the net.
ein Buch über die Römer
a book about the Romans

Der Lehrer steht vor der Klasse.
The teacher is in front of the class.
Hans, stell dich vor die Klasse.
Hans, go and stand in front of the class.
vor der ersten Stunde
before the first lesson
vor einem Monat
a month ago

Note these contracted forms:

an dem ➜ am   in dem ➜ im
an das ➜ ans   in das ➜ ins

5 Prepositions used with third person pronouns

When the pronoun refers to a person or animal it is used as normal. However, if it refers to an **inanimate object**, the construction *da* **+ preposition** is used instead (similar to the old-fashioned or legalistic use of *therefrom* etc. in English). If the preposition starts with a vowel, *dar* is used.

mit ihm/ihr/ihnen	**damit**
with him/her/them	*with it/them*

gegen ihn/sie/sie	**dagegen**
against him/her/them	*against it/them*

auf ihm/ihr/ihnen	**darauf**
on him/her/them	*on it/them*

The construction *da(r)* + preposition works with almost all prepositions from groups 1, 2 and 4. Those which are not used in this way are: *bis*, *entlang*, *ohne*, *wider*, *außer*, *gegenüber*, *seit*. Some of these are simply never needed, others can be used without an object: e.g. *ohne* and *gegenüber*.

Note the adverbs *außerdem* and *seitdem*, meaning 'apart from that' and 'since then'. Some prepositions in group 3 make adverbs similar to *außerdem*:

stattdessen	*instead (of that)*
trotzdem	*in spite of that*
deswegen	*for that reason*
infolgedessen	*as a result (of that)*

6 Prepositions used with whole clauses

The construction *da(r)* **+ preposition** is also used when the preposition links to a whole clause:

Ich freue mich **darauf**, nach Deutschland zu fahren.
I'm looking forward to going to Germany.

Ich freue mich **darauf**, dass mein Brieffreund kommt.
I'm looking forward to my penfriend coming.

F Adjectives and adverbs

1 Adjectives

Adjectives are words which describe nouns, e.g. 'a **big** table', 'a **new** car', 'an **interesting** film', etc.

When an **adjective** is **not in front of a noun** it has **no ending**.

Das Haus ist **schön**.
The house is beautiful.

But if the **adjective** comes **before the noun**, it adds **an ending**.

ein **schönes** Haus
a beautiful house

A rule of thumb for adjectival endings is that they show the case and gender if the article doesn't, or if there is no article to do so. The following tables show how this works:

a Group 1 adjective endings after the definite article (*der, die, das*). Adjectives after *dieser, jeder, jener, solcher, mancher* and *welcher* also follow this pattern.

	masculine	*feminine*	*neuter*	*plural*
nominative	der alt**e** Mann	die klein**e** Frau	das groß**e** Haus	die neu**en** Schuhe
accusative	den alt**en** Mann	die klein**e** Frau	das groß**e** Haus	die neu**en** Schuhe
dative	dem alt**en** Mann	der klein**en** Frau	dem groß**en** Haus	den neu**en** Schuhen
genitive	des alt**en** Mannes	der klein**en** Frau	des groß**en** Hauses	der neu**en** Schuhe

The definite article always shows gender and case clearly. The adjective adds -**e** after all the nominative singular articles and after feminine and neuter accusative, which are the same as nominative. Otherwise it adds -**en** throughout, where case is clearly shown by the form of the article.

b **Group 2 adjective endings** after the indefinite/negative article (*ein, eine, ein, keine* etc.). Adjectives after *mein, dein, sein, ihr, unser, euer, ihr, Ihr* also follow this pattern.

	masculine	*feminine*	*neuter*	*plural*
nominative	ein alt**er** Mann	eine klein**e** Frau	ein groß**es** Haus	keine neu**en** Schuhe
accusative	einen alt**en** Mann	eine klein**e** Frau	ein groß**es** Haus	keine neu**en** Schuhe
dative	einem alt**en** Mann	einer klein**en** Frau	einem groß**en** Haus	keinen neu**en** Schuhen
genitive	eines alt**en** Mannes	einer klein**en** Frau	eines groß**en** Hauses	keiner neu**en** Schuhe

The nominative singular articles don't show gender clearly, so the endings on the adjectives reflect the gender: **-er**, **-e**, **-es**. These are the same after feminine and neuter accusative, where the article remains the same. Otherwise the adjective adds **-en** throughout, where case is clearly shown by the form of the article.

c **Group 3 adjective endings** without a preceding article. An adjective and noun combination often has no preceding article, e.g. 'German wine', 'French history', 'tasty food', 'black comedy'. This is particularly common in the plural: 'new shoes', 'old friends', 'young children' etc.

	masculine	*feminine*	*neuter*	*plural*
nominative	deutsch**er** Wein	schwarz**e** Komödie	gut**es** Essen	neu**e** Schuhe
accusative	deutsch**en** Wein	schwarz**e** Komödie	gut**es** Essen	neu**e** Schuhe
dative	deutsch**em** Wein	schwarz**er** Komödie	gut**em** Essen	neu**en** Schuhen
genitive	deutsch**en** Wein(e)s	schwarz**er** Komödie	gut**en** Essens	neu**er** Schuhe

The adjective must do all the work and carry the endings which would go on the relevant article, with the exception of masculine and neuter singular genitive, where the work is done by the additional **(e)s** on the noun.

d The following words are **not articles**: *einzelne* (some, individual), *einige* (some, a few), *mehrere* (several), *viele* (many) and *wenige* (few). These words are themselves adjectives and they and any additional adjectives have the same endings as in the group 3 table. Adjectives after **numbers** do the same.

viele alte Leute   drei kleine Kinder
mehrere alte Gebäude

e Adjectives after *etwas*, *mehr*, *nichts*, *viel*, *wenig* also take group 3 endings. They are regarded as being neuter and the adjective starts with a capital letter.

etwas Schönes   nichts Neues   mit etwas Starkem

Note the similar construction with *alles*, where the adjective has a capital letter but endings as after *das*

Alles Gute!

f Adjectives that end in -er or -el (e.g. *dunkel*, *teuer*) lose the **e** when they have an adjective ending:

eine dunkle Nacht   ein teures Auto

g **Verbs** used as adjectives. Both the past participle (e.g. *gebrochen* = broken, see **G3a** and **b**) and the present participle (e.g. *weinend* = crying, see **G10**) of verbs can be used as adjectives. They also must have standard adjectival endings.

Er hatte ein gebrochenes Bein.
He had a broken leg.

Sie tröstet das weinende Kind.
She comforts the crying child.

h **Place names** used as adjectives. The place names always take -**er** as an ending, regardless of gender and case. If the place name is a German town ending in -**en**, the **n** is replaced by **r**.

London	ein Londoner Bus
Köln	im Kölner Dom
Solingen	das Solinger Klingenmuseum

i The adjective form of **numbers** is made by adding -**t** and the appropriate adjective endings to the basic number up to 19: *die zweite Frau*; and -**st** plus adjective endings to numbers from 20 onwards: *am einunddreißigsten Mai*. There are a few irregular forms:

das **erste** Mal	*the first time*
der **dritte** Mann	*the third man*
der **sieb(en)te** Sohn	*the seventh son*
am **achten** Mai	*on the eighth of May*

j **Nouns** formed from adjectives begin with a capital letter and take the appropriate adjective ending, according to the article used.

der **Blinde**	*the blind man*
ein **Blinder**	*a blind man*
Blinde	*blind people*

Hast du **den Blinden** gesehen?
Kannst du **dem Blinden** helfen?

2 Adverbs

Adverbs describe or modify verbs, adjectives, or the whole sentence.

a Most **adjectives** can be used **without any ending** as adverbs:

Sie kann **gut** Deutsch.
Er hat ein **bunt** gemaltes Bild gekauft.

b **Many common adverbs** are not derived from adjectives. These include **qualifiers**, which are used with adjectives and other adverbs, e.g. *besonders, sehr, ziemlich, kaum, recht, wenig*; many adverbs of time and place: *heute, morgen, hier, dorthin*; and others such as: *gern, leider, oft, wieder*.

Ich spreche **sehr** gut Deutsch.
Das ist ein **besonders** schönes Bild.
Morgen gehen sie **wieder dorthin**.

3 Making comparisons

When comparing you often say that something is 'bigger', 'better', 'more interesting' etc. These forms of the adjective or adjective are called the **comparative**.

You may also say that something is '(the) biggest', '(the) best', '(the) most interesting' etc. These forms are called the **superlative**.

a To form the **comparative** in German there is only one method (unlike English). You simply **add -er** to the adjective or adverb. The word for 'than' is *als*.

Dein Haus ist **kleiner** als meins.
Your house is smaller than mine.

Eine Katze ist **intelligenter** als ein Hund.
A cat is more intelligent than a dog.

Er läuft **schneller** als du.
He runs faster than you.

When used in front of a noun, these forms must still have the standard adjective ending.

| das kleiner**e** Haus | ein kleiner**es** Haus |
| das intelligenter**e** Mädchen | ein intelligenter**es** Mädchen |

Exception: The comparative forms **mehr** and **weniger** take no endings.

Sie hat **mehr** Zeit als er.
Er hat **weniger** Ahnung davon.

b To form the **superlative**, there is only one method in German. You add **-st + standard adjective ending**. If the adjective ends in **s**, **ß**, **t** or **z**, add **-est**.

der **kleinste** Junge	*the smallest boy*
die **schönste** Blume	*the most beautiful flower*
das **intelligenteste** Haustier	*the most intelligent pet*

For adverbs, you use the construction ***am ____sten***:

Sie läuft am schnellsten.   *She runs (the) fastest.*

A number of one-syllable adjectives add an **umlaut** as well as **-er** and **-(e)st**.

adj.	comp.	sup. adj.	sup. adv.	meaning
alt	älter	der älteste	am ältesten	old

The most common of these, which follow the same pattern, are: *alt, arg, arm, dumm, gesund, grob, hart, jung, kalt, klug, krank, kurz, lang, rot, scharf, schwach, schwarz, stark, warm*.

A few other common adjectives and adverbs have other irregularities in the comparative and superlative forms:

adj.	comp.	sup. adj.	sup. adv.	meaning
groß	größer	der größte	am größten	big, large, great
gut	besser	der beste	am besten	good etc.
hoch*	höher	der höchste	am höchsten	high
nah(e)	näher	der nächste	am nächsten	near
viel	mehr	der meiste	am meisten	much etc.
bald	eher		am ehesten	soon, etc.
gern	lieber		am liebsten	like, prefer etc.
oft	öfter		am öftesten	often

* The adjective *hoch* becomes *hoh-* before a noun: *ein hohes Haus*.

Note also the following pattern with adjectives ending in **-el** and **-er**.

| dunkel | dunkler | der dunkelste | *dark* |
| teuer | teurer | der teuerste | *dear, expensive* |

Superlative adjectives can be used similarly to English when they are not in front of the noun. Then they take the same form as the superlative of adverbs: ***am ____sten***.

| Gestern wares **am kältesten**. | *Yesterday was coldest.* |
| Diese Arbeit ist **am schwersten**. | *This work is hardest.* |

c   Comparing equals. To say that something is 'as ... as', or 'not so/as ... as', use *so ... wie*:

Er ist **so** alt **wie** ich.
He is as old as me.

Hans läuft **so** schnell **wie** Peter.
Hans runs as fast as Peter.

Mein Bruder ist **nicht so** klug **wie** ich.
My brother is not as clever as me.

G   Verb tenses

1   Introduction

A verb is an action word e.g. *spielen* (to play), *schlagen* (to hit), *kochen* (to cook), *trinken* (to drink) etc. In German the **infinitive form** of the verb ends in **en** or **n**, e.g. *spielen* (to play), *sein* (to be), *segeln* (to sail).

The **tense** of the verb tells us when the action takes place in relation to now (3).

1	happened before 2	**pluperfect**
2	already happened	**perfect/imperfect**
3	happening now	**present**
4	yet to happen	**present** or if remote **future**
5	might happen **if**	**conditional**

In German there are two main types of verbs, termed **weak** (or regular) and **strong** (or irregular). English, in fact, has a very similar system, although most people don't realise it.

Weak/regular verbs form different tenses using a **standard system of endings**, e.g.

present	*simple past*	*perfect*
I play	*I played*	*I have played*
ich spiele	ich spiel**te**	ich habe gespiel**t**

Strong/irregular verbs form different tenses using a **change of spelling** to the main vowel, e.g.

present	*simple past*	*perfect*
I drink	*I drank*	*I have drunk*
ich trinke	ich tr**a**nk	ich habe getr**u**nken

The table shows how to select the German tense you need:

Typical English forms	Tense	German form
I drink, I am drinking, I do drink; *Do you drink? Are you drinking?*	***present***	Ich trinke; Trinkst du?
I was drinking, I used to drink, I drank (written narrative); *Were you drinking? Did you used to drink? Did you drink?*	***imperfect***	Ich trank; Trankst du?
I have drunk, I have been drinking, I did drink (spoken); *Have you drunk? Have you been drinking? Did you drink?*	***perfect***	Ich habe getrunken; Hast du getrunken?
I had drunk, I had been drinking; *Had you drunk? Had you been drinking?*	***pluperfect***	Ich hatte getrunken; Hattest du getrunken?
I will/shall drink, I will/shall be drinking, I'm going to drink; *Will you drink? Will you be drinking?*	***present/future***	Ich trinke morgen / Ich werde trinken; Trinkst du morgen? / Wirst du trinken?
I would drink, I would be drinking; *Would you drink? Would you be drinking?*	***conditional***	Ich würde trinken; Würdest du trinken?
I would have drunk, I would have been drinking; *Would you have drunk? Would you have been drinking?*	***conditional perfect =*** ***pluperfect subjunctive***	Ich hätte getrunken; Hättest du getrunken?

2 The present tense

The present tense describes what someone is doing at the moment or does habitually (e.g. every day).

a To form the present tense of **weak/regular verbs**, start with the infinitive, take off the -**(e)n** and add the following endings to the stem.

infinitive	spielen	arbeiten	segeln	bedauern
				to regret
stem	**spiel**	**arbeit**	**segel**	**bedauer**
ich	spiel**e**	arbeit**e**	seg(e)l**e***	bedau(e)r**e***
du	spiel**st**	arbeit**est***	segel**st**	bedauer**st**
er/sie/es/man	spiel**t**	arbeit**et***	segel**t**	bedauer**t**
wir	spiel**en**	arbeit**en**	segel**n**	bedauer**n**
ihr	spiel**t**	arbeit**et**	segel**t**	bedauer**t**
sie/Sie	spiel**en**	arbeit**en**	segel**n**	bedauer**n**

* Verbs with a stem ending in -**t** and -**d** add an **e** before the **st** and **t** endings (to aid pronunciation). This also happens with a few verbs whose stem ends in a combination of consonants.

du **öffnest**, es **regnet**

Verbs ending in **eln** (usually) and those ending in **ern** (sometimes) drop the **e** before the **l** or **r** in the *ich* form.

b **Strong/irregular verbs** almost always take the same endings as weak/regular verbs, but **some** of them have a **spelling change** in the *du* and *er/sie/es* forms. The list of strong/irregular verbs (**R**) shows all such spelling changes.

	trinken	schlagen	laufen
ich	trinke	schlage	laufe
du	trinkst	schl**ä**gst	l**äu**fst
er/sie/es/man	trinkt	schl**ä**gt	l**äu**ft
wir	trinken	schlagen	laufen
ihr	trinkt	schlagt	lauft
sie/Sie	trinken	schlagen	laufen

	sehen	geben
ich	sehe	gebe
du	s**ie**hst	g**i**bst
er/sie/es/man	s**ie**ht	g**i**bt
wir	sehen	geben
ihr	seht	gebt
sie/Sie	sehen	geben

c *Haben* (to have), *sein* (to be) and *werden* (to become) are three very important irregular verbs which you need to know. Here are their present tense forms:

	haben	sein	werden
ich	habe	bin	werde
du	hast	bist	wirst
er/sie/es/man	hat	ist	wird
wir	haben	sind	werden
ihr	habt	seid	werdet
sie/Sie	haben	sind	werden

d **Modal verbs** is the name given to a group of six verbs which can be added in to a sentence to tell us more about or modify other verbs (see **L**). They are all irregular. Here are the present tense forms of the modal verbs:

	dürfen	können	mögen
	be allowed to	*can*	*like*
ich	darf	kann	mag
du	darfst	kannst	magst
er *etc.*	darf	kann	mag
wir	dürfen	können	mögen
ihr	dürft	könnt	mögt
sie/Sie	dürfen	können	mögen

	müssen	sollen	wollen
	must	*should*	*want to*
ich	muss	soll	will
du	musst	sollst	willst
er *etc.*	muss	soll	will
wir	müssen	sollen	wollen
ihr	müsst	sollt	wollt
sie/Sie	müssen	sollen	wollen

The **modal verb** links with a **second verb** in the **infinitive form** which goes to the **end** of the clause.

Ich muss am Dienstag arbeiten.
modal verb   *2nd verb (infinitive)*

e **Separable verbs** have a prefix at the beginning, which, as the name suggests, is sometimes separate from the verb: *abfahren, ankommen, aufstehen*, etc.

In the present tense the **first part**, or prefix (*ab, an, ein, auf*, etc.), separates and goes to the **end** of the clause.

abfahren: Der Zug fährt um 10 Uhr **ab**.
The train departs at 10 o'clock.

ankommen: Wann kommt der Zug in Frankfurt **an**?
When does the train arrive in Frankfurt?

If a **modal verb** is used with it, a separable verb **joins back together at the end of the clause**:

Ich muss so früh **aufstehen**!   *I have to get up so early!*

f **Reflexive verbs** are used to give the idea of '**myself**', '**yourself**', '**him/herself**' etc. You need to use the appropriate reflexive pronoun e.g. ***mich, dich***, etc. with these verbs. Many verbs are reflexive in German which are not in English. In a word list, the infinitive of a reflexive verb has ***sich*** before it.

Common reflexive verbs include: *sich anziehen* (to get dressed), *sich freuen* (to be pleased), *sich setzen* (to sit down), *sich waschen* (to get washed).

In the present tense, the reflexive forms are as follows:

ich wasche **mich**	*I wash myself*
du wäschst **dich**	*you wash yourself*
er/sie/es/man wäscht **sich**	*he/she/it/one washes him/her/it/oneself*
wir waschen **uns**	*we wash ourselves*
ihr wascht **euch**	*you wash yourselves*
sie waschen **sich**	*they wash themselves*
Sie waschen **sich**	*you wash yourself/yourselves*

In most instances the reflexive pronoun is technically the direct object in the clause and therefore accusative. However, the reflexive pronoun goes into the dative if the clause already contains a direct object. Only *mich/mir* and *dich/dir* have separate accusative and dative forms, the remainder are identical in the accusative and dative.

ich wasche **mir** die Hände	*I wash my hands*
du wäscht **dir** die Hände	*you wash your hands*
er *etc.* wäscht sich die Hände	*he etc. washes his etc. hands*
wir waschen uns die Hände	*we wash our hands*
ihr wascht euch die Hände	*you wash your hands*
sie waschen sich die Hände	*they wash their hands*
Sie waschen sich die Hände	*you wash your hands*

3 The perfect tense

The perfect tense is used to describe events which have happened in the past. In particular it is used in speech, or when writing letters about things which have happened.

There are **two parts** to the perfect tense: the **auxiliary verb**, which is always the appropriate person form of the **present tense of *haben* or *sein***, and the **past participle** of the verb denoting the action, which goes to the **end of the clause**. Past participles can never be used on their own without an auxiliary verb.

The exact equivalent in English is e.g.: 'he has played', 'they have travelled' etc. Most German verbs use *haben* as the auxiliary, so that the pattern is almost identical to the English, e.g.

Er **hat** gespielt.   *He has played.*

However, a small number of verbs use *sein* as the auxiliary, e.g. *reisen* (to travel)

Er **ist** gereist.   *He has travelled.*

a To form the past participle of a **weak/regular verb** add **ge-** before the **stem** of the verb and **-t** after it:

infinitive	*stem*	*past participle*
spielen	spiel	**ge**spiel**t**
antworten	antwort	**ge**antwort**et**

The ending **-(e)t** mirrors the English **-ed** (he has play**ed**).

The perfect of spielen

auxiliary verb	*past participle*
ich habe	gespielt
du hast	gespielt
er hat	gespielt
wir haben	gespielt
ihr habt	gespielt
sie/Sie haben	gespielt

The perfect of antworten

auxiliary verb	*past participle*
ich habe	geantwortet
du hast	geantwortet
er hat	geantwortet
wir haben	geantwortet
ihr habt	geantwortet
sie/Sie haben	geantwortet

The perfect of reisen

auxiliary verb	*past participle*
ich bin	gereist
du bist	gereist
er ist	gereist
wir sind	gereist
ihr seid	gereist
sie/Sie sind	gereist

Here are some examples of the perfect tense in complete sentences:

auxiliary verb	*rest of sentence*	*past participle*
Ich habe	meine Hausaufgaben	gemacht.
Sie haben	den ganzen Tag	gearbeitet.
Wir sind	nach Italien	gereist.

b **Strong/irregular verbs** have the same basic structure for the perfect tense (auxiliary + past participle), but form their past participles in a different way. You add **ge-** in the usual way but the ending for the past participle is **-en**, as in the infinitive, and there is **often a vowel change**.

infinitive	*past participle*
schlagen	geschlagen
laufen	gelaufen
geben	gegeben
finden	gefunden
nehmen	genommen
steigen	gestiegen

Er hat den Ball geschlagen.	*He has hit the ball.*
Er ist schnell gelaufen.	*He has run quickly.*
Ich habe es dir gegeben.	*I've given it to you.*
Wir haben das Geld gefunden.	*We've found the money.*
Sie hat den Zug genommen.	*She has taken the train.*
Sie sind nach oben gestiegen.	*They have climbed to the top.*

The only sure way to know the exact spelling of the vowel changes is to check them in the verb list (**R**) and then learn them.

c **Mixed verbs** form the past participle with **ge-** and **-t**, but they also have a **change of vowel**, and sometimes of consonant as well. These are also listed in the verb list (**R**).

rennen	gerannt
denken	gedacht

Er ist nach Hause gerannt.	*He ran home.*
Sie hat oft an ihn gedacht.	*She thought of him often.*

d A number of verbs form the perfect tense with **the auxiliary verb *sein***. These are in broadly three groups.

- The verbs ***sein*** and ***bleiben***.
- **Intransitive** verbs of **movement** or **travel** ('intransitive' means verbs which do not take a direct object).
- Verbs which indicate a **change of state**: e.g. to wake up (from sleeping to waking), and to die (from life to death).

> Er **ist** im Bett geblieben.
> *He has stayed in bed.*

> Ich **bin** nie da gewesen.
> *I've never been there.*

> Wir **sind** um 7 Uhr aufgewacht.
> *We woke up at 7 o'clock.*

> Ich **bin** mit dem Auto nach Bonn gefahren.
> *I have driven to Bonn by car.*

note
Ich **habe** das Auto nach Bonn gefahren.
I have driven the car to Bonn.
(*Here*, Auto *is the direct object*.)

e When **separable verbs** are in the past participle form at the end of the clause, they join up again with **-ge-** in the middle.

> Der Zug ist um 10 Uhr ab**ge**fahren.
> *The train left at 10 o'clock.*

> Ich habe den Hund aus**ge**führt.
> *I have taken the dog out.*

f A few verbs **do not add ge-** in the past participle form.

These verbs fall into two distinct groups:

- Verbs ending in *-ieren*. These are verbs borrowed into German from other languages, mainly from French, which are felt not to be totally 'German'.

  reparieren (*cf. French réparer*):
  Michael hat das Auto **repariert**.
  Michael has repaired the car.

- An inseparable prefix on the front of the verb prevents the addition of **ge-**. The main inseparable prefixes are:

prefix	*example*	*past participle*	
be-	bekommen	bekommen	*to get*
emp-	empfehlen	empfohlen	*to recommend*
ent-	entdecken	entdeckt	*to discover*
er-	erhalten	erhalten	*to receive*
ge-	gefallen	gefallen	*to please*
ver-	verlassen	verlassen	*to leave*
zer-	zerbrechen	zerbrochen	*to shatter*

g **Modal verbs** (see **L**) always use *haben* as the auxiliary verb, but they have **two past participle forms**:

- A true past participle with **ge-**: *gedurft, gekonnt, gemusst, gemocht, gewollt, gesollt*.

  This is only used when they are on their own **without** an accompanying **infinitive**.

  Das habe ich nicht **gekonnt**. *I haven't been able to.*

- When used with another infinitive the real, original past participle of the modal verb is replaced by the infinitive.

  Das habe ich nicht **tun können**.
  I've not been able to do it.

NOTE
It is quite normal and acceptable to use the imperfect tense of modal verbs instead of the perfect. By using the imperfect, you can avoid this particular problem.

4 The future tense

The future tense describes what someone will do or is going to do. There are two ways of talking about the future in German.

a We can use the **present tense** with an **expression of future time** telling us when something is going to happen.

> Ich fahre **morgen** nach Bonn.
> *I'm going to Bonn tomorrow.*

b The true future tense is formed by using the present tense of the verb *werden*, plus an **infinitive** which goes at the **end** of the clause.

present tense of werden	rest of sentence	infinitive at end
ich **werde**	morgen nach Bonn	fahren
du **wirst**	die Aufgabe	schreiben
er *etc.* **wird**	eines Tages in die USA	fahren
wir **werden**	nächste Woche ins Kino	gehen
ihr **werdet**	mit uns	kommen
sie **werden**	diesen Sommer nach Spanien	fliegen
Sie **werden**	den neuen Film gut	finden

5 The future perfect tense

This tense is used to convey the idea of an action that **will have been completed** by a certain time in the future e.g. 'By next Friday I will have completed my essay'.

This tense is a combination of the perfect tense and the future tense. In effect, the auxiliary verb is put into the future tense.

— Perfect tense:

Ich **habe** die Arbeit **gemacht**.

Now change *habe* to the future tense:

Ich **werde** ... **haben**.

Then put the two together:

Ich **werde** die Arbeit **gemacht haben**.
I will have done the work.

— The same principle applies to verbs taking *sein*:

Ich **bin** nach Bonn **gefahren**.
Ich **bin** ➔ Ich **werde** ... **sein**.

Ich **werde** nach Bonn **gefahren sein**.
I will have gone to Bonn.

6 The imperfect tense

The imperfect tense is also used to describe events in the past, in particular to relate a story or a past event in writing. Written accounts, stories and reports are usually in the imperfect tense. (The perfect is mostly used in speech.) Some very common verbs are **nearly always used in the imperfect** rather than the perfect tense. These are *haben*, *sein*, *werden* and the **modal** verbs (see **d** and **e** below).

a The imperfect tense of **weak/regular verbs** is formed by adding the standard ending -te to the stem of the verb. This mirrors the -**ed** on English verbs. Unlike the perfect tense, the imperfect has only **one** word, not two.

spielen *stem*: **spiel** + -**te** ➔ **spielte** (*played*)

Then use the endings below for the various persons of the verb, noting that the *ich* and *er/sie/es/man* forms have **no further ending.**

ich	spielte	*I played*
du	spielt**est**	*you played*
er/sie/es/man	spielte	*he/she/it/one played*
wir	spielt**en**	*we played*
ihr	spielt**et**	*you played*
sie/Sie	spielt**en**	*they played*

Verbs which have an added -e- in the present tense do the same in the imperfect stem:

antworten	ich antwort**ete**
öffnen	er öffn**ete**

b **Strong/irregular verbs change the main vowel** in the imperfect stem and do **not** add -**te** e.g.:

trinken	er trank
fahren	er fuhr
geben	er gab
steigen	er stieg
gehen	er ging
kommen	er kam

The exact spelling changes can be found in the verb list (**R**). These must be learned.

The person endings are similar to those for weak verbs and are as set out below. Again, the *ich* and *er/sie/es/man* forms have **no ending**.

ich	ging	*I went*
du	ging**st**	*you went*
er/sie/es/man	ging	*he/she/it/one went*
wir	ging**en**	*we went*
ihr	ging**t**	*you went*
sie/Sie	ging**en**	*they went*

c As in the perfect tense, **mixed verbs** have a spelling change in the stem (listed in **R**) but also take the weak verb -**te** ending:

ich dachte
du dachtest
er/sie/es/man dachte
wir dachten
ihr dachtet
sie/Sie dachten

d The imperfect tense of *haben*, *sein* and *werden* is very frequently used and must be known thoroughly.

	haben	sein	werden
ich	hatte	war	wurde
du	hattest	warst	wurdest
er/sie/es/man	hatte	war	wurde
wir	hatten	waren	wurden
ihr	hattet	wart	wurdet
sie/Sie	hatten	waren	wurden

e Modal verbs (see **L**) are treated as weak/regular verbs in that they have -**te** added to the stem. Note, however, that there is **no umlaut** on any modal in the imperfect tense.

	dürfen *be allowed to*	können *can*	mögen *like*
ich	durfte	konnte	mochte
du	durftest	konntest	mochtest
er/sie/es	durfte	konnte	mochte
wir	durften	konnten	mochten
ihr	durftet	konntet	mochtet
sie/Sie	durften	konnten	mochten

	müssen *must*	sollen *should*	wollen *want to*
ich	musste	sollte	wollte
du	musstest	solltest	wolltest
er/sie/es	musste	sollte	wollte
wir	mussten	sollten	wollten
ihr	musstet	solltet	wolltet
sie/Sie	mussten	sollten	wollten

7 The pluperfect tense

This tells us what had happened at a point in time further back than the ordinary perfect or imperfect tense.

*I watched TV because I **had** already **finished** my work.*

It is formed in much the same way as the perfect tense, but using the **imperfect** form of the auxiliary verbs *haben/sein* together with the **past participle**.

perfect

Ich **habe** meine Arbeit **geschrieben**.
Ich **bin** ins Kino **gegangen**.

pluperfect

Ich **hatte** meine Arbeit **geschrieben**.
Ich **war** ins Kino **gegangen**.

The pluperfect of spielen

auxiliary verb	past participle
ich hatte	gespielt
du hattest	gespielt
er hatte	gespielt
wir hatten	gespielt
ihr hattet	gespielt
sie/Sie hatten	gespielt

The pluperfect of trinken

auxiliary verb	past particple
ich hatte	getrunken
du hattest	getrunken
er hatte	getrunken
wir hatten	getrunken
ihr hattet	getrunken
sie/Sie hatten	getrunken

The pluperfect of reisen

auxiliary verb	past participle
ich war	gereist
du warst	gereist
er war	gereist
wir waren	gereist
ihr wart	gereist
sie/Sie waren	gereist

8 The conditional tense

As its name suggests, this tense form is mainly used to describe what you would do if conditions were different, e.g.:

*If my team won the cup, I **would be** delighted.*

To form the conditional tense you use the auxiliary verb *werden* **in a special form** (technically the imperfect subjunctive – see **H2**) **plus an infinitive** at the **end** of the clause. Thus, the basic structure is very similar to the future tense. The parts of *werden* which are required are as follows. Note that every one has an umlaut.

ich	würde	kaufen	*I*	*would buy*
du	würdest	gehen	*you*	*would go*
er *etc.*	würde	kommen	*he etc.*	*would come*
wir	würden	lachen	*we*	*would laugh*
ihr	würdet	spielen	*you*	*would play*
sie/Sie	würden	schlafen	*they/you*	*would sleep*

9 The conditional perfect tense

This tense is used to convey the idea of an action that **would have been completed** if conditions had been different in the past, e.g.

*If my team had won the cup, I **would have been** delighted.*

This tense is a combination of the perfect tense and the conditional tense. In effect, the auxiliary verb is put into the conditional tense.

— Perfect tense:

Ich **habe** die Arbeit **gemacht**.

Now change *habe* to the conditional tense:

Ich **würde** ... **haben**.

Then put the two together:

Ich **würde** die Arbeit **gemacht haben**.
I would have done the work.

— The same principle applies to verbs taking *sein*:

Ich **bin** nach Bonn **gefahren**.
Ich **bin** → Ich **würde** ... **sein**.
Ich **würde** nach Bonn **gefahren sein**.
I would have gone to Bonn.

NOTE

This tense form is not frequently used. It is mostly replaced by the pluperfect subjunctive. For the formation of that tense, see **H5**. For explanation of usage, see the section on conditional sentences (**I1**).

10 The present participle

The present participle is an adjectival or adverbial form of the verb, its English equivalent ending in '-ing'. It is formed by simply adding the letter -**d** to the end of the infinitive, e.g. *singen* + -**d** = *singend*.

Ein singender Hund ist etwas Seltenes.
A singing dog is something uncommon.

Der Lehrer kam singend ins Klassenzimmer.
The teacher came into the classroom singing.

H The forms of the subjunctive mood

The subjunctive mood is a specialised form of verbs and technically exists in all tenses. In modern German, its use is very limited. It is used:

- in certain types of conditional sentences
- to convey reported speech
- after the conjunction *als ob* (as if)

Only certain parts of the subjunctive form of many tenses are used in modern German. Where appropriate these are highlighted.

1 Present subjunctive

Every verb except *sein* follows the same pattern.
There are no spelling changes in any verb whatsoever.

	spielen	haben	sein	werden
ich	spiele	habe	**sei**	werde
du	spielest	habest	**seiest**	werdest
er *etc.*	**spiele**	**habe**	**sei**	**werde**
wir	spielen	haben	**seien**	werden
ihr	spielet	habet	seiet	werdet
sie/Sie	spielen	haben	**seien**	werden

	fahren	sehen	können
ich	fahre	sehe	könne
du	fahrest	sehest	könnest
er *etc.*	**fahre**	**sehe**	**könne**
wir	fahren	sehen	können
ihr	fahret	sehet	könnet
sie/Sie	fahren	sehen	können

The present subjunctive is only commonly used in the **bold** forms. See the section on usage (**I**).

2 Imperfect subjunctive

a For **weak/regular verbs** the subjunctive is identical to the normal form (see **G6a**).

b For **strong/irregular verbs**, the **endings of the present subjunctive** are used on the **stem of the normal imperfect**, which has an **umlaut** added where possible (i.e. on **a**, **o** and **u**).

	haben	sein	werden
ich	hätte	wäre	würde
du	hättest	wäre	würdest
er *etc.*	hätte	wäre	würde
wir	hätten	wäre	würden
ihr	hättet	wäre	würdet
sie/Sie	hätten	wäre	würden

	fahren	kommen	gehen	wissen
ich	führe	käme	ginge	wüsste
du	führest	kämest	gingest	wüsstest
er *etc.*	führe	käme	ginge	wüsste
wir	führen	kämen	gingen	wüssten
ihr	führet	kämet	ginget	wüsstet
sie/Sie	führen	kämen	gingen	wüssten

c **Modal verbs** with an **umlaut in the infinitive** add the **umlaut** for the imperfect subjunctive, the others do not.

	können	müssen	dürfen
ich	könnte	müsste	dürfte
du	könntest	müsstest	dürftest
er *etc.*	könnte	müsste	dürfte
wir	könnten	müssten	dürften
ihr	könntet	müsstet	dürftet
sie/Sie	könnten	müssten	dürften

	mögen	wollen	sollen
ich	möchte	wollte	sollte
du	möchtest	wolltest	solltest
er *etc.*	möchte	wollte	sollte
wir	möchten	wollten	sollten
ihr	möchtet	wolltet	solltet
sie/Sie	möchten	wollten	sollten

d A small number of verbs have **irregular imperfect subjunctive forms**:

sterben	stürbe
verderben	verdürbe
werben	würbe
werfen	würfe
brennen	brennte
kennen	kennte
nennen	nennte
rennen	rennte
senden	sendete
wenden	wendete
bringen	brächte
denken	dächte

NOTE

The imperfect subjunctive is quite commonly used.

3 Perfect subjunctive

The normal perfect tense is used with the auxiliary verbs *haben/sein* in their **present subjunctive** forms.

er habe gesehen	man sei gefahren
sie habe gespielt	es habe geregnet

NOTE

This subjunctive tense is rarely used in any form other than *er/sie/es/man*.

4 Future subjunctive

The normal future tense is used with the auxiliary verb *werden* in its **present subjunctive** form.

er werde fahren	man werde versuchen
sie werde fernsehen	es werde regnen

NOTE

This subjunctive tense is rarely used in any form other than *er/sie/es/man*.

5 Pluperfect subjunctive

The normal pluperfect tense is used with the auxiliary verbs *haben/sein* in their **imperfect subjunctive** forms.

The pluperfect subjunctive of spielen

haben *in imperfect subjunctive*	*past participle*
ich hätte	gespielt
du hättest	gespielt
er hätte	gespielt
wir hätten	gespielt
ihr hättet	gespielt
sie/Sie hätten	gespielt

The pluperfect subjunctive of fahren

sein *in imperfect subjunctive*	*past participle*
ich wäre	gefahren
du wärst	gefahren
er wäre	gefahren
wir wären	gefahren
ihr wären	gefahren
sie/Sie wären	gefahren

The pluperfect subjunctive is commonly used in modern German. See the section on usage that follows.

NOTE

This tense is frequently used to replace the conditional perfect (see **G9**), which, together with the conditional, is technically a subjunctive tense as well.

I The use of subjunctive in modern German

The subjunctive has very limited use in modern German. The main uses are as follows.

1 Conditional sentences

a There are **three types of conditional sentence**, differentiated by the tense used and the type of condition described. Firstly, examples in English:

Condition type 1 expresses a real possibility; the 'if' clause contains the present tense and the main clause contains present or future, e.g.

*If it **rains**, we **will stay** in, but if the weather **is** good, we **will go** out.*

Condition type 2 expresses a less real possibility; the 'if' clause contains the past tense and the main clause contains the conditional, e.g.

*If the weather **was** bad, we **would go** by car.*

Condition type 3 expresses alternative possibility relating to past events (i.e. this never happened, but might have done if); the 'if' clause contains the pluperfect and the main clause contains the conditional perfect, e.g.

*If it **had rained** last week, we **wouldn't have gone** for a hike.*

In German the correct word for '**if**' in conditions is *wenn*. **Never** try to use *ob* in conditions, it is only used in reported speech (see next section).

b Condition type 1 has the **present tense in both parts**, **sometimes future** in the main clause:

Wenn es **regnet**, **bleiben** wir im Haus, aber wenn das Wetter schön **ist**, **gehen** wir wandern.

There is **no** subjunctive in this type.

c Condition type 2 has **imperfect subjunctive** in the *wenn* clause and **conditional** in the main clause.

Wenn das Wetter schlecht **wäre**, **würden** wir mit dem Auto **fahren**.

However, if the imperfect subjunctive in the *wenn* clause is not clearly different from the normal imperfect, the conditional tense is usually substituted:

Wenn es **regnen würde**, würden wir mit dem Auto fahren. *(because imperfect subjunctive* regnete *is identical to the normal form)*

Even if the imperfect subjunctive of the verb in the *wenn* clause is clearly different to the normal form, many Germans tend to use conditional instead, especially in spoken language:

Wenn das Wetter schlecht **sein würde**, würden wir mit dem Auto fahren.

On the other hand, in **formal** Geman **imperfect subjunctive** forms which are clearly different from normal imperfect are **preferred**. They are even used in the main clause to replace the conditional.

Wenn das Wetter schlecht **wäre**, **führen** wir mit dem Auto.

For active use the version with conditional in both parts is the simplest. Students with linguistic intuition may wish to be more adventurous!

d Condition type 3 has the **pluperfect subjunctive** in both parts.

Letzten Freitag sind wir mit dem Auto gefahren. Wenn es nicht **geregnet hätte**, **wären** wir zu Fuß **gegangen**.

The most complex variation of condition type **3** is when a **modal verb** is included:

Wenn es nicht geregnet hätte, **hätten** wir zu Fuß **gehen können**.

Note the **special word order** if the **modal** is in the *wenn* clause:

Wenn wir nach Berlin **hätten fliegen können**, wäre es besser gewesen.

e It is possible to **omit the word** *wenn*, using a clause which still implies 'if'. To do this, the verb from the end of the *wenn* clause is placed first. When *wenn* is omitted, the word *so* or *dann* is frequently inserted at the beginning of the following clause.

Regnet es morgen, **so/dann** bleiben wir im Haus.

Wäre das Wetter schlecht, **so/dann** würden wir mit dem Auto fahren.

Hätte es nicht geregnet, **so/dann** hätten wir zu Fuß gehen können.

2 Reported speech

This aspect of German varies widely in use depending to some extent on region but also on level of style. The following explanation and examples attempt to guide the English learner in a clear and comprehensible manner and so omit some of the variations and finer distinctions. These would be more appropriate in the study of German in Higher Education.

Reported speech is also known as **indirect speech**. Both terms refer to the fact that someone previously said something (this is direct speech and is usually enclosed in inverted commas) and now what was said is being reported.

— Direct speech:

*'**I am going** to the cinema at 7 o'clock.'*

— Reported/indirect speech:

*John says (that) **he is going** to the cinema at 7 o'clock.*

It is significant that the verb introducing the reported speech (says) is in the present tense.

In English, if the verb introducing the reported speech is in the past tense (said), we put the verb of the reported speech one tense back in time to indicate that it is reported, e.g.

— Direct speech:

*'**I am going** to the cinema at 7 o'clock.'*

— Reported/indirect speech:

*John said (that) **he was going** to the cinema at 7 o'clock.*

German makes a similar distinction and it is simplest for English learners to use the following rule of thumb. If the **verb introducing the reported speech** is in the **present tense** or in the **perfect tense**, **no change** is made to the tense form of the original direct speech:

— Direct speech:

„Ich **gehe** um 7 Uhr ins Kino."

— Reported/indirect speech:

Hans **sagt**, er **geht** um 7 Uhr ins Kino.

When the reported speech is **introduced by a verb in the imperfect or pluperfect**, German uses a different system for the reported speech. The basic theory is that the **tense of the direct speech is retained**, but it is put into the **subjunctive** form. However, in modern German the present subjunctive is never used when it is indistinguishable from the normal form. Further, the *du* and *ihr* forms with the endings **-est** and **-et** are felt to be so old-fashioned that they are not used either. (Compare saying 'Hast thou thy book with thee?') This results in **only** the *er/sie/es/man* part being **commonly used**, together **with most parts** of *sein*. See the **bold** parts in the section on formation of present subjunctive.

In all instances where the present subjunctive is not used, the **imperfect** subjunctive is substituted. Because the present tense of the auxiliary verbs *haben* and *sein* is used to form the perfect tense and also the present tense of *werden* to form the future tense, this also results in many parts of the perfect and future subjunctive not being used.

Because of the non-use of many parts of the present subjunctive and its replacement by imperfect subjunctive it is more practical to list the parts which are used. This produces three tables which all relate to a particular original tense form in the direct speech.

a To refer to an **original present tense**:

	sein	haben	werden	kommen
ich	sei	hätte	würde	käme
du	seiest	hättest	würdest	kämest
er *etc.*	sei	habe	werde	komme
wir	seien	hätten	würden	kämen
ihr	wäret	hättet	würdet	kämet
sie/Sie	seien	hätten	würden	kämen

Direct: Ich gehe ins Kino.
Reported: Er sagte, er gehe ins Kino.

Direct: Wir gehen alle ins Theater.
Reported: Sie sagten, sie gingen alle ins Kino.

Direct: Fritz und Peter haben keine Lust.
Reported: Er sagte, ihr hättet keine Lust.
(*said to Fritz and Peter*)

Direct: Mädchen sind nicht an Sport interessiert.
Reported: Hans sagte, Mädchen seien nicht an Sport interessiert.

b To refer to an **original past tense** (no matter whether it was perfect, imperfect or pluperfect)

	auxiliary sein	*auxiliary* haben
ich	sei gekommen	hätte getrunken
du	seiest gekommen	hättest getrunken
er/sie/es/man	sei gekommen	habe getrunken
wir	seien gekommen	hätten getrunken
ihr	wäret gekommen	hättet getrunken
sie/Sie	seien gekommen	hätten getrunken

Direct: Ich bin ins Kino gegangen.
Reported: Er sagte, er sei ins Kino gegangen.

Direct: Heike ist auch mitgekommen.
Reported: Er sagte, du seiest auch mitgekommen.
(*said to Heike*)

Direct: Fritz und Peter hatten keine Lust.
Reported: Er sagte, ihr hättet keine Lust gehabt.
(*said to Fritz and Peter*)

Direct: Die Mädchen waren nicht an Sport interessiert.
Reported: Hans sagte, die Mädchen seien nicht an Sport interessiert gewesen.

c To refer to an **original future tense**:

	auxiliary werden
ich	würde kommen
du	würdest kommen
er/sie/es/man	werde kommen
wir	würden kommen
ihr	würdet kommen
sie/Sie	würden kommen

Direct: Ich werde ins Kino gehen.
Reported: Er sagte, er werde ins Kino gehen.

Direct: Wir werden alle ins Theater gehen.
Reported: Sie sagten, sie würden alle ins Kino gehen.

Direct: Heike wird auch mitkommen.
Reported: Er sagte, du würdest auch mitkommen.
(*said to Heike*)

Direct: Fritz und Peter werden keine Lust haben.
Reported: Er sagte, ihr würdet keine Lust haben.
(*said to Fritz and Peter*)

Direct: Mädchen werden nicht an Sport interessiert sein.
Reported: Hans sagte, Mädchen würden nicht an Sport interessiert sein.

3 used with *als ob* (as if)

a Generally speaking, when describing something that is/was **happening at the same time**, the **imperfect subjunctive** is used.

Er sieht/sah aus, als ob er krank **wäre**.
He looks/looked as if he was ill.

b To describe something that has/had **happened previously**, the **pluperfect subjunctive** is used:

Er sieht/sah aus, als ob er krank **gewesen wäre**.
He looks/looked as if he had been ill.

c To describe something that might **happen later**, *würde* + **infinitive** is used:

Er sieht/sah aus, als ob er krank **sein würde**.
He looks/looked as if he would be ill.

d The more common **present or perfect subjunctive** forms are sometimes used after *als ob*, mostly if the speaker or writer feels that the appearance reflects the actual situation:

Er sah aus, als ob er krank **sei**.
He looked as if he was ill [so he was probably was].

e It is possible to **omit the word ob**. If *ob* is omitted, the verb is moved from the end to take the second place after *als*:

Er sah aus, als wäre er krank.

J The imperative mood

The imperative is the form of the verb which is used as a command. This means that you are speaking to other people and must use the appropriate mode of address, i.e. the correct form of 'you'. There are therefore three forms of the imperative, matching the use of *du/ihr/Sie*.

1 The *du* form

a **Almost all verbs** take the **stem** of the verb and add **-e**. This also applies to the majority of strong/irregular verbs as well as to the weak/regular verbs. The extra **-e** can be dropped in normal conversational usage, except where pronunciation would become impossible!

| machen | Mach(e) das nicht! |
| öffnen | Öffne das Fenster! |

b For **strong/irregular verbs which change e to i/ie in the present tense** take the *du* part of the present tense and remove the **-st**:

geben	Gib mir den Bleistift!
nehmen	Nimm einen Schirm mit!
sehen	Sieh das Foto genau an!
lesen	Lies die ersten 20 Seiten!

Note, however, that *werden* **is an exception** and follows the general rule above:

Werde nicht böse!

2 The *ihr* form

Use the normal *ihr* form of the present tense, but without the pronoun *ihr*.

kommen	ihr kommt	Kommt mit in die Stadt!
fahren	ihr fahrt	Fahrt doch mit!
arbeiten	ihr arbeitet	Arbeitet morgen an dem Auto!

3 The *Sie* form

Use the normal *Sie* form of the present tense but put the *Sie* after the verb and say it as a command.

| kommen | Sie kommen | Kommen Sie mit! |
| nehmen | Sie nehmen | Nehmen Sie die erste Straße rechts! |

4 Reflexive verbs

When using reflexive verbs, don't forget the correct reflexive pronoun:

Du wäschst dich	Wasch **dich**!
Ihr wascht euch	Wascht **euch**!
Sie waschen sich	Waschen Sie **sich**!

5 The verb *sein*

The verb *sein* has the following imperative forms:

du	**sei**
ihr	**seid**
Sie	**seien Sie**

K The passive mood

In a normal sentence the grammatical subject carries out the action of the verb. Because the subject is active, i.e. does the action, this is called an **active** sentence. Example: 'the dog bites the postman'.

There is another type of sentence in which the grammatical subject does not carry out the action of the verb. In these sentences the grammatical subject has the action done to him/her etc. Example: 'the postman is bitten by the dog'. Because the subject does not actually do anything, but is passive, this sentence type is called **passive.**

Note the link between the **object** of an active sentence and the **subject** of a passive sentence.

1 Formation of the passive

English uses the verb 'to be' + the past participle of the verb denoting the action. German uses the verb *werden* + the **past participle.** In order to arrive at the correct German form, you must:

* **decide** on the **tense** needed with reference to the tense of the English verb 'to be';
* use the **tense** you have decided on of the **German verb *werden***, remembering normal rules of endings, word order etc;

- use the **past participle** of the **required verb**, placed at the **end**.

Following this procedure, you find that the German tense forms of the passive are:

present	Er	**wird**	**gebissen**.	
imperfect	Er	**wurde**	**gebissen**.	
perfect	Er	**ist**	**gebissen**	**worden**.
pluperfect	Er	**war**	**gebissen**	**worden**.
pluperf. subj.	Er	**wäre**	**gebissen**	**worden**.
(cond. perf.)				
future	Er	**wird**	**gebissen**	**werden**.
conditional	Er	**würde**	**gebissen**	**werden**.

It is possible to find modal verbs used in passive sentences, e.g.:

present	Er	**kann**	**gebissen**	**werden**.	
imperfect	Er	**konnte**	**gebissen**	**werden**.	
perfect	Er	**hat**	**gebissen**	**werden**	**können**.
pluperfect	Er	**hatte**	**gebissen**	**werden**	**können**.
pluperf. subj.	Er	**hätte**	**gebissen**	**werden**	**können**.
(cond. perf.)					
future	Er	**wird**	**gebissen**	**werden**	**können**.
conditional	Er	**würde**	**gebissen**	**werden**	**können**.

NOTE

That the past participle of *werden* in a passive sentence is *worden*, without *ge-*.

2 To translate 'by':

You can sometimes use more than one possibility to translate '**by**', but the main distinctions are:

a '*by*' designates **the person** carrying out the action:

von   Er wurde von seiner Mutter geweckt.

b '*by*' really means '**as a result of/by means of**':

durch Er wurde durch den Regen geweckt.

c '*by*' designates **an object or instrument used**:

mit   Die Rechnung wurde mit einem Scheck bezahlt.

3 To avoid confusion with verbs which take accusative and dative (i.e. objects and receivers)

Typical English: 'They were given a present'. **This is grammatically impossible in German**. You must start from the active version and logically work out the correct grammar. 'The parents gave them a present'.

Identify the **object** and the **receiver** first: object 'present', receiver 'them'. **The receiver always remains a receiver**, i.e. in the **dative** case; the **object** of the active sentence is the part which becomes the **subject in the passive** sentence:

Their parents gave them a present.
→ *A present was given **to them** by their parents.*

Die Eltern gaben **ihnen** ein Geschenk.
→ Ein Geschenk wurde **ihnen** von den Eltern gegeben.

It is possible to use a form of word order which is similar to English, but **the receiver remains the receiver**:

Ihnen wurde ein Geschenk von ihren Eltern gegeben.

4 Alternatives to passive sentences

a When no person or thing is included to designate who carried out the action, a sentence using ***man*** can be used, e.g.:

Man hatte das Auto nicht repariert.
The car had not been repaired.

b The verb ***sich lassen*** + **infinitive** can be used in the sense of 'to let oneself be …ed', 'can be …ed', e.g.:

Das **lässt sich** leicht erraten.
That can easily be guessed.

c The construction using the verb ***sein*** + ***zu*** + **infinitive** can have three slightly different interpretations: 'is to be done; can be done; must be done.'

Der Aufsatz **ist** bis Freitag **zu schreiben**.
The essay is to be written / must be written by Friday.

Der Fremde **war** an seinem Akzent **zu erkennen**.
The stranger could be recognised by his accent.

5 The statal passive

The passive described above refers to actions taking place. If you wish to describe a **situation**, not an action, you use the verb ***sein*** with the **past participle**, which is now used more like an adjective. Compare the following:

Real passive:
Das Fenster **wurde** von dem Einbrecher zerbrochen.
The window was broken by the burglar.

Statal passive:
Als ich ankam, **war** das Fenster zerbrochen.
When I arrived, the window was broken.

6 Passive sentences with no subject

a where the **verb takes a dative object or preposition**, rather than an accusative object:

Er riet **mir**, es zu kaufen. →
Mir wurde geraten, es zu kaufen.

Sie antwortete **ihm** nicht. →
Ihm wurde nicht geantwortet.

Wir denken daran. →
Daran wird gedacht.

b where there is **no indication of who or what the action of the verb is being done to**. This can even be used with verbs that do not take an object.

Neben uns ist eine Baustelle. Auch nachts wird gearbeitet.
Next to us is a building site. There is work going on even at night.

c In both types *es* **can be used as a dummy subject** unless the sentence begins with another phrase:

Es wurde mir geraten, es zu kaufen.
Es wird daran gedacht.
Es wurde den ganzen Abend gelacht, getanzt, gesungen und getrunken.
There was laughing, dancing, singing and drinking all evening.

L Modal auxiliary verbs

The tense forms of these verbs have been covered earlier, in **G** and **H**. Modal verbs often have a basic meaning with some extended or idiomatic meanings.

1 *können*

- = can, be able to

  Ich kann den Koffer nicht tragen.
  I can't carry the suitcase.

- = know how to

  Ich kann schon Auto fahren.
  I can already drive a car.

- expresses possibility

  Es kann sein, dass er es vergessen hat.
  It may be that he's forgotten.

- imperfect = could/was able to

  Wir konnten es nicht finden.
  We couldn't / were unable to find it.

- imperfect subjunctive = could/would be able to

  Aber dann könnten wir nicht mitfahren.
  But then we couldn't / would not be able to go along.

- pluperfect subjunctive = could/might have done (but never did)

  Sie hätte anrufen können.
  She could have phoned!
  (said indignantly when she didn't)

- conditional with perfect infinitive = could/might have done (a possible action in the past)

  Sie könnte angerufen haben, als wir in der Stadt waren.
  She could have phoned when we were in town.
  (possible explanation for not getting a call)

2 *dürfen*

- = be allowed to

  Du darfst Auto fahren, wenn du 17 bist.
  You can / are allowed to drive, when you are 17.

- with negative = mustn't

  Das darf man nicht vergessen.
  One must not forget that.

- imperfect subjunctive = acknowledgement of a possibility

  Das dürfte wohl stimmen.
  That might well be correct.

3 *müssen*

- must, have to, have got to

  Wir müssen die Arbeit machen.
  We've got to do the work.

- with negative = don't have to, don't need to

  Du musst nicht morgen kommen. Komm, wann du willst.
  You don't have to come tomorrow. Come when you want.

- with perfect infinitive expresses what must have happened

  Er ist nicht hier. Er muss schon abgefahren sein.
  He's not here. He must have set off already.

4 *sollen*

- be supposed to, be required to

  Du sollst in der Schule sein.
  You're supposed to be in school.

  Wir sollen die Arbeit bis Freitag fertig haben.
  We are (required) to have the work finished by Friday.

- be expected, be due to

  Der Zug soll um 15.25 Uhr ankommen.
  The train is due to arrive at 15.25.

- be generally regarded as

  Hans soll viel klüger sein als Peter.
  Hans is said/thought to be much more clever than Peter.

- gives an implied or reported instruction

  „Was hat er gesagt?" „Du sollst ihm einen Kuli kaufen."
  'What did he say?' 'He said to buy him a pen.'

- question in present tense queries need for action

  Es ist so heiß. Soll ich ein Fenster aufmachen?
  It's so hot. Shall I open a window?

- imperfect subjunctive = ought to do, should do

  Du solltest nicht so viel Schokolade essen.
  You shouldn't eat so much chocolate.

- pluperfect subjunctive = should have done / ought to have done

  Wir hätten gestern anrufen sollen.
  We should have rung yesterday.

5 *wollen*

- want to

  Ich will ins Kino gehen.
  I want to go to the cinema.

- with perfect infinitive expresses a claim that something has been done

  Sie will ihn gestern gesehen haben.
  She says she saw him yesterday.

6 *mögen*

- to like (mostly used without an infinitive)

  Ich mag ihn nicht sehr.
  I don't like him much.

- imperfect subjunctive = polite request/wish

  Ich möchte ein Kilo Äpfel kaufen.
  I would like to buy a kilo of apples.

- in formal language indicates possibility

  Das mag wohl sein.
  That may well be.

7 *lassen* used as a modal verb

- to let something happen

  Er lässt mich oft seinen Wagen fahren.
  He often lets me drive his car.

- to cause something to happen

  Mein Onkel ließ ein neues Haus bauen.
  My uncle had a new house built.

- to make someone do something

  Mein Chef lässt mich immer um 11 Uhr Kaffee kochen.
  My boss always makes me / gets me to make coffee at 11.

- reflexive = possibility of being done

  Der Täter ließ sich nicht finden.
  The culprit was not to be / could not be found.

M The use of the infinitive

In all normal sentence types, the infinitive is placed at the **end** of the **clause**.

1 Infinitives without *zu*

The plain infinitive without *zu* is used in conjunction with:

- modal verbs:

  Ich kann nicht in die Stadt fahren.
  Ich wollte eine Kassette kaufen.

- *lassen* (to have something done):

  Er ließ ein neues Haus bauen.

- *sehen* and *hören*:

  Ich sah/hörte ihn kommen.

- *gehen* and *fahren*:

  Wir fahren jetzt einkaufen.
  Wann gehen wir schwimmen?

NOTE

All of these uses are one clause only.

2 Infinitives with *zu*

Apart from the use above, infinitives must be preceded by the word **zu**, which mirrors the use of 'to' in English.

a There are many **verbs and expressions** which introduce a following clause which has *zu* + infinitive at the end:

Wir haben beschlossen, mit der Bahn **zu fahren**.
We have decided to go by rail.

Man versucht immer, sein Bestes **zu tun**.
One always tries to do one's best.

Ich finde es praktischer, mit dem eigenen Auto **zu fahren**.
I find it more practical to go in one's own car.

If the *zu* + infinitive is the only extension to the first clause, it is placed at the end, but not treated as a separate clause:

Es wäre besser zu warten.
Ich habe viel Arbeit zu tun.

b In the following three constructions ***um/ohne/ (an)statt*** are the first word in the clause, with *zu* + infinitive at the end:

um ... zu	*in order to*
ohne ... zu	*without ... ing*
(an)statt ... zu	*instead of ... ing*

Du musst laufen, um den Bus nicht zu verpassen.
You must run (in order) not to miss the bus.

Er ist abgefahren, ohne auf mich zu warten.
He left without waiting for me.

Er spielte, (an)statt zu arbeiten.
He was playing instead of working.

3 Infinitives used as nouns

The infinitive of any verb can be turned into a **neuter** noun simply by giving it a **capital letter**. They usually have an English equivalent ending in '-ing'.

Rauchen kann schädlich sein.
Smoking can be harmful.

Durch **Drücken** auf den Knopf schaltet man es an.
By pressing the button you turn it on.

Beim **Autofahren** muss man gut aufpassen.
While driving a car one must pay careful attention.

Hast du etwas zum **Schreiben**?
Have you got anything to write with?
(= *for the purpose of writing*)

N Negatives

1 *Nicht*

The word *nicht* is usually used to express 'not'.

Ich gehe nicht.	*I'm not going.*
Er ist nicht jung.	*He is not young.*
Sie raucht nicht.	*She doesn't smoke.*

2 *Kein*

The word *kein(e)* is used with nouns to express the idea 'no', 'not a', 'not any', and has the same endings as *ein(e)*.

Das ist kein Hund. Das ist ein Fuchs!
That's not a dog. That's a fox!

Ich habe keinen Bruder, aber ich habe eine Schwester.
I haven't got a brother but I've got a sister.

The word *kein* is a special short form of ***nicht ein***, a combination which in modern German is normally **not** used. When it is used, it means 'not one', and *ein* is then emphasised.

Ich habe nicht **einen** Bruder, ich habe zwei!
I haven't got one brother, I've got two!

3 *Nichts*

The word *nichts* means 'nothing', 'not anything'.

Ich habe heute nichts gekauft.
I haven't bought anything today.

Ich habe nichts dagegen.
I have nothing against that.

4 *Niemand*

The word *niemand* means 'no-one', 'not anyone', 'nobody'. See **D5b** for its case endings. The pronoun form of *kein (keiner, keine, kein(e)s, keine)* is also used with the same meaning. Where no clear gender is indicated, the masculine forms are used.

Niemand kann es besser machen.
No-one can do it better.

Keiner wusste, wo er war.
Nobody knew where he was.

5 *Nie*

The word *nie* means 'never', 'not ever'.

Das habe ich nie vorher gesehen.
I've never seen that before.

6 *Nirgendwo*

The word *nirgendwo* means 'nowhere', 'not anywhere'. An alternative form is *nirgends*.

Ich kann nirgendwo eine Parklücke finden.
I can't find a parking space anywhere.

O Questions

1 Questions requiring a *ja/nein* answer

To form these questions, simply put the verb at the beginning of the sentence.

Spielst du Tennis?	*Do you play tennis?*
Hast du ihn gesehen?	*Have you seen him?*

2 Questions requiring more information

Use the following question words at the beginning of the sentence, followed by the verb:

wann	*when*
warum	*why*
was	*what*
was für + *noun*	*what kind of + noun*
welcher/e/es *(+ noun)*	*which (+ noun)*
wer	*who*
wie	*how*
wie lange	*how long (time)*
wie viel	*how much*
wie viele	*how many*
wo	*where (static)*
wohin	*where to (motion)*
woher	*where from*
womit	*with what*

Wann beginnt der Film?
When does the film begin?

Wer hat den Film schon gesehen?
Who has seen the film already?

3 Indirect/reported questions

When reporting an actual question to another person or using this in a narrative, all question words send the verb to the end (like subordinating conjunctions). **Reported *ja/nein*** response types start with **ob** (whether/if).

Er fragt, **ob** du Tennis **spielst**.
(*direct*: „Spielst du Tennis?")

Sie will wissen, **wer** den Film schon gesehen **hat**.
(*direct*: „Wer hat den Film schon gesehen?")

P Conjunctions

Conjunctions are words like 'because', 'if', 'although' etc. in English, which join two clauses together to make longer sentences. There are two distinct groups of conjunctions in German, which are differentiated by their effect on word order.

1 Conjunctions which do not change the word order (co-ordinating conjunctions):

und	*and*
oder	*or*
aber	*but*
denn	*for (= because)*
sondern	*but (on the contrary)*

Es schneit, aber es ist schön.
It's snowing, but the weather is nice.

Er kaufte es nicht, denn er hatte kein Geld.
He didn't buy it for/because he had no money.

Ich fahre nicht mit dem Bus, sondern ich gehe zu Fuß.
I'm not going by bus but instead I'm walking.

2 Conjunctions which send the verb from position 2 to the end (subordinating conjunctions):

als	*when*
als ob	*as if*
bevor	*before*
bis	*until*
da	*as, since*
damit	*so that, in order that*
dass	*that*
ehe	*before*
falls	*in case*
indem	*by ...ing, while ...ing*
je ... desto	*the more ... the more*
	(see example for full word order)
nachdem	*after*
ob	*whether*
obwohl	*although*
obschon	*although*
obgleich	*although*
seitdem, seit	*since*
so dass	*with the result that*
sobald	*as soon as*
solange	*as long as*
während	*while; whereas*
weil	*because*
wenn	*when/if*

Er sagt, **dass** er krank **ist**.
He says that he is ill.

Man vermeidet Magenprobleme, **indem** man wenig Fett **isst**.
One avoids stomach problems by eating little fat.

Je schneller man ein Auto **fährt, desto mehr** Benzin verbraucht man.
The faster you drive a car, the more petrol you use.

If you start a sentence with one of these conjunctions the following clause starts with the verb first and then the subject second. This leads to the situation of **verb comma verb** in the middle of the sentence.

Wenn es morgen **regnet, fahre** ich mit dem Bus zur Schule.
If it rains tomorrow I'll go to school by bus.

3 Wann, wenn, als

These three words all mean '**when**' but are used in different ways.

a *Wann* is a question word. Note its use in indirect/reported questions.

Wann fährt der Zug ab?
When does the rain leave?

Ich weiß nicht, wann der Zug abfährt.
I don't know when the train leaves.

b *Als* can only be used when two conditions are met:

- it refers to the **past**.
- it refers to **one** action/event only.

Als ich nach Hause kam, fand ich ein Paket vor der Haustür.
When I came home, I found a parcel by the front door.

c *Wenn* is used in all other situations. It means 'whenever' (i.e. repeated actions) in the past.

Wenn sie durch die Tür kommt, sagen wir alle „herzlichen Glückwunsch".
When she comes through the door, we'll all say 'happy birthday'.

Wenn meine Mutter nach der Arbeit nach Hause kam, war sie immer müde.
When my mother came home from work, she was always tired.

Q Word order

There are various rules governing the order of words in a sentence in German, mostly relating to the position of verbs or parts of verbs in the clause. A clause is a combination of (usually) a subject and a verb, frequently with additional words. A sentence may consist of one clause or several clauses. Compare the following sentences:

My parents *frequently* **go** *to the theatre.*

This is a one-clause sentence with one subject + one verb.

[**My parents go** to the theatre] [when **there is** a good play] [that **they have** not **seen** before].

This sentence contains three clauses (indicated by square brackets), each with its own subject and verb.

This applies in exactly the same way to German, except that German also has **infinitive clauses** and *um ... zu/ ohne ... zu/ anstatt ... zu* **clauses** which have no subject. German punctuation helps to distinguish clauses because each new clause is normally preceded by a comma.

Meine Eltern gehen ins Theater, um ein Theaterstück zu sehen, das sie noch nicht gesehen haben.

1 Verb second

The verb is usually the second technical part in a clause. Sometimes it is the actual second word, but not always. Standard word order has the subject placed first, the verb second. It is possible to put a different part of the clause first, e.g. an adverb of time. When this happens, the subject is moved to be immediately after the verb.

position 1	verb 2nd	
Der Mann	**fährt**	immer mit dem Bus.
Morgen	**gehen**	wir ins Theater.
Nach der Schule	**spielen**	wir Fußball.

2 Infinitives

Verbs in the infinitive form are placed at the end of the clause.

position 1	verb 2nd		end
Der Mann	**will**	immer mit dem Bus	**fahren.**
Wir	**werden**	um 9 Uhr	**kommen.**
Nach der Schule	**dürfen**	wir Fußball	**spielen.**

3 Past participles

Past participles are placed at the end:

position 1	verb 2nd		end
Wir	**sind**	um 9 Uhr	**gekommen.**
Nach der letzten Stunde	**haben**	wir Fußball	**gespielt.**

4 Separable verbs

Separable prefixes are placed at the end of the clause:

position 1	verb 2nd		end
Der Mann	**fährt**	mit seinem Rad	**ab.**
Morgen	**gehen**	wir alle	**aus.**

When the infinitive form of separable verbs is placed at the end, it is written as one word:

position 1	verb 2nd		end
Wir	**werden**	um 9 Uhr	**ankommen.**
Morgen	**wollen**	wir alle	**ausgehen.**

When the past participle of separable verbs is placed at the end, it is written as one word:

position 1	verb 2nd		end
Wir	**sind**	um 9 Uhr	**angekommen.**
Die neue Adresse	**habe**	ich schon	**aufgeschrieben.**

5 Modal verbs in the perfect tense

The past participle (infinitive form) of modal verbs is placed at the end, after the infinitive it goes with.

position 1	verb 2nd		end
Der Mann	**hat**	auf seinem Rad	**abfahren müssen.**
Wir	**hatten**	um 9 Uhr	**kommen wollen.**

6 Verb at end

The verb is sent from the second position to the end if the clause begins with:

- a subordinating conjunction (**P2**)
- a relative pronoun (**D2**)
- a question word in reported questions (**O3**)

Clauses beginning with any of these are known as subordinate clauses.

When checking word order in a clause, always check for the above rules first, then move the verb from position two to the end.

weil	der Mann	in die Stadt	**fährt**
weil	der Mann	in die Stadt	fahren **musste**
weil	der Mann	in die Stadt	gefahren **ist**
der Mann,	**der**	in die Stadt	**fährt**
Er fragt, **wann**	der Mann	in die Stadt	fahren **will**

7 Clauses ending in zu + infinitive

In these clauses, there is no subject and obviously no verb in the second position. The **verb** that, in a sense, would have been second is put at the **end with *zu***, but the rest of the clause remains in the standard word order.

Der Mann beschloss, morgen mit dem Bus in die Stadt **zu fahren.**
…, um dem Mann das Geld **zu geben.**
…, ohne den Mann überhaupt **gesehen zu haben.**

Note the position of *zu* with **separable verbs**:

Der Mann beschloss, morgen um 7 Uhr mit dem Zug ab**zu**fahren.
…, ohne mich in dem Moment an**zu**sehen.

When a modal verb appears in one of these clauses, the **modal verb** is **preceded by *zu***, but the **other infinitive is not** since it links to the modal verb without *zu*.

…, um das Foto besser **sehen zu können.**
…, ohne wirklich die Arbeit **machen zu wollen.**

8 Complex sentences

If a subordinate clause (see **6**) starts the sentence, the following clause begins with the verb and the subject is second.

Wenn mein Vater in die Stadt fährt, **nimmt er** immer den Bus.
Obwohl es stark regnete, **spielten sie** weiter Fußball.

9 Direct and indirect objects (receivers)

Noun direct object follows indirect object.

Wir geben dem Mann **das Geld.**
Wir geben ihm **das Geld.**

Pronoun direct object precedes indirect object.

Wir geben **es** dem Mann.
Wir geben **es** ihm.

10 Time – Manner – Place

Adverbs and adverbial phrases of these three types must be positioned in this order within a clause.

	time	manner	place
Er fährt	morgen	mit dem Bus	in die Stadt.
Wir fahren	für zwei Wochen	mit Freunden	nach Mallorca.
Ich bringe dich	heute Nachmittag	mit dem Auto	zum Arzt.

It is possible to put one of these adverbs at the beginning of the clause, but as in rule 1 the verb must be second.

position 1	verb 2nd	
Morgen	fährt	er mit dem Bus in die Stadt.
Mit Freunden	fahren	wir für zwei Wochen nach Mallorca.

R Table of strong/irregular verbs

This verb table shows the most common strong/irregular verbs. Compound verbs are not shown. For example *abfahren* is not shown, but *fahren* is. Verbs which take *sein* as the auxiliary in the perfect/pluperfect tense have *ist* printed with the past participle.

infinitive	er/sie/es/man present	er/sie/es/man imperfect	past participle	meaning
backen	bäckt	backte	gebacken	*to bake*
befehlen	befiehlt	befahl	befohlen	*to order, command*
beginnen	beginnt	begann	begonnen	*to begin*
beißen	beißt	biss	gebissen	*to bite*
bergen	birgt	barg	geborgen	*to rescue, recover*
bersten	birst	barst	ist geborsten	*to burst (no object)*
betrügen	betrügt	betrog	betrogen	*to deceive*
bieten	bietet	bot	geboten	*to offer*
binden	bindet	band	gebunden	*to tie, bind*
bitten	bittet	bat	gebeten	*to ask, request*
blasen	bläst	blies	geblasen	*to blow*
bleiben	bleibt	blieb	ist geblieben	*to stay, remain*
braten	brät	briet	gebraten	*to roast, fry*
brechen	bricht	brach	gebrochen	*to break (with object)*
brechen	bricht	brach	ist gebrochen	*to break (without object)*
brennen	brennt	brannte	gebrannt	*to burn (no object)*
bringen	bringt	brachte	gebracht	*to bring*
denken	denkt	dachte	gedacht	*to think*
dringen	dringt	drang	gedrungen	*to press, urge*
dürfen	darf	durfte	gedurft/dürfen	*to be allowed to*
empfehlen	empfiehlt	empfahl	empfohlen	*to recommend*
entscheiden	entscheidet	entschied	entschieden	*to decide*
essen	isst	aß	gegessen	*to eat*
fahren	fährt	fuhr	ist gefahren	*to travel, go by transport, drive (without object)*
fahren	fährt	fuhr	gefahren	*to drive (with object)*
fallen	fällt	fiel	ist gefallen	*to fall*
fangen	fängt	fing	gefangen	*to catch*
finden	findet	fand	gefunden	*to find*
fliegen	fliegt	flog	ist geflogen	*to fly (without object)*
fliegen	fliegt	flog	geflogen	*to fly (with object)*
fliehen	flieht	floh	ist geflohen	*to flee*
fließen	fließt	floss	ist geflossen	*to flow*
fressen	frisst	fraß	gefressen	*to eat (used with animals only)*
frieren	friert	fror	gefroren	*to freeze, be cold*
frieren	friert	fror	ist gefroren	*to freeze solid (change from liquid)*
geben	gibt	gab	gegeben	*to give*
gehen	geht	ging	ist gegangen	*to go (on foot), walk*
gelingen	gelingt	gelang	ist gelungen	*to be successful*
gelten	gilt	galt	gegolten	*to be valid, worth; (+ für/als) be considered as*

infinitive	er/sie/es/man present	er/sie/es/man imperfect	past participle	meaning
genießen	genießt	genoss	genossen	*to enjoy*
geschehen	geschieht	geschah	ist geschehen	*to happen*
gewinnen	gewinnt	gewann	gewonnen	*to win, gain*
gießen	gießt	goss	gegossen	*to pour; to water (plants)*
gleichen	gleicht	glich	geglichen	*to resemble*
graben	gräbt	grub	gegraben	*to dig*
greifen	greift	griff	gegriffen	*to grasp, grab*
haben	hat	hatte	gehabt	*to have*
halten	hält	hielt	gehalten	*to hold; to stop*
hängen	hängt	hing	gehangen	*to hang (no object)*
heben	hebt	hob	gehoben	*to raise, lift*
heißen	heißt	hieß	geheißen	*to be called*
helfen	hilft	half	geholfen	*to help*
kennen	kennt	kannte	gekannt	*to know, be acquainted with*
klingen	klingt	klang	geklungen	*to sound*
kommen	kommt	kam	ist gekommen	*to come*
können	kann	konnte	gekonnt/können	*to be able to, can*
kriechen	kriecht	kroch	ist gekrochen	*to creep, crawl*
laden	lädt	lud	geladen	*to load*
lassen	lässt	ließ	gelassen	*to let; to leave*
laufen	läuft	lief	ist gelaufen	*to run; (coll.) to go on foot*
leiden	leidet	litt	gelitten	*to suffer*
leihen	leiht	lieh	geliehen	*to lend*
lesen	liest	las	gelesen	*to read*
liegen	liegt	lag	gelegen	*to lie*
lügen	lügt	log	gelogen	*to tell lies*
messen	misst	maß	gemessen	*to measure*
mögen	mag	mochte	gemocht	*to like*
müssen	muss	musste	gemusst/müssen	*to have to, must*
nehmen	nimmt	nahm	genommen	*to take*
nennen	nennt	nannte	genannt	*to call, name*
pfeifen	pfeift	pfiff	gepfiffen	*to whistle*
preisen	preist	pries	gepriesen	*to praise*
raten	rät	riet	geraten	*to advise; to guess*
reißen	reißt	riss	gerissen	*to rip, tear*
reiten	reitet	ritt	ist geritten	*to ride (e.g. horse)*
riechen	riecht	roch	gerochen	*to smell*
rufen	ruft	rief	gerufen	*to call, shout*
schaffen	schafft	schuf	geschaffen	*to create*
scheinen	scheint	schien	geschienen	*to shine; to seem*
schieben	schiebt	schob	geschoben	*to push*
schießen	schießt	schoss	geschossen	*to shoot*
schlafen	schläft	schlief	geschlafen	*to sleep*
schlagen	schlägt	schlug	geschlagen	*to hit*
schließen	schließt	schloss	geschlossen	*to close, shut*
schmeißen	schmeißt	schmiss	geschmissen	*to throw, fling*
schneiden	schneidet	schnitt	geschnitten	*to cut*
schreiben	schreibt	schrieb	geschrieben	*to write*
schreien	schreit	schrie	geschrie(e)n	*to shout, yell*

infinitive	er/sie/es/man present	er/sie/es/man imperfect	past participle	meaning
schreiten	schreitet	schritt	ist geschritten	*to step, stride*
schweigen	schweigt	schwieg	geschwiegen	*to be(come) silent*
schwimmen	schwimmt	schwamm	ist geschwommen	*to swim*
sehen	sieht	sah	gesehen	*to see*
sein	ist	war	ist gewesen	*to be*
senden	sendet	sandte	gesandt	*to send (NB = to transmit is weak)*
singen	singt	sang	gesungen	*to sing*
sinken	sinkt	sank	ist gesunken	*to sink (no object)*
sitzen	sitzt	saß	gesessen	*to sit (be seated)*
sollen	soll	sollte	gesollt/sollen	*to be supposed to*
sprechen	spricht	sprach	gesprochen	*to speak*
springen	springt	sprang	ist gesprungen	*to jump*
stechen	sticht	stach	gestochen	*to stab; to bite/sting (of insects)*
stehen	steht	stand	gestanden	*to stand*
stehlen	stiehlt	stahl	gestohlen	*to steal*
steigen	steigt	stieg	ist gestiegen	*to rise, climb*
sterben	stirbt	starb	ist gestorben	*to die*
stoßen	stößt	stieß	gestoßen	*to push, bash, bump*
stoßen	stößt	stieß	ist gestoßen	*to bump into, collide etc*
streichen	streicht	strich	gestrichen	*to stroke; to paint*
streiten	streitet	stritt	gestritten	*to argue*
tragen	trägt	trug	getragen	*to carry; to wear*
treffen	trifft	traf	getroffen	*to meet; to hit (target)*
treiben	treibt	trieb	getrieben	*to do (sport); to drive (mechanism)*
treiben	treibt	trieb	ist getrieben	*to float (on water)*
treten	tritt	trat	ist getreten	*to step, stride*
treten	tritt	trat	getreten	*to kick*
trinken	trinkt	trank	getrunken	*to drink*
tun	tut	tat	getan	*to do*
verderben	verdirbt	verdarb	verdorben	*to spoil (with object)*
verderben	verdirbt	verdarb	ist verdorben	*to spoil (without object), go bad etc.*
vergessen	vergisst	vergaß	vergessen	*to forget*
verlieren	verliert	verlor	verloren	*to lose*
vermeiden	vermeidet	vermied	vermieden	*to avoid*
verschwinden	verschwindet	verschwand	ist verschwunden	*to disappear*
wachsen	wächst	wuchs	ist gewachsen	*to grow (without object)*
waschen	wäscht	wusch	gewaschen	*to wash*
weichen	weicht	wich	ist gewichen	*to retreat, avoid*
weisen	weist	wies	gewiesen	*to show, point*
wenden	wendet	wandte	gewandt	*to turn*
werben	wirbt	warb	geworben	*to advertise*
werden	wird	wurde	ist geworden	*to become*
werfen	wirft	warf	geworfen	*to throw*
wiegen	wiegt	wog	gewogen	*to weigh*
wissen	weiß	wusste	gewusst	*to know (facts)*
ziehen	zieht	zog	gezogen	*to pull*
ziehen	zieht	zog	ist gezogen	*to move*
zwingen	zwingt	zwang	gezwungen	*to compel*

Acknowledgements

The authors and publishers would like to thank Elliott School, The Goethe Institut in London, Frédérique Jouhandin, Heinz Kessler, Katie Lewis, Anneli McLachlan, Anke Niemann, Mr Ronnewinkel, Béatrix Roudet, Janet Tomkinson, Mike Waterfield, Kevin White and the students of the Ville-Gymnasium in Erfstadt, Germany.

The authors and publishers would like to thank the following for use of copyright material:

Photographs
AKG London p.108 (1); Allsport p.50; Associated Press CONTIPRESS pp. 219, 221; Lorenz Baader p.96; Baby Think It Over Inc. p.177; Steve Benbow pp. 12, 16, 18, 24, 27, 31 (top and bottom), 33, 36 (left), 57, 69, 70, 78, 86, 87, 103, 114, 143 (Helga, Susanne), 144, 172, 193 (1, 4), 197, 208 (middle); Peter Bialobrzeski/laif p.42; Peter Bischoff Press Agentur p.202; Armin Brosche/BUNTE p.67; Camera Press pp. 20, 98, 107, 108 (2, 3, 4), 129 (Dürrenmatt, Böll), 139 (top and bottom left), 217, 220; J. Allan Cash Ltd. pp. 11, 31 (middle), 36 (right), 62, 112; Trevor Clifford p.86; Collections/Brian Shuel p.184; FLPA/R. Tidman p.139 (Bottom right); Geld Idee p.175; Sally & Richard Greenhill p.58; Yevegnny Khaldei/ Camera Press p.108 (5); Lyrics Studio p.176; Mary Evans Picture Library pp. 128 (Goethe, Grimm brothers), 129 (Kafka, Brecht, Grass); Photodisc p.66; Redferns p.77; Chris Honeywell pp. 120, 143 (Detlef, Ralf, Jürgen), 193 (2, 3, 5), 208 (left and right); T.Hönig/Picture Press p.170; Schade p.65; Adam Shimali p.46; Andrea Spitzer p.48; Natalie Stewart p.115; Topham Picture Point pp. 142, 214; World Future Society p.168; ZDF Germany p.95.

Printed material
Auer Verlag GmbH pp. 215, 219 and 220; Bayerischer Schulbuch Verlag GmbH Nationalsozialismus pp. 214 and 215; Elke Biesel p.152; Bild 4.5.98 p.96; Brigitte Nr. 8/97 p.114, Nr. 6/96 p.160; Brigitte/Young Miss Nr. 2/96 pp. 118 and 119; Bundespresseagentur Spezial Nr. 4552 p.112; Bundeszentrale für politische Bildung, Grundgesetz für Einsteiger pp. 105, 110 and 111; Menschen auf der Flucht pp. 108 and 109, Zeitlupe Nr. 31 pp. 26, 44, 45, 92, 93, 99 and 101; Bunte Nr. 52/96 p.67, Nr. 27/96 p.76, Nr. 18/96 p.83; Daimler-Benz AG p.185; Deutsche Presseagentur Hamburg GmbH p.78; Copyright © 1985 by Diogenes Verlag AG Zürich, aus: Friedrich Dürrenmatt Die Physiker p.138; Wolfgang Ebert Im Namen des Volkes p.113; Jens Flottau Fliegende, interaktive Kommunikationszentren p.66; FMV Verlag GmbH, Forsthaus Falkenau FMV Special, pp. 94 and 95; Focus Nr. 3/97 p.110, Nr. 37/98 p.174; Frankfurter Allgemeine Zeitung 4.5.98 p.96; Frankfurter Rundschau 4.4.98 p.162; Gabriele Wohmann Habgier p.71; Geldidee Nr. 14/98 p.178; Girl Nr. 1/98 p.68; Greenpeace e.V. p.168; Hans-Georg Noack Rolltreppe abwärts p.180; Informationskreis Kernenergie, Kernenergie klar und verständlich p.151; Joy 2/99 p.125; Junge Zeit Nr. 1/94 p.208; © 1994 by Verlag Kiepenheuer & Witsch Köln, aus: Heinrich Böll, Erzählungen p.136; Brigitte Kramer/jetzt: Das Jugendmagazin der Süddeutschen Zeitung p.184, Christian Wedel/jetzt: Das Jugendmagazin der Süddeutschen Zeitung p.142; Lift Nr. 3/99 p.166; Mädchen Nr. 5/91 pp. 85 and 190; Novell GmbH p.179; Petra 7/98 pp. 198 and 200; P.M. Nr. 3/98 p.170; Public Nr. 58 p.61; Quelle & Meyer Verlag GmbH 1981 Angeturnt: Jugendliche über die Disco, Werner Mezger, Horst Neißer und Günter Verdin p.222; Ôran Nr. 8/98, Überall aktiv, Rainer Heubeck, p.218; Rotbuch Verlag/Europäische Verlagsanstalt Profane Culture Paul Willis, p.222; Rowohlt Taschenbuch Verlag GmbH, Reinbek 1974 Jugendlexikon Politik (Auszüge), Elisabeth Bartsch and Hilde Kammer p.210; Eberhard Schade Schlaflos nach Sankt Petersburg p.64; Der Spiegel Nr.27/96 p.148, Nr. 21/96 p.146, Nr. 3/98 p.186; Steidl Verlag, Göttingen 1997, Günter Grass, Gedichte und Kurzprosa, Werkausgabe Bd. 1 p.139; Der Stern Nr. 51/97 p.219, Stern-Buch Christiane F. Wir Kinder vom Bahnhof Zoo p.152; Leonore Richter-Stiehl, Damals war es Friedrich, Hans Peter Richter p.216; Süddeutsche Zeitung 13.1.98 p.188, 4./5.4.98 pp. 164 and 202; Velber Verlags GmbH p.172; Volkswagen Clubmagazin Nr.1/95 p.81; Die Welt 4.4.1998, Britisches TV legt deutsche Urlauber herein, Peter Michalski pp. 63 and 82; Die Woche Nr. 27/98 Der Profi-Pirat, Claudia Witte und David Schumacher p.194; quoted from Wochenschau Schwalbach/Ts. 1998 Nr. 1189 pp. 142, 144 and 152, Nr. 1494 p.161, Nr. 1693 p.158; X-MAG Nr. 1/95 p.154; Die Zeit 28.2.97 Vera Gaserow p.150, 2.4.98 Joachim Zepelin p.176, 7.8.92 Katja Marx p.180, 31.10.97 Erika Martens pp. 205 and 206, 6.11.92 p.113.

Listening material
Auer Verlag GmbH; Auswärtiges Amt Bonn 1995; Bild der Frau Nr. 34/95; Brigitte Nr. 1/98, Nr. 2/99, Nr. 20/95; Brigitte/Young Miss Nr. 3/98; Bundespresseagentur Spezial Nr. 4552; Bundeszentrale für politische Bildung, Menschen auf der Flucht p.109; Zeitlupe Nr. 31; Bunte Nr. 52/96, Nr. 18/96; EMI Electrola GmbH 1986 Kinder an die Macht by Herbert Grönemeyer p.163; Focus Nr. 15/97, 13/97; Geldidee Nr. 14/98; Greenpeace e.V.; Medienverlagsgesellschaft GmbH & Co. Joy Nr. 2/98; Schüler 97; 1993 by Moderato Musikproduktion GmbH/George Glück Musik GmbH Alles nur geklaut by Tobias Künzel; Textauszüge (mit freundlicher Genehmigung des Verlages) aus: Die Piefke-Saga, Komödie einer vergeblichen Zuneigung Drehbuch, Haymon-Verlag Innsbruck, 1991; Copyright © 1979 by Hoffmann und Campe Verlag, Hamburg; Raphael Honigstein; Ôran Nr. 11/97, Nr. 1/98, Nr. 8/98; Novell GmbH; Eberhard Schade Schlaflos nach Sankt Petersburg; Gabriele Scheinkofer; Stern Nr. 51/97, Nr. 3/98; Universal Polydor GmbH 1979 Zehn kleine Fixer by Georg Danzer, p.156, 1989 Vom Opfer zum Täter by Udo Lindenberg p.165; Volkswagen Clubmagazin Nr. 1/95; Die Woche Nr. 35/99 Medien mangelhaft, Wolfgang Macht; Wochenschau Schwalbach/Ts. 1998 Nr. 1189, Nr. 1494, Nr. 1693; Die Zeit 10.6.99.

YOU&YOUR DOG

DAVID TAYLOR B.V.M.S. F.R.C.V.S.

with PETER SCOTT M.R.C.V.S.

DORLING KINDERSLEY · LONDON

Project Editor	Caroline Ollard
Art Editor	Derek Coombes
Assistant Editor	Janice Lacock
Senior Art Editor	Peter Luff
Managing Editor	Alan Buckingham

First published in Great Britain in 1986 by
Dorling Kindersley Publishers Limited,
9 Henrietta Street, London WC2E 8PS.
First published in paperback in 1987 by
Dorling Kindersley Limited
Second impression 1989
Third impression 1990
Fourth impression 1996

British Library Cataloguing in Publication Data
Taylor, David, 1934 –
    You and your dog.
    1. Dogs
    I. Title
    636.7 083 SF427
    ISBN 0-86318-111-2 (hardback)
    ISBN 0-7513-0273-2 (paperback)

Printed and bound in Hong Kong by Wing King Tong

Contents

INTRODUCTION

We will never know for sure how it happened – the first coming
together of man and dog. The original domesticated dogs were
probably wolf-like scavengers, haunting the midden heaps round
the dwellings of early Man somewhere in the Middle East. Perhaps
Homo sapiens preyed on the animal for food, perhaps he took
puppies and brought them up as pets, quickly realizing their
potential as helpers in a wide range of human endeavours.
Whatever the origins of the unlikely partnership, the canid and the
Great Ape quickly struck up a relationship which, although
perhaps not having the history-forging significance of the
domestication of the horse, led to a symbiosis that was to have
enduring and significant effects on human society and culture.

Dogs aren't the most numerous of our pets, but they're arguably
the most important. Apart from its practical uses, from seeing-eye
to sheep herder to property guard, the dog has a positive,
therapeutic psychological effect on the human beings around it.
Stroking a dog lowers heart rate and blood pressure. The company
of a faithful canine friend is known to aid convalescence in the
sick. And, because of the dog's need for regular exercise, it helps
keep its master fit into the bargain.

Of course, there's the other side of the coin – dogs can be
dangerous and convey disease, and they do demand more care and
attention than some owners are willing to give. A cat or a
budgerigar is simpler to maintain. But I doubt whether anyone can

truly be complete, who has not at least at some time in his or her life kept – and been kept by – a dog. The dog comes in an amazing range of types and sizes. There is a breed for everyone, and the variety is far more exciting than in any other domestic animal.

This book, which isn't designed for the expert, but rather for the ordinary dog-owner, is an introduction to the world of the dog – what it is, how it functions and how to make the most of it. It is for the amateur, the enthusiast and the aficionado, and it contains the latest information and theories, flavoured with my own opinions after almost thirty years as a veterinarian working with canines, not just of the domestic variety but also of the more exotic species represented by the wild cousins of the dog – among them the wolf, the jackal, the dhole and the fox.

Dogs in art (above left)
Dogs have been portrayed in decorative and fine arts for centuries. This 19th century example shows a faithful group gathered around their mistress.

A love of water (above right)
Three Labradors playing on the beach.

The appeal of a puppy (right)
Puppies are amongst the most delightful of baby animals. Here a newborn Great Dane explores.

Stained glass showing huntsman and hounds. Chartres, 13th century.

The canine hunter

Both temperamentally and physically, dogs are built as carnivorous hunters and their predatory instinct is very strong. Dogs are courageous and persevere in the field, so early man relied on the hunting prowess of his dogs to provide him with food. Dogs have acted as hunting companions for their masters down the ages and still carry out this function today, working singly or in packs.

Depending on its breed, the well-trained hunting dog can spot its quarry in the distance or track it by scent, then indicate its position to its master, retrieve the game and bring it back in its mouth. This gift for retrieving means a dog will tirelessly play games of "fetch" for hours – if you're prepared to throw a stick or ball for it.

The best nose in the business

Dogs are endowed with a highly developed sense of smell, many times more efficient than our own. They make expert sniffers and trackers and, as well as locating hunting quarry, are used to sniff out criminals, drugs, explosives and even truffles. The most famous

The gamekeeper's dog (above)
A Labrador accompanies its master in the
Scottish Highlands, alert to each new scent
and movement around it.
The tireless sheepdog (right)
The Border Collie, bred to be the most
outstanding of working sheepdogs.

breed of tracker dog is the Bloodhound, but others are just as gifted
and widely used by the police and the army.

A fast runner

Several breeds are extremely fleet of foot, their fast running speed
enabling them to capture their prey while hunting. The best-known
of these is the sleek Greyhound which reaches incredible speeds of
over 40 mph. The sport of Greyhound racing is popular on both
sides of the Atlantic. Other "streamlined" breeds include the
Saluki, Whippet, Afghan and Borzoi. Running at full stretch, these
dogs display some of the marvels of canine "engineering".

The aquatic dog

Many breeds love water and are good swimmers – chief among
them the Golden Retriever, Labrador, spaniels, poodles and the
Newfoundland. Dogs seem to know how to swim inherently without
going through the agonies of learning. A walk beside a pond or
river or by the sea is irresistible to many dogs and if allowed,
they'll be splashing in the water at the first opportunity.

The canine worker

Over the centuries, man has learned to employ dogs in a rich variety of ways as guards, hunters, war-machines, seeing-eyes, rodent controllers, draught animals, footwarmers, providers of hair and meat and, most important of all, as good companions.

In many parts of the world, local necessity has created some interesting occupations. Carts pulled by dogs were used in Belgium, Holland, Germany and Switzerland until quite recently. Australian aborigines used dingoes for warmth on cold nights, sleeping with one clasped in their arms. Aborigine women, when not carrying young children, often "wore" a dog draped across their lower back as a kidney warmer. The Aztecs, apart from using dog hair to make cloth, fattened a non-barking, hairless dog for eating.

Dogs were once used to harvest the most magical of plants. The mandrake was the source of a coveted narcotic and aphrodisiac extract. Primitive peoples believed that the plant, whose split root often presents the two-legged appearance of a manikin, couldn't be pulled from the earth without producing fatal effects on the puller. So one end of a cord was attached to the root and the other was tied to a dog. The theory was that when the dog was chased away, out would come the mandrake root (often, it was said, with an awful shriek) and down would drop the poor dog.

Dogs of war

Mastiffs in light armour carrying lethal spikes and cauldrons of flaming sulphur and resin on their backs, were used in warfare by the Romans and in the Middle Ages, particularly against mounted knights. As a sad update of this, dogs were trained by the Russians in the last War to carry out suicide missions against German tanks. They would run between the tracks of the vehicles with mines strapped to their backs. The mine would explode as soon as a vertical antenna attached to it touched the metal tank.

Working dogs

As well as assisting man in his sport, dogs have always helped him in his work. A dog's alertness, interest, exuberance and stamina fits it for a busy "career". Some dogs are born to work and should be given the opportunity. A working sheepdog is a heartwarming sight, and one which you can see in action at Sheepdog Trials. Herding and droving dogs love their work and are used all over the world, working with cattle and sheep, often in remote areas. Their terrific strength and powers of endurance make dogs from snowy regions, such as Huskies, able to pull heavy loads on sledges.

Guide-dogs

There can be no friend more faithful than a guide-dog. These wonderful dogs — usually Labradors, Golden Retrievers or German Shepherds – are specially trained to act as "eyes" for blind people, and are complete professionals. A blind person relies so completely on his or her dog that the training must be rigorous and thorough. The reassurance and security a guide-dog gives makes this possibly the most important and worthwhile canine "job".

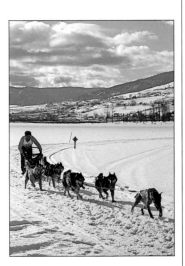

Turkish sheepdogs (above)
These sheepdogs are wearing spiked collars to protect them against wolves on the lonely grazing grounds.
Sledge race (above right)
Aside from their normal duties, teams of haulage dogs such as Huskies are organized to take part in special sledge races.
Household helper (right)
Apart from the "career" jobs, intelligent dogs can be trained to perform particular tasks at home.

Children and puppies (left)
Young people and dogs will
amuse each other for hours.
Two's company (above)
Many elderly people enjoy the
company of a dog.
An obedient pet (right)
Show younger family members
how to reinforce training.

The canine companion

In every age across the globe, it seems that folk have in one way or
another echoed the words of St Bernard (c. A.D. 1150) – "Who loves
me will love my dog also." Today, well over a hundred different
breeds are kept as pets in Britain and America. Although their
appearance varies enormously, all dogs are essentially built to the
same animal design, not far removed from their primitive ancestors.
They are highly adaptable creatures and the process of evolution
hasn't found it necessary to alter them much. Dogs can give great
enjoyment if treated with care and common sense.

The perfect protector

Protective instincts are naturally strong in a dog. The desire to
guard and keep safe extends to the dog's owner and family, the
house and garden. A good watch-dog is one of the most reliable
burglar alarms you can have. It doesn't have to be a huge Great
Dane or a Mastiff; smaller dogs will put up the alarm vocally just as
well. A dog can be trained as an excellent security guard. Other
assets such as its senses of smell and hearing help it to do the job
well. And dogs are inquisitive – nothing if not curious when it
comes to a stranger or an unfamiliar scent.

Man's best friend

Dogs are sociable animals and love human company. In fact, dogs require company to be happy, and to deprive them of it is unfair. Children and the elderly – probably the people with the most free time – are likely to be the most constant companions to their dogs and able to build up a special relationship with them.

The power of the pack is one of a dog's strongest instincts. In the absence of a real pack of its own kind, a dog views the family as its own "pack", with the head of the family as the "pack leader". A friendly dog is interested in all the family activities and loves to be at the centre of things. Even a dog that appears to be in the deepest of slumbers in front of the fire will soon open an eye or twitch an ear if it senses anything going on.

Your dog is your greatest fan – its loyalty is unquestioning. If you respect your dog, it will respect you. By taking the trouble to train your pet, you're doing both of you a good turn, and helping it to fit in more easily with your own lifestyle.

The saying "it's a dog's life" has a strongly pejorative ring to it. After dipping into this book and I hope enjoying what it has to offer, I trust the words will take on for you a more positive and delightful meaning.

THE ANATOMY OF THE DOG

Like many animals, a dog is a miraculous amalgam of organs and systems which carry out specific jobs as well as interrelating to keep the dog "running efficiently". Although anatomy is a huge subject, a concise consideration of how the dog moves, sees, hears, smells, breathes, eats and digests its food helps us to understand why it is built the way it is. Despite the changes undergone since the time when it needed to fend for itself in the wild, the domestic dog is still basically a carnivore and adapted as such. The dog was designed to run fast, to capture and kill its prey as part of a pack. It retains astonishing senses of hearing and smell – both superior to man's. The reasons and treatment for disorders of the dog's body are described in *Health Care* (see pp.226–75).

The basic design of the dog

Dogs come in all shapes and sizes, but the basic design of the "standard" dog equips it for being a carnivorous animal. A dog is designed to chase, capture, kill and eat its prey. It has the mark of the carnivore – the huge carnassial teeth. And yet, the dog is not such a refined carnivore as some, the cat for instance. Dogs have retained a few molar teeth for chewing and grinding. Domestic cats, on the other hand, have reduced their molars to the point that they have very little chewing ability.

Although the teeth are specially modified, the general skeleton of a carnivore is fairly primitive. Carnivores have not emulated herbivores in reducing their number of toes and converting them to a hoof. A dog needs to be agile, capable of rapid changes of direction and able to use its claws as weapons. The wild herbivores may be speedy, but their movement is essentially forward and they're not as adept at recovering from falls sustained while running at speed.

Over the years, selection of dogs to develop the various breeds has modified the anatomy considerably, giving the many variations on the basic shape.

A member of a pack
Its basic design allows for sufficient bursts of speed for the dog as a pack hunter, whereas a solitary hunter like a cheetah needs the refinement of extra speed. In fact within a pack, the dogs will pace each other when hunting. In addition, the wild dog is well muscled for endurance and long-distance foraging.

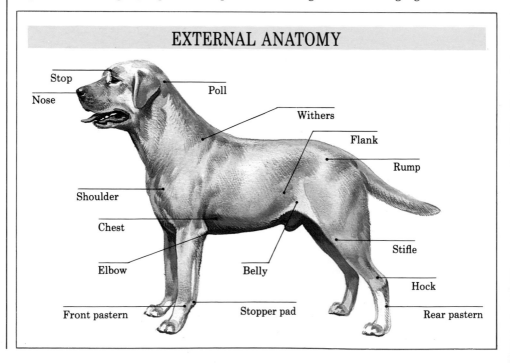

EXTERNAL ANATOMY

Stop

Poll

Nose

Withers

Flank

Rump

Shoulder

Chest

Stifle

Elbow

Belly

Hock

Front pastern

Stopper pad

Rear pastern

Natural and artificial selection

In the wild, if a certain physical element becomes beneficial to a species over a period of time, then those animals with that particular modification become more successful at surviving and therefore more numerous. Charles Darwin, the originator of this idea, called it "Natural Selection". Darwin developed his theories after watching finches and other animals on the Galapagos Islands.

Over the years of domestication, man has selected various characteristics in the dog which fulfil a particular requirement. He has interceded (some would say interfered) and encouraged certain characteristics that wouldn't succeed in the wild. Since man is a part of nature and has himself changed the environment, it is perhaps permissible that he has modified the dog to fit into his world rather than excluding it and forcing its extinction. One thing is certain – most of us find the world enriched by our furry canine friends. Whatever your lifestyle, there's a dog to suit you.

The box (right) shows several examples of man's selective breeding of dogs. Of course, this doesn't represent the whole range of dogs and there are several exceptions to these basic patterns, but many original breeds evolved from this type of selection. Some breeds have been designed purely for the show-ring and most present-day dogs have been considerably modified from their original purpose. Today's Bulldog, for instance, couldn't carry out the tasks that early Bulldogs (which had straighter legs and more of a nose) were bred for.

It is interesting to speculate what might happen to the dog in years to come. Future developments are in the hands of breeders and Kennel Clubs.

The old, familiar breeds will probably change gradually as working dogs become refined into show animals, although the former hopefully won't be lost. New "old" breeds will probably be introduced from far-flung corners of the world and congenital problems eradicated to produce healthier dogs.

SELECTIVE BREEDING

Large fighting dogs
Mastiffs, Bulldogs
Big, strong dogs with powerful jaws to grab and hold men or other animals.

Running dogs
Saluki, Afghan Hound, Greyhound, Lurcher, Deerhound
Slim, sleek dogs with long legs, capable of great speed.

Small hunting dogs
Terriers
Compact dogs with great tenacity for hunting as a pack or putting down underground burrows.

Mountain dogs
Pyrenean Mountain Dog, Bernese Mountain Dog
Powerful dogs for guarding herds and flocks in mountains, with thick coats and plenty of fat.

Scenting, tracking dogs
Bloodhound, Basset Hound
Powerful dogs with a good nose, capable of following a scent (the ears are said to stir the air and "lift" scents).

Herding dogs
Border Collie
Basic shape, selected for obedience.

Water dogs
Poodles, Water Spaniel
Tight, curly coat which sheds water well.

The dog's skeleton

There are two major types of bone in the dog's skeleton: long bones (tubular bones like the limb bones and spine), and flat bones (the skull, pelvis and shoulder blade bones). Although the basic design is unaltered since the early days the limbs have been considerably modified between the breeds. Just think of the difference between the shapes of a Dachshund and a St Bernard. The reason is that man has bred dogs selectively with bones of different lengths and thicknesses.

How the skeleton works
The skeleton is a system of bony levers moved by muscles which are anchored at crucial points on the bones. The bones are linked together at joints which act like shock absorbers. Bones have a complicated structure which gives great stability and yet allows movement. They are anchored by ligaments which permit a given degree of movement in specific directions.

Each joint is surrounded by a joint capsule which contains the joint lubricant, *synovial fluid*. The ends of the bone involved in the joint are covered in *cartilage* – a smooth surface which helps the joint move easily and helps to absorb any concussion as the dog's weight comes down on the leg.

How bones grow and develop
Long bones begin in the foetus as cartilage stuctures, which are replaced by true bone in the latter weeks of pregnancy. A limb bone can be considered as a tubular structure with a joint or articulation at each end. The

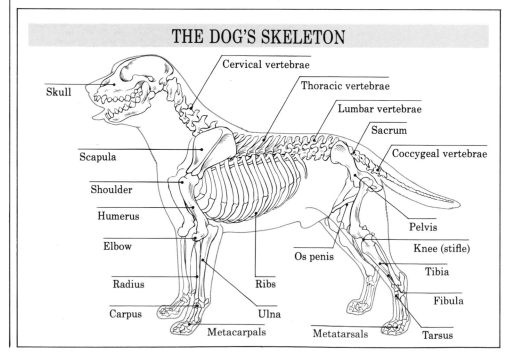

THE DOG'S SKELETON

Skull

Cervical vertebrae

Thoracic vertebrae

Lumbar vertebrae

Sacrum

Coccygeal vertebrae

Scapula

Shoulder

Humerus

Elbow

Radius

Carpus

Metacarpals

Ribs

Ulna

Os penis

Metatarsals

Pelvis

Knee (stifle)

Tibia

Fibula

Tarsus

parts of the bone shaft not involved in the joint are covered with a tough, fibrous *periosteum*. In young, growing dogs the inner layer of the periosteum is actively growing and producing bone, increasing the diameter of the bone. On the inside of a tubular bone, to prevent it becoming too thick and heavy, the older bone is reabsorbed and remodelled, keeping the actual bony wall or *cortex* the same thickness.

Once the dog has stopped growing the periosteum becomes relatively inactive, although if a fracture occurs and needs repairing, it can become active again in that area. To avoid this process weakening the bone, the inside is filled with fine bony struts or *trabecullae*. The spaces between these are filled in the young animal with bone marrow, replaced by fat as the dog gets older.

Growth in length occurs in regions of the bone near the joints called growth plates or *epiphyseal plates*. These growth plates are areas where cartilage is still being produced as an advancing layer behind the growth plate, in the *metaphysis*. (For parts of a bone see X-ray below.) The cartilage is

being converted to bone, and so the bone grows in length. In most dogs all growth in length of long bones is complete by ten months of age.

Fuel for growth

Bone growth requires fuel, and this is provided by blood vessels. The main shaft of each bone is supplied by one or two large nutrient arteries which enter the bone through a hole in the shaft, the *nutrient foramen*. The epiphysis receives blood from a ring of arteries inside the joint capsule. These arteries penetrate the whole of the epiphysis to feed the growing bone. They also supply nutrition to the inside layer of the articular cartilage; the rest of its nutrition comes from the synovial fluid inside the joint.

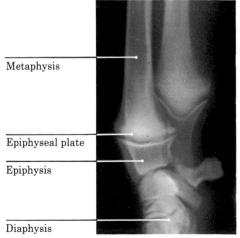

Metaphysis

Epiphyseal plate

Epiphysis

Diaphysis

X-ray showing carpal joint of young dog.

THE DOG'S SPINE

The spine is a tube made up of individual bones called *vertebrae*, linked together by strong ligaments. Through the centre of this tube runs the *neural canal* which houses the precious spinal cord. The vertebrae continue into the tail, although these are much smaller than the main vertebrae; most of the nerves leave the neural canal further up the body to go to their target.

Between each vertebra and the next is a fibrous pad called an *intervertebral disc*, which absorbs excessive shock and movement. Its structure is like an onion – numerous thin "skins" and a fluid, shock-absorbing centre like a golfball.

As a dog gets older, its vertebral discs become less fluid and its spine less supple. In some breeds, particularly the Dachshund, Pekingese and Basset Hound, this happens earlier. These breeds are prone to disc protrusion, often inaccurately referred to as a "slipped disc" (see p.265).

Muscles and movement

Collectively, the dog's muscles are the largest organ in its body. Although selective breeding has brought about great changes in body shape and skeleton, dogs' muscles vary very little between breeds.

How muscles work

Most of the muscles are attached to bones. The flat bones are the main anchorage points for the muscles responsible for moving the legs. When muscles contract, the bones to which they are joined are brought closer together, and when they relax, the bones can move apart again. Extra bending of limbs and extension of joints is carried out by muscles running down the legs and attached to the long bones at critical points to obtain maximum leverage. At the point of contact with the bone, the muscles become fibrous tendons.

The wild dog is well-muscled – it needs to be in order to hunt for its food. Man's best friend – the domestic dog – often has rather soft muscles through insufficient exercise. Of

THE DOG'S MUSCLES

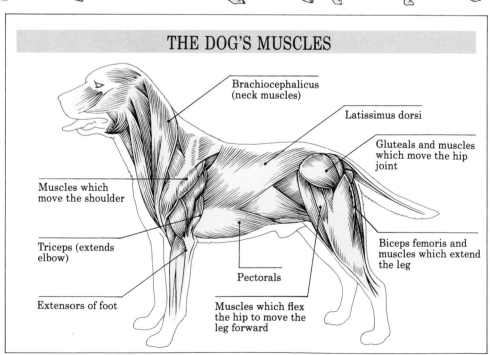

Brachiocephalicus (neck muscles)

Latissimus dorsi

Gluteals and muscles which move the hip joint

Muscles which move the shoulder

Triceps (extends elbow)

Biceps femoris and muscles which extend the leg

Extensors of foot

Pectorals

Muscles which flex the hip to move the leg forward

today's breeds, the Husky is close to the wolf and shares its strength and endurance. Working Husky teams can pull a load of twice their own weight all day at up to three miles per hour.

How the dog moves

The apparatus of the dog's locomotion consists of bones, joints, muscles and nerves. The nervous system initiates and co-ordinates muscular activity. It sends messages to the muscles, which work to move the limb bones.

The action of the dog's limbs can be likened to the spokes of a wheel, each in turn exerting pressure against the ground, then being rotated until able

noted for their speed and agility such as Greyhounds and Borzois. With gundogs, breeders usually try to achieve a happy medium in the centre of gravity because of the need for them to carry heavy game in their mouths.

Most of the forward drive comes from the powerful backward thrust of the hind paws against the ground. Considerable force has to act through the hind legs, so the articular surfaces of the bones fit closely together and are held in position by a complex system of muscles and ligaments.

Jumping

Dogs aren't so good as cats at jumping and climbing. This is partly because

to repeat the process. The larger a wheel, the more ground it covers in one revolution and the longer a dog's limbs, the greater its stride. The further forward its centre of gravity, the faster a dog can move, because its hind legs aren't supporting too much weight and are more readily available for propulsion. This is true of breeds

they can't control their claws or twist their legs in the way a cat does. Dogs can be trained to jump obstacles by using their own weight to gain momentum when running. But a dog's power is really developed for endurance running rather than the sudden muscle contraction needed for the action of jumping.

SIGHT HOUNDS

Certain of the hound breeds, such as the Afghan Hound, Saluki, Greyhound, Deerhound and cross-breeds of these, are sometimes called "long dogs", "gaze hounds" or "sight hounds". These are breeds which hunt by sight, and their long legs make them capable of

great speed. The flexibility of their bodies makes them seem closer to the cheetah than to some of their fellow dogs. These dogs can reach speeds of up to 35–40 mph; a cheetah can run at 55–60 mph.

Speed relates partly to how a dog places its feet. Although these sight

hounds have long backs, they also have long legs, and at full speed the hind legs land ahead of the point that the forelegs are leaving. This contrasts with the long-backed breeds with short legs like the Basset, which place their hind legs well behind the foreleg take-off point.

The skull

There are three basic skull shapes in dogs:
● *Dolichocephalic* – long-nosed breeds like the Rough Collie, Afghan Hound, Dobermann and Fox Terrier.
● *Brachycephalic* – short, snub-nosed breeds like the Pug, Bulldog and Pekinese.
● *Mesocephalic* – A group including dogs which fall between the other two extremes.

Parts of the skull
The features of the skull tend to vary with the overall shape and type of the skull.

The eye sits in the space called the *orbit*, within the *zygomatic arch*. The two zygomatic arches govern the total width of the skull. They vary in shape between the breeds – long-nosed breeds have a fairly straight arch while in short-nosed breeds it is very curved.
The jaw
The shape of the jaw varies quite considerably between breeds (see box below). The official breeds standards

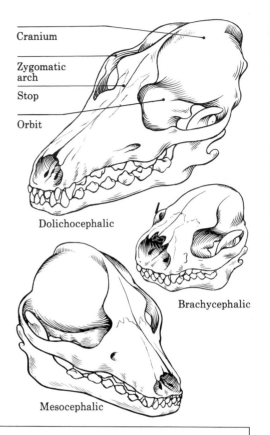

Cranium

Zygomatic arch

Stop

Orbit

Dolichocephalic

Brachycephalic

Mesocephalic

TYPES OF BITE

The diagrams (right) show the four different types of bite a dog may have. Brachycephalic types tend to be "undershot" – the lower jaw extending beyond the upper. Other dogs may have a level bite (teeth meeting), a scissor bite (top teeth fit neatly over lower teeth) or be "overshot" – the upper jaw extending beyond the lower.

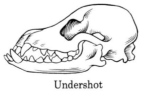

Undershot

Scissor bite

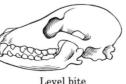

Level bite

Overshot

include requirements for the "bite" of each dog.

The jaw muscles are very powerful. It is said that a 20 kg mongrel can exert a bite of 165 kg; the pressure of an average human bite is 20–30 kg.

The cranium

The upper part of the dog's skull, it houses the brain and also varies between breeds. In the Chihuahua, a high-domed shape has been specially selected over years of breeding. Unfortunately this has led in certain cases to people breeding from dogs with hereditary brain deformities such as hydrocephalus (water on the brain).

The stop

This is the point where the sagittal crest ends and the skull outline drops down to the nasal bones. Some breeds, such as the Boxer, are required by the breeds standards to have a pronounced stop, while others like the Greyhound or Bull Terrier, are not.

At the back of the skull, the sagittal crest ends in the occipital bone, which gives the Basset Hound its peak. This feature doesn't usually appear in puppies until the age of nine to ten weeks.

The brain

The dog's brain differs from man's mainly in the cerebrum; man has much more grey matter than a dog. Although both need to co-ordinate and control bodily functions and movements, man does this with more sophistication. Most of a dog's brain is involved with senses and recognition. Very little of the brain is available for association of ideas. A dog can be taught to recognize a £1 coin, but would never understand the concept of money and how many cans of dog food the coin would buy. For more about the intelligence and awareness of a dog see *Understanding Your Dog*, pp.210–25.

A large breed like the St Bernard which is similar in weight to a man has a brain about 15 percent the weight of a man's brain. Interestingly, the area of the dog's brain responsible for the sense of smell has 40 times the number of cells of the equivalent area of a man's brain (see p. 27).

The teeth

A dog's teeth adapt it for being a carnivore. It has large, strong shearing teeth (called "carnassials") which it uses to chew through tough materials. In addition, this last premolar in the upper jaw has become elongated and developed a cutting ridge which overlaps with the first molar on the lower jaw when the dog bites. The long, pointed and slightly curved incisors, often called "dog teeth", are useful stabbing weapons for catching and holding prey.

In a dog, the different teeth erupt at different times (see pp.136–7).

Dental formula

This is the number of each type of tooth normally present *in one side* of the upper and lower jaws of a dog
Upper jaw: 3 incisors, 1 canine, 4 premolars, 2 molars.
Lower jaw: 3 incisors, 1 canine, 4 premolars, 3 molars.

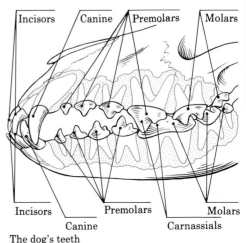

Incisors / Canine / Premolars / Molars

Incisors / Canine / Premolars / Molars / Carnassials

The dog's teeth

The eye

In its basic structure, the dog's eye is much like a human's but there are a few differences which mean that the dog has a different type and range of vision.

The eye is split into two main sections by the *lens*. As a dog grows, the lens grows too, being produced from a living layer around the outside of it, called the *lens capsule*.

The three "coats" of the eye
The dog's eye is made up of three layers. From front to back, these are the *sclera*, the *uvea* and the *retina*. The sclera incorporates the transparent *cornea* at the front of the eye. The uvea consists of three parts –*choroid*, *iris* and *ciliary body*. The choroid contains a reflective layer called the *tapetum*.

The iris (a muscular ring) is controlled by the nervous system and moderates the amount of light entering the eye, like the aperture of a camera. The ciliary body (a ring of tissue behind the iris) is the point of attachment for the suspensory ligament which holds and moves the lens. It also plays a part in focusing the image on the retina and secretes fluid for nourishing the cornea.

The retina
This is the light-sensitive inner layer of the eye. It contains light-sensivitive cells of two types – rods and cones. Rods are very sensitive and work well in low light levels. They only appreciate black and white. Cones operate under good lighting conditions and can appreciate colour. In a dog's retina, only about five percent of the cells are cones and the remainder are rods, so a dog is probably largely colour blind, seeing in black, white and shades of grey.

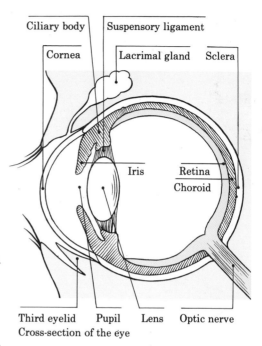

Cross-section of the eye

Labels: Ciliary body, Suspensory ligament, Cornea, Lacrimal gland, Sclera, Iris, Retina, Choroid, Third eyelid, Pupil, Lens, Optic nerve

The eyelids
A dog's eyelids have a number of special features. Under the upper lid is the *lacrimal gland* which produces tears to keep the cornea moist and prevent it from drying out and becoming inflamed. To avoid tears flowing down the face continually, there's a special drainage system. Both top and bottom lids have a short duct at the inner corner; the two ducts fuse to form a single *lacrimal duct* for each eye, leading tears to the nasal cavity. Various problems can cause blockage of these ducts and it is important to treat such problems seriously (see p.256).

The eyelashes
A dog has eyelashes on both upper and lower lids. If these point the wrong way, they may hurt the eye. The eyelid deformities known as entropion and

ectropion are fairly common and affect certain breeds more than others.

The third eyelid

Dogs have a third lid on each eye, known as the *haw* or *nictating membrane*. This is mainly hidden under the lower lid and just a small part of the pigmented edge is visible in the corner of the eye close to the nose, although in some breeds it is very prominent. The membrane acts like a windscreen wiper for the eye – a defence mechanism to sweep away foreign bodies. When the eye is suddenly drawn back into its socket or becomes sunken through age or disease, the third eyelid becomes more prominent. If it appears suddenly and remains visible, this may be an indication of disease or slight pain. Watch the dog for other symptoms (see *Health Care*, pp.256–7).

THE DOG'S VISION

Dogs see better in the dark than man, partly because a dog's retina is dominated by rods which are sensitive to low light, and partly because of the *tapetum lucidum* which lies underneath the rod cells and reflects "concentrated" light back through them. This is a help to wild dogs who are likely to be hunting in poor light conditions. As a further aid to hunting, dogs are particularly sensitive to seeing movement in the distance. They perceive stationary objects relatively poorly, though, which makes some individuals seem clumsy.

Field of vision The way a dog's eyes are positioned on its head, combined with good muscles for moving them around, gives the dog a comparatively wide field of view. The variation in the shape of dogs' heads alters the placement of the eyes and modifies the field of vision between the breeds. In general, the brachycephalic, (short-nosed) breeds like the Pug and Bulldog, have eyes situated on the front of the head, giving better overlap in the field of vision than longer nosed breeds.

The dolichocephalic (long-nosed) breeds tend to have obliquely placed eyes with only a small overlap, and the poorest stereoscopic vision of all but a narrow field of view directly ahead of them. This may partly account for the ease with which the elegant "sight hounds" (dogs like the Borzoi and Saluki, see p.21) run into ditches or trip over small obstacles when running at full tilt.

In man, the fields of vision of our two eyes overlap, so we have stereoscopic vision and a good appreciation of depth and distance. Although dogs have a wider field of vision, they're not so good at judging distances.

Dolichocephalic type

Brachycephalic type

Man

The ears and nose

The two most highly developed senses of a dog are its hearing and its sense of smell. Both are superior to man's and adapt the dog as a hunter.

Ears and hearing

Dogs' ears vary tremendously in appearance, but they all have excellent hearing and can detect very high-frequency sounds inaudible to man.

Ears range in shape from large, floppy, sleepy-looking Basset Hound ears, to the pert, pricked ears of some terriers. Cocker Spaniels' ears are floppy and very hairy – they merge into the head. In contrast. French Bulldogs' ears are covered with short hair and stand proud, like radar dishes.

Examples of ear types: bat ears and drop ears.

Parts of the ear

Although the outer ear varies so much between breeds, the structure and function of the middle and inner ears is the same for every dog.

The pinna

The external ear is a cartilage framework, covered with muscles and skin. In most dogs the pinna is fairly mobile, its muscles moving it to follow sounds. The pinna leads into the external auditory canal – a short tube which runs vertically, then turns horizontally towards the eardrum (*tympanic membrane*).

The middle ear

The dog's middle ear incorporates the tympanic membrane (eardrum), and the tympanic cavity, within which are the smallest bones in the body, the *auditory ossicles*. Because of their shape and function, these are known as the hammer, anvil and stirrup (the *malleus*, *incus* and *stapes*). The three bones are linked, and operate as a system of levers. Sounds received by the inner ear make the eardrum vibrate. This moves the ossicles which transmit the sound to the inner ear.

This system helps to make the ear sensitive to sound by amplification, yet the ossicles protect the inner ear against violent vibrations from very loud noises by restricting the range of their movements.

The inner ear

Further inside the ear are the sound-sensitive spiral *cochlea* and the organs of balance associated with the semicircular canals. The semicircular canals can detect movement, the *saccule* and *utricle* give information on the alignment of the head. This arrangement is the same as that in the cat and in man.

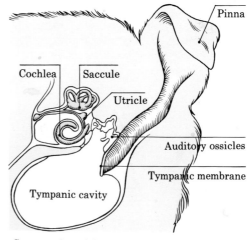

Cross-section of the ear

SILENT DOG WHISTLES

These so-called "silent" whistles aren't silent to a dog! They give out a high-pitched whistle outside the audible range of humans, but within that of a dog. These high-pitched sounds travel further than lower pitched noises and so are ideal for giving long-distance commands to a dog. Dogs can detect sounds from up to four times the distance that most humans can.

The nose and sense of smell

One of the most remarkable features of the dog is its sense of smell. All dogs have an innate desire to sniff everything – places, people, other dogs. The dog's sense of smell gives it all kinds of information and is about *one million times* more sensitive than our own. A dog also has 40 times the number of brain cells involved in scent recognition than the number in a human. Man makes use of this ability in dogs by training them as sniffer dogs (for finding drugs and bombs), detectors of gas leaks, or truffle hounds.

Part of the increased sensitivity of a dog's nose is due to its having a much larger sensory area (*olfactory area*). In man, this is about three square cm, but in the average dog it is 130 square cm. The sensory area is folded many times

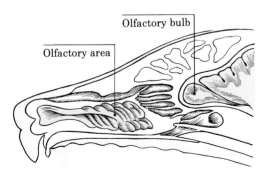

Olfactory bulb
Olfactory area

Cross-section of the nose

over, creating ridges which form a trapping mechanism for capturing smells. The sensory cells are more closely packed, giving more cells per square centimetre.

Why is a dog's nose wet?
The nose is kept moist by the secretions of special cells. These are stimulated when new odours are detected. Scents, present as small particles, are dissolved by the secretions, and brought into contact with the sensory cells.

Respiration

The *pharynx* is the area at the back of the mouth where the *trachea* and the *oesophagus* (breathing and alimentary passages) begin. The soft palate – a floppy extension to the roof of the mouth – hangs down and divides the pharynx in two.

The dog is basically a nose breather, with the soft palate closing off the mouth. By circulating most of the normal air supply to the lung through the nasal passages, the dog filters, warms and moistens the air before it reaches the lungs. Mouth breathing becomes far more important to a dog when the air temperature is high, if it has been exercising or if it has a nasal disease.

Problems of short-nosed breeds
In the more brachycephalic (short-nosed) breeds, the soft palate can cause respiratory problems because it is effectively pushed further back into the head which constricts the pharynx, making mouth breathing very difficult for some dogs.

It can be dangerous to hold the mouth of some of these short-nosed dogs closed because when excited they cannot breathe effectively through the nose alone. A combination of nose and mouth breathing is needed to prevent the soft palate sticking in the larynx.

The chest

The boundaries of the chest are the rib-cage and the diaphragm. Most of the dog's chest is occupied by its lungs. The heart sits in the centre of the chest with its lower point just touching the rib-cage. Both of these organs – the heart and lungs – move within the chest; to avoid them interfering with each other or sticking together, each is housed in its own slippery sac.

Also traversing the chest is the tubular *oesophagus*, carrying food from the mouth to the digestive system in the abdomen.

The heart

The dog has a "standard" four-chambered mammalian heart. Two *atria* empty blood into the powerful *ventricles* which drive the blood around. The right ventricle pumps blood to the lungs to eliminate carbon dioxide and to pick up oxygen. This blood from the lungs returns to the left atrium, which empties it into the left ventricle to be pumped around the body (see diagram p.263).

The resistance to the heart's pumping is greater in the bulk of the body than it is in the lungs, so the left ventricle is larger and stronger than the right. Built into the wall of the heart are two "pacemakers" which send co-ordinated impulses to the muscles telling them when to contract and when to relax.

The trachea and lungs

The entrance to the *trachea* is the *larynx*, which is made up of several cartilage segments. The vocal cords sit just within the opening.

The trachea is a tube, made up of rings of cartilage. It leads down to the lungs, where it divides into *bronchi*, which subdivide in their turn. Eventually, the air is led into the *alveoli* – small, membranous sacs with blood vessels in their walls. This is where the exchange of gases occurs, the blood taking in new oxygen and carbon dioxide being released.

PARTS OF A DOG'S CHEST

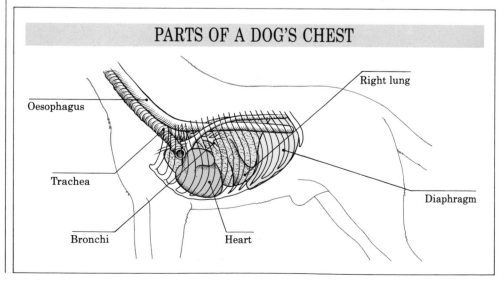

Oesophagus

Right lung

Trachea

Diaphragm

Bronchi

Heart

The abdomen

Behind the dog's diaphragm is the body cavity called the abdomen. This is the home of several complex organs, concerned with internal maintenance, converting food into usable material, excreting waste, filtering and storing blood, and reproduction. The abdomen divides into three basic parts:
● The urogenital system, including the kidneys and the reproductive tract
● The spleen
● The digestive tract, including the intestine, liver and pancreas

The excretory system

The term "urogenital system" is used to cover two systems – excretory and reproductive. For a description of the reproductive system, see p.188.

The two kidneys hang from the roof of the dog's abdomen, close to the last of its ribs. Each kidney has a *cortex*, *medulla* and an area called the *pelvis*. The cortex and medulla form a complex filtration system, consisting of units called *nephrons*.

The function of the kidney
The kidneys filter the blood to remove unwanted and potentially toxic substances from the blood:
1 A clear fluid is produced from the blood by filtering out blood cells.
2 The fluid passes into ducts which remove sodium into the tissues.
3 This sodium draws out water from other parts of the duct, concentrating the urine.
4 Other waste products are excreted into the urine at various points.
5 The urine passes into collecting ducts, then into the kidney pelvis.

The most important and dangerous waste product in urine is *urea*, produced in the liver from the breakdown of excess amino acids. If urea builds up in the body, it causes serious problems, leading to death.

Each kidney has a *ureter* to carry the urine from the kidney to the bladder. Peristaltic waves (like those which move food in the intestine) carry the urine into the bladder.

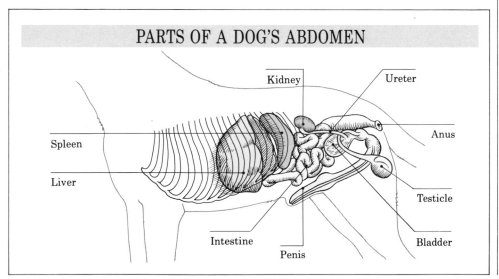

PARTS OF A DOG'S ABDOMEN

Kidney · Ureter · Anus · Spleen · Liver · Testicle · Intestine · Penis · Bladder

The digestive system

The simplest way to consider the dog's own complex "food processor" is via the component parts of the gut, each of which is a food-processing chamber with a specific job. These parts often have their own gland producing enzymes related to their job. The order of stages is:

1 Mouth and salivary glands
2 Oesophagus (gullet)
3 Stomach
4 Duodenum, small intestine and pancreas
5 Liver
6 Large intestine and rectum

The mouth

Once a dog is aware that food is available or that it soon will be, the gut swings into action. Saliva is produced in the mouth by the salivary glands to begin digestion of the impending meal. In many dogs' homes, the opening of a particular cupboard or the sound of the can opener is enough to trigger salivary secretion!

THE FUNCTIONS OF SALIVA

● Saliva acts as a binder to help hold together a bolus of food, and lubricates the oesophagus to ease its passage
● Saliva contains an enzyme which begins digesting starch in the mouth – this is secreted into the food and continues acting in the stomach
● Saliva also "cleans" the tongue
● The sense of taste is partly dependent on the action of saliva, which washes substances out of foods into the dog's taste buds
● Evaporation of saliva from the tongue is part of a dog's method of keeping cool (see p. 33)

From mouth to stomach

The dog takes food into its mouth and chews it using its powerful jaws. The tongue shapes the food into a "bolus", then moves it to the back of the mouth, lifts it through the pharynx, over the larynx and into the *oesophagus*, which opens to receive it and closes behind it.

PARTS OF A DOG'S DIGESTIVE SYSTEM

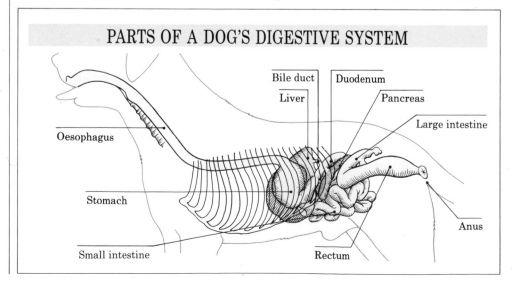

Bile duct
Duodenum
Liver
Pancreas
Large intestine
Oesophagus
Stomach
Anus
Small intestine
Rectum

This highly complex manoeuvre, involving dozens of tiny muscles and finely-tuned nervous control can be summed up in one word – swallowing.

In the oesophagus a muscular process called *peristalsis* squeezes food along the gut like toothpaste in a tube. The oesophagus has thicker walls and is more stretchy than the intestine, so dogs can swallow fairly large solid food items – bones, stones or small toys – although these may then stick in the stomach or small intestine (see p.246). The oesophagus moves the food through the chest into the stomach. A valve called the *cardiac sphincter* opens momentarily to let the bolus of food into the stomach then closes tightly behind it.

Digestion in the stomach
The wall of the dog's stomach is divided into two roughly equal areas – the fundic region and the pyloric region. The fundic region contains the fundic or gastric glands which produce acid, and an enzyme which produces pepsin for breaking down protein in the food. The pyloric region has glands which produce mucus to stop enzymes digesting the gut wall and to keep food moist.

The duodenum

After being held in the stomach for three to four hours, small amounts of food are moved into the *duodenum*. Glands in the duodenum produce a thick, alkaline secretion which begins neutralizing the acid food from the stomach and also protects the intestine from the acid. Other important digestive enzymes enter the duodenum from the *pancreas*.

By the time food has passed through the small intestine, the enzymes have completed their work and the food has been broken down into its component parts, the bulk of it being absorbed.

Much of the water present in the food is reabsorbed in the large intestine before it passes into the rectum and is finally voided as faeces.

The pancreas

This is a mass of tissue sitting in the loop of the duodenum, close to the stomach. The arrival of food in the duodenum promotes the secretion of pancreatic juices. Apart from digestive enzymes, it also produces *insulin*, to help store glucose. Lack of insulin causes *diabetes mellitus* (see p.245).

The liver

The largest single organ in the body of all animals, the liver is a very important "chemical factory". It performs several functions which are linked to the blood, food storage and the removal of toxins ("poisons").

GLANDS AND HORMONES

The many glands in the dog's body fall into two groups – Exocrine glands and Endocrine glands.

Exocrine glands secrete externally and include the salivary, sweat and mammary glands and glands of the stomach, mouth and oesophagus.

Endocrine glands These glands secrete internally. They send chemical "messengers" (hormones) via the bloodstream and include the pituitary, the thyroid, the ovaries and the testes.

A "feedback mechanism" The pituitary gland is a small bump on the underside of the brain. Sometimes called the "master gland", it controls most of the other glands by producing specific stimulating hormones, each of which stimulates one of the other glands to produce its hormone. The hormone produced by the "target gland" then acts on the pituitary to stop production of its stimulating hormone, shutting off the mechanism.

The skin and coat

A dog's skin consists of two basic layers – the *epidermis* (outer layer) and the *dermis* (inner layer).

The epidermis is not nearly so thick in a dog as in humans – the dog's coat performs the protective function for which man needs his thick skin.

The dermis contains blood vessels, skin glands (including the *sebaceous glands*, see below) and *hair follicles*, from which the hair grows up through the epidermis. In man, the dermis and epidermis are linked by interlocking ridges to give flexibility to the skin. The dog has very few of these ridges except on the thick skin of its nose and foot pads. Obviously a dog has far more hair follicles than a man, and these help fuse the two layers.

including one primary, or "guard" hair belonging to the coarser outer coat and several secondary hairs constituting the softer undercoat. Most of the follicles have a small muscle attached. Because of the acute angle of the attachment of this muscle, its contraction causes the dog's hair to "stand on end".

The sebaceous glands
Sebaceous glands are usually linked to a follicle and are responsible for the oil in a dog's coat. They produce sebum – a secretion which coats the hair to prevent excess wetting or drying and insulates the dog against temperature changes.

Special hairs
Certain sensitive hairs on the dog's body have deeper follicles, with an increased nerve and blood supply. These are the: □ *cilia* (eyelashes) □ *tragi* (hairs on the external ear) □ *vibrissae* (muzzle whiskers).

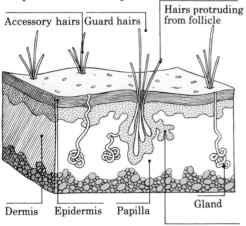

Accessory hairs | Guard hairs | Hairs protruding from follicle

Dermis | Epidermis | Papilla | Gland

Cross-section of skin

Sebaceous gland

The dog's coat
Nearly all dogs (except some "hairless" breeds) are covered with a thick coat, made up of a mass of individual hairs, each of which grows from within a follicle. At the base of the follicle, a small *papilla* produces keratin – the substance of hair. Hairs grow from follicle complexes of several hairs,

THE HAIR GROWTH CYCLE
The dog's hair is growing all the time and most dogs moult (see p. 174). The basic cycle of hair growth is divided into three phases: **1** Anagen, **2** Catagen and **3** Telogen.

Anagen is the stage of active hair growth from the papilla. Once a hair has reached its optimum length, it stops growing. The hair is still attached to the papilla – the Catagen stage. Eventually, the papilla contracts, loosening the hair before it begins growing a new hair. This is the Telogen stage and the hair is often finally lost and pushed out by a new hair. These phases of growth occur in various parts of the body at different times. The growth cycle often follows the path of the hair streams (see p.174).

Special features of the dog

Apart from all the various systems which keep it alive and healthy, there are certain aspects which make a dog unmistakably a dog! A mental picture of a dog conjures up a cheerful creature with a wagging tail, tongue perhaps hanging out, and giving the odd lively bark. These are not just ornamental features – they're all useful parts of the dog's way of life.

The dog's bark is one of its ways of signalling to people or to other dogs. There is a strong feeling against the surgical operation of de-barking (banned in the U.K.) – it robs a dog of a useful means of self-expression (see p.216). The dog's tail is another important "mood indicator". A wagging tail signifies pleasure; other positions of the tail show fear, submission or aggression (see pp.216–8). For why dogs pant, see below.

Other characteristics include the tactile whiskers (used for feeling in the dark) and the special anal sacs which allow the dog to scent-mark its territory. For more about how the dog uses these and other special physical endowments, see *Understanding Your Dog*, pp.210–25.

DOES A DOG SWEAT?

Dogs do sweat, but not for the same reasons as people. Dogs have apocrine sweat glands spread over the body which produce a secretion which when broken down by bacteria produces the characteristic "doggy" smell. However, these glands aren't involved in heat regulation at all. Dogs also have eccrine sweat glands in their paws. The secretion from these (mostly water) helps to keep the walking surface soft. Without it the continued friction on the pads would dry them out.

So how does a dog cope with heat regulation? Man has eccrine sweat glands all over his skin in vast numbers to aid the process. Dogs' coats give an insulating layer to reduce problems with overheating. The coat traps heat, and while it may feel hot to the touch, very little is conducted to the skin. Excess heat prompts a dog to produce more sweat from the glands in the paws, making it leave wet footprints!

In fact, most animals use evaporation through their respiratory tract to regulate heat. This is why dogs pant, particularly in hot weather. Panting aids heat loss by evaporation.

Interestingly, the mouse has a different method. Having no sweat glands, it licks itself all over when hot so as to lose heat by evaporation of saliva all over its body.

Dogs' large tongues provide a sizeable area for heat loss.

THE ORIGINS
OF THE DOG

The dog is part of a family of similar animals which
includes not just dogs but also wolves, foxes, coyotes,
jackals and wild hunting dogs. All these animals have
points in common, the most important being their
indispensable and highly adaptable teeth. Long before
man met up with the dog on a domestic footing, its
ancestors were undergoing the process of evolution.
Although the exact origins of the domestic dog
remain uncertain, this evolution makes a fascinating
study and helps us to appreciate the more deeply
rooted aspects of anatomy and temperament.
Man's domestication of the dog has produced the
incredible variety we see today. The five and a half
million dogs kept as pets in Britain are a testimony to
the continuing success of the relationship.

Where does the dog come from?

The dog belongs to a family of dog-like animals called *Canidae* which are pack hunters. The domestic dog is known as *Canis familiaris*. Other members of the family are wolves, foxes, coyotes, jackals and wild hunting dogs. Some of these wild cousins of the dog are shown on pp.39–41. Some look like the dog, others are very different. They all have some things in common – long, narrow heads with long jaws and plentiful teeth. The cheek teeth are adapted partly for slicing and partly for grinding and can efficiently handle both carnivorous and vegetarian diets.

The dental structure of *Canidae* is one of the admirable qualities which has allowed them to spread so widely across the world and to survive in such a variety of habitats from arid deserts to the freezing Arctic, from tundra to jungle, and the mountain forests of Northern regions.

The evolution of the dog
Many different theories of the dog's evolution have been developed and explored. The wolf, fox and jackal have each been claimed as the dog's direct ancestor. In the 19th century, the great diversity of dog breeds led to the belief – championed by Darwin among others – that more than one wild ancestor had been involved. The jackal and the wolf, and perhaps even the coyote and hyaena, were supposed to have been independently domesticated and their progeny later crossed, so mixing up the genetic possibilities of several distinct species. We now know this is inaccurate and that the incredible variety of today's breeds of dog are the result of intense breeding of the early dogs by man, plus the effects of genetic mutation (see p.187).

Paleocene epoch
Sixty million years ago, a small, weasel-like animal with a long, flexible body, long tail and short legs lived in the forests. This was *Miacis*, the earliest ancestor not only of canids but also of other families – those of racoons, bears, weasels, civets, hyaenas and cats. It walked, like a modern bear, on the soles of its feet (not like modern dogs which walk on their "toes"). These feet had five well separated digits. *Miacis* had the distinctive teeth of the carnivore. Its brain was small but significantly bigger than those of the other primitive carnivores living at the time, the creodonts. These, though far more plentiful than *Miacis*, did not play a part in the evolution of the dog and finally became extinct about 20 million years ago, though most died out long before that.

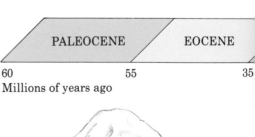

PALEOCENE	EOCENE

60   55   35
Millions of years ago

Amphicyon
A heavy bear-like dog with a long tail. It lived between 30 and 5 million years ago, becoming extinct late in the Miocene epoch.

Oligocene epoch

By the early Oligocene epoch, around 35 million years ago, *Miacis* had given rise to a variety of early canids. Over 40 varieties of primitive canids are known to science, some being bear-like dogs, others hyaena-like dogs, and others, the most curious of all, cat-like dogs. There were also dog-like dogs and these were the only ones destined to survive.

Miocene epoch

By the early Miocene epoch, 20 million years ago, a very basic dog-like dog was in existence. Named *Mesocyon*, it had shorter jaws than a modern dog, a long body and tail and stubby legs. The hind foot was still five-toed and spread, unlike the compact four-toed foot of modern canids. By the late Miocene, 10–15 million years ago, we find fossils of *Tomarctus*, a canid with longer jaws and a bigger brain. While not having the degree of intelligence of the dog, it possessed all its social instincts.

Pliocene epoch

The first true *Canis* made its appearance between five and seven million years ago. It was beginning to walk on four of its toes (the fifth was to become the dew claw) and had a more compact foot – ideal for chasing prey.

Quaternary period

By the beginning of the Quaternary period, one million years ago, an early wolf, the Etruscan, was to be found roaming Eurasia. Recent studies suggest that the Etruscan wolf may well have been a direct ancestor of the domestic dog as well as of the present-day wolves, including the small subspecies of the Middle East and India, *Canis lupus pallipes* – an animal closer to the dog than any other wolf subspecies.

The old idea that dogs evolved from jackals, foxes or jackal/wolf crosses has been abandoned. Now most people believe the direct ancestor is likely to have been an animal similar to today's grey wolf.

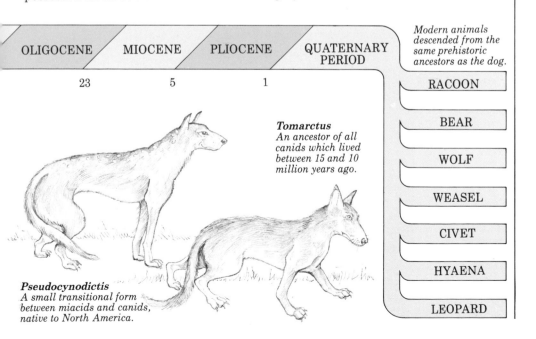

OLIGOCENE	MIOCENE	PLIOCENE	QUATERNARY PERIOD
23	5	1	

Modern animals descended from the same prehistoric ancestors as the dog.

RACOON

BEAR

WOLF

WEASEL

CIVET

HYAENA

LEOPARD

Tomarctus
An ancestor of all canids which lived between 15 and 10 million years ago.

Pseudocynodictis
A small transitional form between miacids and canids, native to North America.

Early domestication of the dog

Recent fossil discoveries suggest that the first domestication of the dog took place in the Middle East at least 10,000 and perhaps as much as 35,000 years ago. Some scientists believe that the process of domestication began first with wolves scavenging in the middens of human habitation. Others think that the first contact between humans and wolves was when early man hunted the animals for food, killed the adults and took puppies away for fattening up. Subsequently, wandering bands of *Homo sapiens* brought the creature with them from the Middle East to Europe. Similar invasions may have occurred in Australia, with man importing an ancestor of the dingo.

Civilized man has always represented his dogs in his art and small sculptures of dogs with curled tails, dating from about 6500 B.C. have been discovered in Iraq. Domestic dog bones from an earlier period in the Stone Age (about 7500 B.C.) were excavated in Yorkshire and similar finds have been reported from 10,000 year-old cave sediments in Czechoslovakia. The oldest domestic dog remains unearthed in the U.S.A. came from Jaguar Cave, a Stone Age Indian site in the state of Idaho, dated at around 8300 B.C. Evidence of two kinds of dog – medium and large – was discovered.

The domestic dog spread rapidly all over the world except for Antarctica. Wherever they have lived, dogs have thrived because of their moderate specialization, great adaptability, high intelligence and use of social co-operation – the power of the pack.

Hound being walked in a Royal Park
Detail of a relief frieze from the North Palace at Nineveh, built by Ashurbanipal, circa 649 B.C. British Museum.

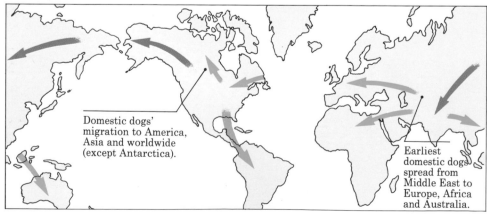

Domestic dogs' migration to America, Asia and worldwide (except Antarctica).

Earliest domestic dogs spread from Middle East to Europe, Africa and Australia.

Map showing the general directions of the worldwide spread of the domestic dog.

The wild cousins of the dog

The modern relatives of the domestic dog are numerous. All are descended from the same early canid stock (*Tomarctus*), but some are not true canids although they have dog-like features. These include the African wild hunting dog, the dhole, the bushdog and the racoon dog.

Grey wolf *(Canis lupus)*
The grey wolf occurs in North America, Europe, Asia and the Middle East, with up to 35 subspecies, including the Great Plains wolf that once followed the herds of American bison and the common wolf of European and Asian forests. It weighs 12–80 kg and its coat colour ranges from white through grey to red-brown or black. In the wild it lives up to 16 years; in captivity up to 20. It feeds on a wide variety of prey including moose, deer, hares, beaver and domestic animals. The wolf will also take carrion and vegetation.

Red wolf *(Canis rufus)*
The red wolf still occurs, hopefully, in South East America, but may well be extinct in the wild. It hybridized extensively with the coyote as the latter expanded eastwards. Weighing 15–30 kg, this animal is (or was) cinnamon or tawny-coloured with dark grey or black streaks.

Coyote *(Canis latrans)*
This canid is found in Canada and North America and weights 11–15 kg. Its coat colour is grey-buff with a black stripe down the middle of the back and black patches on the forelegs and tail. It feeds principally on rabbits and rodents but also takes antelope, deer and sheep. Occasionally, fruit and insects form part of its diet.

Part of a pack of European grey wolves (Canis lupus) *in a snowy forest.*

Jackal

There are four species of jackal, the golden (*Canis aureus*) from Africa, South East Europe and South Asia, the black-backed (*Canis mesomelas*) from East and South Africa, the simien (*Canis simensis*) from Ethiopia and the side-striped (*Canis adustus*) from Tropical Africa. The rarest is the simien, of which perhaps only four to five hundred now exist.

Jackals are slim, dog-like canids weighing 7–15 kg, with coats that vary from yellow and gold (the golden jackal), through russet with a brindle black and white back (the black-backed jackal) to grey with a white stripe on the sides (the side-striped jackal). They enjoy a varied diet including fruit, invertebrates, insects, amphibians, reptiles, small mammals, gazelles and carrion.

Black-backed jackals with their kill
Jackals are no longer considered a likely direct ancestor of dogs, whom they dislike.

Fox

There are four genera of foxes with 21 species. Foxes are one of the most widely distributed groups of mammal, being found in America, Europe, Asia and Africa. They live up to six years in the wild and up to 14 in captivity. The four genera of foxes (one of which is shown, right) are:

1 Vulpine foxes *(Vulpes)* These live in America, Asia and Africa. Species include the red fox and the swift fox.
2 South American foxes *(Dusicyon)* The species include the Argentine grey fox and the so-called small-eared dog, which is not a true dog.
3 Arctic fox *(Alopex lagopus)* This fox lives in the North Polar Region.
4 Bat-eared fox *(Otocyon megalotis)* A fox native to Africa.

Bat-eared fox
A distinctive member of the well-distributed fox family. Foxes live alone and hunt singly.

Dhole *(Cuon alpinus)*

This is the Asian wild dog, distributed throughout West Asia, China, India, Indochina and Indonesia. A secretive animal weighing 12–20 kg with a russet brown coat and black tail, the dhole is under threat from habitat destruction and persecution by man. It feeds on insects, reptiles, rodents and deer, and often kills by disembowelling its prey. Dholes go hunting in packs and are extremely savage.

Dhole and racoon dog
The foxy faces of the dhole (left) and the racoon dog (right). The latter, despite its resemblance to the racoon, is no relation.

Bushdog *(Spetheos venaticus)*
This is the least-known and most intriguing canid and comes from the forests of South America. It is a stocky, squat animal with a wedge-shaped face, stubby ears and a short tail. The coat colour is a rich brown. It weighs 5–7 kg. Very little is known about the life and habits of this elusive species which is endangered at the present time.

Racoon dog *(Nyctereutes procyonoides)*
This animal is native to Eastern Asia, the Far East, China, Japan and North Indochina, and has been introduced into parts of Europe. It looks very much like the racoon, but is not related to it. The racoon dog weighs up to 8 kg and has a long, brindled black and brown coat with black face and legs and black striped tail. It consumes a wide diet including fruit, insects, invertebrates and occasionally small mammals.

African wild hunting dog
(Lycaon pictus)
This fascinating animal inhabits Africa where it is found from the Sahara down to South Africa. It occurs in a variety of habitats but prefers savannah land. It weighs 20–30 kg and has a dark coat with a pattern of light or yellowish blotches unique to each individual. It lives nine to ten years in the wild. Hunting in packs, this species will prey on anything from rodents to zebra and large antelopes.

Maned wolf *(Chrysocyon brachyurus)*
This handsome South American canid weighs about 22 kg and has a red coat, black legs, muzzle and mane and white throat, inner surface of ears and tail tip. An endangered species, it is prone to disease, including kidney worms.

Dingo *(Canis dingo)*
This dog has inhabited Australia for at least eight thousand years. It also occurs in Malaysia, Thailand and Burma. It weighs around 20 kg and has a red/brown coat with white patches. It often attacks domestic animals such as sheep – a serious problem for farmers.

Dingoes at Ayers Rock
Native to Australia, this wild dog has constantly interbred with the domestic dog.

A pack of African wild hunting dogs in Botswana, with their "tortoise-shell" coats.

3

DOG BREEDS

Go to a dog show and you'll immediately be struck by the sight of so many diverse breeds assembled in one place – the huge, shaggy Pyrenean alongside the tiny Chihuahua, the tall, elegant Afghan beside the solid ugliness of the Bulldog, the wrinkled features of the Bloodhound contrasted with the smooth, egg-shaped face of the Bull Terrier. It seems unbelievable that all these could have been produced from one wolf-like ancestor, yet we know that the diversity of today's breeds is due to intensive selective breeding of the early dogs. Over the centuries, man has created dogs to aid him in the hunt in different ways, dogs to guard, dogs to herd and dogs to play with.

If you want to acquire a dog, use this chapter to find out about the breeds which interest you – their history and origins, their character and temperament, how they should look. Follow the advice given in *Choosing a Dog* (see pp.120–7), too.

The beginnings of breeding

Domestication of the dog is usually dated to between 10,000 and 35,000 years ago (see p.39), making it man's earliest animal companion. Breeding of dogs could have begun quite soon afterwards. One of the earliest objectives may have been to produce a dog that was quite distinct in appearance from a wolf, so that the two were unmistakable. Features such as small size, white coats and curly, upstanding tails were probably favoured in the ancient dog breeds for this reason.

Beyond this, dogs were undoubtedly bred for their usefulness. The first domesticated breeds may have been employed in hunting and defence, or even used as convenient sources of meat and fur – wolfskins were valued for warmth in the Ice-Age climate.

Hunting dogs in action
A section of the Bayeux tapestry, showing fierce hunting dogs with sharp-looking claws being employed with a falcon.

Hunting dogs
As time went on, dogs became more specialized and breeding shaped them for particular tasks. Hunting dogs were gradually developed into types.
Sight hounds
One of the earliest groups to emerge was a kind of hunting dog known as a "sight hound" or "gaze hound", best represented today by the Afghan (p.59), Saluki (p.67) and Greyhound (p.65). Dogs of this type are described in ancient Persian manuscripts and shown in Egyptian tomb paintings. They were of special value in open, treeless country where men armed with bows and arrows couldn't get close enough to their quarry. These swift, silent hounds ran it down, often aided by a trained falcon who would harry and distract the victim. From their Middle Eastern birthplace, gaze hounds were exported to produce such breeds as the Irish Wolfhound (p.66), Scottish Deerhound, Russian Borzoi (p.63) and even the Whippet (p.68).
Scent hounds
The other type of hound, the scent hound, was a much later invention and a distinctly European dog. Hunting in packs, it was a marathon runner rather than a sprinter, with the ability to follow a scent trail and the stamina to run the quarry to eventual exhaustion. Some scent hounds killed the prey; others were trained to keep it at bay then "give tongue", attracting the huntsman by baying. The Elkhound is a good example of this type.
Retrievers and pointers
With the invention of the gun, another major source of employment for hunting dogs was established. Dogs with sensitive noses could locate the targets for the hunter, others could

flush the prey – usually birds – while a third group were needed to retrieve them once shot. New virtues were demanded of such dogs – a "soft mouth" in retrieving dogs to prevent damage to the birds, and restraint in the case of pointers which had to freeze when they caught a scent.

The hunters began with dogs that had long been used for hunting with nets, principally a now-extinct breed known as the Spanish Pointer (p.50). By intensive breeding, they established the required qualities, producing dogs of unsurpassed loyalty and intelligence.

The early terriers
Many centuries earlier, another type of hunting dog of a very different build and temperament had been developed to tackle burrowing animals – foxes, badgers, rats and rabbits. These dogs were, for some reason, largely produced in Britain and were established here very early. The Roman troops noticed them and described them as *terrarii*, from which the name "terrier" comes. Short legs, and a fiery, tenacious spirit are their principal attributes. The British terriers were for centuries a rag-bag mixture of tough, working dogs, but in the late 18th and 19th centuries they became very popular, particularly among the working classes of the new industrial centres. A great variety of distinctive types were developed.

Guards, herders and playthings
Hunting was only one of the ways in which dogs could assist man. Once other animals such as sheep and goats had been domesticated, the dog's usefulness as a herder probably became apparent. The sort of tactics which a wolf uses to separate its intended victim from the herd, were exploited in the sheepdog.

Other dogs were developed over the centuries as guard-dogs, dogs of war, sledge-dogs and beasts of burden. As man's activities diversified, different roles opened up. Dogs could rescue people from drowning, guide them through snowy mountains, alert them to intruders, run alongside carriages, track down criminals, sniff out explosives, and guide the blind.

In contrast to these hard-working dogs, there was a tradition of completely idle "toy" breeds, which provided companionship, affection and amusement. These breeds go back at least 2,000 years, and were independently developed in Europe and the Far East. Miniaturization was an important feature, though in many, the extremes of size were only achieved quite recently. Once the preserve of the aristocracy, toys are now kept in enormous numbers by people in all walks of life.

Extinct breeds
Illustrations from Thomas Bewick's "General History of Quadrupeds", 1790, showing a Mastiff type (top) and a Ban-Dog (bottom).

Breed families of today

The usage of dogs – whether for gun-work or coursing, as watch-dogs, sheep-herders or toys – is the basis for the group system used in dog shows today. But cutting across these classifications reveals the remnants of ancient family relationships. Mastiffs (p.77), for example, have a recognized physique: burly, short-necked with a massive head and wrinkled face. Most such dogs are large and used as guard-dogs, but one toy breed, the Pug (p.117), shows the same sort of family characteristics. Most of the toy dogs are related to larger breeds in other groups – terriers, spaniels and coursing dogs – with very different roles. The Pomeranian (p.116), for example, bears all the marks of a Spitz dog, undoubtedly the most distinctive of the family groups.

The Spitz breeds

The Spitz dogs are a distinctive group that all have an erect tail which curls over the back, a sharply pointed, wolf-like face, short erect ears, a sturdy, four-square stance, and a ruff of thicker fur around the neck. Examples are the Finnish Spitz, the Samoyed (p.83), the Akita (right) and the Keeshond (p.47). There are dozens of Spitz breeds and they all originate from the far North, once being the only type of dog found in sub-Arctic regions. They were used by the Eskimos and their Siberian counterparts for herding, sledge-pulling and other strenuous work. How such a distinctive group could have arisen and been maintained is a matter for speculation, but it seems clear that the isolation of the North's cold regions was instrumental in preserving their distinctive appearance.

Other distinctive dogs

In other parts of the world isolation has again been a factor in producing singular breeds. The barren steppes of Mongolia produced the Chow Chow (p.104), whose black tongue and stiff,

Rhodesian Ridgeback
A breed originally from South Africa. The distinctive line of hair running along the back and forming the shape of a dagger, is unique.

Akita
The Japanese Akita is a strong, Spitz-type dog, and the most popular of the three breeds native to Japan. It is gradually becoming more widespread in other countries.

straight legs mark it out from other dogs. Also out of Asia came the extraordinary sheepdogs of Hungary, the Komondor and Puli, whose long, profuse coat will, with a little persuasion, fall into cords which look exactly like Rastafarian "dreadlocks".

Farther east, China engendered the strangely wrinkled Shar Pei and the bizarre Crested Dog – completely bald, but for a plume of long, silky hair on its head. The African continent also boasts two unusual dogs, the Rhodesian Ridgeback, whose name refers to a peculiar line of black hair running the length of the spine, and the odd little barkless Basenji, from Central Africa, whose voice is a soft, yodelling howl.

The influence of the dog show

Dog shows became popular in the second half of the nineteenth century. Breeders' conflicting ideas about how a breed should look led to the establishment of clubs which set a standard for each breed.

The introduction of these standardized "ideals" heralded a fundamental change in attitude to breeds of dog. From then on, appearance was all-important, and the usefulness of dogs, which had previously been the breeder's guiding light, took second place.

The problem of inbreeding

At the same time, the idea of pure-breeding (crossing only with dogs of the same breed) automatically took hold. This resulted in different breeds becoming largely isolated in a genetic sense, so that the same, rather limited set of genes became endlessly mixed and remixed down the pedigree lines. The dogs that won shows were in demand as parents, while those that didn't conform to the ideal were discarded by the breeders. The inevitable consequence of all this was a certain amount of inbreeding – the crossing of dogs already related. This

Keeshond (above)
A typical Spitz breed from Holland with a wonderfully full coat.
Basenji (right)
Native to Africa, this dog doesn't bark.

has resulted in some genetic defects and, in certain types, loss of vigour.

Some defects may not be all that obvious, or may not manifest themselves until the dog is seven or eight years old, allowing the victim to reproduce and so pass on these characters to the next generation. Other defects may be corrected by surgery, as in the Shar Pei, which often has a congenital defect known as entropion (see p.256), where the eyelids turn inwards, digging into the eyes and causing immense pain. A simple operation can rectify this in an individual, but can't change its genes, and its progeny are likely to be victims of the same disability.

Responsible breeders try to weed out weak, ailing or temperamentally unsound animals, but others are tempted to breed from a dog with outstanding "show characters", whatever its defects. When fashion dictates that a certain breed is in demand, there's a tendency for some

breeders to cash in and sell "production-line" puppies. These may conform in appearance to a breed, but often have genetic faults.

The Shar Pei
An ancient Chinese breed which has been rescued from near-extinction. Despite its strange appearance, it is quite an attraction at shows.

THE BREED STANDARDS

The world of the dog show (see *Dog Shows*, pp.198–209), can be rather difficult to understand at first. At the major shows, seemingly identical dogs parade in front of a judge who inspects each closely, looks in their mouths, watches them run round the ring, and then, mysteriously, pronounces one the winner. The casual onlooker is unlikely to understand how that particular dog differed from all the others.

The basis for the judge's decision is the "breed standard" – a description of the ideal to which that breed should aspire. The "Key Characteristics" given for every breed shown in this chapter are derived from the official standard for that breed. The standard is drawn up by the breed club and revised or refined from time to time. It is detailed and often very lengthy, but entirely verbal – no sketches or photographs accompany it.

Consequently the words are open to individual interpretation, and each

judge makes of the breed standard what he or she will. Some might favour one dog, while another would award the prize to a different individual, although they would probably agree if asked to pick the outright losers.

It is this element of variability that keeps dog shows going. Without it, they might well fall victim to their own essential illogic: on the one hand they are trying to get dogs to conform to an ideal, but on the other, judging one to be better than another.

The breed categories

This chapter groups breeds in the following categories:

Gundogs pp.50–8

Hounds pp.59–68

Working Dogs pp.69–87

Terriers pp.88–101

Special Dogs pp. 102–9

Toy Dogs pp.110–19

In general, the breed categories are the same in the U.K. and the U.S.A. In the original shows, all dogs were judged together. Later came a division into sporting and non-sporting, then the sporting category was further divided into three groups: Gundogs (still called "Sporting Dogs" in the U.S.A.), Hounds and Terriers. The non-sporting dogs proved more difficult to classify. The Toys were separated out, then the Working Dogs, leaving a miscellaneous collection known as "Utility" in the U.K., but as "Non-sporting Dogs" in the U.S.A. Most of its members are highly distinctive dogs, so the name "Special Dogs" has been given to it here.

Four dogs in the "Special" group of this chapter belong in different categories in the U.S.A. They are:
● Miniature Schnauzer (Terriers)
● Giant Schnauzer (Working Dogs)
● Shih Tzu (Toys)
● Toy Poodle (Toys).
The Bichon Frisé (Toys) belongs to the Non-sporting group of the U.S.A.

ASPECTS OF APPEARANCE

Some breeds need very little preparation for the show-ring. For the majority, however, hours of brushing, clipping, and shampooing are necessary preliminaries. In dogs like this, the skilful treatment of the coat is an essential part of the breed "look". (For how to groom various coat types, see p.176.)
Ear cropping Another integral aspect of a dog's appearance may be cropped ears. The practice is illegal in the U.K. With those breeds which either may or must have cropped ears in the U.S.A., a note is included to this effect on the relevant breeds pages.
Tail docking This is a fairly common feature of many breeds and some breeds are required to have it done for the show-ring. Tail docking is normally carried out at a few days old (see p.131).

Dobermanns with cropped and uncropped ears
Cropped ears stand erect. In some countries, ear cropping is thought essential for some breeds; in the U.K. it is banned.

Pointer

A breed where appearance takes second place to working abilities. An extremely professional show-dog.

History Originally used to locate hares, which were then coursed by greyhounds, the Pointer came into its own with the advent of the gun, since it could pinpoint game accurately. The oldest breed, the Spanish Pointer, goes back 300 years or more. The English Pointer was bred from Spanish stock and emerged as a distinct breed in the last century, a faster and more enterprising animal than earlier pointers.

Temperament Once a rather fierce breed, the introduction of setter blood has made the Pointer an easily managed dog.

Requirements A Pointer can become a good, affectionate pet, but its heart is really in its work, and it needs to hunt regularly.

German Shorthaired Pointer
A hardy gundog combining the skills of a pointer and a retriever. The short tail, produced by docking, should be carried down or horizontally.

KEY CHARACTERISTICS *Pointer*

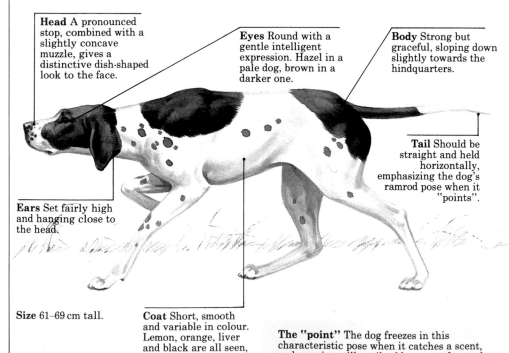

Head A pronounced stop, combined with a slightly concave muzzle, gives a distinctive dish-shaped look to the face.

Eyes Round with a gentle intelligent expression. Hazel in a pale dog, brown in a darker one.

Body Strong but graceful, sloping down slightly towards the hindquarters.

Tail Should be straight and held horizontally, emphasizing the dog's ramrod pose when it "points".

Ears Set fairly high and hanging close to the head.

Size 61–69 cm tall.

Coat Short, smooth and variable in colour. Lemon, orange, liver and black are all seen, usually mixed with white.

The "point" The dog freezes in this characteristic pose when it catches a scent, and remains still until told to move forward.

Golden Retriever

A dog which has seen a meteoric rise in popularity since its recognition as a distinct breed in 1913. Though still a gundog at heart, the Golden Retriever makes an excellent family pet.

History Like the Flat-coated Retrievers from which they were derived, Golden Retrievers are intelligent, hardworking dogs that can withstand extremely cold, wet conditions. Both breeds were designed specifically for wild-fowl hunting, and in creating them various setters and spaniels were crossed with the St John's Newfoundland. Water-spaniel blood was added later. Like its ancestors, the Golden Retriever loves swimming.

Temperament The gentle, good-humoured face of this dog reveals its personality. It is also obedient and highly intelligent.

Requirements Plenty of exercise is essential, and a cold climate suits this breed best. It needs regular grooming.

KEY CHARACTERISTICS *Golden Retriever*

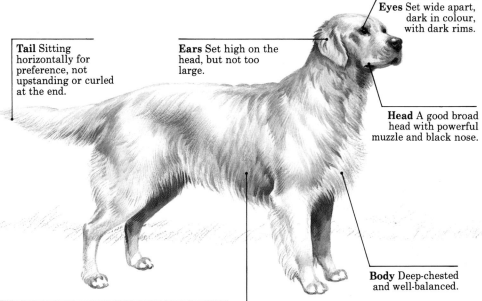

Eyes Set wide apart, dark in colour, with dark rims.

Tail Sitting horizontally for preference, not upstanding or curled at the end.

Ears Set high on the head, but not too large.

Head A good broad head with powerful muzzle and black nose.

Body Deep-chested and well-balanced.

Coat Wavy or flat with generous feathering, in gold or cream, without white patches.

Size 51–56 cm tall for a bitch, 56–61 cm tall for a dog.

Flat-coated Retriever
The Golden Retriever was bred from a glossy dark-coloured breed known as the Flat-coated Retriever. Its coat can be black or liver-coloured. It remains a popular gundog and is an excellent show-dog but is only now becoming widely accepted as a pet.

Labrador Retriever

A breed that combines many virtues, being a first-class gundog and an ideal family pet.

History The Labrador's career has had three distinct phases. It began as a fisherman's dog in Newfoundland, trained to bring in the nets through perilous, icy waters. This was probably the breed known as the St John's Newfoundland.

Newfoundland fishermen, bringing fish across to England, also sold off their dogs, and in its new home the breed was developed as a gundog. The name "Labrador" was coined in 1887, by an early devotee of the breed, the Earl of Malmesbury. More recently the Labrador has become one of the best-known companion dogs in the world and the dog most favoured as a guide for the blind.

Temperament The main reason for the Labrador's success as a pet is its personality: good tempered, amiable, loyal and utterly reliable with children, but not so placid as to fail to defend properly.

Requirements Because these dogs are so easy-going there is a tendency to think that they can adapt to almost any lifestyle. But they aren't well suited to a completely sedentary suburban existence and do need a fair amount of exercise to stay in trim. They should be allowed to swim regularly, for their love of water is an inescapable part of their past.

KEY CHARACTERISTICS *Labrador Retriever*

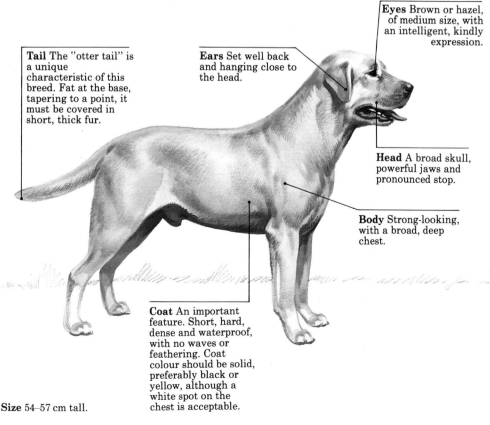

Tail The "otter tail" is a unique characteristic of this breed. Fat at the base, tapering to a point, it must be covered in short, thick fur.

Ears Set well back and hanging close to the head.

Eyes Brown or hazel, of medium size, with an intelligent, kindly expression.

Head A broad skull, powerful jaws and pronounced stop.

Body Strong-looking, with a broad, deep chest.

Coat An important feature. Short, hard, dense and waterproof, with no waves or feathering. Coat colour should be solid, preferably black or yellow, although a white spot on the chest is acceptable.

Size 54–57 cm tall.

Irish Red Setter

Often known simply as the "Red Setter", this is the raciest of the gundogs.

History Spaniels, other setters and the Spanish pointers may all have played a part in this breed's ancestry. Once a red-and-white dog, the pure red form appeared in the 19th century and became increasingly popular. Setters were originally used for locating game which was then caught in a net. They freeze like a pointer on scenting their quarry, but then drop to the ground, or "set".

Temperament Irish Setters have great charm – lively, affectionate, excitable and mischievous, they need firm handling and thorough obedience training.

Requirements Wide open spaces, where they can work off their superabundant energy and high spirits, are essential.

English Setter
The smallest of the setters, the English has a silky, wavy coat, always partially white. It is exceptionally affectionate and friendly, so much so that it makes a useless guard-dog. The Irish Setter is better in this respect.

KEY CHARACTERISTICS *Irish Red Setter*

Size Balance and proportion are more important than height. Average height is 68.5 cm.

Head Long and lean with a good stop. Muzzle squarish at the end.

Ears Set low and well back, hanging close to the head. Long and silky with feathering at the top

Eyes Hazel or dark brown.

Tail Tapering, low-set and carried level or below the back.

Coat The hallmark of the breed. It should be a rich chestnut with no black at all and no more than a few streaks of white. The hair should be as straight and flat as possible, with feathering along the backs of legs, belly and tail.

Body Well-muscled with slightly arched loins and a well-sprung rib-cage.

Brittany Spaniel

An all-round gundog that is very popular in France and America. It has not yet been awarded championship status by the British Kennel Club.

History The name "spaniel" is probably derived from "Espanol" and recalls the fact that many gundogs – setters and pointers, as well as spaniels – trace their forebears back to the ancient sporting dogs of Spain. In general, spaniels are used to flush birds for the guns, whereas pointers and setters are primarily concerned with locating game. But the Brittany Spaniel is an exception in that it points, as well as putting up the quarry for the guns, and retrieving it afterwards. This versatile dog also displays a lean, leggy physique that

has more in common with the setters than with other spaniels. Within the last century, English Pointer blood was added to the breed which undoubtedly accentuated these characteristics. The Brittany remains very much a working dog, and any decorative features, such as feathering of the coat that might hamper it in dense undergrowth, are discouraged.

Temperament As with most gundogs, the long working partnership with man has produced an affable, intelligent, cooperative and willing breed. They are fairly suspicious of strangers.

Requirements Regular long walks are a must, and the Brittany will be happiest if allowed to work.

KEY CHARACTERISTICS *Brittany Spaniel*

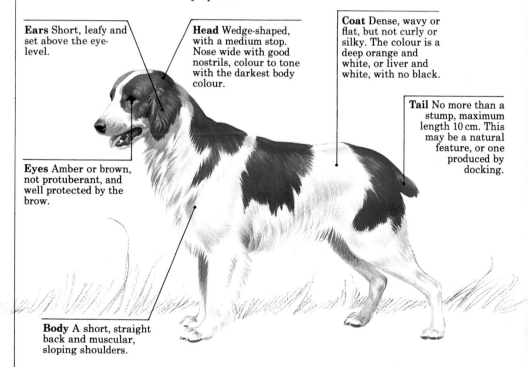

Ears Short, leafy and set above the eye-level.

Head Wedge-shaped, with a medium stop. Nose wide with good nostrils, colour to tone with the darkest body colour.

Coat Dense, wavy or flat, but not curly or silky. The colour is a deep orange and white, or liver and white, with no black.

Tail No more than a stump, maximum length 10 cm. This may be a natural feature, or one produced by docking.

Eyes Amber or brown, not protuberant, and well protected by the brow.

Body A short, straight back and muscular, sloping shoulders.

Size 44.5–52 cm tall.

Springer Spaniel

A sturdy gundog, with a good-natured vitality that makes it an excellent companion.

History When the old and diverse group of dogs known as "land spaniels" were separated into two distinct groups, the larger types acquired the name of Springer Spaniels, since they were used primarily to "spring" game for falconers. To be successful at this work, great stamina and endurance were required, plus a keen nose and an inexhaustible interest in flushing birds. With the introduction of the gun, the breed's role changed, as it was also required to retrieve birds.

Temperament Willing and affectionate.

Requirements This is essentially a country dog, although it can adapt to urban life if adequate exercise is allowed for. The coat needs regular grooming.

Welsh Springer Spaniel
A little smaller and more lightly built than the English Springer Spaniel, this breed is always red and white in colour.

KEY CHARACTERISTICS *Springer Spaniel*

Eyes Dark hazel with an alert, kindly expression. The haws (third eyelids) should not be visible.

Tail Set low, well feathered and carried level. It is usually docked.

Head Fairly broad, with a pronounced stop, divided by a fluting between the eyes.

Ears Set in line with the eyes and close to the head.

Coat Close and weather-resistant, but not coarse. Liver and white or black and white are the preferred colours, with or without tan markings.

Body Strong-looking, with muscular thighs. The chest should have a good depth.

Size About 51 cm tall.

American Cocker Spaniel

Like the English Cocker Spaniel from which it was derived, this breed has largely relinquished its sporting past to become an enormously popular pet.

History Around 1880, the first English Cocker Spaniels were introduced in America. A distinct type soon emerged as a selective breeding programme got underway to produce a dog better adapted to the needs of American sportsmen. The game-birds tended to be smaller than in England, and the dog decreased in size correspondingly. Other changes accompanied this, and by the 1930s the differences warranted separation of the English and American Cockers. Both are now officially recognized in each country. The younger breed was the favourite dog in its native home in the years after the Second World War, and it is one of the more common spaniels in Britain.

Temperament Breeding for the show has not affected this spaniel's intelligent and sporty nature.

Requirements Regular trimming and grooming of the coat plus plenty of exercise are needed.

KEY CHARACTERISTICS *American Cocker Spaniel*

Size 34–39 cm tall.

Eyes Hazel to black, depending on the coat colour, but the darker the better. Round, full and forward-looking.

Head Well rounded skull with pronounced "eyebrows". The muzzle is shorter than in the English Cocker.

Tail Carried level with or just above the back. Docked.

Ears Set level with, or below the lower part of the eye.

Body Compact, strong-looking and deep-chested. Back slopes gently towards the tail.

Coat Silky and flat, or slightly wavy, with good feathering. The coat is much longer than in English Cockers. Colours very variable.

Cocker Spaniel

The family of breeds known as spaniels dates back at least to the 14th century, when Chaucer wrote of "Spanyels", in his Canterbury Tales.

History As the ancient spaniel family diversified, its representatives became specialized for different types of work. By the early 19th century there was a group identified as the "cockers", and these were the forebears of today's breed. Their name may have come from the old word "cock" – to flush game – but it could also have derived from the use of this breed in hunting woodcock. The Cocker's development was centred around Wales and southern England, but as more colour varieties evolved, adding roans, black and white, and red, for example, to the original black, the Cocker gained more widespread admiration. It was Britain's most popular breed by the mid-1930s, and is reasonably common in America.

Temperament Cheerful, loving and intelligent, the Cocker makes a perfect companion.

Requirements The coat needs regular brushing, and some trimming on the feet and ears. Plenty of exercise is a must, too, so this isn't a suitable breed for busy families with little spare time.

KEY CHARACTERISTICS *Cocker Spaniel*

Eyes Dark brown, never pale, full but not prominent.

Head Handsomely chiselled, with a distinct stop at the halfway mark. Muzzle square and nose wide.

Body Very strong and compact. Topline sloping gradually towards the tail.

Tail Carried level and docked.

Ears Set level with the eyes.

Coat Silky and flat, with some feathering. Colours are very variable.

Size 38–41 cm tall.

Weimaraner

The "grey ghost dog" of Germany, this is a "purpose-built" breed with a wide range of hunting skills.

History Some dogs emerge gradually over the centuries, others are deliberately put together by breeders with a clear objective in mind. There's a bit of both in the Weimaraner, for grey hunting dogs have been known in Germany since at least the 1630s, but it was only in the 19th century that the sporting noblemen of Weimar took charge of the breed and moulded it to their own specifications. The result was a superb, all-round gundog, capable of tackling both large and small game. Until 1929, it was rigorously controlled by the Weimaraner club, and breeding was not allowed outside Germany. But eventually an American enthusiast succeeded in introducing the dog in America where it soon became a highly popular sporting dog.

Temperament With good breeding stock and careful handling, the Weimaraner can become a reliable family dog. But it is an intelligent and wilful animal, for whom a thorough course of training is recommended. Undue fierceness has at times been a problem; it is vital to obtain puppies from a reputable source.

Requirements A Weimaraner needs plentiful exercise every day.

KEY CHARACTERISTICS *Weimaraner*

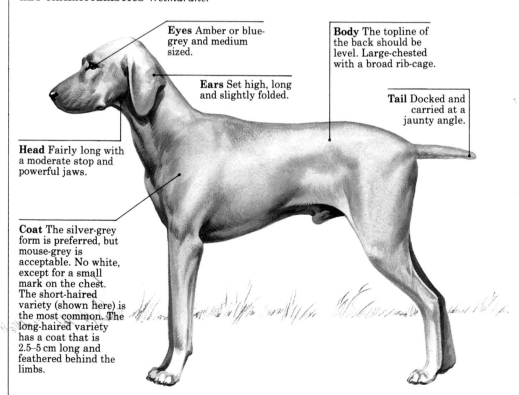

Eyes Amber or blue-grey and medium sized.

Ears Set high, long and slightly folded.

Body The topline of the back should be level. Large-chested with a broad rib-cage.

Tail Docked and carried at a jaunty angle.

Head Fairly long with a moderate stop and powerful jaws.

Coat The silver-grey form is preferred, but mouse-grey is acceptable. No white, except for a small mark on the chest. The short-haired variety (shown here) is the most common. The long-haired variety has a coat that is 2.5–5 cm long and feathered behind the limbs.

Size 56–63.3 cm tall for a bitch, 61–68.5 cm tall for a dog.

Afghan Hound

A supremely elegant dog which, according to Afghan legend, travelled on the Ark with Noah.

History The ancestors of the Afghan are believed to have come from Egypt, where references to a dog of this type date back to 3,000 B.C. Trade routes between the Middle East and Far East probably carried this valuable hound up into the Afghan mountains, where the length of its coat was increased as a protection against extreme winter cold. For centuries it remained a dog of the nobility, hunting gazelles, antelope, wolves and foxes. The first British import arrived in 1886, but the breed did not reach America until 1926.

Temperament Pleasant and good natured, but with an independent streak that can cause trouble if not dealt with firmly. Its urge to chase and kill is very strong. The appearance of aloofness, however, is deceptive: Afghans need kindness and attention and will pine if treated as nothing more than four-legged ornaments.

Requirements Definitely a dog for those with plenty of spare time and money. It needs generous amounts of exercise, grooming and food.

KEY CHARACTERISTICS *Afghan Hound*

Head Long, but not too narrow. The nose black, or liver-coloured in a pale dog.

Eyes Dark or golden, almost triangular, with an Oriental slant.

Tail Set low, but raised when the dog moves. Ringed at the end and sparsely feathered.

Body Moderate length, level, muscular back. A reasonably deep chest.

Ears Set low and well back. Carried close to the head and covered by silky hair.

Coat Very long and fine except along the back and on the foreface. Pasterns can be bare.

Size 61–68 cm tall for a bitch. 68.5–73.5 cm tall for a dog.

Basset Hound

With its nose inevitably close to the ground, the Basset is among the finest of the scent hounds.

History This sturdy, short-legged hound originated in France in the late 16th century. The shape of its head and the sharpness of its scenting powers suggest a close relationship with the Bloodhound, and it may have arisen through a mutation in that breed, producing dwarfism. In the early 19th century, Bassets came into their own, being most useful to those hunting on foot. Though slow-moving, they trundle through seemingly impenetrable undergrowth with ease, and can be used for hunting hares, rabbits and pheasants.

Temperament Appearances can be misleading. Behind the Basset's doleful expression lies an exceptionally merry, lively dog, affectionate and good with children. Generally obedient, it becomes oblivious to everything when on to a scent.

Requirements The Basset's ponderous gait doesn't mean that it can do without exercise – a sedentary dog quickly becomes overweight.

KEY CHARACTERISTICS *Basset Hound*

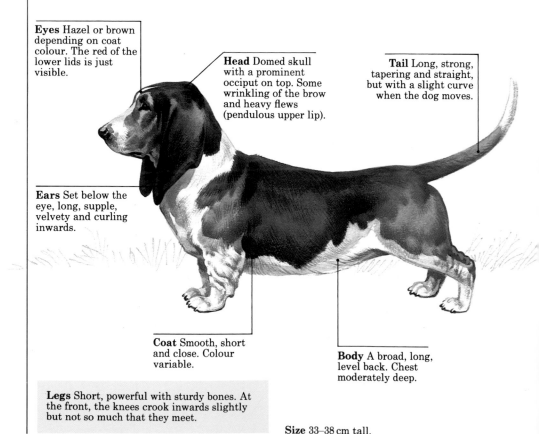

Eyes Hazel or brown depending on coat colour. The red of the lower lids is just visible.

Head Domed skull with a prominent occiput on top. Some wrinkling of the brow and heavy flews (pendulous upper lip).

Tail Long, strong, tapering and straight, but with a slight curve when the dog moves.

Ears Set below the eye, long, supple, velvety and curling inwards.

Coat Smooth, short and close. Colour variable.

Body A broad, long, level back. Chest moderately deep.

Legs Short, powerful with sturdy bones. At the front, the knees crook inwards slightly but not so much that they meet.

Size 33–38 cm tall.

Beagle

Like its larger cousin, the Foxhound, the Beagle is a sturdy intelligent dog with a long, well-documented history.

History Beagles have a 500-year tradition of hunting hares, using their fine noses to keep track of their quarry, and running them down by sheer persistence. The smallest dogs, standing less than 25 cm tall and known as "Pocket Beagles", could be carried to the start of the chase on horseback, in the capacious pocket of a hunting coat. But Beagles were also useful to hunters on foot, and the smaller ones, in particular, were used for hunting rabbits.

Temperament Cheerful and friendly, but with a tendency to wilfulness typical of pack dogs. Obedience training and firm handling are essential.

Requirements Beagles should be exercised every day, and they cannot be left alone for too long.

American Foxhound
Descended from English foxhounds, first brought to the New World in 1650, the American Foxhound is a large dog, standing 53–63.5 cm tall.

KEY CHARACTERISTICS *Beagle*

Head Divided halfway by a definite stop. Squarish muzzle with moderate flews (upper lip) and a broad nose.

Eyes Dark brown or hazel, neither bulging nor deeply set.

Tail Sturdy and set high. Carried gaily, but not curling over the dog's back.

Ears Long and low-set, with a fine texture.

Coat Short, dense and waterproof.

Body A deep chest, powerful loins, and a straight, level back.

Size 33–40 cm tall.

Bloodhound

A large hound whose formidable sense of smell is legendary.

History This is an ancient breed, at least two thousand years old. In France, Switzerland and Belgium they are known as St Hubert Hounds, after the patron saint of hunting, who kept a pack of large, black Bloodhounds at his abbey. The breed has had many royal enthusiasts in the past, and its name may reflect its aristocratic connections and long bloodlines as much as its hunting prowess. Certainly it does not refer to any ferocity, the Bloodhound being one of the gentlest of dogs. It regards

hunting as something of a game: having found its quarry it is completely satisfied and will probably lick it energetically or simply wag its tail.

Temperament The Bloodhound isn't everyone's ideal pet. It is generally a solemn and reserved dog, although affectionate with its family. Sniffing things out is a lifelong obsession, and Bloodhounds are difficult to recall once they are on the trail.

Requirements Carefully regulated feeding and plenty of vigorous exercise are essential.

KEY CHARACTERISTICS *Bloodhound*

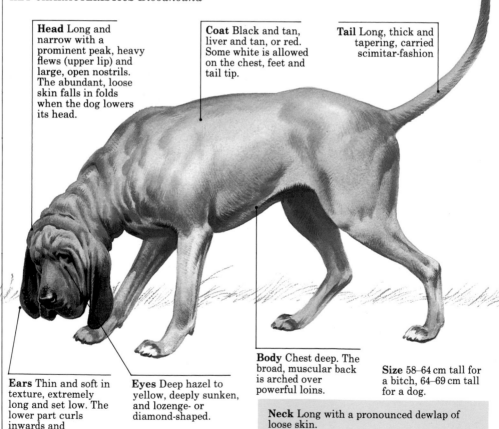

Head Long and narrow with a prominent peak, heavy flews (upper lip) and large, open nostrils. The abundant, loose skin falls in folds when the dog lowers its head.

Coat Black and tan, liver and tan, or red. Some white is allowed on the chest, feet and tail tip.

Tail Long, thick and tapering, carried scimitar-fashion

Ears Thin and soft in texture, extremely long and set low. The lower part curls inwards and backwards.

Eyes Deep hazel to yellow, deeply sunken, and lozenge- or diamond-shaped.

Body Chest deep. The broad, muscular back is arched over powerful loins.

Size 58–64 cm tall for a bitch, 64–69 cm tall for a dog.

Neck Long with a pronounced dewlap of loose skin.

Borzoi

Like the Afghan, the Borzoi is a gaze hound – a fast-running dog that hunts by sight.

History The Borzoi is said to have the same Middle Eastern ancestors as the Saluki and Afghan, but these ancient coursing dogs were unable to survive the severe winters further north. Crossing with a long-legged Russian collie type introduced the necessary hardiness and a thick, curly coat. Borzois were kept in packs by the Russian nobility and used for the ritualistic hunting of wolves. A present from the Czar to Queen Victoria introduced the breed to Britain in 1842, and Borzois arrived in America in 1889.

Temperament Generally calm and affectionate, although it should be remembered that they are a hunting breed. As always, it is best to obtain puppies from a recognized breeder. The size, power and speed of the animal makes obedience training essential.

Requirements This is not a dog to be taken on lightly. Its appetite, both for food and exercise, is huge, the coat needs regular grooming, and its personality requires firm and consistent management.

KEY CHARACTERISTICS *Borzoi*

Body The back should be gently arched. Chest deep but rather narrow.

Ears Small, fine and mobile.

Eyes Dark, alert and almond-shaped, with dark rims.

Head Long and lean with almost no stop, giving the distinctive narrow wedge-shape. Nose black.

Coat Long and preferably curly, but wavy or flat coats are acceptable. On the head, ears and front legs it should be short and smooth. Any colour, but white usually predominates.

Tail Long, low and thickly feathered, straight or sickle-shaped, but not curled.

Size 68 cm or more tall for a bitch, 73 cm or more tall for a dog.

Dachshunds

Small, short-legged dogs that were wrongly classified through a misunderstanding: the German name "dachshund" means "badger-dog", but the "hund" was translated as "hound".

History Dachshunds were bred to hunt foxes and rabbits as well as badgers, their small size allowing them to pursue the animals underground. The original dogs were of standard size, but towards the end of the 19th century smaller Dachshunds were developed. Miniatures are now the most popular.

Temperament All Dachshunds are very lively, particularly the smooth-haired breed. They also make good watch-dogs.

Requirements A romp in a large garden usually provides enough exercise.

KEY CHARACTERISTICS *Standard Smooth-haired Dachshund*

Legs Dachshunds' legs are extremely short in relation to their long bodies. The forelegs curve inwards slightly.

Head Long and tapering, with strong jaw. Nose usually black.

Eyes Oval and obliquely set.

Ears Set high and well back. Broad and well rounded.

Body A long back with a very slight dip at the shoulders and rise over the loin.

Coat Dense, smooth and strong. All colours, except white, are permitted.

Tail Set high and tapering.

Size Standard: up to 10.4 kg for a bitch, 11.3 kg for a dog. Miniature: up to 5 kg.

Long-haired and Wire-haired Dachshunds
Although similar in most respects, Long-haired Dachshunds are generally more calm and reserved than the smooth-haired breed. The wire- *haired type shows traces of the terrier blood used to introduce its coat and has an affectionate, energetic and sporty temperament. Both varieties also come in Miniature.*

Greyhound

The fastest-running of all dogs, with a speed of almost 40 mph. Three basic types have been developed – the track dog, the show-dog and the coursing dog.

History The origin of the name "Greyhound" is a matter for debate, but it may be a corruption of "gaze hound", a collective name for dogs that hunt by sight. Like other gaze hounds, the Greyhound originated in the Middle East and is thought to be as much as 6,000 years old. It is unusual among long-established breeds in having changed remarkably little over the centuries.

Temperament Gentle, affectionate and loyal. It is extremely biddable and well behaved, so makes an excellent show-dog.

Requirements Plenty of exercise and food.

Italian Greyhound
A miniature version of the Greyhound, the Italian weighs only 2.5 to 3.5 kg. Its slender bones and petite build put it in the toy dog category.

KEY CHARACTERISTICS *Greyhound*

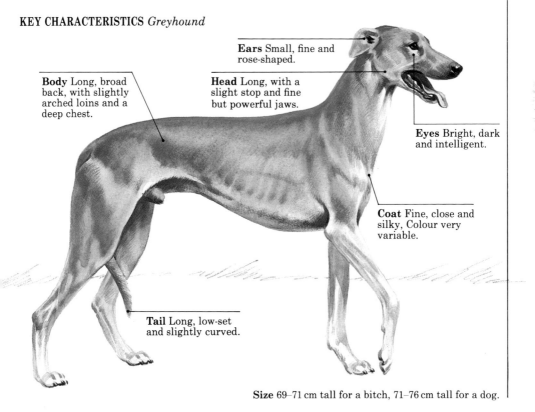

Ears Small, fine and rose-shaped.

Body Long, broad back, with slightly arched loins and a deep chest.

Head Long, with a slight stop and fine but powerful jaws.

Eyes Bright, dark and intelligent.

Coat Fine, close and silky, Colour very variable.

Tail Long, low-set and slightly curved.

Size 69–71 cm tall for a bitch, 71–76 cm tall for a dog.

Irish Wolfhound

Centuries of Celtic legend surround this huge, dignified hound, the hunting companion of Ireland's ancient kings and queens.

History As far back as Roman times, Ireland was known for its exceptional hounds – dogs of dramatic size and versatile hunting abilities. These qualities made them popular additions to the households of the European nobility. Although their main duty was to hunt the wolves which then roamed the Irish forests, they could also be used in the pursuit of other large game, including deer and wild boar. But the fate of the Wolfhound was linked with its main quarry, and its popularity waned as the last wolves were killed in the 18th century. It required concerted efforts and input from other breeds (including the Scottish Deerhound) to resurrect the Irish Wolfhound in the late 19th century.

Temperament A "gentle giant", this hound is reliable, intelligent and companionable. Despite its immense power and abilities as a guard-dog, it can be trusted with children.

Requirements A Wolfhound's owners must allow it the space it needs, and take its appetites for food and exercise seriously.

KEY CHARACTERISTICS *Irish Wolfhound*

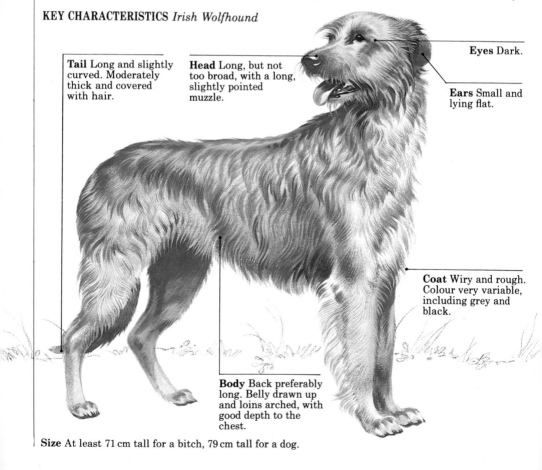

Tail Long and slightly curved. Moderately thick and covered with hair.

Head Long, but not too broad, with a long, slightly pointed muzzle.

Eyes Dark.

Ears Small and lying flat.

Coat Wiry and rough. Colour very variable, including grey and black.

Body Back preferably long. Belly drawn up and loins arched, with good depth to the chest.

Size At least 71 cm tall for a bitch, 79 cm tall for a dog.

Saluki

The Saluki, or Gazelle Hound, combines an exotic, graceful appearance with exceptional speed and stamina.

History The Saluki is a relative of the Afghan Hound (see p.59), but its Middle Eastern history is perhaps even older. Its fine features are recognizable in dogs portrayed in a pharoah's tomb over 3,000 years ago. The hound's popularity endured and it became the favourite of the Persians and Arabs, who used it in conjunction with falcons to hunt gazelles. There are feathered and smooth-haired varieties, and while they share similar origins, one type is often preferred in a particular part of this hound's wide range, which encompasses most of the Middle East. In the late 19th century the first attempts to popularize the breed in Britain were made, most notably by Lady Amherst. After a slower start in America the Saluki is now well established.

Temperament Although friendly, responsive and loyal to its owner, this dog requires obedience training. Salukis have a sensitive nature and should be handled gently.

Requirements Definitely a dog for the open country where it can use its incredible speed to full effect. It needs to be groomed fairly often.

KEY CHARACTERISTICS *Saluki*

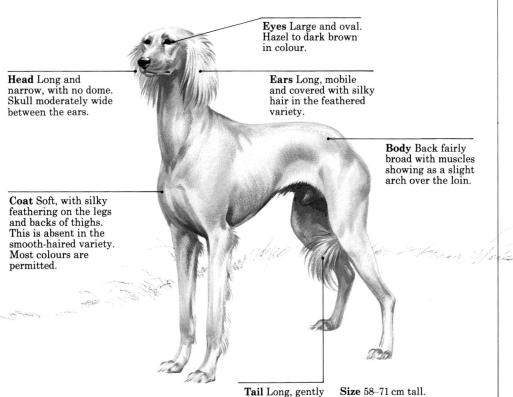

Eyes Large and oval. Hazel to dark brown in colour.

Head Long and narrow, with no dome. Skull moderately wide between the ears.

Ears Long, mobile and covered with silky hair in the feathered variety.

Body Back fairly broad with muscles showing as a slight arch over the loin.

Coat Soft, with silky feathering on the legs and backs of thighs. This is absent in the smooth-haired variety. Most colours are permitted.

Tail Long, gently curved and set low, with feathering on the underside.

Size 58–71 cm tall.

Whippet

A small gaze hound that can match the Greyhound for speed and grace.

History The Whippet's story is one of "riches to rags". Its main ancestor, the Greyhound (see p.65), was a dog of kings and noblemen, dating back to the pharoahs of Egypt. More recently, in the industrialized areas of north-east England, this aristocratic breed was crossed with local terriers to produce "rag dogs", which were trained to run at top speed towards their masters when they waved a piece of cloth. In this way the dogs could be raced against each other for Sunday entertainment. Whippets, whose name probably comes from an old English word for small dogs, were also used for catching rabbits. The original breed included rough-coated dogs, but these fell out of favour once the Whippet began to take part in shows.

Temperament Gentle, friendly and obedient.

Requirements A chance to run regularly is needed, but not too far or too long for most owners to cope with quite easily. A clean dog, with a small appetite, the Whippet is a remarkably undemanding pet. The habit of shivering conveys an impression of delicacy which is misleading, but some protection against cold weather is a good idea.

KEY CHARACTERISTICS *Whippet*

Size 44–47 cm tall.

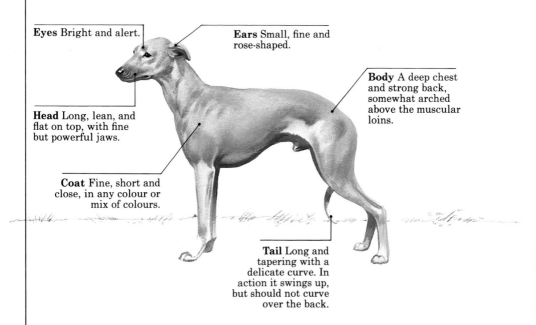

Eyes Bright and alert.

Ears Small, fine and rose-shaped.

Body A deep chest and strong back, somewhat arched above the muscular loins.

Head Long, lean, and flat on top, with fine but powerful jaws.

Coat Fine, short and close, in any colour or mix of colours.

Tail Long and tapering with a delicate curve. In action it swings up, but should not curve over the back.

Bernese Mountain Dog

A charming and very beautiful dog that is becoming increasingly popular.

History Unusually for a dog, the Bernese was bred to pull carts. It was the "workhorse" of weavers and cheesemakers in the canton of Berne, while similar, related breeds were favoured in other parts of Switzerland. Legend has it that they first arrived there with the Roman legions, for whom they acted as guard-dogs. This may be fact or fantasy, but whatever the early history of the breed, there's no doubt that it was in serious decline at the end of the 19th century. Then a prominent citizen of Berne stepped in, sought out the best specimens and bred from them to produce the sturdy, attractive dogs we see today. The Bernese Mountain Dog retains its working instincts and enjoys pulling carts, often being used to give rides to children at fêtes and shows.

Temperament Good-natured, peaceable, cheerful and affectionate.

Requirements Plenty of exercise, an ample diet and regular grooming are needed. The Bernese makes an excellent family pet for those who can afford a fairly large dog.

KEY CHARACTERISTICS *Bernese Mountain Dog*

Coat Long, soft and silky with a slight wave. The markings are characteristic: jet black, with patches of rich tan on all legs, part of the chest and over each eye. A white blaze and white chest are essential, and white paws and tail-tip desirable.

Head A flat skull with a well defined stop, slight furrow between the eyes and strong muzzle.

Ears Triangular, medium-sized and lying flat.

Eyes Dark brown and almond-shaped.

Body Compact, with a deep chest and a straight back.

Tail Bushy and reaching just below the hocks.

Size 58–66 cm tall for a bitch, 63.5–70 cm tall for a dog.

Boxer

A sturdy, energetic dog that's always full of high spirits and makes an excellent guard.

History The Boxer probably has its origins in German dogs of the mastiff type, used for bull-baiting in medieval times. But the breed as we know it only came into being in the 19th century, when German breeders crossed these ancient dogs with other breeds, notably the Bulldog, and selected for particular traits. They were intent on developing the perfect police dog: ferocious and fearless, but also intelligent and controllable, powerful and robust, but not so heavy as to be unable to jump a high wall, or pursue a criminal at speed. The Boxer is thus a made-to-measure breed, and in its native land it is still valued for police work. Elsewhere in the world it has become important as a guard-dog and family pet.

Temperament A lively, often boisterous dog. Despite its fierce background, the Boxer is generally trustworthy, but it is important to get puppies from a reputable breeder.

Requirements Exercise, and lots of it, is a must for this breed.

KEY CHARACTERISTICS *Boxer*

Special note The ears may be cropped (and thus stand erect) in other countries, but not in Britain.

Ears Thin, set wide apart and lying close to the head.

Eyes Dark brown with a dark rim.

Head Slightly arched skull with deep stop and a central furrow on the forehead. The upper jaw should represent one third of the total skull length. Upturned nose and protruding lower jaw.

Tail Set high, docked to no more than 5 cm.

Coat Short, smooth and shiny. Fawn or brindle of various shades, white markings allowed but all-white not acceptable. The muzzle should form a black "mask" against the rest of the face.

Body Chest deep. Profile square with a short, sloping, strong-looking back.

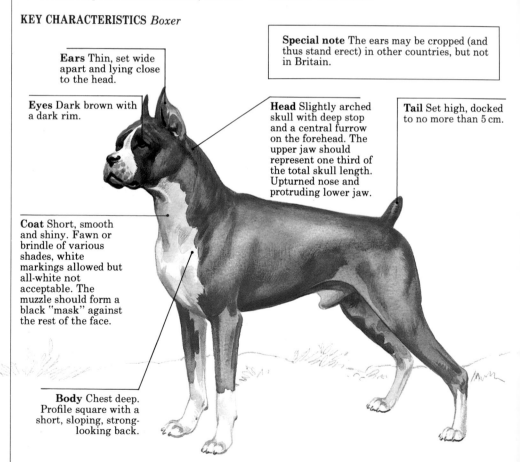

Size 53–58.5 cm tall for a bitch, 56–61 cm tall for a dog.

Bearded Collie

Worked as a shepherding dog for centuries in Britain, this energetic, cheerful collie makes an excellent companion.

History Its origin is uncertain but one story has it that Magyar dogs, brought to Scotland by Polish traders in the Middle Ages, were its main ancestors. These animals may also have been the forebears of the Old English Sheepdog, which shows many similarities to this breed. The numbers of the Bearded Collie, (once known as the Highland Collie) declined rapidly during and between the wars. The breed was virtually extinct when, in 1944, it was resurrected from one breeding pair.

Temperament A very friendly dog.

Requirements The long coat requires weekly brushing, more so in the first two years of life. This dog is accustomed to hard work and needs regular exercise.

KEY CHARACTERISTICS *Bearded Collie*

Size 51–53 cm tall for a bitch, 53–56 cm tall for a dog.

Eyes Large and set quite wide apart. Colour to tone with coat. Not obscured by the arched eyebrows.

Ears Set high, hanging, with a covering of long hair.

Bearded Collie puppies
Bearded Collie puppies are slow to mature, and require extra brushing for the first two years of life, while the coat develops.

Head Broad, with a moderately long foreface and slight stop.

Tail Quite long and set low with a slight curve at the tip when at rest.

Body Long, with a straight front, level back and deep chest.

Coat Double, with soft undercoat and hard, straight outer coat. Variable colouring, including black, shades of grey and sandy.

Border Collie

An invaluable assistant to shepherds all over the world, the Border Collie is now gaining popularity away from the farm.
History The strong herding instinct of this collie was originally developed in the Scottish border country. It has been bred for trainability and intelligence rather than for looks, and is shown at sheepdog trials more often than in the ring. For years the International Sheepdog Society has imposed standards of working ability on the breed, but only in 1976 was it adopted by the British Kennel Club. Official recognition usually changes the emphasis in breeding, to attain a standardized appearance, but livestock farmers' strong interests in the dog will probably ensure that its usefulness is not impaired.
Temperament Rather excitable, but with their tendency to "herd" children, these loyal, obedient dogs make good family pets.
Requirements Plenty of exercise.

KEY CHARACTERISTICS *Border Collie*

Eyes Oval and set wide apart. Dark brown except for merles (mixed colourings), where some blue is permitted.

Ears Medium-sized and set well apart. Semi-erect and mobile.

Tail Curving gracefully down at least to the hock. Never carried over the back.

Head Rather broad skull, with a short muzzle tapering to a black nose. Distinct stop.

Coat The two varieties are moderately long- and smooth-coated. In the former, there should be a mane, bushy tail and breeching. A range of colours is permissible, but not predominant white.

Body Wide, deep chest. Strong, broad back over slightly arched, muscular loins.

Size About 53 cm tall.

Border Collie
The breed makes an outstanding sheepdog. The Border Collie has to be sensitive to its master's every gesture, call or whistle in the delicate task of herding sheep.

Rough Collie

A good representative of this breed is one of the most beautiful of all dogs.

History Although its exact origins are uncertain, the Rough Collie's ancestors were Scottish herding dogs, and despite recent breeding for the show, it displays the intelligence and patience required for its original purpose. When Queen Victoria encountered them during a visit to Balmoral, she was entranced and acquired several for the Windsor kennels. This sparked off more general popularity, both in Britain and America.

Temperament Combining a sense of fun with great intelligence, these collies make excellent companions.

Requirements The good looks of this dog carry the price of frequent grooming and exercise.

Smooth Collie
This breed and the Rough Collie are so similar in all but coat length that they are judged by the same standard in the U.S.A., and were only recently separated in Britain. The Smooth Collie may have helped to drive sheep to market.

KEY CHARACTERISTICS *Rough Collie*

Body Rather long in proportion to height, with a deep chest. Back slightly arched over loins.

Ears Small and set reasonably high on the skull. Semi-erect, with the top third tipping over when alert.

Eyes Almond-shaped and set rather obliquely. Dark brown, but merle (mixed-coloured) dogs can have one blue eye, or partially blue eyes.

Tail Long, reaching down at least to the hocks, with a slight upward turn at the tip.

Head Clean-cut profile tapering smoothly from the flat skull to a blunt, well-rounded muzzle. A slight stop. Nose must be black.

Coat Long and dense with abundant tail covering, mane, and feathering. Recognized colours are sable and white, tricolour (black, white, and tan) and blue merle.

Size 51–56 cm tall for a bitch, 56–61 cm tall for a dog.

Dobermann Pinscher

This excellent guard-dog owes its combination of agility and toughness to one man's dedication to its breeding programme.

History Louis Dobermann spent the last decades of the 19th century in pursuit of his ideal breed. Although we have no precise knowledge of its stock, the Dobermann's forebears included the Manchester Terrier (now a fairly rare breed), the Rottweiler (see p. 81) and probably the shepherd dogs of its native Thuringia. The earliest Dobermanns were reputedly very fierce, but subsequent breeding has produced dogs of greater stability. These have retained the adaptability of the breed, and apart from guarding, the "Dobe" can be trained for many other jobs, including tracking, working sheep and retrieving.

Temperament Any sign of nervousness should be avoided when choosing a puppy, but a dog from good stock can be very loyal, and even affectionate with its family.

Requirements Careful training and a reasonable amount of exercise.

KEY CHARACTERISTICS *Dobermann Pinscher*

Special note The ears are usually cropped in America, but never in Britain.

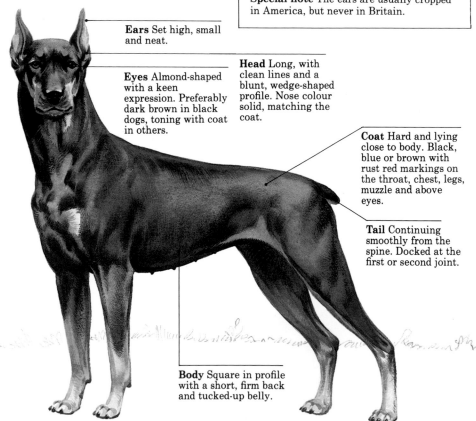

Ears Set high, small and neat.

Eyes Almond-shaped with a keen expression. Preferably dark brown in black dogs, toning with coat in others.

Head Long, with clean lines and a blunt, wedge-shaped profile. Nose colour solid, matching the coat.

Coat Hard and lying close to body. Black, blue or brown with rust red markings on the throat, chest, legs, muzzle and above eyes.

Tail Continuing smoothly from the spine. Docked at the first or second joint.

Body Square in profile with a short, firm back and tucked-up belly.

Size 65 cm tall for a bitch, 68.5 cm tall for a dog.

German Shepherd Dog

The grace, strength and intelligence of the German Shepherd Dog, or Alsatian, have ensured that it is one of the most popular breeds, much valued as a guard-dog, and for military and police work.

History Although now well established, this excellent working dog is the outcome of a breeding programme started only at the very end of the last century. In producing it, several different European pastoral dogs were used. Invaluable to the Germans in the First World War, the breed was introduced to Britain and America by soldiers returning home.

Temperament Dependable and intelligent in a good example of the breed. Mass-production has resulted in some undue fierceness, or nervousness, so obtain a puppy from a reputable breeder.

Requirements Plenty of exercise and some brushing. These dogs respond particularly well to training.

Belgian Shepherd Dog: Groenendael
The Groenendael is the best known of the three breeds of Belgian Shepherd Dog. Although otherwise very similar, the Tervueren has a reddish-fawn coat with black overlay. The Malinois has a shorter coat, giving it a close resemblance to the German Shepherd Dog.

KEY CHARACTERISTICS *German Shepherd Dog*

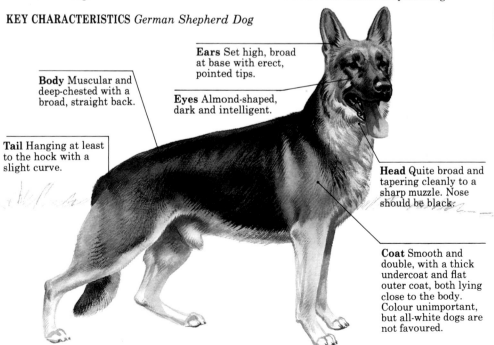

Ears Set high, broad at base with erect, pointed tips.

Body Muscular and deep-chested with a broad, straight back.

Eyes Almond-shaped, dark and intelligent.

Tail Hanging at least to the hock with a slight curve.

Head Quite broad and tapering cleanly to a sharp muzzle. Nose should be black.

Coat Smooth and double, with a thick undercoat and flat outer coat, both lying close to the body. Colour unimportant, but all-white dogs are not favoured.

Size 56–61 cm tall for a bitch, 61–66 cm tall for a dog.

Great Dane

An aristocratic breed, combining huge stature with great elegance.

History The ancestors of these noble dogs were to be found in royal households throughout Europe during the Middle Ages. Then, as now, they were very much a status symbol, but their practical value was in the wild-boar hunt. Despite the name "Great Dane", Germany, rather than Denmark, has been the centre of this breed's development. It was a favourite of Bismarck, who kept several as guards.

Temperament A gentlemanly dog that is well aware of its own strength.

Requirements The amounts of food, exercise and obedience training this dog needs correspond to its immense size, and ownership is a heavy responsibility.

KEY CHARACTERISTICS *Great Dane*

Ears Small, set high and carried erect, with only the tips falling forward.

Head A generally clean-cut outline is desirable. The flat skull has a slight central indentation and pronounced "eyebrows". The nose should be black, except in merles and harlequins.

Harlequin Great Dane
In the 18th century, these dogs were favoured by the aristocracy, who liked their carriages to be flanked by these distinctive outriders.

Eyes Medium-sized and set deep. Dark in all but harlequins, in which light blue and odd colouring is allowed.

Coat Sleek and short. Colour varieties are yellow to orange striped with brindle, fawn, blue, black and harlequin (black marks on white).

Tail Thick at base and tapering to just below the hocks.

Body Very deep chest with a well tucked-up belly. Strong back over muscular loins.

Size 71 cm tall for a bitch, 76 cm tall for a dog.

Special note The ears are usually cropped in America, but never in Britain.

Mastiff

Once England's dog of war, the bulky but dignified Mastiff is now an amiable family member.

History As for many breeds with a long history, colourful stories about the origins and feats of the Mastiff abound. Its deeds are recorded in accounts of battle, from the Roman invasion of Britain, to Agincourt and beyond. Less heroic was its use in dog-fighting and bear-baiting in Medieval England. From the 17th century the Mastiff's popularity waned and, were it not for the work of American breeders, it might be extinct today.

Temperament Gentle, obedient, loyal and tolerant of children. Despite its huge size, the Mastiff is one of the most affectionate dogs, and fiercely protective of its owner's property.

Requirements Large amounts of meat and regular walks.

Bullmastiff
The product of a cross between Bulldogs and Mastiffs, the Bullmastiff was only taken in hand as a breed in the mid-19th century.

KEY CHARACTERISTICS *Mastiff*

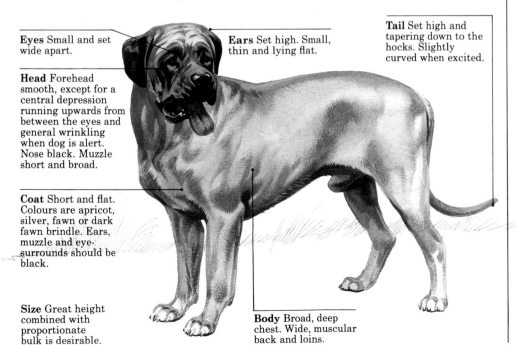

Eyes Small and set wide apart.

Ears Set high. Small, thin and lying flat.

Tail Set high and tapering down to the hocks. Slightly curved when excited.

Head Forehead smooth, except for a central depression running upwards from between the eyes and general wrinkling when dog is alert. Nose black. Muzzle short and broad.

Coat Short and flat. Colours are apricot, silver, fawn or dark fawn brindle. Ears, muzzle and eye-surrounds should be black.

Size Great height combined with proportionate bulk is desirable.

Body Broad, deep chest. Wide, muscular back and loins.

Newfoundland

Life on a gale-swept Atlantic island has produced a dog with remarkable gifts.
History Although the breed certainly evolved on Newfoundland, there are conflicting reports of the stock from which it arose. Some say its ancestors were dogs brought over by early Viking settlers, others look to the Pyrenean mountain dogs of French fishermen who emigrated to the island in the 17th century. Whatever its forebears, the Newfoundland developed into an invaluable assistant to these sea-going people. The reputation of these stoical, good-natured dogs spread; in the 18th century they were brought to Britain.
Temperament Hard to fault. Very placid with a reassuring, serene expression.
Requirements They should, if possible

have access to a pond, a river, or the sea. The coat needs thorough grooming at least once a week. A substantial amount of meat is essential to its well-being.

Newfoundland swimming
Water is an obsession with these dogs. Many people owe their lives to its extraordinary aptitude for swimming and water rescue.

KEY CHARACTERISTICS *Newfoundland*

Head Broad and massive with a short, square muzzle.

Ears Small, set well back and lying close to the head.

Tail Quick thick and reaching just below the hocks, carried up when moving.

Eyes Small, deep-set and quite wide apart. Dark brown in colour.

Body Deep, broad chest and wide back, over muscular loins.

Coat Water-resistant, flat and dense. Colours are black, deep chocolate brown, bronze-brown, or white with black markings (known as a "Landseer").

Size 66 cm tall for a bitch, 71 cm tall for a dog.

Old English Sheepdog

Despite the glamorous appearance conferred by its long fluffy coat, the Old English Sheepdog's origins are very much in the working tradition.

History The Bearded Collie (see p.71) is thought to have had common ancestors with the Old English Sheepdog, or "bobtail". It was bred no more than a couple of centuries ago in south-west England as a drover and herder, being used to take sheep and cattle to market, and at other times to guard the flock.

Temperament Any puppy from a reputable dealer can grow up to be amiable and obedient, if given attention and careful training.

Requirements The long coat will grow matted and dirty unless brushed frequently. Confinement may spoil the dog's character, and plenty of exercise is a necessity.

Old English Sheepdog puppy
The fluffy, appealing looks of these puppies make it easy to forget that they soon turn into huge dogs, requiring plenty of space and food.

KEY CHARACTERISTICS *Old English Sheepdog*

Head Large, square skull, well arched over the eyes. Strong jaw and well-defined stop. Nose large and black.

Ears Small and lying flat.

Eyes Dark brown or wall eyes.

Tail Docked in the week after birth if present.

Coat Abundant and shaggy with no curl. Colours are grey, grizzle, blue or blue merle, with or without white markings.

Body Compact and short with a deep chest. Loins slightly arched.

Size 66 cm tall for a bitch, 71 cm tall for a dog.

Pyrenean Mountain Dog

This is probably the strongest of all dogs, but its gentle nature has made it very popular.

History This sturdy mountain dog's forebears came originally from Asia over a thousand years ago, but for centuries they were confined to the Pyrenees, where they were used as sheepdogs. Protecting the flocks from the depredations of wolves and bears in the harsh mountain climate required great endurance and vigilance. The same qualities were later valued when examples of the breed were taken further afield, notably to the court of Louis XIV. They became guards for many *chateaux*. At one time they were also taken to battle. For these roles spiked iron collars were sometimes fitted.

Temperament Sensible, loyal and responsive to commands.

Requirements The longish coat requires frequent brushing. Regular walks are essential and romps across open country desirable. The Pyrenean has an enormous appetite and is therefore an expensive undertaking.

KEY CHARACTERISTICS *Pyrenean Mountain Dog*

Mouth The lips and roof of the mouth are black or marked with black.

Ears Small and triangular with rounded tips. Usually lying flat against the head.

Eyes Almond-shaped and dark amber-brown. The eyelids should be edged with black.

Head Strong-looking, but not too heavy. Should have a V-shaped outline when viewed from the top. Black nose.

Tail Should reach below the hocks, and be well-covered with hair.

Coat Abundant on the neck, shoulders and on the back of the thighs. Colours are white, white patched with badger, wolf-grey or pale yellow.

Body Wide, deep chest and broad, strong back.

Size 66 cm tall for a bitch, 71 cm tall for a dog

Rottweiler

A rugged cattle dog of southern Germany which is today used by police, and as a household guard.

History Although it takes its name from the small German town of Rottweil, the forebears of this muscular breed are believed to have crossed the Alps from Italy with the Romans. The meat for the soldiers was transported "on the hoof" for hundreds of miles, which required particularly skilful cattle dogs. Some of these were left behind as the legions retreated, and by the Middle Ages the local people were using the "Rottweiler Metzgerhund" (Rottweil butcher's dog) for driving cattle to market. In the 19th century this role was usurped by the railway, and the breed only avoided extinction by the timely efforts of its admirers around 1900. Since then much has been done to improve the Rottweiler, and the reward is a strong, yet friendly dog.

Temperament Aggressive towards intruders, but affectionate with its family.

Requirements Obedience training and frequent exercise are needed.

KEY CHARACTERISTICS *Rottweiler*

Size 58.5–63.5 cm tall for a bitch, 63.5–68.5 cm tall for a dog.

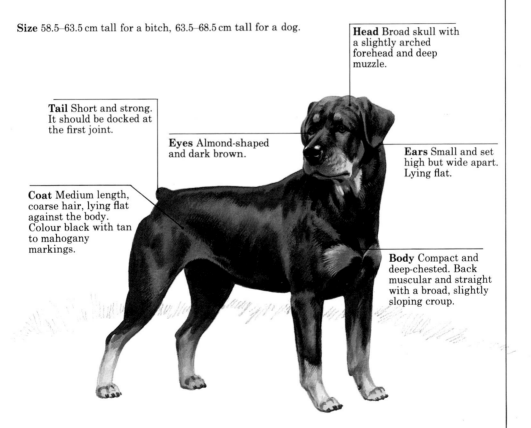

Head Broad skull with a slightly arched forehead and deep muzzle.

Tail Short and strong. It should be docked at the first joint.

Eyes Almond-shaped and dark brown.

Ears Small and set high but wide apart. Lying flat.

Coat Medium length, coarse hair, lying flat against the body. Colour black with tan to mahogany markings.

Body Compact and deep-chested. Back muscular and straight with a broad, slightly sloping croup.

St Bernard

A working dog bred for a particularly dangerous task, this huge dog has adapted well to domestic life.

History In common with the other European mastiff-like dogs, the ancestors of the St Bernard probably originated in Asia. It takes its name from the *Hospice du Grand Saint Bernard*, a refuge for travellers on the main alpine pass between Switzerland and Italy. The first records of large dogs at the hospice date from the early 18th century, and the breed was developed by the monks to guide people along tortuous, snow-covered paths and to assist in mountain rescue. It is hard to separate fact from fiction in St Bernard stories, but it is certain that the dogs excelled in endurance, tenacity and sense of smell. They saved many lives, often by locating people buried deeply in snow after an avalanche. It is thought that the original St Bernards had a coat of intermediate length. Subsequent cross-breeding, involving Newfoundlands, for example, has produced the two modern varieties, rough- and smooth-haired.

Temperament A quiet, intelligent and friendly nature.

Requirements A giant among dogs, needing spacious living quarters and plentiful amounts of meat. Without adequate exercise the tendency to weakness in the hindquarters may become a problem.

KEY CHARACTERISTICS *St Bernard*

Eyes Small and dark brown. Both upper and lower eyelids should droop.

Head Massive, with a broad, slightly rounded skull, and a prominent brow and stop. Muzzle short with a black nose.

Tail Long and well feathered in the rough type. It should not curl over the back.

Ears Lying flat without much feathering.

Coat In the rough variety, thick and flat with feathering on thighs. The smooth variety has a short, close coat with only slight feathering. Orange, mahogany brindle or red brindle with white markings.

Body Broad, deep chest and wide back, over muscular loins.

Size Great size desirable when combined with good proportion.

Samoyed

This Spitz breed is named after its first masters, the Samoyed tribesmen of Siberia.

History Samoyeds were originally used to herd and guard reindeer, and to pull sledges when harnessed in packs. However, it was the dog's luxurious good looks, rather than hardiness or strength, that won it admiration when fur traders brought back the first specimens to Europe and America. In the 19th century the numbers kept as pets increased rapidly, and they were included on polar expeditions. Although sometimes still competing in sledge races, the qualities for which the Samoyed was originally bred have been largely eclipsed by the characteristics of a show and companion breed. The darker coat colours of some of the early introductions are excluded from the breed standards of today.

Temperament The Samoyed's expression falls naturally into a smile. This reflects its good-natured approach to people, including other animals and, unfortunately, intruders.

Requirements The long coat sheds easily, and must be brushed at least twice a week. This dog needs daily exercise and loves romping through snow.

KEY CHARACTERISTICS *Samoyed*

Ears Set wide apart and held erect in adult dogs. Well covered with hair, inside and out.

Head Wedge-shaped with a wide skull. Foreface tapers to a preferably black nose.

Tail Long and curled over back when alert, in the usual Spitz style.

Eyes Almond-shaped and set well apart. Mid- to dark-brown in colour.

Coat Long outer coat growing through soft, close-lying undercoat. Colours are white, white and biscuit, or cream.

Body A deep, wide chest and broad, muscular back.

Size 46–51 cm tall for a bitch, 51–56 cm tall for a dog.

Shetland Sheepdog

Sometimes mistaken for a miniature Rough Collie, the "Sheltie" is a breed in its own right, though it undoubtedly shares some ancestors with the larger breed and was once known as the Miniature Collie.

History Despite its small size and refined good looks, the Shetland has a well-deserved place among the working dogs. The thick coat once protected its forebears from the harsh climate of the Shetland Isles, where the dogs were used to herd sheep. Their diminutive stature was no handicap, as all animals on these islands are smaller than their mainland counterparts. Improvements to the breed's appearance were made early this century, but the Shetland retains its trainability and taste for work. Its cheerful nature makes it a good show-dog.

Temperament Shyness with strangers makes the Shetland an excellent guard, if rather too persistent with the warning bark. The dog is a loyal companion to its family.

Requirements The long coat requires frequent grooming; beneath the tough outer coat is a thick, soft undercoat. Although the Shetland is compact and can live in confined spaces, a long walk each day is desirable.

KEY CHARACTERISTICS *Shetland Sheepdog*

Ears Small, set high and quite close together. Semi-erect when alert.

Eyes Almond-shaped and set obliquely. Dark brown, although blue is acceptable in merles.

Body Well proportioned with a deep chest, level back and gradually sloping croup.

Head A long, blunt wedge, tapering cleanly to the black nose. A slight stop divides the rounded muzzle from the flat skull.

Tail Set low and reaching at least to hock with a slight upward curve.

Coat Harsh, long outer coat forms abundant mane and frill. Colours include tricolour (black, white and tan), sable and blue merle (blue and grey mixed with black).

Size 35.5 cm tall for a bitch, 37 cm tall for a dog.

Siberian Husky

A hard-working and strikingly beautiful member of the Spitz group.

History Although "husky" is now a general name for all sledge-pulling dogs, the Siberian is the only official Husky. As with the Samoyed (see p.83), the name derives from its first owners – the Chukchis, a nomadic tribe of eastern Siberia. The care they invested in breeding the dogs has been rewarded by the incredible stamina Huskies display.

Temperament Despite its rather wolf-like appearance, the Husky is remarkably calm and gentle with people, so much so that it cannot be expected to guard property. It rarely barks, but howls instead.

Requirements The call of the wild easily conquers any human attachment, and most Huskies must be kept on a lead all the time.

Alaskan Malamute
A very powerful sledge dog, generally able to pull heavier loads than the Siberian Husky, and also used to carry packs. It was a valued companion of early Arctic explorers.

KEY CHARACTERISTICS *Siberian Husky*

Ears Set high and rather close together. Triangular and held erect. Good hair covering inside and out.

Eyes Almond-shaped and set obliquely. Blue or brown in colour.

Coat Generous, but not long enough to obscure the dog's profile. All colours and markings are acceptable.

Tail A well-covered brush curling gently over the back when alert.

Head Clean-cut, with a well defined stop and gradually tapering muzzle.

Body A straight back over muscular loins. Deep chested. Ribs are flattened at side.

Size 51–56 cm tall for a bitch, 53–60 cm tall for a dog.

Cardigan Welsh Corgi

The Cardiganshire breed is believed to be the older of the two Corgis, whose name is derived from the Celtic word for dog.

History Although notable for their absence from historical documents, Corgis are thought to have been used as cattle herders in Wales for centuries. They were in the group of dogs known as "heelers", because they ran nimbly between the cattle, nipping the heels of those which strayed out of line. Their short legs allowed them to move quickly in among the herd and escape kicks. Despite being eclipsed in popularity by the Pembroke, adherents of the Cardigan Corgi maintain that it was the original heeler. Although numbers of the breed have remained low, it has undergone a recent revival, notably in Australia.

Temperament The Cardigan tends to be slightly less outgoing than the Pembroke, but is very loyal to its master.

Requirements Despite adapting well to town life, Corgis need frequent long walks. They tend to lose a large amount of hair, so frequent grooming is desirable.

KEY CHARACTERISTICS *Cardigan Welsh Corgi*

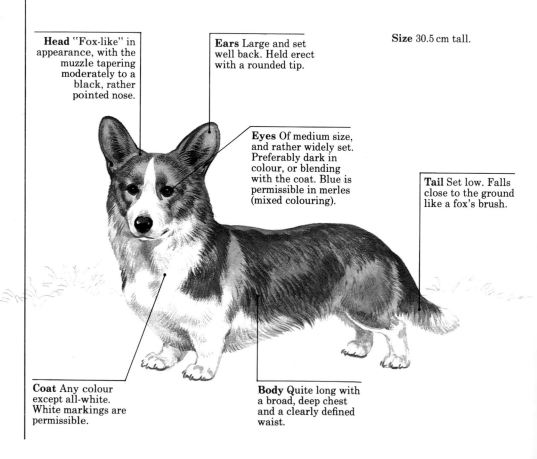

Head "Fox-like" in appearance, with the muzzle tapering moderately to a black, rather pointed nose.

Ears Large and set well back. Held erect with a rounded tip.

Size 30.5 cm tall.

Eyes Of medium size, and rather widely set. Preferably dark in colour, or blending with the coat. Blue is permissible in merles (mixed colouring).

Tail Set low. Falls close to the ground like a fox's brush.

Coat Any colour except all-white. White markings are permissible.

Body Quite long with a broad, deep chest and a clearly defined waist.

Pembroke Welsh Corgi

These Corgis make very cheerful companions, approaching life with immense verve and charm.

History As with the Cardigan Corgi, the past of the Pembrokeshire breed is largely uncharted, but some say that it arrived in Wales with Flemish weavers who settled there in the 12th century. However, the many similarities between the two Corgis point to a shared ancestry, and make this story rather unlikely. Whatever its origins, the Pembroke Corgi, like its cousin, worked as a cattle dog on the Welsh hills, the sturdy, muscular body, combined with surprising speed, fitting it well for the work. This century has seen a huge upsurge in the Pembroke's popularity as a pet and show-dog, largely because of royal enthusiasm for the breed.

Temperament The lively, intelligent and willing Pembroke makes an excellent family pet.

Requirements Regular exercise is needed, as these small dogs easily become overweight. Frequent grooming is desirable.

KEY CHARACTERISTICS *Pembroke Welsh Corgi*

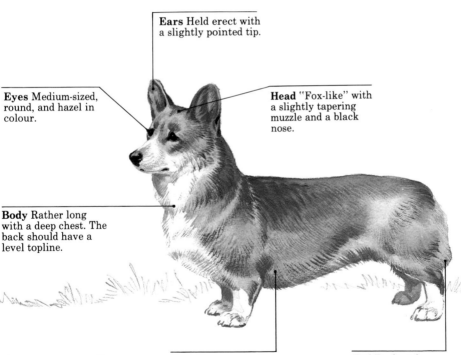

Ears Held erect with a slightly pointed tip.

Eyes Medium-sized, round, and hazel in colour.

Head "Fox-like" with a slightly tapering muzzle and a black nose.

Body Rather long with a deep chest. The back should have a level topline.

Size 25.5–30.5 cm tall.

Coat Dense and of medium length. Colours are fawn, red, sable, or black and tan, with or without white markings.

Tail Preferred naturally short, but otherwise docked.

Airedale Terrier

The "king of terriers", the Airedale acted as guard and messenger in the First War.
History Although the size of the Airedale prevents it from pursuing its quarry underground, in other respects it is an archetypal terrier. Its history begins in the mid-19th century, when sportsmen in Yorkshire crossed the now-extinct Black-and-Tan Terrier with the Otter Hound, to produce a dog which was large enough for use in both badger and otter hunts.
Temperament Although an aggressive hunter, the Airedale can be an affectionate family member, and makes a good guard.
Requirements Daily walks of a few miles. One of the Airedale's virtues is that it doesn't shed much hair.

Welsh Terrier
Although of earlier origin than the Airedale and much smaller, the Welsh Terrier shares its Black-and-Tan Terrier ancestry.

KEY CHARACTERISTICS *Airedale Terrier*

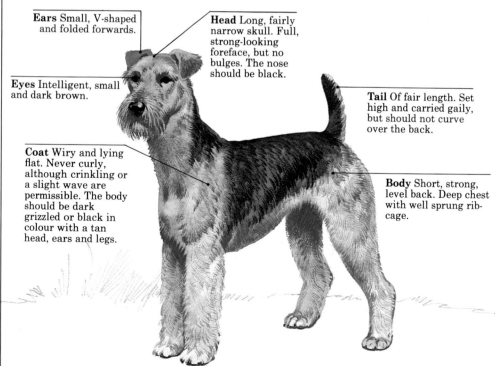

Ears Small, V-shaped and folded forwards.

Head Long, fairly narrow skull. Full, strong-looking foreface, but no bulges. The nose should be black.

Eyes Intelligent, small and dark brown.

Tail Of fair length. Set high and carried gaily, but should not curve over the back.

Coat Wiry and lying flat. Never curly, although crinkling or a slight wave are permissible. The body should be dark grizzled or black in colour with a tan head, ears and legs.

Body Short, strong, level back. Deep chest with well sprung ribcage.

Size 56–58.5 cm tall for a bitch, 58.5–61 cm tall for a dog.

Australian Terrier

The Australian is one of the very few terriers to have been bred outside Britain.
History Working dogs were an essential part of the luggage taken to Australia by early settlers, and several types of terrier were introduced. Breeding between these produced a variety of broken-coated dogs, and in the 19th century these were further crossed with several British terriers, including the Skye (see p.99), Dandie Dinmont (see p.93), Cairn (see p.92) and Yorkshire (see p.119). The Australian breed produced from this "melting pot" of terriers proved itself to be an excellent guard, and kept down those less welcome immigrants, the rats and rabbits. The tough little hybrid dog also proved itself in contests with Australia's many poisonous snakes – a new adversary for terriers. The breed remains popular in its country of origin, but has gained favour only slowly in Britain and America.

Temperament The Australian has charm and a bright personality, making it an excellent pet as well as a good guard.

Requirements Although an energetic breed, its needs are remarkably modest. This adaptable terrier is ideal for a city flat.

KEY CHARACTERISTICS *Australian Terrier*

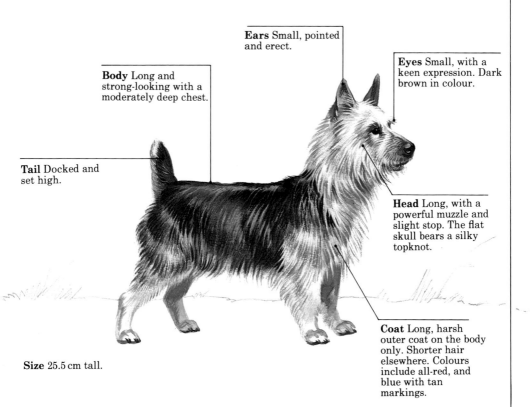

Ears Small, pointed and erect.

Eyes Small, with a keen expression. Dark brown in colour.

Body Long and strong-looking with a moderately deep chest.

Tail Docked and set high.

Head Long, with a powerful muzzle and slight stop. The flat skull bears a silky topknot.

Coat Long, harsh outer coat on the body only. Shorter hair elsewhere. Colours include all-red, and blue with tan markings.

Size 25.5 cm tall.

Border Terrier

This rugged, compact terrier was bred for hunting over the rainswept hillsides of the Scottish border country.

History The demands made by the border huntsmen on their terriers were particularly stringent. The terrain was steep and rocky, the rain relentless, and long distances had to be covered. Once it had followed a fox to earth for miles, the dog then needed the courage and strength to defend itself underground. Small wonder that the Border Terrier is very hardy, despite subsequent breeding for the pet market. In the 1920s the reputation of the breed spread to England, where it came to be valued as a pet and in the hunt.

Temperament Early obedience training is desirable. Otherwise loyal and friendly.

Requirements This is a very active dog which must be allowed to use up its energy on long walks.

Bedlington Terrier
Also from the Border Country, although unlike the Border Terrier in most other respects, the Bedlington was bred by Northumberland miners and steelworkers in the last century. Its lamb-like appearance (which is produced by careful clipping) is deceptive, for it is a true terrier, originally being used to catch rats and rabbits.

KEY CHARACTERISTICS *Border Terrier*

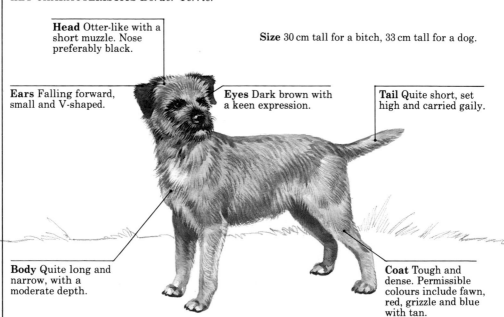

Head Otter-like with a short muzzle. Nose preferably black.

Size 30 cm tall for a bitch, 33 cm tall for a dog.

Ears Falling forward, small and V-shaped.

Eyes Dark brown with a keen expression.

Tail Quite short, set high and carried gaily.

Body Quite long and narrow, with a moderate depth.

Coat Tough and dense. Permissible colours include fawn, red, grizzle and blue with tan.

Bull Terrier

A strong, compact dog, characterized by its egg-shaped head.

History Although now regarded as rather a smart breed, the Bull Terrier has its origins among the fighting dogs of the 19th century. Around 1860, a Birmingham dog dealer, James Hinks, engineered a refinement of the original Staffordshire Bull Terriers, incorporating qualities of the English White Terrier and, possibly, the Dalmatian and Pointer. The result was a white, well-muscled dog which was sufficiently urbane in appearance for the show-ring, but retained the strength and tenacity of its fighting relatives. Its tolerance of tropical climates later made it a favourite with the British Civil Service in Africa and India. Because all-white Bull Terriers often suffer from deafness, some additional coat colour was introduced into the breed in the 1920s.

Temperament The dog has a very strong character, and forms lasting relationships with people. However, it is relentlessly aggressive towards other dogs. Bitches tend to be more peaceable.

Requirements A firm training, lively environment and long walks.

Miniature Bull Terrier
By selecting and mating small Bull Terriers, a miniature version has been produced, identical to the standard in all but size.

KEY CHARACTERISTICS *Bull Terrier*

Eyes Triangular, narrow and set obliquely. Black or very dark brown.

Head Egg-shaped with a profile curving smoothly from the top of the skull to the black, down-turned nose.

Coat Short, hard and lying flat. White, with or without coloured markings on head, or predominantly coloured.

Ears Small and set close together. Pointing straight up when erect.

Size Standard: no limits, but substantial appearance desirable. Miniature: no more than 35.5 cm tall.

Tail Set and held low. Short and tapering.

Body Broad, deep chest and well rounded rib-cage. Short, strong back.

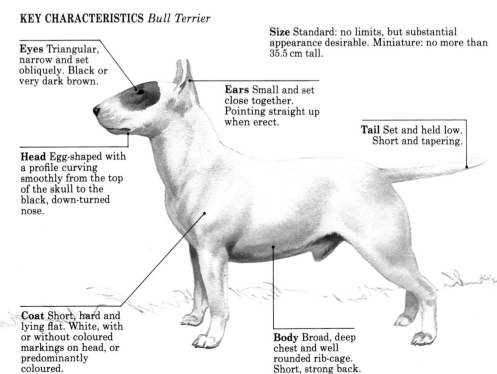

Cairn Terrier

A plucky, lively little terrier which has accompanied huntsmen over the rugged Highland terrain for centuries.

History Originally bred on Skye, the identity of the Cairn Terrier was at first confused with the island's other native dog (see p.99). But whereas the luxurious long coat of the Skye Terrier led to early popularity as a pet, and breeding to further enhance its appearance, the Cairn Terrier retained its rather shaggy and unkempt looks. It was named after the piles of stones left to mark ancient burial sites on Skye, as the little dog was adept at following a fox if it took refuge among these mounds. Although not officially recognized until this century, today the breed has overtaken the Skye Terrier in popularity, both in Britain and America.

Temperament Lively, intelligent, loyal, pugnacious and voluble – this is not a dog for those seeking serene and quiet companionship.

Requirements A little grooming and a moderate amount of exercise keep the Cairn Terrier quite happy.

KEY CHARACTERISTICS *Cairn Terrier*

Head The skull is broad and the jaw powerful. The nose should be dark.

Coat Hard, weather-resistant outer coat and soft undercoat. Hair abundant on head. Colours include red, grey, sandy and brindle, often with darker muzzle and ears.

Ears Set quite far apart. Small, erect and pointed.

Eyes Deep set with full eyebrows. Dark hazel in colour.

Tail Short and carried erect.

Body Compact, with an appearance of strength. Rib-cage well sprung and deep.

Size 23 cm tall for a bitch, 24 cm tall for a dog.

Dandie Dinmont Terrier

The only dog breed to be named after a fictional character: Dandie Dinmont featured in a Walter Scott novel, as a breeder of small terriers on the Scottish border.

History The ancestors of this long-bodied dog were probably rough-coated terriers, from which the Dandie Dinmont emerged as a distinct type in the early 18th century. Its original role in fox, badger and otter hunting has been abandoned and it is now a popular show-dog and pet.

Temperament The soulful expression of its dark eyes belies the typical terrier nature of the Dandie Dinmont, though it is calmer and quieter than many terriers.

Requirements The long coat must be groomed and plucked fairly frequently. The fluffy topknot is an important feature in show-dogs, and is maintained by grooming.

Sealyham
There is thought to be Dandie Dinmont blood in this plucky little terrier. It was developed during the second half of the 19th century in Wales, and used in hunting badgers, otters and foxes.

KEY CHARACTERISTICS *Dandie Dinmont Terrier*

Tail Quite short and carried high.

Ears Set far apart and towards the back of the skull. Long and hanging close to the cheek.

Eyes Set quite wide apart and low on the head. Dark hazel in colour.

Head Quite large with a broad skull, domed forehead and muscular jaws. The muzzle is deep, with a bare patch behind the black nose.

Size 20.5 cm to 28 cm tall.

Body Strong-looking with the long back slightly arched over the loins. Chest is deep.

Coat Quite long. The body has a mixture of hard and soft hair. Colours are black to pale grey (termed pepper) or reddish-brown to fawn (termed mustard). A white mark on the chest is permissible.

Legs The front legs are short and very well muscled. The hind legs are longer.

Wire Fox Terrier

A particularly spruce and handsome breed.
History The Fox Terriers are thought to
have descended from dogs used in fox-
hunting in the early 19th century. Some
were crossed with the Wire-haired Terrier
to produce the Wire Fox Terrier, and
others with the Old English White Terrier
to give the smooth variety. Early
interbreeding between wire- and smooth-
haired types introduced white into the coat
of the former. After the First World War
the Wire Fox Terrier became fashionable as
a pet and show-dog, and is still popular.
Temperament The energy and hunting
instincts of Fox Terriers are irrepressible,
but with firm handling they make
affectionate and protective family pets.
Requirements Plenty of activity and long
walks. The coat needs regular grooming
and trimming to keep a smart appearance.

Smooth Fox Terrier
*Although the heyday of this dog's popularity is
long past, it was well established as a show-dog
before its wire-haired cousin, and still wins
respect as an unpretentious, solid breed, with
many loyal admirers.*

KEY CHARACTERISTICS *Wire Fox Terrier*

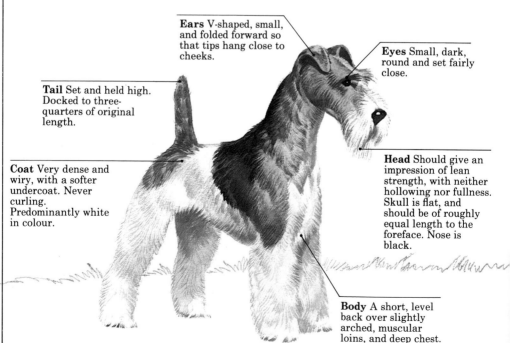

Ears V-shaped, small,
and folded forward so
that tips hang close to
cheeks.

Eyes Small, dark,
round and set fairly
close.

Tail Set and held high.
Docked to three-
quarters of original
length.

Coat Very dense and
wiry, with a softer
undercoat. Never
curling.
Predominantly white
in colour.

Head Should give an
impression of lean
strength, with neither
hollowing nor fullness.
Skull is flat, and
should be of roughly
equal length to the
foreface. Nose is
black.

Body A short, level
back over slightly
arched, muscular
loins, and deep chest.

Size 37 cm tall for a bitch, 39 cm tall for a dog.

Jack Russell Terrier

One of the ironies of the dog-show world is that these immensely popular little terriers are never seen in the ring, since they remain unrecognized by the Kennel Club.

History The first dogs to be called Jack Russells were bred from Wire Fox Terriers by a Devon clergyman in the early 19th century. The Reverend John Russell required of his terriers only that they should possess speed in following the hounds and tenacity in confronting the fox underground. At other times Jack Russells were useful in keeping vermin down. The emphasis in breeding has continued to be the terrier's temperament, so much so that its appearance is highly variable. A Jack Russell may differ considerably from the dog shown here, and the "Key Characteristics" are not based on an established Breed Standard, as with other breeds in the book. Nevertheless, the Jack Russell is unmistakable, with its characteristic knowing expression, its bouncy gait, inimitable bark, and unmatched enthusiasm for running and rabbiting.

Temperament Energetic, excitable, intelligent and game for anything (including chasing much larger dogs). They are also loyal and amusing pets, and make excellent guards.

Requirements Like many small dogs, Jack Russells tend to obesity if not allowed regular exercise.

KEY CHARACTERISTICS *Jack Russell Terrier*

Head Flat, rather wide skull with a slight stop. Nose and lips black.

Ears Small, V-shaped, and falling forward near to the head.

Tail Set and carried high.

Eyes Almond-shaped and dark brown.

Coat There are two varieties, one with a short, smooth coat, the other with a much longer, rougher coat. Colour is usually predominantly white with markings in black, tan, or a mixture of the two, but all-tan dogs are also seen.

Body Strong, straight back over slightly arched loins. Chest quite narrow.

Size No more than 35.5 cm tall.

Norfolk Terrier

A relatively new name for an old type of terrier, previously classed as a Norwich. **History** When the Norwich Terrier (see p. 97) was recognized as a breed in the 1930s, its standard permitted both prick- and drop-ears. The two varieties had both evolved from old terrier breeds, and for a long time were interbred. In the 1930s, breeders began to distinguish between the two types. Breeders took pride in their particular type, maintaining that the ears were only the "tip of the iceberg", and that there were many other distinctions between the Norfolk and Norwich Terriers. Controversy surrounded their classification until the 1960s, when the drop-eared type was renamed the Norfolk Terrier and given a new standard.

Temperament Lively and alert, with a typical terrier assertiveness. The breed's ability to guard is enhanced by its acute hearing.

Requirements Plenty of walks are needed to satisfy its incredible capacity for lively exercise. The coat requires the minimum of care to keep it looking tidy and trim.

KEY CHARACTERISTICS *Norfolk Terrier*

Size 25.5 cm tall.

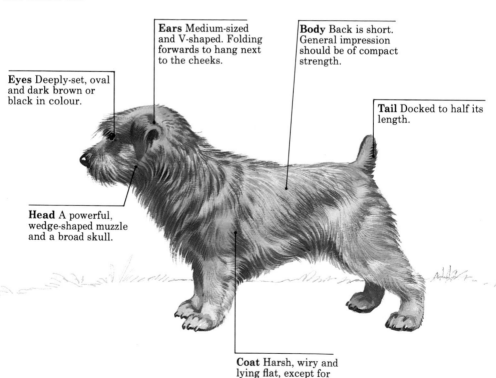

Ears Medium-sized and V-shaped. Folding forwards to hang next to the cheeks.

Body Back is short. General impression should be of compact strength.

Eyes Deeply-set, oval and dark brown or black in colour.

Tail Docked to half its length.

Head A powerful, wedge-shaped muzzle and a broad skull.

Coat Harsh, wiry and lying flat, except for whiskers and eyebrows.

Norwich Terrier

Small terriers, that once followed the fox and badger to earth in the East Anglian countryside.

History Although it is clear that these terriers have been bred for hunting, little is known about their origin. The issue is confused by the different names used for them in the past, including the Jones Terrier and Cantab Terrier. The latter reflects the popularity of the Norwich among Cambridge undergraduates in the late 19th century. These diminutive terriers were lively companions, useful in hunting vermin, but at the same time small enough to be kept in college rooms. The first specimens were taken to America early this century, where many were used in their original role, running with the hounds in fox-hunts.

Temperament Small dogs with a large interest in what goes on around them. They make very good watch-dogs.

Requirements Like the Norfolk, these are clean dogs needing little grooming apart from routine removal of dead hair. They should be walked frequently.

KEY CHARACTERISTICS *Norwich Terrier*

Size 25.5 cm tall.

Ears Set wide apart, and erect with pointed tips.

Body Compact with a short, level back.

Eyes Oval-shaped, small and dark.

Tail Docked to half the original length.

Head Wide skull with a well-defined stop. Muzzle a strong-looking wedge.

Coat Straight, wiry and close-lying. More abundant on the neck, muzzle and over the eyes. Shades of red, wheaten, grizzle or black and tan are permissible.

Scottish Terrier

Once known as the Aberdeen Terrier, this proud little dog commands a respect disproportionate to its size.

History Originally bred to chase the fox and badger, the "Scottie" combines compact strength and bravery. It was only one of several types of dog shown as "Scottish Terriers" in the 1870s. Confusion and controversy inevitably surrounded the choice of one of these as the national breed, but by the late 19th century the matter was settled, and a breed standard drawn up. Although black dogs are the most popular, the Scottie has several colour varieties, including brindled shades. At the turn of the century, the breed was the favourite terrier in Britain, and held this place for many years.

Temperament Generally a one-man-dog, this terrier is aloof with strangers. The Scottie maintains an air of self-possession and a strong individuality, but it does make a good household pet.

Requirements Early obedience training is desirable to prevent this terrier from becoming over-protective of its family. To keep in condition it must be allowed plenty of exercise.

KEY CHARACTERISTICS *Scottish Terrier*

Size 25 cm tall for a bitch, 28 cm tall for a dog.

Eyes Set deep under bushy eyebrows. Almond-shaped and dark brown in colour.

Ears Thin and erect, with pointed tips.

Tail Set high and carried upright.

Head Fairly long and narrow with a slight stop and large nose. The muzzle length is accentuated by the beard.

Body Muscular, with a short, level back. The rib-cage is carried well back.

Coat Weather-resistant, with a dense, wiry outer coat. Colours are black, wheaten or brindle.

Skye Terrier

A dog with a distinctive appearance and rather serious demeanour.

History There is a legend that these little terriers swam ashore in 1590, after ships of the Spanish Armada were wrecked near Skye. Sadly this romantic tale is untrue, for the first dog book to be published in English, which predated the Armada by twenty years, described dogs which were almost certainly the Skye's ancestors. Like the other Scottish terriers, to which it is clearly related, the Skye Terrier was used to hunt foxes and badgers, and a protective coat and strong jaws were favoured by breeders. After a period of great popularity in the late 19th century, this breed has now been largely overtaken by other terriers.

Temperament A "one-man dog", intensely loyal to its master, and usually wary of strangers. Without affection, the Skye can become rather dour.

Requirements The abundant coat needs frequent grooming, and regular walks are essential.

KEY CHARACTERISTICS *Skye Terrier*

Size 23 cm tall for a bitch, 25 cm tall for a dog.

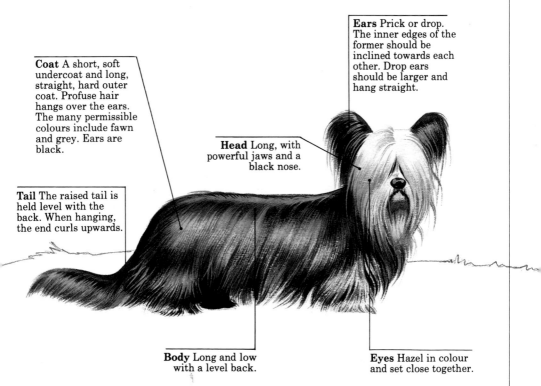

Ears Prick or drop. The inner edges of the former should be inclined towards each other. Drop ears should be larger and hang straight.

Coat A short, soft undercoat and long, straight, hard outer coat. Profuse hair hangs over the ears. The many permissible colours include fawn and grey. Ears are black.

Head Long, with powerful jaws and a black nose.

Tail The raised tail is held level with the back. When hanging, the end curls upwards.

Body Long and low with a level back.

Eyes Hazel in colour and set close together.

Staffordshire Bull Terrier

The courage and kindness of these dogs have endeared them to many, despite their somewhat murky past.

History In the early 19th century bull-baiting was made illegal and dog-fighting took over as "entertainment" for the more blood-thirsty sector of society. The best sport was to be had if the contenders were both bulky and tenacious, so Bulldogs were crossed with terriers. The products were ugly, pugnacious dogs, ideal for fights, as well as being good ratters. Dog-fighting was in turn outlawed, but the Staffordshire Bull Terrier's benevolence and amiability towards humans made it such a good pet that it was saved from extinction.

Temperament Very loyal to its owner and good with children.

Requirements Firm obedience training and plenty of exercise, to avoid obesity.

American Staffordshire Terrier
From Staffordshire Bull Terriers taken across the Atlantic in the 19th century, rather larger and fiercer dogs were selected. Despite its instinctive courage, it is very gentle with people.

KEY CHARACTERISTICS *Staffordshire Bull Terrier*

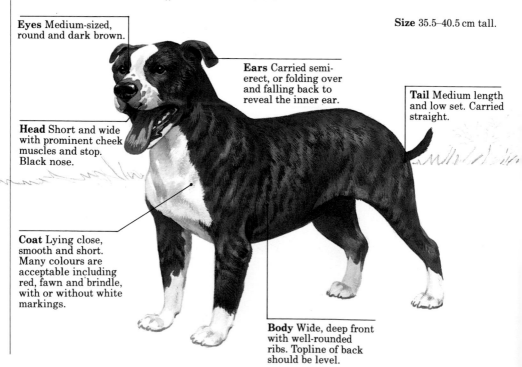

Eyes Medium-sized, round and dark brown.

Size 35.5–40.5 cm tall.

Ears Carried semi-erect, or folding over and falling back to reveal the inner ear.

Tail Medium length and low set. Carried straight.

Head Short and wide with prominent cheek muscles and stop. Black nose.

Coat Lying close, smooth and short. Many colours are acceptable including red, fawn and brindle, with or without white markings.

Body Wide, deep front with well-rounded ribs. Topline of back should be level.

West Highland White Terrier

The endearing looks of these jaunty terriers disguise a tenacious, fiery spirit.

History The similarity of many of the Scottish Terriers suggests that they have all evolved from a common ancestral type. In the mid-19th century, white dogs from the Highlands were selected to produce a pure-breeding white terrier. At first these dogs were named after their place of origin, Poltalloch in Argyll. In those days, dogs were seldom bred for appearance alone, and the West Highland White Terrier, as the breed later became known, was tough and tireless in its pursuit of the fox over rocky terrain. Now the handsome little dog is a favourite in the show-ring, and a popular pet both in America and in Europe.

Temperament A self-confident and affectionate dog with an engaging sense of fun. Its acute hearing and great courage make it an effective watch-dog.

Requirements The "Westie" thrives on attention and should not be deprived of it. Regular grooming and removal of shed hair are desirable.

KEY CHARACTERISTICS *West Highland White Terrier*

Size About 28 cm tall.

Coat A hard outer coat and short, soft undercoat. Colour must be pure white.

Ears Small, erect and pointed, with a covering of short hair.

Head Skull slightly domed with a distinct stop. Jaws are strong. Nose should be black.

Tail Quite short and carried straight.

Eyes Set wide apart, and dark brown in colour.

Body Strongly built and compact. Back is level and chest deep.

Boston Terrier

Despite its name, the Boston Terrier has never been used to follow vermin to earth, but excels as a companion and house dog.

History The first Boston Terriers were products of a Bulldog (see p.103) and a White English Terrier, crossed in Massachussetts in the mid-19th century. Subsequent refinement, using French Bulldog blood, resulted in a compact, well-muscled breed with distinctive, neat markings. The affectionate nature and modest requirements of the breed, combined with its attractive appearance, quickly established it as a favourite pet in North America. Its popularity has endured in spite of the fact that a Caesarian section is required for many births, making breeding expensive.

After a rather slow start, the Boston Terrier is now well established in Britain.

Temperament Very affectionate, lively and intelligent: an ideal pet that also makes an outstanding show-dog.

Requirements The breed does not have a working past, and although regular exercise is desirable, the Boston does not need long, strenuous walks. The coat requires very little attention.

KEY CHARACTERISTICS *Boston Terrier*

Size There are three weight classes: lightweight under 6.8 kg; middleweight 6.8–9.1 kg; heavyweight 9.1–11.4 kg.

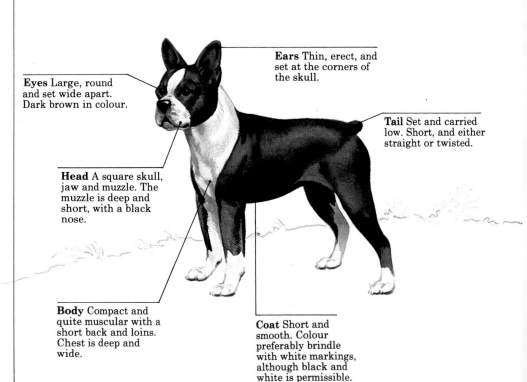

Ears Thin, erect, and set at the corners of the skull.

Eyes Large, round and set wide apart. Dark brown in colour.

Tail Set and carried low. Short, and either straight or twisted.

Head A square skull, jaw and muzzle. The muzzle is deep and short, with a black nose.

Body Compact and quite muscular with a short back and loins. Chest is deep and wide.

Coat Short and smooth. Colour preferably brindle with white markings, although black and white is permissible.

Bulldog

Despite its forbidding appearance, Britain's national dog is an amiable and affectionate companion.

History For centuries bull-baiting was a common sight on the village greens of England, where a bull would be tied up and dogs encouraged to attack it. A type of dog particularly well adapted to the "sport" – short in the leg, ferocious and with strong jaws – was developed from Mastiff stock. Bull-baiting became illegal in 1835, and over the years breeding has taken the rough edges from the dog's character, and exaggerated its stocky build and pushed-in face. The Bulldog came to symbolize something peculiarly British, and today it has no shortage of admirers.

Temperament Surprisingly gentle and very reliable with children. Their reactions to animals are unpredictable however, and care should be taken with other pets. They make good watch-dogs.

Requirements Very little grooming and only a moderate amount of exercise. Bulldogs can suffer very badly in heat.

French Bulldog
Controversy surrounds the origin of this small breed. The smaller varieties of Bulldog were probably among its forebears.

KEY CHARACTERISTICS *Bulldog*

Size 22.7 kg for a bitch, 25 kg for a dog.

Tail Set and carried low. Tapers rapidly to a point from a wide base.

Body Thick-set, with broad, deep chest and short back, arched over narrow loins and hindquarters.

Ears Small, thin in texture, and folded over. Set high and wide apart.

Eyes Set far apart and rather low. Round and very dark brown.

Head Very large, with a "pushed-in", muscular appearance and wrinkled skin. The flews (upper lip) hang low over the sides of the lower jaw, the front of which is prominent and upturned.

Coat Short, soft and close-lying. Colours include fawn and brindles, with or without a black mask or muzzle.

Legs The front legs are bowed in outline and short in proportion to the back legs.

Chow Chow

The Chow Chow is an exceptional breed in having not one but two unique features. The first is the black mouth and tongue, while the second is the stiff, awkward-looking gait, that results from its completely straight hind legs.

History The Chow Chow is a Spitz type, first brought to England from China in the 18th century, and often said to be a Chinese breed, kept for its fur and meat. But its original homeland was probably Mongolia where massive, black-mouthed dogs were used in war as long as 3,000 years ago. The Chow Chow remained a ferocious hunting breed for most of its history, and only in more recent centuries

did the Chinese begin to use it, along with other types of dog, as a source of food.

Temperament A rather self-contained, aloof dog, but it can be affectionate with its owner. Although the fierceness of their ancestors is no longer evident, Chows do not take kindly to collars and leads, and have a rather scornful attitude to obedience training. They can only be trusted with children they know well.

Requirements The Chow's nutritional requirements differ from those of other dogs, and too much fresh meat can have ill-effects. The thick coat needs a quick brush every day, and, as with all large dogs, exercise is essential.

KEY CHARACTERISTICS *Chow Chow*

Head Flat, broad skull with a square muzzle. Nose black, or paler in a light coloured dog.

Eyes Small, dark and almond-shaped for preference, but paler colours are allowed in dogs with light coats.

Ears Small, thick and erect. Set well forward over the eyes, they contribute to the typical Chow "scowl".

Tail Curling upwards over the back in typical Spitz style.

Coat A thick double coat standing out from the body. Show dogs must have solid colours, with cream, fawn, blue-grey, red or black all being permissible.

Body Compact, solid and well-proportioned, with a deep, broad chest.

Size 46–51 cm tall.

Black tongue A distinctive feature of the Chow Chow is the blue-black tongue.
Hindquarters The muscular legs are perfectly straight.

Dalmatian

A breed with an interesting past, that makes an ideal companion and family pet.

History The idea that this breed originated in Dalmatia, Yugoslavia is now known to be wrong, but the name has stuck. A very old European breed, its exact origins are obscure, but the Pointer (see p.50) was certainly among its ancestors. In the 19th century it became a fashionable carriage dog, which would race along beside, or even between, the huge wheels. Dalmatians still show the urge to run with vehicles, and often have a great affinity with horses, another legacy of their past.

Temperament An intelligent, cheerful, lively dog, good with children and easily trained.

Requirements Not a dog for the Sunday stroller. In its carriage days the Dalmatian happily ran up to 30 miles a day, so it needs plenty of exercise. Being used to human company, it will pine if left alone for long.

Dalmatian puppies
At birth the puppies are pure white. They soon develop the faint smudges which become spots.

KEY CHARACTERISTICS *Dalmatian*

Head Long, powerful muzzle and moderate stop. The nose should be brown or black, matching the spots.

Ears Set high and preferably spotted, not solid black or brown.

Tail Fairly long, reaching to the hocks, and spotted for preference. A slight upward curve is good but curliness is not.

Eyes Black spotted dogs should have dark eyes and black markings right around both eyes. For brown dogs the eyes must be amber and the "mascara" brown.

Coat Short, dense and sleek. The spots should be brown or black (never both), round and regular in size.

Body A sleek, muscular dog, not unlike a Pointer.

Size 56–61 cm tall.

Lhasa Apso

This is the most popular of the small dogs that have been introduced from Tibet, and is named after its capital city, Lhasa.

History The Lhasa Apso was bred by holy men in Tibet's many Buddhist temples and monasteries. These were often at high altitude in the Himalayas, where the breed's thick coat would have been invaluable. Some say that the second part of its name derives from "rapso", meaning "goat" in Tibetan, as the dog's wiry coat is similar to goat hair. Lhasa Apsos performed tasks around the monasteries, acting as watch-dogs, and were believed to bring good fortune to their owners. It was

impossible to buy the dogs – instead they were given as gifts in appreciation of services rendered.

The first Apsos to arrive in Britain came from Bhutan, to be followed by other specimens from the Lhasa area. The two types were combined and Apsos were sometimes seen at British shows in the first half of this century. Now the Lhasa Apso is a highly successful show-dog and a very popular family pet worldwide.

Temperament A very friendly little dog with an assertive manner.

Requirements Plenty of affection. The long coat needs grooming daily.

KEY CHARACTERISTICS *Lhasa Apso*

Eyes Dark brown and at the front of the face.

Ears Hanging down and feathered. Dark tips preferred.

Tail Abundantly feathered and curled well over the back.

Head Covered profusely with long hair. Skull rather flat and narrow. Muzzle longer and less square than in the Shih Tzu. Nose is black.

Body Longer than it is high, level back and muscular loins.

Coat Long, coarse outer coat and thick undercoat. Permissible colours include slate, sandy, brown, and white.

Size 25.5 cm tall.

Poodles

Poodles – Standard, Miniature and Toy – are the most popular dogs in many countries, including the United States.

History These dogs have had a very varied past, descending originally from German gundogs, known as *pudels*, which were used to retrieve game from water. In the 19th century, the appealing looks and trainability of poodles made them a useful addition to the entourage of French circuses. Later, they emerged from the entertainment business to become the world's most popular pets. The Poodle's long coat has always been trimmed in some way, and today there are several patterns.

Temperament Generally friendly, intelligent and loyal.

Requirements The hair grows indefinitely and isn't shed, so needs regular clipping.

Toy and Standard Poodles
The standards for the three Poodle breeds are identical in all but size. Toys should not exceed 28 cm; Standard Poodles must be at least 38 cm.

KEY CHARACTERISTICS *Miniature Poodle*

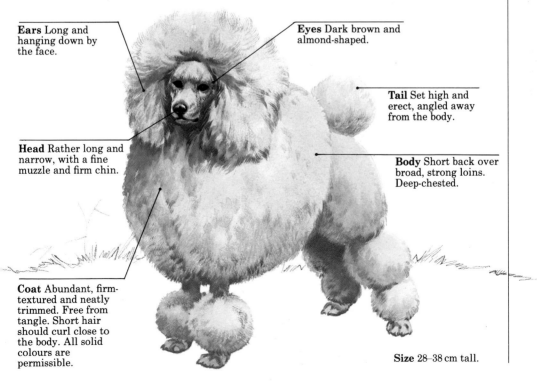

Ears Long and hanging down by the face.

Eyes Dark brown and almond-shaped.

Tail Set high and erect, angled away from the body.

Head Rather long and narrow, with a fine muzzle and firm chin.

Body Short back over broad, strong loins. Deep-chested.

Coat Abundant, firm-textured and neatly trimmed. Free from tangle. Short hair should curl close to the body. All solid colours are permissible.

Size 28–38 cm tall.

Miniature Schnauzer

This jaunty, intelligent little dog has won more admirers than either of the other Schnauzers, the Standard and Giant.

History All three Schnauzer breeds originated in the cattle and sheep farming areas of southern Germany. Records of a Schnauzer-type dog date back to the early 16th century. Their ancestors are thought to include the wire-haired German *Pinscher* and the *Schafer Pudel*, and the first Schnauzers were probably similar to today's Standard breed. They were all-purpose dogs, being good ratters and excellent guards. Breeders used the *Affenpinscher* – a tiny, monkey-like, wire-haired breed – to produce smaller dogs. Subsequent refinement resulted in the Miniature Schnauzer, also known as the *Zwergschnauzer*.

Temperament Full of good-natured energy, and very friendly towards children.

Requirements Long walks and regular, careful grooming of the coarse coat.

Giant Schnauzer
This highly intelligent breed was also developed from the Standard Schnauzer, and was originally used as a drover's dog in Bavaria.

KEY CHARACTERISTICS *Miniature Schnauzer*

Ears Set high, V-shaped and falling forward.

Eyes Dark brown and oval, under full eyebrows.

Special note In America the ears are generally cropped to a point.

Head Strong-looking with a gradual taper from the ears to the black nose. Muzzle powerful with abundant whiskers and moustache.

Tail Set high and docked.

Coat Hard and wiry. Long on legs and head but short elsewhere. Colours are black or "pepper and salt" – a mix of light and dark grey.

Body Back sloping gradually towards the hindquarters. Quite a deep chest with a visible breast bone.

Size 33 cm tall for a bitch, 35.5 cm tall for a dog.

Shih Tzu

This attractive small dog was kept as a companion and watch-dog in the Chinese imperial courts.

History The Shih Tzu is named after a curious animal featured in Chinese mythology – the Lion Dog. Buddhists in China revered the lion, and the little dogs were given similar respect. The ancestors of the breed originated in Tibet, and may have been related to the Lhasa Apso (see p.106). These found their way to China centuries ago, as gifts of goodwill from the Tibetan monasteries to the Chinese emperors. The Shih Tzu was introduced to Britain and America in the 1930s, and for a short time was classed with the Lhasa Apsos. Since its recognition as a separate breed, more and more people have become aware of this delightful dog.

Temperament Bred primarily as a pet, the Shih Tzu has great charm and vitality.

Requirements The long coat demands daily care to keep its good looks. However, the breed needs only moderate exercise.

KEY CHARACTERISTICS *Shih Tzu*

Ears Large and pendant. Hidden by a thick covering of long hair.

Eyes Dark brown, rounded and quite large.

Head Broad, with abundant long hair on crown and muzzle. Muzzle short and square, but not wrinkled. Nose black.

Tail Set high and curled over back.

Coat Very long and thick. All colours permissible, but those with white markings on the forehead and tail tip are particularly favoured.

Body Long, level back and wide chest.

Size 26.5 cm tall.

Bichon Frisé

A very lively little dog, and one that is much more sturdy and playful than many toy breeds.

History The Bichon Frisé is regarded as a French breed, but its exact origins are unknown. It is probably descended from an early water spaniel, but some think that sailors brought it back to the Mediterranean from the Canary Islands in the 14th century. Similarity with the Maltese (see p.113) suggests that the two breeds shared some of their forebears. For centuries, Bichon Frisés were companion dogs in the European courts, where they enjoyed a pampered existence. In the 19th century, however, the breed fell from grace, and, like the Poodle (see p.107), was draughted into circus troupes. The robust, cheerful nature of the modern Bichon is probably a legacy of its days as a hard-working entertainer. In the 20th century, the breed has found popularity as a pet in America, and the time seems ripe for it to become fashionable in Britain.

Temperament A good-natured companion, amusing, affectionate, and well-behaved with both children and other dogs.

Requirements The "powder puff" appearance of show-dogs is the result of much washing, trimming, brushing and talcum powder. Without this intensive treatment, the dog has an agreeable curly coat, but it must be groomed regularly. Strenuous exercise isn't needed.

KEY CHARACTERISTICS *Bichon Frisé*

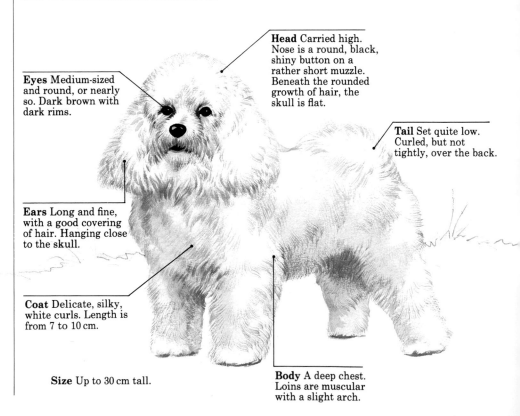

Eyes Medium-sized and round, or nearly so. Dark brown with dark rims.

Head Carried high. Nose is a round, black, shiny button on a rather short muzzle. Beneath the rounded growth of hair, the skull is flat.

Tail Set quite low. Curled, but not tightly, over the back.

Ears Long and fine, with a good covering of hair. Hanging close to the skull.

Coat Delicate, silky, white curls. Length is from 7 to 10 cm.

Size Up to 30 cm tall.

Body A deep chest. Loins are muscular with a slight arch.

Cavalier King Charles Spaniel

Although now well established, this attractive dog was the product of a breeding programme started only this century. It is significantly larger than its cousin, the King Charles.

History Small spaniels, bred for companionship rather than the field, were depicted at the feet of European royalty in tapestries and paintings from the 15th century onwards. In England the type of toy spaniel held in special favour by King Charles II endured into this century. But many people felt that breeding during the 19th century, possibly involving Pugs, had resulted in a dog rather removed from the original type. In the 1920s, a detailed "formula" for the Cavalier King Charles Spaniel was produced, to direct the efforts of breeders. They selected for a larger dog with a longer muzzle and flat skull. The Cavalier King Charles was a winner, and quickly gained popularity in Britain and, to a lesser extent in America.

Temperament Very companionable and level-headed.

Requirements Plenty of exercise and daily grooming to bring out the best in the breed's silky coat.

KEY CHARACTERISTICS *Cavalier King Charles Spaniel*

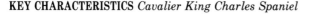

Size 5.4–8.2 kg.

Eyes Set apart, large and round. Dark brown in colour.

Head Flat-topped skull. Muzzle tapering to a black nose.

Body Level back. Well-sprung ribs, roomy chest.

Tail Can be docked by one-third. It should fall in a gentle curve.

Ears Set high and hanging at side of face. Long and feathered.

Coat Hair long and lustrous. Well feathered. A slight wave is permitted. Recognized colours are red (ruby), tricolour, black-and-tan, and chestnut markings on white (known as a Blenheim).

King Charles Spaniel
The domed head, short nose and small size distinguish this dog from the Cavalier King Charles. It is very good-natured, and friendly towards children.

Chihuahua

Some members of this breed weigh under a kilogram, making them the smallest dogs in the world.

History Although named after a Mexican city and strongly associated with South America, there is disagreement about the Chihuahua's exact origin, though most say that it was reared by the Aztecs or Incas.

Pottery dog figurines found in Mexico certainly show dogs of this type. One theory is that such small dogs were fattened up and used for food; another that they had some religious significance; yet another that similar dogs lived wild in the Mexican mountains. Whatever its origin, it still maintains several unique characteristics.

The first specimens reached America in the late 19th century, and these are the ancestors of almost all Chihuahuas there, and in Britain, today. The Chihuahua makes an excellent show-dog.

Temperament A good companion which loves attention, but is happier when not with other breeds.

Requirements The Chihuahua's appetites for exercise and food are predictably small; it can be quite particular about its diet.

KEY CHARACTERISTICS *Long-coat Chihuahua*

Ears Large and forming rather a wide angle with the top of the skull.

Eyes Round, large and set well apart.

Tail Carried up or over the back and quite long.

Body Topline of back is level. Chest is deep.

Head Domed skull, which may in a few cases be incomplete, the gap being termed a *molera*. Stop is distinct. The muzzle is short and pointed.

Size Up to 2.7 kg.

Coat Long, soft and straight, flat or with only a slight wave. Hair more abundant in places, forming a ruff, plumed tail, and feathering.

Smooth-coat Chihuahua
For a long time the Smooth-coat Chihuahua was much more common than the long-coated version, but the balance is now tipping. The two varieties are identical in all but coat length.

Maltese

Although superficially similar to the toy dogs from the East, the Maltese is very much a Mediterranean breed.

History There are conflicting accounts of this dog's precise place of origin. Most believe that a pure-breeding line was first established on the island of Malta, while others think of Sicily as its home. All are agreed, however, that the type is centuries old, and royal portraits which include lap-dogs suggest that its appearance has not changed much over the years. The Maltese has never had to work for its living, but was kept as a companion dog by the European nobility. The first specimens arrived in Britain during the reign of Henry VIII, and it enjoyed consistent popularity until the introduction of the Eastern toy breeds at the end of the 19th century. Although eclipsed by these, the Maltese has never been in danger of disappearing, and today it is well known both in Britain and America.

Temperament An affectionate and lively little dog, which provides its owner with loyal companionship, but is suspicious of strangers.

Requirements The long coat must be groomed carefully each day, and washed frequently. A small amount of exercise is needed, although the Maltese should not be taken out in severe cold or heavy rain.

KEY CHARACTERISTICS *Maltese*

Size Up to 25.5 cm tall.

Head Of medium size with a distinct stop. The nose is black.

Ears Long and pendant with an abundant covering of long hair.

Eyes Dark brown and oval-shaped.

Tail Curling over the back with abundant covering of hair.

Body Compact and short, with a level back.

Coat White, straight, long and silky.

Papillon

The "butterfly" dog of France, whose face, with its central white blaze and large, wing-like ears, was the inspiration for its beautiful name. The silky hair covering the ears adds to the effect.

History The Papillon is another of the small companion dogs that once seemed an essential part of the household for Europe's aristocracy. Legend has it that Marie Antoinette was a keen admirer of the breed. It was common for dogs to be included in portraits of their owners, and Papillons were subjects for Rubens and Rembrandt, among others. The drop-eared version of the breed, seen much less often, is called a Phalène, the French for "moth". Belgium and France are thought to have contributed most to the Papillon's development, but in America and Britain, selective breeding this century has produced slightly smaller dogs.

Temperament A lively intelligence and an affectionate nature make this breed excellent company.

Requirements Although small, the Papillon isn't too frail, and likes exercise and fresh air. The coat needs frequent grooming.

KEY CHARACTERISTICS *Papillon*

Ears Large, and set quite far back and wide apart; erect (Papillon) or dropped (Phalène). Heavily fringed.

Head Small, fine muzzle with a black nose. Skull slightly domed.

Size 20–28 cm tall.

Tail Long and set high, curling above the back.

Eyes Set low. Round and dark brown in colour.

Coat Silky and long. Generally lying flat, but with a frill on the chest. Colour is white with markings in a variety of shades. Blaze must be well-defined.

Body Rather long, level back over substantial loins.

Pekingese

What was once an exclusively palace breed in China is now regarded as an ideal pet for smaller homes.

History The dogs of the Chinese imperial court were held in far greater esteem than the companion dogs of European royalty. Pekingese were regarded as sacred, and no effort was spared in ensuring that pure breeding lines were maintained. Responsibility for the dogs' well-being fell to palace eunuchs, and they adhered to a strict breed standard, set out in words and pictures over the centuries. The first "Pekes" to reach the West were seized by the British when the imperial palace was looted in 1860. They were an immediate success, and the breed rapidly became very popular in Britain and America.

Temperament A surprisingly assertive little dog, which makes a good watch-dog.

Requirements Plenty of attention. The long coat needs daily grooming. Pekes have a tendency to develop breathing problems, and this should be watched for.

Japanese Chin
Like the Pekingese, this dog originated in China, and the dogs' ancestries probably have much in common. The Japanese Chin was once the court dog of Japan. Specimens were brought to the West in the late 19th century.

KEY CHARACTERISTICS *Pekingese*

Head Large and broad with a flat, wide, wrinkled muzzle. Nose is black with wide nostrils.

Eyes Set wide apart. Large, round and prominent. Dark brown in colour.

Tail Set high, slightly curved over back to either side, with profuse feathering.

Ears Heart-shaped and hanging close to the skull. Abundant, long hair accentuates the length.

Body Short, but quite substantial. Deep chest and level back.

Coat Very long and profuse, with abundant feathering. The outer coat is rather coarse. Many colours and markings are permitted.

Size Up to 5.5 kg for a bitch, 5 kg for a dog.

Pomeranian

The smallest of the Spitz group (see p.46), this dainty, picturesque toy seems far removed from its sledge-pulling cousins.

History In Pomerania, on the German Baltic sea coast, a distinct type evolved from northern Spitz dogs, such as the Samoyed (see p.83). The original Pomeranians were fairly ordinary dogs, mostly white in colour and much larger than the breed recognized today. They offered little that was new, either as pets or working dogs, and it wasn't until breeders selected for a smaller type that the breed became common outside Germany. A greater variety of coat colours was encouraged at the same time, including a warm, gingery orange, now the most popular colour. This selective breeding occurred towards the end of the last century. Since then, decreasing stature has brought increasing popularity, and Pomeranians are now common in both Britain and America.

Temperament Great loyalty, and a wariness of intruders, makes the Pomeranian an excellent watch-dog, but in general it is a quiet and well-behaved dog.

Requirements The luxuriant coat benefits from regular brushing. Pomeranians need little exercise.

KEY CHARACTERISTICS *Pomeranian*

Feet Very small. They move quickly, giving the dog a light, twinkling gait.

Ears Small and carried erect.

Head Foxy-looking, with a flatish, wide skull and fine muzzle.

Tail Lies flat and straight over the back. Profusely covered with hair.

Eyes Oval-shaped, and of medium size. Dark brown in colour.

Body Compact, with a short back and well-rounded rib-cage.

Coat Hard-textured, straight and long, forming a ball of fur from which the head and legs protrude. The face and legs have shorter, softer hair. Colours include orange, white, brown and black.

Size 2–2.5 kg for a bitch, 1.8–2 kg for a dog.

Pomeranian puppies
These fluffy bundles, looking like childrens' soft toys, will grow into dainty, elegant adults.

Pug

A charmingly compact breed, with a good temper and dignified manner. Such beauty as it has lies in the pattern of wrinkles on its forehead, and the smooth, firm texture of its coat. Its tightly curled tail and flattened face give the Pug an amusing appearance.

History While some think that the Pug's ancestors were short-haired versions of the Pekingese, others contend that the well-muscled little dog is a scaled-down mastiff. The first dogs to arrive in Europe were those brought back from the East by Dutch traders, and specimens reached Britain by the 17th century. The solidity and unabashed inelegance of the dogs appealed to Victorian tastes, and from the mid- to late 19th century, Pugs were in great demand as pets. This popularity later declined, but today numbers are rising, both in Britain and America.

Temperament Very affectionate, with a desire to become part of the family. Amenable to training.

Requirements Only a little time need be spent on coat care and exercising. Like other companion dogs, the breed does like plenty of attention.

KEY CHARACTERISTICS *Pug*

Size 6.4–8.2 kg.

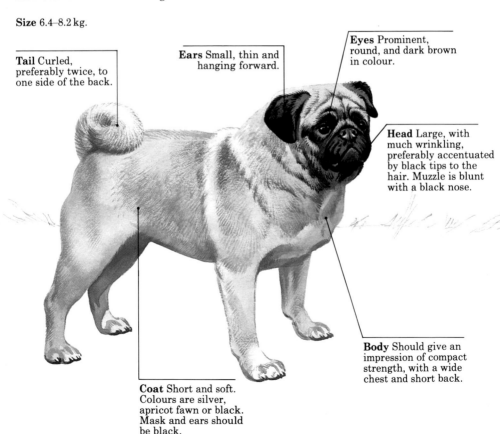

Tail Curled, preferably twice, to one side of the back.

Ears Small, thin and hanging forward.

Eyes Prominent, round, and dark brown in colour.

Head Large, with much wrinkling, preferably accentuated by black tips to the hair. Muzzle is blunt with a black nose.

Body Should give an impression of compact strength, with a wide chest and short back.

Coat Short and soft. Colours are silver, apricot fawn or black. Mask and ears should be black.

Silky Terrier

Australia's toy terrier is full of drive and energy, and makes a rewarding pet.

History This breed has inherited a roughly equal measure of characters from its two main ancestors, the Australian and Yorkshire Terriers (see pp.89 and 119). The cross was first made in the mid-19th century, and during the following decades, when toy dogs were increasingly in vogue, the type became established. Its development was centred around Sydney, and the breed was first known as the "Sydney Silky", becoming the Australian Silky Terrier on official recognition. As with the Norwich Terrier (see p.97), both prick- and drop-eared varieties existed.

However, the latter is excluded from the breed standard, and, unlike the Norfolk Terrier (see p.96), hasn't received separate recognition. Although a welcome member of a great many Australian homes, the Silky Terrier only gained a foothold in America after the Second World War, and in Britain it is still uncommon.

Temperament The breed's strong character and liveliness demand a great deal of its owner's attention.

Requirements A Silky Terrier rarely sits still, and, unlike many of the other toy breeds, needs regular exercise. The long coat must be groomed regularly to avoid it falling into mats.

KEY CHARACTERISTICS *Silky Terrier*

Size About 23 cm tall.

Ears Set high. Small, V-shaped and pricked.

Eyes Small, dark and round, with a keen expression.

Tail Docked and held erect.

Head Quite long and broad, with a flat skull bearing a silky topknot. Nose is black.

Coat All hair is fine and silky. The body hair should be from 13 to 15 cm long. Colours are blue or grey-blue, both with tan markings.

Body Quite long, with a level back over strong loins. A deep chest.

Yorkshire Terrier

A toy version of the terrier breeds, but with a strength of character to match its larger relatives.

History Yorkshire Terriers originated in the mid-19th century around the industrial heartlands of northern England. They were bred by working men, for whom a large dog would have been difficult to keep, but who wanted a lively companion. Their probable forebears are the old Black-and-Tan Terriers, the Maltese (see p.113), and the now-extinct Clydesdale Terrier. From each litter the smallest dogs were selected for breeding, and the Yorkshire Terrier gradually "shrank" to the proportions we see today. The first dogs were shown in Britain in 1860, and the breed reached America in 1880. The Yorkshire Terrier now has a well-established place among the favourite breeds in many countries of the world.

Temperament Surprisingly domineering for its size, and a very good watch-dog.

Requirements Frequent grooming of the long, silky coat is necessary to prevent knots and tangles from forming.

KEY CHARACTERISTICS *Yorkshire Terrier*

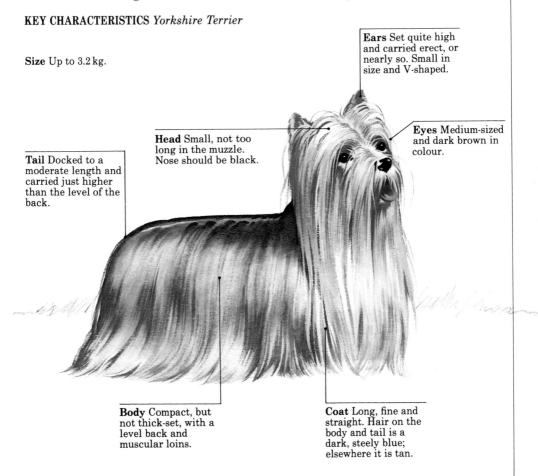

Size Up to 3.2 kg.

Ears Set quite high and carried erect, or nearly so. Small in size and V-shaped.

Head Small, not too long in the muzzle. Nose should be black.

Eyes Medium-sized and dark brown in colour.

Tail Docked to a moderate length and carried just higher than the level of the back.

Body Compact, but not thick-set, with a level back and muscular loins.

Coat Long, fine and straight. Hair on the body and tail is a dark, steely blue; elsewhere it is tan.

4

CHOOSING A DOG

A look through the breeds section of this book shows
you the incredible variety of shapes, sizes and
temperaments of dogs available. Finding the dog
that's just right for you needs care and forethought.
You'll have to decide whether to choose a puppy or an
adult dog, a dog or a bitch, a large or small dog,
pedigree or mongrel. Perhaps you're after a guard-
dog, a gundog, or even a show-dog? Maybe you're
looking for a companion for an elderly member of the
family or a playmate for the children. You may like
the look of a particular breed, but can you cope with
its needs in terms of exercise, feeding and grooming?
Taking on a dog means you're making a commitment
to the animal for its lifetime. So choosing a dog that
fits your lifestyle makes good sense. For further
guidelines, consult *Dog Breeds* (see pp.42–119),
Housing, Handling and Training (see pp.142–59), and
Grooming (see pp.172–83).

Making the right choice

Man has a long-standing link with dogs – an extension of the basic attachment that maintains contact between people. Human relationships are based on "social signals" – facial expression, eye and voice contact, time spent together, mutual dependancy and responsibility, the reassurance of touch. These behavioural signals are also seen between people and pets.

Why have a dog?
Dogs seek out people and take obvious pleasure in their company. They often fulfil a childlike role and are dependent on their owners throughout their life. This dependancy works both ways. The psychological value of stroking a dog is well-known to doctors – it reduces stress and lowers blood pressure. Your dog is part of your family – friend, protector, companion, comforter, entertainer. You'll wonder how you ever managed without it.

What kind of dog?
It makes sense to try to match your lifestyle and preferences to the temperament and needs of the dog. One of the main considerations is the dog's personality – see pp.50–119 for guidelines on the character of different breeds. You may be looking for a dog with behavioural characteristics like ability to guard, herd, retrieve or "point". Other questions you'll have to ask yourself are: What age? What size? What sex? Mongrel or pedigree?

What age of dog?
This is one of the first decisions you should make. Of course, a puppy is delightful, especially if you've got children in the house, but there may be reasons why an older dog is more appropriate.

If you're looking for a good companion and you'd like to take it out and about with you right from the

Pedigree dogs come in all shapes, sizes and colours, as this happy, healthy collection shows.

start, a young adult dog may suit you best. Elderly people can find a boisterous puppy a strain, but may be able to give a good home to a displaced older dog.

Puppies

If you choose a puppy, there should be someone at home all day, or periodically throughout the day. You must spend time with a puppy, both to develop a good relationship with it and to give it the chance to become properly house-trained. Taking a young puppy away from its mother is quite a serious upset; frequent or long separations from you, its new "parents", can cause problems.

Older dogs

If you choose an older dog, make sure it is house-trained – a dog that has been kennelled for a long time may not be. Find out exactly why the dog needs a home – it could be nervous, aggressive or dirty around the house. You must be prepared to be patient with the dog. Again, don't leave it alone for too long.

A special relationship
Your new puppy will soon come to rely on you, not just for food, but also for affection and companionship – things it can give you, too.

What size of dog?

Size is an important consideration. Large dogs may be good intruder deterrents, but could lead to a visit from the bank manager instead! Large breeds are expensive both to buy and to feed. Once grown up, they need a great deal of exercise. Obviously, they aren't suited to city centres, particularly houses or flats with small gardens. Walking a dog late at night can be risky in a city and your initial resolve to take it out regularly could weaken.

Small children can be knocked over by big, bouncy puppies, and elderly people often find large breeds a handful. But most of the giant breeds are as gentle as they are large and, once adult, usually careful with children.

Small and toy breeds need far less exercise – they'll virtually exercise themselves in a garden, particularly if two are kept together. Take care with young children – toy dogs' bones are fine and fragile and children can accidentally hurt them seriously.

Lifespan

Large breeds tend to age quicker than small breeds, which normally live longer. Great Danes, for instance, are fairly old at eight or nine years and few live beyond 11–12 years of age. Few Labradors last more than 14 years, but some terriers may reach 20! Toy breeds tend to have shorter lifespans than "regular" small dogs.

The problem of waste

There's no getting away from the problem of faecal waste; it causes considerable public concern. Large dogs eat a lot of food and produce a proportional amount of waste. This can be burned or buried in your garden, but clearing it from elsewhere is difficult. Think about this when deciding on the size of your dog.

A dog or a bitch?

Deciding what sex of dog you want can be difficult. Most dog owners have their own views on this subject, but both sexes have their pros and cons. Bitches are often considered more demanding of attention than dogs: they are easier to train and more likely to form a solid attachment to their owner, so they make better guide dogs.

One drawback of bitches is their twice-yearly reproductive cycle. During her "heat" a bitch is attractive to dogs and may make desperate attempts to escape. The discharge can be messy and some bitches are prone to false pregnancy (see pp.189 and 261). The solution is surgical neutering which adds quite a significant cost. But if you're keen to breed from your pet and you'd like to give children the fun of a litter of puppies at home, choose a bitch.

Fans of dogs maintain that they're more consistent in temperament than bitches. A dog will certainly roam in search of bitches if one is on heat in the area, which can cause problems for the owners of both dog and bitch. Their more dominant nature can make dogs more difficult to train and perhaps more likely to challenge human authority. Dogs are said to have more character; this is partly true – it's part of their independence and they enjoy strutting around like turkey cocks!

A dog may become so aggressive or wander so much that neutering is called for – this may or may not be successful and can change a dog's character. Neutering should never be carried out just for convenience – make sure there's a valid reason.

Mongrel or pedigree?

The term "mongrel" is unfortunate. It carries mental pictures of scavenging curs or the pathetic half-starved creatures seen in the streets of some cities. In fact, the word simply means a dog of unidentifiable breeding or mixed parentage – a "cross-breed". Mongrels have many points in their favour – they're much less afflicted by inherited diseases than pedigree dogs, and seem to avoid some of the more common ailments. They're just as susceptible to serious diseases though, and need the same amount of care and attention as the most expensive of pedigree animals.

Understandably, mongrels aren't as predictable as other dogs in terms of temperament and adult looks. If possible, visit the mother and her litter to get some idea of how your puppy might turn out. Try enquiring tactfully about the father. Even if the pregnancy was a mistake, he may well be known to the bitch's owners.

There are breeders who carry out intentional cross-breeding, usually between pedigree dogs. Such matings can also happen by accident – some pedigree bitches seem to delight in escaping to be mated by any breed except their own! The offspring of such

A cross-breed
A cheerful mongrel like this bright-eyed specimen makes an excellent pet, although you won't be able to enter it at an official show.

couplings are classed, perhaps unfairly, as mongrels, even though their parentage is known. These "first crosses" may escape hereditary disorders while still being fairly predictable in looks and temperament. These factors aren't always forseeable though, and cross-breeding has produced terrible results, with puppies inheriting the worst aspects of both parents. Like the pedigree stock that produced them, mongrels can be aggressive.

Border Collie crosses and Labrador crosses are among the most commonly seen mongrels. These are usually attractive, happy dogs and very energetic in their young years.

The case for pedigree dogs is easy to make. These dogs have been selected to fit certain specifications. Once you know which breed you want, choosing a pedigree dog means you know approximately how big it will grow,

what its temperament will be like, and its likely requirements in terms of food, exercise, work and grooming.

Apart from mongrels and pedigree dogs, there are the "type" dogs – the classics being the Jack Russell Terrier, the Heeler and the Lurcher. These aren't internationally recognized as breeds but they're recognizable types which breed true.

A boy and his dog
A child and a dog in high spirits together is a delightful sight. Fast-running Lurchers (not a recognized breed) are a well-established type.

CHOOSING AND BUYING A PEDIGREE DOG

This is where you have to combine personal taste with an appreciation of the practicalities. Don't just base your choice on a picture of a breed in this or any other book. Look into the special needs of the breed and consider your ability to fulfil them. Try to assess the amount of grooming involved. Long-haired breeds are likely to need a lot of grooming; even some short-haired breeds have their drawbacks. For instance, Labradors often have long moults and a black one kept in a house with pale carpets could cause problems!

Don't ignore the hereditary defects to which some breeds are prone. These vary and you should be informed about them in order to make a balanced decision and ask breeders the right questions. Ask local vets about any particular problems in local strains. A breeder stating that all his dogs are X-rayed for hip dysplasia, isn't quite the same as one stating they are free of it. Ask to see disorder clearance certificates where there are approved schemes in existence. If these aren't forthcoming, ask the breeder if he minds you

contacting his vet. Without his client's permission, a vet won't tell you anything about a breeder, although a general enquiry about a source of a particular breed might turn up trumps by elimination! Try to make as many enquiries as possible before seeing a litter of puppies. One look at their appealing eyes can be irresistible, particularly to any children accompanying you. You need to be as sure as possible that your chosen puppy doesn't suffer from congenital diseases or defects.

Choosing a puppy

Once your researches have led you to a breeder willing to sell you a puppy of the right breed and sex, you'll need to arrange to view the litter in order to pick out a puppy. Many good breeders will want to interview you, too! You'll rarely be allowed to see puppies younger than four weeks old – you'll certainly not be allowed to handle them for fear of upsetting the bitch.

Watch the puppies playing. See how they interact and how they react to you. Remember that the one curled up fast asleep may well have been rushing around shortly before. Puppies are very active for short periods, but they tire quickly. Their individual personalities will shine through, so look for the one that fits your needs. Is it the quiet puppy that seeks you out to be nursed that appeals to you, or the "go-getter" that leaps out of the box to see what is happening?

Unless you're very experienced with the guard breeds or sure of your ability to control them, avoid the bolder puppies of these breeds. They may challenge you for superiority later. Try to avoid the "shrinking violets" of guard breeds, too – once grown, their nervousness can lead to mistrust and aggression. A quiet but confident bitch is a good choice for a breed such as a German Shepherd or Dobermann in a fairly inexperienced pet household.

Buying a puppy for show
Although the occasional Crufts winner was bought as a pet which "made good", you usually get what you pay for. To obtain a guaranteed show-dog (not necessarily a winner, but good enough to be worth serious showing), you'll need to pay considerably more than for a pet dog. You may have to wait until the puppy is six months old

FINDING A PUPPY

You want a dog, you've chosen a breed, decided what sex, and opted for a puppy rather than an adult ... what next?
● Find out all you can about the breed and any hereditary diseases that may occur in it
● Write to the relevant breed society for information on organized schemes to eradicate these problems. Ask for lists of participating breeders and those with certified free stock
● Buy dog magazines (these can be ordered from your newsagent). They give details of dog shows and names of breeders to give you a starting point
● Consult agencies which put people in touch with breeders who have puppies, and the special directories which list a number of breeders
● Call at your local vet's to see if they have any suggestions
● Go to shows locally – and further afield if you're interested in showing. Try to get a feeling for the breed, talk to the breeders and discuss the problems

● Avoid pet shops and puppy dealers. Usually, the puppies they've bought come from many different sources, often unlicensed breeders keeping too many bitches in unsuitable conditions. The puppies have often travelled long distances and may already be poorly
● Above all, don't buy on impulse. If you follow these guidelines, your chosen dog will be a companion and part of your family for at least the next ten years – well worth all the effort!

before you can have it, and when you've found a breeder willing to part with a good show specimen at six months, you'll have to pay for the privilege.

It can be difficult even for an experienced breeder to pick out winners from young puppies. Many breeders say that three weeks is a good age to get a correct notion of a puppy's worth. After this, puppies have a growth spurt and look comparatively unattractive until around 12 weeks. An otherwise perfect dog may be spoiled for show at four or five months because its teeth have grown badly and its "bite" is incorrect. This problem may conflict with when a breeder wants to sell puppies. (For the best age to acquire a puppy, see p.138.) Most breeds adapt best to a new home at about six to seven weeks, but if you do buy a show-dog at this age, you're gambling on your judgement and the judgement and honesty of the breeder. The breeder's experience is very

important and you can only really rely on someone who has been successful with your chosen breed.

If you're contemplating breeding from your show-dog, buy a bitch. You should expect to pay more for her because of her breeding potential. Relatively few males are used for stud – these need to be really good.

Jack Russell puppies in a pen
When choosing a puppy, spend a little time watching the litter playing together. Puppies' antics reveal their different personalities.

WHAT IS A HEALTHY PUPPY?

When you've found a suitable puppy, there are several basic points to check:
● The eyes should be bright and alert, with no discharges or cataracts
● The skin and ears should be clean and smell pleasant
● Check that faeces in the pen are well-formed
● Are the puppy's teeth correctly aligned and has it the right number for its age?
● If it is a male puppy, does it have two testicles? (see *Breeding*, p. 189)
● Is the body well-proportioned? It helps to have seen adults of the breed so you can differentiate between spindly and simply gangly puppies
● A healthy puppy is often heavier than it looks, but shouldn't be fat

FINDING A YOUNG ADULT DOG

If you've decided that a young adult dog fits your needs best, there are several potential sources:
● Local vets. If they have kennel space, vets occasionally house a dog – perhaps a stray that has been treated after a road accident, or a dog no longer wanted by a client
● Local animal welfare groups. Find out about these through local vets
● Breeders sometimes have young dogs which they have kept with a view to showing, but which didn't turn out quite as they hoped
● Breeders may also wish to find homes for older bitches after they have finished breeding
● Breed societies usually run a rescue service for dogs of their own breed

PUPPY-CARE

From the moment of birth, a puppy is changing and developing day by day, week by week, in many different ways. Whether you're caring for a litter of puppies born to your own bitch, or you're the new owner of a diminutive canine pet, this is a delightful period. Many dogs exhibit "puppy-like" behaviour all their life, but strictly speaking, puppyhood ends at 12 months. It's the time when a dog is at its most appealing – discovering new experiences, making friends, learning to play, bark, explore, eat solid foods. This chapter gives you practical advice on all aspects of caring for and feeding puppies. Welcoming a puppy into your home is particularly exciting. Make sure you're prepared and that both house and garden are safe. Toilet and obedience training are dealt with in *Housing, Handling and Training* (see pp.142–59), problem behaviour in *Understanding Your Dog* (see pp.210–25).

The newborn puppy

In a normal, healthy litter, each newborn puppy finds its way to the source of milk shortly after birth. During the first one or two days of its life, a puppy absorbs from its mother's first milk (*colostrum*) the protective antibodies necessary to see it through its first six to ten weeks. Most puppies feed from their mother for the first few weeks of their life (make sure the whole litter is suckling properly). After this you should decide on the best time to introduce solid foods and begin weaning (see p.132). The bitch keeps the puppies clean and also cleans up their faeces, although you should change the newspaper in the whelping box regularly.

Puppies are both blind and deaf at birth. Their eyes open at around 10–14 days, although it is another seven before they can focus properly. Their hearing starts to function as the ear canals open when they are between 13 and 17 days old.

Nail trimming
You may need to trim the puppies' nails at 14–21 days. The "kneading" movements they make while feeding can scratch the bitch's underside. Use baby nail scissors.

Sleep and rest
Just like babies, puppies have an amazing capacity for sleep. Well-fed puppies do little other than sleep and suckle for the first week of their life. After this, their activities increase until, by three weeks, they are wobbling around, exploring the whelping box. Up to the age of 12–14 weeks, you'll notice that periods of incredible activity are interspersed with periods of coma-like sleep – you'll be glad of these at times!

Keeping the puppies warm
Temperature is something you need to watch carefully and in which you'll need to play an active part. Puppies develop within the uterus at 38.5°C and, despite a drop in the bitch's body temperature just before whelping, their wet arrival into the world comes as a shock. Wet puppies chill easily but may not show any signs for up to 48

The whelping box
Although the bitch needs to leave the box periodically for feeding and relieving herself, the puppies should stay in the box for at least the first four weeks. When they're ready to venture out of it, they'll find their own way! At this stage, you should provide a pen around the box. If the weather is fine and warm, box and pen can be placed in the garden for a short while.

WAYS OF PROVIDING HEAT

For the room
● Radiators or fan heaters
For the bed
● Well-wrapped hot-water bottles
● Proprietary heater pads placed under bedding
● Infra-red or dull emitting bulb lamps
Warning
● Don't let puppies come into direct contact with heater pads – they may get burned.
● Don't place infra-red lamps too close to puppies – they can cause localized overheating or even burns.

Keeping a newborn puppy warm
Hot-water bottles are an economical way of providing warmth for new puppies. Refill them regularly and wrap them well.

hours, by which time an infection may occur which they are unable to resist.

Newborn puppies can't shiver properly and until they are seven to ten days old, are unable to make their hair stand on end in order to trap an insulating layer of air. So puppies' heat regulation is very poor, and their body temperatures tend to rise and fall with that of their surroundings. After six or seven days, they develop some control over heat regulation but it isn't particularly efficient until four weeks of age. This is why you should provide supplementary heat for at least the first two weeks, even if the puppies are in the bitch's box, and longer if they aren't (orphan, rejected or some hand-reared puppies).

Keep the room temperature at around 30–3°C (puppies can tolerate slight variations on this for short periods). An alternative plan is to keep the room temperature at a minimum of 21°C and to provide extra heat for the actual bed. The room temperature can be allowed to drop by 3°C each fortnight until the normal ambient temperature is reached. It's important to take great care over how the

supplementary heat is provided. As a puppy's heat regulation is so inefficient, direct heat applied to one area of its body isn't properly dissipated and can damage the skin.

Detecting a weak puppy
Healthy puppies feel dry, warm and full, with "normal" skin tension. When you pick them up, they respond by wriggling. Weak puppies often feel damp and limp. Their skin is non-elastic and "tents" when you pick up a fold. A happy, healthy litter makes a gentle murmuring sound, punctuated with squeaks and sharp cries when they are hungry or during feeding. Weak puppies don't settle – they crawl around, wasting energy and emitting thin, plaintive wails, Eventually, they'll lie passively in a corner of the whelping box. Be on the lookout for puppies which aren't getting any milk. It's possible for a puppy to miss out on several feeds until it's too weak to feed at all. A puppy like this needs special attention and will probably have to be removed from the box and hand-reared (see p.134). If in doubt, consult your veterinary surgeon.

Feeding and weaning

If all goes well, a litter of puppies should feed happily from their mother until around three to five weeks of age. Sometime during this period, while they are still taking plenty of milk from the bitch, you can start supplementing the bitch's milk, so that the puppies learn to lap from a saucer. This avoids any "check" in the puppies' growth due to a reduction in food, and also promotes a natural reduction in the amount of milk the bitch produces, as the puppies make less demands on her.

Weaning puppies off the bitch
The first step towards weaning is to make up a sloppy mixture of baby cereal and warmed cow's milk and put a little of this into each puppy's mouth with your finger or the handle end of a teaspoon. After introducing the mixture this way, put it in the puppy pen in saucers twice daily. For the first week or so the puppies will crawl through their meals and will need wiping down after feeding. Any milk or feed left on the skin can cause dermatitis or hair loss. The bitch is usually excluded during feeds to avoid her interfering too much. As the puppies learn to lap properly and take plenty from their dish they can be given food three or four times a day; at this stage you can introduce meat.

The traditional first solid food of scraped best stewing steak isn't ideal since it is low in calcium. If you want to use fresh meat, you should supplement the calcium with bone flour. To scrape meat, lay a piece of stewing steak out flat and draw the blade of a sharp knife firmly across it, gathering a kind of "meat paste". If the puppies are over three weeks old, you can give them raw minced beef straight away, with bone flour.

Alternatively use a specially formulated tinned puppy food. Even canned all-meat adult dog foods are better balanced than fresh meat, although you should add a little bone flour to these too. Whatever you choose, it must be finely ground. To

First steps to weaning
Start by offering the puppies a little milk and baby cereal in saucers, twice a day. This isn't usually done earlier than the middle of their third week. They'll probably continue feeding partially from their mother for a few weeks.

It's important to clean any feed off the puppies after every meal. When all the puppies are lapping milk and cereal properly, introduce some meat and rusk feeds as well.

make canned meat easier for puppies to eat, pour on a small amount (less than 10 percent volume for volume) of hot water and crush it with a knife.

As the milk supply from the bitch dwindles, give the puppies more feeds yourself. Puppies need feeding more frequently than adult dogs for the same reasons that human babies require frequent feeds – for rapid growth and development. The calorific requirements of a puppy, on a weight for weight basis, are up to four times those of an adult dog.

Don't be in too much of a hurry to wean a litter of puppies if feeding is going well and their mother still has sufficient milk to nourish them. But if puppies aren't weaned by five weeks, start this in earnest, beginning with meat (see left). In general, puppies should be taking very little – if anything – from the bitch by six weeks of age.

DAILY FEED TIMETABLE (7–12 WEEKS)

Milk and cereal	Morning
Meat and rusk	Mid-day
Meat and rusk	Afternoon
Milk and cereal	Evening

Developing adult eating habits

At around twelve weeks of age, a puppy usually loses interest in one of the feeds of its own accord, so drop one of the milk meals. Three feeds a day are usually continued until six months, then two feeds a day until nine months. Whether you continue to feed your dog twice daily or cut down to once depends partly on circumstances and partly on the dog. In general, the smaller toy dogs fare better on two meals a day.

The right approach to feeding

Don't give any of the puppies the opportunity to become a fussy feeder. When you put down a meal for a puppy, introduce it to the food and leave it quietly. Don't just put the food down and expect the puppy to find it. Allow 20–30 minutes for the meal to be eaten then pick it up again. Leftovers can sometimes be covered, refrigerated, and re-offered at the next meal, perhaps with a little gravy or stock. Again, pick the meal up after 20–30 minutes or it will become dry and tasteless. For more on feeding techniques, see pp.170–1.

WEANING BOTTLE-FED PUPPIES

This process is the same as described for normal puppies, but begins at about two and a half weeks. First encourage the puppies to lap, and as soon as this is mastered, introduce meat. Hand-reared puppies usually learn to lap several days earlier than puppies on the bitch, which makes life easier for you. Take great care that the puppies don't suffer a setback at this stage due to being slow to get enough food from the saucer. Continue feeds with the bottle until you're sure that all the puppies are feeding well and gaining weight satisfactorily.

A hand-reared puppy feeding
This puppy has learned to eat solid food.

Hand-rearing puppies

In general, newborn puppies don't need hand-rearing. The mother performs the task automatically. But this is not always the case and you may need to undertake some, or all of the care of a single puppy or even a litter, from birth. This involves bottle-feeding, stimulating bowel function and sometimes, maintaining adequate warmth (see p.130). Puppies needing active care may be: ☐ orphaned ☐ weak ☐ ill ☐ premature ☐ rejected ☐ unable to be fed by mother. Occasionally, your vet may suggest a foster mother for orphan puppies. If not, you will have to hand-rear them. It is important to distinguish weak puppies from strong, healthy ones (see *Detecting a weak puppy*, p.131).

Feeding healthy puppies

Strong, healthy puppies can be started immediately on standard bitch milk substitute – ask the vet which one to use. Mix the feed using a kitchen mixer to avoid lumps. Make up fresh milk every day, store it in the refrigerator and feed it at about 38°C. (To wean bottle-fed puppies, see p.133.) Alternatively, make up your own feed.

RECIPE FOR PUPPY FEED

Ingredient	Amount
Whole milk	800 ml (28 fl oz)
Single cream	200 ml (7 fl oz)
Egg yolk	1
Sterilized bone flour	6 g ($1\frac{1}{2}$ teaspoons)
Citric acid powder	4 g (1 teaspoon)
Pediatric vitamin drops	2–3 drops

BOTTLE-FEEDING A PUPPY

Anyone with a whelping bitch should obtain a nursing bottle just in case, although many vets stock them for emergencies. Use a special pet nursing bottle or premature baby bottle. Avoid eye droppers; they force in too much air. Newborn puppies should be fed two-hourly at first, and then three-hourly; amounts will depend on their appetite.

1 First sterilize the bottle with sterilizing fluid. Mix the feed, add it to the bottle, and heat to about 38°C by placing the bottle in boiling water.

2 Hold the puppy, supporting its rib-cage, and guide the teat into its mouth. Let its legs move freely while feeding, to allow the "kneading" reflex.

Feeding weak puppies

Milk substitute can be too rich for weak puppies. For the first few feeds, give them cow's milk, diluted with one-third the volume of water and with 10 g glucose added per 500 ml. To compensate for vitamins in colostrum (first mother's milk) add two drops of a pediatric vitamin mixture per 500 ml.

Heat the mixture to about 38°C and feed at least two-hourly (very weak puppies may take tiny amounts as often as half hourly until they pick up).

A puppy which won't feed will rapidly fade and die. Try dripping a little milk into its mouth. If this fails, after two hours consult the vet who can feed it with a tube. Forcing milk into a puppy is dangerous – you could flood its lungs.

Bowel and bladder problems

Every time you feed the puppies you must simulate the normal cleaning activity of the bitch, who would be busily licking them and cleaning up their urine and faeces. Clean each puppy's face, and wipe away any milk on its fur. It is also important to stimulate the bowel and bladder actions of newborn and young puppies.

Stimulating bowel and bladder function
After feeding, gently massage the abdomen and anal area with damp tissue. Apply a little petroleum jelly around the anus afterwards.

Constipation

Puppies can become constipated when fed milk substitutes. You can help by using a stubby bulb thermometer to introduce some petroleum jelly around and into the anus. A drop of sunflower oil or liquid paraffin can be given in the feed or directly until the puppy is back to normal (stop the treatment so as not to cause diarrhoea). If there is no response after 24 hours, call the vet.

RETURNING PUPPIES TO THE BITCH

You may wonder whether or not to replace hand-reared puppies with their mother between bottle feeds. There is no simple answer to this – it depends on your relationship with the bitch and your knowledge of how she may react. With a highly-strung bitch, the slightest interference with her puppies can result in total rejection. The fact that you have handled a puppy can cause her to clean it frantically, licking and nibbling so much that she may even kill and eat it. If a discreetly supervised trial period suggests that she won't fully accept a weak puppy, it is best hand-reared away from her.

On the other hand, some nervous bitches seem to take pleasure in selected humans becoming involved with the litter. Never take advantage of this precious confidence and remember that young puppies should be handled minimally. When you do need to handle puppies kept with the mother, begin by washing your hands without soap (to avoid carry-over of scent), then stroke the bitch with both hands. This is to mask your human scent and avoid leaving it on the puppies. If you are feeding a premature litter, it is better to keep them with the bitch and take them out for feeds. The presence of puppies can encourage the production of milk and hopefully hand-rearing will only be temporary.

Veterinary puppy-care

Your vet will give your puppy the vaccination it needs. He'll also tell you anything you need to know about worming, teething and any other aspects of the puppy's health.

Worming

Nearly all puppies have roundworms, passed on through their mother before birth and possibly also through her milk. It is important to worm puppies regularly. Worming involves giving each puppy a drug which kills the worms so that they are passed in faeces, and does no harm at all. Breeders normally start worming at about three weeks old, repeating the dose every two to three weeks.

If you're acquiring a new puppy, your vet will advise you when to worm it and what to use. It is best to continue the worming course until the puppy is 16 weeks old. After this, worm it at six months and again at 12 months. (For types of worm affecting adult dogs, see pp. 250–1.)

Vaccination

Your puppy needs protection from a range of dangerous diseases that could kill or damage it. These are:
- CD – canine distemper
- CVH – canine viral hepatitis
- CL – canine leptospirosis (two forms – hepatitis and nephritis)
- CP – canine parvovirus
- Rabies (in certain countries)

The first injections against all these diseases (except rabies) are usually given to puppies at eight to ten weeks, although in some high-risk cases they may be given at six weeks. CP (parvovirus) vaccination is sometimes treated separately: but there are multiple vaccines available now which produce immunity against several of the most important viruses and bacteria, including the adeno and parainfluenza viruses which can produce distemper-like symptoms. For more about these diseases, see the Health Care chapter; for rabies, see p. 152.

The reference chart opposite shows the best time to get your puppy injected for various diseases – although the timings may be modified by your vet, based on local experience.
Passive immunity injections
Some puppies are sold inoculated with a measles vaccine to give temporary protection against distemper. Injections of antiserum giving passive immunity are sometimes given by animal welfare organizations. Your vet may give such an injection to hand-reared puppies lacking the passive immunity which is given via the colostrum in bitch's milk. *Neither of these are an alternative to a full course of vaccination.*

Teething

Like human babies, puppies are born toothless. Between three and five weeks, the puppy's set of small, sharp temporary teeth appears. In the fourth month the growth of permanent teeth may make the gums a little inflamed and swollen as the permanent teeth press on the roots of the temporary teeth, producing signs of teething.
Tooth retention
Sometimes, the eruption of permanent teeth doesn't push out the temporary teeth as it should. This is a common problem with toy breeds. Consult your vet if a temporary tooth is still firmly in position when the permanent tooth looks half-erupted – he may want to extract the temporary tooth.

TAIL DOCKING AND DEW CLAW REMOVAL

Tail docking causes controversy and is something you'll need to decide about if your puppy belongs to a breed whose Kennel Club standard requires a docked tail. Not all vets will carry out tail docking, and you may have to ring round to find one willing to do it.

The best time to dock puppies' tails is at three to five days old; younger puppies may be adversely affected and blood on the tail stumps can provoke the bitch to cannibalize them. Older puppies suffer more pain and there's more bleeding. The procedure involves cutting the tail at the appropriate point with surgical scissors, staunching the bleeding, then stitching the skin over the stump. This last step is crucial with some breeds to avoid unsightly scarring. Often no anaesthetic is used and the puppies may suffer some pain.

Dew claws Removal of the dew claw (equivalent of the thumb, on the side of each foot), is another common practice and should also be carried out at three to five days. There are various reasons for removal. Being off the ground, the dew claw doesn't wear down like the other claws. In some dogs, it grows round in a circle, penetrating the toe in a very painful way. Working dogs can catch these claws in the undergrowth. In some breeds, they are removed simply to give a smooth, sleek look to the legs. The breed standard may also require removal of all, or one pair of the dew claws.

YOUR PUPPY'S HEALTH CARE DIARY

Weeks	VACCINATION INJECTIONS CD inc. adeno & parainf, CVH, CL, CP	Rabies	TEETHING	WORMING
1				
2			Temporary canines. Temporary incisors. First three temporary cheek teeth.	First worming
3				
4				Second worming
5	First (high risk cases)			
6				
7		Two injections, two to four weeks apart, in countries where disease exists (not in U.K.)		
8	First (normal cases)			and every two to three weeks until 16 weeks (3½ months)
9				
10				
11				
12	Second			
Months				
4	Third (CP only)		4 months Permanent premolar (carnassial). Temporary fourth cheek tooth. Central and lateral permanent incisors. 5–6 months Corner permanent incisors. Permanent canines. First three and fifth permanent cheek teeth. 6–8 months Sixth cheek tooth lower jaw, (not always upper).	
5				
6				
7				Worming
8				
9				
10				
11				
12				Worming

Your puppy's new home

The question of when a puppy should move to its new home causes more problems than any other. There can be psychological conflicts between a caring breeder parting with a litter of puppies and a new owner eager to acquire one of them. A breeder may even delay selling a particular puppy because it has show potential and could command a higher price later, or even to be too good to sell.

For getting to know its new family, six to seven weeks is the best time to move a puppy. From this age, the more human contact it experiences, the better its temperament will be. Strangely enough, the eight to nine-week period is said to be the equivalent of a "fear period" seen in babies of eight months, and it is usually best to avoid changes of home during this time. Smaller, more

MAKING YOUR HOUSE AND GARDEN SAFE

Houses are designed for people and can contain hidden hazards for dogs, particularly young puppies. In the house, watch out for any exposed electric flex in places where it can be chewed, especially in out-of-sight corners. Make sure the puppy can't fall down stairs or stair-wells by putting up guards. Although you may feel a little silly, it is well worth going round every room in the house on all-

fours, to see exactly what is within reach of an inquisitive, playful puppy!

Examine the garden to make sure your puppy can't get out. A garden gate is often a weak spot – cover it with wire netting to make it secure. You must also feel quite sure that no dogs can get in from outside before your puppy has had all its vaccinations. If possible, fence off a section of the garden where you can safely

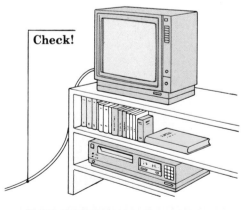

Check!

Check the house
- Exposed electric flex
- Stairs and stair-wells
- Any projections which could catch on the puppy's collar and strangle it
- Check rooms on all-fours

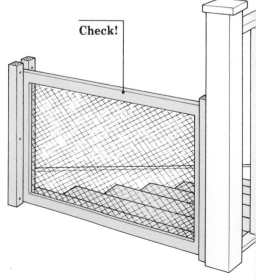

Check!

insecure breeds and puppies going to noisy homes with very young children are often best left until they are ten weeks old. There are no hard and fast rules, though, and if the breeder considers the new home suitable, the owners sensible and the puppy well-adjusted, six to seven weeks seems a good age to make the transfer.

If you're about to acquire a puppy, there are arrangements to make and equipment you need (listed below right) to ensure the puppy's happiness and safety in your home.

leave the puppy for short periods; it can also use this run as a toilet area.

Check your garage and garden sheds for items that could fall on the puppy and make sure that no dangerous poisons like weedkiller or slug and rat baits have been left around. Finally, put up guards to protect the puppy from any other garden hazards such as pools, ponds and steep drops at the edges of patios or lawns.

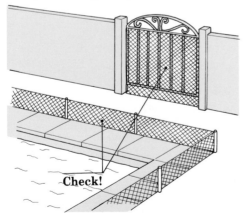

Check the garden
- Dog-proof boundaries, especially gates
- Garage and sheds
- Baits and poisons
- Ponds and steep drops

A place to sleep

A bed of its own makes a very important contribution to the puppy's sense of security in its new home. It will certainly miss its mother, brothers and sisters and previous home so will benefit from having its own "territory". The first bed doesn't have to be elaborate – a cardboard box with the front cut down provides a good start. The only bedding needed is newspaper with a folded blanket on top. Once the teething stage is over and the puppy chewing less, you can provide a sturdier bed (see p.146).

Food and water bowls

Your puppy needs separate bowls for food and water. When deciding where to put them, remember that the water should be available at all times, so choose an out-of-the-way place with an impervious surface. Place the bowls on newspaper to keep any stray food tidy; when the puppy is past the chewing stage, you can place them on a plastic wipe-down mat.

EQUIPMENT CHECKLIST

Use this list to make sure you're fully prepared for your puppy's arrival.
- Bed and bedding (see *Housing, Handling and Training*, p.146)
- Food and water bowls (see *Feeding*, p.171)
- Suitable diet (see p.133)
- Collar, lead and identity tag (see *Housing, Handling and Training*, p.145)
- Grooming equipment (see *Grooming*, p.178)
- Toys (see *Housing, Handling and Training*, p.148)
- Run or playpen
- Travelling box (see *Housing, Handling and Training*, p.149)
- First aid kit (see *First Aid*, p.278)

Collecting your new puppy

If possible, arrange to collect your puppy in the morning so that it has a whole day to get used to you and its new surroundings before being left alone for its first night. This is a big day, not only for you and your family, but for the puppy. It is a good time to find out everything the puppy's breeder can tell you about caring for it, and to have it checked by the vet.

Ideally, two people should fetch the puppy but if only one can go, you'll need a travelling box (see p.149). The upset will be minimized if someone can hold the puppy on their lap, protected by a blanket. Take newspaper and a roll of kitchen paper since most puppies are travel-sick, even on short journeys in the car.

QUERIES FOR THE BREEDER

If you've not already consulted the breeder, now is the time to find out about the following:

Pedigree If the puppy is pure-bred, the breeder will give you its pedigree.

Vaccination Find out which vaccinations the puppy has already had, and ask for the relevant veterinary certificates. The breeder should tell you when the puppy was last wormed and with what product.

Feeding Ask exactly what the puppy has been fed on. You may decide not to continue with the same diet, but any changes should be gradual and not sudden. In any case, keep the puppy on the same food for at least the first few days. Some breeders will provide a detailed diet sheet, listing all the foods your puppy has eaten to date, and with other suggestions. A good breeder will have used readily available foods or will sell you a week's rations of the foods he's been using.

Visiting the vet

It is well worth having your puppy checked over by the vet, particularly for the presence of any congenital diseases. The best time to do this is on your way home from collecting it. If the vet detects a serious problem, you may wish to return the puppy to the breeder. Far less upset will be caused to you, your family and the puppy than after you have had it for several days, or even weeks.

If your vet has an appointments system, let him know in advance that you'd like your new puppy examined. Take all the documents in with you so that the diet sheet can be checked and any further vaccinations arranged. If your puppy hasn't yet been fully vaccinated, stay in the car with it until just before the appointment. Never put the puppy on the floor inside or anywhere near the surgery; there may be sick dogs in the waiting room which could infect it.

Arriving home

On your arrival, don't let children fuss the puppy too much – it will already be nervous and bewildered.

Toilet training

Immediately the puppy arrives at its new home, give it the opportunity to relieve itself. Even in the first few minutes you should start toilet training the right way. Unless it is raining or snowing, take the puppy into the garden and keep it under supervision. Otherwise, lay some sheets of newspaper by the door to the garden. Most puppies should have the opportunity to relieve themselves at least every two hours and after every meal. This will pay dividends in later training. Some owners like to train their puppy to use a litter tray (although those dogs who do bury their faeces tend to do it rather vigorously and can kick litter over a considerable area). Later on this can help encourage the dog to use flower beds and not lawns. For more about toilet training, see p.153.

The first meal

It is likely that the puppy will still be at the four-meal-a day stage. Give it about one-third less than its normal feed for the first meal. It may be excited or nervous and has probably been sick in the car. Keep a discreet distance while your puppy eats the meal – your well-intentioned hovering could inhibit a nervous puppy.

Meeting other pets

Introductions to any other pets you may have should be made cautiously, under full supervision. Older, more aggressive animals (especially dogs rather than bitches) can resent the presence of new animals. Each case

Meeting the family's other pets
Most older dogs are kind to puppies once they're acquainted, but watch them carefully at first.

needs judging on its own merits, but watch the animals carefully for at least the first week. Even a well-meaning adult dog could harm a puppy through rough play.

Social mixing is important – your training is reinforced when the puppy sees an adult dog behaving properly and copies it. Dominance and "pecking orders" become more important as dogs get older. This isn't a problem with two bitches, who usually live happily together, the older bitch taking seniority. With two dogs, however, as the puppy gets older and stronger, it will periodically challenge the older dog and they may fight.

Cats

Cats are usually very withdrawn with puppies and resent the intrusion. They may spend most of the time out of the house for the first few weeks until they begin to accept the idea of the new addition to the family. Eventually, there are usually no problems, but it can be a good idea to trim cats' front claws at first, to prevent them from damaging the eyes of a cheeky puppy.

The first night

Just before bedtime, give the puppy an opportunity to relieve itself again. Almost inevitably, your first few nights' sleep will be disturbed. The homesick puppy will be upset at night when you and your family disappear to bed and will probably cry. There are two approaches to this. You can ignore the crying until the puppy settles down. Never punish it for crying – this only increases its misery. After a quiet night, praise your puppy. The alternative is to place a pen in the bedroom of one of the family and let the puppy sleep there for a couple of weeks. This can cause problems in itself, since children especially tend to weaken your resolve to keep the puppy out of bedrooms and off beds.

6

HOUSING, HANDLING AND TRAINING

Welcoming a dog into your home involves a new set of
responsibilities. It is important for you and your
family to start as you mean to go on; your reward for
careful handling and training will be a sociable,
obedient dog you'll be proud to be seen out and about
with. Responsible ownership means choosing the right
equipment for your dog – its own collar, lead and bed,
plus any extras like a kennel, travelling box or toys.
Exercise, in the form of walks, is an integral part of
every dog's life; playing games helps provide this too.
General care and equipment for young puppies is
covered in *Puppy-care* (see pp.128–41).

Handling a dog

When dealing with a friendly dog that already knows you, follow these general guidelines:
● Be gentle but firm at all times
● Speak in a reassuring voice
● Don't startle the dog
● Don't tease the dog or take advantage of its friendly nature

A responsible dog owner should have the trust of his dog and should be able to hold it still, pick it up or carry it without any panic or aggression. The degree of holding and cuddling that dogs will tolerate varies – it depends partly on temperament, partly on owner conditioning. Most dogs revel in it, given the opportunity.

However, it is also important to teach your dog to accept physical restraint from you. Train it by restraining it for very short periods from puppyhood so that it doesn't see your gesture as a threat. You'll need to restrain it at the vet's (see p.271).

HANDLING A STRANGE DOG

If you encounter a strange dog, perhaps in an enclosed space, it may show aggression (see p.219), growling or baring its teeth. There are a few things to remember in this situation:
● Speak in a calm, firm voice
● Don't make any sudden moves. If the dog shows any aggression, keep still
● Don't challenge the dog by staring
● If all is well, offer a clenched fist to be sniffed (fingers are vulnerable)
● Don't crouch by the dog unless you know it is safe. Stoop from the waist so you can straighten to avoid bites
● If you're uncertain, keep your distance. Don't threaten the dog or block its exit path
● Look around for an object for self-defence if this should prove necessary, but don't show it to the dog
● When you leave, invite the dog to come too; don't make it look like a retreat

PICKING UP A DOG

If you need to pick up or carry a dog, talk to it first so that it is not surprised to be handled. If you're alone and you're in any doubt about the dog's temperament, muzzle it first (see p.279).

To pick up a small dog, place one hand under its chest. Use the other to support its rear end, the way you'd lift a cat.

To lift a larger dog, place one hand or arm under its chest in front of its forelegs and one under its hind legs. Bend your knees before lifting the dog rather than bending from the waist. It often helps to have a second person gently holding the dog's head and talking to it. This stops it panicking and turning to bite your face.

The right way to pick up a dog
Whatever the size of dog, make sure that its front and rear ends are both supported.

Collars and leads

Pet shops stock a bewildering array of collars and leads. In general, choice depends on preference, but there are a few points to watch.

Choosing a lead

Leads are usually made of rope, leather, chain or nylon. For large breeds, choose a strong lead, either a stout leather one or the chain sort with a leather handle. Badly trained dogs that chew their leads also need chains. Nylon leads are easy to wash and lightweight, so they're handy to put in your pocket.

It is possible to buy a lead on a rewinding spool, extending to 4.5m or 6m. Although the lead is compact to hold, it lets the dog explore while you remain in control.

Choosing a collar

Most collars for dogs are leather, but chain and nylon ones are also available. A leather collar 12 mm wide is suitable for most dogs; larger breeds will need 2.5–4 cm width.

Several countries require a dog to wear an identity tag on its collar in case of loss or accident; several types are available.

A puppy's first collar

Even though a puppy isn't allowed out on the streets until after its course of vaccinations, it is a good idea to accustom it to collars and leads.

POINTS OF SAFETY

When giving a puppy its first collar:
● Don't fasten the collar too tightly; you should be able to slide several fingers underneath it
● Don't use a choke chain on a young puppy – you could damage its neck
● Don't leave anything projecting on which the puppy could catch the collar and accidentally hang itself

---

USING A CHOKE CHAIN COLLAR

A choke chain (or check chain) is a training aid and should *not* be worn all the time. It is meant to control a dog while out walking or during training. If worn continually, there's more risk of it catching things. Always have the dog on your left-hand side. It is important to put the collar on the right way round, so that the weight of the chain loosens the loop after the collar has checked the dog.

From the ring, the chain should pass in front of the dog's neck, round the neck and back through the ring to the lead.

Dog beds, kennels and pens

A bed or kennel is an important part of your dog's surroundings and provides it with its own territory, refuge and "reference point". Every dog needs its own place to sleep; some may also benefit from having a kennel and perhaps an outdoor pen.

A bed for your dog

A cardboard box is fine for a growing, teething puppy, and easily replaced if soiled or damaged. As the puppy grows up, you'll probably decide to buy it a proper bed or basket.

You can buy dog beds at most pet shops, although owners of giant breeds may need to spend time finding a suitable one. Choose one that will only leave a little space round your dog when it is fully grown, while allowing for bedding.

Bedding

Anything soft and warm – old towels, jumpers or blankets – is ideal. Wash them regularly. You can also place a bean bag in the bed or basket – line the bed with newspaper first.

Cleaning the bed

Dogs will happily sleep on beds which smell (to us) incredibly "doggy". This does little to enhance their personal freshness. You should wash bed and bedding regularly, every time you bath the dog and between-times as well. Scrub the bed or basket with a non-toxic disinfectant diluted with hot water.

Where to put the bed

Place your dog's bed in a secluded draught-free site. Dogs don't settle in

TYPES OF BED

Dog beds come in a wide range of sizes and shapes. **Wicker baskets** are traditional and popular; their friendly creaking may reassure a dog. However, they're hard to clean and large pieces can be chewed off and swallowed – watch this. **Plastic beds** are resilient and suitable for dogs that seem to be reassured by chewing their bed. Some small breeds like the "igloo" type sold for cats – these surround the animal snugly and securely. **Bean bags** make a self-contained bed on their own. They're ideal for dogs

Wicker basket

Igloo-type for small dogs

Rigid plastic bed

very busy parts of the house.

Animals seek out warmth in cold weather, so place the bed near a radiator and turn it down if the dog seems too hot.

Kennels

Many owners, particularly those with working dogs, prefer to keep their dogs in outside kennels at night, and may restrict their range with a tethering chain or a pen.

It is quite acceptable to provide a dog with a snug outdoor kennel, for sleeping in at night or for spending a few hours in during the day when you're unable to give it your company and supervision.

You can either buy a kennel or make one yourself. The size of the kennel is dictated by the size of the dog. It should be large enough for the dog to have its bed at the back, well away from the entrance.

Most kennels are wooden, but they can also be built of brick or breeze block. The roof is usually of wood, covered with roofing felt. It should be removable for cleaning the bed.

A pen for your dog

A secure run in your yard or garden can contain your dog, giving you peace of mind while letting it move about freely in the open. Decide how large a pen or run you want, based on the size of your dog and the amount of time it will be spending there. The more space you can allow, the better.

A mesh-covered wooden framework is usually adequate, but very large dogs may need a solid wall about 60cm high below the mesh. If possible, arrange the kennel a few inches off the ground – the base may slope gently away from the kennel towards an outside drain. This arrangement is easy to clean with a hosepipe.

that enjoy vigorous "nest-making". Buy the type with a removable, washable cover. The outer fabric should be sturdy and the "beans" should be fire-retardant.

Bean bag

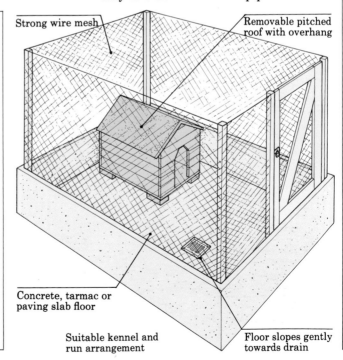

Strong wire mesh

Removable pitched roof with overhang

Concrete, tarmac or paving slab floor

Suitable kennel and run arrangement

Floor slopes gently towards drain

Play and exercise

Every dog needs regular exercise to keep it fit and healthy. Dogs which don't have enough exercise become obese. Generally, your dog will take as much exercise as you want to take yourself. However, if you're very athletic and enjoy hill-walking or long-distance jogs, your dog will need to build up to this gradually.

Avoiding over-exercise
Large dogs, particularly giant breeds, should never be over-exercised before they're 12 months old. Bones and muscles are still developing and too much exercise in puppyhood can cause long-term problems. It isn't easy to say exactly how much exercise to give individual dogs – just try to judge when your dog has had enough. Never walk puppies or young dogs to exhaustion; simply try to take the edge off their enthusiasm.

If your dog seems unable to tolerate moderate exercise without becoming tired out, or comes home lame for no obvious reason, consult the vet rather than simply assuming it is unfit. It may have a problem in its chest, muscles or bones (see also pp.266–7).

Toys
Play is a vital element in the development of a puppy. Since you won't always be on hand to amuse it, it needs to learn to play by itself. Providing proper toys prevents its desire to chew being directed towards you or your slippers. There are plenty of special pet toys on the market and older dogs enjoy them too. Puppies love the special rawhide chews which help give relief during teething.
Which toys are safe?
Toys that are safe for your pet vary according to the size of breed. All dogs love balls, but don't give them small ones. A tennis ball size is relatively safe; smaller balls could lodge at the back of a dog's throat and obstruct its airway. Football or softball types are the safest. Nylon bones are fine for most puppies and adult dogs of larger breeds, and squeaky toys give great pleasure – if you can bear the noise!

Toys are bound to suffer a certain amount of chewing and clawing, so use your common sense when buying them and keep these points in mind:
● Toys must be non-toxic.
● There must be no pieces which can be chewed off and swallowed.
● There should be no sharp edges.
● It should be impossible for the dog to swallow the whole toy.
● Beware of small balls or small, plastic childrens' toys.

The importance of games
Dogs love playing, especially with children.

Travelling with a dog

There will certainly be occasions when your dog needs to travel – to a dog show, a new home, or just to the local vet. Most dogs are only too pleased to be taken out; they'll be quite happy in the back of the car behind a guard, or held on a lead by a passenger. Some small dogs may feel more secure in a travelling box, though.

Travelling boxes

Special travelling boxes are available for all sizes of dog, but are really only used routinely for small dogs. Large boxes are used for big dogs travelling by air or rail.

Cardboard carriers don't withstand soiling and don't last very long, but may be useful for taking a puppy to the vet for vaccination. You can always use an ordinary cardboard box – don't buy an expensive fibreglass or wicker carrier if the puppy will be too big for it when fully grown.

The canine traveller
A wicker carrier is suitable for a small dog.

Transporting a litter of puppies
There may be occasions when it is a good plan to take the whole whelping box to the vet's. You might need to do this for a bitch having a Caesarian, or a litter of puppies having their tails docked. It is much less unsettling to take mother and puppies in their box in the car and leave whichever is not seeing the vet in the car during the appointment. Make sure any box you use for transporting puppies is completely draught-proof – puppies aren't efficient at regulating heat (see p.139). Pad the box well and add a hot-water bottle.

Travelling by car

Some dogs take to cars well but some are car-sick after half a mile and others start jumping up and down, barking and howling immediately they are put in the car.

Try to get your dog used to car travel from puppyhood. If it seems to dislike the car, build up to long trips gradually. Let the puppy investigate the stationary car and see that it is nothing to be afraid of. Take it on a short trip to the shops and leave it in the car with someone. Take some kitchen paper and make sure the puppy has an empty stomach. Once it is fully vaccinated, take it on short car journeys, followed by a walk, so that it associates the car with nice things rather than just visits to the vet.
Sedatives
Generally, these are not a good idea. Most interfere with dogs' heat regulation and if sedated in a hot car, they can suffer heatstroke. However, dogs that suffer from persistent car sickness may need travel-sickness tablets for long trips – ask your vet.

Guards and grilles

Under most circumstances, dogs travelling in the car are best confined behind a dog-grille or dog-guard. These provide a dog with its own area in which to settle down comfortably and prevent boisterous pets from being a nuisance.

Guards come in several types and sizes, ranging from lightweight adjustable versions (for small breeds and well-mannered larger dogs) to the more substantial models which can be fixed to the car body.

As an alternative to actually attaching the guard to the car, you can buy a cage which is assembled in the back. A "mobile cage" like this is particularly useful for show-dogs, which can be confined to stop them getting messy before a show. The car can be safely opened up for ventilation.

Window guards

Another useful car fitment is an adjustable screen which fits inside an open window so you can wind down the windows for better ventilation, yet prevent dogs jumping out. Although useful, don't rely on these guards making the car a safe place to leave a dog on a hot day.

Leaving a dog in a car

Never leave a dog alone in a car for long, especially in hot weather. On a still, warm day there is often no air current even if the window is open, and the interior of a car heats up like a greenhouse. Dogs suffer heatstroke easily (see p.281) and may even die.

TIPS FOR LONG JOURNEYS

- Before a long trip, give the dog a chance to urinate and defecate
- Give it a drink and something to eat before departure – about one third of its normal meal is enough. Some dogs can't eat anything before travelling but you'll discover this through trial and error
- Stop at reasonable intervals along the route – at least every 2–3 hours – to give the dog a chance to stretch, relieve itself and have a drink
- On very long trips, give the dog some more food after 4–5 hours. A little food in the stomach helps many dogs settle

---

A sturdy dog grille allows both you and your dog to travel comfortably, even over long distances.

Travelling by air

Air travel is fairly cheap for dogs. Its speed minimizes the period of distress; the dog is never more than a few hours away from a vet.

All dogs must travel in a container which complies with regulations laid down by airlines through the International Air Transport Association (I.A.T.A.). In addition to these rules, some airlines add their own. For example, British Airways will not carry any snub-nosed breeds of dog. Different government regulations apply in different countries, too. Find out about these before your dog travels.

Dogs should be given a light meal and a short drink about two hours before dispatch.

I.A.T.A. RECOMMENDATIONS

● Snub-nosed dogs (Boxers, Bulldogs, Pekingese and Pugs) must be free from respiratory troubles before travelling. The front of their container must have open bars from top to bottom
● Air travel is not recommended for bitches on heat
● Nursing bitches and unweaned puppies aren't acceptable for carriage
● Weaned puppies younger than eight weeks should not be shipped
● Puppies and kittens may travel well together, although some countries insist that each animal is crated individually
● A familiar article placed in the container helps to comfort a dog
● The dog's name must be marked on the outside of the container

CONTAINER REGULATIONS

Fibreglass, metal or rigid plastic
● Containers must have a strong framework, with stout joints
● The whole of one end must be open and covered with securely fixed bars, weldmesh or smooth expanded metal
● Access should be via a very secure sliding or hinged door
● The main ventilation must be supplemented by slots or holes distributed regularly over the opposite end of the container, as well as over the top third of the sides
● The container must be large enough for the dog to stand, turn and lie
● Noses and paws must not be able to protrude through ventilation holes
Wire mesh and wooden containers should conform to the above points. However, carriers made chiefly of wire mesh are unsuitable for international travel and wooden ones may be unsuitable for large dogs
Wicker containers These should only be used for puppies and small dogs

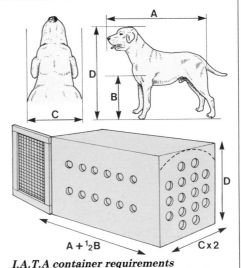

I.A.T.A container requirements
A = Length of dog from nose to root of tail
B = Height from ground to elbow joint
C = Shoulder width; C × 2 = Container width
D = Height of container (top flat or arched)/height of dog in standing position.
Container to show mandatory "This way up" label and I.A.T.A. "Live Animals" label.

Travelling abroad

Transporting a dog to other countries calls for a great deal of organization. Your first priority will be to investigate the quarantine regulations both in the country you are travelling to, and the country you are travelling from.

The U.K. is one of the world's few rabies-free countries, and remains so by imposing strict quarantine laws.

When you bring a dog into the U.K. from abroad, it will be quarantined for a period of six months. During this time it will be given two anti-rabies inoculations. Even though the U.K. is rabies-free, a short quarantine period and/or an inoculation will often be required if you take a dog (or any other susceptible animal) from the U.K. to another controlled country. For more about rabies, see p.265.

RABIES

Rabies is a potentially fatal virus transmitted in the saliva of infected animals. The disease is endemic in many countries, and rabies-free countries impose strict quarantine regulations to stop its spread. Anyone who tries to evade these regulations when taking a dog (or any other controlled species) into a country with disease-control regulations breaks the law and endangers lives.

Rabies-free countries

These countries have very strict quarantine laws:
- Britain
- Australia
- New Zealand
- Hawaii

Precautions

In all countries without anti-rabies legislation, take the following precautions:
- Avoid close contact with free-roaming animals
- Don't allow your pets any contact with wild or feral animals

- Get your dog vaccinated regularly

Emergency action

If bitten by a suspect dog:
- Clean the wound with soap or disinfectant immediately. If this isn't possible, wash it with clean water or alcohol
- Seek medical attention immediately – prompt treatment with vaccine will save your life
- If possible, restrain the animal for investigation, but take care to avoid further injury
- If you can't safely catch the dog, inform the police

United Kingdom quarantine regulations

If you buy a dog abroad or take your dog overseas and then return to the U.K. with it even if it has been vaccinated abroad, it will still be subject to quarantine here. This six-month confinement is essential in order to keep the U.K. rabies-free. Registered quarantine kennels are comfortable, well-run establishments.

Of course, they have the same disadvantages as commercial kennels.

If you plan to bring a dog into the U.K., obtain the necessary documents before making your trip.

Incubation period

The rabies virus has a long incubation period (usually 10–120 days, but sometimes up to six months). The quarantine system is therefore an essential part of the safeguards designed to keep the human and animal populations of rabies-free countries safe from this fatal disease.

Anti-rabies vaccinations

British policy is *not* to use vaccines, for various sound scientific reasons applicable to an island that has been free of infection for many years. However, if you are going to live or work abroad and you intend to take a dog to a country where rabies vaccination is advisable or compulsory, vaccine can be given in the U.K. by your vet under licence.

Toilet training your puppy

Begin house-training as soon as you obtain your new puppy. As it will relieve itself frequently, there will probably be quite a few "accidents" before the puppy is trained. But never punish it if it relieves itself in the wrong place – you could cause problems such as submissive urination (see p.224).

Success depends on your ability to predict the call of nature. Common times are after activity, waking or eating. Some dogs circle round and sniff the floor first.

You must first decide whether to paper- or house-train your puppy.

House-training

If you are at home most of the time and access to the outside is easy, this is the simplest method.

Take the puppy out when it wakes, after every meal, when it has been active, if it hasn't urinated for some time or if it shows signs of wishing to do so. Let the puppy walk out with you rather than being carried, since it will then recognize the route and learn to go to the door when it needs to go out.

Until the puppy is able to go through the night without accidents, put newspaper by the door at night. You'll soon be able to discard it.

PAPER-TRAINING

If you live in a flat, or are out for much of the day, then paper-training is a good idea. It also makes a back-up to house-training.

The aim is to teach the puppy to relieve itself indoors on newspaper, which you can eventually place outside. When the frequency of urination and defecation is reduced to the level where you can be sure of being present when the puppy needs to go out, progress to full house-training. Some puppies dislike the feel of newspaper under their feet, particularly those that circle before relieving themselves. In this case it is probably best to go straight to house-training.

1 Confine the puppy to an easily cleaned room, and cover the floor with newspaper. When the puppy develops a preference for one area, remove the paper from the rest of the floor. You can then gradually move the paper, and eventually place it by the door.

2 On a fine day, place the paper outside. The next day, remove the paper altogether. Hopefully the puppy will then relieve itself outside. Praise it when it does this. Keep an eye out for the warning signs, including the puppy looking for its paper near the doorway.

The principles of dog training

The aim of training a dog varies from simple control in the park to strict obedience-style training for competition or police work. Most owners wish simply for a well behaved dog, which is under full control when out of doors.

A training system

What form should the training take and what should you be able to command your dog to do? Aim to teach it to come when called, walk to heel, stop and sit, stay, wait and come to you, and lie down. Once your dog has mastered these lessons, you'll have no worries when taking it out and about. You should be able to leave it outside a shop, for instance, and know it will be waiting for you when you come out.

Initially, use a collar and lead as a training aid. The lead gives you control over the dog's movements until you have full verbal control.

What signals are suitable?

The signals you give your dog when you want it to act in a certain way are important. Hand and arm signals can be used but are restricted by the dog needing to have a clear view of you. Sound is more often used because it has great range and dogs' ears are capable of appreciating a variety of audible signals. A well-known method of training uses spoken commands reinforced by hand/arm signals.

To start with, you can reinforce the sound signals by repetition and by suitable gestures. For instance, when training your dog to "COME", try turning away as you give the command. This plays on a dog's pack instinct. It sees its "pack leader" begin to leave and wants to stay with the group, so it follows.

Dog training classes

Training classes can be fun and may be of special benefit to older dogs going through the training process or needing a "refresher course". However, distractions may present a problem. Some people find that their dog behaves perfectly in the class with the trainer and the other dogs present, but won't obey at all outside; with others, the opposite applies. This is often related to how well the animal interacts with other dogs and people. If your dog is apprehensive of the trainer and the other dogs at the class, its attention will be concentrated more on staying with, and pleasing, you. If it gets on well with other dogs, its attention may wander during the class because it wants to play. Dogs like this are probably best trained at home.

The value of reinforcement

In training, you can give either positive or negative reinforcement – reward or punishment. Punishment has little value in training dogs and none in the basic training described here.

The best approach is positive reinforcement – giving praise when a command is obeyed; if your dog fails to obey, simply withhold your praise. You're playing on its instinctive desire to be accepted as part of the pack (the family) and to please you, the leader.

Force is not a good training tool. Hitting a dog simply trains it to stay out of range, but training needs close contact and a good relationship so this counteracts your objective.

The occasional punishment

There will be times, however, when you have to punish your dog – probably to stop it doing something and to gain its attention. Think carefully why you are using the punishment and be sure in your own mind that the dog will understand why it is being punished. There is no point in scolding it for something it has done some time earlier; any retribution must be speedy otherwise it is just counterproductive.

The right way to punish a dog
Never beat a dog repeatedly – you could injure it. A reasonable punishment is to grasp the skin at the back of the neck (in large dogs, use both hands, either side of the neck) and raise the dog off the ground (this is how a bitch would naturally punish an unruly puppy within the pack). Give it a good shake and a harsh verbal scolding at the same time. As a simpler measure, a light slap on the rump will often suffice.

TIPS FOR TRAINING SUCCESS
● Take the training steps one at a time, in the order given in this chapter
● Accompany punishment and reward with verbal signals like "BAD DOG" and "GOOD DOG". Later, these will be sufficient punishment and reward in themselves
● Try not to get too short-tempered with a young dog. Your mood may upset it
● Bribery with tit-bits does have a place in training – as an occasional extra
● Keep your voice pleasant; always use the same form of words for verbal commands
● Keep your dog on the lead near traffic or farm animals

The first commands

There is no fixed age to begin training, but the best time to learn walking to heel is probably at about 12–14 weeks (when vaccination is under way). It usually takes about three months to train a young dog with no ingrained bad habits; older dogs take longer. Lead training is the first step and very few puppies actually enjoy it. However, getting it right is vital for

TEACHING YOUR DOG TO WALK TO HEEL

1 Be very calm and help your dog to get over its initial reaction by speaking reassuringly and holding the lead firmly. Shorten the lead and insist that the dog comes in to the required position, its right shoulder beside your left leg. Don't let the dog chew the lead – a bad habit which should be discouraged.

2 Having established mastery of the lead and your dog's movements, begin walking in a straight line. As you start off, say "HEEL" firmly. Continue speaking in a pleasant way to reassure your dog that all is well even though it may feel that something strange is happening! Check your dog if it pulls forward or hangs back.

3 At this stage, make any turns carefully. Initially, restrict yourself to making right turns – away from your dog. Turning to the left can panic it at first since it may worry about becoming entangled with your legs. Once your dog is used to walking on the lead, introduce the left turn.

the future. You and your dog will both enjoy going for walks far more if it is able to walk to heel willingly. Training sessions should be no longer than ten minutes for puppies and twenty for adult dogs, or the animal will lose interest. In fact, the first sessions should only last five minutes and can be repeated several times daily for the first few days, before you progress to ten minutes. Speak reassuringly, take your time, and give commands firmly.

Make sure no-one interferes with your training session. Puppies get confused if the whole family are involved, so decide on one person to be responsible for training. The rest of the family can learn the commands later.

WALKING: OUT AND ABOUT

After a few quiet sessions training your puppy to walk to heel, take it out on the streets and let it see other people. Everyone will want to pet the puppy. This encourages boisterous behaviour because it then expects everyone you meet to make a fuss of it. If possible, don't stop.

When you see other dogs, just keep walking. Obviously avoiding them makes the puppy think they're a threat, which can lead to aggression.

How soon you expose a young dog to noisy traffic and crowds depends on its temperament, but it is an important part of training. Don't begin too soon, or the dog will see it as a punishment.

Walking don'ts
- Don't stop to talk to people
- Don't allow sniffing of lamp posts
- Don't avoid other dogs
- Don't go among traffic and crowds too soon

TEACHING YOUR DOG TO SIT

When your dog is able to walk to heel properly and enthusiastically, continue the training process with the "SIT". When walking to heel, choose a quiet place to stop. Place your left hand on the dog's back, just above the pelvis, and apply gentle but firm pressure to make the dog sit. As you do this, say "SIT". Soon you can dispense with the lead and the hand.

Remember that dogs don't speak English. Saying "SIT" over and over again won't make your dog automatically understand. You must *show* it what you mean as well.

Hold your lead hand up

Bend your knees slightly

The next steps

Once your dog has mastered "SIT" and will do it on command without your hand or the lead, it is time to introduce "STAY". This is an important landmark in your dog's training. By staying still while you go out of sight, the dog shows its total trust in you. Then, when you have taught it to stay, with the implication that you will return for it, it is useful to teach your dog the alternative command – "WAIT – COME".

TEACHING YOUR DOG TO STAY

1 Walk with your dog to heel, then make it sit. Holding the lead vertical and taut, command "STAY" and walk round the dog. Correct any attempt to move with a gentle but firm jerk of the lead. Repeat the command as you move round the dog. When it begins to understand, slacken the lead and widen your walking circle.

2 Now try the "SIT – STAY" command without the lead, again gradually extending your distance from your dog. To reinforce the command, stretch one arm away from your body, palm upwards, towards the dog. This psychologically lessens the gap between you. Gradually go further away until you are actually out of sight. When you return, praise the dog for its obedience, then continue walking.

TEACHING YOUR DOG TO WAIT AND COME

Don't be too anxious to try this without the lead as, initially, the command is easily broken. Your dog may push its luck and refuse to come, or sit just out of range. In this case, punishment is no use. Go back to lead training for a while. Remember never to scold your dog if it doesn't come on odd occasions – it should never be afraid to come to you. Always praise it when it does come – this is an important lesson.

For this exercise, you'll need a long lead – use the extending type if you have one, or extend your regular lead with 10–15 metres of nylon cord.

1 The procedure for learning "WAIT" is the same as for "STAY", so your dog will learn this quickly. Command the dog to sit and when it sits, command "WAIT", then turn and walk away.

2 Once you're a few metres away, turn and call the dog by name, stressing the additional command, "COME". You may need to give a little tug on the lead to show your dog what you mean.

TEACHING YOUR DOG TO LIE DOWN

This is usually comparatively simple to teach. The "DOWN" position is a natural extension of the "SIT" position. Use the lead in the same way as for "STAY".

Start with the "SIT" command. Now show the dog the "DOWN" position by moving its front legs at the same time as giving the "DOWN" command repeatedly and gently reassuring the dog. Praise it if it maintains this position, but not if it gets up.

At first, it is important to show your dog the meaning of "DOWN".

FEEDING

Your dog needs the right foods for growth, work and body maintenance. And a correctly balanced diet is all part of owning a happy, healthy dog with bright eyes and a well-conditioned coat. You'll soon be able to tell if you're not doing it right!

The principles of feeding a dog are the same as for all animals. There are a few nutritional differences between dogs, cats and humans, for instance, but these are to do with detailed requirements of specific nutrients. All dogs need certain nutritional components in the right proportions. Whether you're using pre-packed dog foods or giving your dog a home-cooked diet, feeding do's and don'ts should be carefully observed. It's important to adopt the right approach to amounts of food, supplementation, feeding bowls, titbits and mealtimes. Weaning and feeding of young puppies is covered in *Puppy-care* (see pp.128–41).

The dietary needs of a dog

It may seem odd to consider exactly *why* you feed your dog, but the objective is important. It is to provide sufficient food for body maintenance plus enough for extras like growth, work, pregnancy and lactation. So what should a dog eat and how much?

Feeding for growth

When considering how much food to give your dog, you may feel tempted to promote its growth by giving it large quantities. Seeking maximum growth, particularly in large and giant breeds, can cause serious growth abnormalities. There is evidence that rapid growth and weight gain can aggravate diseases like hip dysplasia. Heavy feeding and supplementation carried out by owners of giant breeds seeking to boost their dog's growth may contribute towards the shorter lifespan of these breeds.

It isn't a good idea to give your dog as much food as it will eat. In practice, the quantity which seems to produce the best results in terms of growth is about 80 percent of what a dog would eat if unchecked. More than this can cause obesity; less may curb growth potential.

The "raw materials" of a dog

The statement "we are what we eat" applies to dogs as well as people. Just like the food it eats, a whole dog can be considered in terms of raw materials. This helps us to understand what's needed for the dog's growth and maintenance.

In the same way, a diet can be considered in terms of various nutritional components. These are:
☐ Protein ☐ Fat ☐ Carbohydrate
☐ Vitamins ☐ Minerals ☐ Fibre.

Raw materials of the average dog

Protein	16 percent
Fat	23 percent
Carbohydrate	1.7 percent
Minerals	3.5 percent
Water	56 percent

N.R.C. dog nutrition requirements

The N.R.C. (National Research Council) in the U.S.A. has assembled all the data on dog nutrition and produced a set of guidelines for manufacturers of dog foods which can be summarized in a table (see overleaf). The requirements for growing puppies are double those for adult dogs' maintenance.

The value of protein

All animal tissue contains a relatively high level of protein, so your dog needs a continual supply of protein in its diet to maintain itself and to grow. The "building blocks" of protein are the amino acids; about 25 are involved in protein. Ten of them are essential in the diet and cannot be made from others. It is to get enough of these that the needs of the body for dietary protein are so high.

Unexpectedly for a carnivore, the dog's ability to digest protein is variable. Although most offal and fresh meat is 90 to 95 percent digestible, dogs only digest 60 to 80 percent of vegetable protein. Too much indigestible vegetable protein can cause colic and even diarrhoea.

The value of fat

Fats are present in the diet as molecules called triglycerides which are basically three fatty acids linked together. Some of the fatty acids are essential to a dog. A deficiency of them causes a dog's skin to become itchy and it may develop a harsh, dry coat with dandruff, often leading to ear infection. Fatty acid deficiency can make a dog dull and nervous, too.

Apart from being necessary for very important metabolic processes, fat is an important energy source for dogs. If a dog can obtain most of its energy from fat, intake of protein can be reduced, lessening the demands on the liver and kidney. Fat increases the palatability of food for a dog and is an essential carrier of fat-soluble vitamins. Fats are virtually 100 percent digestible in a healthy adult dog – even puppies can digest them efficiently.

The value of carbohydrates

These incorporate sugars, starch and cellulose. The simplest sugars are the easiest to digest. Adult dogs can't digest lactose, the sugar naturally present in milk (excess milk causes diarrhoea), although they can cope quite well with ordinary sugar (sucrose).

It is interesting to compare the carbohydrate levels in terms of energy in foods comonly fed to dogs. Very high levels are contained in boiled potatoes, rice and carrots, with dry dog food mixer and wholemeal bread a little lower on the list. All-meat canned food, fresh meat and fish have no carbohydrate-derived energy but meat/cereal canned dog food and complete dry food contain 30 to 50 and 40 to 50 percent respectively.

The value of vitamins

Many vitamin disorders have been recognized in dogs, but these are now rare because the vitamin level in prepared dog foods is carefully balanced. For dogs needing extra, there are very good proprietary supplements on the market (see p.168).

The value of calcium and phosphorus

Dogs need some minerals in large amounts and others in trace amounts. Calcium and phosphorus are closely related and are two of the most important minerals in a dog's diet. An optimum balance minimizes the need for Vitamin D.

Calcium and phosphorus are needed for bone formation and development. (At birth, puppies have relatively low levels of these elements.) It is important to supply enough but not too much; over-supplementation in larger breeds can cause bone deformities and diseases like rickets (see p.247).

THE FUNCTIONS OF FIBRE

High-fibre diets have recently become popular for humans. How helpful is fibre to a dog? In general, a dog should be given about five percent of its total diet as fibre (dry weight). Fibre is valuable in several ways because it
● Increases the rate of food passage through the gut which can reduce problems of diarrhoea or flatus (breaking wind)
● Seems to aid digestion even though food is passing through the system more rapidly
● Eases metabolic stress in liver disease (adsorbs toxic by-products of digestion)
● Acts as a bulking agent for obese dogs (rather like slimming tablets for humans). Use as ten to 15 percent of the diet
● In diabetic dogs, fibre controls and eases absorption of glucose after a meal. Use as ten to 15 percent of the diet

DAILY NUTRITIONAL REQUIREMENTS OF A DOG

Component amount	Dietary sources	Main functions in body
Protein 4.8 g (see p.162) Fat 1.1 g (see p.163) Linoleic acid 0.22 g (see fats, p.163)		

Minerals

Calcium 242 mg	Bones, milk, cheese, bread.	Bone/tooth formation, nerve and muscle function, blood clotting.
Phosphorus 198 mg	Bones, milk, cheese, meat.	Bone and tooth formation, plus many roles in metabolism.
Potassium 132 mg	Meat, milk.	Water balance, nerve function.
Sodium chloride 242 mg	Salt, cereals.	Water balance
Magnesium 8.8 mg	Cereals, green vegetables, bones,	Constituent of bones and teeth, helps in protein synthesis.
Iron 1.32 mg	Eggs, meat, bread, cereals, green vegetables.	Part of haemoglobin, needed in respiration, energy metabolism.
Copper 0.16 mg	Meat, bones.	Constituent of haemoglobin – needed for incorporation of iron.
Manganese 0.11 mg	Many foods.	Involved in several enzymes and metabolism of fat.
Zinc 1.1 mg	Many foods including meat and cereals.	Part of digestive enzymes and probably helps tissue repair.
Iodine 0.034 mg	Fish, dairy products, salt, vegetables.	Part of thyroid hormone.
Selenium 2.42 μg	Cereals, fish, meat.	Associated with Vitamin E.

Vitamins

A 110 I.U.	Cod liver oil, milk, butter, cheese.	Associated with bone growth.
D 11 I.U.	Cod liver oil, eggs, dairy produce, margarine, meat.	Promotes bone growth and increases calcium absorption
E 1.11 I.U.	Green vegetables, cereals.	Assists cell membrane function.
Thiamine 22 μg	Pig meat, organ meats, whole grains, peas, beans.	Co-enzyme in various functions with carbohydrate metabolism.
Riboflavin 48 μg	Most foods.	Part of enzymes involved in energy metabolism.
Pantothenic acid 220 μg	Most foods.	Central to energy utilization.
Niacin 250 μg	Liver, meat, cereal grains, legumes.	Part of enzymes involved in many aspects of metabolism.
Pyridoxine 22 μg	Meats, vegetables, cereal grains.	Amino acid metabolism.
Folic acid 4 μg	Legumes, green vegetables, wheat.	Amino acid metabolism, blood.
Biotin 2.2 μg	Meat, legumes, vegetables.	Amino acid metabolism.
B12 0.5 μg	Muscle meat, eggs, dairy produce.	Transfer of carbon.
Choline 26 μg	Egg yolk, liver, grains, legumes.	Involved in fat metabolism.

I.U. = International unit, μg = microgrammes, mg = milligrams.
Amounts shown represent a dog's daily requirements for every kg of its body weight.

Pre-packed dog foods

Supermarket shelves are packed with an endless variety of proprietary dog foods, sold in cans or packets. Commercially prepared foods are well balanced and are generally of very high quality. Large dog food companies have their own testing laboratories to check palatability and suitability in all sizes of dog and at all phases in the dog's life.

There are three main types of prepared dog food: dry, semi-moist and canned.

Dry foods

Despite their name, these in fact contain about ten percent water. Although all brands have a similar nutritional analysis, different raw materials are used, so some may be more palatable or digestible than others.

Among the advantages of dry foods are their low cost – a bonus if you own a large dog. Dry food can be bought and stored in quantities to last several weeks; kept for too long, however, it may go off and lose its vitamin content. Dry foods are high in bulk and can help dogs which suffer from dietary upsets. Note that the more voluminous faeces can be a problem to clear from the lawn (although there's less odour). One word of warning – they're initially easy to overfeed, causing obesity.

Semi-moist foods

Sometimes called "soft-moist", these foods contain about 25 percent water. They are usually presented as simulated mince or chunks of meat. They're often more acceptable to owners than dry diets because they do look more like meat. Semi-moist foods come packed in average servings and store well without refrigeration.

Semi-moist diets can be rather expensive but they provide a good alternative for dogs used to fresh meat if this becomes difficult to obtain. Some rather fussy small dogs love them. They have a high sugar level which, although not usually a problem, makes them unsuitable for diabetic dogs.

Pork crackling treat/training aid

Crunchy treat/training aid

Meat flavour snack bars

Semi-moist diet

All-meat canned food

Complete canned food

Dog biscuits

Canned foods

This is probably the most familiar form of dog food to most people, but many don't realize that there are two types which should be fed in different ways. Some have a cereal component which makes them a complete diet; others are meat only and you need to add biscuit at home to provide a balanced food. Always check the method of feeding a particular food. Feeding an all-meat diet without added biscuit is expensive since you need more food to satisfy the dog. And despite the extra cost, it isn't a nutritionally balanced diet. Each brand has a different formula and may require different amounts of biscuit per can. If your dog won't eat biscuit, try one of the complete meal types. Note that although convenient, these are heavy to carry and need extra storage space (you're carrying and storing more water than with other foods).

Canned foods are available in a wide range of flavours to suit most tastes. You'll probably find that the ingredients in some don't agree with your dog and cause diarrhoea.

Special canned foods are also available – these include finely textured puppy food, high palatability foods for fussy small breeds, and a variety of special prescription diets for dogs with specific medical problems (available from vets).

Biscuits

Dogs which won't eat biscuit with their meal will often eat separate dog biscuits. It is quite in order to feed your dog an all-meat food and supplement this during the day with dog biscuits given as tit-bits.

ANALYSIS OF PRE-PACKED DOG FOODS

| Type of food | Percentage in food of: | | | | Total energy |
	Protein	Carbohydrate	Fat	Water	(kcals per gram)
Dry (complete)	22	51	7	15	3.4
Semi-moist	19	38	10	26	3.0
Canned (complete)	8.2	12	4.8	72.5	1.0
Canned (all-meat)	9.3	1.5	4.7	81.9	1.3
Biscuit	10	69.9	6.1	8.4	average 3.5

Individual products may vary from these values but manufacturers will normally supply analyses on request.

The energy needs of a dog

Dogs need energy for growth, work, lactation and so on, and obtain it by "burning up" (digesting) protein, carbohydrate and fat. The table below left shows the breakdown of each pre-packed food type in terms of protein, carbohydrate, fat and water. It also gives the energy content of each food in kilocalories per gram.

How much of the dog's energy need is supplied by which components? Most of the energy in dry dog foods comes from carbohydrates (50 percent) with the remaining 50 percent split between protein and fat. In semi-moist products, most of the energy comes from protein (43 percent). Available energy in a complete canned food is well balanced between the three main elements, but in all-meat canned food, it is fat which provides 52 percent of the total available energy, protein 41 percent, and carbohydrate only seven percent.

The increased contribution of fat as an energy source in the all-meat foods makes them useful supplements for working dogs fed on a dry diet. Relatively small quantities of all-meat canned food supply useful amounts of energy for a dog.

How much food does my dog need?

The amount of food a dog eats is based on its energy needs. All dogs have different metabolic rates (rate of turning food into energy), even within the same breed. Like people, dogs become fat if they take in more calories than they can "burn up" by exercise, so keep an eye open for obesity problems. However, it's possible to get a rough idea of the ideal daily food amounts for individual dogs based on their weight.

Take the amount of kcals (kilocalories) of energy needed for your dog according to its weight from the table below and refer to the table (left) for the energy content of the various types of pre-packed food. For example, a beagle weighing 15 kg requires approximately 1010 kcals energy daily. If fed on a semi-moist diet providing three kcals per gram, the beagle needs about 337 g daily, less if you wish to replace some with biscuit (again, see chart for energy value).

These values should be increased for the following circumstances:
- Growing puppies × 2–2.5
- Pregnancy (6–9 weeks) × 1.5
- Lactation × 3–4

THE DOG'S ENERGY REQUIREMENTS

Dog weight (kg)		Energy needed (kcals per day)	Examples of breeds
small	2	230	Papillon, Chihuahua
	5	450	King Charles Spaniel, Toy Poodle
	10	750	Dachshunds (standard), Corgis, small terriers
medium	15	1010	Beagle, Staffordshire Bull Terrier
	20	1250	Airedale Terrier, Basset Hound
	25	1470	Bulldog, Collies, Samoyed
large	30	1675	Boxer, Labrador, Irish Setter
	35	1875	German Shepherd, Old English Sheepdog
	40	2070	Borzoi, Greyhound

Vitamin and mineral supplements

Most pre-packed dog foods need no extra supplementation except under particular circumstances such as convalescence, pregnancy, lactation and growth. However, fresh diets do need extra vitamins and minerals. (For the importance of these in the diet, see p. 163.) The basic home-made diet shown opposite has its own built-in supplements, but if you wish to feed your dog other freshly-cooked foods, such as combinations of lights, melts, heart, liver, egg, table scraps, bread and vegetables, you should add this simple supplement. (Take care not to over-supplement.)

To every kg of fresh food, add
- 2–3 teaspoons bonemeal
- 2000–3000 I.U. Vitamin A
- 200–300 I.U. Vitamin D

USEFUL SUPPLEMENTS FOR DOGS' DIETS

Proprietary vitamin/mineral supplements
There are so many of these that it is probably wise to choose a well-known brand. Make sure you never exceed the manufacturer's dose.

Bonemeal
This provides valuable calcium (30 percent) and phosphorus (15 percent). Use it to correct the calcium deficiency of fresh meat. Feed it as described above.

Eggs
These are a good source of easily digestible protein. Note that raw egg white contains avidin which is antagonistic to the B vitamin, Biotin, plus another substance which interferes with digestion. If you want to feed eggs regularly, you should cook them lightly.

Milk
A good protein and calcium source, although many adult dogs lack the enzyme to digest lactose (sugar in milk), so may suffer from diarrhoea.

Vegetable oils
Some vegetable oils are rich in linoleic acid (an essential fatty acid). When dogs are deficient in this, their coats become unhealthy-looking. Most pre-packed dog foods provide more than the required one percent, but a little extra does no harm, especially at the start of a moult.

There are special oil supplements for dogs; you can also use corn and safflower oils. Remember that oil is a type of fat and too much can cause obesity. The daily corn oil dose for a 10 kg dog is half a teaspoon, increasing to two teaspoons for a 50 kg dog (give one-third the amount of safflower oil).

Cod liver oil
This is a good vitamin source, but should be used in tiny amounts to be safe. One 5 g teaspoon supplies the daily requirement for a 50 kg Great Dane – on a diet which does not already contain the necessary vitamins.

Yeast
Yeast preparations are rich in the B vitamins and some minerals. They're useful for older dogs or those with weak livers and are also safe used in excess.

Prescription diets
There is now a wide range of proprietary-balanced prescription diets in dry or canned form available for dogs with special needs such as pregnancy, showing, work or performance, or which have certain disease problems. They should be used only on veterinary advice.

Home cooking for dogs

If you wish for any reason to avoid pre-packed dog foods, it is possible to prepare a nutritionally balanced diet for your dog at home. Using the basic meat and rice recipe below, suitable diets can be planned for a variety of circumstances. The liver, bonemeal, corn oil and salt provide the essential vitamins and minerals.

Don't buy mince for adult dogs – it can contain too much fat. Medium fat cuts or chunks of meat are best – you can mince it yourself.

Using other foods

When making up fresh meals for your dog, remember that nutritional balance is essential while variety isn't – don't chop and change too much.

Vegetables

Dogs are basically carnivores which benefit from a certain amount of vegetable matter in their diet. Even if you are vegetarian, it is cruel and unnatural to impose a possibly deficient vegetarian diet on a dog.

Table scraps

Non-fatty scraps from your own meals provide some acceptable variety, particularly, leftover meat, stews and vegetables with some gravy. Avoid carcasses and small bones.

Bones

Although dogs in the wild would naturally eat bones, they can cause severe constipation. However, the odd bone provides hours of pleasure; to some extent it also cleans the teeth and exercises the jaw. Small bones (poultry, chop, rabbit or lamb) aren't suitable. The only safe bones are large "knuckle" bones which won't splinter. Keep an eye on a dog with a bone, though.

BASIC RECIPE FOR HOME-COOKED DIET

Below is a basic diet plus three variations:
- **Basic** For normal adult maintenance
- **Meaty** For normal maintenance of small dogs and large dogs needing extra for growth and work
- **Reducing** For overweight dogs
- **Geriatric** For older dogs

Ingredient	Basic diet	Meaty diet	Reducing diet	Geriatric diet
Rice, uncooked	$\frac{2}{3}$ teacup	$\frac{1}{3}$ teacup	$\frac{1}{3}$ teacup	$\frac{1}{3}$ teacup
Meat, medium fat	$\frac{1}{3}$ teacup	$\frac{2}{3}$ teacup	$\frac{1}{3}$ teacup (lean)	$\frac{1}{2}$ teacup
Wheat bran			$\frac{2}{3}$ teacup	$\frac{1}{2}$ teacup

All quantities are per 10 kg dog weight.

All diets	Grams	Teaspoons	Contribution
Raw liver	30	6	Vitamins and minerals
Bonemeal (steamed)	5	1	Calcium
Corn oil	5	1	Linoleic acid, Vitamin E
Iodised salt	3	$\frac{1}{2}$	Iodine

Method Mince the meat and cook in a little water. Boil the rice in water and mix it with the cooked meat. When this mixture is cool, add remaining ingredients and feed to your dog either warm or cold.

Feedtime techniques

Most adult dogs over 12 months have one feed per day, usually given in the evening. Some small breeds will only eat a small amount at one "sitting" and need two meals daily. Overfeeding a dog may result in vomiting or diarrhoea. Dogs will obligingly fit in with the household routine and are often happy to be fed at around the same time as the rest of the family. This helps to prevent them from scrounging for food while you're eating your own meal.

Unfortunately, after an evening feed, some dogs can't get through the night without needing to relieve themselves – an apparent breakdown in your careful house-training. The answer to this problem is usually to change the feeding regime – moving feedtime to earlier in the day, or giving half the food early and half in the evening. For guidelines on feeding puppies and young dogs, see p.132.

Where to feed your dog
A dog likes to have a regular feeding place. This enforces its routine and encourages it not to take too long over its meal.

Where to feed your dog is a matter of personal preference. Most dogs are tidy eaters, but it is sensible to choose a place which is easy to clean – such as a kitchen or conservatory floor or an outside covered area. You can place food and water bowls on a wipe-down plastic mat. Some dogs like to pull pieces of meat from their bowl and sit on the floor chewing them like a lion with its kill. Put down newspaper for these dogs otherwise you'll have to clean the floor after every meal. As with puppies, don't leave uneaten meals on the floor for too long.

FEEDING TWO OR MORE DOGS
If you have more than one dog, each should have its own bowl and be fed a little way away from the others. Discourage dogs from sharing each other's bowls; the practice can lead to the following problems:
- One dog may become overweight through eating the "lion's share"
- Diffident dogs get pushed out
- Individual dogs may need diet supplements
- Fights can occur, even if dogs are used to communal feeding
- It is difficult to detect a dog off its food through illness, since the other dog often eats what's left

Need for water
Water is crucial to all animals. On a weight for weight basis, most dogs' bodies consist of about two thirds water. Fatter dogs may drop to 50 percent water, leaner ones can be as much as 75 percent water. All dogs lose water from their body through: sweating, panting, via the gut, via the lungs and via the kidneys. This must be replaced, and so you should make sure that fresh water is always available for your dog.

How much water is needed?
To maintain the correct balance, a healthy dog should take in about 40 ml per kg of body weight per day. This can come from all sources including the moisture contained in food.

Weight of dog	Water needed per day
10 kg	400 ml
20 kg	800 ml
30 kg	1200 ml
40 kg	1600 ml

Your dog will want to drink more water in hot weather when water loss through panting and the lungs is increased. More is also needed in dogs with diarrhoea or kidney disease. The tabled quantities are merely guidelines and you should know the amount of water your dog normally drinks.

There are several diseases of which thirst is a common symptom. If you notice excessive thirst, contact your vet as soon as convenient.

Eating between meals

Don't accustom your dog to tit-bits between meals; this only encourages begging and makes the dog a nuisance with visitors. Once the principle of "no scrounging" is established, you should have no problems. It's often more difficult training the family to accept this than your dog! Non-fatty scraps from the family meal can be placed in your dog's bowl for its next meal.

Tit-bits are best used as a reward for good behaviour or as a training aid. When combined with your praise, this is much more effective than punishment for bad behaviour. Remember that tit-bits are still food and if used in excess can cause obesity. Make the gift a token only – it is the pleasure of being given something by its owner which means the most.

Suitable tit-bits are:
● Semi-moist dog food – only suitable given in very small amounts
● Special crunchy treats for dogs
● Chocolate drops – special dog chocolates can be used, again in moderation
● Raisins – use in moderation
● Broken biscuit – very suitable

Warning Vitamin/mineral supplements are most unsuitable – an overdose can easily occur.

TYPES OF FEEDING BOWL

Choosing a feeding bowl is a matter of personal preference and price. Plastic bowls are the cheapest, but are often scratched and chewed, making them difficult to clean properly. Stainless steel bowls are excellent for cleaning but can be knocked over as they're generally light. The familiar glazed earthenware bowl is both stable and easy to clean, although in time it can become chipped and will obviously break if dropped.

Breeds with long, floppy ears like spaniels, Bassets and setters sometimes trail their ears in their food bowls – a practice that can cause dermatitis on the ear flaps. Special deep, narrow feeding bowls are available to exclude the ears from the feed and avoid this problem.

Dogs which are inclined to choke while feeding because of soft-palate problems combined with their eagerness to eat fast may be more comfortable with their food bowl raised a few inches off the ground. This keeps the head up and encourages the food to go in the right direction.

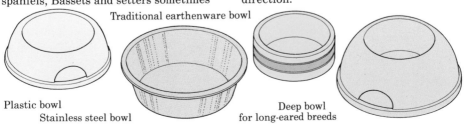

Plastic bowl
Stainless steel bowl
Traditional earthenware bowl
Deep bowl for long-eared breeds

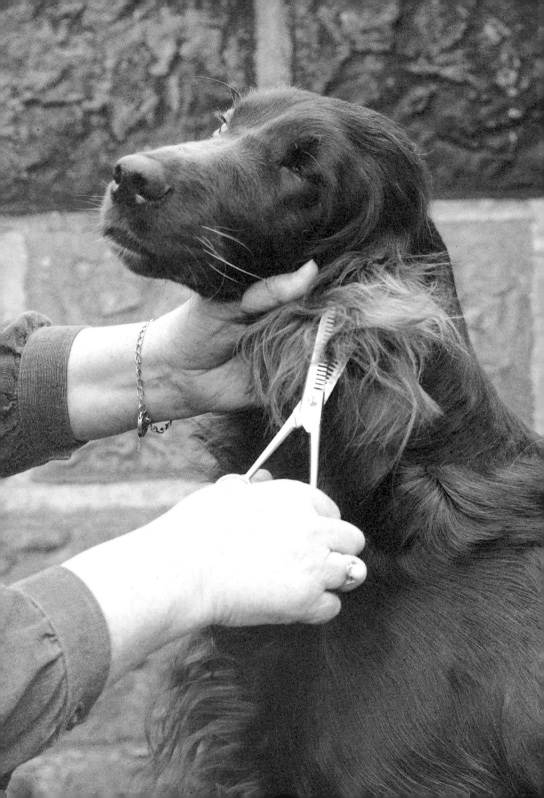

GROOMING

When you acquire a dog, you take on the responsibility for keeping it clean, tidy and well-groomed. People often base their choice of breed on a glossy picture in a dog book or a luxuriant-looking specimen seen on television. If you aren't aware of the range of coat types found in dogs, this can lead to disaster. The dog in the book or on television was probably the product of hours of grooming immediately prior to its appearance. Grooming isn't just for show-dogs. Whatever your dog's coat type, regular, correct grooming keeps it looking and feeling good. Most dogs enjoy grooming sessions, so they deepen your mutual trust and sense of companionship. Use the sessions to check your dog for any other problems – it may need its claws clipping, it may even need a bath! You may spot early signs of impending health problems given in *Health Care* (see pp.226–75).

Basic grooming

If you're the prospective owner of a long-haired breed such as Lhasa Apso, an Old English Sheepdog or an Afghan Hound, don't delude yourself over the amount of grooming time required. Up to an hour's work may be involved daily, and you should be prepared for this, or choose a breed which needs less grooming. If you intend to show your dog and it has one of the more "tricky" coats, the chances are it will need a certain amount of professional grooming as well as your routine care. Some breeds are better clipped professionally, but it certainly isn't essential for a pet dog.

It is a popular misconception that breeds which are kept clipped or stripped need only the odd visit to a grooming parlour to remain in perfect condition – this just isn't the case. It is no good opting out of grooming – it is all part of responsible dog ownership.

The dog's coat

There are five basic types of dog coat – long, silky, non-shedding curly, smooth and wiry. To these we can add a sixth group of "extremes". Each type of coat has its own special grooming needs (see the chart on pp.176–7) but the principles of hair growth and the factors which produce a healthy coat are the same for all of them. The coat types requiring the most routine grooming are the curly coat, the wiry coat and any long-length coat.

The main aims of grooming are to remove dead hair and to clean the skin and the living hair. Every dog has several different types of hair on its body. Hairs grow in follicle complexes of several hairs per hole. In each follicle, there is a primary, or guard hair which belongs to the dog's outer coat, and several secondary hairs which constitute the undercoat. Other more specialized and sensitive hairs – the "tactile hairs" – are the eyelashes, the hair on the external ear, and the whiskers on the muzzle. For more about the function and growth of the dog's coat, see p.32.

Hair streams
The direction of hair growth follows lines called "hair streams", which run from the head, down the back, spreading down the body and legs to the feet. You can feel these if you stroke the dog.

Moulting

Moulting – loss of hair and a change of coat – usually happens in Spring and Autumn, lasting four to six weeks. The new coat grows in three or four months. The poodle group (non-shedding curly coat) doesn't shed any hair at all.

While your dog is moulting, groom it daily. A little dandruff is no problem, but if there is an excess, bath your dog.

In the wild, a moult is provoked by changes in temperature and hours of daylight as winter comes and goes. However, smooth-coated domestic dogs are susceptible to slipping into a permanent light moult. The reason isn't certain but it may be connected with central heating, artificial lighting or diet (see *Hair loss*, p.269).

BASIC GROOMING PROCEDURE

Here's a useful step-by-step reference plan for a "top-to-toe" grooming session for all types of dog.

Although you don't need to carry out all the steps at every session, it helps to know the right sequence in which to perform the various tasks for the best results. The needs of different coat types are described overleaf. For how to use the various tools, see pp.178–181.

1 Use a wide-toothed comb to break up the coat and remove mats.

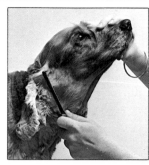

2 Use a fine comb under the chin and tail and behind the ears.

3 Brush as required for the breed, following hair streams.

4 Strip or pluck the coat with a dresser or stripping knife.

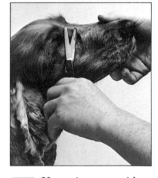

5 Use scissors to tidy hair round eyes, genitals and anus.

6 Thin the coat with scissors or shears if required.

7 Bath or dry shampoo the dog (see p.182 for correct techniques).

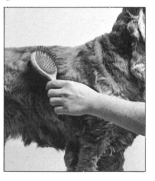

8 Give the entire coat a final brush and possibly a polish (see p.209).

GROOMING NEEDS OF DIFFERENT COAT TYPES

BREED GROUP		BASIC GROOMING
Long coat with undercoat *German Shepherd, Collie, Newfoundland, Old English Sheepdog, the Spitz breeds.*		Bath twice-yearly in Spring and Autumn. Brush and comb the coat forwards over the head and shoulders before combing it back; brush the flanks in the direction of the "lay" of the coat. Comb the dense undercoat, especially during moulting.
Silky coat *Afghan Hound, Yorkshire Terrier, Maltese, Lhasa Apso, setters, spaniels and Pekingese.*		If neglected, these coats quickly become a mess. They all need frequent brushing to avoid mats, and relatively frequent baths.
Non-shedding curly coat *Bedlington Terrier, poodles, Kerry Blue Terrier.*		These dogs don't moult, but hair growth is continuous, so they need a clip and a bath every six to eight weeks. Give short parts of the coat a thorough brush every couple of days. Longer, fluffier parts of the coat need combing first.
Smooth coat *Short, fine coat types: Whippet, Boxer and Smooth-haired Dachshund. Longer, denser coat types: Labrador and Corgi.*	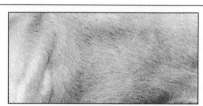	The easiest group to groom. The longer coats require a comb and a bristle brush, while a hound glove is sufficient for the short coats.
Wiry coat *Most of the terriers – West Highland White, Sealyham, Cairn, Norwich, Lakeland, Airedale. Also the Wire-haired Dachshund and the Schnauzers.*		These dogs need regular combing to avoid mats. The top coat should be stripped and plucked every three to four months, followed by a bath. Alternatively, machine clip every six to eight weeks. Use scissors carefully round eyes and ears.
Extremes *"Out of the ordinary" breeds with distinctive coats.*		Every breed needs grooming, whatever its coat type. There are some breeds with very little hair, like the Mexican Hairless and the Chinese Crested Dog. Although minimal, this hair still needs combing and brushing.

PARTICULAR GROOMING NEEDS

Use a fine comb under the chin and tail and behind the ears.
  If the dog needs an additional bath between its two "major" seasonal ones, use a dry shampoo.

Afghans, setters and spaniels need to be stripped of dead hair every three months, followed by a bath. Spaniels' coats need a trim at the same time. Trim "Yorkies" and Maltese about four times a year. Some show specimens (particularly Afghans and Yorkshire Terriers) need their hair oiled and wrapped in curling papers before a show.

Most of the dead hairs shed by this type are secondary hairs, so neglect usually results in a "felt matting". The same type of hair occurs in the dogs' ear canals and shed hair may be retained. So check the ears frequently to make sure they don't become plugged with wax and hair (see p.252).

How often you bath these dogs depends on how dirty they get, but most dirt and mud can be brushed out once dry. Don't bath these breeds too frequently or you'll wash out the natural waterproofing oils produced by the skin for protection.

Puppies
Give the puppy its first trim – around the head and tail – at about four months.

Breeds like the Hungarian Puli and the Komondor have dense, corded coats which should be oiled and twisted as they grow to maintain the cording.

SPECIAL CARE

Old English Sheepdog
Many Old English Sheepdog owners keep their coats clipped to about 2.5 cm. Like this, the dog is more comfortable than it would be poorly groomed. Even well groomed, it can be very uncomfortable on a hot day or in a centrally heated house. Grooming the dense coat takes up to an hour per day.

Spaniels
Pay special attention to feet and ears. Hair growing between the toes can become matted. Excessive hair on ear flaps and in the ear canal can lead to disease. Keep country spaniels well trimmed in these areas as their coats have an uncanny attraction for grass seeds which work their way to the ear canals and can penetrate the skin between the toes.

Puppies
The first clip should take place at 14–15 weeks old. The noise of clippers can frighten a young puppy, especially if it has to go away from home to be clipped. Accustom the puppy to the noise by gradually bringing an electric razor close to it and holding it against the puppy's skin. Trim the area under the tail with scissors at first.

Breeders and your vet can give you specialized information on dealing with any particular unusual coat.

Grooming equipment

At the very least, every dog needs its own brush and comb for grooming. Brushes fall into the category of bristle types, hound gloves and carders. Brushes and combs are the main tools you need, but several others are available for different coat types – mostly stripping and thinning tools.

Keep all your equipment together in a dry box to prevent scissors and knives rusting. Each time you finish a grooming session, clean hair and excess grease off your tools before putting them away. Dogs seem to have an uncanny desire to ferret out their grooming equipment and try to destroy it, another good reason for keeping the tools safe.

Fine comb

Bristle brush

Wide-toothed comb

Carder

Hound glove

USING A COMB

Combs are available in metal or plastic, although the plastic type often ends up broken and can be chewed by dogs. Whatever the comb is made of, the teeth should be rounded, both at the tips and in cross section, to avoid tearing the skin or hair. All dogs need a wide-toothed comb with teeth about 2 mm apart; finer-coated dogs and breeds prone to mats and tangles should have a finer comb too.

1 Insert the wide-toothed comb to its full depth into the coat and use it to break up any coarse mats or snags, particularly in the outer coat.

2 Use the finer comb to separate the undercoat and bring out any dead hair which is no longer firmly attached. Don't pull too hard, or you'll hurt the dog.

3 If you encounter any resistance in the coat, take the comb out, and work on the knot a little at a time, teasing it apart with the wide comb or your fingers.

USING A BRISTLE BRUSH

This is the tool used for the bulk of routine grooming. It is useful for "finishing off" after combing, particularly on the longer-coated breeds, and for giving a well-groomed dog a quick "once-over" after a run. The bristles should always be long enough to reach through the dog's coat to its skin. An inadequate brush may cause mats.

Short, dense-bristled brushes are fine for short-haired breeds. To brush a smooth-coated dog, follow the normal "lay" of the hair and the direction of the hair streams, beginning at the dog's head and working back towards the tail. If your dog has a long coat, you'll need a brush with longer, wider-spaced bristles set in a rubber base.

Professional groomers are wary of synthetic bristles, believing that they generate too much static electricity and cause hair breakage, so it is worth buying a genuine bristle brush if possible.

Brushing a long coat
On long-haired dogs and breeds whose hair is meant to stand out from their body, brush gently against the "lay" of the coat. Push the brush into the coat and twist it *slightly* against the natural growth, working in very short strokes. Never brush the whole coat in the wrong direction – you'll weaken or break hairs.

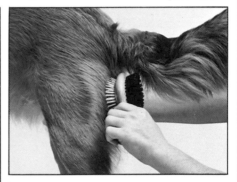

Brushing a medium coat
With medium-length coats (such as a Labrador's), pay particular attention to the hindquarters. The guard hairs in these coats are long enough to retain dead hair, and the dog's movements and its licking can make this move within the coat towards the dog's hindquarters where it accumulates in dense pads.

Using a carder
This is a kind of wire-bristled brush, consisting of a rectangular board with short, bent wire teeth mounted on it, and a handle. The function of the carder is to bring out dead undercoat on shorter-haired breeds. Use it in a similar way to the brush on long-haired dogs, working the teeth gently through to the skin and then twisting the carder out towards the surface.

Using a hound glove
Hound gloves are useful for short-haired dogs, particularly the hound types, to give a polish to the outer coat and to remove any dead undercoat. The glove has short bristles, wires or rubber bumps set into it, and you can slide your hand inside it, giving you a "bristled palm". A hound glove isn't really effective on coats longer than that of a Labrador.

Cutting tools

There are various cutting tools for use on dogs' coats. Stripping combs, knives, scissors and shears can all be useful, whether your dog needs a trim, a thinning out, or just a routine tidy-up. There are also special nail clippers available for pets. Electric clippers are probably best restricted to professional use unless you're an expert. Handling them badly can harm a dog's skin.

Thinning shears

An effective tool with one regular and one serrated blade. The aim is to thin the coat without affecting its appearance too much, so the shears are usually used on the undercoat, the top coat being combed up out of the way. This preserves the colour of the outer coat in dogs which have a different coloured undercoat.

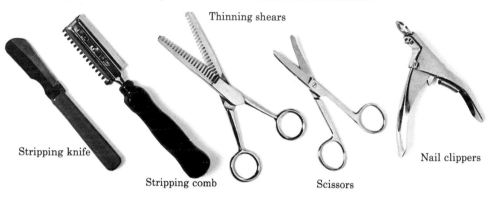

Thinning shears

Stripping knife

Stripping comb

Scissors

Nail clippers

USING A STRIPPING KNIFE

Stripping combs ("dressers") and knives provide a serrated metal cutting edge for removing dull, dead hair. The stripping comb has a removable guard-plate on one side and comprises a razor blade mounted against a comb. A stripping knife is just a metal blade with a handle, like a butter knife.

Stripping is often combined with "plucking" – using the thumb and forefinger to pluck out dead hair.

1 Brush the coat well to fully separate all the hairs. For silky-coated dogs, chalk powder dusted into the coat gives you a better grip.

2 Grasp a section of hair between knife and thumb and pull the knife away with a twisting motion. Dead hair comes out, live hair is trimmed.

Scissors

Barber's scissors can be used on dogs, but for safety's sake they must be the type with round-ended blades. The most useful size is 12.5 cm. Use scissors for trimming "wispy hair" in delicate areas, especially around the eyes, ears, lips, feet, anal and genital areas. Never cut the sensitive whiskers on a dog's muzzle. Scissors can also be used in conjunction with a comb to remove mats and snags (see box, right).

Special care for show-dogs

Scissors and thinning shears are used on show dogs in the same way, although the extra grooming that show animals need actually cuts down on the need for scissors. Both tools can be used to make minor adjustments to the coat or to shape it in order to "balance" the look of the dog. A dog may need last-minute touches such as a thinning over the shoulders or a slight trim on the legs before being presented in the show-ring. Take care not to trim off too much hair.

USING SCISSORS

Careful use of scissors round the eyes can prevent the problems suffered by some spaniels and terriers, particularly where hair irritating the eye causes a sticky discharge. Use scissors to improve the vision of non-show Maltese and Old English Sheepdogs; trim the fringe, then thin it.

The tactile hairs on the ears and muzzle are too sensitive to be stripped or plucked, but you can trim these areas with scissors if you take care to leave any "whiskers" intact. Hair between the pads of the paws can be trimmed on long-haired breeds, to avoid matting or dirt in the house.

Hair around the penis of male dogs may need an occasional trim for hygiene; this can be necessary in the vulval area of bitches too. Similarly, it is sensible to keep hair in the anal region short to avoid matting. Use a comb to lift the mat away from the skin, then cut above the comb. Once a mat is reduced, it can be combed out.

CLIPPING A DOG'S NAILS

Trimming a dog's nails is often done at the same time as routine grooming. With care, you can do it yourself. Use the guillotine type of clippers that cut rather than the pliers type that crush. Crushing a nail can cause pain to the sensitive nail bed inside.

Ideally, get an expert to give you a demonstration first. The length of the nail bed varies in dogs, and if cut, it will hurt and bleed copiously. With clear or white nails, you can see most of the nail bed, but it narrows right down at the tip, so make allowances for this. Dogs with black nails tend to have longer nail beds. Err on the side of caution and learn by the first one you cause to bleed.

Place the dog on an easily-cleaned surface. Have a styptic pencil or other caustic to hand to stop any bleeding. You may also need to apply a light dressing (see *First Aid*, p.282).

Check the dew claws on the inside of the leg if your dog hasn't had these removed. They don't wear down and, if covered with hair, may be forgotten.

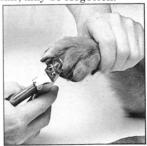

Clipping a dog's nails
Take care not to hurt the dog.

Bathing your dog

There's no simple answer to the question "How often should I bath my dog?" A dirty or smelly dog needs a bath, although a little dirt can often be brushed out when dry. Many dogs need more baths in summer, others need a regular monthly bath, but few need a bath more often than this. Some dogs, particularly Scottish Terriers, tend to get dirty skins through a build-up of dandruff. They may need a bath every two to four weeks. If this becomes a problem, consult your vet.

Always groom your dog before bathing it, or you could make matting much worse. Never use household detergent or carbolic soap; many dogs' skins react badly to these. You can use a mild "human" soap, but a special dog shampoo or baby shampoo is best. The water should be comfortably warm.

You can use your own bath for your dog as long as you wash it down well afterwards. A baby bath is ideal for a small dog – you can place it at an easy working height indoors or out. For large dogs, you could use a child's paddling pool but watch that the dog's nails don't puncture it. A rubber car mat can prevent this; used in the bath it also helps stop the dog slipping. If your dog does slip, it may panic and soak the room!

Dry shampoo

This is excellent for a quick clean but doesn't deal with a really dirty dog properly. Dry shampoo is a powder, used to remove excess oil in the coat (which may be a little dirty and smelly). This brightens the coat colour and the talc in the shampoo enhances any white parts. Dust the powder well into the dog's fur and brush it out. The coat may "stand on end" because of static electricity, so don't aggravate the problem by using a brush with synthetic bristles.

HOW TO BATH A DOG

1 Try and enlist the help of someone else to hold the dog steady while you shampoo it. Take off the collar and place the dog in the bath. Using a jug, shower attachment or slow-running hosepipe, wet the dog's back and work the water into the coat on back and sides.

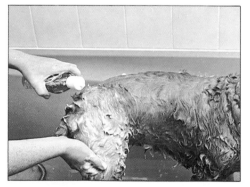

2 Apply some shampoo to the back and work it in, extending all the way to the rear of the dog and down the legs. Wash the head last, being careful not to get any shampoo in the dog's eyes. It is when its head gets wet that it is most likely to want to shake!

DEALING WITH MATS AND TANGLES

Small tangles can usually be teased apart with a wide-toothed comb. Once broken up, they should be thoroughly combed, first with the wide-toothed comb, then with a finer one.

Large mats which don't respond to this treatment can simply be removed by sliding a comb under the mat and cutting with scissors just above it. The result can be messy, and you may prefer to try dividing the mat with a knife or scissors, teasing it out in sections, then combing it. You can have this done professionally.

Removing a tangle from the coat
Lift the knot gently before you cut.

Special care for long-haired dogs

If you're using carders, hound gloves and short bristle brushes on your long-haired dog, you may not be grooming it properly at all. Although the outer coat may look smooth the hidden undercoat can build up into dense mats if tools don't reach it.

A dog that has been "surface-groomed" like this looks fine for a time but feels uncomfortable; eventually its outer coat becomes involved in the underlying mat. At this stage, the only answer is to shave the coat – a time-consuming job which upsets the dog. It may have to be done at the vet's surgery under anaesthetic and can be costly.

Shaving an Afghan is particularly tragic and is impossible to do neatly – the dog may take as long as 18 months to come back into coat. It may need steroid treatment for bruising caused by parting its matted coat from its skin. The moral of this is: never neglect the grooming of your long-haired dog. Make sure you're using the right tools and techniques.

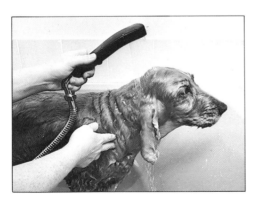

3 Now rinse the dog thoroughly, starting with the head and working back. Squeeze out any excess water. In summer, a good run in the open air followed by a brush is enough to dry off most dogs, although long-haired dogs will need some towelling.

4 In winter, towel your dog and let it dry somewhere warm, otherwise it could catch a chill. You can use a hair-dryer, but be very careful introducing the dog to it – the noise and sensation may frighten it. Don't hold the dryer too close to the dog.

9

BREEDING

Breeding dogs is a rewarding experience. From simple
genetics to successful whelping, this chapter tells you
all you need to know to give yourself the best chance
of ending up with a happy, healthy litter of puppies.
Even if you're not planning for puppies, it helps to be
aware of all the stages in your bitch's reproductive
cycle, so that you can understand her behaviour, and
the changes taking place in her body. Mating,
pregnancy and whelping need careful management.
Avoiding unwanted pregnancies can be a full-time job
too. Dogs in the wild mate naturally at their first
"heat", and, if unchecked, domestic dogs will readily
do likewise. Care of newborn puppies is covered in
Puppy-Care (see pp.130–31). For ailments and
problems relating to the reproductive system, see
Health Care (pp.226–75). If your bitch is expecting a
litter, keep your vet informed of her progress. He'll
give you all the help and support he can.

Introduction to genetics

The basic unit of all life is the cell. This is true of everything from the smallest single-celled bacteria to man himself. A dog is made up of the same "building blocks". The cells in each dog are unique to that individual.

Apart from the sex cells, all cells in an animal contain the same set of instructions since they are all produced from the same fertilized egg. These instructions enable the cells to develop in different but co-ordinated ways into a whole animal.

Inside each cell is the "cytoplasm" – a complex mixture of chemical structures. At its heart is the "nerve centre" or nucleus, which contains the "blueprint" for the design of the dog.

Genes and chromosomes
The information needed to carry out this incredibly complex organization is carried by structures in the nucleus called "chromosomes". Chromosomes can be thought of as strings of different coloured beads.

Broadly speaking, the various beads are represented by genes. Genes work singly or in concert to control all aspects of structure and function of the body, whether it be hair and eye colour, bone growth or the efficiency of blood clotting. Unfortunately, genes are responsible for many canine diseases and disorders, too. There are genes controlling everything that makes a dog a dog.

THE PRINCIPLE OF DOMINANCE

The inheritance of black coat colour in cocker spaniels is a good example of dominant and recessive genes. The gene for coat colour in this case has two alleles: B (black, dominant) and b (brown, recessive). Individual dogs may be BB (black), Bb (black, because B is dominant) or bb (brown). Here there are three genotypes (BB, Bb and bb) but only two phenotypes – black and brown.

Different mating possibilities may produce different offspring:

BB with BB produces all black (BB) puppies.

BB with Bb produces all black (two BB and two Bb) puppies.

BB with bb produces all black (Bb) puppies.

Bb with Bb produces three black (one BB, two Bb) one brown (bb).

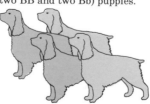
Bb with bb produces two black (Bb) and two brown (bb) puppies.

bb with bb produces all brown (bb) puppies.

A dog has 78 chromosomes which fall into 39 pairs, representing the "blueprint" for the dog. These can divide to produce identical copies of themselves.

Sex chromosomes

Although chromosomes are paired, one pair in each dog is not necessarily an identical pair. These are the chromosomes which determine the sex of the animal. The female has a pair of identical X chromosomes (XX); the male has one X and one Y chromosome (XY). When the egg and sperm cells (the sex cells) meet at conception they combine to form a full set of 78 chromosomes. It is the male's contribution (the sperm) which governs the sex of the offspring, depending on whether an X or Y sperm reaches the egg first.

Complementary genes There are many modifying factors in the genetics system; one of these is complementary genes.

The incidence of black in cocker spaniels' coats (see left) is dependant on another gene – E when dominant, e when recessive. This is inherited in the same way as B and b. When a dog inherits two recessive e alleles, its black pigment distribution is restricted to the eyes and nose. The complementary effects of E and e on the two inherited B alleles permit a whole range of colour expression:

● **BB + EE, BB + Ee, Bb + EE or Bb + Ee:** all black.

● **BB + ee or Bb + ee:** red, with black nose and eyes.

● **bb + EE or bb + Ee:** brown, liver or chocolate with a brown nose.

● **bb + ee:** pale red, yellow or cream with a pink nose.

SEX CHROMOSOMES

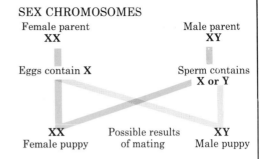

Female parent
XX

Male parent
XY

Eggs contain **X**

Sperm contains
X or Y

XX
Female puppy

Possible results
of mating

XY
Male puppy

Inheritance of parental characters

At the moment of conception, the new cell formed receives a copy of one chromosome from each of its parents' pairs. Therefore there are two genes present for each character. These are usually called "alleles". One comes from each parent, and they're not necessarily the same. There may be a series of different alleles relating to a character such as coat colour. An allele which can act on the appearance of a dog when present singly is "dominant". If both alleles need to be the same before they can express themselves, the allele is "recessive" (see examples on p. 186).

The unique gene pattern that represents an animal is called its "genotype"; its final appearance – the result of the genotype's effects – is called the "phenotype".

MUTATION

Due to radiation, rearrangements of the gene "beads" may occur, allowing new genes or new combinations to be created. These changes are called "mutations". It is spontaneous gene mutation which is the basis of evolution, creating new types of animal, new breeds or simple breed variations. For millions of years, natural selection has been retaining the successful mutations, allowing all forms of life to evolve and change.

The reproductive system

Unlike a male cat, the male dog is easily distinguished from the female by the penis, hanging within the prepuce along the underside of the abdomen. The two testes are also obvious, located in the scrotum which hangs between and behind the hind legs. The sexual organs of the bitch are located inside the body.

The male dog
The testes consist of a mass of coiled tubes which produce sperm (male reproductive cells). This is stored in a sac called the *epididymis*. The production of sperm begins at puberty and continues throughout the dog's life, although output is reduced through age or disease.

The common outlet for both urine from the bladder and semen from the testes and associated glands is the *urethra*. This leads out of the bladder and through the penis.

Sexual development of the dog
The testes develop inside the unborn puppy, and are attached to the scrotum by a ligament. As the newborn puppy grows, the ligament contracts, causing the testes to descend through the inguinal canal into the scrotum. They should be fully descended by about two weeks of age. At this stage, they can often be felt. As the puppy grows, fat in the scrotum may make them difficult to feel again until about four months of age. It is important that a dog has two descended testes. If not, it is cryptorchid (see *Health Care*, p.260).

The female dog
Externally, the vulva is visible below the anus. Inside the abdomen are the two ovaries, each about 1.5 cm long. These hang from the roof of the abdomen, close to the kidneys. They are surrounded by a fatty sac, the *bursa*, which catches eggs produced in the ovary and channels them into the fallopian tube, which in turn leads into the uterus (womb). This consists of two separate large "horns" which meet at a part called the "body".

Between the uterus and the vagina is a thick section called the cervix. This stays shut except during oestrus and whelping. The vagina leads into the vestibule, the walls of which form the vulva. The outlet from the bladder (the urethra) enters the system here.

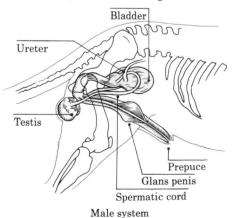

Male system

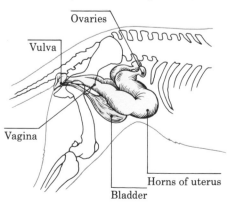

Female system

THE BITCH'S REPRODUCTIVE CYCLE

A bitch usually has her first "season" or "heat" between six and twelve months of age. Smaller toy breeds and terriers usually begin between six and nine months, but some giant breeds may not begin until two years old.

There are four phases in the cycle, which usually lasts six or seven months, although the anoestrus stage is very varied.

1 Pro-oestrus This is the first noticeable phase. There's usually some swelling of the vulva plus a clear discharge which then becomes bloody. You may miss the discharge, but you'll normally see the blood. It may simply be "spotting". Most bitches are fastidiously clean and lick the discharge from the vulva very quickly, so you may notice the licking first.

Some bitches have a heavy discharge and no swelling; others may have no discharge but heavy swelling. Some bitches, particularly giant breeds, show almost no external signs. During this time, a bitch is attractive to dogs. Most bitches are flirtatious, although usually all but the most experienced will refuse mating.

2 Oestrus Normally, the bleeding has stopped. The vulva is less turgid but still swollen. There may be a clear or straw-coloured discharge. Now the bitch may seek out dogs and will usually accept them.

Ovulation is said to occur on the second day of oestrus, making it the best day for mating. Several matings around this time increase the likelihood of conception.

3 Metoestrus Although there are often no external signs, this stage still represents an active time in the bitch's uterus as it prepares for a period of quiescence (anoestrus).

False pregnancy
The hormones in the body at this time can cause the distressing problem of false pregnancy (see p.261). A non-pregnant bitch may think that she is pregnant, make a nest and actually come into milk. If this occurs, consult your vet.

4 Anoestrus This is the quiet period of variable duration when there is no activity in the bitch's reproductive tract.

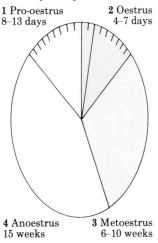

1 Pro-oestrus
8–13 days

2 Oestrus
4–7 days

4 Anoestrus
15 weeks

3 Metoestrus
6–10 weeks

SPAYING AND CASTRATION

Spaying of a bitch may be necessary for one reason or another. It is one way of guarding against unwanted pregnancy, and basically involves removing the ovaries and uterus. Although this is a routine piece of surgery, it requires considerable surgical skill. Vets dislike performing it on fat bitches – the surgery takes longer and there is an increased risk of problems. So be guided by your vet if he suggests a diet prior to spaying.

Castrating a dog involves removing both testes, thus eliminating the source of sperm. Dog owners may have this done to stop a dog wandering, but the operation may change its character. Although it can sometimes solve problems of excessive aggression, make sure it's really necessary before making the decision to have your dog castrated.

Deciding to breed from your bitch

Letting your bitch have a litter of puppies is rewarding and fun, but should never be undertaken without serious thought. You probably won't profit financially, particularly when you take into account the work and inconvenience involved plus the expense of feeding and vet's fees.

Far too many unwanted puppies are produced by irresponsible owners. Make sure you'll be able to sell yours at the "going rate" before taking your bitch to stud. It is morally wrong to bank on selling puppies cheap to get rid of them easily. You'll just be increasing the amount of unwanted dogs that jam the doors of animal shelters daily.

Breeding from poor stock does no-one any good. The progeny may be so poor that they require euthanasia due to congenital disease. People argue that using poorer stock maintains variation in a breed and a wide "gene pool", but it only produces more unwanted pets.

When to breed from your bitch

Pregnancy and birth causes a major metabolic change in a bitch and she should be physically fully mature first. A young bitch's bones stop growing at between ten and 12 months of age and in larger breeds, a general filling out and "muscling up" of the body occurs after this.

It is best to let a bitch have one normal "heat" before breeding from her – there's a better chance of a good-sized, healthy litter. Female dogs in the wild mate naturally at their first "heat". They usually become pregnant, often resulting in small litters which die because the bitch wasn't in the top physical condition to rear them.

Dealing with "accidents"

Dogs mate readily by instinct and accidental mating (misalliance) is fairly common, especially if a bitch's owners don't supervise her properly during her heat. Bitches can be given a canine version of "the pill" or injections to stop them cycling. If you don't plan to breed from your bitch, most vets advise spaying rather than long-term medication.

If you know your bitch has mated and you don't want puppies, she can be injected within the first 24–48 hours after mating (95 percent certain to prevent conception). However, there is a risk of side effects and your vet will warn you about these. If you want to breed from her again, it may be best to let her have this litter, even if the puppies are cross-bred.

WHAT STEPS TO TAKE

Before breeding from your bitch:
● Discuss it with the breeder of your own dog, at least one other breeder, and your vet. During these discussions, you'll probably hear of a suitable dog with which to mate your bitch
● Read all you can about your breed and its particular problems. Decide whether your bitch is close enough to the breed standard. There are testing procedures for a number of the more serious congenital diseases which you should discuss with your vet
● If you're breeding pedigree dogs, make sure both prospective parents are Kennel Club registered. If not, you won't be able to register the puppies as pedigree
● Arrange booster vaccinations for your bitch before the heat at which you wish to breed and be prepared to worm her in the week prior to mating

Mating

Some breeders say that ten days after the beginning of the discharge (pro-oestrus) is the best time for mating; others prefer 12 days. A good compromise is a double mating – either on the tenth and 12th days, or on the 11th and 13th days.

If your bitch shows few external signs of her "heat", the vet can take a series of vaginal smears to assess the stage of her cycle and help you judge the correct time for mating. This is expensive and dog owners normally resort to it after a few failed matings which they may have considered due to bad timing.

The stud dog

Most stud dogs are "initiated" at around ten months old, preferably using an experienced bitch. Using an untried dog (even a show-dog) on a maiden bitch can be tricky and upset both dogs, so if this is your bitch's first litter, make sure the stud dog is sufficiently experienced.

MATING PROCEDURE

On the day fixed for mating, take your bitch to the dog rather than the other way about. Most bitches are aggressive on home territory, and it is the dog which needs to be assertive in this situation.

If possible, let the dogs socialize and romp around a little before actually mating. A bitch may refuse to mate if she isn't used to other dogs. Breeds with a more aggressive nature can be difficult.

It is usual to hold your bitch firmly throughout to avoid her causing any aggressive damage to a valuable dog.

Stage 1 When the bitch is ready, she holds her tail to one side. The dog mounts the bitch and the first part of ejaculation takes place. Part of the dog's penis (the *glans penis*) swells up, holding it in place so the two animals are joined.
Stage 2: "The tie" After about a minute, the dog dismounts and turns to stand back to back with the bitch, the two still joined. This usually lasts about 20 minutes and comes to an end naturally. Don't be alarmed – it is quite normal, although it isn't essential for fertility and often doesn't occur.

Although supervision at this stage is usually unnecessary and it is a bizarre background for small talk with the dog's owner, you must stay with the dogs. A bitch can get vicious or wrench away too soon, damaging the dog (see p.260). For the same reason, never force the dogs apart yourself.

Pregnancy

You won't see much change in your bitch for at least four weeks after mating. In fact, a few bitches show no signs of pregnancy at all until their puppies are born!

Pregnancy lasts an average of 63 days, although puppies may be born alive up to seven days either side of this. (The greater the divergence from the due date, the lower the survival rate.) So from the date of mating, you can work out when the litter is due.

It is usually possible for a vet to diagnose pregnancy at around 24–32 days. The growing, fluid-filled amniotic sacs which surround the puppies can be felt as small, tense spheres in the uterus. This may be a waste of time with large, fat or nervous bitches. If there are few foetuses, the result will probably be an educated guess. After 49 days, bitches can be X-rayed to see how many puppies are present.

Care of a pregnant bitch

If it is the first whelping for both you and the bitch, consult the vet three or four weeks after mating. At this stage, he can check the bitch, confirm pregnancy if possible, and give you advice on care and feeding.

Feeding

When the bitch is five to six weeks pregnant she needs more food – from one-third to a half extra. Meals should be small and frequent because the growing foetuses occupy a good deal of abdominal space and larger meals will fill her up too quickly.

The theory that "milk makes milk" is misguided. To promote lactation the bitch needs good quality protein. Some milk is valuable, but she requires cheese, eggs and meat too, as well as prescribed doses of a vitamin mineral supplement. You can use other natural supplements, too (see p.168).

THE WHELPING BOX

A proper whelping box is useful, particularly if you're planning to breed from a bitch again. You can construct one yourself or use a cardboard box with the front cut down enough for the bitch (not the puppies) to get in and out.

Introduce the bitch to the box about three weeks before whelping. Try to guide her into choosing it as a place to whelp. If you suddenly put her in a strange place at the last minute, she'll already have decided for herself where she wants to have her puppies, and it won't be your box if she's not familiar with it. Line it with plenty of newspaper.

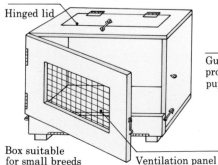

Hinged lid

Box suitable for small breeds

Ventilation panel

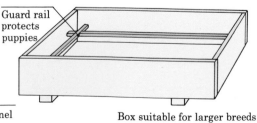

Guard rail protects puppies

Box suitable for larger breeds

SIGNS OF IMMINENT WHELPING

As the whelping date approaches, be on the lookout for these signs:
• The bitch's temperature will be slightly lower than normal (38°C) during the last weeks of pregnancy. In the last 24 hours before whelping it drops further to about 36°C

• The development of the breasts is very variable. In some bitches, they may fill up with milk a month before whelping; in others they may not fill until a day or so afterwards, when you'll need to temporarily hand-rear the puppies
• Most bitches refuse

meals in the last 24 hours, but may pick at some of their favourite foods. Some vomit a little shortly before whelping
• There is often a sudden discharge of green mucus a couple of hours before whelping as the placenta begins to separate

Green discharge
Some bitches have a persistent light green mucus discharge throughout pregnancy – a substance called *uteroverdin* produced in the placenta. This is no problem and often decreases in the last two weeks. You'll see more of it during whelping.

Exercise
Pregnant bitches need exercise but don't encourage too much rough-and-tumble, particularly after the four-week stage. In the later stages, continue with regular short walks, but let her do things at her own pace without becoming overtired.

Preparing for whelping
It is easier for newborn puppies to find their way to a nipple if you trim the hair round the mammary glands of long-haired bitches. Similarly, to avoid a long-haired bitch becoming too messy during whelping, trim the hair round the vulva carefully with scissors.

Once the bitch is a day overdue, consult the vet. If your bitch had multiple matings, tell him if nothing has happened by the last due date.

Anticipating a difficult birth
It is important to involve the vet early with a potentially difficult birth. Try to anticipate the problem before it actually happens.

If a Caesarean is necessary, it is much better for your bitch to have it during the day than in the night. In the daytime there'll usually be plenty of the vet's staff around to revive the puppies. Very few practices have separate staff for night duties. The vet you see at night will often have worked the previous day and be working the following day too. It makes sense to see him when he is at his most alert and when maximum assistance is available. A difficult birth is a veterinary emergency, requiring at least two, and often several people to assist. In a multi-vet practice, only one vet will be on duty each night, so you may not see the one you prefer. If your bitch is in distress, though, don't hesitate to ring the veterinary surgery, whatever the time.

THINGS TO HAVE READY
• Your vet's emergency telephone number
• Paper towels and plenty of newspaper
• Clean towels
• A safe skin disinfectant for your hands
• Fine cotton thread and scissors
• Fresh bedding for the bitch
• A notebook and pen to record the timings of the various events

The birth

The bitch will probably manage the whole process of whelping with the minimum of assistance from you, but watch for the various stages. Keep a detailed record of the times of:
□ the first stage □ green discharge
□ straining □ the arrival of each puppy and its placenta.

Stage 1: dilation of the cervix

In some bitches, this stage isn't noticeable, but in others it may last between three and 24 hours.

Short contractions "sort out" the foetuses and present the first one into the pelvis. This brings the foetal membranes into the cervix and stimulates it to open. The bitch is uncomfortable and restless, unable to settle and often frantically rearranges her bedding. She will probably pant, and her pulse quickens.

Stage 2: expulsion of the foetus

The total length of the second stage depends on the number of puppies. It rarely exceeds six hours and even with a large litter should not exceed 12.

When the first puppy enters the pelvis, contractions become stronger, longer and more frequent. The bitch's hind legs often straighten out during the strongest waves of contraction. She may empty her bladder at this stage.

Eventually the water bag (*amniotic sac*) is pushed out. Sometimes the first puppy will be pushed through the sac membrane before it shows externally, and you'll see a little gush of liquid. The bitch will rupture the sac if it has appeared and may pull with her teeth on any visible membranes. These membranes give the birth canal a slippery lining to ease the passage of the puppies.

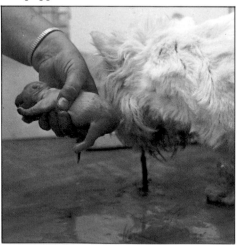

The stages of whelping
A West Highland White bitch (left) in her box prior to whelping. The floor of the box is covered with plenty of newspaper. When the first puppy arrives, the bitch should clean it and will probably chew off the umbilical cord (above). The latest arrival (right) is cleaned by its mother as the other newborn puppies sleep or feed.

By this time, the bitch is normally lying down. She turns frequently to clean herself; each turn is accompanied by a powerful contraction.

Don't rush to help, but observe the bitch from a distance. Some neurotic bitches need their owner at their side giving reassurance but not interfering. These are in the minority, though; other bitches are definitely put off by the presence of their owner.

Don't panic if the puppy arrives rear end first – up to 40 percent of puppy births are breach. Once the head or rear of the puppy is visible, the bitch may give a short pause before expelling it.

The first puppy
A maiden bitch usually produces her first puppy within three or four hours of beginning to strain. When the puppy arrives, she'll clean it vigorously, licking it all over. This removes all the membranes which the bitch usually eats; she also chews off the umbilical cord. The puppy, stimulated by these cleaning activities and the air in its nostrils soon seeks out a nipple and immediately begins to suck, helping to promote the supply of milk.

The puppy's placenta may come out with it, or follow up to 15 minutes later. (Where there are several puppies, one may bring with it the placental membranes of previous puppies.)

The rest of the litter
The second puppy follows at any time up to two hours later. Occasionally it may be longer, but you should seek veterinary advice after a delay of two hours. Rest periods between the puppies usually get shorter. If the litter is very large – 12–14 puppies – the bitch may "take a couple of hours off" in the middle. A bitch with experience of whelping usually gets it over more quickly. The process of expulsion is often quicker and easier, with shorter rests between puppies.

Stage 3: expulsion of membranes

This is a complex phase where there is more than one puppy. Placental membranes are usually passed within 15 minutes of each puppy. They may arrive along with the next puppy.

The bitch will probably attempt to eat these placentas. This won't do her any harm – she may vomit them up later or have green diarrhoea. If you can collect some of them without causing her too much distress, do so, although this isn't essential. It's more important to make sure the same number of placentas are passed as puppies produced.

Information for the vet

If you need to contact the vet at any stage, he'll need certain information.

- Breed and age of the bitch.
- Date of mating (or matings).
- Number of days since mating.
- Has the bitch been eating normally? When did she eat last?
- Is there a vaginal discharge?
- Has she been ill recently? Has she vomited? Is she distressed?
- What is her breeding history – any previous problems?
- Did her dam (mother) have any problems whelping? (You may not know, but it can be useful if you do.)

HOW YOU CAN HELP

If the bitch shows no signs of dealing with a puppy, clear the membranes away from its nose and rub it with a towel to stimulate it. Don't do this unless absolutely necessary, and take care not to rub all the fluid off the puppy – let the bitch clean it. She could reject a puppy on which you've lavished too much attention. Never take a puppy away – just do what's necessary and replace it with the bitch. Let the bitch lick the puppy, then gently rub its face on her mammary glands to encourage it to suckle.

If a puppy is visible for more than a few minutes before completing its arrival and the bitch is straining persistently, help by pulling it out and downwards, very gently. If this achieves nothing, ring the vet.

Dealing with the cord
When cleaning membranes off a puppy, you may also have to sever the umbilical cord. Make sure your hands are clean and sterile. Tie a ligature of fine cotton thread tightly round the cord, about 1.5–2.5 cm away from the puppy. Snip off the thread ends, then cut the cord 5 mm–1 cm further along. Take care not to pull on the cord at all.

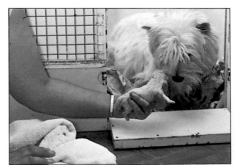

Stimulating a newborn puppy
Towel the puppy, then return it to the bitch.

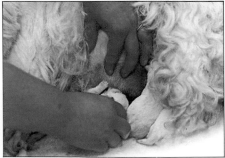

Helping a puppy to suckle
Some puppies need encouraging to feed.

The Caesarean
Your vet will decide if and when a Caesarean section is necessary. Although all general anaesthetics carry a small degree of risk, this operation is nothing to worry about. No vet would advise it unless it was the safest available option.

You will have to transport the bitch to the veterinary surgery. Often, you'll be able to wait at the surgery and take the bitch and any puppies home $1\frac{1}{2}$ to $2\frac{1}{2}$ hours after the start of the operation. At night, you might even be asked to help veterinary staff revive the puppies.

A Caesarean involves making an incision in the midline of the belly, or in the flank, removing the puppies from the uterus and stitching up the incision. Once the bitch is home, check this incision several times daily and report any problems to the vet.

Care of the new mother
Most bitches have a slight bloody/green discharge for at least 24 hours after whelping. After the birth of a large litter, this can last up to a week. Bathe it off with an antiseptic wash. If it persists, consult your vet.

The bitch may also vomit or have diarrhoea due to eating placentas. If you take care not to give her too fatty a diet, this should settle down.

Feeding
A heavily lactating bitch needs up to three times as much food as normal. For her to eat this amount, it must be presented almost continually, and should include good quality protein, plus supplementary vitamins and minerals.

Mammary glands
Check the mammary glands regularly for mastitis (painful, red swollen areas). You'll have an opportunity to do this when the bitch leaves the puppies to go and relieve herself. Report any symptoms to your vet. Abnormal swelling sometimes occurs 24 to 48 hours after whelping. Bathe the glands in warm water and draw off excess milk by alternately squeezing and releasing (to allow refilling) around the nipple. The problem usually sorts itself out as soon as the puppies start taking more milk.

ECLAMPSIA
For the first month after whelping, make sure there's always someone around to check that the nursing bitch is happy and comfortable. This is particularly important with toy breeds, especially Yorkshire Terriers. These dogs are prone to a condition called eclampsia (lactation tetany), caused by calcium deficiency.
Symptoms The problem usually occurs just before whelping, or within the first month of lactation. It tends to strike bitches with large litters which have been in heavy milk. The bitch becomes unsettled, wandering round, panting, whining and getting up and down. As the problem worsens, she becomes stiff, with twitching muscles and obvious lack of co-ordination. Eventually, she will collapse with convulsions, and if not treated, will die.
Treatment Eclampsia is a veterinary emergency. Once you suspect it, contact your vet immediately – he'll need to give the bitch a calcium injection. Feed the puppies by hand for at least 24 hours.
Prevention It isn't always possible to prevent the condition, which occurs due to the large amounts of calcium transferred to puppies in the womb, and later via the milk, but give pregnant and nursing bitches proper vitamin and mineral supplements, including calcium.

10

DOG SHOWS

There is much more to showing a dog than just putting a collar and lead on it and trotting it round the show-ring a couple of times. Far from being an initiation, your dog's first appearance at a show should be the end result of months of training and preparation. Showing isn't all hard grind, though. If you and your dog enjoy it, you'll both get a lot of pleasure out of it. Apart from the thrill of success if your pet is a good performer, there's real comradeship between owners of show dogs, and an atmosphere of excitement and friendly competition.

To find out exactly how your dog should look for a show, consult *Dog Breeds* (see pp.42–119). Grooming is covered in *Grooming* (see pp.172–83). The right techniques for obedience training are given in *Housing, Handling and Training* (see pp.142–59). Buying a puppy for show is covered in the chapter on *Choosing a Dog* (see p.126).

The world of the dog show

The first dog shows took place in the 1830s and 1840s. They were low-key affairs, held in public houses, and probably invented as a result of the ban on dog-fighting and bull-baiting which left dog fanciers with little outlet for their competitive instincts. The idea of shows soon caught on, though, and the first organized dog show was held at Newcastle-upon-Tyne, England in 1859.

Dog shows grew in popularity with the building of the railways, since breeders could travel from show to show. However, problems arose when people in different areas had conflicting ideas about how a breed should look. No single body or group was responsible for dog shows and standards varied tremendously. There was much controversy over standards and a great deal of faking. Clubs were therefore established to reach a consensus over what were and were not desirable characteristics of the various breeds.

THE KENNEL CLUB

The Kennel Club in Britain was founded in 1873 to oversee the showing of dogs. The Club registers the standards which describe exactly what the ideals of each breed should be. These standards are set by the individual breed societies but held by the Kennel Club. (For concise versions of the official standards for those breeds shown in this book, see pp.50–119.) All pedigree dogs must be registered with the Kennel Club before they can be shown as such in shows held under Club rules. The main functions of the Kennel Club are to:
● Promote the improvement of dogs, dog shows, field, working and obedience trials
● Classify breeds
● Register pedigree dogs
● Oversee transfers of ownership
● Grant licences to dog shows
● Establish and enforce the Kennel Club rules
● Give awards

An "International Dog Show", held at the Agricultural Hall, Islington, in 1865.

Advice for newcomers to showing

Anyone contemplating breeding dogs for show should appreciate that it is hard work, with little or no financial reward, except for the lucky few. Entering dog shows is something most people do for love rather than money.

Launching yourself into serious dog showing will only be fun if you remember not to get down-hearted. For serious showing, you do of course need a pedigree dog; some of the more light-hearted country dog shows run competitions for mongrels, but only registered pedigree animals may be entered at official shows. The competition is intense, and at times, it will seem as if the same handful of dogs wins at every show.

Much depends on your chosen breed of dog. Of course it is much harder to gain awards in those breeds where many dogs are in competition; a dog has to be that much better to do well.

Crufts Dog Show
Some of the entrants waiting on their benches at this large show, held annually in February.

Grooming for shows
A smart appearance plays a large part in a dog's success in the show-ring. At any show held under Kennel Club rules, the dogs which do well are sure to be as well groomed as they can possibly be. With long-haired breeds such as Afghan Hounds, Old English Sheepdogs and Yorkshire Terriers, appearance on show day is dependent on their owners' efforts over the previous six to 12 months.

The *Grooming* chapter in this book tells you about basic grooming skills and special care for different coat types. The Breed Society for your dog can supply detailed information on correct show grooming for the breed. In addition to a coat in top condition, make sure your dog has clean feet (the claws clipped if necessary, see p.181), plus clean eyes, nose and teeth.

There are rules governing the extent to which you are allowed to "alter" your show-dog's appearance in terms of grooming, cosmetic and surgical procedures. It's worth checking up on these, as failure to comply will mean disqualification and disappointment (see p.208).

The importance of vaccination
Vaccination is a very important factor which is neglected by many people showing dogs. You should keep a dog's vaccinations up to date under any circumstances, but dogs visiting shows and mixing with other dogs from all over the country are particularly at risk. Canine carriers of disease do come to dog shows – when parvovirus disease first appeared, its initial spread was closely linked to the show circuit.

The general public are allowed into dog shows and are an enthusiastic audience. However, their desire to pat and stroke the dogs can cause them to transmit disease with the most innocent of motives, so watch for this.

How is dog showing organized?

There are several different types of dog show. Besides the various local, regional and national "beauty shows", there are also special Obedience shows, plus Working Trials and Field Trials for working dogs.

Championship shows

Chief among the Championship shows in Britain is Crufts, established in 1886 by Charles Cruft, a supplier of dog biscuits. The most prestigious dog show in the U.S.A. is New York's Westminster Dog Show, inaugurated in 1877. Because of the charismatic appeal of these shows, entry has to be restricted to dogs which have won the required certificates at other Championship shows.

At a Championship show, classes are organized with the dogs separated into breeds, then further divided into several age and handicap groups such as Puppy, Junior, Novice, Open and Veteran. Dogs and bitches are judged separately in each class. There's a "Best-of-Breed" class, with a certificate awarded to the winner of the best dog and the best bitch. The best dog and best bitch each receive a Challenge Certificate. In the next round, the Best-of-Breed winners in each group are judged to select the best in each group (Gundogs, Hounds, Working Dogs, Terriers, Toys and Utility). Ultimately, the best of the various groups are judged to award the "Best-in-Show".

Other types of dog show

"Open shows" are organized in a very similar way to Championship shows, but aren't such long affairs – the Best-in-Show is judged from the Best-of-Breeds.

Your local Dog Show is likely to be an "Exemption Show". These shows have permission to waive Kennel Club rules, and make a very good introduction for dogs new to the show-ring. As well as giving amateurs a chance to try their hand at showing a dog, they allow enthusiasts to show new dogs in conditions similar to those at a Championship show.

"Club shows" are those organized by

A parade of Basset Hounds being presented by their handlers at a Championship show.

the individual Breed Societies. They usually offer a combination of serious classes for enthusiasts, plus exemption-type classes and "fun and games" for the owners.

Obedience shows and classes

Some classes aren't judged on breed or appearance, but simply on ability. Different breeds and mongrels may all compete together. The kind of thing that the dogs are required to do begins with the commands given in *Housing, Handling and Training*, pp.156–9. Dogs are asked to move left and right, walk, run, stop, lie down, sit, stand and negotiate obstacles – all on verbal commands. The classic breeds for this type of contest are Labrador Retrievers, German Shepherd Dogs and Border Collies, although many breeds take part. In addition, there are various types of Utility classes which involve tracking or searching and retrieving. For all these types of competition, there are special training classes and clubs for dog owners which teach both dogs and owners what is required of them. Many long hours of work are needed for success and not all dogs are capable of it.

Field trials

These competitions are held to put gundogs through their paces – they involve complex retrieving operations both on land and in water. Once again, there are specialist clubs which owners can join to learn with their dog the techniques of Field-Trial work.

Sheepdog trials

These specialized shows involve working sheepdogs competing against each other, usually on a faults and time basis. The aim is to complete a specific herding operation at long range, the dogs being controlled by whistle signals.

A country dog show
A lighthearted dog race at an Exemption show.

A working Welsh sheepdog, directed by whistle signals, rounds up a group of sheep at a trial.

Dog show procedure

If you're planning to enter your pet at a dog show held under Kennel Club rules, you must enter for the appropriate classes well in advance. You'll be sent an entry ticket and a benching number. You'll also be asked to attend by a specific time.

What to do when you arrive

When you arrive at the show, buy the catalogue which gives full details of all the classes. Next, make your way to your numbered bench.

Make your dog comfortable. Dogs are benched according to breed and sex. If yours is a small dog, the bench may be a cage; for larger breeds it will be a stall – which is why you need a benching chain (see *Equipment Checklist*). Settle your dog with its own bed and a drink of water, but don't feed it until after it has finished its classes of it may feel (and look) sleepy.

Organizing your dog

The classes for which you've entered will have been confirmed to you by the show organizers. Check your entries in the catalogue and note the times of the various classes. Only the first class in each section has a definite time, but all the classes are numbered and follow each other in order. As a particular

Show-dogs in action
One of the entrants in the Irish Setter class at a Championship show being examined by an official judge (top left). The judge is assessing head carriage and the dog's neck. All show-dogs should be happy to be handled in this way.

Dogs of every breed are welcome at this local country dog show (below left). It isn't an official show, but each owner is practising the proper method of presenting his dog.

An Afghan Hound being gaited is a fine sight (right). The handler adopts a brisk pace to help the dog look its brightest and most alert.

class is being judged in the show-ring, its number is displayed on the judges' table. This is how you can judge the progress of the order of classes.

Don't have your dog waiting by the ring for class after class or it will become stale and bored. Like a film star, you should bring the dog from its dressing-room to the ring where it will hopefully give a flawless, Oscar-winning performance, retiring immediately afterwards to the dressing room for a rest.

There are normally small exercise areas where you can have a "dry run" or rehearsal before the real thing. You'll find out by experience how much of a warm-up your dog needs on the day of a show.

SHOW EQUIPMENT CHECKLIST

- Grooming equipment – combs, brushes, scissors and dry shampoo
- Dog's bed and blanket
- Drinking bowl and water bottle. Every show should provide water, but it isn't always conveniently placed, and you may need some on the way
- Food and feeding bowl for long days
- Titbits. Many handlers use titbits in the ring to focus a dog's attention These are usually kept in the pocket in a plastic bag which makes an obvious rustling noise
- Benching chain. You'll need one at some shows to attach your dog's collar to the staging
- Show lead – usually made of nylon or fine leather

Handling a show-dog

For success in the ring, a dog should appear confident and familiar with the handling, stance and movements required of it. Your dog's "presence" is a crucial feature in show judging – almost as important as anatomical excellence. This "presence" has a lot to do with good handling. If you're not sufficiently confident yourself, it is in fact possible to employ an experienced handler to take your dog through its paces in the ring.

A show-dog is accompanied in the ring at all times by its handler, and proper presentation begins with the handler. Dogs pick up human moods and fears rapidly; a gloomy owner will soon transmit his feelings to his dog and their combined performance will be drab and lack-lustre.

One of the elements of successful dog handling is dressing neatly and practically. If you own a large dog, remember when choosing footwear that you'll have to run in the ring.

Gaiting

One of the most important aspects of your dog's performance is the way it moves. The judges will expect to see each dog moving at a brisk trot. It is the responsibility of the handler to give the dog enough space and freedom to move correctly, and to move freely himself without impeding the animal. It is also up to the handler to select the route for the run. Although the judge will indicate the general direction, you should survey the field first. Dogs aren't usually keen to move freely over a patch soiled by another dog, even if it has been cleared. Outside, make sure the route is level, with no dips or mounds which may alter the dog's gait.

Techniques for the "trot"

Gauging the speed of trot for the best presentation of the dog's gait needs practice at home, with someone experienced watching. Finding the correct pace and length of lead for your dog is very important, so

An Old English Sheepdog being gaited in the ring. The handler keeps a careful eye on the pace.

experiment. Expert handlers in the ring make it look as if there's nothing to it. This is in fact the aim of all handlers – the dog should look as if it is moving completely freely. A very short lead might help some dogs to tighten their shoulder action, but in other dogs it may cut short the stride.

Although you and your dog should move harmoniously as a pair, be very wary of imitating the dog's stride as you run beside it. It may unwittingly begin to imitate *you* and adopt a stilted action. Depending on the size of the dog, you may need to move at a fast walk or a run. Large breeds like German Shepherds or Borzois need a fit owner to allow them to move correctly. You may be moving in a line with other dogs and handlers, so make sure you leave enough room ahead of you so that you and your dog aren't forced to shorten your steps.

Techniques for the "collected trot"
As well as seeing your dog gaiting from the side, the judge will want to see its action when it is coming towards him and moving away from him. For this, a slower, more "collected" trot is often preferred. It is very important that the dog moves in a straight line. "Fighting" with the lead can result in paddling of the feet and a crab-like gait, the rear end swinging out at an angle. Practise gaiting clockwise and anti-clockwise, on both sides of the dog. Careless footwork on the part of the handler is a common cause of the problem so watch this carefully, especially in the ring.

THE STAND

Practise arranging your dog's stance in front of a mirror so you can see the effect. Don't pick up the dog under its belly; this causes many dogs to "roach" their back for a moment. And don't overspread the back legs since this can cause the front legs to bend and the back to dip.

When you're asked to present the stand, choose a level piece of ground, free of leaves or debris. A dog will stand off-balance in order to avoid objects on the ground.

Good handlers accomplish the stance with the minimum of fuss. The best technique is to place one hand under the chest to raise the front end, then run the hand up the neck to present the head correctly. With the other hand, adjust the hind legs and tail with as little interference as possible, more as if petting the dog than arranging it. A dog with a slight dip in its back ("soft topline") can be induced to tighten its abdominal muscles for a moment by a gentle touch under the last rib.

Presenting the stand: this Whippet's handler holds her lead hand up to lift the dog's head.

Show judging

Dog show judges have a very difficult job and try in all good faith to do it the best they can. Of course, different judges do place dogs differently due to their own preferences within the standard. Nevertheless, a judge should be familiar with the official standard of the breed that he is judging.

A show judge is faced with making a decision based on all the factors shown in the diagram below. He may have to choose from 30 dogs, of one breed or of many breeds, depending on the class. It is interesting to go round the benches trying to assess these factors yourself.

RULES AND REGULATIONS

At an official show, there are certain rules governing appearance and grooming. If a judge detects an infringement of any of these, he'll be forced to disqualify the dog. A dog may not enter the show-ring with:

● Excess chalk or talc in the coat
● Lacquer or hair spray in the coat
● The setting of its teeth artificially altered
● Any dyes, tints or bleach having been used to alter the colour of its coat

THE JUDGE'S ASSESSMENT

The diagram shows the routine points a judge will check when assessing a dog. He will also assess:

● General demeanour, stance and "presence"
● Movement and temperament

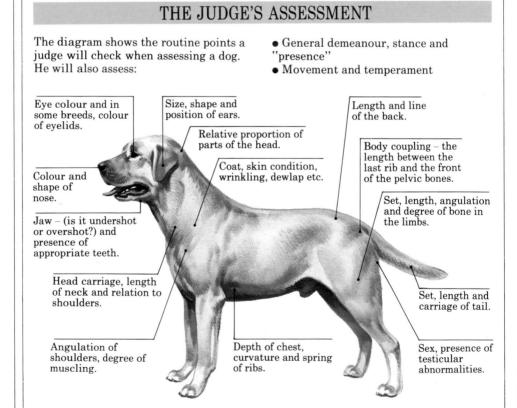

Eye colour and in some breeds, colour of eyelids.

Size, shape and position of ears.

Length and line of the back.

Relative proportion of parts of the head.

Body coupling – the length between the last rib and the front of the pelvic bones.

Colour and shape of nose.

Coat, skin condition, wrinkling, dewlap etc.

Set, length, angulation and degree of bone in the limbs.

Jaw – (is it undershot or overshot?) and presence of appropriate teeth.

Head carriage, length of neck and relation to shoulders.

Set, length and carriage of tail.

Angulation of shoulders, degree of muscling.

Depth of chest, curvature and spring of ribs.

Sex, presence of testicular abnormalities.

Show techniques

A show-dog's appearance is all-important for success. Obviously, every competitor does all he can to make sure his dog looks its best. There are many "tricks of the trade" which you'll only pick up over a period of time. To make the stand appear better, for instance, an experienced handler might take advantage of a slight hump in the ground, placing the dog's forelegs on it to lift its front end.

Legal and illegal practices

Over the years there has been considerable faking involved in showing dogs. In the U.K., the surgical aspects of faking are now banned by the R.C.V.S. (Royal College of Veterinary Surgeons). Vets aren't permitted to perform "cosmetic surgery" for show purposes. Common techniques now forbidden include modifying ear carriage by severing cartilage, straightening tail carriage by severing tendons and implanting plastic testicles in cryptorchids.

Some breeders try to manipulate ear carriage, particularly in puppies. To make the ears stand up, they wax the insides of the ear flaps, use leather supports, or apply straps round the base of the ear. The only one of these techniques which a breeder might actually use in the ring is ear waxing; this is illegal and grounds for a ban.

Even coat colour can be tampered with. A breeder may pluck out stray hairs of the wrong colour, or dye a whole patch of the coat. Chalk and inert powders such as talcum may be used on white dogs as long as none remains in the coat during showing (see *Rules and Regulations*, left).
Therapeutic surgical procedures
These are permitted, and include treatment of problems like the eye disorders, entropion and ectropion (see p.256). But since many of these conditions are inherited, it is best not to show or breed from sufferers.

POLISHING A DOG

Long coats require the most attention before a show, but here's a good tip for pre-show preparation on a short coat to give it an extra-healthy shine. This works especially well on dark and uniform colour coats.

Rubbing down the coat brings out any loose hair. You can then polish it with a piece of soft fabric and use a special spray to add a final finish (don't use a spray household polish).

1 Rub down the coat with a damp chamois leather then with a piece of silk or velvet.

2 Use a specially formulated spray to give the coat a final sparkle before a show.

UNDERSTANDING YOUR DOG

A relationship with a much-loved pet dog can be one
of the most special in your life. Mentally, dogs aren't
so complex as human beings; nevertheless, every dog
is an individual with thoughts and a personality of its
own. Learning more about what "makes your dog
tick" can only enhance your relationship with it.
Do you know, for example, which aspects of a dog's
behaviour are based on instinct, which on feelings
like fear, loneliness and aggression? Why do dogs wag
their tails, bark, bite, chase cats? Fathoming
out reasons for behaviour – whether problematic or
not – can be tricky, but by taking steps towards
understanding it, you'll improve the quality of life
for you and your dog. Temperaments of different
breeds are described in *Dog Breeds* (see pp.42–119).

The intelligence of the dog

The empathy between humans and dogs has developed over the thousands of years of domestication of the dog. To a large extent, selective breeding has changed a wild pack animal into one which seems content to live with a pack of two-legged animals controlling everything from its food and water supply to its access to the outside world. Occasionally a dog will seem more like its wild, wolf-like ancestors – seeking the company of other dogs and challenging human authority unless it is enforced by strength. But in general, the favourable light in which dogs view their owners is based on a deep mutual trust.

The responsible dog owner should be able to read the signs given by his own or other dogs and react accordingly. Understanding what a dog is trying to say through its posture or its behaviour is crucial and many sensitive people are very gifted when it comes to intuitive understanding of their pet. Unfortunately, some people overdo this anthropomorphism, ascribing very complex human behaviour and emotions to dogs. Most of this is in the eye of the beholder. Dogs are motivated on a far more basic level and are much more easily contented than many people think.

How clever is a dog?
The intelligence of a dog is a difficult concept; the extent of it is still disputed by scientists. It is difficult enough to compare humans conditioned by different cultures. With dogs, the question is even more tricky – different breeds have developed different physical abilities and natural instincts. Just think of the immediately apparent differences between toy breeds and giant breeds, guard breeds and sight hounds, fighting dogs and herding dogs.

The dog's brain is much smaller than man's (see p.23). Its ability to truly think isn't absent, but much reduced, although dogs occasionally give the impression of thinking things out and behaving in a surprisingly "human" way. The most famous canine example is "Greyfriars Bobby", a Skye Terrier who, after his master's death, followed the coffin to the churchyard and denied all efforts to send him away. The dog spent the next 14 years until his own death living around the churchyard, appearing to grieve for his lost friend and master.

Expert dog trainers measure intelligence by the speed with which a dog learns new tasks. Dog owners, on the other hand, often measure intelligence by the sensitivity a dog shows in detecting their moods and wishes. Whether these concepts actually represent the same kind of intelligence shown by man is debatable. Dogs certainly show the ability to learn, to understand signals and to associate a signal with a particular movement or task. They don't obey blindly, though, and are quite capable of deciding that they *don't* want to do something. They have a high degree of "animal intelligence" but seem to lack man's ability to reason and associate complicated abstract ideas.

A dog's power of association
Dogs are capable of linking two ideas in their mind (Pavlov's dogs' association of feeding time and the sound of a bell ringing is a famous example). However, dogs don't

associate events which are separated in time. For instance, if your dog runs off while you're on a walk, punishing it on its eventual return, two hours later, won't have the desired effect. The dog associates the punishment with its return to you; it doesn't understand that the punishment is for failing to return two hours ago. The secret is to make the dog *want* to come back *to please you*. If returning to you is a pleasurable experience and it receives kind words, a friendly pat or a tit-bit, the dog will return because it knows you want it to.

Do dogs understand people?

Dogs are very good at detecting subtle signals from humans, whether these are unconscious signals of pleasure, distress or anger, or simply the intention to do something. This is, after all, the way individuals in a pack of wild dogs interact, using body language and sounds to express emotions. Obviously a dog doesn't understand our actual language – what means more to it is the pattern and tone of the sound. Sound signals are just as eloquent given by whistle, provided the dog has been taught to recognize the whistle as a signal as is the case with sheepdogs.

Dogs' ability to appreciate visual and audible signals is used by trainers at a sophisticated level in putting together dog acts for films, television and circuses. It isn't fear which trains a dog, but the wish to please. This can motivate them to learn complex manoeuvres to be carried out in response to signals, even at long range.

The scope of dog training
Posting a letter for its master (left) is within the reach of a large dog like a German Shepherd. The circus dog (above) has been taught a complicated trick involving doves.

The instincts of a dog

The innate behavioural traits of many breeds are well known. Without any special training, retrievers love to pick up objects in their mouth and carry them round, often showing them to their owners with great pride. Pointers unconsciously "point" at things which interest them before investigating. Sheepdogs love herding all animals, including people. And Spitz-type breeds, the Dobermann and terriers are all instinctive guards.

Territorial instincts

Protecting the home and its occupants from human or canine interlopers is a basic instinct of dogs. Although birds and other animals are often ignored, a dog regards humans and other dogs as its own kind, so unknown members of these species are viewed with suspicion.

The pack instinct

A dog's owner is usually seen as the leader of its pack, responsible for the pack's defence. If a stranger (human or dog) is accepted without aggression by the pack leader, he or she will generally by accepted by the dog. In the absence of the pack leader, the dog takes over the role and behaves quite differently. Even a small, quiet bitch may show territorial aggression.

"Chasing the postman"

Transient visitors to the "territory" (a classic example being the postman) serve to reinforce this protective behaviour. Because the dog warns them off, they depart rapidly. This is seen by the dog as cowardice, and eventually it recognizes their uniforms as the mark of a person it can chase and who will retreat. Tackle this behaviour by arranging supervised introductions between the dog and the visitors. And let your dog see regularly that you, as "pack leader", obviously accept the visitors' presence.

Characteristic behaviour of dogs
The postman (left) is apprehensive of the Great Dane. His tentative approach only reinforces the dog's territorial behaviour as it guards the gate. Many dogs love digging (right), sending up showers of earth with their front paws. This Jack Russell may be searching for a buried bone. The instinct to bury food stretches back to the early ancestors of the domestic dog which stored food in the ground to help them survive the leaner hunting days.

Predatory instincts

Although dogs have been domesticated for many thousands of years, some still instinctively go through the motions of hunting and catching prey. They may stalk, catch and even kill small animals, but frequently, they take an impressive-looking run at the prey which is aborted at the last minute.

Chasing cats

Dogs regard cats more as good sport than dinner. Cats appeal to the natural predatory instinct of dogs in being small, furry, quick to move and inclined to run away. Usually the chase is harmless and the only result is hissing and spitting from the cat.

A dog can distinguish between cats and will coexist happily with its own family's cat, tolerating its cheeky behaviour. Indeed, it may rush outside and chase the cat next door, then come indoors and curl up in the same basket as the household cat.

Sheep worrying

Sheep are natural prey – they run when chased. And dogs unaccustomed to sheep will often chase them. Some settle for a herding manoeuvre and give up the activity when the sheep are huddled together in a corner of the field. Other dogs may continue

harassing the sheep, biting and even killing some. This behaviour is very serious and a farmer may well shoot a dog seen worrying sheep. When walking near sheep, don't take any risks, keep your dog to heel on the lead.

The importance of smell

Sniffing anything unfamiliar – including other dogs – is one of a dog's strongest instincts. Where humans interact on the basis of sight and sound, dogs rely heavily on smell. The dog's sense of smell is remarkably well developed (see p.27).

Socialization sniffing

Smell is part of any greeting between dogs. Initially they may virtually touch noses, while displaying heads and tails held high. Any show of aggression will push this into conflict, but part of the intial "sizing up" is circling each other and sniffing.

Scent marking

The importance of smell is also shown by the male dog's desire to urinate frequently. (Bitches do it too, but not so noticeably.) By doing this, the dog leaves its own scent and marks what it considers to be, or is trying to claim as, its own territory. (Similarly, a dog uses the strong-smelling secretion from the sebacious glands in its anal sacs to put its own smell on its faeces). The reason a dog urinates so often is that it is competing with all the other local dogs, trying to mask *their* scent.

Another form of scent-marking is scratching the ground with the hind paws, kicking up earth. This leaves the scent produced by the sweat glands in the hind paws.

Dogs sometimes apply their own type of "after-shave", rolling in strong-smelling substances to enhance their own smell. These smell terrible to us, but delightful to a dog – top favourites are pig manure and bird droppings.

Body signals

Dogs are unable to use speech to express feelings like uncertainty, fear, aggression, pleasure or playfulness. But every dog has a range of "body signals" that it can use to express these emotions. Visible signs of how your dog is feeling can be shown by its whole body and also by its face. Barks, growls and whimpers give other clues. As a dog owner, it is important that you should be able to read these signals. Be alert and "tuned in" to recognize signs based on: □ body posture □ vocalization □ ears □ eyes □ lips □ tongue □ tail □ hair standing on end.

The invitation to play
A playful dog, tongue hanging out, keen to initiate a game with a ball. The dog looks up with bright eyes at a human, or a larger dog.

The dog's voice
Most dogs are fairly vocal. They can produce a range of sounds ranging from whimpers, through rolling growls to proper barks. Dogs use their voices to express themselves, raising the pitch or volume of their bark to indicate frustration or emotion. Barking isn't necessarily aggressive. It is more likely to mean "hurry up, come and play!" or "nice to see you!" than "one false move and I'll tear your throat out!"

Growling is more often aggressive in adult dogs than puppies. Some dogs "play growl", but their mood is always obvious. Many can make a rolling sound like a growl, fluctuating in pitch. The pitch of an aggressive growl may be constant or increase with the aggressive body posture.

The "normal" dog
A happy, alert dog carries its tail well, with no tension in its body. It moves freely and holds its head high. The tongue may loll out and the jaws are relaxed.

Asking to play
When it wants a game, a dog often dips down at the front into a crouch. It gives little yips and barks or rolling growls with high notes. It may raise one foot and lean to one side, its head almost on the ground. It may jump backwards and forwards, the head looking up at you with relaxed jaws.

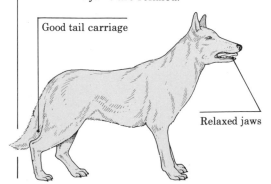

Good tail carriage

Relaxed jaws

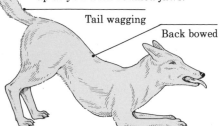

Tail wagging

Back bowed

FACIAL EXPRESSIONS

Like ourselves, dogs are blessed with facial muscles capable of giving different expressions to the face, although these muscles and their control system are not as efficient as man's.

The lips can be curled back to expose the teeth. Baring the teeth is not always aggressive – some dogs seem almost to laugh, and when very pleased, their lips are drawn back to expose the incisors. In aggression, the lips are drawn back further, often exposing the pointed canine teeth as well.

The ears are extremely mobile and can turn to follow sounds – even drop-eared dogs such as spaniels can move their ears into an alert position, although they don't have the range of expression of those breeds with erect ears.

The eyes are expressive too. When a dog is happy, there is a distinct brightening of the eyes. Some dogs raise their eyelids when surprised or quizzical – this is often exaggerated by a tilting of the head.

Staring Fearful aggression (see p.219) may give the dog a wild, wide-eyed look; the skin is drawn back, exposing the whites of the eyes and often the pupils are dilated. But in dominant aggression (see p.220), the pupils will probably be constricted, daring eye contact and fixed on your every move. To a dog, a fixed stare is a challenge. Usually, a person staring at a dog will cause the dog to look away and become submissive. A dog sure of itself and of its relationship with the owner may simply react with a questioning look. However, don't try to "stare out" a dog unless you're confident that you can handle the potential attack that may follow your losing this eye-to-eye contest.

Questioning and aggressive expressions
A quizzical look from a Weimaraner, its head held on one side, and unmistakable aggression on the face of a Husky, showing fearsome teeth.

Submission

The invitation to play may quickly change into a submissive posture with the dog in a lower crouch. It still raises its front feet in a mild play invitation, teeth are hidden. There is no tension in this posture and the dog is probably silent. As it crouches lower it may lick a little. A submissive dog often turns side-on to present its flank.

Complete submission

Now the dog's ears are folded down. It drops its tail and folds it round one leg; very nervous animals will tuck it right under. The head is down to avoid eye contact; with reassurance it comes up.

The final stage in submission is rolling over, one hind leg raised. Unless afraid, the dog usually raises its ears a little to show the submission stems from trust.

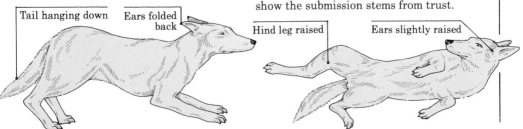

Tail hanging down   Ears folded back

Hind leg raised   Ears slightly raised

HOW THE DOG USES ITS TAIL

A dog's tail is an integral part of its communications system. The dog wags its tail to show pleasure or as an invitation to come for a walk or to play. It can be lowered as part of an aggression display, or tucked under in fear and submission.

Apart from its use as a tool of communications, the tail has physical uses. For example, water-dogs use their tail as a rudder when swimming.

Many breeds suffer the indignity of tail docking (see pp.49 and 137). But the importance of the tail for self-expression is obvious from the attempts docked dogs make to wag their stumps. Some of them wag their entire rear end in joy, but the more subtle signals aren't available to them. This can cause problems – they may find it impossible to signal submission adequately and end up in a fight. In fact, the initial aim of docking in breeds like Dobermanns, and Rottweilers, was probably to force aggression by preventing adequate expression of submission.

It is difficult to justify the idea of tail docking, although many breeds' official standards require it. Removing a dog's tail does make it easier to judge in shows, but there's no argument for removing the tails of working dogs. Responsible grooming will ensure that feathered tails of working dogs such as spaniels are kept tidy.

The tail used as a counter-balance
A German Shepherd negotiates an obstacle.

Fearful aggression

The dog shows its teeth, emits a constant low growl or snarl, or even barks. The ears are laid back. The whole body is tense, with the back legs held ready for rapid movement. The hair down the centre of the dog's back stands on end. The tail is held down and rigid.

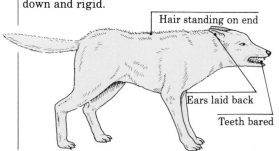

Hair standing on end

Ears laid back

Teeth bared

Dominant aggression

Rather than simply warning you off, the dog advances confidently with its tail and ears held high. It will look straight at you, teeth bared, snapping and ready to bite.

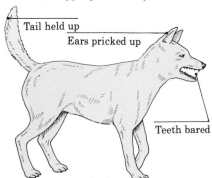

Tail held up

Ears pricked up

Teeth bared

Aggression and how to deal with it

There are several different forms of aggression in dogs. Learning to recognize their signs and causes gives you a far greater chance of solving any problems. The main types are:

- Fearful aggression
- Dominant aggression
- Protective aggression
- Aggression towards other dogs

The posture of an aggressive dog is not unlike one showing submission (see p.217), but the aggressive dog looks more "hunted" – its face has a drawn look. As the aggression deepens, the dog sinks lower and tucks its tail between its legs.

Treatment techniques

Modifying problem behaviour in a dog is a very specialized task. Real problem cases which require complex analysis of the problem are normally referred by vets in general practice to other vets or animal psychologists, for detailed study and therapy.

In general, punishment is a poor tool and may be dangerous when used on large, aggressive dogs. You should never push a dog into showing aggression or you'll take several steps backwards in training. Most types of aggression can be countered with reward-based techniques. Calling in a third-party professional trainer is usually no help. Sometimes it succeeds, but it can make the situation worse.

Never resort to striking a dog or to devices which cause local pain like pinch collars or electric shock collars. These often escalate the aggressive outburst. Anti-mugging alarms (which emit a very loud noise) are used in some cases, usually under specialist direction. They may solve aggression problems, but are probably best kept as the last resort – people find the noise nearly as unpleasant as dogs.

Ignoring a dog is one of the most effective punishments – dogs hate being deprived of your attention. Don't offer a dog any tit-bits or ball games in an attempt to change its mood; they will only be interpreted as a reward and reinforce the bad behaviour.

Fearful aggression

A dog showing this type of aggression is on the defensive. It feels frightened, threatened or in pain. Warning signals to watch for include a flattening of the ears and the dog alternately approaching and backing off from the source of aggression.

What to do

The technique for dealing with fear-based aggression is known as "desensitization". It involves facing the dog with the person or thing it fears, at a safe distance, and rewarding non-aggression with food or praise. Reduce the distance between the trigger and the dog over successive training sessions. Reward good behaviour and punish shows of aggression by ignoring the dog.

Fearful aggression
This dog is afraid of whoever is approaching.

Dominant aggression

Dominant aggression happens more often between two dogs than between dogs and people; when it does occur with people, it can be serious. In the eyes of the family dog, there's usually a particular "pecking order" in the household, and the dog tries to establish its place in the hierarchy as it did in prehistoric times in the pack. If the dog sees itself at the top, it may show aggression to the whole family. More often, it will simply consider some individuals, perhaps children, as subordinate to it. Strangely enough, people outside the family may present no threat to the dog and it may be perfectly friendly to them.

The dog may also begin urine marking in the house to stake its claim positively. In a confrontation situation, the dominantly aggressive dog will anticipate your movements and try to block them with its body.

What to do

Try to pick up the warning signs of dominant aggression in puppies or young dogs and establish your own dominance by grabbing the scruff of the dog's neck and holding it down on the floor in a submissive position. You could give it a little shake first.

Controlling the problem in an adult dog is more difficult, and the approach used with puppies can be dangerous or impossible. However, even adult dogs are dependent on you for their food. The family members who have been the targets of the aggression should take control over feeding and other things the dog likes which can then be used as a reward for good behaviour.

Conditioning submission

A technique which may succeed against dominant aggression is conditioning submissive behaviour in the dog, at times when it would normally show aggression – forcing a role reversal.

The dog which demands to be petted is showing dominant aggression. Reject the dog for a few minutes, then call it over for petting, making *you* the dominant party.

A dominantly aggressive dog
This dog is exhibiting all the usual body signs of dominant aggression (see p.218), and its whole body is taut. Not all dogs show these warning signals. Some will interpret an action of their owners as an attempt to dominate them, and react without warning by attempting to counter this with aggression. Triggers for this sort of behaviour could include grooming, unexpected petting or picking the dog up.

Protective aggression

A dog's protective instinct may be directed towards its home or owner. Noises of someone approaching the house may trigger it; sudden close contact between the owner and other people may be seen as a threat. Warning signs are barking and growling.

What to do

In this case, it is important to arrange a supervised introduction between the dog and the person it feels is threatening it. The "pack leader" (probably the head of the household) should indicate to the dog that the person is quite acceptable.

Aggression towards other dogs

Trouble between two dogs (dominant or fearful aggression) usually happens with dogs of the same sex. The generally submissive dog will follow its normal pattern with other dogs, showing the "body signals" described on p. 217. The dominant dog, even if well controlled in its owner's presence, may quickly seek to dominate other dogs and a fight may ensue if the other dog doesn't immediately look submissive and cowed.

What to do

Follow the advice given for treating dominant and fearful aggression, but if the problem persists, consult the vet.

Eradicating other bad habits

The desensitization technique is useful for treating a number of other problems, such as destructive behaviour when the dog is left alone.

Leave the offending dog on its own initially for very short periods under circumstances which would normally trigger the behaviour. Again, reward good behaviour, but simply ignore the dog if it behaves badly. Gradually increase the periods of time during which you leave the dog until it is happy at being left.

SEEKING YOUR VET'S ADVICE

Before trying to sort out problem behaviour, discuss the question with your vet. In many cases, there are medical reasons for behavioural disorders. What appears as aggression of one kind or another may in fact be associated with local pain. For example, passing urine indoors may be due to a problem like diabetes (see p.245). In such cases, there may be a medical solution to your dog's particular problem; several types of drug can be used effectively in this way:

- Hypnotics and sedatives
- Anti-anxiety sedatives
- Anti-psychotic tranquilizers
- Mood-stabilizing antidepressants
- Progesterones

PROBLEM DOGS

Given time, many behavioural problems of dogs can be solved satisfactorily. But absolute uncontrolled aggression in a dog is really too dangerous to deal with under most circumstances; sadly, such dogs are probably best destroyed. One potential cause which must be considered in certain cases is rabies (see p.152). Fortunately this is absent from Britain, but it should not be ruled out as an outside possibility.

There are a very few psychotic dogs whose behaviour defies explanation. With people they may display all the signs of a big welcome, wagging their tail and looking pleased, but their sole aim is to lure the unwary (particularly vets) close enough to take a large lump out of them. There's no defence against such dogs as they give no warning. Fortunately, however, they are rare.

Antisocial behaviour in adult dogs

In most owner-pet relationships, the owners see their dog as far more than a simple possession. Any antisocial behaviour that develops is often tolerated, partly because the owners couldn't contemplate the loss of the dog and partly because they feel the problem is due to some failure on their part. Understanding these problems is a big step towards solving them. The main kinds of problem are:
● Aggression (different kinds, see pp.219–21)
● Separation behaviour
● Phobia due to loud noises
● Barking
● Mounting
● Urine marking

The dog which bites

One of the worst aspects of aggression in dogs is the danger of their biting people. Although dogs can be trained to attack on command, this is thankfully a rare occurrence. Usually, such dogs are trained to grab and hold the arm of their victim rather than to truly bite and savage.

Luckily, most dog bites are minor ones. Statistics show they are most often inflicted on children, away from home. This implies that at least part of the reason may be a child's inexperience in interpreting the warning signs, or even provocation.

Most accidental dog bites are probably due to territorial, protective or defensive aggression. Any of these may be caused by a stranger.
What to do
It is very important to warn children not to run up to strange dogs and not to extend their fingers towards them, but to offer a clenched fist if the dog is friendly. See pp.219–21 for how to deal

with different types of aggression in terms of corrective training.

Training is ineffectual when a dog is frightened and in pain. If the dog is threatening to bite because it has been in a road accident or a fight and is hurt, handle it carefully with slow, calm movements and use a soothing voice (see p.278).

Separation-induced behaviour

This is most often seen in puppies when they move to their new home (see p.224). It can also occur in adult dogs whose behaviour was not properly controlled during puppyhood and in adult dogs who have a change of owner. This may cause a feeling of distress and insecurity in a dog and the effect is over-dependency on humans.
What to do
You should try to reduce your dog's dependency on yourself and your family. Pet the dog on your return from absence, but don't make any farewells when you leave. Try also to reduce the amount of contact between you and your dog when you're at home.

Noise phobias

Phobic problems in dogs develop from an early age. Most are linked in some way to loud noises, ranging from gunshots to car sounds, fireworks and thunder. Sometimes, a noise becomes linked in the dog's mind to another feature associated with it, so that a fear response to thunder may lead to a fear of all the other aspects of a storm such as lightning, rain and wind. Sometimes telephone bells, vacuum cleaners and hair-dryers can trigger these fearful responses. Generally, these problems are associated either

Curbing excessive barking
Dogs that frequently howl or bark can make their owners unpopular with the neighbours. The solution is a sharp "No", supported if necessary with a light smack on the behind to get the dog's attention. To a dog, the worst punishment is being ignored and banished to a room on its own. If your dog barks outside, put it on the lead and keep it to heel.

with a traumatic event or with fear of the unknown. As the dog gets older, they become generalized.

What to do
It is important to notice any fear reactions in your young dog and try to allay the fear before phobias develop.

Use the desensitization technique if possible. If your dog panics on firework night, put it in a quiet, dark room and ask your vet to prescribe a sedative the next time there are fireworks.

Mounting

This is an annoying problem and can be embarassing. It is most often seen in small, young dogs such as poodles and terriers. The behaviour is usually directed at people, often children, although some dogs often choose objects such as cushions. The development of this behaviour is abnormal, since most dogs have a low sex drive. If the problem does occur, it is usually at puberty.

What to do
The solution is firm physical rejection and a sharp "NO". If the dog persists, reject and ignore it for a while. Keep your dog away from bitches on heat.

Don't rush into having your dog castrated. Mounting behaviour will often stop once the dog is mature and your vet may help with temporary hormone medication.

Urination problems

A dog may get carried away with the business of scent-marking and masking other smells (see p.215) and begin urinating in the house to cover scents like perfume or tobacco.

The urine of a bitch on heat contains strong odours, particularly pheromones, which excite the male and indicate her availability.

Unfortunately, certain perfumes and aftershaves designed for humans also contain pheromones and these may lead to further problems in the dog, causing inappropriate urination in the house.

What to do
Removal of the cause (the scent which triggers the problem) is the first step. Ignore the dog if it continues urinating in the house; reward it if it behaves well. If necessary, use a reprimand. Failure to solve the problem may necessitate going back to the early stages of house-training (see p.153).

The problem puppy

Most puppies are playful and mischievous – they love exploring, chewing things and generally being a "handful". A certain amount of this behaviour is normal, but in some puppies behavioural disorders can be discerned. If you're experiencing these problems, try to decide exactly what's causing them – generally, the answer is *not* a rebuke or a punishment.

Problem behaviour in the first six months of a puppy's life is usually related to four major areas:
- Urination and defecation
- Separation-induced behaviour
- Teething behaviour and destructive chewing
- Aggression

Problems of submissive urination

The sign of this problem is your puppy squatting and urinating each time you approach it. Don't confuse this with a house-training problem (see pp.150–1). Initial development of the behaviour is related to insecurity, so punishing the puppy is likely to aggravate the problem. Understandably, a tiny puppy is likely to be intimidated by the approach of a large human with outstretched arms, making strange noises.

What to do
Make initial approaches to the puppy carefully and keep your body outline small by stooping slightly as you get close to it. If the puppy is still apprehensive and urinates, make your approach more pleasurable, offering tit-bits and crouching down further.

The essence of controlling submissive urination is to ignore the problem. Don't point it out to the puppy, but try to get it used to whatever is triggering the reaction.

Problems of excitement urination

This problem – a puppy seeming to have no control over urination when excited – is caused by immature control mechanisms. Again, punishment isn't a good idea since it may lead to submissive urination or attempts to escape.

What to do
Once urinary control mechanisms in the puppy's body are mature, the problem will disappear, so the best approach is to ignore it. Try to encourage play in places where urination *is* acceptable and discourage it where it is not.

Problems of separation

Problem behaviour may be caused by separation from the bitch or from the original owner. It first occurs when the puppy is collected from the breeder and taken to its new home (see pp.140–1). The major problem is likely to occur at bedtime and usually manifests itself in:
- Howling and yapping
- Destructive activities
- Urination and defecation

Don't interpret these signs as simply due to teething or a breakdown in your house-training. Great care is needed in dealing with this problem. Often, returning to see a crying puppy in its bed triggers hyperactive, excessive excitement. Many owners find this show of affection gratifying – they reward and pet the puppy. This can lead to reinforcement of the behaviour or excitement urination (see above).

What to do
The answer is *not* confinement in a smaller bed area; this is more likely to cause psychosomatic diarrhoea or hyperactivity when the puppy is released. Even punishment is not

effective – it can trigger attempts to escape or increase the degree of attachment.

The best approach seems to be patient management of the puppy and careful attention to the timing of its feeding, play and rest. Aim to organize the puppy's routine so that you confine it to its pen/bed area at its natural time to sleep – after feeding/defecation and a period of activity. When you leave the puppy alone, it should be ready to fall asleep and will soon come to link being "put to bed" with separation from the family.

Try to limit the puppy's range so that you keep it interested in one area (such as the kitchen), in which its bed is contained. If the kitchen is seen as the "home territory" where it feels comfortable, going to bed will be reassuring and pleasurable.

Problems of chewing and biting

Puppies often chew to alleviate the discomfort of teething, but it can be very annoying.

What to do

Try to re-direct the play activity to toys, particularly the chewy type which squeak (see p.148). Tug-of-war toys are great fun for a puppy. Some people misguidedly think that they cause aggression, but the growling that accompanies them is just play-growling (see p.217).

Problems of aggression

The most common type of aggression shown in puppies is possessive aggression while they are feeding. Don't tolerate this – it is linked to the potentially dangerous dominant aggression in adult dogs.

What to do

This is one of the few circumstances where punishment works. Carry out a training exercise, repeatedly offering the puppy food. Interrupt it and take the food away if it misbehaves, but reward good behaviour. This scheme usually produces a fairly rapid response and once your dominance is established, it probably won't be challenged.

However, when punished, some bold puppies escalate the degree of aggression to unacceptable levels. If your puppy does this, consult the vet and seriously consider the advisability of keeping the puppy – it may grow into an uncontrolled dog.

Preventing puppies chewing
Many puppies enjoy mouthing and biting people's feet or hands, and like babies, will chew during teething. If you respond by pushing the puppy away, it will probably misinterpret your behaviour as part of a playful game. However, punishing the puppy may provoke attempts to escape or defensive aggression. For a solution to the problem, see above.

12

HEALTH CARE

Every dog owner wants a healthy pet, but problems –
major or minor – are bound to arise from time to time.
It is important to understand the types of disorder
that can afflict your dog and how to observe the signs
of illness so that you can give an accurate description
to your vet. Basic signs of illness are dealt with in the
Diagnosis charts on pp.231–6. Use these to gain an
idea of what is wrong, how serious it is and what
action to take. Your dog relies on you for its health
and well-being. Make sure it has the appropriate
vaccinations to protect it against infectious diseases.
If you're in any doubt about its condition, contact the
vet. Once the vet has diagnosed the ailment and
treated your dog, it may need nursing at home.
Elderly dogs are prone to particular problems and
careful attention to these can make their remaining
years more comfortable. The techniques of first aid for
dogs are given in *First Aid* (see pp. 276–83).

How to use this chapter

The chapter begins with information that helps you to decide whether your dog is ill, including instructions on taking the temperature and pulse, and signs of ill-health. This is followed by the *Ailments* section, which is divided into areas of the body and systems within it. Finally, a section on care and nursing provides information on taking a sick dog to the vet, caring for an ill or elderly dog, and keeping your dog healthy.

Is my dog ill?

Dogs can't describe how they're feeling or what their symptoms are. As a dog owner, you're restricted to the clues that you can actually see – the *signs* of illness. So in this chapter, emphasis is placed on the "signs" of various problems and diseases, rather than their "symptoms".

Is my dog healthy?

There are a number of points on your dog that you should check regularly. A healthy dog has an upright stance and posture – it is alert, looking around and interested in its environment and in what is happening around it. The dog holds its head high and its ears follow sounds – you can sometimes see the ear flaps twitching. A healthy dog's nose is usually moist and there should be no discharges from its eyes or nose. The skin should look pink and healthy; the shine and depth of colour in the coat should be such that it just asks to be stroked. A healthy dog moves easily with no effort or lameness, and isn't overweight – there should be a little fat over the ribs so they don't "glare", but they should still be felt without difficulty.

AILMENTS SECTION

"See also" boxes These reference boxes lead you to relevant information in other sections of the book.

Quick-reference boxes These help you to make decisions when you spot signs of illness.

Urgency advice Crosses indicate how quickly you should contact a vet.

Special breed problems boxes If particular breeds are susceptible to certain problems, these are listed so you can watch out for them.

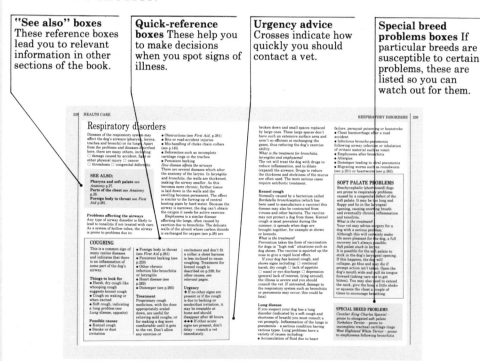

SIGNS OF ILLNESS

The first signs of ill-health you'll notice in your dog usually involve behaviour: it becomes duller, more introverted and less active. Also, its appetite is often affected and may decrease or increase.

Warning – acute signs: If your dog displays any of the following signs, consult a vet immediately: □ collapse □ vomiting repeatedly for more than 24 hours □ diarrhoea for longer than 24 hours □ troubled breathing □ bleeding from an orifice □ obvious pain.

The major signs of illness
□ Looking off-colour □ Vomiting □ Diarrhoea □ Troubled breathing □ Bleeding □ Scratching (see pp.231–6).

Other common signs of illness
On close examination, you may be able to detect other signs. If in doubt, watch out for the following:
Respiratory signs □ Coughing (see p.238)
Ear signs □ Painful ears (see p.253) □ Swollen ear flap (see p.252) □ Discharge (see p.252) □ Poor hearing (see p.253)
Eye signs □ Discharge (see p.255) □ Swollen eye (see p. 255)
Body signs □ Limping (see p.266)
Skin signs □ Scratching (see p. 269) □ Reddened skin (see p.269) □ Hair loss (see p.269)
Bowel/urinary signs □ Constipation (see p.248) □ Incontinence (see p.259).

DIAGNOSIS CHARTS

Back-up information
Following the quick-reference boxes, you'll find more detailed information on specific problems.

Prevention boxes
Where relevant, preventative measures are given.

Answer the questions and follow the arrows to an endpoint that suggests a likely veterinary diagnosis.

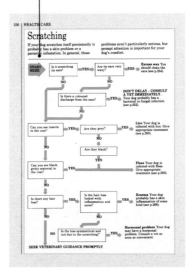

TAKING YOUR DOG'S TEMPERATURE

Don't rely on a dog's nose as a guide to its temperature or state of health. If you're unsure whether your dog is ill, taking its temperature is a useful guide as to whether or not you should contact the vet. The normal temperature is 38–9°C. Unless the dog is in a state of nervous excitement, which may push the temperature up very slightly, anything above this is abnormal and grounds for contacting your vet. Use a stubby-bulb thermometer (which doesn't break so easily as the more slender type).

1 Shake down the mercury in the thermometer to around 36°C.
2 Ask a helper to restrain the dog.
3 Lubricate the thermometer with a little petroleum jelly, or olive oil.
4 With one hand, raise the dog's tail slightly and move it to one side. Insert the thermometer about 2.5 cm into the rectum and hold it still, angled so that the bulb is against the rectal wall.
5 Wait 30 seconds, remove the thermometer and read it.
6 Shake it down, clean and disinfect it before replacing it in its case.

Inserting the thermometer
It is important to angle the thermometer correctly or you may damage the dog's rectum.

TAKING YOUR DOG'S PULSE

Measuring a dog's pulse gives you a direct count of the heart rate. The technique involves placing the ball of one or two fingers over an artery. The best place is the femoral artery on the inside of the thigh. In the centre of the upper thigh is a depression where the pulse can be felt as the femoral artery traverses the femur. However, with some dogs it is easier to feel the pulse over the heart area – low on the left-hand side of the chest (just behind the point of the elbow of a standing dog).

Use a watch with a second hand and count the number of beats in 30 seconds or one minute. Don't count for less time – multiplying to get the rate per minute may produce errors.

The pulse rate of small dogs is 90–120 beats per minute; large dogs have a slower rate of 65–90 beats.

Respiratory rate
When relaxed, your dog's normal rate of breathing should be around 10–30 breaths per minute (higher in small dogs than large dogs). Always be aware of your dog's breathing – it should be easy and smooth.

Finding a pulse
Try practising this when your dog is healthy, so that you know where to locate its pulse.

Looking off-colour

Your dog may show all the physical signs of health (see p.228) and yet not be itself. It may be off its food or show one or more of the signs below. If you're in any doubt about its health, telephone your vet or visit the surgery.

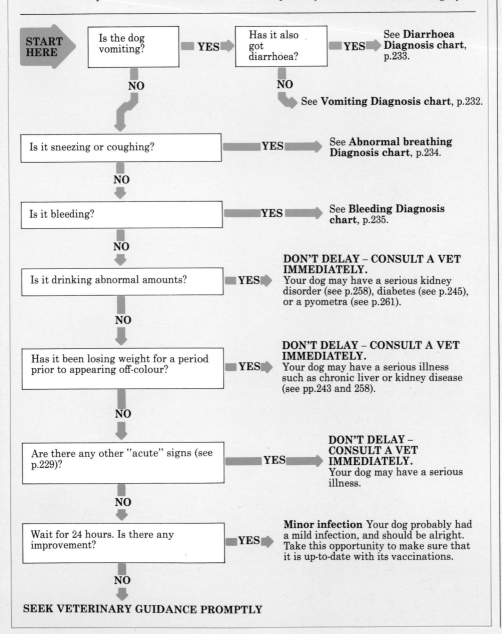

START HERE → Is the dog vomiting? — **YES** → Has it also got diarrhoea? — **YES** → See **Diarrhoea Diagnosis chart**, p.233.

Has it also got diarrhoea? — **NO** → See **Vomiting Diagnosis chart**, p.232.

Is the dog vomiting? — **NO** →

Is it sneezing or coughing? — **YES** → See **Abnormal breathing Diagnosis chart**, p.234.

NO →

Is it bleeding? — **YES** → See **Bleeding Diagnosis chart**, p.235.

NO →

Is it drinking abnormal amounts? — **YES** → **DON'T DELAY – CONSULT A VET IMMEDIATELY.** Your dog may have a serious kidney disorder (see p.258), diabetes (see p.245), or a pyometra (see p.261).

NO →

Has it been losing weight for a period prior to appearing off-colour? — **YES** → **DON'T DELAY – CONSULT A VET IMMEDIATELY.** Your dog may have a serious illness such as chronic liver or kidney disease (see pp.243 and 258).

NO →

Are there any other "acute" signs (see p.229)? — **YES** → **DON'T DELAY – CONSULT A VET IMMEDIATELY.** Your dog may have a serious illness.

NO →

Wait for 24 hours. Is there any improvement? — **YES** → **Minor infection** Your dog probably had a mild infection, and should be alright. Take this opportunity to make sure that it is up-to-date with its vaccinations.

NO →

SEEK VETERINARY GUIDANCE PROMPTLY

Vomiting

There are many causes of vomiting in dogs, ranging from the mild to the very serious. If you're in *any* doubt about your dog's health you should telephone your vet or visit the veterinary surgery immediately.

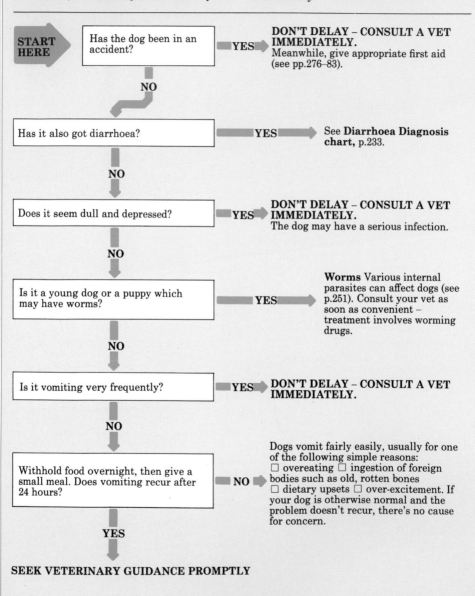

START HERE

Has the dog been in an accident?

YES → **DON'T DELAY – CONSULT A VET IMMEDIATELY.** Meanwhile, give appropriate first aid (see pp.276–83).

NO

Has it also got diarrhoea?

YES → See **Diarrhoea Diagnosis chart,** p.233.

NO

Does it seem dull and depressed?

YES → **DON'T DELAY – CONSULT A VET IMMEDIATELY.** The dog may have a serious infection.

NO

Is it a young dog or a puppy which may have worms?

YES → **Worms** Various internal parasites can affect dogs (see p.251). Consult your vet as soon as convenient – treatment involves worming drugs.

NO

Is it vomiting very frequently?

YES → **DON'T DELAY – CONSULT A VET IMMEDIATELY.**

NO

Withhold food overnight, then give a small meal. Does vomiting recur after 24 hours?

NO → Dogs vomit fairly easily, usually for one of the following simple reasons: ☐ overeating ☐ ingestion of foreign bodies such as old, rotten bones ☐ dietary upsets ☐ over-excitement. If your dog is otherwise normal and the problem doesn't recur, there's no cause for concern.

YES

SEEK VETERINARY GUIDANCE PROMPTLY

Diarrhoea

If your dog passes frequent liquid or semi-liquid motions it may be unwell. The cause is probably a minor infection but there's a possibility that it has something more serious. If you're in any doubt about your dog's health, you should telephone the vet or visit your veterinary surgery immediately.

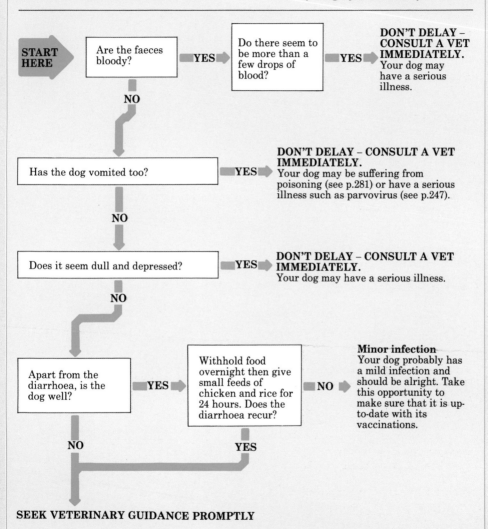

START HERE

Are the faeces bloody? — **YES** → Do there seem to be more than a few drops of blood? — **YES** → **DON'T DELAY – CONSULT A VET IMMEDIATELY.** Your dog may have a serious illness.

NO

Has the dog vomited too? — **YES** → **DON'T DELAY – CONSULT A VET IMMEDIATELY.** Your dog may be suffering from poisoning (see p.281) or have a serious illness such as parvovirus (see p.247).

NO

Does it seem dull and depressed? — **YES** → **DON'T DELAY – CONSULT A VET IMMEDIATELY.** Your dog may have a serious illness.

NO

Apart from the diarrhoea, is the dog well? — **YES** → Withhold food overnight then give small feeds of chicken and rice for 24 hours. Does the diarrhoea recur? — **NO** → **Minor infection** Your dog probably has a mild infection and should be alright. Take this opportunity to make sure that it is up-to-date with its vaccinations.

NO

YES

SEEK VETERINARY GUIDANCE PROMPTLY

Abnormal breathing

A healthy dog's breathing is quiet and even, and consists of 10–30 breaths per minute. If your dog's breathing doesn't seem normal it may have a health problem or merely be resting or affected by hot weather or exertion.

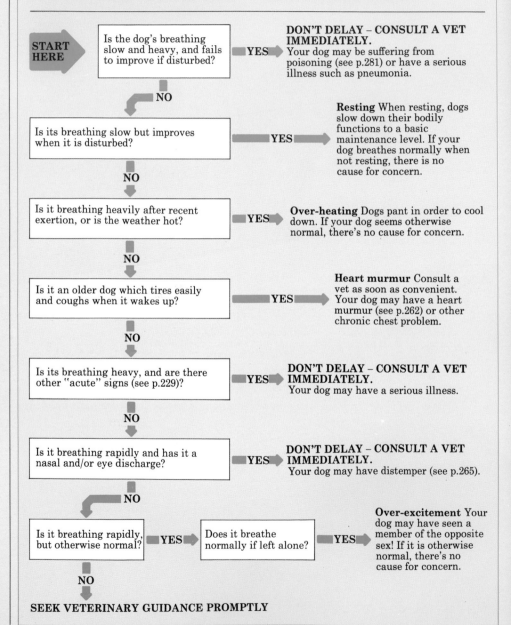

START HERE

Is the dog's breathing slow and heavy, and fails to improve if disturbed? **YES** → **DON'T DELAY – CONSULT A VET IMMEDIATELY.** Your dog may be suffering from poisoning (see p.281) or have a serious illness such as pneumonia.

NO

Is its breathing slow but improves when it is disturbed? **YES** → **Resting** When resting, dogs slow down their bodily functions to a basic maintenance level. If your dog breathes normally when not resting, there is no cause for concern.

NO

Is it breathing heavily after recent exertion, or is the weather hot? **YES** → **Over-heating** Dogs pant in order to cool down. If your dog seems otherwise normal, there's no cause for concern.

NO

Is it an older dog which tires easily and coughs when it wakes up? **YES** → **Heart murmur** Consult a vet as soon as convenient. Your dog may have a heart murmur (see p.262) or other chronic chest problem.

NO

Is its breathing heavy, and are there other "acute" signs (see p.229)? **YES** → **DON'T DELAY – CONSULT A VET IMMEDIATELY.** Your dog may have a serious illness.

NO

Is it breathing rapidly and has it a nasal and/or eye discharge? **YES** → **DON'T DELAY – CONSULT A VET IMMEDIATELY.** Your dog may have distemper (see p.265).

NO

Is it breathing rapidly, but otherwise normal? **YES** → Does it breathe normally if left alone? **YES** → **Over-excitement** Your dog may have seen a member of the opposite sex! If it is otherwise normal, there's no cause for concern.

NO

SEEK VETERINARY GUIDANCE PROMPTLY

Bleeding

If your dog is bleeding you must investigate the source and take immediate action as it may need urgent veterinary attention. Advice on applying bandages is given in the *First Aid* chapter (see pp.282–3).

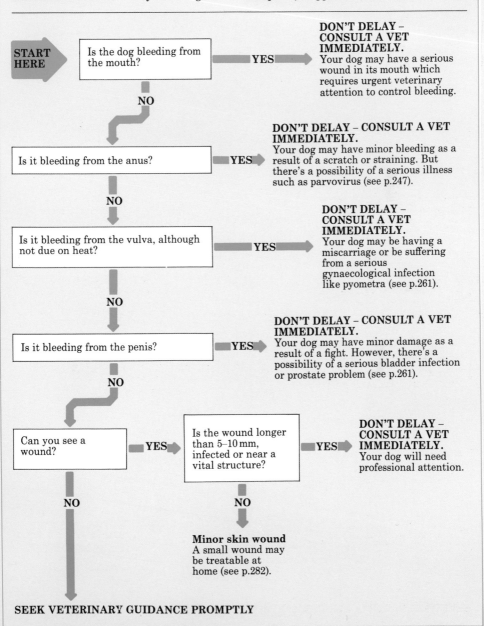

START HERE

Is the dog bleeding from the mouth?

YES → **DON'T DELAY – CONSULT A VET IMMEDIATELY.** Your dog may have a serious wound in its mouth which requires urgent veterinary attention to control bleeding.

NO ↓

Is it bleeding from the anus?

YES → **DON'T DELAY – CONSULT A VET IMMEDIATELY.** Your dog may have minor bleeding as a result of a scratch or straining. But there's a possibility of a serious illness such as parvovirus (see p.247).

NO ↓

Is it bleeding from the vulva, although not due on heat?

YES → **DON'T DELAY – CONSULT A VET IMMEDIATELY.** Your dog may be having a miscarriage or be suffering from a serious gynaecological infection like pyometra (see p.261).

NO ↓

Is it bleeding from the penis?

YES → **DON'T DELAY – CONSULT A VET IMMEDIATELY.** Your dog may have minor damage as a result of a fight. However, there's a possibility of a serious bladder infection or prostate problem (see p.261).

NO ↓

Can you see a wound?

YES → Is the wound longer than 5–10 mm, infected or near a vital structure?

YES → **DON'T DELAY – CONSULT A VET IMMEDIATELY.** Your dog will need professional attention.

NO ↓

Minor skin wound A small wound may be treatable at home (see p.282).

NO ↓

SEEK VETERINARY GUIDANCE PROMPTLY

Scratching

If your dog scratches itself persistently it probably has a skin problem or a parasitic infestation. In general, these problems aren't particularly serious, but prompt attention is important for your dog's comfort.

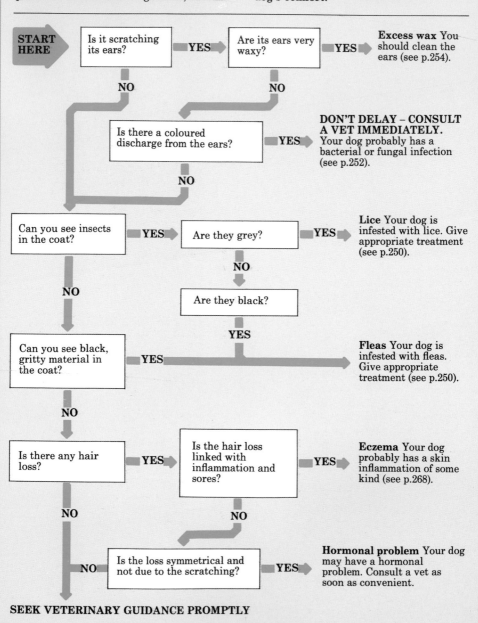

START HERE

Is it scratching its ears? — **YES** → Are its ears very waxy? — **YES** → **Excess wax** You should clean the ears (see p.254).

NO ↓   **NO** ↓

Is there a coloured discharge from the ears? — **YES** → **DON'T DELAY – CONSULT A VET IMMEDIATELY.** Your dog probably has a bacterial or fungal infection (see p.252).

NO ↓

Can you see insects in the coat? — **YES** → Are they grey? — **YES** → **Lice** Your dog is infested with lice. Give appropriate treatment (see p.250).

NO ↓   **NO** ↓

Are they black? — **YES** →

Can you see black, gritty material in the coat? — **YES** → **Fleas** Your dog is infested with fleas. Give appropriate treatment (see p.250).

NO ↓

Is there any hair loss? — **YES** → Is the hair loss linked with inflammation and sores? — **YES** → **Eczema** Your dog probably has a skin inflammation of some kind (see p.268).

NO ↓   **NO** ↓

Is the loss symmetrical and not due to the scratching? — **YES** → **Hormonal problem** Your dog may have a hormonal problem. Consult a vet as soon as convenient.

NO ↓

SEEK VETERINARY GUIDANCE PROMPTLY

AILMENTS

This section is divided into different areas and systems of the body. Where practical, quick-reference boxes give basic guidance to help you make decisions when you spot signs of illness in your dog. Crosses are used to denote the likely degree of urgency with which you should seek expert attention (this ranges from one cross for "may be treatable at home" to three crosses for "don't delay – consult a vet immediately"). Following the quick-reference boxes, detailed descriptions of common problems, diseases and treatments are given. Where applicable, preventative measures such as vaccinations and special diets are also included.

This guide isn't meant to be a substitute for professional veterinary care. Diagnosis depends on the particular circumstances of the individual dog and can only be made by a qualified veterinary surgeon. The aim of this chapter is to inform you of the degree of urgency and help you understand what is wrong with your dog once a diagnosis has been made. The information included represents an understanding of veterinary knowledge at the date of publication.

The vet's examination
Whenever you take your dog to the surgery, the vet will give it a thorough examination to check for signs of ill health or injury.

MAJOR INFECTIOUS DISEASES

There are four major infectious diseases of dogs, each discussed in this chapter under the system they primarily affect. They are:
Canine distemper, sometimes called "hardpad" which may ultimately affect the nervous system (see p.265)
Infectious canine hepatitis, sometimes called "Rubarth's disease" which affects the liver (see p.244)
Parvovirus which affects the intestines and bowel (see p.247)
Leptospirosis which affects the liver or kidney (see pp.244 and 259).

Apart from leptospirosis, these serious diseases are caused by viruses and so have no specific treatment as there might be for a bacterial disease. If your dog should contract any of these diseases, its body must fight the illness itself while you and your vet help with symptomatic treatment. The aim of vaccination is to *prevent* the dog catching the disease at all. In the rare cases where a dog can't resist the disease completely, prior vaccination usually reduces its severity.

All puppies should be vaccinated against the four major infectious diseases (see *Puppy-care*, p.136). In addition, your dog should be protected by annual vaccination boosters. Keep in touch with your vet, and be guided by him or her.

Respiratory disorders

Diseases of the respiration system may affect the dog's airways (pharynx, larynx, trachea and bronchi) or its lungs. Apart from the problems and diseases described here, there are many others, including:
□ damage caused by accident, fight or other physical injury □ cancer
□ thrombosis □ congenital deformity.

> **SEE ALSO:**
> **Pharynx and soft palate** see *Anatomy* p.27.
> **Parts of the chest** see *Anatomy* p.28.
> **Foreign body in throat** see *First Aid* p.281.

Problems affecting the airways
Any type of airway disorder is likely to lead to tonsilitis if not treated with care. As a system of hollow tubes, the airway is prone to problems due to:

● Obstructions (see *First Aid*, p.281)
● Bite or road-accident injuries
● Mis-handling of choke chain collars (see p.145)
● Deformities such as incomplete cartilage rings in the trachea
● Persistent barking

How disease affects the airways
There are several diseases which alter the anatomy of the larynx. In *laryngitis* and *bronchitis,* the walls are thickened, making the airway smaller. As this becomes more chronic, further tissue is laid down in the walls and the swelling becomes permanent. The effect is similar to the furring-up of central heating pipes by hard water. Because the airway is narrower, the dog can't obtain the oxygen it needs for active exercise.

Emphysema is a similar disease affecting the lungs, often caused by exertion due to bronchitis. The delicate walls of the alveoli where carbon dioxide is exchanged for oxygen (see p.28) are

COUGHING

This is a common sign of many canine diseases and indicates that there is an inflammation of some part of the dog's airway.

Things to look for
● Harsh, dry cough like whooping cough suggests kennel cough
● Cough on waking or when excited
● Soft cough, indicating a lung problem (see *Lung disease,* opposite)

Possible causes
● Kennel Cough
● Smoke or dust irritation

● Foreign body in throat (see *First Aid* p.281)
● Persistent barking (see p.223)
● Other chronic infection like bronchitis or laryngitis
● Heart disease (see p.262)
● Distemper – adeno- and parainfluenza viruses (see p.265)

Treatment
Proprietary cough medicines, with the dose appropriately scaled down, are useful for relieving mild coughs, or for making a dog more comfortable until it gets

to the vet. Don't allow exercise or excitement and don't fit a collar; a chest harness is less likely to cause coughing. Treatment for kennel cough is described on p.239; for other causes, see relevant pages.

Urgency
✚ If no other signs are present or if the cough is due to barking or smoke/dust irritation, it may be treatable at home and should disappear after 48 hours.
✚✚✚ If other acute signs are present, don't delay – consult a vet at once.

broken down and small spaces replaced by large ones. These large spaces don't have such an extensive surface area and aren't so efficient at exchanging the gases, thus reducing exercise ability.
What is the treatment for bronchitis, laryngitis and emphysema?
The vet will treat the dog with drugs to reduce inflammation, and to dilate (expand) the airways. Drugs to reduce the thickness and stickiness of the mucus are often used. The more serious cases require antibiotic treatment.

Kennel cough

Normally caused by a bacterium called *Bordetella bronchiseptica* (which has been used to manufacture a vaccine) this disease may also be caused by viruses and other bacteria. The vaccine may not protect a dog from these. Kennel cough is most prevalent during the summer; it spreads when dogs are brought together, for example at shows or kennels.
What is the treatment?
Prevention takes the form of vaccination for dogs in "high risk" situations such as dog shows. Vaccines, some of which are injected and others squirted up a nostril to give a rapid local effect, are available.

If your dog has kennel cough, and shows signs including: ☐ continual harsh, dry cough ☐ lack of appetite ☐ nasal or eye discharge ☐ depression (general lack of interest, lying around), the illness is severe and you should consult the vet. If untreated, damage to the respiratory system such as bronchitis or pneumonia may occur; this could be fatal. Veterinary treatment consists of antibiotics, corticosteroids and cough suppressants.

Lung disease

If you suspect your dog has a lung disorder (indicated by a soft cough and shortness of breath) you must consult a vet promptly. Inflammation of the lungs is pneumonia – a serious condition having various types. Lung problems have a variety of causes including:
● Accumulation of fluid due to heart failure, paraquat poisoning or heatstroke
● Chest haemorrhage after a road accident
● Infectious broncho-pneumonia following airway infection or inhalation of irritant material such as vomit
● Emphysema after bronchitis
● Allergies
● Distemper leading to viral pneumonia
● Migrating worms such as roundworm (see p.251) or heartworm (see p.263).

SOFT PALATE PROBLEMS

Brachycephalic (short-nosed) dogs are prone to respiratory problems caused by a congenital defect of the soft palate. It may be too long and floppy and lie in the laryngeal opening, causing snorting breath and eventually chronic inflammation and tonsilitis.
What is the treatment?
Your vet may advise surgery for a dog with a serious problem. Although this will certainly make life more pleasant for the dog, a full recovery isn't always possible.
Soft palate stuck in larynx
It is possible for the soft palate to stick in the dog's laryngeal opening. If this happens, the dog will collapse, go blue and may die if prompt action isn't taken. Open the dog's mouth wide and pull its tongue forward (taking care not to get bitten). You may also need to extend the neck, give the head a little shake or squeeze the chest a couple of times to encourage breathing.

SPECIAL BREED PROBLEMS

Cavalier King Charles Spaniel – prone to elongated soft palate
Yorkshire Terrier – prone to incomplete tracheal cartilage rings
West Highland White Terrier – prone to emphysema following bronchitis

Disorders of the upper digestive tract

The digestive system has a number of clearly defined sections. The mouth, oesophagus, stomach, liver, spleen and pancreas consitute the upper digestive tract, while the small and large intestines (gut), rectum and anus belong to the lower digestive tract. These all have their own special problems and are best considered separately.

SEE ALSO:

Structure of the digestive system see *Anatomy* p.30.
Lower digestive tract disorders see *Health Care* p.246.
Treatment of vomiting and diarrhoea see *Health Care* p.247.

Vomiting

One of the surest indications of digestive disorders is vomiting. All vomiting dogs should be assumed to have some form of inflammation in the system. (For treatment of vomiting, see p.247.)

Frequent vomiting is often a sign of *toxaemia* (poisoning by bacteria living in an affected part of the body) and may also be due to:
● Pyometra (see p.261)
● Liver or kidney failure (see pp.243 and 258)
● Foreign body blocking any part of the digestive tract.

Any problems involving frequent regurgitation of food should be investigated by a vet, since nasal damage can occur and food inhalation may cause lung damage. A vet will usually X-ray a dog with this type of problem for diagnosis prior to dealing with it surgically.

Problems of the stomach

Stomach or gastric disorders may be either acute (sudden, serious illness) or chronic (long-term, milder problem). Signs of colic (stomach pain) include:

□ whimpering □ hunched position
□ tender abdomen when handled.
Acute disorders
Signs include: □ vomiting (often unproductive) □ dullness, with lack of appetite and colic □ thirst, but perhaps vomiting water □ vomiting soon after eating.
Chronic disorders
The major sign is intermittent vomiting at variable intervals after eating.
What is the treatment?
If you suspect a stomach disorder, consult your vet as soon as possible. Treatment requires accurate diagnosis; general treatment at home with kaolin preparations will alleviate vomiting prior to your dog seeing the vet.

Gastritis

Simple acute gastritis is a common problem in dogs. It can be thought of as a defence reaction which protects a dog from some of its own baser eating habits. Dogs are attracted to rank-smelling food, bones and poisons. Vomiting this material often avoids serious consequences, but don't bank on this if you see your dog eating something it shouldn't – contact a vet.

The major sign of gastritis is vomiting; if untreated, the dog may suffer from diarrhoea as well. Possible causes include:
● Swallowing poisons (see *First Aid* p.281)
● Ascarid worms (such as roundworm) living in the gut may move up into the stomach. If your dog vomits worms, this means others are present – so give it worming treatment (see p.250).
● Over-eating in puppies may trigger the vomiting reflex.
● Several specific infections cause gastritis, plus enteritis and other symptoms. These include distemper (see p.265), hepatitis (see p.244), parvovirus (see p.247) and leptospirosis (see pp.244 and 259).

Gastric dilation or torsion

In gastric dilation, the stomach becomes inflated with gas. This is a veterinary emergency and may affect any breed. Gastric torsion occurs in deep-chested breeds when the stomach twists, trapping gas inside.

The cause of these problems is uncertain. It is possible that the "wrong" bacteria in the gut cause fermentation and inflation. Some greedy dogs swallow air with their food, and this, coupled with vigorous exercise after feeding, is thought to make stomach torsion more likely. Both these conditions make the stomach taut like a drum. The dog can't settle and is in great pain.

What is the treatment?
Unless treated quickly, the dog may die. The vet can often deflate a stomach dilation by inserting a tube into the dog's stomach, but the vast majority of gastric torsions require emergency surgery.

As a preventative measure, feed deep-chested dogs from a raised bowl and don't exercise them for at least one hour after feeding.

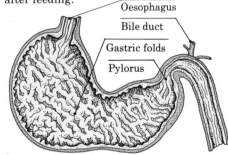

Oesophagus

Bile duct

Gastric folds

Pylorus

Cross-section of the stomach

The oesophagus

The most common oesophageal problems in dogs are associated with malformations of the oesophagus or related structures in the chest.

Vascular ring
Certain congenital disorders of the vessels of the heart can result in a "vascular ring" formed of blood vessels which encloses the oesophagus, preventing the dog from swallowing solids. Most congenital disorders produce the same signs which are:
□ regurgitation soon after eating
□ excessive salivation (drooling) due to failure to swallow □ coughing □ nasal discharge due to food going up the nose.

Obstruction in the oesophagus
A bone can lodge in the chest at the point where the oesophagus passes across the base of the heart or passes from the chest into the abdomen. Foreign bodies lodged at these points may need very delicate surgery to remove them through the chest. Sometimes a vet may be able to remove them with long forceps via incisions in the neck and stomach.

Problems of the pylorus

The pylorus (exit from the stomach) is another site where swallowed objects may stick. In addition, there exists a condition called *pyloric stenosis* where the sphincter, a valve which controls the flow from the stomach, is too powerful and prevents any solids leaving the stomach. This is most often seen in puppies being weaned and given their first solids, although it can also develop as a chronic problem in growing dogs.

The major sign is vomiting of solids; milky foods and fluids normally pass through. The only treatment for these conditions is surgery.

SPECIAL BREED PROBLEMS

Setters and Spaniels – prone to disorders of the pharynx muscles at the entrance to the oesophagus. These may fail to "grab" swallowed food
Scottish and West Highland White Terriers – prone to obstruction of the oesophagus with bones
Boxer – prone to gastric torsion, young dogs are particularly prone to pyloric stenosis
German Shepherd, Irish Setter, Weimaraner – prone to gastric torsion

Disorders of the mouth and teeth

The most common problems occurring inside a dog's mouth are due to new teeth not coming through and the accumulation of tartar. Luckily, dogs aren't especially prone to tooth decay. Affected teeth are usually molars (in old dogs) or ones cracked or damaged due to chewing bones or stones.

Signs of problems include:
☐ temporary teeth not falling out
☐ worn, loose or broken teeth ☐ excess tartar ☐ halitosis (bad breath) ☐ pain on eating ☐ excess salivation ☐ gingivitis.

All these disorders need your vet's attention. Temporary teeth which show no signs of falling out should be removed. Broken or worn teeth can be capped or may need removing. Accumulated tartar should be removed by your vet or it will cause gingivitis (see below). Loose teeth usually occur through neglect of accumulated tartar, causing gingivitis. If not extracted, they'll cause pain and more gingivitis.

SEE ALSO:
Teeth see *Anatomy* p.23.
The dog's mouth see *Anatomy* p.30.
Teething in puppies see *Puppy-care* pp.136–7.
Dental problems of elderly dogs see *Health-care* p.274.

Canine dentistry
The most common procedures are tooth removal or scaling (tartar removal). Some vets may carry out fillings and cappings, but often, a vet will ask a local dentist to help out.

Gingivitis
Red, inflamed gums usually result from accumulation of tartar causing them to recede and allowing bacteria to invade. In some cases, temporary teeth not falling out when they should cause the permanent teeth to be damaged.

Malar abscess
The signs of this problem are seen on the face. An abscess on the roots of the carnassial tooth causes pain and swelling in front of and below the eye. Consult a vet without delay. Treatment usually involves removal of the tooth and antibiotics to treat the swelling.

Swelling on the tongue
If the salivary ducts beneath the tongue become blocked, a large, fluid swelling appears under one side of the tongue. This is a *ranula* (Latin meaning "frog-belly") and should be drained by the vet. The cause of the blockage should also be removed – it may be a *calculus* (stone) or even a grass seed. Consult a vet as soon as convenient.

PREVENTING TOOTH DECAY
The soft foods we feed our dogs encourage tartar on the teeth, since there is less need for the chewing that helps to remove tartar as it forms. Rawhide chews, large bones, hard biscuits or suitable toys (see p.148) are all safe items you can give your dog to chew.

Humans clean their teeth to prevent decay. If you begin early, you can accustom your dog to having its teeth cleaned. Use a new toothbrush (keep this solely for your dog), and brush the teeth as you would your own. Special flavoured canine toothpastes, mouth washes and tartar prevention preparations are now available. It is easiest to place small dogs on a table. Ask someone to hold the dog's head; you may need to use a muzzle (see p.279). If tartar has already built up, have it removed by the vet.

Disorders of the liver and spleen

The dog's liver has several roles, the most important being ridding the body of poisonous substances. In doing this it often becomes damaged by these substances. The *spleen* is close to the stomach and its main function is storage and re-cycling of red blood cells.

The general term for liver disease is "hepatitis". This can be acute (sudden and serious) or chronic (long-term and milder). Various diseases can affect the dog's liver including the major infectious diseases *leptospirosis* and *canine viral hepatitis* (see p.244). Problems in other parts of the body may also affect the liver – tumours in other areas of the abdomen, heart disease (see p.262) and hormonal problems.

The signs of liver disease are often vague and variable. This is partly due to the liver's capacity and its ability to repair itself; chronic (long-term) liver disease is often accompanied by repair. More than 80 percent of the liver needs to be destroyed before it fails completely.

SEE ALSO:

Liver see *Anatomy* p.31.

Acute liver disease

The signs of this may vary greatly; it may be the culmination of a period of chronic disease. Possible signs include: ☐ abdominal pain, making the dog dull ☐ lack of appetite ☐ vomiting ☐ high temperature (almost always) ☐ jaundice (yellowness in gums and whites of eyes) ☐ haemorrhages in the gums ☐ pale faeces and dark urine.

What is the treatment?

If your dog shows a combination of these symptoms, don't delay – consult a vet immediately, even at night. The chances of recovery from acute liver disease are poor and delay reduces them still further. For diagnosis, the vet will need to take blood samples and possibly X-rays.

Treatment involves:
● Antibiotics to kill any bacterial infections
● Steroids to build up tissues
● Vitamins
● Intravenous fluids
● Strict dietary control.

Chronic liver disease

This is hard to define and diagnose. It may be the long-term sequel to attacks of acute liver disease, and can affect the brain. Possible signs include: ☐ weight loss, with or without a poor appetite ☐ bouts of dullness ☐ vomiting ☐ diarrhoea ☐ increased thirst ☐ dropsy (swelling of the belly) ☐ pale faeces ☐ apparent stupidity ☐ fits ☐ pressing the head on the wall or floor.

What is the treatment?

The long-term outlook is very poor; follow your vet's advice. Treatment is aimed at making the dog's life more comfortable. Its diet must be strictly controlled – if its brain isn't affected the dog should have high carbohydrate and low fat levels, combined with good-quality, highly digestible protein like eggs, cheese and meat. But if the brain *is* affected, a low-protein diet is called for. The dog needs steroids, possibly cortisone and vitamin supplements – B complex and Vitamin K.

Spleen tumour

Although tumours of the spleen are quite common, many are benign and cause no problems. If tumours spontaneously haemorrhage into the abdomen, filling it with blood, the dog may die within half an hour from an internal haemorrhage. But minor bleeding may cause nothing more than slight weakness.

The signs of spleen tumours are: ☐ abdominal swelling ☐ sudden weakness ☐ pale gums. Fortunately, if detected early enough, the spleen can be removed, other organs taking over its duties, and the dog can live a normal life.

Infectious canine hepatitis

Also known as Rubarth's disease, this highly contagious disease is caused by a virus. The main sufferers are young dogs, under one year of age. For this reason all young puppies should be vaccinated at around eight to ten weeks (see p.137). The incubation period for the disease is five to seven days.

What are the signs

Initially, signs are vague. Dogs with only mild cases may simply go off their food and show a raised temperature for a few days. More severe cases become very dull, refuse to eat and are thirsty, but occasionally, a dog will die without warning. Common signs are: ☐ vomiting, with blood seen in the vomit in the later stages ☐ diarrhoea, which may also contain blood ☐ abdominal pain and restlessness ☐ excitability ☐ lack of coordination of the hind legs ☐ convulsions ☐ jaundice (occasionally) ☐ pale gums, with minute haemorrhages.

Other associated problems include kidney damage (this is the last part of the body to become clear of the virus). Recovered dogs shed live virus in their urine for months after infection, which makes them a serious risk to unvaccinated dogs. About 20 percent of dogs show some degree of "blue eye" (see p.256) after infection.

What is the treatment?

Veterinary treatment is essential – your vet may use steroids, antibiotics, transfusions, fluid therapy and kaolin-type preparations.

PREVENTING INFECTIOUS CANINE HEPATITIS

The only way of preventing infectious canine hepatitis is by vaccination. Once a dog has the disease, treatment is limited to relieving symptoms as they occur.

Two types of vaccine are available, living and dead. Live vaccines use a strain of the virus which has been modified so that it doesn't cause disease, and gives lifelong immunity.

Some vets prefer dead or inactivated vaccines because they cannot produce the occasional undesired side effects of some live vaccines (possible kidney damage and "blue eye" reactions).

Leptospirosis

Leptospira icterohaemorrhagiae is one of the two types of leptospirosis in dogs. The bacterium attacks the liver and is also the cause of Weil's disease in man (although dogs aren't thought to be a serious cause of infection). The second form affects the kidney (see p.259). Both are spread through infected urine and the incubation period is about one week. All puppies should be vaccinated.

The acute liver damage is often followed by death which can be rapid or take several days. Signs are: ☐ sudden dullness ☐ high temperature ☐ vomiting with thirst ☐ bloody diarrhoea ☐ jaundice (yellowness in gums and whites of eyes) ☐ small haemorrhages on the gums.

What is the treatment?

Consult a vet immediately. The bacteria do respond to antibiotics, so if treatment is prompt, there's a chance of recovery. Treatments include:

● Fluid therapy
● Drugs to stop vomiting
● Intestinal sedatives
● Blood transfusions

Observe normal hygiene precautions and wear rubber gloves when handling an affected dog.

SPECIAL BREED PROBLEMS

German Shepherd – prone to spleen tumour

Irish Setter – prone to hepatitis

Disorders of the pancreas

The pancreas performs two vital functions. It produces insulin which helps the body obtain energy from glucose. This is known as an *endocrine* process. The pancreas also produces digestive enzymes – an *exocrine* process. Both functions can be affected by disease. The most well-known exocrine disorder is E.P.I. and the most well-known endocrine disorder is diabetes.

Exocrine pancreatic insufficiency

Also known as E.P.I., this disorder means that the pancreas isn't fully formed. The exocrine section may be reduced or missing. This is usually a congenital problem, and may not become evident until later in a dog's life.

Dogs with this disorder can't digest food properly. They may try to eat their own faeces (because these still smell of food). Signs include: ☐ failure to put on weight ☐ bulky faeces (due to undigested food retaining water) ☐ pallor (due to undigested fat) ☐ dry, scurfy coat due to lack of oil.

What is the treatment?
Veterinary help is needed for a positive diagnosis by checking the enzyme levels in fresh faeces. Treatment requires permanent regular provision of enzymes (mainly trypsin) in tablet or powder form. (Unfortunately these are expensive in the long-term, and many dogs end up being euthanazed.) Special highly digestible oil supplements may be used; these include coconut and safflower oils (see p.168). In addition, vitamin supplements are required.

Diabetes mellitus

The more common of the two types of diabetes is *diabetes mellitus*. More common in bitches, this is caused by the pancreas not producing enough insulin.

Insulin acts on the cells of the body to help them take glucose out of the blood for energy. The different organs in the body of a diabetic dog find it hard to get enough glucose unless levels in the blood are very high. When this happens (particularly after meals), the glucose "spills over" through the kidney filtration system, drawing water with it. Signs include: ☐ heavy thirst ☐ hunger ☐ tiredness ☐ weight loss.

What is the treatment?
All suspect cases should be taken to the vet for blood and urine tests. In mild cases, treatment may be possible by control of the diet alone, reducing levels of carbohydrate and fat. High fibre is important in a diabetic diet to help the dog absorb glucose more evenly. Oral drugs can stimulate production of insulin by the pancreas.

However, most diabetic dogs need regular insulin injections, given at home. There are several different types and dose regimes. Your vet will choose the most appropriate for your dog. You'll be shown how to give the injections and how to use the special kits for monitoring glucose in urine. It is important to stick to the prescribed routine.

Hypoglycaemic coma
Your dog will remain stable under given circumstances but if a feed is missed, the injected insulin has no glucose to "work on" and could cause a hypoglycaemic (low-glucose) coma with collapse and convulsions (see *First Aid* p.280). Too much exercise or activity could produce the same result. Keep honey or glucose syrup to give orally for emergencies. If diabetes remains untreated, highly toxic chemicals called ketones may accumulate in the blood, with possibly fatal results.

SPECIAL BREED PROBLEMS

German Shepherd – prone to exocrine pancreatic insufficiency
Dachshund, King Charles Spaniel, poodles, Scottish Terrier – prone to diabetes

Disorders of the lower digestive tract

The lower section of the dog's digestive tract encompasses the duodenum, small and large intestines, rectum and anus. Signs of disorders are: ☐ vomiting ☐ diarrhoea ☐ straining. Some dogs have problems establishing the correct bacteria in their gut. Worms in the small intestine (see p.250) can also cause problems.

SEE ALSO:
The digestive system see *Anatomy* pp.30–1.
Disorders of the upper digestive tract see *Health-care* pp.240–1.

Acute small-intestine problems

The two acute problems which occur most commonly in the small intestine are a lodged foreign body and a condition called intussusception. Both are serious emergencies, needing urgent surgery. If they occur, consult a vet immediately.

Foreign body in small intestine
If a foreign body passes through the stomach (perhaps after sitting there for weeks causing a chronic gastritis (see p.240) and occasional vomiting) it may fail to pass through the narrow small intestine where it sticks tight. Signs include: ☐ acute vomiting ☐ dullness ☐ colic ☐ apparent constipation.

Intussusception
This condition can cause the same symptoms in young dogs as a foreign body. The small intestine turns in on itself and the peristalsis (see p.31) that moves food along drags a section of intestine inside the next section, producing a blockage. It must be surgically corrected urgently.

Campylobacter
Campylobacter is a bacterium that can infect both dogs and humans. In dogs it usually produces profuse diarrhoea, but it can be present in the bowel without any symptoms being shown. Veterinary diagnosis is confirmed by laboratory culture of a faecal sample and treatment relies on the use of suitable antibiotics.

Chronic small-intestine problems

Some of the chronic (long-term) disorders which fall into this category are difficult to diagnose and treat. Sometimes a partial obstruction may be caused by a swallowed piece of string or cloth. If these lodge, they can cause telescoping of sections of the bowel and ulceration, even peritonitis.

Signs include: ☐ occasional vomiting and/or diarrhoea ☐ persistent diarrhoea ☐ weight loss and variable appetite ☐ poor coat condition ☐ bouts of colic. Any condition causing blockage of the intestine requires surgical treatment.

Large-intestine problems

The large intestine (colon) is affected by similar diseases to those which attack the small intestine – tumours, leukaemia, foreign bodies, parasites, and inflammation of uncertain causes. The signs are: ☐ straining ☐ production of frequent small amounts of diarrhoea, often containing mucus and/or blood.

One group of large-intestine problems involves the build-up of food in the gut. This may be simple dietary constipation (see p.248) or may be associated with pain from one of the nearby organs, making defecation painful – anal sac problems (see p.248), prostatic disease (see p.261), fracture of the pelvis (see p.267) or arthritis (see p.266).

Occasionally the colon becomes weak and "balloons", encouraging accumulation of faeces. This condition, "megacolon", may be congenital, due to chronic colitis, or linked with the development of a perineal hernia.

What is the treatment?
Treatment of some of the non-specific colitis cases is often long-term and involves drugs. Specific treatment is also needed for infections.

VOMITING AND DIARRHOEA

Most causes of vomiting are linked with gastritis and most of diarrhoea with enteritis. If untreated, either is likely to lead to the other. If your dog is obviously ill or has a temperature more than 1°C above normal (38.5°C), consult a vet as soon as convenient.

Treatment for vomiting

In the absence of more serious signs (see p.229), starve the dog for 24 hours (puppies for 12 hours). Water should be continually available, but only in small amounts – 50–100 ml for small dogs, 200 ml for large dogs. If your dog drinks the whole ration, give the same amount in 30 minutes time, not immediately.

Provided the vomiting stops, give a small meal of light, easily digested food, such as scrambled egg. If the vomiting was frequent initially, it can help to mix a little brandy into this first meal – one teaspoon for a large dog, less for smaller breeds. If this is accepted with no further vomiting, give chicken, lean meat or white fish. Cook it and feed it moistened, mixed with boiled rice (see *Home cooking, meaty diet* p.169). Feed three small meals a day rather than one large one. The next day, introduce more normal food if all is well, but keep amounts small. It is best to take a day or two to get fully back to normal in terms of quantity. You should only feed about two-thirds of the normal amount for the first four days.

Treatment for diarrhoea

Follow the same routine as for vomiting, but omit the scrambled egg, going straight to small meals of chicken, white fish or lean meat as above. Keep the dog on this diet until the diarrhoea improves, then re-introduce the normal diet. As with persistent vomiting, there is a risk of dangerous dehydration in cases of profuse or persistent diarrhoea. Never withdraw the supply of water. Encourage drinking (a little and often) or, if necessary, spoon in water, or better still, slightly salted water of sugary water (2 heaped tsp sugar or glucose per cupful of water).

Giving drugs

Your vet won't prescribe antibiotics for simple cases of gastroenteritis. Aluminium hydroxide suspensions are good gastric sedatives for vomiting dogs – one teaspoon three times a day for small dogs, one dessertspoon four times a day for large ones.

Parvovirus

A relatively new disease, parvovirus has been prevalent only since 1978 when it swept simultaneously across Britain, North America and Australia. This major viral disease of dogs is similar to panleukopaenia in cats.
What are the signs?
In most cases, the major signs are:
□ a severe enteritis with haemorrhagic diarrhoea □ acute vomiting, even of fluids □ severe depression □ high temperature. Unless treated promptly, the disease can be fatal. In the initial outbreak, death was common despite treatment and there is still a possibility that an affected dog may succumb.
What is the treatment?
Protection hinges on vaccination. This should be given to all puppies (see p.136) and should be followed up with routine annual boosters.

Treatment is symptomatic. This disease is often acute and dramatic therapy may be needed – fluid given via drips and blood transfusions plus antibiotics. Contact your vet immediately you suspect it.

Constipation

One of the most common problems in elderly dogs and those that eat bones is constipation. If you notice it early, before your dog becomes dull and ill and loses its appetite through toxicity, constipation can often be treated at home. The early signs are: ☐ straining ☐ very hard faeces ☐ tail raised for defecation ☐ anus bulging. If your dog is completely unable to pass faeces, contact your vet.

What is the treatment?

If your dog *is* passing faeces, but with difficulty, help it by giving liquid paraffin (one tablespoon twice daily for a 10–15 kg dog, increasing up to two tablespoons twice daily for a dog 30 kg or more). This should lubricate the bowel and soften any blockage. If it doesn't sort out the problem within two days, or if your dog becomes ill, contact the vet.

If the problem recurs, contact the vet. Your dog may have a problem such as a rectal tumour or an enlarged prostate. Elderly dogs that are prone to constipation can be eased by giving bran in the diet – two teaspoons daily for 10–15 kg dogs, increasing to a handful for dogs of 30 kg and over.

RECTAL PROLAPSE

This is a veterinary emergency and occasionally occurs after very severe, untreated diarrhoea or with constipation or rectal tumours. The rectum pops out like an inside-out sleeve and you'll see a lump ranging from the size of a cherry to a bright red sausage hanging out of the dog's rectum. If you notice this, contact the vet immediately. Treatment involves pushing the rectum back through the central hole. If it is a small prolapse you may be able to treat it yourself before getting to the vet but if you can't see the central hole, don't waste time looking. Delay could result in major surgery to remove a section of the rectum.

Action

1 Get the dog to the surgery immediately.

2 Meanwhile, keep the lump moist with cotton wool soaked in warm water.

3 If it is a small prolapse you may be able to treat it yourself before getting to the vet (see above).

EMPTYING THE ANAL SACS

Occasionally, a dog's anal ducts become blocked and the anal sacs need emptying. They may be swollen and painful. You might notice your dog licking the area repeatedly or "scooting" along the ground. Always have the sacs emptied by a vet the first time. If you'd like to try doing it yourself the next time it happens, ask the vet to show you exactly how.

The anal sacs are positioned at 4 o'clock and 8 o'clock either side of the anus, with their ducts leading to the anal rim. The aim is to get your fingers partially behind them and squeeze out the contents. In some dogs, this is difficult or impossible without hurting them. Take these dogs to the vet who may perform the task "internally".

The most acceptable method for dog owners is the external method.

You'll need a helper to restrain the dog. Take the precaution of tying its nose, too (see p.279).

Hold a pad of cotton wool across the palm of one hand and raise the dog's tail with the other. Apply the pad to the rear of the dog. With the middle finger and thumb either side of the anus, squeeze inwards (towards the anus) and outwards so that the contents of the glands are forced out.

Nutritional disorders

Feeding your dog correctly is one of the most crucial aspects of keeping it healthy. Several important diseases are probably due in part to improper nutrition, including hip dysplasia (see p.267). The wrong diet may result in:
● Underfeeding, resulting in lack of energy, loss of weight and starvation.
● Overfeeding, resulting in excess energy, weight gain, and obesity.
● Deficiency diseases, caused by a lack of specific components in the diet.
● Toxicity, caused by an excess of a particular ingredient, such as a vitamin or a mineral.

> **SEE ALSO:**
> **Dietary needs** see *Feeding* pp.162–3.
> **Nutritional requirements** see *Feeding* p.164.
> **Bone growth** see *Anatomy* p.19.

Nutritional bone diseases
Rickets is caused by a deficiency of Vitamin D. The dog can't use calcium properly and its bones become weak and bend, whilst the joints enlarge. It is seen in dogs that grow rapidly, but receive no supplementation in their diet.
Osteoporosis is caused by a diet low in calcium or high in phosphorus (such as an all-meat diet). The bones appear normal but are weak and break easily.

The calcium/phosphorus ratio is very important in any dog's diet (see p.163). *Hypertrophic osteodystrophy* (bone scurvy) is a strange disease, seen particularly in giant breeds. Bone scurvy causes pain and swelling around the growth plates of long bones. It is thought this may be caused by lack of Vitamin C, due to rapid growth and over-supplementation with Vitamin D.

A proper diet should prevent these diseases occurring, but seek veterinary advice if you suspect any of the conditions in your dog. Veterinary treatment may involve giving vitamins intravenously and special diets.

Obesity
The normal distribution of fat on a dog's body includes a thin layer under the skin, other layers between the muscles of the abdominal wall, and some deposits in the abdomen. Except in fit, smooth-coated breeds you probably won't notice the ribs but they should be felt easily; a fat layer of more than 5 mm over the ribs suggests the start of obesity.

Be aware of obesity in your dog and try to avoid it. Surplus weight
● Can cause osteoarthritis (see p.266)
● Makes veterinary examination difficult
● Adds risks for anaesthetics and surgery.

The breeds most at risk from obesity seem to be: Cocker Spaniels, Labradors, terriers, collies, poodles and dachshunds.

TREATING OBESITY

The only way to treat an overweight dog is to give it less to eat. Increasing exercise levels helps but isn't the complete answer. A home-cooked reducing diet is outlined in the *Feeding* chapter (see p.169). In addition, follow these principles:
● No biscuit
● No fats
● Use an all-meat canned food instead of a complete canned diet
● Use bran as a filler
● Include cooked vegetables as fillers
● Try a complete canned "obesity diet" (available from your vet on prescription)
● Give dieting dogs a course of a proprietary multivitamin preparation.

Parasites

Canine parasites fall into two groups: ectoparasites (those which live on the outside of the dog) such as ringworm, lice, fleas and ticks, and endoparasites (those which live inside the dog) including roundworms, hookworms, whipworms and tapeworms.

Most ectoparasites can be treated with suitable insecticidal sprays and creams. Good grooming and a clean environment will also protect your dog from fleas. Wash its bedding regularly.

SEE ALSO:

Worming of puppies see *Puppy-care* p.136.
Heartworm see *Health Care* p.263.

Worming

Regular worming is essential to protect your dog against internal parasites. This involves giving it preparations in liquid or tablet form – a variety is available and your vet will advise you. Adult dogs should be wormed at least once a year – every six months if in close contact with children. Dogs showing any signs of infection should be wormed immediately and all breeding bitches should be wormed prior to mating (see p.190).

Routine yearly treatment for tapeworms is also worthwhile; signs of worm segments in the faeces at any time is cause for immediate treatment.

Ringworm

Uncommon in dogs, ringworm is an infectious fungus which grows on the skin and within the coat. Signs are: □ weak, broken hairs □ irritated, scaly, inflamed skin.
What is the treatment?
It is important to seek veterinary advice as this parasite can infect humans. Treatment can take the form of special iodine shampoos, clipping the affected area, creams, and a drug given by mouth.

Lice

There are two types of louse – biting lice which chew on skin flakes, and sucking lice which cause more irritation because they penetrate the skin to feed on tissue fluids. (Neither will spread to cats or people.) Lice are grey, about 2 mm long and lay small eggs (nits) which stick to the dog's hairs.

Give repeat treatments of insecticide sprays or baths (at least three at five to seven day intervals) to kill the adults and any hatching larvae.

Fleas

Dog fleas are different to those which infest humans and cats. Fleas can act as intermediate hosts for other dog parasites, but the major problem they cause is skin irritation. When a flea bites, it injects saliva to stop the blood clotting whilst it sucks it up. The saliva contains chemicals which often cause an allergic reaction in the dog. The signs are: □ bites looking like small red pimples □ black, gritty material in the coat. In some hypersensitive dogs, flea saliva triggers off large areas of inflammation on the animal's back.
What is the treatment?
Spring-clean the house and treat the dog's favourite places with a suitable insecticidal spray. Flea tablets or collars are a good extra precaution, alternatively spray badly affected animals frequently with insecticide throughout the summer months (the flea season).

Ticks

The common tick seen on dogs is the sheep tick. This has a large abdomen that stretches as it fills with blood. It hangs on to the dog's hair and sticks its mouth parts through the skin to suck blood. Ticks are usually found on the underside of the dog, under the forelegs and on the head.
What is the treatment?
Try to remove every tick when you see it.

It is important to extract the head, otherwise an abscess may form. If the head is left in, warm compresses help draw out the infection, combined with antibacterial washes and creams.

Removing a tick
There are various ways of removing ticks, none of them completely foolproof. A good method is to get the tick's head to relax or die by dabbing it with alcohol (such as gin or methylated spirits). Wait a couple of minutes, then use fine-pointed tweezers to extract the tick. Grasp it near (*not* on) the mouth parts. A sharp jerk usually dislodges the tick.

Alternatively, flea sprays can be used locally on ticks. The tick will then die and can be removed the following day. Regular use of a flea spray in tick areas often keeps them away.

Roundworms
Several of these parasites affect dogs but the most important ones belong to the *Ascarid* family. *Toxocara canis* and *Toxascaris leonina* both live in the small intestine. Other roundworms infest the large intestine, blood vessels and respiratory tract.

Ascarids feed on digesting food in the dog's gut, and are particularly harmful to puppies. They penetrate a puppy's gut wall and pass via the blood to the liver and then the lungs. From there they crawl up the trachea to be coughed up and swallowed, again ending up in the gut. Infected puppies may develop:
☐ hepatitis ☐ pneumonia ☐ fits
☐ obstruction in the gut.

As the puppy gets older most of the worms travel to the muscles, where they form cysts. These lie dormant until the puppy (if it is a bitch) becomes pregnant when they migrate to the embryo puppies' lungs. Thus, virtually every puppy is born with roundworm, and must be wormed frequently (see p.136).

How roundworms affect humans
These worms can infect humans, and in a very low number of cases, cause disease. Very rarely, they become encysted in a child's eye, when the eye may have to be removed. Good hygiene and common sense concerning children and puppies should control the problem.

Hookworms and whipworms
Both hookworms and larger whipworms are blood suckers. Both types are visible to the naked eye. These worms can cause anaemia (see p.263), diarrhoea or poor condition.

Tapeworms
The most common dog tapeworm is *Dipylidium caninum*. It is transmitted by fleas in which its larvae develop. Segments of *Dipylidium* are like wriggling rice grains. They tickle the anus and may make the dog "scoot" (drag its rear end) along the floor.

What is the treatment?
Modern tapeworm treatments eliminate all types and your vet will advise on frequency of use. If you see any worm segments in your dog's faeces, treat it as soon as possible. Spray the dog and the house for fleas.

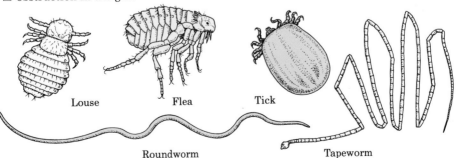

Louse   Flea   Tick

Roundworm   Tapeworm

Ear disorders

It is important to watch your dog for
signs of ear disease. Your vigilance can
help prevent the spread of infection to
the middle and inner ears, and you
should know how to examine the ears
and how to apply any medicaments.
Periodical ear cleaning should be
undertaken with care. The proper method
of doing this is described on p.254.

SEE ALSO:

Structure of the ear see
Anatomy p.26.

Examining the ears

Carry out a routine examination of your
dog's ears every month – more frequently
if it has had any recent ear problems.
Establishing this routine makes
treatment much easier for you, the dog
and the vet.
1 Place the dog on a table (if it is small
enough); leave larger dogs on the floor.
Restrain the dog (see p.270).
2 Lift the ear flap and look down the
canal (a torch may help). Inside the ear
canal, you should see a clean surface,
similar to the skin on the hairless part of
the dog's belly. A little wax is no problem

DISCHARGE FROM THE EAR

A discharge indicates an
infection of the outer
ear (*otitis externa*).

Things to look for
● Gritty, black material
● Runny, smelly black
discharge
● Thick yellow/green
discharge
● Pain
● Ear-flap swelling
● Apparent deafness

Possible causes
Depending on the
discharge, the cause
could be mites (gritty
discharge), yeasts
(runny, black discharge)
or bacterial infections
(thick, yellow
discharge).

Treatment
These conditions should
be examined and treated

by the vet with
appropriate medication.
Mites: antiparasitic
preparation. Yeasts:
preparation containing
antifungal drugs.
Bacterial infections:
antibiotics.

Urgency
+++ Don't delay –
consult a vet
immediately.

SWOLLEN EAR FLAP

A swelling on the inside
of the ear flap (small or
covering the whole
surface) is likely to be
an *aural haematoma* (a
blood blister formed due
to haemorrhage inside
the ear flap), often
caused by vigorous head
shaking.

Things to look for
● Dog shaking its head

● Repeated pawing at
the ear
● Tilting the head
● One ear flap at a
different angle
● Soft, fluid swellings on
inside of ear flap

Possible
● Blow to the ear
● Ear infection causing
head shaking
● Fighting

Treatment
Clean the ear (see p.254)
and if there's a delay in
seeing the vet, bind it to
the head with a clean
bandage. Surgery is
needed to reduce
scarring and prevent a
"cauliflower ear".

Urgency
++ Consult a vet as
soon as convenient.

and should be left alone, but if wax or a hair plug is blocking the ear, it needs plucking and/or cleaning.

3 Smell the ear. A healthy ear has a warm, waxy smell. An unpleasant or strong odour suggests an infection requiring veterinary advice.

4 Reward the dog by making a fuss of it.

Common ear problems
Watch for problems if you own a dog with long ear flaps (such as a Basset) or one with heavy hair growth on large flaps (like a Cocker Spaniel). These flaps reduce ventilation, leading to overheating and excess wax which goes "off" and becomes infected.

Some breeds, such as poodles, have narrow ear canals and are prone to accumulation of wax. Even breeds with wide ear canals and not too much hair in the ears may suffer occasionally from excess wax.

All dogs have hair in their ears which can cause overheating and infection by forming a plug which blocks the ear canal. Remove this by plucking it out with your fingers. Most of the live hair will remain, but dead hair should come out. The ear canal should be clear down the centre as far as you can see. If the opening is still obstructed, you should trim hair away carefully with round-ended scissors.

PAINFUL EARS

There are a variety of causes of painful ears.

Things to look for
- Purulent discharge
- Black waxy material
- Excess hair
- Swelling on ear flap
- Tilting or shaking the head
- Pawing at the ears
- Head painful to touch

Possible causes
- Ear infection
- Excess wax or hair
- Foreign body
- Aural haematoma (see below left)

Treatment
For treatment of discharge, see left.
    Accumulated wax and hair should be removed (see *Cleaning the ears*, p.254). Dab calamine lotion on any red areas to soothe pain but don't pour it down the ear.

If the ear looks clean but the dog is in sudden distress, this suggests a foreign body which should be removed by your vet. Don't introduce anything into the ear, even oil.

Urgency
+++ If there is any inflammation or discharge, don't delay – consult a vet immediately.

POOR HEARING

Deafness is uncommon in dogs but infections may temporarily impair hearing.

Things to look for
- Lack of response to calls for food, walks
- Pain, scratching, head tilt
- Discharge

Possible causes
- Chronic disease blocking outer ear
- Blockage of the ear canal by wax
- Inner-ear infection
- Congenital disorder
- Genetic cause – the same genes which produce albinos can cause deafness

Treatment
Remove any wax or hair blocking the ear canal and have any infections which are present treated by the vet.

Urgency
++ If you suspect infection, consult a vet as soon as convenient.

CLEANING THE EARS

First check the ears for hair plugs. If necessary, pluck out any dead hair with your fingers. Then remove excess wax with an oily cleanser – warm cod-liver oil, liquid paraffin or a special ear cleaner. Don't use powders – they can make matters worse.

Ear cleaning must not be too vigorous or frequent. The ear produces wax partly in response to irritation; too much cleaning causes just that.

Warning When cleaning your dog's ears, never poke the tip of a cotton bud out of sight. You'll do no harm if you keep it in view. Use your fingers as a stop and hold it like a pencil, just above the "bulb".

1 Introduce the oil well down the ear canal using a dropper, then massage around the base of the ear flap to spread it. Look to see if any oil or wax has come to the surface.

2 If it has, remove it with cotton buds or cotton wool. If you see no blood and the dog isn't in distress, continue cleaning until no more wax comes up.

APPLYING EAR MEDICINES

Don't use powders unless given them by the vet – since they can cake. Thick ointments "gum up" the ear, reducing ventilation and obscuring visible signs. Use proprietary drops, cod-liver oil, medicinal liquid paraffin or prescribed medicines.

1 Hold the ear flap to steady the head. Introduce the dropper or tube nozzle carefully into the ear. Squeeze in the prescribed dose.

2 Allow the medicine to run down the inside of the ear, then massage the ear canal from the outside to distribute it.

Eye disorders

It is very important to notice any problems in dogs' eyes early. Seek veterinary advice immediately for all eye disorders. Irrigating the eye (see p.257) may relieve discomfort until your dog can see the vet.

Congenital canine eye defects are unfortunately common. They can be extremely painful and you should never breed from dogs with such disorders.

SEE ALSO:

Eye structure see *Anatomy* p.24.
Problems of inbreeding see *Dog Breeds* pp.47–8.
Bandaging the eye see *First Aid* p.283.
Foreign body in eye see *First Aid* p.281.

DISCHARGE FROM THE EYE

The veterinary term for discharge from the eyes is *epiphora*. It is the most common sign of eye disease.

A clear discharge suggests a problem relating to drainage of tears. It can also be caused by irritation and inflammations like conjunctivitis. If the discharge becomes cloudy or *purulent* (thick and discoloured), the eye is probably infected.

Things to look for
● Clear or purulent discharge
● Swelling
● Pain

Possible causes
● Blocked tear ducts
● Conjunctivitis (see p.256)
● Glaucoma (see p.256)
● General infections such as distemper (see p.265)

Treatment
Don't allow hair round the eye to become matted or the discharge to accumulate – a sure way to cause infection.

Until you take the dog to the vet's, bathe the area round the eyes using lint gauze soaked in warm water or a proprietary eye wash.

In the case of blocked tear ducts, the vet will need to flush these out under anaesthetic or enlarge the openings. For treatment of conjunctivitis and glaucoma see p.256.

Urgency
++ If the discharge is clear, consult a vet as soon as convenient.
+++ If the discharge is purulent or the dog is in pain, don't delay – consult a vet immediately.

SWOLLEN EYE

Swelling in the tissues behind the eye can push the eye forward. The eyeball itself can also swell and be forced out of its socket.

Things to look for
● Protruding eyeball (compare it with the other)
● Glazed stare
● Dilated pupil (due to nerve damage)
● Lids unable to close

Possible causes
● Blow to the head
● Bleeding after a road accident
● Infection behind the eye
● Tumour
● Glaucoma (see p.256)

Urgency
+++ Any delay could cost the dog its eye – consult a vet immediately.

Blindness

A dog's excellent hearing combined with its memory of the floor-plan of your house may make blindness difficult to spot. A blind dog will manage very well if you are patient and understanding. It can go for walks as usual, but will probably stay close to you. Help by speaking to the dog frequently and not moving furniture around more than necessary. If you have to leave the dog alone in the house, the sound of a radio reduces its degree of isolation.

Third eyelid problems

In some breeds, such as the St Bernard and the Bloodhound, it is normal for the third eyelid to show, but in most dogs there's probably some problem if it suddenly becomes visible or protrudes.

Possible causes include: ☐ painful eye condition ☐ weight loss ☐ scrolled cartilage (a congenital deformity) ☐ prolapsed *Harderian gland* (most common in breeds with loose lower lids).

The signs of third eyelid problems include: ☐ a whitish membrane, usually with a black edge, protruding from the inner corner of the eye ☐ reddish, pea-shaped lump in inner corner of eye ☐ foreign body behind third eyelid ☐ painful eye ☐ red eye.

If your dog develops these signs, don't delay – contact a vet immediately. In the meantime, irrigate the eye to keep it moist (see p.257).

Congential eyelid and eyelash problems

The most common deformities of the eyelids are entropian and ectropian, both of which require surgical correction. In entropian, the eyelid turns inwards, causing the lashes to dig into the surface of the eye. In ectropian the eyelid turns outwards. This causes tears to pool in the pouch formed by the lid, so that the cornea dries out.

A dog's eyelashes may grow in the wrong direction so that they rub on the eyes, causing pain and redness. This is called *trichiasis*. *Distichiasis* is a similar problem where extra hairs on the lid margin rub on the eye. If left untreated they may cause serious damage, even blindness. Fortunately the hairs can be removed by surgery or electrolysis.

Conjunctivitis

This is a painful condition in which the conjunctiva becomes inflamed. The cause may be an infection, a scratch, a congenital disorder, a tumour on the lid, or an irritant such as dust or smoke. Signs include: ☐ tears ☐ screwing up the eye ☐ redness.

If the cornea becomes inflamed *(keratitis)* it starts to look cloudy or even powder blue and completely opaque. This condition is seen in hepatitis (see p.244) and is called "blue eye". The white of the eye may then become severely congested. Finally, chronic inflammation can lead to a film of black pigment spreading across the eye.

If the cause of inflammation is treated in time, the condition can be halted or slowed. The black film can also sometimes be removed by delicate surgery.

Cataracts

These are opaque areas in the lens which can diminish a dog's vision. Some are hereditary whilst others may be caused by a dog's mother being ill or poorly fed during pregnancy. Many dogs develop cataracts in old age, but it isn't always necessary to treat them.

Glaucoma

This is a disorder involving the drainage system of the inside of the eye. It may be caused by: ☐ haemorrhage ☐ inflammation in the anterior chamber ☐ congenital defect. Fluids are continually produced within the eye to nourish it. If their drainage outlets become blocked, the fluids build up, making the globe stretch painfully. The eye becomes severely inflamed and pain makes the dog shed continual tears.

Other signs include: ☐ swelling ☐ pain ☐ sensitivity to light.

If your dog develops these signs, contact a vet immediately. Treatment is surgical or involves special drugs to reduce fluid production, dilate the pupil and improve internal drainage.

Disorders of the retina

The light-sensitive retina can be affected by disease. The most serious involve abnormalities in the retinal structure.

Progressive retinal atrophy (P.R.A.)
In this disease the blood supply to sections of the retina gradually "withers away" and the light-sensitive cells die. The main sign is deteriorating vision. This disorder has two forms – central and generalized – which both lead to impairment of the vision. Central P.R.A. may not cause total blindness but generalized P.R.A. often does. Affected dogs may also have cataracts.

Collie eye anomaly (C.E.A.)
This strange congenital disorder affects collies and Shetland Sheepdogs. It can lead to retinal haemorrhage or detached retina, both of which can cause blindness. Some level of C.E.A. is present in a worryingly large percentage of collies. Fortunately only about five percent of affected dogs go blind and then often only in one eye. The only solution is long-term screening of puppies for future breeding selection.

SPECIAL BREED PROBLEMS

Terriers – prone to luxation (dislocated lens)
German Shepherd – prone to conjunctivitis, scrolled cartilage, cataracts
St Bernard – prone to prolapsed nictitans, scrolled cartilage
Bloodhound, Boxer, Bulldog, Basset – prone to prolapsed nictitans
Collies – prone to Collie eye anomaly, central P.R.A.
Shetland Sheepdog – prone to Collie eye anomaly, central P.R.A.
Golden Retriever, Labrador – prone to central P.R.A., cataracts
Cairn Terrier, Cocker Spaniel, Dachshunds, Poodles, Irish Setter – prone to generalized P.R.A.
Afghan Hound, Boston Terrier, Poodles, Staffordshire Bull Terrier – prone to cataracts

IRRIGATING THE EYE

Use an eye wash, cold weak tea or a boracic acid solution (one teaspoon per cup of warm water).
Warning Don't use cotton wool which may leave numerous tiny fibres in the eye.

1 Hold the eye open with your finger and thumb. Soak a pad of lint in the wash; squeeze over the eye.

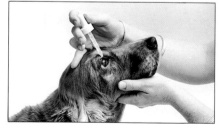

2 Lubricate the eye with a drop of cod-liver oil or medicinal liquid paraffin using an eye dropper.

Urinary disorders

The part of the dog's urinary system most commonly affected by disease is the kidney. Kidney disease (known as *nephritis*) is a major cause of death in dogs, so consult the vet immediately you suspect it. Although the signs of individual diseases vary, general signs include: □ abdominal pain □ blood in urine □ swollen abdomen. Often, however, a problem is only noticed when renal (kidney) failure develops, which may be acute (sudden and serious), or chronic (long-term).

Acute kidney failure
Signs are: □ dullness □ vomiting □ lack of appetite □ bad breath □ abdominal pain □ not passing urine. Possible causes are:
● Poisoning (see p.281)
● Acute infections such as leptospirosis (see p.259)
● Secondary to an infection such as pyometra (see p.261)
● Obstruction
● Paralysis of bladder
● Long-term chronic kidney problem.

What is the treatment?
Consult the vet immediately. He or she will use a blood test to assess the severity of the problem. Your dog may need antibiotics, fluid treatment, dialysis, vitamins or anti-emetics.

Chronic kidney failure
Signs vary and may include: □ excessive thirst □ passing a lot of urine □ mouth ulcers □ anaemia (see p.263) □ weight loss and muscle wasting □ bad breath. Possible causes are:
● Minor problems with several factors leading to acute failure
● Tumours (cancer)
● Congenital kidney disorder.
What is the treatment?
Consult your vet who will be able to give your dog steroids and fluid treatment and provide advice on home care. Put the dog on a low-protein diet (see *Special diets*, below) and give it plenty to drink.

To avoid kidney disease, try to ensure no chronic illnesses are allowed to go untreated and that your dog is vaccinated regularly against leptospirosis.

SPECIAL DIETS FOR DOGS WITH KIDNEY DISEASE

Many vets advise low protein diets for dogs with nephritis, to "reduce the strain on the kidneys". In fact, this is often in direct opposition to the needs of the body, which is crying out for good-quality protein. Unfortunately a damaged kidney leaks protein, and if this isn't supplied in the diet, the dog uses its own muscles as a source. Hence the wasting of dogs with chronic nephritis.

Begin restricting dietary protein only on the advice of your vet who can judge the severity of the disease through blood tests. In early cases the slightly reduced-protein "geriatric diet" (see p.169) is generally the most suitable. For dogs that leak vast amounts of protein and develop dropsy (swollen abdomen) and swollen legs a high protein, salt-free diet is needed, along with prescribed diuretics

from your vet.

Increase the rice content of the basic home-cooked diet (p.169) to $\frac{5}{6}$ teacupful and reduce the meat content to $\frac{1}{6}$ teacupful (about 40 g). To make the diet more tasty, add two teaspoons of chicken or turkey fat. Protein levels can be further reduced on your vet's advice by using one egg instead of each $\frac{1}{6}$ teacupful of meat. Eggs provide protein and are very digestible.

Diet supplements
To maintain a low level of phosphorus, substitute calcium carbonate for the bonemeal in the diet supplement. A little salt added to the food helps maintain thirst and kidney flow and compensates for sodium lost via the kidneys.

Other parts of the urinary system
Problems may occur in the lower urinary tract, particularly affecting the bladder and urethra.
Stones in ureter and bladder
Sometimes salts present in the urine crystalize out and form *calculi* or "stones". These rub on the lining of the bladder and cause irritation (*cystitis*, see below). Signs are: □ straining □ passing urine frequently □ blood in the urine.
What is the treatment?
These disorders need surgical treatment. Once your vet has confirmed that stones are present, they can be surgically removed.
Stones in urethra
In dogs rather than bitches the stones can become lodged in the urethra which carries the urine out of the body through the penis. This is painful. Signs are: □ straining □ vomiting □ lack of appetite.
   Urgent veterinary treatment (usually surgery) is needed to remove the obstruction, otherwise back pressure may rupture the bladder or damage the kidney. At this point the pain may disappear but a build-up of toxins will kill the dog unless he is treated promptly.
Cystitis
Infections in the bladder can also cause cystitis, more commonly in bitches. Chronic cystitis can result in stone formation requiring surgery (see stones, above). In mild cases your vet will often prescribe a urinary acidifier such as Vitamin C or chlorethamine, to make the urine less alkaline and less suitable for bacteria to live in. Signs include:
□ blood in urine □ frequent urination

□ licking the penis or vulva.

Leptospirosis
One of the two forms of this bacterial disease, *Leptospira canicola*, attacks the dog's kidney. Like the liver-disease form (see p.244), the organism is spread through infected urine.
What are the signs?
Mild cases may simply be "off colour" for a couple of days. Serious cases may be very dull and vomit as they become uraemic (urea accumulates in the blood due to kidney malfunction). Uraemic dogs often develop mouth ulcers and have bad breath. Later, abdominal colic sets in. Recovery from infection leaves scarring in the kidney and contributes to chronic kidney failure.
What is the treatment?
Have your dog vaccinated regularly. However, if you suspect it in your dog, don't delay – contact a vet immediately. He or she can give antibiotics to combat the bacteria, plus drugs to stop vomiting. Drips, dialysis and transfusions may also be needed, depending on severity.

Urinary incontinence
It is easy to distinguish an incontinent dog which leaks urine in the house from one which is scent-marking (see p.215) or one which simply isn't house-trained. Many incontinent dogs leak urine whilst asleep, leaving a wet patch when they get up. There are several possible causes of incontinence:
● Ectopic ureters – a congenital condition. Puppies may be born with their ureters emptying directly into the urethra and out, rather than into the bladder (see p.29). This can be corrected surgically.
● Urination during an epileptic fit (see p.280)
● Cystitis (see above)
● Prostate disease (see p.260)
● Old age (see p.274).

Reproductive disorders

Some problems affecting the dog's reproductive system, although annoying for breeders, aren't serious. However, there are other conditions which can be life-threatening emergencies.

SEE ALSO:

Anatomy of the reproductive system see *Breeding* p.188.
Bitch's reproductive cycle see *Breeding* p.189.
Mating see *Breeding* p.191.
Eclampsia see *Breeding* p.197.

Fertility and libido problems
Problems relating to fertility or libido can be complex. Apart from making sure your dog is otherwise in good health and within the normal weight range for its size and breed, there's little you can do.

Disorders of the male tract
Several problems can occur in the male dog's system. In general, consult the vet if you notice signs including: □ heavy discharge from the penis □ bleeding □ pain.
Inflammation of the sheath
Young dogs often suffer a mild inflammation on the inside of the sheath. The sign of this is a pale, greenish discharge. If mild, simply bathe off the discharge whenever you notice it.

If the discharge becomes excessive, consult your vet. The problem is caused by an infection at the root of the penis and treatment involves antibiotics given by mouth and antibiotic dressings.
Bleeding penis
Apart from accidental injury, possible causes of this are:
● Bitching injury – dog forced to dismount during mating
● Acute cystitis (see p.259)
● Prostate leaking blood under influence of female hormones (see p.261).
Don't delay – take the dog to the vet

immediately. If the problem is a bitching injury, he may have a V-shaped split and need an anaesthetic and some stitches. You can help in the meantime by applying a cold compress to the sheath. Use a towel or a large wad of cotton wool soaked in cold water or wrapped round some ice cubes. Press this tightly onto the sheath, wrap a bath towel round the dog and tie it firmly.
Paraphimosis
The swollen penis may be trapped by the sheath opening and unable to return to its normal size – a tourniquet effect. If the penis doesn't regain its usual size within 15 minutes, try the cold compress technique described above. If there's no response after a further 15 minutes, seek urgent veterinary advice. Surgery may be required to enlarge the opening of the sheath.
Cryptorchidism
Dogs that haven't been castrated but have only one or no testes present in the scrotum are known as *"cryptorchids"* (see p.188). You can't be certain that a dog has a retained testis until about ten months of age. If, after this time a testis has not descended, the vet will remove it surgically; retained testes are prone to cancer. Never use a cryptorchid dog for breeding.
Tumour in the testicles
These tumours may produce female hormones, resulting in odd effects in the male dog – symmetrical hair loss and occasionally, breast development and a pendulous sheath. Consult a vet as soon as convenient – testicle tumours should be surgically removed when spotted.
Prostate disease
The prostate gland is most prone to disease in old dogs. Tumours may develop, or more commonly, the gland becomes enlarged. This internal problem only manifests itself when the dog has problems passing faeces – pain due to the condition leads to constipation.
Any dog with problems or pain on

passing faeces (see *Constipation* p.248) or blood in the urine should be taken to a vet immediately.

An enlarged prostate can be treated with female hormones (even tumours may partially respond to these). To make life easier for the dog, ensure there is always plenty of roughage in its diet.

Disorders of the female tract
A bitch's reproductive system is prone to various ills, many linked to the fluctuations in hormone levels and changes that occur in the womb with each heat.

Signs that something is wrong include: □ abnormal coloured discharges □ excessive thirst □ persistent bleeding or swelling □ nursing behaviour □ production of milk six to seven weeks after a heat.
Pyometra
This means "pus in the womb". Infection usually occurs six to eight weeks after a heat. The bitch may be off-colour and develop: □ excessive thirst □ sometimes an abnormal discharge, yellow, greenish, or reddish and thick □ dullness □ vomiting.

Suspicion of this condition, caused by a combination of these signs, should be reported immediately to your vet. Life-saving surgery is needed to remove the ovaries and womb (ovaro-hysterectomy). Failure to do this will result in death. In some cases, drugs may settle the problem so that the hysterectomy can be carried out when the bitch is over the worst, but it must still be done, otherwise pyometra will recur at the next heat.
Ovarian cyst
The sign of this problem is persistent bleeding from the vulva (a thin, light red discharge) after a heat. If this happens, consult the vet who may administer hormones to burst the cyst or may, with a really problematic case, suggest a hysterectomy.
False pregnancy (pseudopregnancy)
The more common form of false pregnancy begins up to eight or nine weeks after a heat, and may last quite a few weeks. Signs include: □ increased appetite □ odd behaviour – nursing toys and slippers □ hiding away with imaginary puppies □ straining □ breast enlargement □ sluggishness □ displays of affection □ abdominal swelling □ lactation.

Consult the vet – you'll need to decide on a course of action together. False pregnancies can recur after each heat and are thought to occur more commonly in bitches which ultimately develop pyometra. There are various ways of solving the problem. These include drugs which prevent the normal reproductive cycles or surgical spaying (see p.189).
Breast tumour
An unspayed bitch may show cyclical changes in the breasts which can lead to tumours.

If you notice any lumps or swellings in your bitch's breasts, consult the vet with a view to having them removed. Not all breast tumours are malignant but you should check the breasts routinely by feeling them at least every couple of months, particularly following a heat. Benign lumps are often clearer in outline than malignancies, but ask your vet to check any swellings.
Metritis
This is a womb infection which may occur within a couple of weeks of whelping. Signs include: □ purulent, yellow/green discharge □ dullness □ lack of appetite □ vomiting. Treatment involves prompt veterinary prescription of antibiotics or spaying (see *Breeding* p.189).

SPECIAL BREED PROBLEMS
Boxer, Chihuahua – prone to cryptorchidism
Chow Chow – prone to inertia during whelping and difficulty in mating
Bulldog, Pug (and other flat-nosed breeds), – prone to difficulty in whelping

Heart, blood and circulation disorders

Many heart diseases in dogs are caused by congenital deformities. There is a variety of anatomical malformations of varying severity which may involve holes in the heart, transposed blood vessels or connections between vessels.

The general signs of heart disease are:
□ tiredness □ poor ability to exercise
□ coughing after a period of lying down (a "cardiac cough") □ "blueness" of the gums □ fainting.

> **SEE ALSO:**
>
> **Position and function of the heart** see *Anatomy* p.28.
> **Taking a dog's pulse** see *Health Care* p.230.

Patent ductus

A congenital condition may occur where a foetal blood vessel which should be sealed, remains open. This vessel then acts as a shunt between the two sides of the circulatory system (which should not normally be connected). Similar congenital deformities of the vessels around the heart may form a ring which traps the oesophagus, preventing the passage of solids and causing vomiting (see *Vascular rings* p.241). Surgical correction of this type of deformity is often successful.

Heart "murmur"

Inside the heart, between the *atria* and the *ventricles* (see diagram, right) are valves which prevent blood flowing back into the atria when the ventricles contract to pump blood out. Sometimes, due to congenital deformities or age changes in the valves, they may not close efficiently, allowing some leakage back into the atria under pressure. The sound that this blood makes as it squirts back into the atria can be heard through a stethoscope and is therefore called a "murmur".

Murmur on left side of heart
Small breeds in particular seem susceptible to this problem as they get older. A weakness in the *mitral valve* on the left side of the heart causes a rise in pressure in the blood returning from the lungs, forcing small amounts of fluid out into the lung. This hinders the exchange of oxygen for carbon dioxide. Signs are □ reduced exercise ability □ "cardiac cough" (especially when the dog wakes after resting) due to fluid accumulated in the lungs.

Murmur on right side of heart
Similar problems occur when the murmur is due to a failure of the *tricuspid valve* on the right side of the heart. In this case, the fluid collects in the abdomen, producing dropsy (swollen abdomen) and an enlarged liver and spleen. The signs are the same as for a left-side murmur, but with swelling of the abdomen.

What is the treatment for heart conditions?
There are no suitable home remedies for heart conditions in dogs, but it is sensible to watch for and avoid obesity (see p.249), which places undue strain on the heart.

If you're worried about your dog's exercise tolerance, or you suspect a cardiac cough, seek veterinary help. Your vet can control these symptoms with drugs and early treatment reduces the chance of complications.

Sophisticated techniques are available for treatment of heart conditions. Your vet may initially examine your dog with a stethoscope, but may well carry out an E.C.G. examination to detect abnormal rhythms in the heart. These are treated with drugs used for the same conditions in humans. Surgery may be a possibility for some of the less complex congenital abnormalities, especially vascular rings (see p.241) and patent ductus (see left).

New heart valves, as used in humans, aren't fitted to dogs. Treatment is by medical methods, primarily with drugs called "diuretics". By making the dog pass more urine, these move fluid along as it accumulates. Drugs may also be used to strengthen the dog's heartbeat.

Heartworms

Dogs' may be infested by internal parasites called "heartworms" which live in blood vessels. *Angiostrongylus*, the U.K. heartworm, is transmitted via slugs eaten by the dog. Its larvae leave blood vessels in the lung, are coughed up and passed in the faeces.

Dirofilaria, the U.S.A. heartworm, is transmitted by mosquitos and fleas. It is common in some parts of the U.S.A., and lives in the pulmonary artery and the right ventricle.

What is the treatment?
Ridding the dog's body of heartworms is fairly difficult due to the danger of dead adult worms in the blood system causing a thrombosis. Treatment must be carried out in the vet's surgery, usually after supportive care to get the dog in the best possible health before giving drugs to kill the worms.

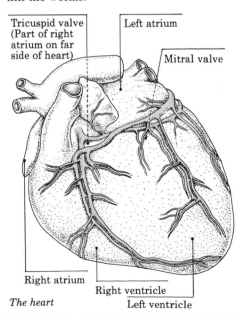

Tricuspid valve (Part of right atrium on far side of heart)
Left atrium
Mitral valve
Right atrium
Right ventricle
Left ventricle
The heart

Anaemia

A condition due to a reduced number of red blood cells and/or a reduction in the amount of *haemoglobin* (red pigment in the blood which carries oxygen). The three major causes of anaemia are:

1 Destruction of red blood cells by: □ parasites □ poisons □ bacterial toxins □ immune reactions.

2 Loss of blood as a result of: □ accidents □ poisoning □ bleeding ulcers □ parasites (such as hookworms or whipworms).

3 Reduced or abnormal production of new red blood cells in the bone marrow, due to: □ tumours □ poisons □ acute infections □ chronic septic conditions (such as pyometra or purulent wounds) □ chronic kidney disease (see p.258) □ mineral deficiencies (iron, copper or cobalt) □ vitamin deficiencies (Vitamins B_6 or B_{12}).

The signs of anaemia include: □ pallor in the mouth and round the eyes (loss of normal pink colour) □ gradual weakness □ inability to exercise □ rapid breathing □ being unsettled.

What is the treatment?
If you think your dog is anaemic, consult the vet who will take blood samples to assess the degree, type and cause of the anaemia. Your vet will treat the underlying cause as appropriate and may give your dog anti-anaemic drugs such as iron supplements, vitamins and anabolic steroids. Very severe cases may need a blood transfusion. Once your vet has diagnosed anaemia, you'll be instructed to feed your dog highly nutritious foods, good quality protein, vitamin supplements and liver. Don't overtire your dog during its convalescence.

SPECIAL BREED PROBLEMS

King Charles Spaniel, Pekingese, Poodle – prone to heart murmur
Greyhound – prone to heartworms (due to being kept in kennels in large numbers)

Neurological disorders

Many problems can afflict the dog's nervous system. The nerves, the brain or the spine may all be affected. Damage to the membranes surrounding the brain and the spinal cord results in *meningitis*; damage to the brain is the problem with *encephalitis*. Both conditions are caused by bacterial infections. Signs of brain damage include: ☐ fits ☐ twitching ☐ tremors ☐ nystagmus (sideways flicking of the eyes.

SEE ALSO:

The brain see *Anatomy* p.23.
The spine see *Anatomy* p.19.
Muscle, bone and joint disorders see *Health Care* pp.266–7.
Convulsions see *First Aid* p. 280.
Rabies precautions see *Housing, Handling and Training* p.152.

Epilepsy

This is quite common, especially in dogs of between one and three years old. It may be caused by:
● Inherited epilepsy
● Previous injury or oxygen starvation to the brain
● Hydrocephalus (see right)
● Distemper (see opposite)
● Tumours.

Some dogs suffer frequent fits, others more occasional ones. There's no set pattern so if two occur close together, it doesn't necessarily mean they're getting worse. However, fits may worsen as a dog gets older, due to the effect of other diseases.

What are the signs?
Strangely enough, fits occur when a dog is relaxed and quiet. They are usually short (about five minutes) and include a period of unconsciousness. For physical signs of a fit, see p.280.

What is the treatment?
For the immediate course of action, see *First Aid* p.280. Long-term treatment means veterinary prescribed anticonvulsants. These may not totally abolish the fits but should reduce their frequency. Dogs having a sequence of continual fits lasting 15–30 minutes should be reported to the vet urgently; intravenous anticonvulsants may be needed.

Hydrocephalus

Literally "water on the brain", this usually occurs through a deformity in the drainage system from the fluid-filled ventricles of the brain. Eventually, the brain tissues are compressed against the skull, and various signs occur which may include: ☐ fits ☐ blindness ☐ incoordination ☐ dullness.

Successful treatment involves early diagnosis and specialist surgery.

Encephalitis

This means an inflammation of the brain. It may occur due to bacterial infections, viruses like distemper or even old age. Infectious causes are usually very sudden. Bacterial encephalitis often follows ear disease, wounds or skull fractures. Signs include: ☐ fits ☐ head pressing ☐ stiff neck ☐ pain when touched around the head.

Whatever the reason for its onset, encephalitis needs prompt veterinary treatment since the various causes require different drugs.

Strokes

It isn't certain whether dogs truly suffer strokes like people, but they certainly show similar signs, including: ☐ sudden collapse ☐ interference with the function of various parts of the body ☐ walking in circles ☐ droopy eyelids ☐ partial paralysis ☐ eye flicking.

Consult a vet immediately if your dog shows these signs. Steroids can reduce the symptoms; other drugs can improve the blood flow in the brain. Treatment is often quite successful for a time.

Distemper (hardpad)
This condition occurs most often in young dogs between three and six months old, but can attack at any age.

Infection occurs through inhalation of the virus and is spread around the body by defensive cells trying to capture and kill it. If they fail, the virus attacks the immune and nervous system and the cell lining the lungs and gut.

Two other viruses, adeno virus and parainfluenza virus, can cause symptoms similar to those of the true Distemper virus. Protection against them is included in many modern Distemper vaccines.
What are the signs?
A young, fit dog picking up a very light infection may fight it successfully, showing dullness and a slight temperature. Full-blown cases show a high temperature then a second stage: ☐ dullness ☐ nasal and eye discharge coughing ☐ vomiting ☐ diarrhoea ☐ thickening and cracking of the skin of the nose and pads.
The nervous signs
As the second phase symptoms are improving, about four weeks after initial infection, the nervous system may start to show damage. This can range from slight tremors to full epileptic fits.
What is the treatment?
Antibiotics, gammaglobulin, cough suppressants and drugs to treat vomiting and diarrhoea are usually required, possibly plus anticonvulsants for dogs with nervous damage.

The real answer to distemper is vaccination (see p.237). Dogs particularly at risk can be given antiserum or gammaglobulin – very short-term protection which shouldn't be confused with proper vaccination.

Cervical spondylopathy
This disease, whose sufferers are known as "wobblers", tends to affect larger breeds. One (or more) cervical vertebrae are malformed and this, combined with the weight of the dog's head, bruises the spinal cord. Signs include: ☐ trailing the forefeet ☐ scuffing and wearing down nails ☐ wobbling gait ☐ unsteady hindquarters (especially after exercise) ☐ paralysis (partial or total).
What is the treatment?
Take your dog to the vet who will X-ray its neck. Surgical treatment may be possible if the problem is detected early enough. But once paralysis sets in, the future is generally grim.

Slipped disc
More correctly called "disc protrusion", this is a common disorder in short-legged, long-backed breeds. These dogs' discs age more rapidly than in other breeds; the centre of a disc may push through the soft outer layers, damaging nerves in the spinal cord. The signs are: ☐ sudden pain ☐ unwillingness to move ☐ limping ☐ hunched posture ☐ inability to raise the head ☐ paralysis (partial or total).
What is the treatment?
If your dog is in sudden pain, with other signs, consult a vet immediately. Cases showing milder pain or a limp may respond to treatment with drugs, but surgery is indicated for worse cases.

Rabies
This killer viral disease (see also p.152) is transmitted by infected saliva (from an infected dog) being left in a bite wound. Signs include: ☐ inability to swallow ☐ furious running, biting ☐ drowsiness ☐ paralysis. In countries where rabies is present, vaccination will protect your dog. Keep it under constant supervision.

SPECIAL BREED PROBLEMS
Basset – prone to slipped disc, cervical spondylopathy
Chihuahua, King Charles Spaniel, poodles – prone to hydrocephalus
Dachshund, Pekingese, Shih Tzu – prone to cervical spondylopathy

Muscle, bone and joint disorders

Diseases of the muscles, bones or joints are relatively common in dogs – injuries resulting from falls, fights or road accidents being some of the most usual causes. Minor injuries such as sprains may be treatable at home, but if your dog is in pain, contact the vet. Signs are: ☐ limping ☐ pain ☐ swelling.

Muscles and movement see *Anatomy* p.20–1.
Nutritional diseases see *Health Care* p.249.
Skeleton and spine see *Anatomy* pp.18–19.
Splints and bandages see *First Aid* p.283.
Slipped disc, cervical spondylopathy see *Health Care* p.265.

Muscular problems
A muscle disease is called a "myopathy"; inflamed muscle is known as "myositis". There are various causes of myopathy, including bacterial infections. Some are inherited and breed-specific. They have no treatment. Others *do* have specific treatments; consult the vet immediately if you suspect them.

What is the treatment for myopathy?
If you suspect that your dog has mild muscle damage (a slight limp which disappears within 24 hours), try two days' rest. If this relieves it, continue the rest treatment for a while. But if in any doubt, consult the vet.

Eosinophilic myositis
The cause of this disease is unknown. It affects the muscles of the head, causing pain and, later, wasting of the muscles. Signs include: ☐ weakness ☐ stiffness ☐ pain ☐ lop-sided look to the head.
   Eosinophilic myositis needs urgent veterinary help. Your vet can prescribe anti-inflammatory drugs and pain killers.

Joint problems
Arthritis (inflammation of the joints) is fairly common in dogs. The major causes are anatomical abnormalities which may either be hereditary or have nutritional causes (see p.249).

Sprains and osteoarthritis
A sprain is damage to a joint, which may mean torn ligaments or fractured cartilage. This also causes arthritis which, if severe or untreated, can result in osteoarthritis – inflammation of the bone in the joint. Once osteoarthritis sets in, the damage is usually permanent.

LIMPING

The major sign of a limb disorder is a limp. Try to assess the severity of the injury by checking the following:

Things to look for
● Dog carrying its leg clear of the ground or just dabbing it down
● Painful swelling. Both these signs suggest a fairly serious injury

● Dog "favouring" one leg, even if there's no pain or swelling

Possible causes
● Sprain (see above)
● Fracture
● Wound or other injury (see *First Aid* p. 282)

Treatment
However slight the damage, rest your dog until the condition has improved and in most cases, for a week after this. If a few days' rest doesn't cure an apparently minor limp, seek veterinary advice.

Urgency
✚✚ If there's pain or the limp persists, consult the vet as soon as convenient.

What is the treatment?
For first aid, see *Treating a sprain* p.283.
Serious sprains should be rested for
about six weeks, after which you should
slowly re-introduce exercise. You may
find support bandages useful.

Osteoarthritis has no cure so all efforts
should be aimed at alleviating it. Strict
rest is the most important treatment you
can give and veterinary drugs can reduce
the inflammation.

Warning: Pain killers may enable a dog
to use an injured joint which could result
in permanent damage. If your vet
prescribes pain killers, you must also
rest the dog.

Bone diseases
Certain diseases of dog's bones are
congenital, but others are due to some
disruption in the body's provision of
nutrients and oxygen. A fairly common
problem, known as *osteochondritis
dissecans*, is seen especially in large
breeds. Due to inadequate nutrition, an
area of shoulder cartilage dies and falls
into the joint, where it sometimes revives
and grows to form a loose lump called a
"joint mouse". This rubs on the joint,
causing arthritis.

Over-rapid growth is probably involved
in the development of this disease. The
elbow, knee and hock bones can also be
affected. Signs include: ☐ lameness
☐ swelling ☐ pain ☐ local heat.

Fortunately, prompt surgery to remove
the joint mouse usually results in almost
complete recovery.

Fractures
A fracture can occur in almost any bone
in the dog's body. Spontaneous fractures
can occur in conditions like *osteoporosis*
where the bones are thin. Signs include:
☐ acute lameness ☐ swelling ☐ pain
☐ local heat.
What is the treatment?
Don't delay – consult a vet immediately
or there may be severe malformation or
failure to heal. (For procedure after an
accident, see *First Aid* p.278.)

Hip dysplasia
This disease is quite common.
Malformation of the hip joint means the
ball and socket connection fits badly.
The head of the femur rubs on the edges
of the joint, causing arthritis.

The problem is most common among
large breeds. There's a strong inherited
component, so many breed societies and
veterinary authorities have set up
certification schemes based on X-rays.
Find out if there's a scheme for your
breed before buying a puppy and ask to
see its parents' certificates (issued at one
year of age).
What is the treatment?
Pain killers may alleviate the problem in
young, growing dogs. Restrict exercise
severely for up to six months, after which
you can gradually build up to a normal
lifestyle. However, more serious cases
will require surgery.

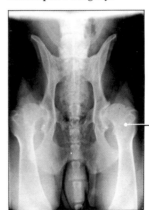

Malformed hip
joint

X-ray showing hip dysplasia

SPECIAL BREED PROBLEMS
German Shepherd – prone to
eosinophilic myositis,
osteochondritis dissecans in elbow,
hip dysplasia
Rottweiler, St. Bernard – prone to
osteochondritis dissecans
Labrador – prone to osteochondritis
dissecans in elbow, hip dysplasia

Skin and coat disorders

Skin diseases in dogs can be complex. A common diagnosis is *eczema* – a general term for inflamed skin – but identifying the actual cause is often difficult or impossible.

The basic sequence of a skin disease is inflammation (dermatitis), causing irritation (itching) which makes the dog scratch with its claws or teeth. This results in loss of hair, more inflammation and more itching – the "itch-scratch-itch cycle". Finally, bacteria invade the broken skin. The most important part of treatment is preventing the dog from scratching; this may call for anti-inflammatory drugs and sedatives.

What are the signs of skin disease?
Major signs of skin disease include:
□ scratching □ hair loss □ reddened skin □ areas wet from licking (often stained brown by saliva in white dogs) □ rashes □ infected spots □ black, gritty material in the coat □ insects in the coat □ mats □ dry coat □ dandruff.

SEE ALSO:

Structure of skin and coat see *Anatomy* p.32.
Parasites see *Health Care* p.250.
Mats and tangles see *Grooming* p.183.
Moulting see *Grooming* p.174.

Mites
Three types of mite can cause problems in dogs:
● Demodex – causes demodectic mange
● Sarcoptes – causes sarcoptic mange
● Otodectes – causes inflammation of the ear

Otodectes is the only type of mite visible to the naked eye and then only rarely; you may see them as tiny white moving dots in the ear.

Demodex
Carried by most dogs, this mite usually causes no trouble, but it may be a nuisance at times of stress and in young animals whose natural defences aren't fully developed. Demodex causes a type of pustular dermatitis in puppies, around the head and shoulders. This often becomes infected – a condition known as "juvenile pyoderma". Signs include:
□ characteristic "mousy" odour □ hair loss □ flaky, oily skin.

What is the treatment?
Unless dogs receive veterinary attention within 24 hours of this developing, very serious scarring can occur. Your vet can prescribe drugs and antibiotics which give effective relief. Special shampoos can control the oiliness of the coat and the characteristic smell.

Sarcoptic mange (Scabies)
More commonly known as "scabies", this problem can affect humans as well as dogs of any age. The sarcoptes burrow through the skin, producing tunnels in which they lay eggs. Although the infection usually dies away in humans, it should still be treated. The sign of this in the dog is an itchy rash of red spots, especially on ears, elbows and hocks. On human skin the "tunnels" can actually be seen.

What is the treatment?
Prompt treatment is important, to avoid human infection and to prevent the dog damaging itself seriously by scratching and biting. The vet will prescribe special chemicals to be applied in insecticidal shampoos every five days for at least four weeks (the eggs take up to three weeks to hatch). The vet may also prescribe drugs to help stop self-mutilation by biting and scratching.

SPECIAL BREED PROBLEMS

Dobermann – prone to demodex and juvenile pyoderma
Dachschund – prone to juvenile pyoderma
Irish Setter – prone to demodex

SCRATCHING

This common sign of skin disease has many possible causes.

Things to look for
- Parasites (fleas, lice and mites, see p.250)
- Bacterial sores – small, infected spots and scaly, red inflamed areas

Possible causes
- Parasite infestation
- Ear disease (see p.252)
- Impacted anal sacs (indicated by dog licking sores at base of tail, see p.248)
- Contact dermatitis (indicated by redness on the belly)

Treatment
Aim to treat the specific cause.
- If indicated, use an antiparasitic bath (if in doubt treat for fleas).
- Wash localized bacterial sores with antibacterial wash.
- Generalized bacterial sores, ear problems or impacted anal sacs need veterinary attention.
- With contact dermatitis, cut off access to likely causes such as nylon carpet, car seat covers, disinfectant on floors. If home treatment fails, consult a vet.

Urgency
✚✚ If the skin is broken and "sticky" or chewed, consult a vet as soon as convenient.

REDDENED SKIN

You may notice this sign before the skin problem becomes fully established.

Possible causes
- Fleas (see p.250)
- Contact dermatitis
- Allergic dermatitis
- Anything causing itching – ringworm, lice or bacterial sores

Treatment
- If the reddened area is very localized, apply calamine lotion.
- If the problem is more generalized, a lanolin baby shampoo will wash out potential irritants and cool the skin. When the dog is dry, apply flea spray. If the problem is still evident after 24 hours, consult the vet.

Urgency
✚✚ Consult a vet as soon as convenient.

HAIR LOSS

There are a variety of factors involved in hair loss in dogs.

Things to look for
- Broken hairs in coat
- Inflamed, red skin
- Bald areas
- Symmetrical hair loss
- Excessive, prolonged moult

Possible causes
- Scratching (indicated by reddening of skin and broken hairs)
- Malfunction in the hair growth cycle (see p.32), indicated by bald areas with no irritation
- Diet

Treatment
To treat scratching, see above. The most common causes of hair loss without irritation are hormonal and need veterinary treatment.
   If diet is the problem, multivitamins and extra oil (see p.168) may stop the moult. If there's no response after a few weeks, consult the vet.

Urgency
✚ Dietary problems may be treatable at home.
✚✚ Otherwise, consult a vet as soon as convenient.

Veterinary care and nursing

It is a good idea to choose a vet that has been recommended by friends or the breeder of your puppy. Before registering with a vet, find out:

● What are the consulting hours?
● Is there an appointments system or not?
● How early must you phone for a routine appointment?
● Does the practice make house calls?
● What are the arrangements for emergency night calls?
● Are records kept so that your dog's medical history can be sent on to a new vet if you move?

Taking your dog to the surgery
Whenever possible, telephone the surgery to make an appointment if this is the system they use. Withhold food and water from your dog before you visit the vet in case it needs an operation.

Check first to see if the surgery has a separate cat and puppy waiting room. If it has, this is the place for unvaccinated, healthy puppies. Once you have checked in, keep your dog under control on a short lead. Many dogs are tense at the vet's and fights occur easily. Small dogs are often best held on your lap, whilst very sick dogs are often best kept in the car until just before you are called. This avoids exposing other animals to infectious diseases.

The consulting room
Don't let your dog loose as you enter the consulting room; hang on to the lead and keep it under control. Most vets like to let the dog relax first, and will ask you various questions whilst it settles.

Be prepared to tell your vet:
● Your dog's breed, sex and age
● How long you have had the dog
● Its recent history and whether it has recently spent time in kennels
● Whether it has recently encountered any disease
● When it was last vaccinated
● Why you have called and what signs of illness you have observed
● If your dog is eating, drinking and passing urine and faeces normally.

RESTRAINING A DOG

The degree of restraint needed during examination and treatment varies according to the dog and the procedure to be carried out. However, it is usual for the dog to be placed on a table. Hold the dog yourself; it is less likely to cause problems. If you feel it may bite, use a tape muzzle (see *First Aid* p.279).
To restrain a small dog Grasp the scruff tightly including the collar. Don't try to grab the nose – you risk being bitten.
To restrain a medium-sized dog (see right) Tuck the head under your upper arm, place the other arm around the body and grasp one of its forelegs.
To restrain a large dog Place one arm under the neck and fix the head with your other hand by grasping the outer foreleg and leaning your body over its shoulders. Someone else should hold the rear end.

Restraining a medium-sized dog

THE VET'S EXAMINATION

Unless the problem is obviously localized, the vet will examine your dog's whole body, starting at the head and working downwards.

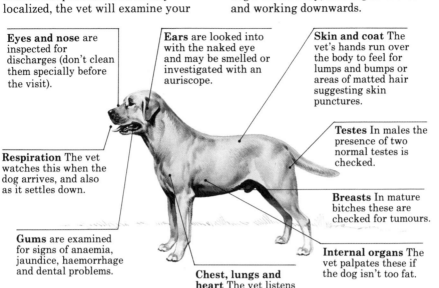

Eyes and nose are inspected for discharges (don't clean them specially before the visit).

Ears are looked into with the naked eye and may be smelled or investigated with an auriscope.

Skin and coat The vet's hands run over the body to feel for lumps and bumps or areas of matted hair suggesting skin punctures.

Respiration The vet watches this when the dog arrives, and also as it settles down.

Testes In males the presence of two normal testes is checked.

Breasts In mature bitches these are checked for tumours.

Gums are examined for signs of anaemia, jaundice, haemorrhage and dental problems.

Chest, lungs and heart The vet listens to these with a stethoscope.

Internal organs The vet palpates these if the dog isn't too fat.

Operations

Procedures do vary from vet to vet, but generally you'll be asked to starve your dog from 6pm the previous evening and give it no fluids after bedtime. On arrival at the surgery, the dog will be admitted by a nurse and you'll be requested to sign a "consent form" permitting the surgery or necessary treatment. The nurse may give your dog a mild pre-operative sedative to minimize the amount of anaesthetic needed.

Most initial anaesthetics are injected. A tube is then inserted into the trachea through which gaseous anaesthetic is passed to keep the dog asleep during the operation. Recovery begins when the gas is turned off and the dog breathes air. This takes about an hour and at this point, the dog is just able to stand. After a minor operation, you'll probably be allowed to collect your pet the same day.

Euthanasia

Unfortunately, your dog may eventually need to be "put to sleep", on the advice of the vet. Your vet can arrange for this to happen at the surgery or in your home; you can ask to be present if you wish. If you have a dog euthanized at home, it is likely the vet will need your help.

The standard method of euthanasia is the injection of a large overdose of an anaesthetic drug. This is usually injected into the foreleg. The brain will often be asleep and the heart stopped before the injection is complete. Euthanasia is peaceful and painless. All the dog feels is a slight prick in its foreleg.

Some owners like to bury their dogs at home, but if this is impractical, all vets have access to cremation services who will individually cremate dogs and return their ashes if you wish.

Home nursing

A sick dog needs gentle care and
nursing. Once your vet has diagnosed the
illness and prescribed appropriate
medication, you'll probably be allowed to
take it home where it can convalesce and
recover. Your main responsibilities are:
● Providing a warm, hygienic rest area
● Feeding a tempting, nutritious diet
● Giving medicines prescribed by the vet
● Checking dressings or wounds as
directed by the vet.

Change your dog's bedding frequently.
When the dog needs to go out, just give
it enough time to pass urine and faeces
before making it come back indoors.

Keeping the dog warm
Make sure your dog is kept warm and
out of draughts. Supplement household
heating with carefully positioned
infra-red or dull-emitting bulbs, placed
at least 60 cm away from the dog (test

heat with your hand on the dog). Well-
wrapped hot-water bottles are useful too
(see *Puppy-care* p.130–1).

Feeding a sick dog
Loss of appetite is a common sign of
illness in animals. But it is important
that your dog eats: it needs nourishment
to help it recover.

Sit on the floor beside your dog. Offer
it spoonfuls of food or liquid while you
talk to it encouragingly. If this fails,
spoonfeed as described below.

Nourishing liquid feeds like broth or
meat stock help keep up the dog's spirits
and maintain its strength. Your vet may
instruct you to add glucose or special
sachets of power or liquid to the dog's
drinking water. Starvation is unlikely
but dehydration is a real possibility,
particularly in a dog which has had
diarrhoea or vomiting. *Make sure your*

SPOONFEEDING A DOG

If the food is pleasant-
tasting and your dog
placid, you'll probably
be able to spoonfeed it
on your own. But
generally this is a two-

person job.
Safety first: After each
spoonful, let the dog's
mouth open a little to
allow it to swallow. Be
extra careful with short-

nosed breeds like Pugs
Pekingese and Bulldogs;
these may bite or have
trouble breathing; (see
*Problems of short-nosed
breeds* p.27).

1 The helper kneels by the dog's
left side and raises its head by
placing his or her right arm round the
dog's neck and across the front. With
the left hand, the helper should gently
hold its nose.

2 The feeder can now spoon food
into the right-hand side of the
dog's mouth or pour liquids into the
"pouch" formed by the side of the
lower lip. For more substantial foods,
the helper can relax the grip.

dog drinks water. If coaxing fails, give water in a spoon (see below left).

Invalid foods

Unless the vet advises a special diet, feed your dog a variety of tempting, nutritious, tissue-building foods. Choose easily digested foods rich in protein, minerals and vitamins such as:

Liquids

☐ glucose (two teaspoons per teacupful of water) ☐ honey ☐ beef tea ☐ calf's foot jelly (warmed) ☐ human-type liquid invalid foods ☐ proprietary canine concentrated liquid diet (available from your vet).

Solids

☐ white fish ☐ best-quality mince ☐ cheese ☐ cooked eggs ☐ meat- and fish-based baby foods ☐ mashed potatoes ☐ cooked rice ☐ baby cereals.

Giving medicines

Give liquid medicines by spoonfeeding (see below left), but remember few medicines are pleasant-tasting and you may encounter some resistance.

Giving tablets

If your vet prescribes tablets, don't crush them – the centres often taste very bitter. You'll probably need a helper unless the dog is very ill or very placid. As with spoonfeeding, a second person should hold the dog – one arm round the neck to lift its head and one steadying the hindquarters.

The other person should grip the dog's upper jaw firmly with one hand, tucking the skin of the muzzle around and into the mouth with finger and thumb. The other hand containing the tablet is used to push the lower jaw downwards and propel the tablet to the back of the tongue. (If necessary, give it a push with your finger or a blunt instrument.)

If your dog won't swallow tablets given like this, try placing the tablet in the mouth, giving a spoonful of water and closing the mouth to make it swallow.

MAKING AN ELIZABETHAN COLLAR

A useful device which you can construct from a plastic bucket – 4.5 litre size for small dogs, 9 litre for larger dogs – this collar prevents a convalescent dog from scratching its head or ears, pawing a head or eye wound, or turning to lick or chew at its hindquarters.

  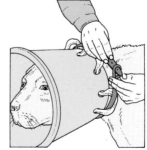

1 With a heated knife, remove the base of the bucket. Make holes round the bottom, 5 cm apart and 5 cm from the edge.

2 Thread a 5 cm bandage through the holes, leaving a loop between each pair, large enough to fit the dog's collar.

3 Insert the collar through the loops. Place the bucket over the dog's head and fasten the collar comfortably.

Care of the elderly dog

The number of years of a dog's life varies considerably between breeds (see *Lifespan* p.123). However, the two chief signs of old age are common to most dogs – greying of hair round the head (especially near the ears and muzzle) and loss of weight.

Elderly dogs lose weight mainly because of a failing liver and kidneys – these problems are accompanied by increased thirst and a good appetite. Once you notice weight loss in your elderly dog, it is worth taking it to the vet for three- to six-monthly checks. Often, a timely course of anabolic steroids will slow down the physical deterioration. Sometimes, these problems are caused by minor attacks of leptospirosis (see pp.244 and 259). If your dog has been vaccinated routinely throughout its life, it may avoid suffering in this way.

Although chronic kidney failure (see p.258) isn't painful, it often culminates in acute kidney failure. If you see any of the signs of acute kidney or liver failure (see pp.258 and 243), consult your vet.

FEEDING TIPS FOR ELDERLY DOGS

A good home-cooked diet for "geriatrics" is given on p.169.
● Make sure you're giving the dog enough food if its appetite is good
● Give easily-digested foods like fish and poultry
● Don't forget the importance of extra vitamins (see p.168)
● Keep drinking water available at all times
● Use bran and/or liquid paraffin to combat constipation
● Add fat (lard, chicken or turkey fat) to the diet to provide extra calories for lean, elderly dogs – one teaspoon for small dogs, four for larger breeds

Bowel and bladder problems

Some old dogs become quite constipated – often due to prostate problems (see p.261). Others may lose some degree of control over their bladder; this may be due to cystitis (see p.259). Tumours in the anus may interfere with its function, causing loss of control of the bowel. If any of these problems becomes frequent, consult your vet. They may be painful, or upset a habitually clean dog. There's no need for you to suffer these conditions in silence – all can be treated with some measure of success.

Caring for the teeth

If you're in any doubt about the health of your dog's teeth, mention this to your vet on one of the routine visits. Brushing the teeth and giving material for chewing during a dog's younger years (see p.242) minimizes the build-up of tartar. Elderly dogs may not chew bones any longer, so it is worthwhile brushing the teeth once or twice a week (see p.242). Despite this, tartar is still liable to build up and may need removing under anaesthetic.

Eye and ear problems

Although an old dog's eyesight and hearing often become impaired, its slower lifestyle may compensate for this. Handle your dog gently, taking care not to startle it with sudden loud noises – make sure your dog can see you before you switch on any household appliances such as the vacuum cleaner. Check behind your car before reversing outside your home. For coping with a blind dog, see p.256.

Bone and joint problems

Elderly dogs are often bothered by general stiffness associated with arthritis in some of their joints. This is more of a problem in overweight dogs or large breeds. Ask your vet's advice; he or she may prescribe pain killers which can considerably ease a dog's life.

Keeping your dog healthy

With sensible care, you can considerably reduce the likelihood of your pet succumbing to illness. The principles of owning a healthy dog are:

● Follow the advice on choosing a healthy puppy given in *Choosing a Dog* (see p.127).

● Be aware of any diseases or conditions to which your puppy's breed is prone. Obtain relevant clearance certificates where available and keep a lookout for signs of the problems throughout the dog's life.

● Have your puppy properly vaccinated (see p.136) and keep up to date with annual boosters. For these routine annual visits, prepare a list of any problems or questions you may have for the vet.

● Don't try to boost your dog's growth rate too much through the puppy stage – rapid growth can give rise to muscle and bone problems (see p.162).

● Establish a routine for checking your dog's skin, eyes and ears at grooming sessions. This gives you more chance of spotting any problems early.

● Avoid obesity in your dog (see p.249).

● Keep your dog's bedding and feeding utensils scrupulously clean – hygiene is a crucial factor in good health.

● Keep your dog clean too – check its eyes, ears, nose, mouth, skin, genital and anal areas regularly to ensure they're free of discharges.

Safety precautions

Never let your dog off your property alone. Roaming dogs can be involved in, or even cause, a road accident. Roamers are much more likely to get into fights, upsetting other dog-owners, and may also chase sheep.

Take your dog for walks regularly, even if you have a large garden. A routine walk gives you the opportunity to reinforce basic training lessons (see pp.154–9); always keep your dog under control when it is out with you.

A healthy dog at the prime of life
A fit dog, full of stamina, is the reward of proper feeding, grooming and exercise.

Are you insured?

It is well worth taking out veterinary insurance, particularly for urban dogs whose risk of being involved in fights or road accidents is high. Modern veterinary treatment has paralleled human medical techniques in many of its newer advances, but these can carry high costs. A modest annual premium can ease the burden of unexpected illness and accidents.

ZOONOSES

There are a few canine diseases which also affect humans. These are known as "zoonoses", and the most important are:

● Rabies (see pp.152 and 265)
● Ringworm (see p.250)
● Fleas (see p.250)
● Roundworm (see p.251)

Simple precautions can help avoid all these. Regular worming, use of flea sprays during the summer months and washing your hands after handling a dog with any kind of skin problems, are normal measures to take. If you should ever be bitten by a "suspect" dog in a rabies area, seek medical advice immediately (see p.152).

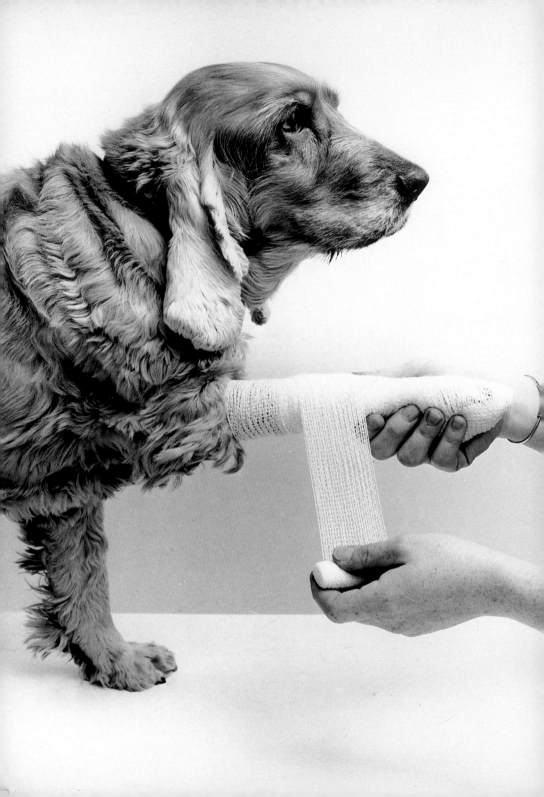

13

FIRST AID

The principles of first aid for dogs are similar to those used for humans. Your own, or any other dog may fall prey to minor accidents that need your attention, and occasionally major ones that need emergency first aid until the dog can be seen by a vet. In the case of a serious accident, try to stay cool and use your common sense to help the animal and calm it down. This chapter covers most of the common problems which may occur; in other circumstances, apply the principles described here until veterinary help is available. Your first aid can save a dog's life, prevent its condition worsening and promote its recovery. Unless you are completely confident that the dog has recovered, take it to the vet as soon as possible. Keep the basic first aid kit in your home and aim to memorize the procedures for dealing with road accidents and giving artificial respiration – you may not have time to consult this book in an emergency.

Accidents and emergencies

One of the most upsetting things that can happen to your dog is a car accident. Dealing with a dog at the site of an accident can be a job for the vet – a dog may need extricating from the underside of a car, or may have become too dangerous (through pain or fear) to be handled by inexperienced people.

In general, though, it is best not to waste time waiting for the vet to arrive. Few vets are equipped with more than a visiting bag out of hours and all specialized equipment is at the surgery. Phone ahead to warn the vet of your arrival and take the dog to the surgery. If the vet is away, he or she can advise the staff what to do in the meantime.

ACCIDENT PROCEDURE

1 Don't panic. Approach the dog cautiously and speak reassuringly (the best person to do this is the owner).
2 Gently restrain the dog with a "lead" made from a belt or piece of rope. Form a noose and drop it over the dog's head.
3 Improvise a muzzle (see opposite).
4 Ensure the dog isn't trapped.
5 Apply necessary first aid. Look for:
● Heartbeat (on left side of chest)
● Breathing movement
● Major haemorrhage
● Gasping
● Pale gums
● Inability to stand
● Obvious fractures
6 Telephone the vet's surgery, stating which of these signs are present.
7 Move the dog carefully (see p.280).

> **SEE ALSO:**
> **Control of bleeding** see *First Aid* p.282.
> **Bandaging** see *First Aid* p.283.
> **Shock** see opposite.

A BASIC FIRST AID KIT

Although many of your own first aid items are suitable for dogs, it is preferable to keep a separate kit.

1 Round-ended scissors 2 Stubby-bulb thermometer (not the family's) 3 Tweezers 4 5 cm and 10 cm bandages 5 5 cm adhesive tape dressing 6 Lint gauze 7 Cotton wool 8 Old socks 9 Plastic bags for keeping foot dressings dry 10 Antiseptic cream 11 Antiseptic wash 12 Cotton buds 13 Kaolin tablets or medicine 14 Calamine lotion 15 Proprietary eye wash 16 Proprietary ear cleaner 17 Medicinal liquid paraffin.

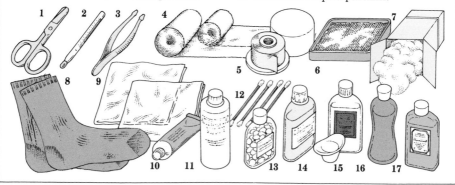

IMPROVISING A MUZZLE

A frightened dog in pain may try to bite, so an improvised muzzle is a sensible precaution. Use a bandage, or a necktie (belts are too stiff).

Watch for the dog going blue or having trouble breathing. If this happens, untie the muzzle, open the mouth and pull the tongue forward. Then keep the muzzle loose and hold the dog's head on your lap.
● **Never** muzzle a dog with chest injuries or one having trouble breathing
● **Never** leave a muzzled dog alone – it may try to remove the muzzle
● **Never** muzzle a short-nosed breed – you may impair its breathing

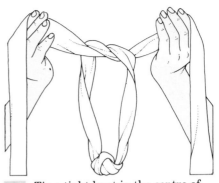

1 Tie a tight knot in the centre of the bandage or tie, so that it "hangs". Make a second, loose knot, about 20 cm above the first.

2 Slip the loop formed between the knots well back over the nose. Pull the second knot tight, so the first catches under the jaw.

3 Bring the two ends down on either side; cross them under the jaw. Take them round and tie at the back in an easily loosened double bow.

SHOCK AND COLLAPSE

If your dog has collapsed, quick action on your part may mean the difference between life and death. For the correct action to take, see p.280. If conscious, it may be suffering from shock. Possible causes of collapse include: ☐ epileptic fit (see p.264) ☐ acute infection ☐ heart disease (see p.262) ☐ poisoning (see p.281) ☐ diabetes (see p.245) ☐ exposure ☐ heatstroke (see p.281) ☐ accident injury (see p.278) ☐ haemorrhage.

DO NOT:
● Give alcoholic stimulants
● Move the dog more than necessary
● Raise the dog's head or prop it up
● Give the dog anything by mouth

SEE ALSO:

Pulse see *Health Care* p.230.
Restraint see *Health Care* p.270.
Convulsions see *First Aid* p.280.

MOVING AN INJURED DOG

Move an injured dog as gently as you can. Transfer the dog to a blanket which can be used as a stretcher. Ideally three people are needed – to support the head, back and pelvis. (If help isn't available, carefully move the dog on to the blanket one section at a time.)

1 If necessary, use a muzzle and lead. Spread the blanket behind the dog and move it gently on to it with the aid of two helpers.

2 Tense the blanket between two people with the third supporting the dog's back and manoeuvre it carefully into the car.

ACTION IN CASE OF COLLAPSE

1 Treat for shock Place the dog in a quiet, warm place and cover it with a blanket. Place a hot (not scalding) water bottle next to it to help minimize shock.

2 Check breathing If it is irregular or non-existent: ☐ loosen the collar ☐ open the mouth ☐ remove any foreign material, saliva, blood or vomit ☐ give artificial respiration (see right).

3 Check the pulse (see p.230). If you can't feel a pulse, try to feel a heartbeat by placing the fingertips on the left-hand side of the lower chest just behind the elbow. If you feel nothing, and the dog is unresponsive, give heart massage by vigorous squeezing of the left-hand side of the chest just behind the elbow – about one squeeze per second. (If the heart stops for more than three or four minutes, there may be irreversible brain damage.) Also give artificial respiration (see right).

4 Treat bleeding Staunch any heavy blood flow (see p.282).

5 Support broken bones (see p.283).

6 Contact the vet Arrange for an immediate veterinary examination.

ARTIFICIAL RESPIRATION

1 Check that the airway is clear, mouth open and clean, tongue forward.

2 Place both hands on the chest, over the rib area and push down firmly but gently to expel air from the lungs. Release the pressure immediately so that the chest expands and draws fresh air in.

3 Repeat at five-second intervals.

CONVULSIONS

The most usual cause is epilepsy (see p.264). This often starts with the dog being generally unsettled, then the fit/convulsions begin. Signs include: ☐ champing and chewing ☐ lips drawn back ☐ foaming at the mouth ☐ collapse and unconsciousness ☐ passing urine and faeces ☐ paddling of the legs.

Action

1 If the dog isn't a known epileptic, telephone the vet immediately.

2 Check that the dog is in a safe place, away from electric cables.

3 Make sure that the dog is comfortable; loosen its collar and cover it with a blanket if necessary. After this, avoid touching it until the fit is over.

4 Keep the room dark and quiet.
5 The fit shouldn't last more than five minutes. Once it is over, wipe the mouth and clean up any urine and faeces.
6 Let the dog have a drink but not much food until it is back to normal. Let it relax in quiet surroundings.
7 Follow the vet's instructions, going to the surgery or waiting for a visit.

DROWNING
Once you have the dog ashore, empty its lungs of water as quickly as possible.
Small dog Pick it up by the back legs and hold it upside down. Swing the dog round very carefully. A helper should then open its mouth and pump its chest.
Larger dog Pick it up behind the ribs, with one arm round the abdomen. Drape the dog over your shoulder while you open its mouth and pump its chest. *Don't* try to swing heavy dogs – you'll dislocate joints and tear ligaments.

HEATSTROKE
If left in an unventilated car in hot weather, a dog may suffer heatstroke. It will be in a variable state of collapse, panting heavily if conscious and frothing round the mouth.
Action
1 Clear froth from the mouth.
2 Douse the whole body with cold water.
3 Rush to the vet's surgery, where treatment will involve more cold water, stimulant drugs and cortisone.

FOREIGN BODY IN THE MOUTH
Restrain the dog (see p.270). If possible, open its mouth as if giving a pill (see p.273), and locate the foreign body. Remove it with your fingers or fine pliers if you can do this safely. If not, try the method described for emptying the lungs of water (see *Drowning*, left). If this fails, don't delay – contact a vet immediately.

FOREIGN BODY IN THE EYE
Stop the dog pawing its eye. If necessary, put a sock padded with cotton wool on each front paw. Restrain the dog (see

p.270), and part the eyelids with finger and thumb to inspect the foreign body. If it is penetrating the eye, *don't touch it*, contact the vet immediately.
If the foreign body is sitting on the surface, try to remove it by irrigation (see p.257).

FOREIGN BODY IN THE THROAT
A stick or ball can lodge in a dog's throat or airway. If its larynx is blocked, the dog may have difficulty breathing and may die unless quick action is taken.
Try to remove the obstruction using the same method as for a drowning dog (see left). If this is unsuccessful, the object will have to be removed under anaesthetic by a vet.

POISONS
Fortunately poisoning is fairly rare in dogs, but they're less discriminating than cats and will eat a number of noxious substances. They may also lick off and swallow poisons that have contaminated their coat. Signs include: ☐ acute vomiting ☐ collapse ☐ violent muscular twitching ☐ fits ☐ weakness ☐ bleeding.
Action
1 Prevent further poison being swallowed. Wash off any on the coat.
2 Contact the vet immediately.
3 If you think you know what the dog has swallowed, take some with you to the vet, plus its container.
Don't waste time trying to treat the dog yourself – specific drugs may be needed. Your vet may tell you to make the dog vomit with an emetic. This is only worthwhile if the dog has eaten the poison during the last half hour. Suitable emetics are:
☐ washing soda (sodium carbonate) – a pea-sized piece given as a tablet, *not* caustic soda (sodium hydroxide) ☐ salt in warm water ☐ mustard in cold water.

Wounds and burns

The most common wounds sustained by dogs are bites from other dogs and cut feet. If you see blood on the coat, first locate the source. If this isn't obvious, feel for matted hair stuck to the skin.

Action

1 If necessary, clip away the hair so that you can see the wound clearly.
2 Control any bleeding (see below).
3 Bandage the wound if possible.
4 Treat for shock. Contact the vet.

TREATING "BURNS"

These are usually caused by spilling hot or caustic liquids on dogs. Other causes include: □ falling into a hot bath □ biting electric cables □ extreme cold.

Action

1 If an offending substance is still on the dog, wash it off with cold water.
2 Apply a greasy ointment such as petroleum jelly.
3 Treat for shock. Contact the vet.

CONTROLLING BLEEDING

To control bleeding, hold a pad over the injury and bind it tightly in place with a bandage. If bleeding continues, apply a pad and bandage to these pressure points:

Forelimb Brachial artery where it crosses the bone above the inner elbow.
Hind limb Femoral artery as it crosses the femur on the upper inner thigh.
Tail Coccygeal artery underneath tail.
Head and neck Push a finger firmly into the groove where the carotid artery meets the shoulder (this can't be done with a pad and bandage).

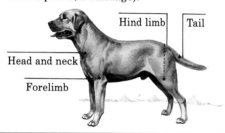

Hind limb | Tail | Head and neck | Forelimb

APPLYING BANDAGES

A bandage can protect an injury and keep it clean until it can be seen by a vet. You'll need an absorbent pad. Use lint, gauze, kitchen towel, even a clean handkerchief, but don't put cotton on a wound – it leaves fibers.

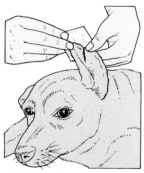

1 Try to close up the wound as much as possible and apply the pad to the site of the wound.

2 Wrap a crepe bandage round it four or five times, using other parts of the dog for anchorage.

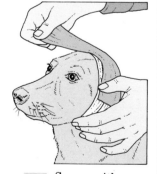

3 Secure with adhesive tape. *Never* use rubber bands – you could cut off the blood suppy.

DRESSING AN EYE WOUND

It is important that the surface of the eye doesn't dry out, so never bind a dry dressing over it. Use an absorbent pad soaked (but not dripping) in warm water. Secure the pad using a crepe bandage wound round the head with turns around the ear to keep it in place.

APPLYING A FOOT DRESSING

1 Insert pieces of cotton between the toes, then swathe the whole foot in cotton. This averts the danger of your stopping the circulation with a tight dressing.
2 Hold the padding in place with a bandage secured with adhesive tape.
3 Cover the dressing with a plastic bag, then a sock. Secure these with more tape above the "wrist."

DRESSING A TORSO WOUND

There are several ways of dealing with injuries to the chest or abdomen.
● A dressing pad can often be secured by bandaging the chest and one front leg.
● If this is tricky, cut a rectangle with "tapes" to tie over the back from a sheet.
● As a stop-gap, a towel or any other suitable piece of cloth can be wrapped round, then the ends twisted together over the back to draw it tight. Hold it in place until you reach the hospital.

TREATING A SPRAIN

Dogs, particularly large ones, are prone to sprains (see p.266). Wrenched and damaged muscle also responds to the same treatment. The most important long-term treatment for severe sprains is weeks or even months of rest.
Action
1 Apply a cold compress immediately – cotton or cloth soaked in chilled water. Change this for a fresh compress every 20 minutes.
2 After a few hours change to a hot compress (soak in water as hot as the back of the hand will bear).
3 Support the limb with a crepe bandage.

APPLYING A SPLINT

Splints can be tricky, but if you suspect a fractured leg, it is well worth applying one if you can. You need a large roll of cotton, battens and a bandage. Try to arrange the limb in its normal extended position, and pad the site with cotton – the more the better.

1 To reduce swelling and assist repair, use the cotton as a bandage, winding it round the leg. Apply a layer twice as thick as the leg, as far up and down it as possible.

2 Once the leg is covered, lay two suitable solid battens on either side of the leg to act as splints and bind them firmly in place with a bandage. Contact a vet.

Index

A

abdomen, anatomy, 29
accidental mating, 190
accidents, 278–83
Afghan Hound, 17, 21, 59
  grooming, 176
  health problems, 257
African wild hunting dog, 41
age, choosing dogs, 122–3
aggression, biting, 222
  dealing with, 219–21
  facial expressions, 217, 218
  problem dogs, 221
  puppies, 225
ailments, 237–69
  diagnosis charts, 231–6
air travel, 151
Airedale Terrier, 88
  grooming, 176
Akita, 46
Alaskan Malamute, 85
Alopex lagopus, 40
American Cocker Spaniel, 56
American Foxhound, 61
American Staffordshire Terrier, 100
Amphicyon, 36
anaemia, 263
anal sacs, 33
  disorders, 248
anatomy of the dog, 15–33
  abdomen, 29
  basic design, 16–17
  chest, 28
  coat, 32
  digestive system, 30–1
  ears, 26–7
  external, 16
  eyes, 24–5
  movement and, 21
  muscles, 20–1
  nose, 27
  skeleton, 18–19
  skin, 32
  skull, 22–3
aquatic dogs, 9
Arctic fox, 40
artificial respiration, 280
Australian Terrier, 89

B

Ban-Dog, 45
bandages, 278, 282
barking, 33, 216,
  curbing, 223
Basenji, 47
Baskets, wicker, 146

Basset Hound, 17, 19, 21, 23, 60
  health problems, 257, 265
Bat-eared fox, 40
bathing a dog, 182
Beagle, 61
bean bags, 146
Bearded Collie, 71
bedding, 146
Bedlington Terrier, 90
  grooming, 176
beds, 16–17
Belgian Shepherd Dog, 75
Bernese Mountain Dog, 17, 69
Bichon Frisé, 110
birth, 193, 194–7
biscuits, 166
bitches, breeding from, 190
  choosing, 124
  mating, 191
  pregnancy, 192–3
  reproductive disorders, 261
  reproductive system, 188–9
  spaying, 189
bite, anatomy of, 22, 23
biting, dealing with, 222, 225
Black-backed jackal, 40
bladder function, elderly dogs, 274
  stimulating, 135
  see also Toilet training
bleeding, 235, 282
blind people, guide-dogs, 11
blindness, 256
blood disorders, 262–3
Bloodhound, 8, 17, 62
  health problems, 257
bones, development, 18–19, 183
  disorders, 266–7
  dog's skeleton, 18–19
  elderly dogs, 274
Border Collie, 17, 72
Border Terrier, 90
Borzoi, 21, 63
Boston Terrier, 102
  health problems, 257
bottle-feeding, 134
bowel function, elderly dogs, 274
  stimulating, 135
  see also Toilet training
bowls, feeding, 139, 171
Boxer, 23, 70
  grooming, 176
  health problems, 241, 257, 261
brachycephalic skull, 22
brain, 23
breathing, abnormal, 234
  lungs, 28
  nose, 27

breeding, 185–97
  birth, 193, 194–7
  Caesareans, 193, 197
  genetics, 186–7
  mating, 191
  natural selection, 17
  nursing bitches, 197
  pregnancy, 192–3
  reproductive system, 188–9
  whelping boxes, 130, 192
breeds, categories, 49
  modern breed families, 46–7
  official standards, 48
Brittany Spaniel, 54
brushes, 179
Bull Terrier, 23, 91
Bulldog, 17, 25, 103
  health problems, 257, 261
Bullmastiff, 77
burns, 282
Bushdog, 39, 41

C

Caesarean birth, 193, 197
Cairn Terrier, 92
  grooming, 176
  health problems, 257
calcium, in diet, 163
Canidae, 36
canine distemper, 136, 237, 265
canine hepatitis, 136, 244
Canis adustus, 40
Canis aureus, 40
Canis dingo, 41
Canis latrans, 39
Canis lupus, 39
Canis mesomelas, 40
Canis rufus, 39
Canis simensis, 40
canned foods, 166
carbohydrates, 163
carders, 179
Cardigan Welsh Corgi, 86
carnassial teeth, 23
carnivores, dogs as, 16
cars, leaving dogs in, 150
  travelling by, 149–50
cartilage, 18
castration, 124, 189
cataracts, 256
cats, 141, 215
Cavalier King Charles Spaniel, 111
  health problems, 239
cervical spondylopathy, 265
Championship shows, 202
Check chains, *see Choke chains*

chest, anatomy, 28
chewing, problem puppies, 225
Chihuahua, 23,112
  health problems, 261, 265
children, dogs and, 12, 220, 222
choke chains, 145
choosing a dog, 121–7
  pedigree, 124–5
  puppies, 126–7
Chow Chow, 46–7, 104
  health problems, 261
chromosomes, 186–7
Chrysocyon brachyurus, 41
classes, training, 154
clipping nails, 181
coat, anatomy, 32
  brushing, 179
  combing, 178
  disorders, 268–9
  grooming, 174, 176–7, 201, 209
  mats and tangles, 183
  moulting, 174
Cocker Spaniel, 57
  health problems, 257
cod liver oil, 168, 254
collapse, 279, 280
collars, choosing, 145
  as training aids, 154
Collies, 17, 71–3
  grooming, 176
  health problems, 257
colostrum, 130
colour vision, 24
combs, 178
"come", teaching, 159
companionship, 12, 13
conjunctivitis, 256
constipation, 169, 248
  in puppies, 135
contraception, 190
convulsions, 280–1
Corgis, 86–7
  grooming, 176
cornea, 24
coughing, 238–9
Coyote, 36, 39
cranium, 23
Crested Dog, Chinese, 47
  grooming, 176
cropping, ears, 49
cryptorchidism, 188, 260
Cuon alpinus, 40
cystitis, 259

D

Dachshunds, 19, 64
  grooming, 176
  health problems, 245, 257, 268, 265
Dalmatian, 105
Dandie Dinmont Terrier, 93

ACKNOWLEDGEMENTS

Author's Acknowledgements
I would first like to thank my colleague and friend Peter Scott for his tremendous contribution to this book; without him it could not have been written. Also the team at Dorling Kindersley, particularly Caroline Ollard and Derek Coombes for editing and design; their patience, expertise and dedication have been remarkable. Thanks are also due to Miss Horder, Librarian at the Royal College of Veterinary Surgeons – if this lady doesn't know a source of the most arcane information, it doesn't exist!

Dorling Kindersley would like to thank:
Tina Vaughan for design assistance, Linda Gamlin for researching the breeds section, Simon Parsons and Kerry Williamson for checking it, Richard Bird for the index, Bruce Fogle, Jenny Berry, Maxine Clark and Peter Olsen at the Portman Veterinary Clinic, Colin Tennant for training demonstrations and advice, Sue McAllister of the Beaumont Animals' Hospital, Sheila Stevens and Lesley Gilmour-Wood for breeding advice, Animal Fair of Kensington for loan of equipment and Susie McGowan, Mike Snaith and all at MS Filmsetting, Lucio Santoro, Mike Hearn, Chris Cope and Alison Graham.
and also:
Daisy, Tadpole, Gist, Kells puppy, Arklin Kennels puppy, Bicci, Heidi, Guffie and Polly

Picture research
Lesley Davy

Illustrators
Breeds chapter colour illustrations: John Francis of Linden Artists
Other illustrations: Russell Barnett, Kuo Kang Chen, Vana Haggerty, John Woodcock

Photography
Jan Baldwin, Ian O'Leary

Cover
Colour illustrations: John Francis
Line illustration: Kuo Kang Chen
Photography: Ardea/Jean-Paul Ferrero, Sally Anne Thompson/Animal Photography, Ian O'Leary

Typesetting
MS Filmsetting Limited, Frome, Somerset.

Reproduction
Newsele SRL, Milan

Photographic credits
Animal Photography/Sally Anne Thompson: pp.46 (top and bottom), 48, 49, 50, 51, 53, 76, 79, 88, 94, 107, 111, 122, 123, 124, 176(1–5)
Animal Photography/R. Willbie: p.125
Animals Unlimited/Paddy Cutts: pp.14, 90, 148, 198, 202, 204 (top), 205, 206, 207
Ardea: pp.7 (top right), 9 (right), 11 (top right), 219
Ardea/Ian Beames: p.40 (bottom right)
Ardea/J. P. Ferrero: pp.33, 39, 55, 217 (right), 218
Ardea/Clem Haagner: pp.40 (top), 41 (bottom)
Ardea/Peter Steyn: p.40 (centre)
Ardea/Wardene Weisser: p.40 (bottom left)
Beaumont Animals Hospital, Royal Veterinary College: pp.19, 267
Bridgeman Art Gallery (Haworth Gallery, Accrington): p.7 (top left)
British Museum/Michael Holford: pp.34, 38
British Tourist Authority: pp.9 (left), 201, 203 (top)
British Tourist Authority/Barrie Smith: p.204 (bottom)
Bruce Coleman/Mark Boulton: p.203 (bottom)
Mary Evans Picture Library: pp.45, 200
Sonia Halliday Photographs: p.8
Sonia Halliday Photographs/F. Birch: p.11 (left)
Marc Henrie: pp.42, 65, 72, 73, 91, 103, 108, 160, 184
Michael Holford: p.44
The Image Bank/W. Iooss: p.215
The Image Bank/Nicholas Foster: p.216
The Image Bank/Larry Allan: p.217 (left)
Jacana: pp.220, 223
Jacana/J. P. Thomas: pp.210, 225
Frank Lane Picture Agency Ltd/B. Langrish: p.61
Mansell Collection: p.6
Marka, Milan: pp.85, 149
Marka, Milan/Stefano Bisconcini: p.78
NHPA/Lacz Lemoine: pp.77, 120, 275
Panther Photographic International: pp.1, 12 (left), 71, 100
Spectrum: p.7 (bottom)
Spectrum/Anne Cumbers: pp.47, 64, 75, 93, 105, 112, 115, 116, 130, 132, 141, 172, 176 (bottom), 194, 195, 196
Spectrum/Ronald Oulds: p.127
Syndication International: pp.213, 214
Trevor Wood: pp.11 (bottom right), 12 (right), 13, 128
ZEFA: pp.2–3, 41 (top)